LaTeX – Tipps und Tricks

Ingo Klöckl beschäftigt sich seit der ZX81-Ära mit der Programmierung von Computern. Während des Chemiestudiums betreute er am Rechenzentrum der Universität Mainz VMS- und Fortran- sowie PostScript- und Perl-Kurse. In dieser Zeit lernte er den Textsatz mit LaTeX kennen und schätzen. Seit 1997 arbeitet er als Programmierer, zuletzt in einem Softwarehaus in Karlsruhe.

Ingo Klöckl

LaTeX –
Tipps und Tricks

Layoutanpassung, Programmierung,
Grafik, Hilfsprogramme, Zeichensätze

2., aktualisierte und erweiterte Auflage

Ingo Klöckl
i.kloeckl@2k-software.de

Lektorat: Christine Weber
Herstellung: Birgit Dinter
Umschlaggestaltung: Helmut Kraus, Düsseldorf
Druck und Bindung: Koninklijke Wöhrmann B.V., Zutphen, Niederlande

Die Deutsche Bibliothek - CIP-Einheitsaufnahme
Klöckl, Ingo:
LaTeX - Tipps und Tricks : Layoutanpassung, Programmierung, Grafik, Hilfsprogramme,
Zeichensätze / Ingo Klöckl. - 2., aktualisierte und erw. Aufl.. - Heidelberg : dpunkt-Verl., 2002
   1. Aufl. u.d.T.: Klöckl, Ingo: LATEX {2_e63 [2epsilon]}
   ISBN 3-89864-145-7

2. Auflage 2002
Copyright © 2002 dpunkt.verlag GmbH
Ringstraße 19
69115 Heidelberg

Die vorliegende Publikation ist urheberrechtlich geschützt. Alle Rechte vorbehalten. Die Verwendung der Texte und Abbildungen, auch auszugsweise, ist ohne die schriftliche Zustimmung des Verlags urheberrechtswidrig und daher strafbar. Dies gilt insbesondere für die Vervielfältigung, Übersetzung oder die Verwendung in elektronischen Systemen.

Es wird darauf hingewiesen, dass die im Buch verwendeten Soft- und Hardware-Bezeichnungen sowie Markennamen und Produktbezeichnungen der jeweiligen Firmen im Allgemeinen warenzeichen-, marken- oder patentrechtlichem Schutz unterliegen.

Alle Angaben und Programme in diesem Buch wurden mit größter Sorgfalt kontrolliert. Weder Autor noch Verlag können jedoch für Schäden haftbar gemacht werden, die in Zusammenhang mit der Verwendung dieses Buches stehen.

5 4 3 2 1 0

Inhaltsverzeichnis

1	**Einleitung**	**1**
1.1	Zum Umgang mit diesem Buch	3
1.2	Allgemeine Informations- und Bezugsquellen	9
2	**Was LaTeX bietet**	**11**
2.1	Befehlsdefinition	11
	2.1.1 Neue Befehle	11
	2.1.2 Neue Umgebungen	14
	2.1.3 Voreinstellungen für Parameter	16
	2.1.4 Definition nicht existierender Kommandos	18
2.2	Nützliches aus der LaTeX-Küche	18
	2.2.1 Diverse Befehle	18
	2.2.2 Sternformen und andere Sonderparameter	20
2.3	Zerbrechliche Befehle	22
2.4	Pakete	23
	2.4.1 Die Identifizierung der Pakete	23
	2.4.2 Nachladen von Paketen und Klassen	24
	2.4.3 Optionen	25
	2.4.4 Nützliche Einsprungstellen	27
	2.4.5 Fehlermeldungen	28
	2.4.6 Laden von Dateien	29
	2.4.7 Eine Buchklasse als Beispiel	29
2.5	$1+1=?$ – Zähler und ihre Anwendung	39
	2.5.1 Einrichten neuer Zähler	39
	2.5.2 Zuweisungen an Zähler	40
	2.5.3 Ausgabe von Referenzen und Zählerständen	41
2.6	Längenregister	45
	2.6.1 Maße und Werte	45
	2.6.2 Unendlich elastische Maße	46
	2.6.3 Verwendung von Längenregistern	47
2.7	Entscheidungen mit `ifthen`	49
2.8	Berechnungen mit `calc`	50
2.9	Das Paket `fp`	51

2.10	Gut verpackt – Schachteln und Rahmen	54
	2.10.1 LR-Boxen	55
	2.10.2 Balkenboxen	59
	2.10.3 Absatzboxen	60
	2.10.4 Übervoll oder locker gesetzte Boxen	62
2.11	Von den Zeilen	63
2.12	Absätze	68
2.13	Die Seite	69
	2.13.1 Mehrspaltiger Satz – `multicol`	69
	2.13.2 Seitenzahlen	70
	2.13.3 Darstellung des Satzspiegels – `layout`	70
	2.13.4 Satzspiegel und Seitenlayout	71
	2.13.5 Einrahmen des Satzspiegels – `showframe`	81
	2.13.6 Die Plazierung von Gleitobjekten	81
	2.13.7 Eine `wideenv`-Umgebung	84
2.14	Interaktion	86

3	**Modifikationen von LaTeX**	**89**
3.1	Überschriften-Layout	89
	3.1.1 Gestalten mit `\@startsection`	91
	3.1.2 Zitate vor und nach Überschriften	92
	3.1.3 Eigene Gliederungsbefehle	93
	3.1.4 Basteln für Fortgeschrittene	96
	3.1.5 Kapitel- und Objektüberschriften anpassen	106
3.2	Eingabe von literalem Text	107
3.3	Querverweise	110
3.4	Kopfzeilen	114
	3.4.1 Ein Problem mit dem `headings`-Stil	114
	3.4.2 Kopf- und Fußzeilen gestalten	116
	3.4.3 Leere Seiten ohne Kopfzeilen	116
	3.4.4 Die Interna	118
3.5	Gleitende Umgebungen	126
	3.5.1 Umgestaltung der Bildunterschriften	127
	3.5.2 Nichtgleitende Fließobjekte	132
	3.5.3 Neue Fließobjekte	135
	3.5.4 Fließende Listings mit Verzeichnis	136
	3.5.5 Textkästen	141
3.6	Fußnoten	144
	3.6.1 Verschiedenes zu Fußnoten	144
	3.6.2 Endnoten	145
	3.6.3 Gestaltung der Fußnotenmarkierungen	146
3.7	Listen und Listeleien	148
	3.7.1 Parameter für das Listenlayout	148
	3.7.2 Ändern der Markierungen	149

		3.7.3	Triviale Listen	153
		3.7.4	Listenerweiterung	154
		3.7.5	Erweiterung der enumerate-Liste	154
		3.7.6	Auszeichnung von description-Listen	155
		3.7.7	Die list-Umgebung	156
		3.7.8	Zählung bei enumerate-Umgebungen	157
		3.7.9	Eine Versnumerierung	158
		3.7.10	Ein Lexikon	161
	3.8	Verzeichnisse		164
		3.8.1	Manuelle Einträge	164
		3.8.2	Eigene Gestaltung des Inhaltsverzeichnisses	165
		3.8.3	Weitere Verzeichnisse erstellen	171
		3.8.4	Umgestaltung der Verzeichnisseite	175
	3.9	Die Bibliographie		178
		3.9.1	Literaturzitate	178
		3.9.2	Artikel in chemischen Zeitschriften	179
		3.9.3	Literaturzitate in Textform	179
		3.9.4	Das Paket footbib	180
		3.9.5	Bibliographien mit BibTeX	180
		3.9.6	Eigene Bibliographiestile	191
		3.9.7	Ergänzender Text in der Bibliographie	191
		3.9.8	Zitatdarstellung	193
		3.9.9	Mehrere Bibliographien	194
	3.10	Das Stichwortverzeichnis (Index)		195
		3.10.1	Bereitstellen der Informationen	195
		3.10.2	MakeIndex	197
		3.10.3	Mehrere Verzeichnisse	207
		3.10.4	Xindy	210
	3.11	Abkürzungsverzeichnis und Glossar		211
		3.11.1	Abkürzungsverzeichnisse	211
		3.11.2	Eine einfache Variante	212
		3.11.3	Noch ein Erscheinungsbild	215
4	**Abbildungen**			**217**
4.1	In den Text eingefügte Abbildungen			217
		4.1.1	picins	217
		4.1.2	floatflt	220
		4.1.3	wrapfig	221
		4.1.4	Initialen	223
4.2	Mehrfachabbildungen			223
4.3	Gedrehte Texte			228
4.4	Das multibox-Paket			232
4.5	Hintergrundbilder			233
4.6	Automatische Erzeugung von picture-Umgebungen			235

4.7	EPS-Dateien und PostScript		237
	4.7.1	EPS-Illustrationen	238
	4.7.2	LaTeX und PostScript	239
	4.7.3	Eigene PostScript-Programme	243
4.8	Die Pakete graphics und graphicx		247
	4.8.1	Laden von Graphik, Skalierung, Rotation	247
	4.8.2	Farbe ins Bild mit dem color-Paket	254
4.9	Beschriftung von EPS-Abbildungen		256
	4.9.1	Beschriften mit overpic	257
	4.9.2	Beschriften mit PSfrag	258
4.10	Abbildungen mit METAFONT		261
4.11	XY-pic		271
4.12	PSTricks		273
4.13	LaTeX und noch mehr PostScript		281
4.14	PostScript und kein Ende – METAPOST		286
4.15	Darstellung von Datenfeldern und memory maps		293
	4.15.1	Das Paket bitfield	293
	4.15.2	Das Paket bytefield	296
4.16	Darstellung von Timingdiagrammen		299
	4.16.1	Das Paket ifsym	299
	4.16.2	Das Paket timing	300
4.17	Organigramme mit GaSTeX		302

5 Mathematisches — 309

5.1	Sub-Gleichungen		309
5.2	Gleichungsnummern variiert		312
5.3	Gleichungsnummern und Symbole		314
	5.3.1	Das easymat-Paket	314
	5.3.2	Das easyeqn-Paket	315
	5.3.3	Das easyvector-Paket	318
5.4	Neue Klammerform		319
5.5	Das vector-Paket		319
5.6	Große mathematische Akzente		321
5.7	Das $\mathcal{AMS}$-LaTeX-Paket		322
5.8	Mathematische Abstände		326
5.9	Operatoren selbstgemacht		329
5.10	Befehle im mathematischen Modus		331
5.11	Weitere mathematische Symbole		332

6 Briefe — 333

6.1	Geschäftsbriefe	333
6.2	Serienbriefe und andere Mischtexte	334
6.3	Eigene Briefstile	335

7 LaTeX künstlerisch – Zeichensätze 343

- 7.1 LaTeX-Zeichensätze 343
  - 7.1.1 Attribute eines Zeichensatzes 343
  - 7.1.2 Schriftfamilien und -schnitte 344
  - 7.1.3 Vergrößerungsstufen von Zeichensätzen 347
  - 7.1.4 Das Encoding 349
  - 7.1.5 Zeichensatznamen 353
  - 7.1.6 Aufbau des Font-Verzeichnisses 354
  - 7.1.7 Erzeugung der Zeichensätze mit METAFONT 356
  - 7.1.8 Übersicht und Fonttabellen 357
- 7.2 Ändern der Grundschriftart des Dokumentes 358
- 7.3 Einbindung einzelner Schriften 365
- 7.4 Einbindung von Symbolzeichensätzen 367
- 7.5 Mathematische Zeichensätze 371
  - 7.5.1 Mathematische Alphabete 371
  - 7.5.2 Mathematische Symbole 373
  - 7.5.3 METAFONT-Zaubereien 380
- 7.6 Zeichensatzpakete 382
  - 7.6.1 $\mathcal{AMS}$-Zeichensätze 382
  - 7.6.2 Alte deutsche Schriften 386
  - 7.6.3 Symbole 387
  - 7.6.4 Griechische Schrift 392
  - 7.6.5 Kyrillische Schrift 396
  - 7.6.6 Der APL-Zeichensatz 399
- 7.7 PostScript-Zeichensätze 400
- 7.8 LaTeX-eigene PostScript-Zeichensätze 403
  - 7.8.1 Vollständige Nutzung von Adobe Times und Palatino 404
  - 7.8.2 Symbole und Piktogramme 404
- 7.9 METAFONT-Zeichensätze aus PostScript-Fonts 404
- 7.10 Das FONTINST-Paket 407

8 Weitere Hilfsprogramme und Pakete 415

- 8.1 Hilfsprogramme für LaTeX 415
  - 8.1.1 Bearbeitung der PostScript-Ausgabedatei 415
  - 8.1.2 Perl zur Textbearbeitung 420
  - 8.1.3 DVIPS, ein PostScript-Treiber 421
  - 8.1.4 Ghostview, der PostScript-Previewer 423
- 8.2 DIN A5-Broschüren 424
- 8.3 Multilinguale Texte 426
- 8.4 Eine neue report-Klasse 427
- 8.5 LaTeX europäisch – Koma-Script 429
- 8.6 Chemie und LaTeX 433
  - 8.6.1 Einfache Textformeln 433
  - 8.6.2 Strukturformeln 437

8.7	Faltblätter	447
8.8	Erstellen von Zeitschriften	451
8.9	Frage- und Antwortkataloge	458
8.10	Zweispaltige (synoptische) Texte	463
	8.10.1 Erweiterte Möglichkeiten	464
	8.10.2 Vokabularien als einfaches Beispiel	469
	8.10.3 Kommentierte Operntexte	470
	8.10.4 Beschriften von Kassetten	474
	8.10.5 Beschriften von CD-Hüllen	478
	8.10.6 So geht's	479
8.11	Farbseparation mit aurora	481
A	**Das (LA)TEX-Grundsystem**	**483**
A.1	Die Dateien des (LA)TEX-Grundsystems	483
A.2	Der Dateibaum	484
A.3	Was gehört wohin?	488
A.4	.dtx- und .ins-Dateien	489
B	**METAFONT-Zeichensätze**	**491**
B.1	Referenz	491
B.2	Zeichensatztabellen	493

Paketverzeichnis 561

Autorenverzeichnis 575

Literaturverzeichnis 579

Stichwortverzeichnis 583

1 Einleitung

Neue Kleider für den Kaiser!

Wenn Sie ein Anwender sind, der Texte schreiben und dabei qualitativ hochwertigen Textsatz erzielen will, mag man Ihnen geraten haben, das hervorragende Produkt LaTeX einzusetzen. Inzwischen haben Sie Ihre ersten Erfahrungen mit diesem System gemacht und wissen, daß folgender Lexikoneintrag irreführend ist:

> Latex: (lat. latex = Flüssigkeit, Plural: latices) Ursprünglich Bezeichnung für den Milchsaft kautschukliefernder Pflanzen, heute für Emulsionen und Dispersionen von natürlichem und synthetischem Kautschuk verwendeter Begriff ...

Stattdessen wissen Sie nun genug, um erste Schriftstücke zu verfassen, die oft Ihren Erfordernissen genügen – aber eben nur oft, nicht immer. Schon bald werden Sie mit dem Layout nicht zufrieden sein oder höhere Ansprüche haben. Dieses Buch soll Ihnen das Rüstzeug an die Hand geben, um nicht nur fertige Pakete, die Sie zur Lösung verschiedener Probleme einsetzen können, zu verstehen, sondern auch selbst solche zu schreiben oder vorhandene an Ihre Bedürfnisse anzupassen. Dazu werden zunächst bekannte und nicht so gängige Aspekte von LaTeX vorgestellt. Wichtige Gestaltungselemente eines Dokumentes werden modifiziert und fertige Pakete vorgestellt. Weiterhin lernen Sie, neue Zeichensätze in LaTeX einzusetzen sowie Texte mit nichtlateinischen Zeichen zu schreiben und nach anderen Satzregeln zu gestalten. Kleine Hilfsprogramme werden ins rechte Licht gerückt und die graphischen Fähigkeiten von LaTeX & Co. besprochen. Daneben finden Sie verschiedenste Tips und Tricks zur täglichen Arbeit mit LaTeX.

Danksagungen

Einige Leute waren mit und ohne ihr Wissen an diesem Werk beteiligt; ihnen allen schulde ich Dank:

- meinem Lektor Herrn Volker RW Schaa für die angenehme Zusammenarbeit sowie dem Verlagsteam von dpunkt,

- meinen *Eltern* – ohne den von ihnen erworbenen legendären ZX81, für den es leider noch kein LaTeX gab, wäre ich nicht zum Computer und dann zum Computersatz gekommen,

- dem TeX-Guru *Jörg Knappen* für seinen schönen Einführungskurs sowie zahlreiche Tips und Ratschläge,

- *D. E. Knuth, L. Lamport*, dem *LaTeX 2_ε-Projektteam* sowie den zahllosen Freiwilligen, die die Arbeit an LaTeX und seinen Paketen weiterführen, für die Bereitstellung eines Programmes, das interessant genug für ein Buch und mächtig genug ist, um mit ihm über es zu schreiben.

Danke! Ein besonderer Dank gilt meiner Frau *Claudia* für die Geduld, über das durch die teilweise zeitintensive Arbeit entstandene »time sharing« und für die zahlreichen mühevollen und humorvollen Korrekturen – so mancher Fehlerteufel (zum Beispiel das LaTeX, das auf den Buchstaben tri*tt* tritt) wurde durch sie ausgetrieben und manches verständlicher formuliert (hoffe ich). Und nicht zuletzt haben lange und heftige Diskussionen anläßlich kleinerer und größerer Probleme mit unseren jeweiligen Schützlingen LaTeX (»Bastelware, kann *xxx* nicht ...«) und seinen Gegenspielern aus der WYSIWYG-Welt (»Klickware, kann *yyy* nicht ...«) das gegenseitige Verständnis gefördert und die Erkenntnis hervorgebracht: es kann alles nur besser werden, aber schlimmer sein :-)

Vorwort zur zweiten Auflage

Das Vorwort zu einer zweiten Auflage zu schreiben, ist für einen Autor immer eine erfreuliche Angelegenheit, zeigt es doch, daß er dem einen oder anderen Leser etwas mitteilen konnte. Ich hoffe, auch mit dem vorliegenden Buch wieder zahlreiche Leser ansprechen zu können, wie immer in der EDV, sind die Dinge auch bei LaTeX etwas im Fluß, so daß einige Abschnitte bearbeitet worden sind. Da andererseits die Änderungsgeschwindigkeit von LaTeX im Vergleich zu anderen Textsatzprodukten doch gering sind, konnte der Aufbau des Buches beibehalten werden. Neu hinzugekommen sind neben Zeichensatztabellen vor allem Hinweise zur Integration von eigenen Zeichensätzen, mathematischen Alphabeten und eigenen Klammersymbolen sowie weitere Pakete zu verschiedensten Themen; Modifikationsmöglichkeiten im Bereich des Seitenlayouts wurden ebenso aufgenommen wie Farbseparation oder spezielle Piktogramme.

Nicht zuletzt wurden bekanntgewordene Tipp- oder gar Programmfehler der Erstauflage korrigiert, hierfür danke ich allen aufmerksamen Lesern, die mich auf Fehler aufmerksam gemacht oder mir Hinweise gegeben haben. Ebenso danke ich wiederum allen Personen, die mir bereits bei der ersten Auflage unermüdlich geholfen haben, sie haben mir auch diesmal wieder ihre wertvolle Unterstützung gewährt, vielen Dank!

1.1 Zum Umgang mit diesem Buch

Eingabehinweise

Für rasche Erfolge beim Eintippen von Listings beachten Sie bitte folgendes. Die im Buch enthaltenen Programmlistings sind, um sie vom normalen Text abzuheben, in der Schriftart `Courier` und in abgesetzten Textblöcken gesetzt:

Codezeilen in der Schriftart Courier

```
\begin{figure}
   ...
   \caption{...}
\end{figure}
```

Auch im Fließtext werden LaTeX- oder TeX-Befehle in der Schriftart Courier gesetzt und damit hervorgehoben: `\TeX`. Wenn Sie also im Text auf Passagen wie `@{,}` oder `\!` stoßen, heißt das, daß diese Zeichenfolgen – als Weg zum Erfolg – wörtlich übernommen werden müssen, auch wenn sie Ihnen zunächst als sinnlose Aneinanderreihung von Sonderzeichen erscheinen. Das ist eben LaTeX (auch C wäre nicht C, wenn nicht Sequenzen wie `if (*a->x += &b)` in einem ganz normalen Listing stünden). Damit Befehle wie `\text`, vor allem im Fließtext, rasch gefunden werden können, werden sie ebenfalls in die Marginalspalte aufgenommen.

`\text`

Dateinamen wie `german.sty` werden ebenfalls in Courier gesetzt. Handelt es sich bei den Dateien um Pakete, werden die Namen in der Marginalspalte wiederholt.

`german`

Im Buch sind viele komplette Listings enthalten, die – von der ersten bis zur letzten Zeile abgetippt – lauffähige Lösungen anbieten. Diese sind, um bei der Besprechung einfach auf bestimmte Zeilen verweisen zu können, numeriert. Geben Sie die Zeilennummern *nicht* mit ein:

```
1   % hier folgen die Programmzeilen
2   % ...
```

Ein solches Listing kann durch erläuternden Text unterbrochen sein

```
3   % hier geht's weiter
4   % mit den nächsten Zeilen!
```

wird aber durch die fortlaufende Numerierung als Ganzes erkannt. Die meisten Programm*fragmente* sind nicht numeriert und stellen in der Regel einen Ausschnitt aus einem größeren Ganzen dar. Sie sind daher in der Regel nicht für sich ablauffähig.

Das Zeichen ➠ markiert im Buch einen Zeilenwechsel, der jedoch *nicht* eingegeben werden darf. Der folgende Text muß als eine Zeile eingegeben werden:

```
bsbre8a ClassicalGaramondBT-Roman " 1.2 ExtendFont  ➠
   TeXbase1Encoding ReEncodeFont" <8r.enc <clsgaran.pfb
```

Die vorgestellten kompletten Pakete sowie die längeren Programmausschnitte können, um Tipparbeit zu ersparen, von den CTAN-Servern (siehe unten) geladen werden. Sie finden alle Dateien im Verzeichnis

```
CTAN/info/ltt
```

`text.sty` Die Namen der Dateien, hier als Beispiel `text.sty`, sind in die Marginalspalte gesetzt.

Parameter, Argument Im folgenden werden häufiger die Begriffe »Parameter« oder »Argument« auftauchen. Ein *Parameter* ist in einer Befehlsdefinition ein Platzhalter für einen später zu konkretisierenden Wert (Buchstabe, Wort oder komplexere Strukturen), der in LaTeX mit den Symbolen #1 bis #9 symbolisiert wird. Häufig wird hierfür der Begriff *Argument* gebraucht, obschon hierunter eher der konkrete Wert verstanden wird. Im Beispiel

```
\newcommand{\beschreib}[2]{Eine/r #1 ist #2}
```

sind die Angaben #1 und #2 in der Definitionszeile Parameter des neuen Befehls \beschreib.

```
\beschreib{Melone}{gelb}
\beschreib{Apfel}{rot}
```

Beim ersten Aufruf dieses Befehls ist das erste Argument »Melone« und das zweite »Apfel«. Analog ist das Argument »gelb« der Wert des zweiten Parameters.

Bei der Vorstellung von neuen Befehlen wird in der Regel eine allgemeine Syntax angegeben, die frei von speziellen Angaben ist. Die bei jeder Anwendung des Befehles mit aktuellen Werten zu versehenden Parameter sind durchweg in spitze Klammern eingefaßt. So hat beispielsweise der Befehl

1.1 Zum Umgang mit diesem Buch

```
\item[<Stichwort>] <Text>
```

die beiden Parameter `<Stichwort>` und `<Text>`, die bei der Anwendung von `\item` von Ihnen durch die gewünschten Werte zu ersetzen sind. Die spitzen Klammern entfallen dabei! Die Namen und Begriffe innerhalb dieser Klammern sollen auf die Funktion des Parameters hinweisen und so die Anwendung und Versorgung mit korrekten Argumenten erleichtern. Angaben in eckigen Klammern `[]` (wie das Stichwort im Beispiel) sind dabei optional, das heißt, der gesamte eingeklammerte Teil einschließlich der eckigen Klammern kann ersatzlos entfallen. In diesem Falle kann – je nach Befehl – ein Standardwert für den Parameter eingesetzt werden. Eine korrekte Eingabe für den Beispielbefehl wäre somit die folgende:

```
\item Dies ist der Test zum Item.
```

Möchten Sie das optionale Argument angeben, so müssen die eckigen Klammern mitgeschrieben werden. Auch die folgende Eingabe

```
\item[Test] Dies ist der Text mit Überschrift.
```

ist somit richtig.

Die meisten abgedruckten Eingabetexte sind mehrzeilig; entsprechend ihrer logischen Struktur wird eine Einrückung vorgenommen, die nicht zwingend ist, aber das Lesen des Textes, vor allem des Programmtextes, erleichtern kann. Im Beispiel

```
Dies ist laufender Text.
\begin{figure}
  <Hier steht Text der Abbildung>
  \caption{Eine Abbildung.}
\end{figure}
Und wieder normaler Text.
```

wird der gesamte Inhalt der `figure`-Umgebung um zwei Leerzeichen eingerückt, so daß (vor allem bei komplexen Abbildungen) klar erkennbar ist, was noch innerhalb und was schon außerhalb der Abbildung steht. Diese Einrückung muß nicht übernommen oder kann nach Ihren Vorstellungen verändert werden.

Leerzeichen

Achtung! Aufgrund der speziellen Behandlung von Leerzeichen und Zeilentrennzeichen durch LaTeX kann, wenn Sie eine lange Zeile umbrechen, an der Umbruchstelle ein Leerzeichen in den Text geraten, das so nicht beabsichtigt ist. Besonders bei Makrodefinitionen können Sie diesen Effekt häufig beobachten. In solchen Fällen müssen Sie die Zeile mit einem %-Zeichen abschließen. Dies ist am Beispiel des Makros `\strich` (siehe auch Seite 17) ersichtlich:

```
\newcommand{\strich}[2][.5ex]
  {\settowidth{\laenge}{#2}%        <-- wichtig!
   \makebox[0pt][l]{#2}%
   \rule[#1]{\laenge}{0.3mm}}
```

Ohne das Kommentarzeichen % würde sich ein unbeabsichtigtes Leerzeichen einschleichen, das die korrekte Positionierung des Striches über dem Text verfälschen und diesen um ein Leerzeichen verschieben würde.

Interne Befehle
Einige Beispiele greifen auf interne Befehle und Strukturen zurück, die häufig das Zeichen @ (Klammeraffe oder at-Zeichen) im Namen enthalten. Dieses Zeichen darf im normalen Text nicht als Bestandteil eines (eigenen) Befehls auftreten, sondern nur als druckbares Zeichen. Dies soll verhindern, daß ein Anwender unbeabsichtigt Fehler bei internen Strukturen hervorruft. Möchten Sie interne Befehle verwenden, müssen Sie die entsprechenden Zeilen in eine separate Datei (Paket oder Stildatei) schreiben. Diese Dateien tragen Namen, die mit .sty enden. Zur Verwendung müssen Sie den Namen des Paketes in einem \usepackage-Befehl aufführen. Sie können auch die entsprechenden Zeilen mit zwei Befehlen zu Beginn des Dokumentes selbst klammern. Diese Befehle heben die Sonderbedeutung des @ vorübergehend auf:

```
\documentclass{...}
...
\makeatletter
    <Ihre @-Befehle>
\makeatother
...
\begin{document} ...
```

Quellenangaben

Um rasch die vorgestellten Pakete beziehen zu können, ist stets angegeben, wo die Dateien gefunden werden können. Die erste Quelle ist das CTAN-Archiv, für das eine Kurzangabe der Form

CTAN/macros/latex/base

benutzt wird. Die Zeile bedeutet: die fraglichen Dateien sind im Verzeichnis /tex-archive/macros/latex/base auf dem CTAN-FTP-Server zu finden. Die Adresse des nächstliegenden Servers hängt von Ihrem Aufenthaltsort ab, in Abschnitt 1.2 ist die Adresse des deutschen CTAN-Servers aufgeführt.

Eine andere Möglichkeit ist, sich auf Dateien innerhalb eines LaTeX-Verzeichnisbaumes zu beziehen. Dies geschieht in der Form

`/texmf/latex/mystyles`

Diese Angabe bezeichnet das Verzeichnis `texmf/latex/mystyles`, wobei gegebenenfalls die Bezeichnung der Festplattenpartition voranzustellen ist, auf der das LaTeX-System installiert ist.

Um den Lesefluß nicht zu stören, wird im Fließtext nur der Name des Paketes angegeben, die Referenz zum Paket und Fundort ist im Anhang aufgeführt. Diese Liste kann auch dazu dienen, nach Paketen zu bestimmten Problemstellungen zu suchen. *Liste der Pakete*

Abschnitt A.3 gibt Ihnen eine kurze Übersicht, in welche Verzeichnisse Sie die Dateien, die Sie mit einem Paket aus den genannten Quellen erhalten, kopieren müssen, um das Paket zu installieren. Für weitere oder spezielle Informationen zur Installation müssen Sie jedoch die dem Paket beiliegenden Informationsdateien lesen. Kennen Sie die in vielen Distributionen verwendeten `.dtx`- und `.ins`-Dateien nicht, lesen Sie in Abschnitt A.4, was Sie tun müssen, um »normale« LaTeX-Dateien aus ihnen zu generieren.

Deutsche Anpassung

Beachten Sie bitte, daß die meisten Beispiele und Bemerkungen davon ausgehen, daß Sie die deutsche Anpassung für LaTeX benutzen. In LaTeX-Distributionen finden sich die Pakete `german` und `ngerman` (neue deutsche Rechtschreibung), die die entsprechenden Korrekturen vornehmen. Im LaTeX-Dokument geben Sie das gewünschte Paket mit folgender Zeile an: *german* *ngerman*

`\usepackage{german} % alte deutsche Rechtschreibung`

Einige wenige Funktionen werden gegenüber dem englischen Original geringfügig abgewandelt, worauf jeweils hingewiesen wird. Speziell die besonderen deutschen Trennregeln der alten Rechtschreibung werden mit dieser Anpassung berücksichtigt, so wird mit den Befehlen

`"ck "ff "ll "mm "nn "pp "rr "tt`

die korrekte Schreibweise und Trennung von Wörtern mit mehreren (gleichen) Konsonanten angegeben, zum Beispiel »Bäk-ker«, »Brennnessel«. Mit `"-` wird eine zusätzliche Trennstelle an der Stelle des Befehls geschaffen (der Originalbefehl zur Angabe einer Trennstelle `\-` verhindert die Trennung an allen anderen Stellen im Wort). Die Form `""` stellt ebenfalls eine zusätzliche Trennmöglichkeit dar, erzeugt im Gegensatz zu `"-` aber keinen Trennstrich. Einen Bindestrich, an dem zusätzlich zu anderen Stellen im selben Wort getrennt werden darf, fügen Sie mit `"=` in den Text ein. `"~` dagegen stellt einen Bindestrich ohne Trennmöglichkeit dar. Der neue Befehl `"|` dient zum *"-* *""* *"=, "~* *"|*

Aufhebung von Ligaturen ähnlich dem Originalbefehl \/, der jedoch keine Unterstützung bei der Silbentrennung bietet.

Mit der deutschen Anpassung kann die Eingabe der Umlaute in der 7 bit-Kodierung deutlich einfacher mit "a anstelle von \"a für den Umlaut ä erfolgen. Analog erhalten Sie mit "O den Buchstaben Ö usw. Das ß wird mit der Eingabe "s erzeugt.

Zur Anpassung auf das hierzulande übliche DIN A4-Papier verwenden Sie die Option a4paper:

`\documentclass[a4paper,...]{...}`
`\usepackage{german}`

8 bit-Eingabekodierung

LaTeX ist traditionell auf die Verwendung des 7 bit-ASCII-Zeichensatzes zur Kodierung der Eingabetexte ausgerichtet. Dies hat den Vorteil, daß die Texte auf jedem beliebigem Rechner bearbeitet werden können. Sonderzeichen, speziell Umlaute und andere akzentuierte Buchstaben, werden durch besondere Kurzbefehle, die ebenfalls mit ASCII-Zeichen darstellbar sind, konstruiert, zum Beispiel erzeugt \"a den Umlaut ä.

Angesichts einer heutigen Tastatur, auf der zahlreiche Sonderzeichen und Umlaute zu finden sind, fragt sich so mancher Benutzer zu Recht, ob denn diese Zeichen nicht direkt eingegeben werden können? Sie können es tatsächlich unter Zuhilfenahme des Paketes `inputenc`, mit dem Sie die Kodierung der Zeichen Ihrer Tastatur festlegen und damit unmittelbar Umlaute eingeben können. Wenn Sie eine standardmäßige PC-Tastatur unter ISO Latin 1-Kodierung benutzen, schreiben Sie zu Beginn des Textes einfach

`\usepackage[latin1]{inputenc}`

Die Option `latin1` muß je nach gewünschter Kodierung geändert werden, die Eingabe auf DOS-Rechnern beispielsweise erfordert die Codepage 850 und somit

`\usepackage[cp850]{inputenc}`

Welche Kodierungen darüber hinaus verfügbar sind, erfahren Sie in der Begleitdokumentation des Paketes.

Achtung! Da das Paket nur die Interpretation des Eingabetextes aus Sicht von LaTeX ausführt, tatsächlich aber in Ihren bisher portierbaren ASCII-Text nunmehr mit jedem Umlaut 8 bit-Zeichen hineingeraten, werden Sie bald feststellen, daß zwar auch 8 bit-Zeichensätze genormt sind, aber die *verschiedenen* Normen nicht weiterhelfen, wenn der Text mit einem anderen als dem gewohnten Rechner oder Editor bearbeitet werden soll und das System eine andere Norm benutzt. Der Vorteil einer geringeren Tipparbeit steht einer sehr eingeschränkten Übertragbarkeit des Dokumentes gegenüber.

1.2 Allgemeine Informations- und Bezugsquellen

Am einfachsten und vielversprechendsten ist der Bezug von TeX-Software über das Internet: via FTP vom sogenannten *CTAN*, dem *Comprehensive TeX Archive Network*, einem Verbund von drei Servern nebst einigen Spiegelrechnern. Auf ihnen ist praktisch alles gesammelt, was jemals offiziell für TeX beigesteuert wurde: von Implementierungen für verschiedene Plattformen, dem Quellcode, einer großen Anzahl von Erweiterungspaketen, LaTeX für verschiedenste Sprachen (polnisch, hebräisch, orientalisch) bis hin zu Graphik- und Zeichensatztools.

Für Nutzer im deutschsprachigen Raum bietet sich als nächstliegender Server die Adresse

```
ftp.dante.de/tex-archive
```

an. Der Server wird von der deutschsprachigen TeX-Anwendervereinigung DANTE e.V. betrieben und enthält die komplette Software und lauffähige TeX-Installationen (Unix, Mac, Atari, Windows). Loggen Sie sich als FTP-User »anonymous« oder »ftp« mit Ihrer E-Mail-Adresse als Passwort ein und schon steht Ihnen die Welt von TeX in allen Facetten offen. Was hier nicht gefunden wird, dürfte anderswo schwer zu finden sein ...

Der soeben geschilderte Weg ist zwar der einfachste, steht aber nur Benutzern offen, die über einen Internet-Zugang verfügen. Falls das ein Problem ist, müssen Sie nicht verzweifeln: ein großer Teil der auf dem Server gespeicherten Daten ist auf CD-ROMs erhältlich und über DANTE e.V. zu beziehen.

Anwendervereinigungen

TeX ist kein kommerzielles Produkt mit Produktwerbung, dennoch kann es viele Informationskanäle und offizielle Adressen vorweisen. Weltweit haben sich Benutzer zu Anwendergruppen zusammengeschlossen, die sich zum Ziel gesetzt haben, TeX zu pflegen, zu erweitern und darüber hinaus Lösungen für die Herausforderung der neuen Medien (Web, pdf oder XML) zur Verfügung zu stellen. Anfragen können an

DANTE e.V.
Deutschsprachige Anwendervereinigung TeX e.V.
Postfach 10 18 40
D-69008 Heidelberg
Tel. 06221 - 29 766
EMail: `dante@dante.de`
`ftp.dante.de/tex-archive`
`http://www.dante.de`

gerichtet werden.

Neben dieser quasi offiziellen TeX-Vertretung existieren zahlreiche Diskussionsforen im Internet, in denen Benutzer aller Kenntnisstufen Fragen stellen und beantworten, sowie Entwicklungen diskutieren können. Die beiden wichtigsten Gruppen sind

```
comp.text.tex       % englischsprachig
de.comp.text.tex    % deutschsprachig
```

2 Was LaTeX bietet

Bevor Sie in Kapitel 3 Methoden und Programme kennenlernen, um die von LaTeX vorgenommene Gestaltung von Objekten zu modifizieren, werden zunächst einige elementare Befehle und die Möglichkeiten ihres Einsatzes detailliert erläutert. Es wird auf Zähler und Längenregister eingegangen und die Parameter bei der Zeilen-, Absatz- und Seitengestaltung vorgestellt, weiterhin Grundlagen der LaTeX-Boxen wiederholt sowie Entscheidungen und Berechnungen erläutert. Diese Kenntnisse bilden die Grundlage für fortgeschrittene Anwendungen von LaTeX, das Erstellen von Paketen für eigene Änderungen wie auch die Modifikation von vorhandenen Paketen.

Bevor es nun richtig losgeht, sei Ihnen an dieser Stelle noch eine Warnung mit auf den Weg gegeben: selbst wenn die Programmierung eines Layouts geglückt ist, heißt dies noch lange nicht, daß Sie damit alle typographischen Hürden überwunden haben: ein noch so gutes Programm macht noch kein leserliches Buch. Wenn Sie an Fragen der guten Gestaltung von Druckwerken interessiert sind, sollten Sie sich, bevor Sie sich an die Arbeit machen, die entsprechenden Kenntnisse aneignen. Im Anhang sind einige geeignete Bücher zu dieser Thematik aufgeführt.

2.1 Befehlsdefinition

Unumgänglich zum Schreiben eigener Pakete oder Stildateien (siehe Seite 23) ist die Möglichkeit, neue Befehle und Makros zu definieren. LaTeX stellt Ihnen einen Mechanismus zur Verfügung, mit dem Sie sowohl neue Befehle wie auch neue Umgebungen kreieren können.

2.1.1 Neue Befehle

Alle von LaTeX bereitgestellten Befehle sind in Wirklichkeit aus einfacheren TeX-Grundbefehlen zusammengesetzt, die mit ihrem Namen als Befehlssequenz aufgerufen und ausgeführt werden. Auch Sie haben die Möglichkeit, häufig benutzte Sequenzen zu einem Befehl zusammenzufassen. Benutzen Sie dafür die Kommandos

\newcommand `\newcommand{<Befehlsname>}[<Arg>]{<Definition>}`
\renewcommand `\renewcommand{<Befehlsname>}[<Arg>]{<Definition>}`

Der Unterschied zwischen beiden Befehlen besteht darin, daß mit `\newcommand` ein Begriff, der noch nicht vergeben sein darf, als Name des Befehls verwendet wird, während mit `\renewcommand` ein Name, der bereits existiert, umdefiniert werden kann. `<Befehlsname>` steht für den Namen des neu zu schaffenden oder zu modifizierenden Befehls (`\Befehlsname`), dem beim Aufruf ein `\` voranzustellen ist. `<Definition>` enthält die in geschweifte Klammern eingefaßte Definition des Befehls, die bei jedem Aufruf von `<Name>` ausgeführt werden soll. Um diese Sequenz bei jedem Aufruf leicht variieren zu können, wird die Anzahl der veränderbaren Parameter mit `<Arg>` festgelegt.

Parameterlose Befehle

Der einfachste Fall ist der eines Befehls ohne Parameter. Dies bedeutet, daß durch die Angabe des Namens (angeführt von `\` als Befehlskennzeichen) an der Stelle des Auftretens die von Ihnen definierte Sequenz von Befehlen oder normalem Text eingesetzt (so als stünde sie anstelle des Namens im Text) und nach dem Einfügen in stets identischer Weise ausgeführt wird. Nach

`\newcommand{\vektor}{(a_1, a_2, \ldots, a_n)}`

```
\begin{displaymath}
  \vec a = \lambda \vektor
\end{displaymath}
```

wird derselbe Text $\vec{a} = \lambda(a_1, a_2, \ldots, a_n)$ erzeugt, dies entspricht der Schreibweise

```
\begin{displaymath}
  \vec a = \lambda (a_1, a_2, \ldots, a_n)
\end{displaymath}
```

Befehle mit Parametern

Sie können nun Ihre häufig benutzten Begriffe, Wendungen und Befehle mit einem aussagekräftigen Namen versehen und abspeichern. Besonders interessant wird die Definition neuer Befehle jedoch durch die Möglichkeit, den Ersetzungstext in gewissem Maße flexibel zu halten, das heißt, für einige Stellen können Sie bei jedem Aufruf das Material, das dort tatsächlich stehen soll, angeben. An den Stellen, an denen zum Zeitpunkt der Definition noch nicht feststeht, welcher Text eingesetzt wird, fügen Sie das Ersetzungssymbol #1 bis #9 ein. Dies können Sie für neun verschiedene Platzhalter vornehmen, die

2.1 Befehlsdefinition

durch die Zahl unterschieden werden. Bei jedem Aufruf müssen Sie nach dem Befehlsnamen eine Liste von aktuellen Werten angeben, die an Stelle der korrepondierenden Ersetzungssymbole eingefügt werden sollen. Dabei gilt ein einzelnes Zeichen als ein Wert; wollen Sie also mehrere Zeichen, etwa ein Wort, in ihrer Gesamtheit als Parameter betrachtet wissen, so müssen Sie die zusammengehörenden Zeichen in geschweiften Klammern einschließen. Dies soll an einem Beispiel gezeigt werden:

Argumente klammern

```
\newcommand{\bigletter}[1]{\uppercase #1}
\bigletter alles großgeschrieben
\bigletter{alles} großgeschrieben
```

Es ist äquivalent mit dem Text

Alles großgeschrieben
ALLES großgeschrieben

Der Befehl besitzt einen freien Parameter, den Sie an der Angabe [1] erkennen können; für jedes Auftreten von #1 wird das erste folgende Einzelzeichen oder die erste folgende geklammerte Zeichengruppe eingesetzt, so daß im ersten Falle der Befehl (auch Makro genannt) nur das Zeichen »a« als Wert des Parameter betrachtet und »Alles ...« erzeugt, während die geklammerte Zeichengruppe {alles} im zweiten Falle ebenfalls den Wert eines einzigen Parameters repräsentiert und »ALLES ...« erzeugt.

Ein konkreteres Beispiel soll Ihnen die sinnvolle Verwendung von Makros mit mehreren Parametern nahebringen. In Texten zur Linearen Algebra kommen häufig Vektoren mit geringfügig unterschiedlichen Komponenten vor, wie am folgenden Beispiel sichtbar wird:

$$\begin{pmatrix} a_1 \\ \vdots \\ a_n \end{pmatrix} + \begin{pmatrix} b_1 \\ \vdots \\ b_n \end{pmatrix} = \begin{pmatrix} a_1 + b_1 \\ \vdots \\ a_n + b_n \end{pmatrix}$$

Um sich Schreibarbeit (und damit einhergehende Fehler) zu ersparen, können Sie ein Makro schreiben, das einen Spaltenvektor erzeugt, dessen erste und letzte Komponente als Parameter übergeben wird und der für die mittleren Komponenten vertikale Fortsetzungspunkte einfügt, so daß Sie folgenden einfachen Text für das genannte Beispiel schreiben können:

```
\newcommand{\vektor}[2]{%
  \left( \begin{array}{c}
      #1\\ \vdots\\ #2
      \end{array} \right) }}
```

```
\begin{displaymath}
  \vektor{a_1}{a_n} + \vektor{b_1}{b_n} =
    \vektor{a_1+b_1}{a_n+b_n}
\end{displaymath}
```

Verschachtelte Definitionen

Im Zusammenhang mit verschachtelten Definitionen von Befehlen mit Parametern kann ein Problem auftreten, das hier näher beleuchtet werden soll: Nehmen Sie an, Sie wollen einen \printtitle-Befehl bereitstellen, dem als Argument ein Titel übergeben wird. Dieser Titel soll in einem bestimmten Schriftschnitt gedruckt werden, der zu Anfang des Dokuments mit dem Befehl \titel definiert wird. Der Parameter dieses Befehls ist der Umschaltbefehl für den Schnitt. Eine erste Definition könnte folgendermaßen ausschauen:

```
\newcommand{\titel}[1]
  {\newcommand{\printtitle}[1]{{#1#1}} }
```

Ein Aufruf \titel{\itshape} soll dann kursive Titel erzeugen. Beim Lesen der Definition treten allerdings Interpretationsschwierigkeiten auf: soll das Fragment mit dem genannten Aufruf etwa als

```
\newcommand{\printtitle}[1]{{\itshape\itshape}}
```

gelesen werden? Gewiß nicht, das Problem, das hier auftritt, liegt in der fehlenden Unterscheidung zwischen äußerem (\itshape) und innerem Parameter begründet. Diese Unterscheidung erreichen Sie, indem Sie für Parameter von inneren Makros anstelle des #1 das ##1 benutzen. Eine korrigierte Fassung des \titel-Makros sieht dann wie folgt aus:

```
\newcommand{\titel}[1]
  {\newcommand{\printtitle}[1]{{##1#1}} }
```

Nun kann klar zwischen beiden Arten von Parametern unterschieden werden und der Aufruf führt zu der beabsichtigten Sequenz

```
\newcommand{\printtitle}[1]{{\itshape #1}}
```

2.1.2 Neue Umgebungen

Im Gegensatz zu den soeben eingeführten definierbaren Befehlen können Sie mit einer neuen Umgebung einen Geltungsbereich der ausgelösten Aktionen definieren wie auch automatisch mit Abschluß der Umgebung weitere Befehle ausführen, ohne daß Sie sich Gedanken um die Vorgänge innerhalb des Beginns und des Endes der Umgebung machen müssen. Zur Definition eigener Umgebungen verwenden Sie einen der Befehle des Paares

```
\newenvironment{<Name>}[<Arg>]
  {<Begindef>}%
  {<Enddef>}
\renewenvironment{<Name>}[<Arg>]
  {<Begindef>}%
  {<Enddef>}
```
newenvironment

renewenvironment

Es besteht mit `\renewenvironment` die Möglichkeit, eine bereits existierende Umgebung zu modifizieren (`<Name>` ist bereits bekannt). Der Name für die Umgebung bei `\newenvironment` muß neu angelegt werden, er darf auch nicht anderweitig vergeben sein. Der erste Parameter `<Name>` ist der eindeutige Name der Umgebung, `<Arg>` ist eine optionale ganze Zahl `<n>` im Bereich 0–9, die die Anzahl der Parameter der Umgebung kodiert. Die Parameter werden im Ersetzungstext wiederum durch die Symbole #1 bis #`<n>` dargestellt. Fehlt die Zahl, wird Null angenommen, das heißt, die Umgebung besitzt keinen Parameter. Anhand der Definitionsbefehle sehen Sie, daß Sie – anders als bei normalen Befehlen – zwei Befehlssequenzen `<Begindef>` und `<Enddef>` angeben müssen. Dies spiegelt den Ablauf beim Ausführen der Umgebung wider; die Ausführung der Befehle

`\begin{Name}[Arg...] ... Text ... \end{Name}`

ergibt

`<Begindef> ... Text ... <Enddef>`

Diese Darstellung soll Ihnen den Vorteil von Umgebungen vor Augen führen, nämlich daß automatisch vor und nach dem Textblock gewisse Befehle ausgeführt werden können. Bei `\begin{Name}` werden die Befehle des ersten angegebenen Ersetzungstextes `<Begindef>` ausgeführt, bei `\end{Name}` die Befehle aus `<Enddef>`. Im Unterschied zu `<Begindef>` darf innerhalb des Ersetzungstextes `<Enddef>` kein Ersetzungszeichen # auftreten, das heißt, die Parameter dürfen nur im Startteil verwendet werden!

Umgebungen mit Parametern

Die Verwendung von Parametern in Umgebungen sowie Ersetzungstexten geschieht in der gleichen Weise wie bei Befehlen. Wiederum wird jedes Ersetzungszeichen #1 bis #9 durch den aktuellen Wert ersetzt. Als Beispiel dient hier eine Umgebung mit einem Parameter:

```
\newenvironment{einzug}[1]
  {\setlength{\parindent}{#1}}
  {}
```

```
Dies ist ein Absatz mit dem normalen
Standardeinzug der ersten Zeile ...

\begin{einzug}{0pt}
Zur Demonstration der unklaren Lesart von Absätzen
ohne Einzug der ersten Zeilen folgt ein Beispiel.

Der Beginn dieses zweiten Absatzes ist bei
unglücklicher Länge der letzten Zeile des vorherigen
Absatzes kaum zu erkennen.
\end{einzug}

Mit Einzug dagegen kann der Beginn dieses Absatzes
wieder klar erkannt werden.
```

In allen Absätzen innerhalb der Umgebung soll der Einzug der ersten Zeile von der Größe sein, die durch den ersten und einzigen Parameter der Umgebung vorgegeben wird. An der Stelle des Auftretens von #1 wird im Ersetzungstext im Falle der Ausführung (wenn also die Umgebung konkret aufgerufen wird) der erste folgende Wert (ein Zeichen oder eine in geschweiften Klammern eingeschlossene Zeichengruppe) eingesetzt. Nach dem Aufruf

```
\begin{einzug}{0pt}
```

wird die beginnende Befehlssequenz

```
\setlength{\parindent}{0pt}
```

ausgeführt, also der Wert von \parindent auf den gewünschten aktuellen Wert gesetzt. Diese Veränderung bleibt automatisch auf die Umgebung begrenzt, so daß im Ersetzungsteil für <Enddef> die Größe \parindent ohne weiteres Zutun wieder auf den alten Wert gesetzt wird. Hätten Sie einen Befehl

```
\newcommand{\einzug}[1]
  {\setlength{\parindent}{#1pt}}
```

definiert, so gäbe es keine Möglichkeit, den früheren Wert von \parindent wieder herzustellen. Sie müßten dann beispielsweise einen weiteren Befehl \noeinzug definieren.

2.1.3 Voreinstellungen für Parameter

Für den *ersten* Parameter einer Argumentenliste kann eine *Voreinstellung* <Default> angegeben werden. Es handelt sich um einen Wert, der eingefügt wird, wenn der Benutzer nicht explizit alle Parameter mit konkreten Werten versorgt, d. h. genau $n-1$ Argumente angibt. Die Syntax der Definitionsbefehle erweitert sich damit wie folgt:

```
\newcomand{<Befehlsname>}[<n>][<Default>]
  {<Definition>}
\renewcomand{<Befehlsname>}[<n>][<Default>]
  {<Definition>}

\newenvironment{<Befehlsname>}[<n>][<Default>]
  {<Beg-Def>}%
  {<End-Def>}
\renewenvironment{<Befehlsname>}[<n>][<Default>]
  {<Beg-Def>}%
  {<End-Def>}
```

Der erste Parameter einer Argumentenliste, mit #1 referiert, wird mit dem Wert `<Default>` vorbesetzt, wenn kein vom Benutzer angegebener Wert zur Verfügung steht. Dieser Wert ist in eckige Klammern [] einzuschließen. Den praktischen Einsatz illustriert ein Makro zum Unter- oder Durchstreichen von Text (zum Unterstreichen oder Unterschlängeln steht Ihnen auch das fertige Paket `ulem` als ausgefeilte Lösung zur Verfügung): `ulem`

```
\newlength{\laenge}
\newcommand{\strich}[2][.5ex]
  {\settowidth{\laenge}{#2}%
    \makebox[0pt][l]{#2}%
    \rule[#1]{\laenge}{0.15mm}}
```
`underlin.tex`

```
... was zur \strich{Durchstreichung} ...
... \strich[-1pt]{Unterstreichen} ...
```

Der erste Parameter #1 gibt die Höhe des Striches an und ist, falls nicht mit `\strich[<Angabe>]` explizit gefordert, auf 0,5 ex gesetzt, was zur D̶u̶r̶c̶h̶s̶t̶r̶e̶i̶c̶h̶u̶n̶g̶ führt (Maßeinheiten wie `ex` werden in Abschnitt 2.6 auf Seite 45 eingeführt). Eine benutzerdefinierte Angabe ermöglicht das Über- oder Unterstreichen des Textes. Beachten Sie dabei die Setzung der Kommentarzeichen am Zeilenende: Ohne diese würden unbeabsichtigte Leerzeichen in den Text geraten, die zur fehlerhaften Plazierung der Striche führen.

Die vier bisher aufgeführten Befehle können auch in einer Sternform (siehe Seite 20) auftreten (`\newcommand*`, `\renewenvironment*` usw.), die ermöglicht, daß Sie die Länge der Parameter auf maximal einen Absatz beschränken können. Umgekehrt wird die Nicht-Sternform benutzt, wenn ein Parameter eine Absatzgrenze überschreiten darf. Im letzten Fall wäre die Definition einer eigenen Umgebung sinnvoll.

2.1.4 Definition nicht existierender Kommandos

Es ist anzuraten, vor der Definition eines Befehls zu überprüfen, ob dieser nicht bereits existiert. Ist dies nicht der Fall, kann die eigene Definition wirksam werden. Der Befehl hierfür ist

\providecommand
```
\providecommand{<Befehlsname>}[<n>][<Default>]
   {<Definition>}
```

<Befehlsname> wird nur definiert, falls der Befehl noch nicht existiert. Die Bedeutung der Parameter ist dieselbe wie bei \newcommand.

2.2 Nützliches aus der LaTeX-Küche

Neben den in späteren Abschnitten im Detail vorgestellen Strukturen und internen Befehlen von LaTeX finden Sie beim Durchlesen der LaTeX-Systemdateien einige Befehle, die sinnvoll eingesetzt werden können, wenn Sie eigene Pakete schreiben wollen. Nicht alle können hier aufgeführt werden, dies würde den Rahmen des Buches sprengen, so verweisen wir auf die dokumentierte Implementierung [13] als reiche Fundgrube. Beachten Sie dabei jedoch, daß alle Befehle, die einen @ im Namen tragen, nur innerhalb von Paketen unmittelbare Verwendung finden können und daß die Portabilität solcher Befehle nicht gesichert ist bzw. sich mit zukünftigen LaTeX-Versionen ändern kann.

2.2.1 Diverse Befehle

Im folgenden werden einige Makros und Befehle vorgestellt, die häufig gebrauchte Funktionen für die tägliche Arbeit mit LaTeX bereitstellen.

Befehl definiert?

Ein praktischer Befehl ist:

\@ifundefined
`\@ifundefined{<Befehl>}{<undef>}{<def>}`

Mit diesem Befehl können Sie überprüfen, ob <Befehl> bereits existiert. Ist dies nicht der Fall, wird das Textfragment <undef> ausgeführt, ansonsten <def>. Mit

`\@ifundefined{chapter}{\newcommand\chapter{...}}`

fügen Sie also den \chapter-Befehl nur bei Bedarf hinzu (dieses Beispiel kann ebenso mit dem \providecommand-Kommando aus Abschnitt 2.1.4 formuliert werden).

Makro leer?

In vielen Fällen ist es erforderlich, ein Makro auf seinen Inhalt hin zu untersuchen, etwa in Briefstilen das \betrifft-Makro. Um zu erfahren, ob Sie den Inhalt des Makros bearbeiten müssen, können Sie mit dem ifthen-Paket, das in Abschnitt 2.7 noch ausführlicher erläutert wird, folgende Prüfung durchführen:

```
\ifthenelse{\equal{\betrifft}{}}
   {}%                         Makro ist leer
   { setze Betrifft-Zeile}% Makro hat Inhalt
```

Dokumentformatierung

Häufig ist es beim Einsatz von Makros wünschenswert, in Abhängigkeit davon, ob ein- oder zweiseitig beziehungsweise ein- oder zweispaltig formatierte Dokumente vorliegen, weitere Befehle ablaufen zu lassen oder Maße mit anderen Werten zu besetzen. Die Überprüfung auf zweispaltigen Satz ist mit dem Befehl \if@twocolumn möglich. Mit dem Paket ifthen können Sie ihn wie folgt abfragen:

@twocolumn

```
\ifthenelse{\boolean{@twocolumn}}
   {}% Einspaltig
   {}% Zweispaltig
```

(Die Nummer der aktuellen Spalte ist im Makro col@number zu finden.) Zur Überprüfung, ob ein- oder zweiseitige Formatierung vorliegt, kann der Befehl \if@twoside eingesetzt werden, der analog abgefragt wird:

col@number

```
\ifthenelse{\boolean{@twoside}}
   {}% Einseitig
   {}% Zweiseitig
```

Um zu ermitteln, innerhalb welcher Umgebung Sie sich befinden, können Sie das Makro \@currenvir einsetzen. Es enthält in Form einer Zeichenkette den Namen der aktuellen Umgebung. Die Zeilen

```
\begin{testumgebung}
  Umgebung ist \@currenvir
\end{testumgebung}
```

liefern also den Text »Umgebung ist testumgebung«.

Eigene Textmarken

Das Makro \@currentlabel enthält eine Zeichenfolge (meist einen Zählerstand), die dem nächsten \label als Wert zugewiesen wird.

\@currentlabel

Die Gliederungsbefehle beispielsweise setzen dieses Makro stets auf den inkrementierten Kapitel- oder Abschnittszähler. Eine nachfolgende Textmarke erhält somit die jeweils aktuelle Überschriftennumerierung. In eigenen Makrodefinitionen können Sie diese Aktualisierung des Makros mit dem Befehl \refstepcounter erreichen, der einen Zähler weiterschaltet. Sie können den \@currentlabel-Mechanismus jedoch auch unabhängig davon einsetzen, um z. B. folgende \label-Kommandos mit beliebigen Zeichen zu versehen. Das Beispiel aus Abbildung 2.1 liefert die beiden Sätze 2.1 und 3.4.

```
\newcommand{\satz}[1]
  {\textit{Satz #1}\par
   \renewcommand{\@currentlabel}{#1}}

\noindent\fbox{\parbox{\linewidth}{
\satz{2.1}\label{pytha}
Im rechtwinkligen Dreieck gilt die Beziehung
$a^2+b^2=c^2$ zwischen den drei Seitenlängen.}

\satz{3.4}\label{name}
Der Satz~\ref{pytha} stammt von \textsc{Pythagoras}.}
```

Satz 2.1
Im rechtwinkligen Dreieck gilt die Beziehung $a^2 + b^2 = c^2$ zwischen den drei Seitenlängen.
Satz 3.4
Der Satz 2.1 stammt von PYTHAGORAS.

Abbildung 2.1
Selbsterzeugte Textmarken

Das Makro \satz erhält die gewünschte Referenznummer und formatiert die Satzüberschrift. Sollte dem Makro ein \label folgen, so erhält dieses Ihre Zeichenfolge als Wert, der bei anschließenden \ref-Befehlen verwendet wird. Fehlt der anschließende \label-Befehl oder folgt vor diesem ein Befehl, der seinerseits Textmarken aktualisiert, bleibt Ihre Zeichenfolge unberücksichtigt oder wird von dem Befehl überschrieben.

2.2.2 Sternformen und andere Sonderparameter

Viele LaTeX-Befehle kennen neben der normalen Form des Befehls \Befehlsname noch eine sogenannte Sternform \Befehlsname* mit unterschiedlicher Funktionalität. Ein weiteres, dem Befehlsnamen unmittelbar folgendes Sonderzeichen kann eine eckige Klammer sein, die zur Kennzeichnung optionaler Parameter dient. Um bei Bedarf eine Voreinstellung einsetzen zu können, müssen Sie feststellen, ob das folgende Zeichen beispielsweise eine öffnende eckige Klammer ist. Hierbei unterstützt Sie der \@ifnextchar-Befehl: er überprüft, ob das im Text folgende Zeichen einem bestimmten Zeichen <z> entspricht und führt in Abhängigkeit vom Ergebnis eine von zwei Befehlsfolgen aus:

`\@ifnextchar<z>{<wahr>}{<falsch>}`   *\@ifnextchar*

Das folgende Beispiel benutzt die öffnende eckige Klammer, um ein optionales Argument zu erkennen und stützt sich auf das Makro zum Unter- und Durchstreichen (siehe Abschnitt 2.1.3):

```
\newlength{\laenge}

\newcommand{\strich}
  {\@ifnextchar[{\@strich}{\@strich[.5ex]}}
\newcommand{\@strich}[2][]
 {\settowidth{\laenge}{#2}%
   \makebox[0pt][l]{#2}\rule[#1]{\laenge}{0.3mm}}
```

Der Befehl wird zweiteilig implementiert: die Hauptarbeit wird von `\@strich` geleistet, der als zweiten Parameter #2 den Text erhält und als ersten Parameter #1 einen in eckige Klammern eingefaßten Wert für die Höhe des Striches, der immer vorhanden sein muß. Die eigentliche Entscheidung, ob eine optionale Angabe vorliegt, wird durch den Befehl `\strich` getroffen: Er überprüft, ob das im Text folgende Zeichen eine öffnende eckige Klammer [ist. Dieses Zeichen wird dabei nur im Vorfeld betrachtet und nicht aus dem Eingabestrom genommen; folgt tatsächlich eine eckige Klammer, wird der erste `\if`-Zweig ausgeführt: `\@strich`. Die eckige Klammer steht nun als Begrenzer für den ersten Parameter von `\@strich` bereit, so daß das Makro `\strich` eine gültige Parameterliste mit zwei Werten erhält. Haben Sie keine eckige Klammer geschrieben, so muß im zweiten `\if`-Zweig eine Voreinstellung geliefert werden, daher lautet der Aufruf `\@strich[.5ex]`. Der Text wird in beiden Fällen als zweiter Parameter aus dem laufenden Dokument gelesen. Zur Bearbeitung optionaler Argumente müssen Sie also einen zweiteiligen Befehl erzeugen: einmal die Entscheidung über Klammern und Lieferung von Voreinstellungen, zum anderen den eigentlichen Befehl, der stets mit allen, auch den optionalen Parametern aufgerufen werden muß und in der LaTeX-Implementierung meist ein zusätzliches @-Zeichen im Namen trägt.

In engem Zusammenhang mit `\@ifnextchar` steht das Makro `\@ifstar`. Es dient dazu, die Sternform eines Befehls zu erkennen und je nach Vorhandensein eine Voreinstellung oder eine Variante hiervon auszuführen: *Sternform erkennen mit* `\@ifstar`

`\@ifstar{<Ja-Teil>}{<Nein-Teil>}`

Ist die Sternform vorhanden, wird der Stern aus dem Eingabestrom gepackt (verschwindet also) und die Befehle aus dem `<Ja-Teil>` ausgeführt. Wird der Befehl in seiner Standardform aufgerufen, so werden die Befehle des `<Nein-Teils>` ausgeführt. Hierzu ein praktisches

Beispiel: Ein Befehl \article soll entweder wie \chapter Gliederungsnummern erzeugen oder in der Sternform \article* analog zu \chapter* eine abgemagerte Funktion erfüllen. Zusätzlich soll die normale Form drei, die Sternform aber nur einen Parameter erlauben. Aufrufe wie

```
\article{Überschrift}{Autor}{Kurzinfo}
\article*{Überschrift}
```

sollen möglich sein. Dieses Verhalten kann folgendermaßen implementiert werden:

```
\newcommand{\article}
  {\@ifstar{\@@articles}{\@@article}}
\newcommand{\@@article}[3]
  {<Volle Implementierung>}
\newcommand{\@@articles}[1]
  {<Implementierung für die Sternform>}
```

Die Parameter, die der Befehl erwartet, erscheinen in der ersten Stufe der Definition von \article nicht. In dieser wird nur anhand von \@ifstar das Makro \@@article für die Normal- oder \@@articles für die Sternform aufgerufen. Die Parameterlisten treten erst bei den Definitionen dieser internen Makros auf. Da zu diesem Zeitpunkt erst das Befehlsende und gegebenenfalls der Stern gelesen wurden, stehen die Parameterwerte noch im unbearbeiteten Eingabestrom und können von einem der beiden Makros als Parameter verwertet werden. Die Parameterlisten der internen Makros werden erst gelesen, wenn die Entscheidung über Stern oder Nicht-Stern gefallen ist, so daß beide Formen unterschiedliche Parameter verwenden können.

Wenn Sie sich die Originaldateien in `latex.ltx` durchlesen, werden Sie sehen, daß von diesem Prinzip häufig Gebrauch gemacht wird. Sie müssen bei eigener Anwendung nur darauf achten, daß außer \@ifstar kein anderer Befehl in der Definition der obersten Stufe (hier \article) stehen darf, da sonst die Werte, die als Parameter gelesen würden, an anderer Stelle als erwartet im Eingabestrom auftauchen.

2.3 Zerbrechliche Befehle

Zuweilen wird es Ihnen wünschenswert erscheinen, neben Text auch Befehle in die Argumentpositionen anderer Befehle zu schreiben. In diesem Buch wird dies häufig mit Befehlen geschehen, die durch \addtocontents oder \glossary in Dateien geschrieben werden sollen. Erwartet wird dabei, daß der Befehl erst beim *Einlesen* der Datei aktiv wird. Das folgende Beispiel

```
\addtocontents{lol}{\bcom Text \ecom}
```

soll den Text `\bcom Text \ecom` in die Datei schreiben. Trotz Einhaltung aller Syntaxregeln quittiert LaTeX den Versuch mit einer großen Anzahl an Fehlermeldungen. Dies liegt daran, daß LaTeX versucht, die beiden Befehl *auszuwerten* und diese Ersatztexte in die Datei zu schreiben, was zu großen Mengen an in diesem Kontext unerlaubten Sonderzeichen führt. Die Befehle fallen sozusagen in eine große Zahl von Bruchstücken auseinander.

Der Befehl `\protect` verhindert die Auswertung der Befehle und schreibt stattdessen die Befehlsworte literal in die Datei. Dazu muß der Befehl `\protect` vor den fraglichen Kommandowörtern stehen: \protect

```
\addtocontents{lol}{\protect\bcom Text \protect\ecom}
```

Auch wenn Sie zum Beispiel einen Eintrag ins Inhaltsverzeichnis mit einem zusätzlichen `\numberline` planen, muß dieser Befehl geschützt werden:

```
\addtocontents{toc}
  {\protect\numberline{\thesection} Abschnitt}
```

2.4 Pakete

LaTeX stellt Mechanismen und Befehle bereit, die speziell auf die Bedürfnisse der Anwender, die Pakete schreiben oder modifizieren wollen, zugeschnitten sind (synonym zu Paket ist in der Literatur häufig der Begriff Stildatei zu finden). Lesenswert sind auf jeden Fall die Dokumentationen [15, 16], die wertvolle Hinweise für Autoren enthalten!

2.4.1 Die Identifizierung der Pakete

Wie oft geschieht es beim Einsatz von Paketen, daß diese nicht das gewünschte Ergebnis erbringen. Eine genaue Untersuchung bringt an den Tag, daß ein Paket für eine mittlerweile veraltete LaTeX 2_ε- (alle sechs Monate wird ein Update veröffentlicht) oder gar LaTeX-2.09-Version geschrieben war. LaTeX 2_ε vergibt deshalb von vornherein Befehle, aus denen ersichtlich wird, für welche Konfiguration oder Version das Paket geschrieben wurde. Zunächst können Sie angeben, welches TeX-Format Sie voraussetzen:

```
\NeedsTeXFormat{<Format>}[<Datum>]
```
\NeedsTexFormat

Die Angabe `<Format>` informiert darüber, mit welchem Format die LaTeX-Version ausgestattet sein muß, um als Grundlage für Ihr Paket dienen zu können. Sie setzen hier in der Regel die Zeichenfolge `LaTeX2e` ein. Die freigestellte Angabe von `<Datum>` ermöglicht es dem System, eine Meldung zu generieren, wenn das Paket oder die Klasse mit einer LATEX-Version benutzt wird, die vor dem angegebenen Datum verteilt wurde und daher eventuell nicht die notwendige Funktionalität bietet. Das Datum muß in der ISO-Norm geschrieben werden, für den 13. September 1998 wird 1998/09/13 angegeben.

Die drei folgenden Kommandos dienen der Selbstidentifikation des Paketes, der Klassendatei oder einer Hilfsdatei:

\ProvidesPackage `\ProvidesPackage{<Name>}[<Datum> [<Info>]]`
\ProvidesClass   `\ProvidesClass{<Name>}[<Datum> [<Info>]]`
\ProvidesFile   `\ProvidesFile{<Name>}[<Datum> [<Info>]]`

`<Name>` ist dabei der Name des Paketes oder der Klassendatei, `<Datum>` ein optionales Datum zur Sicherstellung einer hinreichend neuen LATEX-Version. Auf dieses Datum kann weiterer Kommentar folgen. Im Falle von `\ProvidesFile` muß `<Name>` der komplette Name der Datei einschließlich der Dateiendung sein.

2.4.2 Nachladen von Paketen und Klassen

Eine große Anzahl von Problemen kann durch leichte Modifikationen an bereits vorhandenen Paketen oder Klassen gelöst werden. Sind nur kleine Änderungen erforderlich, ist es noch günstiger, nur diese in eine eigene Paketdatei zu schreiben und am Beginn oder Ende dieser Datei die unveränderte Originaldatei nachzuladen. Bei Bedarf können mit den beiden Kommandos

\RequirePackage   `\RequirePackage[<Optionen>]{<Name>}[<Datum> [<Info>]]`
\...WithOptions   `\RequirePackageWithOptions{<Name>}[<Datum> [<Info>]]`

noch weitere Pakete geladen werden, wobei beim ersten Befehl die in der Liste aufgeführten (oder mit einem `\PassOptionsToPackage`-Befehl bezeichneten) Optionen übergeben werden, die aus der Sicht des Paketes `<Name>` *lokal* sind. Der Befehl ist mit dem Aufruf `\usepackage` identisch. Dagegen werden die Optionen, mit denen das Paket oder die Klasse selbst aufgerufen wurde, bei dem Befehl `\RequirePackageWithOptions` weitergereicht. Sie können als *globale* Optionen betrachtet werden und werden auch dann vom Paket `<Name>` benutzt, wenn das von Ihnen geschriebene Paket, in dem der Befehl `\RequirePackageWithOptions` steht, die Optionen selbst auswertet. Die Optionen werden in solchen Fällen also zweimal behandelt, von jedem Paket einmal.

Möchten Sie auf einer bereits existierenden Klasse `<Name>` aufbauen, verwenden Sie stattdessen einen der Befehle

\LoadClass   `\LoadClass[<Optionen>]{<Name>}[<Datum> [<Info>]]`
\...WithOptions   `\LoadClassWithOptions{<Name>}[<Datum> [<Info>]]`

Die Kommandos dürfen nur in Klassen eingesetzt werden! \LoadClass ist mit dem Aufruf \documentclass identisch und gibt die in der Liste oder mit einem \PassOptionsToClass-Befehl angeführten Optionen weiter. \LoadClassWithOptions hingegen gibt die Optionen weiter, mit denen die aufrufende Klasse selbst aufgerufen wurde. Im nächsten Abschnitt werden Sie hierzu einige weitere Erläuterungen finden.

2.4.3 Optionen

Für jede Option <Name>, die das Paket oder die Klasse unterstützen soll, ist der Befehl

\DeclareOption{<Name>}{<Befehle>} \hfill \DeclareOption

zu verwenden. Er teilt LaTeX mit, daß beim Auftreten von <Name> die Befehlsfolge <Befehle> auszuführen ist. Schreiben Sie eine neue Klasse, so reicht diese von Ihnen angegebene Optionen, die nicht mit \DeclareOption einem Programmfragment in der Klasse entsprechen, an vorhandene Pakete weiter. Schreiben Sie ein neues Paket, so kann es ebenfalls vorkommen, daß eine Option angefordert wird, für die kein Code vorhanden ist. Pakete generieren in solchen Fällen eine Fehlermeldung, da sie nicht mehr auf weitere Pakete zurückgreifen können, die diese Option bearbeiten könnten. Solche Fälle können Sie mit dem Befehl \DeclareOption*{<Befehle>} abfangen. Hiermit wird eine Befehlsfolge angegeben, die eine Voreinstellung darstellt und immer ausgeführt wird, wenn eine nicht definierte Option angefordert wurde. \hfill \DeclareOption*

Innerhalb der Befehlsargumente von \DeclareOption sind zwei nützliche Kommandos definiert. \CurrentOption wird zum Namen der augenblicklich aktuellen Option expandiert und eignet sich daher hervorragend zum Einsatz im Defaultzweig nach \DeclareOption*, um zu erfahren, welche nicht definierte Option aufgerufen wurde. Die Folge \hfill \CurrentOption

\DeclareOption*{Nicht definierte Option:
  \CurrentOption\par}

erzeugt eine Liste aller Optionen, die angegeben wurden, aber nicht definiert sind. Der Befehl \OptionNotUsed fügt die Option den »unused options« hinzu und kann dazu dienen, vorläufige Platzhalteroptionen einzurichten. \hfill \OptionNotUsed

Innerhalb der Befehlsposition der \DeclareOption-Kommandos (aber nicht nur dort) können die Befehle

\PassOptionsToPackage{<Optionen>}{<Paket>} \hfill \PassOptionsToPackage
\PassOptionsToClass{<Optionen>}{<Klasse>} \hfill \PassOptionsToClass

eingesetzt werden. Sie fügen die gegebenen <Optionen> der Liste für das Paket <Paket> oder die Klasse <Klasse> hinzu. Diese Optionen werden beim nächsten Aufruf des Paketes oder der Klasse mit einem der Befehle \RequirePackage, \usepackage oder \LoadClass wirksam. Sie können so die Behandlung einzelner Optionen selbst übernehmen, andere wiederum an spezielle Pakete weiterreichen.

\ProcessOptions   Die tatsächliche Auswertung der Optionen und die Ausführung des Codes erfolgt erst mit dem Befehl \ProcessOptions\relax. Das Kommando \relax wird als Abschluß des Befehlswortes empfohlen, da eine Sternform \ProcessOptions* existiert. Verzichten Sie auf \relax und folgt – aus welchen Gründen auch immer – ein Stern im Eingabestrom, so würde dieser ungewollt das \ProcessOptions-Kommando in die Sternform konvertieren.

Der Befehl \ProcessOptions sucht zunächst für jede globale oder lokale Option den mit \DeclareOption definierten Code. Ist ein solcher vorhanden, wird er in der Reihenfolge der \DeclareOption-Befehle ausgeführt. Alle Optionen, die mit einem der Befehle \RequirePackage, \PassOptionsToPackage oder \usepackage explizit an das Paket (und nur an dieses) übergeben wurden, sind lokal.

Ist kein Code für die Option vorhanden, so wird versucht, eine innerhalb von \DeclareOption* definierte Befehlsfolge zu finden. Bleibt auch diese Suche ohne Ergebnis und wird \ProcessOptions in einem Paket verwendet, wird eine Fehlermeldung ausgegeben. Klassen liefern an dieser Stelle keine Meldung, da sie unbenutzte Optionen weiterreichen können.

\ProcessOptions*   Eine ähnliche Wirkung besitzt \ProcessOptions*. Der Unterschied zur Form ohne Stern besteht darin, daß die Optionen in der Reihenfolge ihres Auftretens in der Optionenliste (nicht in der ihrer Definition) ausgeführt werden.

Defaultoptionen
\ExecuteOptions   Möchten Sie in einer Klasse eine Liste von voreingestellten Optionen einführen, die ohne explizite Nennung gültig sind, können Sie das Kommando \ExecuteOptions{<Optionen>} unmittelbar vor \ProcessOptions benutzen. Es sucht für jede Option der Liste den entsprechenden Code und führt ihn aus. Kann er nicht gefunden werden, wird die Option stillschweigend übergangen.

Betrachten wir das Problem der Weitergabe von Optionen an Pakete und Klassen genauer. Stellen Sie sich eine Klasse artikel.cls vor, die einige Optionen selbst verarbeitet und auf einer Klasse base.cls aufbaut. artikel.cls wird in einer Testdatei aufgerufen, die fünf Optionen spezifiziert:

```
\documentclass[a,b,c,d,e]{artikel}
```

2.4 Pakete

Die Klasse `base.cls` soll zunächst ausgeben, welche Optionen ihr übergeben wurden:

```
% base.cls
\DeclareOption*{\typeout{Option: \CurrentOption}}
```

Die Datei `artikel.cls` können Sie in verschiedener Weise programmieren. Eine erste Variante

```
% artikel.cls erste Variante
\DeclareOption{a}{\typeout{artikel: a}}
\DeclareOption{b}{\typeout{artikel: b}}
\LoadClass{base}
```

liefert uns die Erkenntnis, daß `artikel.cls` die Optionen a und b erhalten und verarbeitet hat. Die Optionen c bis e wurden nicht verwendet. Die Änderung

```
% artikel.cls zweite Variante
\DeclareOption{a}{\typeout{artikel: a}}
\DeclareOption{b}{\typeout{artikel: b}}
\LoadClassWithOptions{base}
```

bewirkt die Auswertung der Optionen a und b durch `artikel.cls` und die Abarbeitung aller (!) Optionen durch die Klasse `base.cls`, da sie mit genau denselben Optionen (eben allen) wie `artikel.cls` aufgerufen wird. Möchten Sie, daß nur die Optionen weitergereicht werden, die `artikel.cls` nicht auswertet, so führt folgende Variante zum Ziel:

```
% artikel.cls dritte Variante
\DeclareOption{a}{\typeout{artikel: a}}
\DeclareOption{b}{\typeout{artikel: b}}
\DeclareOption*{%
   \PassOptionsToClass{\CurrentOption}{base}}
\LoadClass{base}
```

Sie gibt mit dem `\PassOptionsToClass`-Befehl genau die nicht von `artikel.cls` bearbeiteten Optionen an `base.cls` weiter, im Beispiel also c bis e. Ersetzen Sie in der letzten Variante `\LoadClass{base}` durch `\LoadClassWithOptions{base}`, so führt dies wiederum zur doppelten Auswertung der Optionen a und b.

2.4.4 Nützliche Einsprungstellen

LaTeX 2_ε kennt vier Kommandos, die die übergebenen Befehle speichern und sie zu Beginn oder am Ende des Dokumentes oder am

Ende des Paketes oder der Klassendatei ausführen. Für das Schreiben von Paketen sind folgende Befehle innerhalb von Optionszweigen nützlich:

\AtEndOfPackage `\AtEndOfPackage{<Befehle>}`
\AtEndOfClass `\AtEndOfClass{<Befehle>}`

Die gesammelten Befehle werden am Ende der Paket- oder Klassendatei ausgeführt. Die Befehle

\AtBeginDocument `\AtBeginDocument{<Befehle>}`
\AtEndDocument `\AtEndDocument{<Befehle>}`

sammeln ebenfalls die Befehlsfolgen, führen sie jedoch bei dem Kommando `\begin{document}` bzw. `\end{document}` aus. Im letzteren Falle wird der Code ausgeführt, bevor die letzte Seite gesetzt ist. Wegen noch nicht gesetzter Fließobjekte kann daher ein `\clearpage`-Befehl erforderlich sein, falls Ihre Aktionen wirklich zuallerletzt stattfinden müssen.

2.4.5 Fehlermeldungen

Eigene Pakete und Klassen können mit Hilfe der Befehle

\ClassError `\ClassError{<Klassenname>}{<Fehler>}{<Hilfe>}`
\PackageError `\PackageError{<Paketname>}{<Fehler>}{<Hilfe>}`

Fehlermeldungen in LaTeX-konformer Weise erzeugen. Sie geben den Fehlertext `<Fehler>` aus und erzeugen den bekannten Errorprompt mit Fragezeichen. Geben Sie nunmehr `h` für »weitere Hilfe« ein, so wird zusätzlich der informative Text `<Hilfe>` ausgegeben, bevor der Errorprompt wieder erscheint.

Möchten Sie keine Fehlermeldung, sondern nur eine informative Mitteilung oder eine Warnung ohne Errorprompt erzeugen, so greifen Sie auf die Befehle

\...Warning `\ClassWarning{<Name>}{<Warnung>}`
`\PackageWarning{<Name>}{<Warnung>}`
`\ClassWarningNoLine{<Name>}{<Warnung>}`
`\PackageWarningNoLine{<Name>}{<Warnung>}`
`\ClassInfo{<Name>}{<Info>}`
`\PackageInfo{<Name>}{<Info>}`

zurück. In allen Fällen ist `<Name>` der Name der Klasse oder des Paketes. Sie können mit diesen Befehlen den Text `<Warnung>` oder `<Info>` ausgeben. Die beiden `NoLine`-Versionen der Warnbefehle unterdrücken die Ausgabe der Zeilennummer, die bei Benutzung der ersten beiden Kommandos ausgegeben wird und helfen soll, den fehlerhaften Befehl im Text aufzuspüren. Die Info-Befehle erzeugen Mitteilungen an den Benutzer ohne Angabe der Zeilennummern.

Innerhalb der ausgegebenen Mitteilungen können die folgenden Kommandos zur Textformatierung eingesetzt werden:

- ❑ \Messagebreak erzeugt einen Zeilenumbruch,
- ❑ \space druckt ein Leerzeichen,
- ❑ \protect verhindert die Ausführung des nachfolgenden Befehlswortes und druckt es stattdessen.

2.4.6 Laden von Dateien

Neben dem Laden von fertigen Paketen oder Klassen kann es sinnvoll sein, Hilfs- oder Ergänzungsdateien in den LaTeX-Quelltext einzufügen. Die erweiterten Befehle

\IfFileExists{<Datei>}{<Ja>}{<Nein>}   *\IfFileExists*
\InputIfFileExists{<Datei>}{<Ja>}{<Nein>}   *\InputIfFileExists*

überprüfen zunächst, ob die Datei mit dem Namen <Datei> vorhanden ist. Wenn dies nicht der Fall ist, werden die Befehle des <Nein>-Zweiges ausgeführt, ansonsten die Befehle aus dem <Ja>-Zweig. Beim \InputIfFileExists-Befehl wird zusätzlich nach Ausführung die angefragte Datei geladen.

2.4.7 Eine Buchklasse als Beispiel

Eine Beispielklasse soll alles bisher im Zusammenhang mit der Verwendung von Klassen Gesagte illustrieren. buch.cls soll es gestatten, Bücher in verschiedenen Stilrichtungen zu schreiben, wobei innerhalb der Klassendatei nur einige elementare Einstellungen vorgenommen werden und die eigentliche Layoutgestaltung in separaten Optionsdateien erfolgt. Das Verfahren bietet den Vorteil, daß neue Layouts einfach durch Bereitstellung der entsprechenden Optionsdatei eingebunden werden können, ohne daß die Klassendatei ständig geändert werden muß (LaTeX verfährt ähnlich, indem es für jeden Hauptstil Optionsdateien bereitstellt, zum Beispiel bk10.clo bis bk12.clo als Optionen für Schriftgrößen des Stils »book«). Die Optionsdatei soll den Namen der Option tragen und ebenfalls durch die Endung .clo gekennzeichnet werden.

Beispielklasse

Innerhalb einer Optionsdatei können Sie alle Elemente modifizieren, die für die betreffende Stilrichtung relevant sind. Dazu zählt unter anderem die Gestaltung der Titelseite, des Inhaltsverzeichnisses, der Gliederungsüberschriften, des Seitenlayouts sowie spezieller

Makros und Umgebungen. Um auch im Stichwortverzeichnis ein einheitliches Erscheinungsbild zu gewährleisten, sollten Sie daran denken, eine entsprechende Stildatei für Ihr bevorzugtes Stichworterstellungsprogramm zu schreiben. Mehr zu dieser Thematik erfahren Sie in Abschnitt 3.10.

Funktionsumfang Zunächst wird angesprochen, was die Klasse leisten soll, danach wird das Programm vorgestellt, gefolgt von einer Optionsdatei. Das Layout des Inhaltsverzeichnisses sowie der Gliederungsüberschriften wurde bis zur Stufe des `\subsection`-Befehls durchgestaltet und eine Titelseite entworfen, die neben Titel, Datum und Autor auch die Angabe eines Untertitels, eines Verlages und eines Herausgebers ermöglicht. Auf der Rückseite dieser Titelseite können Sie Copyright-Vermerke, ein Impressum und andere Angaben unterbringen. Weiterhin sind noch passende Seitenlayouts enthalten. Das Layout wurde für das Format DIN A4 entworfen, eine Änderung der Parameter `\textheight` oder `\paperwidth` sind möglich, können aber im Einzelfall zu unschönen Resultaten führen. In solchen Fällen müssen Sie gegebenenfalls eine entsprechend bearbeitete Version der Optionsdateien für Ihre Papiergröße erstellen. Beachten Sie, daß die Option `a4paper` nicht automatisch geladen wird, sondern Sie diese Papiergröße explizit angeben müssen – vielleicht möchten Sie ein anderes Papierformat laden. Nicht festlegen müssen Sie dagegen die deutsche Anpassung durch das `german.sty`-Paket, dieses wird automatisch geladen. (Zum Einsatz der neuen deutschen Rechtschreibung müssen Sie im Quelltext in Zeile 37 das Paket `ngerman.sty` laden.) Die Klasse `buch.cls` setzt auf dem Original `book.cls` auf, so daß Ihnen alle Möglichkeiten dieses Stils offen stehen. Das Stichwortverzeichnis wird ohne Angabe entsprechender Optionen oder Befehle automatisch am Ende des Buches erzeugt. Für Werke, an denen mehrere Autoren beteiligt sind, ist bei jedem mit dem `\part`-Befehl erzeugten Werkteil eine Autorenangabe möglich.

Anwendung Wie schaut nun der Textrahmen für ein Buch aus? Das Beispiel geht davon aus, daß die Beispieloption `celg` wie »colour elegant« heißt. Die Datei stellt Elemente für ein farbig gestaltetes Buch bereit. Für eigene Layouts geben Sie den Namen Ihres Paketes an. Ein typisches Gerüst für ein Buch schaut wie folgt aus:

`buch.tex`
```
\documentclass[celg,multi]{buch}
\usepackage[latin1]{inputenc}
\begin{document}

\frontmatter % Angaben für die Titelseite
\author{M. Wurle, H. Durlinger}
\title{Deutschsprachige Lyrik}
```

```
\subtitle{von 1800 bis heute}
\editor{I. Klöckl}
\edition{Erste Auf"|lage}
\publisher{Selbst-Verlag Wien--Budapest}
% v-- zuweilen nützlich --v
\renewcommand{\editorname}{Zusammenstellung}
\maketitle

% die Impressumseite
\vspace*{.5\textheight}
(c) 1996\\
Dieses Buch wurde gesetzt mit \LaTeX{} unter
Verwendung der Option \texttt{celg}. Gedruckt auf
chlorfreiem Papier.

% Vorworte, Widmungen, Danksagungen etc.
\preface[Danksagung]{Danksagung} ...
\preface{Vorwort zur ersten Auf"|lage} ...
\tableofcontents

\mainmatter % los geht's

\partauthor{M. Wurl} % wer hat diesen Teil geschrieben?
\part{Autoren des letzten Jahrhunderts}
...
\partauthor{H. Durlinger} % noch ein Autor
\part{Autoren der Gegenwart}
...
\begin{thebibliography}{9}
...
\end{thebibliography}

\backmatter ...
\end{document}
```

Wie Sie sehen, sind folgende Befehle zur Erzeugung einer Titel- und einer Impressumseite erforderlich:

- \author{<Text>} legt den Namen des Autors fest.

- \date{<Text>} erklärt das Erscheinungsdatum und ist optional. In diesem Falle wird das aktuelle Datum in geeignetem Format gedruckt.

- \title{<Text>}, \subtitle{<Text>} bestimmen Titel und (optional) Untertitel, der in kleinerem Schriftgrad erscheint.

- `\editor{<Text>}` (optional) kann benutzt werden, um den Namen des Herausgebers eines Buches oder einer Reihe kenntlich zu machen. Er wird vom Leser durch den Zusatz »Hrsg.« erkannt. Soll der Name eines Übersetzers oder eines Redakteurs genannt werden, so können Sie mit

  ```
  \renewcommand{\editorname}{Übersetzer}
  \renewcommand{\editorname}{Red.}
  ```

  dementsprechend Texte einfließen lassen. Die ursprüngliche Definition lautet `\newcommand{\editorname}{Hrsg.}`.

- `\publisher{<Text>}` ist eine optionale Angabe des Verlages nebst Ort.

- Der `\preface`-Befehl wird auf Seite 115 erläutert; die dort vorgestellte Version ist auch in der Buchklasse verfügbar.

Die der Titelseite folgende Rückseite, das Impressum, können Sie frei gestalten. Danksagungen, Widmungen und das Vorwort können mit einem `\chapter*`-Befehl erzeugt werden. Zur Generierung des Stichwortverzeichnisses müssen Sie neben den `\index`-Befehlen keine weiteren Kommandos hinzufügen; es erscheint automatisch in kleinerer Schrift am Ende des Buches.

\partauthor

Im Beispiel wurde neben der Option `celg` noch `multi` angegeben. Diese Option ermöglicht es Ihnen, Bücher zu erstellen, in denen jeder Teil von einem anderen Autor stammt. Vor jedem `\part`-Befehl müssen Sie mit `\partauthor{<Autor>}` den jeweiligen Autor benennen. Er wird dann in der linken (gerade zahligen) Kopfzeile zusammen mit der Kurzfassung der `\part`-Überschrift aufgeführt, während die rechten Kopfzeilen unverändert bleiben. Weiterhin werden die einzelnen Autoren im Inhaltsverzeichnis aufgeführt. Hat ein Autor mehrere Teile geschrieben, können die folgenden `\partauthor`-Kommandos entfallen, bis eine Änderung eintritt.

Die Gestaltung des Stichwortverzeichnisses wird mit der MakeIndex-Stildatei `elegant.ist` vorgenommen. Bearbeiten Sie Ihr Buch nach dem bekannten Schema:

```
latex buch         % z.B. mit "elegant"-Option
makeindex -s elegant.ist buch
latex buch
```

Programmierung

Die meisten Funktionen werden aus der Klasse `book.cls` übernommen, auf die `buch.cls` aufsetzt. Es werden lediglich einige von allen

Layouts gemeinsam benutzte Makros zentral definiert und dafür gesorgt, daß `german.sty` automatisch geladen wird. Die von `buch.cls` bearbeiteten Optionen ersetzen den Inhalt des Makros `\filename` durch den Namen einer Datei, in der die Einzelheiten des betreffenden Layouts enthalten sind. Dieser Dateiname wird am Ende der Klasse benutzt, um die Datei zu laden. Möchten Sie eigene Layouts hinzufügen, müssen Sie eine neue Option mit der zugehörigen Datei bereitstellen. Alle nicht von `buch.cls` bearbeiteten Optionen werden an `book.cls` weitergereicht.

Da durch das Laden der Klasse `book.cls`, die die standardmäßigen Einstellungen festlegt, die eigenen gleich wieder überschrieben würden, muß dafür Sorge getragen werden, daß die Optionsdateien erst später geladen werden. Hierzu läßt sich der `\AtEndOfClass`-Befehl hervorragend einsetzen, der die in `\filename` gespeicherte Datei lädt.

Reihenfolge beachten!

`buch.cls`

```
 1 \NeedsTeXFormat{LaTeX2e}
 2 \ProvidesClass{buch}[1996/06/25 I.Kloeckl]
 3 \typeout{BUCH.CLS 25/6/96 I. Kloeckl}
 4 \RequirePackage{ifthen}
 5 %
 6 % multi muß VOR allen anderen Optionen deklariert
 7 % sein, damit diese das Flag auswerten können!
 8 %
 9 \newboolean{multi}   \setboolean{multi}{false}
10 \DeclareOption{multi}{\setboolean{multi}{true}}
11 \newcommand{\filename}{}
12 % unbekannte Optionen an book.cls weiterreichen
13 \DeclareOption{bel}
14    {\renewcommand{\filename}{bel.clo}}
15 \DeclareOption{elegant}
16    {\renewcommand{\filename}{elegant.clo}}
17 \DeclareOption{tech}
18    {\renewcommand{\filename}{tech.clo}}
19 \DeclareOption{modern}
20    {\renewcommand{\filename}{modern.clo}}
21 \DeclareOption{celg}
22    {\renewcommand{\filename}{celg.clo}}
23 \DeclareOption*
24    {\PassOptionsToClass{\CurrentOption}{book}}
25 %
26 \AtEndOfClass{\input{\filename}}
27 %
28 % Hier Defaultoptionen für BUCH.CLS eintragen
```

```
29  \ExecuteOptions{elegant}
30  \ProcessOptions\relax
31  %
32  % Hier Defaultoptionen für BOOK.CLS eintragen,
33  % dann Klasse laden: \LoadClass[...]{book}
34  \LoadClass{book}
35  %
36  % Hier nun die Defaultpackages laden
37  \RequirePackage{german,makeidx,calc}
38  %
39  % Noch ein paar gemeinsame Dinge tun...
40  \AtEndDocument{\renewcommand{\baselinestretch}{1.0}
41    \addcontentsline{toc}{chapter}{Index}
42    {\small\printindex}}
43  %
44  \newcommand{\@subtitle}{}
45  \newcommand{\subtitle}[1]{\gdef\@subtitle{#1}}
46  \newcommand{\@dateob}{}
47  \newcommand{\dateofbook}[1]{\gdef\@dateob{#1}}
48  \newcommand{\@edition}{}
49  \newcommand{\edition}[1]{\gdef\@edition{#1}}
50  \newcommand{\@editor}{}
51  \newcommand{\editor}[1]{\gdef\@editor{#1}}
52  \newcommand{\@verlag}{}
53  \newcommand{\publisher}[1]{\gdef\@verlag{#1}}
54  \newcommand{\@mauthor}{}
55  \newcommand{\partauthor}[1]{\gdef\@mauthor{#1}}
56  \newcommand{\editorname}{Hrsg.}
57  %
58  \providecommand{\prefacename}{Vorwort}
59  \newcommand{\preface}[2][\prefacename]
60    {\chapter*{#2}\markboth{#1}{#1}}
61  %
62  \makeindex
```

Die einzelnen Optionsdateien *.clo enthalten Modifikationen interner LaTeX-Strukturen, die ein einheitliches Layout aller betroffenen Gestaltungselemente sicherstellen und die in Kapitel 3 im einzelnen erläutert werden. Sie finden nach Funktionen gegliedert und eventuell an ein spezielles Layout angepaßt, Beispielprogramme zur Änderung des Inhaltsverzeichnisses, der Gliederungsüberschriften und der Titelseite. Da die Option celg die Erzeugung farbiger Bücher gestattet, muß das color-Paket, das in Abschnitt 4.8.2 näher vorgestellt wird, geladen werden.

2.4 Pakete

celg.clo

```
1   %    CELG.CLO
2   \typeout{BUCH class option CELG.CLO}
3   \RequirePackage[dvips]{color}
4   %
5   % ---------------- Titelseite ----------------
6   \renewcommand{\maketitle}
7     {{\thispagestyle{empty}\setlength{\parindent}{0pt}
8      \vspace*{1cm}%
9      \@author
10     \ifthenelse{\equal{\@editor}{}}
11       {}
12       {\newline\@editor{} (\editorname)}
13     \par
14     \vspace*{0.2\textheight}
15     \hrule height 1pt\vspace{\baselineskip}
16     {\Huge\bfseries\@title\par}%
17     \ifthenelse{\equal{\@subtitle}{}}
18       {}%
19       {\Large\@subtitle\par}
20     \vspace*{0.5\baselineskip}\hrule height 1pt
21     \vfill
22     \ifthenelse{\equal{\@edition}{}}
23       {}
24       {\@edition{} }
25     \ifthenelse{\equal{\@dateob}{}}
26       {\the\year}
27       {\@dateob}
28     \\
29     \ifthenelse{\equal{\@verlag}{}}
30       {}
31       {\@verlag}
32     \newpage\thispagestyle{empty}%
33     }}
34  %
35  % ---------------- TOC ----------------
36  \newlength{\emlength}
37  \setlength{\emlength}{1em}
38  \newlength{\numwidth}
39  \setlength{\numwidth}{2\emlength}
40  \renewcommand{\numberline}[1]
41    {\makebox[\numwidth][l]{#1}\hspace{0.5\emlength}}
42
43  \renewcommand{\l@part}[2]{\pagebreak[3]%
44    \addvspace{3\baselineskip}%
```

```
45    \noindent\colorbox{YellowRed}
46    {\parbox[c][2cm][c]{\textwidth}
47      {\Large\bfseries\sffamily #1}}%
48    \par\nopagebreak
49    \addvspace{0.5\baselineskip}}
50  \renewcommand{\l@chapter}[2]
51    {\addvspace{2\baselineskip}\pagebreak[3]
52    \noindent
53    \colorbox{Yellow}{\makebox[\textwidth][l]{%
54      \large\rule[-1em]{0mm}{2.5em}%
55      \bfseries#1\quad#2}}
56    \par\nopagebreak\addvspace{0.5\baselineskip}}
57  \renewcommand{\l@section}[2]
58    {\addvspace{0.5\baselineskip}
59    \noindent\hspace{2.5\emlength}%
60    {\bfseries #1\quad#2}\par\nopagebreak[2] }
61  \renewcommand{\l@subsection}[2]
62    {{\setlength{\numwidth}{2.5\emlength}
63    \noindent\hspace{5\emlength}#1\quad#2\par}}
64  %
65  % ---------------- Gliederung ----------------
66  \def\@part[#1]#2
67    {\ifthenelse{\value{secnumdepth}>\m@ne}
68      {\refstepcounter{part}
69      \addcontentsline{toc}{part}{%
70        \protect\numberline{\thepart}#1}}
71      {\addcontentsline{toc}{part}{#1}}
72    \vspace*{0.2\textheight}
73    \noindent\colorbox{YellowRed}%
74    {\parbox[c][3cm][c]{\textwidth}
75      {\LARGE\bfseries\partname~\thepart\\[1ex]
76      \Huge#2}
77    }
78    \ifthenelse{\boolean{multi}}
79      {\vspace*{\baselineskip}\noindent von \@mauthor
80      \addtocontents{toc}
81        {\vspace{\baselineskip}\noindent\hspace{2.5em}%
82        von \@mauthor
83        \protect\nopagebreak%
84        \vskip1\baselineskip\vskip1\baselineskip}}
85      {}%
86    \partmark{#1}%
87    \@endpart}
88  \renewcommand{\@spart}[1]
```

```
89      {\vspace*{0.2\textheight}
90      \noindent\colorbox{YellowRed}%
91      {\parbox[c][3cm][c]{\textwidth}{\Huge\bfseries#1}}
92      \ifthenelse{\boolean{multi}}
93       {\vspace*{1em}\noindent von \@mauthor}
94       {}
95      \@endpart}
96  \renewcommand{\@makechapterhead}[1]
97      {\vspace*{3\baselineskip}
98      \noindent\colorbox{Yellow}
99      {\hbox to \textwidth{\Large%
100         \rule[-\baselineskip]{0mm}{2.5\baselineskip}%
101     \bfseries\thechapter\quad #1\hss}}
102     \vskip1\baselineskip}
103 \renewcommand{\@makeschapterhead}[1]
104     {\vspace*{3\baselineskip}
105     \noindent\colorbox{Yellow}
106     {\hbox to\textwidth{\Large%
107         \rule[-\baselineskip]{0mm}{2.5\baselineskip}%
108     \bfseries#1\hss}}\vskip1\baselineskip}
109 \renewcommand{\section}
110     {\@startsection{section}{1}
111     {\z@}{-3ex plus -1ex minus-.2ex}
112     {2ex plus.2ex}{\reset@font\normalsize\bfseries}}
113 \renewcommand{\subsection}
114     {\@startsection{subsection}{2}{\z@}
115     {-2ex plus -1ex minus-.2ex}{2ex plus.2ex}
116     {\reset@font\normalsize\itshape\bfseries}}
117 %
118 % ---------------- Seitenstile ----------------
119 \newcommand{\partmark}[1]{}
120 \newcommand{\ps@headline}{%
121     \let\@mkboth\markboth
122     \ifthenelse{\boolean{multi}}
123      {\renewcommand{\partmark}[1]
124         {\markboth{\@mauthor~--~##1}{}}
125      \renewcommand{\chaptermark}[1]{}
126     }
127     {\renewcommand{\partmark}[1]{\markboth{}{}}
128      \renewcommand{\chaptermark}[1]
129         {\markboth{\@chapapp~\thechapter~--~##1}{}}
130     }
131     \renewcommand{\sectionmark}[1]
132         {\markright{\thesection~--~##1}}
```

```
133  \renewcommand{\subsectionmark}[1]{}
134  \renewcommand{\@oddfoot}{}
135  \renewcommand{\@evenfoot}{}
136  \renewcommand{\@oddhead}
137    {\normalfont{\small\sffamily\rightmark} \hrulefill%
138     \colorbox{LightRed}%
139       {\parbox{2cm}{\centering\thepage}}}
140  \renewcommand{\@evenhead}
141    {\colorbox{LightRed}%
142      {\normalfont\parbox{2cm}{\centering\thepage}}
143      \hrulefill{ \small\sffamily\leftmark}}
144  }
145  \pagestyle{headline}
146  %
147  % ---------------- Optionsspezifika -------------
148  \definecolor{Yellow}{rgb}{1,1,0}
149  \definecolor{YellowRed}{rgb}{1,0.6,0}
150  \definecolor{LightRed}{rgb}{1,0.8,0.5}
151  % rosa unterlegte Legenden
152  \renewcommand{\@makecaption}[2]
153    {\colorbox{LightRed}{\parbox{\linewidth}
154      {\textbf{#1 } #2}}}
```

Der Aufbau der Stichwort-Stildatei `elegant.ist` wird in Abschnitt 3.10 detailliert erläutert:

`elegant.ist`

```
1   % ELEGANT.IST
2   % Indexeintraege höherer Ordnung durch eine
3   % ---, -Kombination abgetrennt.
4   headings_flag 1
5   heading_prefix "\\hrulefill\\ "
6   heading_suffix "\\ \\hrulefill"
7
8   preamble   "\\begin{theindex}\n
9                \\def\\subitem{\\par\\leavevmode
10                 \\hangindent40pt
11                 \\makebox[12pt][c]{\\hss---\\hss},
12                 \\hspace{8pt} }
13               \\def\\subsubitem{\\par\\leavevmode
14                 \\hangindent40pt
15                 \\makebox[12pt][c]{\\hss---\\hss},
16                 \\makebox[12pt][c]{\\hss---\\hss},
17                 \\hspace{8pt} }"
```

2.5 $1+1=?$ – Zähler und ihre Anwendung

Zähler sind nichts anderes als Variablen oder Namen, die mit einem ganzzahligen Wert verknüpft sind. Dieser Wert ist nicht fest, sondern kann geändert und speziell um Eins erhöht werden. Ihre Bedeutung wird ersichtlich, wenn man die in Tabelle 2.1 aufgeführten Zähler betrachtet, die von LaTeX für interne Zwecke benutzt werden. Offenbar kann man mit Zählern so wichtige Dinge wie Seitenzahlen erzeugen und Buch führen über Abbildungen und Tabellen in Form einer Abbildungs- bzw. Tabellennumerierung. Zähler können in Abhängigkeit von anderen Zählern auf Null zurückgestellt werden (der Fußnotenzähler beginnt automatisch bei jedem neuen Kapitel mit Null) und Sie können mit dem \ref-Befehl auf einen Zählerstand verweisen. Neben den bereits vorhandenen Zählern können Sie für ähnliche Referenz- oder Buchführungszwecke eigene Zähler einrichten, etwa um Beispiele oder Fragen zu numerieren.

Gliederungszähler	Listenzähler	Sonstige Zähler
part	enumi	page
chapter	enumii	equation
section	enumiii	figure
subsection	enumiv	table
subsubsection		footnote
paragraph		mpfootnote
subparagraph		

Tabelle 2.1
Die von LaTeX zu Ordnungszwecken geführten und zugänglichen Zähler

Anhand ihres Namens sind die Funktionen der meisten Zähler identifizierbar. Innerhalb der enumerate-Listen werden die vier Zähler enumi–enumiv benutzt; sie enthalten die Werte der Zähler für die maximal vier Ebenen einer numerierten Liste. mpfootnote zählt die Fußnote innerhalb von Minipages durch.

2.5.1 Einrichten neuer Zähler

Das Einrichten neuer Zähler kann dann sinnvoll sein, wenn man im Buch weitere Strukturen benötigt, die durchnumeriert werden sollen. Ein Beispiel wäre ein Zähler für eine eigene Listing-Umgebung. Zum Erstellen eines Zählers müssen Sie ihm zunächst einen Namen geben, der bisher noch nicht benutzt wurde. Dann verwenden Sie den Befehl \newcounter{<Zähler>}. Nun existiert der Zähler <Zähler>, der automatisch mit dem Wert Null initialisiert wurde. Er kann mit dem Befehl \stepcounter{<Zähler>} um Eins oder mit

\newcounter

\stepcounter

\addtocounter

Rücksteller

\addtocounter{<Zähler>} um eine beliebige (auch negative) Zahl <Diff> erhöht (oder erniedrigt) werden. Mit \stepcounter werden gleichzeitig alle Zähler, für die <Zähler> als Rücksteller definiert war, auf Null gesetzt. *Rücksteller* sind Zähler, die bei ihrem Erhöhen mit \stepcounter oder \refstepcounter andere, von ihnen abhängige Zähler auf Null setzen. Dies geschieht zum Beispiel mit dem Gleichungs- oder dem Fußnotenzähler, der beim Erhöhen des Kapitelzählers rückgesetzt wird. Auf diese Weise beginnen alle Gleichungen und Fußnoten bei jedem neuen Kapitel wieder bei Null. Rücksteller definieren Sie beim Einrichten von Zählern mit einem optionalen Argument:

\newcounter{<Zähler>}[<Rücksteller>]

Als Beispiel folgt ein Makro \vers, das bei jedem Aufruf eine fortlaufende hochgestellte Zahl[1] erzeugt (der Befehl \arabic, der zur Ausgabe des Zählerstandes dient, wird anschließend vorgestellt). Diese Zählung wird mit jedem Kapitel auf Null zurückgestellt, da als Rücksteller **chapter** eingetragen ist:

```
\newcounter{verscnt}[chapter]
\newcommand{\vers}
  {\stepcounter{verscnt}%
    \textsuperscript{\footnotesize\arabic{verscnt}}%
  }
```

... hochgestellte Zahl \vers{} erzeugt ...

Für Programmierer mag es noch interessant sein zu wissen, daß auf LaTeX-interner Ebene der neue Zähler den Namen c@<Name> führt, zum Beispiel c@page oder c@verscnt.

2.5.2 Zuweisungen an Zähler

\setcounter

Die Zuweisung eines Wertes an einen Zähler geschieht mit dem Befehl \setcounter{<Zähler>}{<Wert>}. Für <Zähler> setzen Sie den Namen des gewünschten Zählers ein, z. B. **page** für den Seitenzähler. <Wert> ist der Wert, den der Zähler erhalten soll. Nach \setcounter{page}{4} wird die Paginierung – unabhängig vom bisherigen laufenden Wert – nun mit dem Wert oder der Seite 4 weitergeführt. Sie können diesen Befehl immer dann benutzen, wenn Sie den aktuellen Stand eines Tabellen- oder sonstigen Zählers auf einen abweichenden Wert setzen möchten. Vielleicht liegt Ihnen ein Teil eines Dokumentes bereits gedruckt vor und die Seitenzahl des soeben geschriebenen Textes soll an jenen anschließen? Dann können Sie den

Seitenzähler `page` des aktuellen Dokumentes auf den korrekten Folgewert setzen. Das Verfahren ist jedoch nur empfehlenswert, wenn Sie keinen LaTeX-Quelltext für die fertigen Teile besitzen, da sonst das Ausblenden nicht benötigter Teile mit `\includeonly` vorzuziehen ist.

2.5.3 Ausgabe von Referenzen und Zählerständen

Die beiden Ausgaben sind eng miteinander verknüpft. Sie müssen hierzu wissen, daß zu jedem standardmäßig vorhandenen Zähler ein Ausgabebefehl existiert, der aus dem Präfix `\the` und dem Namen des Zählers besteht, zum Beispiel `\thesection` zur Erzeugung der Druckausgabe für den Abschnittszähler oder `\theverscnt` für die Versnummer. Definieren Sie sich einen ähnlichen Befehl für Ihren eigenen Zähler, so können Sie diesen sowohl ausgeben lassen als auch durch `\ref` Bezug auf ihn nehmen.

Ausgabemakro `\the...`

```
\newcounter{test}
\renewcommand{\thetest}{Test \thechapter--\arabic{test}}
```

erzeugt hier beim Aufruf von `\thetest` die Ausgabe »Test 2–0« (aktuelle Kapitelnummer gefolgt vom Stand des soeben eingerichteten Zählers). Beachten Sie, daß mit `\newcounter` automatisch das `\the`-Makro mit Ausgabe des Zählers in arabischen Ziffern bereitgestellt wird, so daß eine eigene Definition dieses Makros nicht mit `\newcommand`, sondern nur mit `\renewcommand` vorgenommen werden darf!

Zur Ausgabe der Zahlen in verschiedenen Formaten benutzen Sie die Befehle aus Tabelle 2.2, die drei verschiedene Darstellungsarten, gegebenenfalls in einer Groß- und einer Kleinschriftversion, bereitstellen.

Ausgabebefehl	Format der Ausgabe
`\arabic {<Zähler>}`	Ausgabe in arabischen Ziffern.
`\alph {<Zähler>},` `\Alph {<Zähler>}`	Druck als Klein- oder Großbuchstaben.
`\roman {<Zähler>},` `\Roman {<Zähler>}`	Erzeugt kleine oder große römische Zahlen.

Tabelle 2.2
Befehle zur Ausgabe von Zählerständen in verschiedenen Formaten

Nach diesen Ausführungen sind Sie nun in der Lage, zum Beispiel die Kapitel in römischen Zahlen durchzunumerieren:

```
\renewcommand{\thechapter}{\Roman{chapter}}
```

oder die Seitenzahlen in anderer Form erscheinen zu lassen:

`\renewcommand{\thepage}{* \arabic{page}\ *}`

Vorsicht bei der Änderung! Die Freude über die Seitenzahlen in schmückender Sternform wird nach einigen Tests jedoch geschmälert durch die Beobachtung, daß die Sterne auch an einigen anderen, unerwarteten Stellen auftauchen: im Inhaltsverzeichnis oder nach Seitenverweisen im Fließtext. Ein solches unerwartetes Auftreten kann bei allen Ausgabemakros `\the...` vorkommen. Eine Änderung des Ausgabeformats von arabischen in römische Ziffern ist in der Regel unproblematisch, nur bei textuellen Ergänzungen kann es ungewollt zu unschönen Ausgaben kommen. Solche weitreichenden Änderungen werden am besten mit anderen Mitteln durchgeführt, bei den Seitenzahlen in Sternform ist es zum Beispiel günstiger, einen Seitenstil bereitzustellen, der einen Stern druckt und die Seitenzahl mit dem ursprünglichen `\thepage`-Makro, gefolgt von einem weiteren Stern, ausgibt (in Abschnitt 3.4 erfahren Sie mehr darüber).

Referenzen auf Zähler Damit auf die eigenen Zähler Referenzen gesetzt werden können, muß nach dem Inkrementieren des Zählers ein Label definiert werden, auf das mit einem `\ref`- oder `\pageref`-Befehl verwiesen werden kann. Zur Ausgabe des Zählerstandes dient der dem Zähler eigene `\the...`-Befehl, der das Format der Numerierung festlegt. Jeder Zähler, auf den verwiesen werden soll, muß mit dem Kommando

`\refstepcounter` `\refstepcounter{<Zähler>}` anstelle von `\stepcounter` fortgezählt werden. [2]Betrachten Sie als Beispiel eine Versnumerierung, [3]wie man sie in Bibeln oder lyrischen Werken finden kann. [4]Beispiele hierzu finden sich auch in den soeben vorgestellten Versen. [5]Sie benötigen dazu den Zähler `verscnt`, der mit dem Befehl `\vers` weitergeschaltet und ausgegeben wird. Er erlaubt mit der folgenden Änderung auch das Setzen von Referenzen:

```
\newcounter{verscnt}[chapter]
\renewcommand{\theverscnt}{\arabic{verscnt}}
\newcommand{\vers}
  {\refstepcounter{verscnt}%
   \textsuperscript{\footnotesize\theverscnt}%
  }
```

```
\vers\label{va}Betrachten Sie als Beispiel ...
\vers{} ...
```

Im Vergleich zu der ersten Implementierung von `\vers` ist eine erhebliche Verbesserung erreicht worden, da nun Referenzen möglich sind, zum Beispiel auf die Verse 2 – 4.

2.5 $1 + 1 = ?$ – Zähler und ihre Anwendung

Es läßt sich jedoch noch eine weitere Verbesserung erzielen, wenn man bedenkt, daß der Verszähler kapitelweise arbeitet, bei den Referenzen jedoch diese Informationen unterschlagen werden: Ist Vers 2 im laufenden oder im fünften Kapitel gemeint? Das Problem liegt offenbar darin, daß im `\the...`-Makro nur die Information über den Verszähler vorliegt, damit in der laufenden Ausgabe nicht stets und überflüssigerweise die Kapitelnummer erscheint. Zur Erweiterung der Information bei Referenzen stellt LaTeX jedem Zähler neben dem Makro `\the...` noch das Makro `\p@...` an die Seite, das ein *Präfix* enthält, welches bei jeder Referenz der Ausgabe des eigentlichen Zählerstandes vorausgestellt wird. Fügen Sie noch die Zeile

`\p@...` erweitert Referenzen

`\renewcommand{\p@verscnt}{\thechapter, }`

ein, um als Referenz für den letzten Vers die Nummer 2, 5 zu erhalten. Auch dieses Makro existiert bereits mit einem leeren Rumpf als Definition, so daß `\renewcommand` anstelle von `\newcommand` eingesetzt werden muß.

In den vorherigen Beispielen wurde stets davon ausgegangen, daß der aktuelle Wert eines Zählers in irgendeiner Form in das Dokument geschrieben wird. Mit dem Befehl `\value{<Zähler>}` haben Sie jedoch die Möglichkeit, den Zählerstand in Berechnungen zu verwenden. Um z. B. einen Zähler auf den Stand eines anderen zu setzen und ihn anschließend um den Wert eines dritten Zählers zu erhöhen, schreiben Sie

Zählerstand in Berechnungen `\value`

`\setcounter{<ZählerA>}{\value{<ZählerB>}}`
`\addtocounter{<ZählerA>}{\value{<ZählerC>}}`

Die Verwendung von `\value` bei Vergleichsoperationen wird auf den Seiten 50 und 125 gezeigt.

Interne Kommandos für Zähler

Neu definierte Zähler können Sie mit einem Rücksteller versehen, was beim Arbeiten mit bereits existierenden Zählern leider nicht mehr möglich ist. Letzteres wäre aber dennoch zuweilen sinnvoll – denken Sie an eine Paginierung für eine technische Dokumentation, die oft in der Form Kapitel-Seitenzahl durchgezählt wird, wobei die Seitenzahl mit jedem Kapitel erneut bei Eins beginnt. Indes ist noch kein Grund zur Verzweiflung gegeben, denn beim Einrichten neuer Zähler greift LaTeX auf den internen Befehl `\@addtoreset{<Zähler>}{<Rück>}` zu, der in die Liste der Rücksteller für `<Zähler>` noch den Zähler `<Rück>` hinzufügt. Diese Liste ist im Makro `\cl@<Zähler>` enthalten, etwa `\cl@chapter` für die Zähler, die beim Kapitelbeginn rückgesetzt werden sollen.

`\@addtoreset`

Sie können diesen Befehl in einem Paket oder Dokument einsetzen und so nicht nur bereits existierenden Zählern einen oder mehrere Rücksteller zuweisen. Probieren Sie es doch einmal mit der genannten Variante für Seitenzahlen aus:

```
\@addtoreset{page}{chapter}
\renewcommand{\thepage}{\thechapter-\arabic{page}}
```

Die Seiten werden nun kapitelweise numeriert und beginnen – bei Eins wie erwartet? Oh Schreck, bei Null! Liest man in der LaTeX-Bibel `latex.ltx` unter `\stepcounter` nach, gelangt man nach und nach zum grundlegenden Rückstellmakro `\@stpelt`, das dafür verantwortlich ist, Zähler mit Null zu initialisieren. Möchte man einen anderen Zählungsbeginn, kann man in der Liste der rückzustellenden Zähler noch eine Information darüber eintragen, wofür das Makro `\@addtoreset` geringfügig modifiziert wird. Der Zählungsbeginn wird als optionaler Parameter mit Voreinstellung Null behandelt, um die Konsistenz mit bereits aufgerufenen oder anderweitig existierenden Makros, die über diesen Parameter nicht Bescheid wissen, zu wahren:

`rescnt.sty`

```
1 % RESCNT.STY
2 \renewcommand{\@addtoreset}[3][0]
3   {\expandafter\@cons\csname cl@#3\endcsname%
4     {[#1]{#2}}}
5
6 \renewcommand{\@stpelt}[2][0]
7   {\global\csname c@#2\endcsname #1}
```

`\@addtoreset` ist der primäre »Benutzerbefehl«, der den zusätzlichen Rücksteller in die Liste einträgt, und zwar mit der optionalen Zusatzinformation über den Initialwert. Diese Liste wird durch das Makro `\@stpelt` ausgewertet, so daß auch dieses dahingehend modifiziert werden muß, daß es diesen optionalen Parameter auswertet.

Das Problem der Seitenzählung läßt sich mit diesem variierten Makro durch den Aufruf

```
\@addtoreset[1]{page}{chapter}
\renewcommand{\thepage}{\thechapter-\arabic{page}}
```

lösen. Denken Sie aber vor allem bei eigenen Makros, die Zähler fortschalten, daran, daß der Initialwert entscheidend von der Reihenfolge der Weiterschaltung und Ausgabe abhängt und daher um Eins vom zunächst erwarteten Wert abweichen kann. (Bei der vorgestellten Lösung fällt auf, daß die Ausgabe der Seitenzahlen zuweilen nicht mit der Voranstellung der Kapitelnummer erfolgt, obwohl die Zählung wie geplant kapitelweise durchgeführt wird. Dies kann zum Beispiel daran liegen, daß Befehle wie \mainmatter oder \pagenumbering das Makro \thepage wieder umdefinieren. Ihre Definition muß daher *nach* solchen Befehlen erfolgen!)

Rücksteller entfernen

Der umgekehrte Fall, das Herausnehmen eines Rückstellers aus der Liste für einen Zähler, ist in LaTeX leider nicht vorgesehen. Das Paket remreset stellt dafür den Befehl

\@removefromreset{<Zähler>}{<Rück>}

remreset

\@removefromreset

bereit, der analog zu \@addtoreset funktioniert.

2.6 Längenregister

Neben ganzen Zahlen werden Längen oder Maßangaben für den Satzmechanismus von LaTeX benötigt. LaTeX kennt eine Vielzahl von Längenregistern, die die Flexibilität des Seitenaufbaus und vieler Formatierungsstrukturen widerspiegelt. Die wichtigsten von ihnen lernen Sie in den Abschnitten 2.12, 2.13.4 und 3.7.1 kennen. Im folgenden werden zunächst die möglichen Maßangaben, danach die Verwendung der Register beschrieben.

2.6.1 Maße und Werte

Vor der Besprechung der Variablen für Maße soll mit der Tabelle 2.3 ein kurzer Überblick über die von LaTeX benutzen Maßeinheiten gegeben werden.

pt (Punkt)	72,27 pt = 1 in.	
bp (big Point)	PostScript-Punkt 72 bp = 1 in.	
ex	Die Höhe des »x« im aktuellen Font.	
em	Die Breite des »–« (Geviertstrichs) im aktuellen Font. Ein Geviert entspricht der Breite des »M« im aktuellen Font.	
cm, mm	sollten bekannt sein ...	
in (Zoll)	1 Zoll = 2,54 cm.	
dd (Didot-Punkt)	1157 dd = 1238 pt.	
sp (scaled point)	65536 sp = 1 pt.	
cc (Cicero)	1 cc = 12 dd.	
pc (Pica)	1 pc = 12 pt.	

Tabelle 2.3
Von LaTeX benutzte Maßeinheiten

Die Maßzahlen können als ganze oder gebrochene Zahlen angegeben werden und dürfen negativ sein. Anstelle des Dezimalkommas darf ein Dezimalpunkt verwendet werden. Ein Leerzeichen darf nur zwischen dem Vorzeichen und der Zahl beziehungsweise der Zahl und der Einheit stehen. Einige Beispiele:

```
3in      12 pt      -0.5ex      4,4cm      + 44 mm
```

Die Einheit »sp« (scaled point) ist im LaTeX-System die grundlegende Maßeinheit. Alle in anderen Einheiten angegebenen Maße und Längen werden in sp umgerechnet und dieser Zahlenwert als ganze Zahl gespeichert (wobei ein Vorzeichen erlaubt ist!). Hieraus folgt, daß die minimale Längenauflösung beim LaTeX-Satz 1 sp, also etwa 6 nm, beträgt. Dies ist so klein ($1/100$ der Wellenlänge des sichtbaren Lichtes!), daß selbst der größte Genauigkeitsanhänger hiermit zufrieden sein sollte. Die maximal darstellbare Länge wird hierdurch allerdings auf 2^{30} sp, das entspricht etwa 5,75 m begrenzt.

Elastische Maße   Einige Längenbefehle akzeptieren als Argument neben den oben genannten festen Maßen auch die sogenannten *elastischen* Maße. Das sind Längen mit einem Sollwert, der falls möglich benutzt wird, aber bis zu einem bestimmen Maße ausgedehnt oder gestaucht werden kann, falls die Zeilen- oder Seitenaufteilung dies erfordert. Elastische Maße sind wie folgt aufgebaut:

```
<Sollwert> plus <Dehnung> minus <Schrumpfung>
\parskip 3ex plus .5ex minus .5ex
```

Nach Möglichkeit wird ein Zwischenraum von 3 ex erzeugt, der aber bis auf 2,5 ex gestaucht oder auf 3,5 ex gestreckt werden kann, falls das Seitenlayout hierdurch günstiger ausfällt.

2.6.2 Unendlich elastische Maße

Ein wichtiger Spezialfall von elastischen Maßen sind jene, die einen oder gar zwei *unendliche* elastische Anteile aufweisen. Sie benötigen solche Maße, um beliebige Lücken mit »Klebstoff« auszufüllen. Zur Angabe von solch unendlichen Maßen existieren die speziellen Maßeinheiten `fil`, `fill` und `filll`, von denen jede unendlich variabler als die vorherige ist (falls Ihnen das seltsam vorkommt, denken Sie an die transfiniten Kardinalzahlen oder überabzählbar mächtige Mengen). Je nachdem, ob diese Einheiten nach dem `plus`- oder `minus`-Anteil des elastischen Maßes gebraucht werden, stellen sie beliebig dehnbaren oder stauchbaren Raum dar. Die Angabe

Füllbefehle

```
3cm plus 1fil minus 0pt
```

bedeutet also einen Zwischenraum von 3 cm, der bei Bedarf beliebig vergrößert, aber niemals verkleinert werden kann. Die höhere Unendlichkeit der `fill`- und `filll`-Klebstoffe können Sie sich, falls Sie kein Mathematiker sind, so vorstellen, daß beim Zusammenspiel eines `fil`-Zwischenraumes von links und eines `fill`-Zwischenraumes von rechts auf ein Objekt dieses stärker vom `fill`-Raum beeinflußt, also mehr auf die linke Seite gedrückt wird.

Für viele Anwendungen stellt LaTeX Füllbefehle bereit, die in Tabelle 2.4 aufgeführt sind und in ihrer Wirkung den auf der rechten Seite aufgeführten Ersatzsequenzen entsprechen. Die Befehle `\hspace{<Maß>}` und `\vspace{<Maß>}` erzeugen dabei horizontalen beziehungsweise vertikalen Zwischenraum der angegebenen Größe. Ein `\hfil`-Zwischenraum kann also nach Bedarf gedehnt werden, während ein mit `\hss` erzeugter Zwischenraum gegebenenfalls auch beliebig gestaucht werden darf. Diese unendlichen elastischen Maße können Sie verwenden, wenn Sie Text in einen bestimmten Bereich ausweiten oder ausrichten wollen. `\hspace` `\vspace`

Befehl	Ersatzsequenz
\hfil	\hspace {0pt plus 1fil}
\hfill	\hspace {0 pt plus 1 fill}
\hss	\hspace {0pt plus 1 fil minus 1 fil}
\hfilneg	\hspace {0 pt plus -1fil}
\vfil	\vspace {0pt plus 1fil}
\vfill	\vspace {0 pt plus 1 fill}
\vss	\vspace {0pt plus 1 fil minus 1 fil}
\vfilneg	\vspace {0 pt plus -1fil}

Tabelle 2.4
Füllbefehle mit unendlich dehnbarem Anteil

Eine einfache Angabe des `fil`-Befehls in Verbindung mit `\hspace` oder `\vspace` kann durch `\stretch{<n>}` erfolgen: ein `<n>` von Eins entspricht einem `fill`, andere Werte der `<n>`-fachen Ausdehnung davon. `\stretch`

2.6.3 Verwendung von Längenregistern

Die Zuweisung eines Wertes an ein Längenregister erfolgt durch den Befehl `\setlength{\<Länge>}{<Wert>}`, zum Beispiel `\setlength`

`\setlength{\textwidth}{12cm}`
`\setlength{\parskip}{1ex plus .5ex minus .2ex}`

Die Gültigkeit dieser Wertzuweisung endet bei Blöcken, die aus Klammerpaaren { ... } gebildet werden, bei der zugeordneten schlie- *Geltungsbereich* ßenden Klammer }, bei einem dem öffnenden \bgroup angehörenden \egroup oder dem Ende einer Umgebung sowie auch mit einer erneuten Zuweisung.

\newlength   Neben den selbständig geführten Längenregistern können Sie mit \newlength{\<Länge>} eigene Längenzähler einrichten. Neben der Zuweisung eines konstanten Wertes mit \setlength können Sie mit
\addtolength \addtolength{\<Länge>}{<Wert>} einen Maßwert zu einem Längenregister addieren oder – durch ein negatives Vorzeichen des Wertes – subtrahieren. Besonders nutzbringend ist die Zuweisung der Breite, Höhe oder Tiefe eines Textes an ein Längenregister, was mit den Befehlen

\settowidth   \settowidth{\<Länge>}{<Text>}
\settoheight   \settoheight{\<Länge>}{<Text>}
\settodepth   \settodepth{\<Länge>}{<Text>}

geschieht. Die entsprechende Abmessung von <Text> steht danach im Register und kann für Formatierungen eingesetzt werden. Als Beispiel soll ein Makro erstellt werden, das so viel Freiraum läßt, wie der übergebene Text Platz benötigt:

```
\newlength{\tmplen}
\newcommand{\leer}[1]
   {\settowidth{\tmplen}{#1}\hspace*{\tmplen}}
```

```
Hier ist \leer{Platz} für Text!\\
\leer{Hier ist} Platz \leer{für Text}!\\
```

Hier ist   für Text!
      Platz   !

TEXs Sicht der Dinge

Da in vielen Paketen von TEXs Möglichkeiten, die Abmessungen einer Box in Erfahrung zu bringen, Gebrauch gemacht wird, seien diese hier kurz erwähnt (die Boxbefehle werden auf Seite 54 ausführlich vorgestellt). Nach der Sequenz

```
\newsavebox{\<Box>}
\sbox{\<Box>}{Text}
```

können Sie die folgenden Konstruktionen verwenden, um ein der Textabmessung entsprechendes schwarzes Rechteck zu erzeugen:

```
\rule{\wd\<Box>}{\ht\<Box>}
```

\wd, \ht, \dp   Die Befehle \wd, \ht und \dp enthalten die Breite, Höhe und Tiefe der nachfolgenden Box. Wenn Sie einmal den Text in der Box gespeichert haben, können diese Präfixe als Funktionen in Parameterpositionen von Befehlen eingesetzt werden, in denen die Zuweisung der Länge mit \settowidth nicht möglich ist.

2.7 Entscheidungen mit `ifthen`

In der Standard-Distribution von LaTeX ist das interessante Paket `ifthen` enthalten, das Schleifen und Abfragen auf LaTeX-Ebene bietet. Sie können Befehle, die nur die Werte »wahr« und »falsch« annehmen dürfen, definieren, Zähler, Zahlen und Längen vergleichen und komplexe Bedingungsausdrücke definieren, mit denen Ihre Makros auf äußere Einflüsse reagieren können. Der grundlegende Befehl des Paketes ist

`ifthen`

`\ifthenelse{<Test>}{<Wahr>}{<Falsch>}`

`\ifthenelse`

In Abhängigkeit vom Ergebnis des Ausdruckes `<Test>` wird eine der beiden Befehlssequenzen `<Wahr>` oder `<Falsch>` ausgeführt. Innerhalb dieser Befehlspositionen kann beliebiger LaTeX-Text stehen. Die Bedingung selbst muß mit »wahr« oder »falsch« zu beantworten sein und kann aus verschiedenen Elementen aufgebaut werden.

Zahlen und Zähler können mit den Relationen

`<num1> < <num2>`
`<num1> = <num2>`
`<num1> > <num2>`

auf die Aussagen »kleiner als«, »so groß wie«, »größer als« geprüft werden. Ob eine Zahl ungerade ist, kann mit `\isodd{<num>}` festgestellt werden. Zeichenketten werden mit `\equal{<str1>}{<str2>}` auf Gleichheit getestet, wobei Kommandos gegebenenfalls in ihre elementaren Bestandteile aufgelöst werden.

`\isodd`
`\equal`

Längen werden mit den Relationen

`\lengthtest{<dim1> < <dim2>}`
`\lengthtest{<dim1> = <dim2>}`
`\lengthtest{<dim1> > <dim2>}`

`\lengthtest`

verglichen. Die Bedingung `\boolean{<switch>}` untersucht den Zustand des Befehls `<switch>`. Solche Befehle, die nur die Werte »wahr« oder »falsch« annehmen können, werden mit den Kommandos

`\boolean`

`\newboolean{<switch>}`
`\setboolean{<switch>}{<Wert>}`

`\newboolean`
`\setboolean`

erzeugt und auf einen bestimmten Wert gesetzt, wobei `<Wert>` die Werte `true` und `false` annehmen kann.

Die genannten Elemente der Bedingung können mit den Operatoren `\and` und `\or` verknüpft beziehungsweise mit `\not` in ihrem Wahrheitswert invertiert werden. Die Reihenfolge der Auswertung solcher Teilausdrücke kann mit Klammerpaaren `\(` und `\)` geändert

`\and, \or`

`\(, \)`

werden. Dies ist bei komplexen Ausdrücken erforderlich, da *keine* Operatorreihenfolge definiert ist!

\whiledo

Auch zum Aufbau einer Schleife mit bedingtem Ausgang ist ein Sprachelement vorhanden. `\whiledo{<Test>}{<Rumpf>}` führt den <Rumpf> solange aus, wie die Bedingung <Test> wahr ist. Eine Tabelle mit fünf durchnummerierten Zeilen kann mit diesem Befehl wie in Abbildung 2.2 gezeigt aufgebaut werden.

```
\newcounter{i}\setcounter{i}{1}

\whiledo{\value{i}<6}
  { Zeile~\arabic{i} \rule{2cm}{0.5pt}\\
    \stepcounter{i}
  }
```

Zeile 1 ――――
Zeile 2 ――――
Zeile 3 ――――
Zeile 4 ――――
Zeile 5 ――――

Abbildung 2.2
»Massenproduktion« von Zeilen mit Schleifen

comment

Mit den vorgestellten Befehlen ist es möglich, LaTeX-Dokumente für verschiedene Anwendungszwecke zu erstellen, indem in Abhängigkeit vom Wert eines Befehls Textstücke ausgeblendet werden. Das Paket `comment` stellt für diesen Zweck eine einfach einzusetzende Benutzerschnittstelle bereit.

2.8 Berechnungen mit `calc`

calc

LaTeX stellt Ihnen Strukturen wie Längenregister zur Verfügung, um die Ausdehnung von Objekten zu kontrollieren. Beim Schreiben eines Paketes ist es allerdings oft nötig, aus Gründen der weiten Einsetzbarkeit viele Parameter flexibel und allgemein zu halten und deshalb zu berechnen. Bei Längen sind zum Beispiel häufig mehrere Summanden zu addieren, wofür Sie den LaTeX-Befehl `\addtolength` mehrfach aufrufen müssen. Auch die TeX-Primitive `\advance` und `\multiply` bieten keine große Bedienungsfreundlichkeit, da sie nur jeweils einen Operanden zulassen. Mit dem Paket `calc` erhalten Sie jedoch die Möglichkeit, anstelle der »Assemblerbefehle« von TeX zusammengesetzte Ausdrücke in der gewohnten Infix-Notation zu verwenden. TeX definiert dazu die Grundbefehle `\setcounter`, `\addtocounter` sowie `\setlength`, `\addtolength` und einige andere so um, daß an den Parameterpositionen anstelle einfacher Zahlen arithmetische Ausdrücke stehen können, beispielsweise

```
\setlength{\laenge}
  {\textwidth - \fboxsep * 2 - \fboxrule * 2}
```

anstelle der äquivalenten Originalsequenz

```
\setlength{\laenge}{\textwidth}
\addtolength{\laenge}{-2\fboxsep}
\addtolength{\laenge}{-2\fboxrule}
```

Innerhalb solcher Ausdrücke verwenden Sie die Operatoren +, -, * und / für die Grundrechenarten. Reelle Zahlen als Multiplikatoren müssen mit \real{<x>} oder \ratio{<x>}{<y>} gekennzeichnet werden. Klammern können wie aus der Mathematik gewohnt gesetzt werden: \real, \ratio

```
\setlength{\oddsidemargin}
  {(\paperwidth-\textwidth)/2-1in}
```

Im Zusammenhang mit variablen Längen mit plus- und minus-Anteil müssen einige Vorrangregeln beachtet werden, die in der Dokumentation zu dem Paket calc beschrieben werden.

2.9 Das Paket fp

Das Paket calc rechnet mit ganzen Zahlen und ist für die meisten Anwendungsfälle geeignet, da mit gebrochenen Zahlen über die Manipulation von Längen hinaus nur in wenigen Fällen gerechnet werden muß. Wenn Sie oft Rechnungen mit reellen Zahlen in LaTeX-Makros ausführen wollen, können Ihnen die beiden Pakete realcalc und fp große Dienste leisten. Sie stellen Makros für wesentliche Rechenoperationen und höhere Funktionen zur Verfügung und erlauben das Bilden komplizierter Ausdrücke, die mit hoher Genauigkeit berechnet werden. In diesem Buch soll das Paket fp näher vorgestellt werden. Es ermöglicht das Rechnen mit Festpunktzahlen und stellt dafür eine Reihe von Befehlen bereit, die jeweils eine mathematische Operation ausführen. Die Operanden werden dabei in Makro-Variablen gehalten, das heißt, der Wert einer Variablen x wird im Makro \x gespeichert. Mit dem Befehl \FPset{<Erg>}{<Zahl>} wird der Variablen <Erg> der Wert <Zahl> zugewiesen, die folgenden Befehle dienen zur Ausführung der Grundrechenarten   \FPset

Reelle Zahlen mit realcalc und fp

```
\FPadd{<Erg>}{<Op1>}{<Op2>}
\FPsub{<Erg>}{<Op1>}{<Op2>}
\FPmul{<Erg>}{<Op1>}{<Op2>}
\FPdiv{<Erg>}{<Op1>}{<Op2>}
```

\FPadd
\FPsub
\FPmul
\FPdiv

Die beiden Operanden <Op1> und <Op2> werden durch die entsprechende Operation verknüpft, das Ergebnis wird im Makro <Erg> gespeichert. Für die Operanden können feste Zahlen oder Makros, die Zahlen enthalten, eingesetzt werden. Um z. B. Umfang und Fläche eines Kreises mit dem Radius $r = 1{,}5$ zu bestimmen ($U = 2\pi r$ und $A = r^2\pi$), können Sie schreiben

```
\FPset{\radius}{1.5}
\FPmul{\U}{\FPpi}{2}\FPmul{\U}{\U}{\radius}
\FPmul{\A}{\radius}{\radius}\FPmul{\A}{\A}{\FPpi}
Umfang: \U, Fläche: \A
```

Über die Grundrechenarten hinaus existieren Befehle für zahlreiche mathematische Funktionen, die analog zu `\FPadd` eingesetzt werden und in Tabelle 2.5 aufgeführt sind. Eine genaue Erklärung der einzelnen Funktionen können Sie in der Dokumentation [31] des Paketes finden.

Tabelle 2.5
Die von `fp.sty` *bereitgestellten Funktionen*

abs, neg
e, exp, ln, pow, root
pi, sin, cos, sincos, tan, cot, tancot, arcsin, arccos, arcsincos
pascal
seed, random
lsolve, qsolve
upn, eval

Zur Ausgabe der Ergebnisse sind zuviele Nachkommastellen oft unerwünscht oder gar falsch, da sie eine zu hohe Genauigkeit vortäuschen, die nicht erreicht ist. Mit Hilfe der beiden folgenden Befehle kann ein Operand daher auf `<n>` Stellen nach dem Komma gerundet oder abgeschnitten werden:

\FPround
\FPtrunc
```
\FPround{<Erg>}{<Op>}{<n>}
\FPtrunc{<Erg>}{<Op>}{<n>}
```

Kompliziertere Rechnungen können bequem in einem einzigen Befehl durchgeführt werden, wenn Sie sie zuvor in UPN umgeformt haben. In dieser Postfix-Notation werden mathematische Ausdrücke so notiert, daß die Operatoren *nach* den Operanden geschrieben werden anstatt zwischen ihnen wie bei der gewohnten Infix-Notation. So wird zum Beispiel die Formel $A = r^2\pi$ notiert als `r r * 3.14 *`. Der Vorteil von UPN ist unter anderem, daß solche Ausdrücke sehr einfach durch stackorientierte Programmiertechniken ausgewertet werden können, da keine Klammerung von Teilausdrücken erforderlich ist. Die Auswertung eines solchen Ausdruckes erfolgt mit dem Befehl

\FPupn
```
\FPupn{<Erg>}{<UPN-Ausdruck>}
```

Als Beispiel soll wiederum die Kreisfläche berechnet werden:

```
\FPset{\radius}{1.5}
\FPupn{\A}{\radius{} copy * pi * }
```

2.9 Das Paket fp

Hier kommen die in Tabelle 2.6 aufgeführten Funktionen zum Einsatz, die die UPN-Aquivalente zu den \FP...-Befehlen darstellen.

+, add, -, sub, *, mul, /, div
abs, neg, min, max
trunc, round, clip, e, exp, ln, pow, root, pi
sin, cos, sincos, tan, cot, tancot
arcsin, arccos, arcsincos, arctan, arccot, arctancot
pop, swap, copy (Stackbefehle)

Tabelle 2.6
Funktionen, die in \FPupn *verwendet werden können*

Als echtes Beispiel für die Anwendung der rationalen Zahlen soll ein Makro gezeigt werden, das in Rechnungsformularen verwendet werden kann und den zu zahlenden Endbetrag berechnet, wenn Nettobetrag und Mehrwertsteuersatz gegeben sind. Das Formular ist in Abbildung 2.3 gezeigt und wurde mit dem folgenden Dokument erzeugt:

```
\documentclass[a4paper,12pt]{book}
\usepackage{fp}

\newcommand{\summe}[2][16]{
  \FPdiv{\steuersatz}{#1}{100}

  \FPset{\sum}{#2}                  % Einzelbetrag
  \FPmul{\steuer}{\sum}{\steuersatz} % Betrag mal Steuer

  \FPadd{\sum}{\sum}{\steuer}
  \FPround{\sum}{\sum}{2} % zwei Stellen nach dem Komma
  \FPround{\steuer}{\steuer}{2} % zwei Stellen nach dem Komma
  #2 DM + #1 \% MWSt. (=\steuer{} DM) = \sum{} DM}

\begin{document}
\textbf{Rechnung}

Wir erlauben uns, Ihnen in Rechnung zu stellen:

\begin{tabular}{ll}
Arbeitsaufwand & \summe{1000} \\
Literatur (erm. Steuersatz) & \summe[8.5]{100}
\end{tabular}

\end{document}
```

`fptest.tex`

Rechnung
Wir erlauben uns, Ihnen in Rechnung zu stellen:
  Arbeitsaufwand   1000 DM + 16 % MWSt. (=160.00 DM) = 1160.00 DM
  Literatur (erm. Steuersatz) 100 DM + 8.5 % MWSt. (=8.50 DM) = 108.50 DM

Abbildung 2.3
Eine Rechnung mit `fp.sty` *erstellt*

2.10 Gut verpackt – Schachteln und Rahmen

Boxen sind ein wichtiges Konzept innerhalb von TEX und werden demzufolge von LaTeX ausgiebig genutzt. Alle Buchstaben werden gemäß ihrer geometrischen Ausdehnung von kleinen, nicht sichtbaren Rechtecken, sogenannten *Boxen*, umfangen, die ihrerseits zu größeren Wortboxen zusammengefaßt werden. Diese können zu Zeilen- und schließlich zu Seitenboxen verbunden werden. Betrachten Sie nun die Zusammenfassung der Buchstabenboxen von »Guten Tag« zu zwei Wortboxen und einer Zeilenbox:

Links werden die Boxen dargestellt, wie sie von LaTeX gesetzt werden, rechts wurde zur besseren Übersicht jeder Rahmen durch einen kleinen Zwischenraum von seinem Inhalt abgesetzt.

LaTeX benutzt diese Boxen, um Zeichen, Formeln und sonstige Objekte zu größeren Einheiten zusammenzufassen, die nicht getrennt, sondern wie ein Ganzes behandelt werden. Jede Box besitzt eine Abmessung (Breite, Höhe und Tiefe), die bei der Zusammenfügung kleinerer Boxen addiert wird und der Positionierung des Textes sowie der Errechnung von Umbruchstellen dient. Ferner können in Boxen eingefaßte Texte unabhängig vom restlichen Text verschoben werden.

LaTeX stellt Ihnen einige komfortable Befehle zur Verfügung, mit denen Sie drei Arten von Boxen erstellen können:

LR-Box In dieser Box werden die Bestandteile horizontal von links nach rechts aufgebaut. Die Buchstaben eines Wortes können so zum Wort als Einheit zusammengefaßt werden, das danach immer noch ein horizontal orientiertes Objekt darstellt und nicht umgebrochen wird. Sie verwenden diese Box, wenn Sie Text in einen Freiraum vorgegebener Breite einpassen (bündig oder zentriert) oder einrahmen möchten.

Balkenbox oder Linienbox, auch als Rule-Box bezeichnet. Hierbei handelt es sich um ein mit Farbe gefülltes Rechteck. Sie können Linien ziehen oder gefärbte Rechtecke erzeugen.

Absatzbox auch Parbox oder vertikale Box genannt. Die Komponenten der Parbox sind Zeilen, die untereinander angeordnet werden. Benutzen Sie diese Box, wenn Sie einen Absatz mit vom Standard abweichenden Formaten (Zeilenlänge) erzeugen wollen, einen Absatz als Einheit verwenden müssen oder mehrspaltigen Satz realisieren möchten.

2.10.1 LR-Boxen

Eine häufig eingesetzte Art von Boxen ist die LR-Box, mit der Sie viele Positionierungsaufgaben erfüllen können. Es gibt sie mit und ohne sichtbare Umrandung sowie mit expliziter Angabe oder einer vom Inhalt abhängigen Textbreite. Eine Box ohne sichtbare Umrandung in der Form \mbox{<Text>} verwenden Sie zum Zusammenhalten von \mbox
Text, der nicht getrennt werden soll, sie kann in den Rand hineinragen. In der Form

\makebox[<Breite>][<pos>]{<Text>} \makebox

erlaubt der Befehl das Einpassen von Text in Freiräume bestimmter Breite. Einen zusätzlichen Rand um die Box erhalten Sie mit den Befehlen

\fbox{<Text>} \fbox
\framebox[<Breite>][<pos>]{<Text>} \framebox

Bei den Varianten \mbox und \fbox hängen die Abmessungen der Box allein vom übergebenen Text ab, wohingegen Sie bei \makebox und \framebox die Breite der Box durch die Angabe von <Breite> selbst bestimmen können. Der Text wird entsprechend des Positionierungsparameters <pos> in die Box eingepaßt. Fehlt der Parameter, wird der Text immer in der Box zentriert; ansonsten sind die Werte l und r gestattet, mit denen Sie den Text links- beziehungsweise rechtsbündig zur Box anordnen können. Der Parameter s dehnt den Text an allen Stellen, die elastische Maße enthalten (auch Wortzwischenräume), um ihn möglichst vollständig in die Box einzupassen.

Soll die Breite der Box aus den Abmessungen des übergebenen Textes berechnet werden, können vier spezielle Längen benutzt werden:

❑ \height ist die Höhe des Textes über seiner Grundlinie,

❑ \depth ist dessen Tiefe (unterhalb der Grundlinie),

❑ \totalheight ist die Summe aus Höhe und Tiefe, also die vertikale Größe des Textes von seiner Unter- bis zu Oberkante,

❑ \width ist die Breite des Textes.

Texte ausrichten

In den folgenden Beispielen wird stets \framebox verwendet, um mit dem erzeugten Rahmen die Ausdehnung der Boxen darstellen zu können; normalerweise werden Sie im laufenden Text eher \makebox einsetzen. Die Befehle sind syntaktisch identisch, bei \makebox wird jedoch keine sichtbare Umrandung erzeugt. Abbildung 2.4 zeigt eine Textausrichtung mit Boxen.

```
\framebox[2cm]{zentriert}                     zentriert
\framebox[2cm]{zu viel Text für die Box}      zu viel Text für die Box
\framebox[2cm][l]{linksbündiger Text}         linksbündiger Text
\framebox[2cm][r]{rechtsbündiger Text}        rechtsbündiger Text
\framebox[1cm][l]{linksbündig und lang}       linksbündig und lang
\framebox[1cm][r]{rechtsbündig}               rechtsbündig
```

Abbildung 2.4
Textausrichtung mit Boxen

Sie sehen, wie der Text in einer Box vorgegebener Breite zentriert oder rechts- und linksbündig angeordnet werden kann. Ist er zu lang für die gewünschte Breite, ragt er gemäß der Positionierung über eine oder beide Seiten der Box hinaus. Um dies zu verhindern, kann man den Text verkürzen, die Box verbreitern oder den Text in eine Absatzbox (siehe unten) einschließen, die den Text gemäß der Breite in Zeilen umbricht.

Eine Besonderheit stellen LR-Boxen der Ausdehnung Null dar. Mit ihnen kann Text gedruckt werden, bei dem die aktuelle Schreibposition gleichbleibt. So kann zum Beispiel ein Text mit einem anderem überdruckt werden: Dies ist ausgeixter Text.

Überdrucken von Text

```
Dies ist \makebox[0cm][l]{ausgeixter}xxxxxxxx Text.
```

Auch für Zentrierungs- und andere Positionierungsaufgaben reicht eine Boxbreite von Null aus. Der Text der Box wird dann zentriert zur aktuellen Schreibposition ausgerichtet. Die Breite wird immer dann von Null abweichend gewählt, wenn man Spalten einer bestimmten Breite realisieren möchte (beispielsweise zum Einrahmen in einer Breite, die die des Textes übersteigt oder zum Aufbau von Formularen oder tabellenartigen Strukturen). Auch das Makro zum Unterstreichen von Text (siehe Seite 17) arbeitet mit einer LR-Box ohne Horizontalausdehnung.

LR-Boxen stellen nicht nur wichtige Hilfsmittel zur horizontalen Anordnung von Text dar, sie können auch dazu dienen, ihren Inhalt um einen Betrag <shift> vertikal gegenüber der Grundlinie zu verschieben. Dies wird durch den folgenden Befehl ermöglicht:

Texte vertikal verschieben

\raisebox

```
\raisebox{<shift>}[<oben>][<unten>]{<Text>}
```

2.10 Gut verpackt – Schachteln und Rahmen

Mit \raisebox wird eine LR-Box in der Breite des gegebenen Textes erzeugt, die um <shift> gegenüber der Grundlinie verschoben ist. Die optionalen Parameter <oben> und <unten> geben TeX vor, wie weit die LR-Box mit dem Text über beziehungsweise unter die Grundlinie reicht, wenn sie nicht verschoben ist (die sogenannte Höhe und Tiefe der Box). Lassen Sie diese Angaben fort, berechnet TeX sie aus den Abmessungen des übergebenen Textes. Die Angaben sind frei wählbar und bestimmen die Positionierung der Zeile, die die verschobene Box enthält, relativ zu den vorherigen und nachfolgenden Zeilen.

Positive Maßangaben für <shift> verschieben die Box nach oben, negative nach unten, so daß Sie mit diesem Befehl Indizes und Exponenten erzeugen können, deren Höhe automatisch für die Bestimmung der Gesamtzeilenhöhe in Betracht gezogen wird, so daß der Zeilenabstand gegebenenfalls vergrößert wird:

`Wasser: H\raisebox{-.5ex}{2}O`	Wasser: H_2O
`Text\raisebox{.5ex}{oben}`	Text^{oben}
`Text\raisebox{-.5ex}{unten}`	Text$_{unten}$

Eine typographisch erfreuliche Anwendung ist in [1, exercise 11.6] gezeigt. Dort wird (in entsprechender TeX-Syntax) mit den Zeilen

```
\newcommand{\textfrac}[2]{\leavevmode\kern.1em
  \raisebox{.5ex}{\scriptsize #1}\kern-.1em
  /\kern-.15em\raisebox{-.25ex}{\scriptsize #2}}
```

ein Makro definiert, das die schönen Bruchzahlen $^1/_2$, $^{25}/_{1200}$ erzeugt. Im Paket units steht dieses Makro unter dem Namen \nicefrac zur Verfügung.

units

Schließlich können Sie häufiger benötigten identischen Text mehrfach benutzen, indem Sie ihn in einer Box speichern und bei Bedarf in dieser vorgefertigten Version abrufen. Dies kann eine deutliche Erleichterung beim Schreiben von komplexen Textabschnitten sein, da der Textbaustein in der Box bereits fertig zur Verfügung steht und nicht jedesmal erneut bearbeitet werden muß. Zuerst müssen Sie mit \newsavebox{<\Boxname>} eine Box mit neuem Namen (der mit keinem LaTeX-Namen kollidieren darf) erzeugen. Das Abspeichern von Text in dieser Box erfolgt mit

Textbausteine speichern

\newsavebox

`\sbox{\<Boxname>}{<Text>}`
`\savebox{\<Boxname>}[<Breite>][<pos>]{<Text>}`

\sbox
\savebox

Es besteht eine Analogie dieser beiden Befehle hinsichtlich der Parameter und ihrer Bedeutung zu den Paaren \mbox, \makebox und \fbox, \framebox. Der Abruf des gespeicherten Textes geschieht mit dem Befehl \usebox{\<Boxname>}. Ein Anwendungsbeispiel wäre, kleine Quadrate oder Rechtecke für ein Formular mit vielen Feldern

\usebox

2 Was LaTeX bietet

zu speichern, die Sie dann mit einem einfachen Befehl in identischer Weise erzeugen können. Werfen Sie für den Einsatz der Boxbefehle einen Blick auf die Abbildung 2.5. Ein weiteres Beispiel finden Sie auf Seite 434.

formular.tex

```
\newsavebox{\kasten}
\sbox{\kasten}{\fbox{\rule{0mm}{1em}\hspace{1ex}}}
\newcounter{i}
\newcommand{\zeile}[1]
{\setcounter{i}{0}
 \whiledo{\value{i}<#1}
    {\usebox{\kasten}\stepcounter{i}}}

\centerline{\underline{\bf Anmeldung}}
\vspace*{1em}\noindent
\makebox[2cm][l]{Name} \zeile{15}\\[.5ex]
\makebox[2cm][l]{Anschrift} \zeile{20}\\[.5ex]
\makebox[2cm][l]{Telefon} \zeile{15}
```

Abbildung 2.5
Adreßfelder eines Anmeldeformulars für beginnenden Papierkrieg

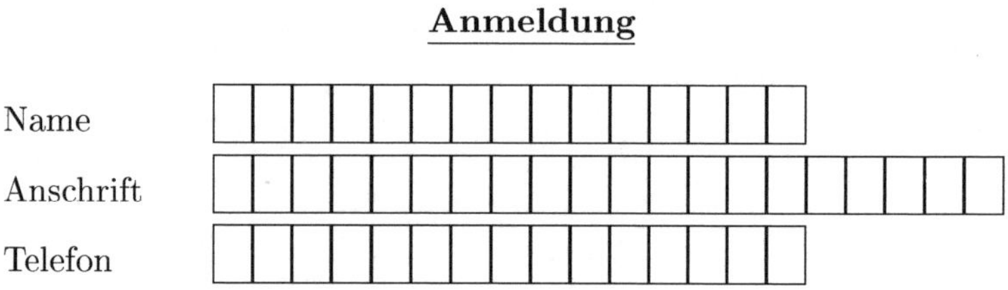

Anmeldung

Name

Anschrift

Telefon

Neben dem Abspeichern von Texten in Boxen mittels \sbox können Sie die Umgebungsvariante

lrbox

```
\begin{lrbox}{\<Boxname>}
   <Text>
\end{lrbox}
```

Text in Umgebungen speichern

wählen. Beispielsweise gibt die frameenv-Umgebung ihren Inhalt als eingerahmten Kasten mit halber Zeilenbreite aus:

```
\newsavebox{\sbx}

\newenvironment{\frameenv}
  {\begin{lrbox}{\sbx}
   \begin{minipage}{\.5textwidth}}
  {\end{minipage}\end{lrbox}
   \fbox{\usebox{sbx}}}
```

Da die `lrbox`-Umgebung ihren Inhalt im Zeilenmodus, das heißt *nebeneinander* setzt, muß für das Beispiel zusätzlich eine Minipage (siehe Seite 61) benutzt werden, um den Text in der gewünschten Breite umbrechen zu können. Eine weitere Anwendung, den Inhalt der Box in einem gleitenden Kasten wiederzugeben, wird in Abschnitt 3.5.5 auf Seite 141 gezeigt.

Bei der Verwendung von `\fbox` oder `\framebox` sind die Parameter `\fboxrule` (Linienstärke des Rahmens) und `\fboxsep` (Freiraum zwischen Rahmen und Text) wichtig. Sie können sie via `\setlength` verändern.

2.10.2 Balkenboxen

Balkenboxen sind nichts anderes als mit Farbe gefüllte Boxen. Mit ihnen haben Sie die Möglichkeit, horizontale und vertikale Linien sowie gefüllte Rechtecke ■ zu erzeugen. Die Syntax zur Erzeugung dieser Boxen lautet

`\rule[<shift>]{<Breite>}{<Höhe>}`   \rule

`<Breite>` und `<Höhe>` sind hierbei Maße, die die Abmessungen der gefüllten Box angeben. Mit `<shift>` können Sie die ganze Box vertikal gegenüber der Grundlinie verschieben. Ein einfaches Beispiel zeigt die Erzeugung einer horizontalen Trennlinie von 0,5 mm Stärke, die über die halbe Textbreite reicht:

`\rule{0.5\textwidth}{0.5mm}` ────────────

Beim Durchstreichen von Text mit dem Makro von Seite 17 mußte die Linie mit Hilfe des optionalen Verschiebungsparameters `<shift>` auf die gewünschte Höhe gebracht werden.

Es steht Ihnen frei, für die Breite oder Höhe der Balkenbox den Wert Null anzugeben. Die resultierende, unendlich dünne Linie ist zwar nicht sichtbar, nimmt aber über ihre von Null verschiedene Höhe (wenn die Breite Null ist) oder Breite (wenn Sie eine Höhe von Null gewählt haben) Einfluß auf die Positionierung von Zeilen und Wörtern. Eine Höhe von Null führt zu einem unsichtbaren Strich gegebener Breite, womit Sie nichts anderes als horizontalen Freiraum erzeugen. Dies kann auch mit einem `\hspace`-Befehl erreicht werden. Eine Balkenbox der Breite Null dient dazu, einen vertikalen Freiraum entsprechend ihrer Höhe zu erzeugen. Dies ist auch an Stellen möglich, an denen Sie `\vspace` nicht einsetzen können. Wollen Sie eine eingerahmte Warnmeldung mit größerem Abstand des Rahmens vom Text erzeugen (ohne dabei den Parameter `\fboxsep` zu beachten), so fügen Sie einen unsichtbaren vertikalen Strich der gewünschten Abmessungen ein:

Linien der Dicke Null machen Sinn!

`\fbox{\rule[-5mm]{0pt}{1,2cm}Dies ist eine Warnung!}`

Sie erzeugen eine gerahmte Box der Höhe 1,2 cm, in der durch das Absenken der unsichtbaren vertikalen Linie mit `[-5mm]` der Text 5 mm über dem unteren Rahmen gedruckt wird: Dies ist eine Warnung!

Ohne `<shift>`- Parameter würde der Text unmittelbar über der unteren Rahmenlinie erzeugt werden: Dies ist verkehrt.

2.10.3 Absatzboxen

Eine Absatzbox oder Parbox ist eine Box, die aus vertikal angeordneten Elementen besteht, meist Text, der in Zeilen untereinander vorliegt. Parboxen können Sie überall dort einsetzen, wo Sie Text in Spalten vorgegebener Breite einpassen und diese Spalten als Einheit verwenden möchten. Sie stehen in einer Befehls- und einer Umgebungsform zur Verfügung:

\parbox
```
\parbox[<Pos>]{<Breite>}{<Text>}
\parbox[<Pos>][<Höhe>][<Ipos>]{<Breite>}{<Text>}
```

minipage
```
\begin{minipage}[<Pos>]{<Breite>}
   <Text>
\end{minipage}
\begin{minipage}[<Pos>][<Höhe>][<Ipos>]{<Breite>}
   <Text>
\end{minipage}
```

`<Text>` ist hierbei laufender Text, der in Zeilen der Breite `<Breite>` umbrochen wird. Dieses spaltenartige Gebilde wird nun als einheitlicher Block betrachtet und gemäß dem optionalen Parameter `<Pos>` relativ zur laufenden Zeile angeordnet. Lassen Sie diesen Parameter fort, so wird die Spaltenbox vertikal zur laufenden Zeile zentriert. Andere Möglichkeiten für `<Pos>` sind `b`, wobei die Absatzbox mit ihrer untersten Zeile an die laufende Zeile anschließt, und `t`, wodurch die Box mit ihrer obersten Zeile auf die laufende Zeile ausgerichtet wird. Sie ragt in diesem Fall also nach unten in den freien Raum. Wie Sie sehen werden, können diese Boxen nur innerhalb von Absätzen sinnvoll mit einem Positionierungsparameter versehen sein, da nur in Absätzen laufende Zeilen vorhanden sind. Ist die Absatzbox das erste Element eines Absatzes, so werden die nachfolgenden »normalen« Absatzzeilen relativ zur Box angeordnet. Ist sie das einzige Element des Absatzes, so ist eine Positionierung vollkommen überflüssig, da nichts existiert, zu dem sie relativ angeordnet werden könnte.

2.10 Gut verpackt – Schachteln und Rahmen

In der erweiterten Syntax des Kommandos können Sie die <Höhe> *Erweiterte Syntax*
der Parbox festlegen, wenn diese von der Höhe des eingeschlossenen Textes abweichen soll. Es sind die Maßangaben \height,
\totalheight, \depth (und \width) erlaubt. Haben Sie für <Höhe>
einen Wert gewählt, der größer ist als die natürliche Höhe des eingeschlossenen Materials, so wird der Parameter <lpos> interessant, der
die Ausrichtung des Textblockes innerhalb der Box festlegt. Auch
für diesen sind die Werte t, b, c und s gestattet, mit denen Sie zum
Beispiel 12 mm hohe Boxen erzeugen können, die zur laufenden Zeile
zentriert werden, ⎡So wie diese!⎤ in denen jedoch der Text am
unteren Ende der Box erscheint:

```
... zentriert werden,
\fbox{\parbox[c][12mm][b]{3cm}{So wie diese!}} in denen
jedoch der Text ...
```

Eine Absatzbox, die nicht mit \parbox, sondern als minipage-Umgebung realisiert wird, wird oftmals auch *Minipage* genannt. Wie
\parbox stellt sie eine vertikale Box bereit. Eine Minipage läßt je- *Minipages*
doch Elemente zu, die in Parboxen nicht angewandt werden dürfen,
wie zentrierter Text, Listen, Tabulatoren. Sie ist hinsichtlich ihres
Einsatzes tatsächlich mit einer verkleinerten Ausgabe einer ganzen
Seite zu vergleichen. Auch eine Minipage besitzt eine erweiterte Syntax mit Angabe der Höhe.

Nützlich sind Minipages, wenn Sie mehrzeiligen Text als Einheit
behandeln und in eine Spalte vorgegebener Breite einpassen möchten:

```
\parbox{5cm}{Hier folgt Text, der in eine 5\,cm
breite Spalte eingepaßt wird.}
```

Ein »zweispaltiger« Satz wird realisiert, indem zwei Minipages nebeneinander angeordnet werden und folgenden Absatz beinhalten. Beachten Sie jedoch, daß in einer Minipage kein Seitenumbruch stattfinden kann.

Die linke Spalte ist 5 cm breit und durch einen 5 mm breiten Zwischenraum von der rechten Spalte getrennt, deren Breite sich aus dem Restbetrag von Zeilenbreite und bisher verbrauchten Platz ergibt. Hierfür wird das calc-Paket eingesetzt.

Beachten Sie, daß nur mit der Positionierung t die Oberkanten der
Minipages übereinstimmen, was vermutlich beabsichtigt wird.

```
\begin{minipage}[t]{5cm}
  Ein "'zweispaltiger"' Satz ...
```

```
\end{minipage}
\hspace{5mm}
\begin{minipage}[t]{\textwidth-5cm-5mm}
  Die linke Spalte ist 5\,cm breit ...
\end{minipage}\par
```

Ein Beispiel für die Anwendung von zwei nebeneinandergesetzten Minipages finden Sie auf Seite 469 für das Erstellen eines Vokabulars.

2.10.4 Übervoll oder locker gesetzte Boxen

Volle/leere Boxen

Beim Zeilenumbruch des in einer Absatzbox eingeschlossenen Textes treten häufig dieselben Probleme wie beim normalen Absatzumbruch mit Randausgleich auf. Übervolle oder zu lockere Zeilen(Boxen) sind die Folge zu langer Wörter mit unzureichenden Trennungsmöglichkeiten. Sie können diese Probleme, wie beim normalen Absatzumbruch auch, durch die Angabe von Trennhilfen lösen (Abschnitt 1.1). Eine weitere Möglichkeit ist, die Parameter für den Randausgleich zu erhöhen (siehe Seite 65), jedoch werden hierbei die Zeilen teilweise zu locker gesetzt. Als letztes bleibt dann nur noch das Umformulieren.

hyphenat

Der Einsatz von Trennhilfen versagt leider häufig bei Wörtern mit Befehlen wie `\dots`; Wörter, mit Schreibmaschinenschrift (`\textttt`) gesetzt, werden überhaupt nicht getrennt. Zur Behebung dieses Problems kann das Paket `hyphenat` eingesetzt werden. Es erlaubt eine umfangreiche Steuerung der Trennmöglichkeiten im Dokument. Die Option `none` unterbindet sämtliche Trennungen im Dokument und wird daher sinnvollerweise bei Flattersatz eingesetzt. Die Option `htt` erlaubt die Trennung innerhalb von Passagen, die mit `\textttt` oder `\ttfamily` gesetzt sind. Mit `\verb` oder der `verbatim`-Umgebung gesetzte Textteile unterbinden jedoch lokal die Trennungen, so daß auch beim Einsatz des Paketes in diesem Fall keine Trennungen stattfinden. Die Befehle `\textnhtt` und `\nhttfamily` schalten auf

\textnhtt
\nhttfamily
\nohyphen

Schreibmaschinenschrift um, unterbinden aber die Trennung, wenn diese durch die Option `htt` erlaubt ist. `\nohyphens` unterbindet in normalem Text die Trennung. Weiterhin definiert das Paket einige interne Makros um, so daß beispielsweise auch nach dem Auftreten von Sonderzeichen (Unterstrich, Schrägstrich, Backslash) Trennungen erlaubt sind.

url
\url

Das Paket `url` erlaubt mit dem Befehl `\url` das Schreiben wie auch die Trennung innerhalb einer URL oder Email-Adresse, wobei immer nach Schrägstrichen und Punkten getrennt werden darf. Weitere Optionen und einige Makros erlauben eine benutzergesteuerte Konfiguration.

2.11 Von den Zeilen

Der Zeilenabstand, das heißt der Abstand zwischen den Grundlinien zweier Zeilen, wird von LaTeX abhängig von der gewählten Schriftgröße bestimmt. Er stellt ein sensibles Merkmal guter Schriftgestaltung dar, eine falsche Einstellung kann das Erscheinungsbild des Dokumentes empfindlich stören. Der ideale Zeilenabstand wird von mehreren Faktoren bestimmt:

- ❏ Größere Schriftgrade erfordern einen größeren Zeilenabstand.

- ❏ Leichte und breitlaufende Schriftarten können mit größerem, stärkere (dichtere) Schriften mit kleinerem Zeilenabstand gesetzt werden.

- ❏ Lange Zeilen erfordern einen größeren Zeilenabstand.

Hinter diesen Aussagen steht der Gedanke, dem Auge eine leicht erkennbare Zeilenstruktur zu bieten, damit es beim Zurückspringen vom Ende einer Zeile gut den Anfang der nächsten finden kann und so ein flüssiges Lesen erlaubt. Dieses fortlaufende Lesen ist zum Beispiel bei Überschriften, die über zwei Zeilen laufen, nicht gefordert, so daß diese häufig mit kleinerem Zeilenabstand gesetzt werden.

Die ersten beiden Punkte der Liste berücksichtigt LaTeX beim Wechseln der Schriftgröße oder -art automatisch, indem in den Klassenoptionsdateien für die Befehle zur Schriftgrößenumschaltung ein optimaler Zeilenabstand festgelegt beziehungsweise aus den Zeichensatzdateien (Metrikdateien) der optimale Zeilenabstand für die betreffende Schriftart ausgesucht wird. Wollen Sie darüber hinaus Einfluß auf den Zeilenabstand nehmen, so ist dies über den Parameter \baselineskip und den Befehl \linespread möglich.

Der Wert von \baselineskip gibt den Abstand zwischen zwei Zeilen eines Absatzes fest vor. Er kann an beliebiger Stelle – mit Ausnahme des Vorspanns – mit \setlength verändert werden und ist ab der Stelle seines Auftretens bis zum Ende der aktuellen Umgebung gültig. Innerhalb eines Absatzes bestimmt der letzte Wert dieses Parameters rückwirkend den Zeilenabstand für den Absatz. Außerhalb eines Absatzes, zum Beispiel am Dokumentbeginn, kann sich seine Wirkung auf weite Teile des Dokumentes erstrecken. Da jede Schriftgröße einen eigenen optimalen Zeilenabstand festlegt, beendet die Umschaltung auf eine andere Schriftgröße die Gültigkeit des von Ihnen vorgegebenen Wertes. \baselineskip

Mit Hilfe des Befehls \linespread{<Faktor>} können Sie angeben, um welches Vielfache <Faktor> des Zeilenabstandes die Zeilen auseinandergezogen werden sollen. Der tatsächliche Zeilenabstand \linespread ergibt sich durch Multiplikation dieses Faktors mit \baselineskip. Das Kommando

`\linespread{1.5}`

im Vorspann des Dokumentes schaltet, für das gesamte Dokument gültig, auf den eineinhalbfachen Zeilenabstand. Sie können das Kommando einsetzen, um ein Korrekturexemplar Ihres Dokumentes zu erzeugen oder ggf. den Anforderungen einiger wissenschaftlicher Disziplinen Genüge zu leisten. Eine Änderung des Zeilenabstandes mit \linespread ist der Änderung des Parameters \baselineskip vorzuziehen, da keine absoluten Maßangaben verwendet werden müssen.

Bereich der Änderung \linespread ändert, im Vorspann eingesetzt, den Zeilenabstand für das gesamte Dokument. Sie können jedoch auch einzelne Absätze mit einem anderen Zeilenabstand setzen, indem Sie den Bereich, in dem die Änderung gültig sein soll, in { und } einschließen. Die Wirkung der im Dokument neu eingestellten Parameter zeigt sich erst, wenn Sie sie mit \selectfont aktivieren. Weiterhin müssen Sie ein explizites Absatzende \par oder eine Leerzeile eingeben, da die Werte erst am Ende eines Absatzes berücksichtigt werden:

```
<Vorangehender Absatz>

{\linespread{1.5}\selectfont
  <Absatz> \par}

<Nächster Absatz>
```

50% mehr Zeilenabstand Sie können trotz der automatischen Anpassung durch LaTeX den Zeilenabstand verändern. Dieser Absatz mit eineinhalbfachem Zeilenabstand liefert kein gut lesbares Dokument, da die Zeilen unnatürlich weit auseinandergezogen sind und ein zu lockeres Schriftbild ergeben.

10% weniger Zeilenabstand Umgekehrt können Sie an diesem Absatz, der mit einem um 10 % verkleinertem Zeilenabstand gesetzt wurde, sehen, daß ein zu kleiner Zeilenabstand das Erkennen der Zeilenstruktur erschwert, besonders wenn die verwendete Schriftart eine große Mittellänge aufweist oder ein sehr einheitliches blockartiges Erscheinungsbild besitzt.

setspace
\...spacing
\setstretch

Eine einfachere Beeinflußung des Zeilenabstandes ist mit dem Paket setspace möglich. Im Vorspann des Dokumentes stellen die Befehle \singlespacing, \onehalfspacing und \doublespacing den Zeilenabstand für das gesamte Dokument auf das ein-, eineinhalb- oder zweifache des Normalwertes ein. Für hiervon abweichende Werte kann mit \setstretch{<Faktor>} ein reeller Faktor verwendet werden. Die spacing-Umgebung gestattet eine Änderung des Zeilenabstandes für ausgewählte Textpassagen.

Parameter des Randausgleichs

Im Zusammenhang mit Zeilen muß auch vom Zeilenumbruch gesprochen werden. Dieser rückt in den Blickpunkt, wenn Blocksatz in sehr schmalen Spalten gefordert wird oder zahlreiche nichttrennbare lange Worte auftreten.

Beim Satz eines Absatzes versucht TeX zunächst, mit dem Wortabstand, der von der Schriftart vorgegeben ist, ein Wort nach dem anderen zu setzen. Überschreitet ein Wort die zulässige Zeilenlänge, wird versucht, durch einen Zeilenumbruch *vor* diesem Wort und durch Strecken der Wortzwischenräume die Zeile auf die gewünschte Länge auszutreiben. Durch die Vergrößerung der Wortzwischenräume sammelt TeX »Minuspunkte«, umso mehr, je größer die erforderliche Streckung ist. Überschreiten die gesammelten Minuspunkte eine Toleranzschwelle, darf der Zeilenumbruch nicht vor, sondern muß *hinter* dem fraglichen Wort erfolgen. Dieses Wort ragt somit in den rechten Rand hinein, alle Wortzwischenräume bleiben auf dem festen Normalwert.

Der Wert dieser Toleranzschwelle ist im Parameter `\tolerance` gespeichert. Je niedriger der Wert ist, desto weniger Abweichungen sind gestattet, je höher der Wert, desto mehr dürfen die Zwischenräume beansprucht werden, um den Randausgleich durchzuführen. Ein möglicher voreingestellter Wert ist 200, der typische Wertebereich liegt zwischen 50 und 9999. Kann beim Zeilenumbruch die Toleranz nicht unterschritten werden, so resultieren Zeilen, die in den rechten Rand hineinragen. Sie setzen den Parameter z. B. mit der Sequenz

`\tolerance`

`\tolerance=500`

auf den Wert 500. Die Abbildung 2.6 auf der nächsten Seite zeigt die Auswirkung verschiedener Werte für `\tolerance` an Beispielen. `\emergencystretch` besitzt den Wert 0 em. Seite 1 wurde mit dem Wert 0 gesetzt, die Wortzwischenräume dürfen nicht auseinandergezogen werden, der Wortabstand ist somit fest. Da keine Zeile `\badness`-Werte unter der Toleranzschwelle erreichen kann, muß das Wort, bei dem die Überlänge der Zeile erkannt wird, in der Zeile stehen bleiben und die Zeilentrennung darf erst nach ihm erfolgen. Es resultiert ein rechter Flatterrand. Seite 2 wurde mit einer Toleranzschwelle von 10 gesetzt, was eine gewisse Flexibilität bei den Wortabständen erlaubt und häufig zu akzeptablem Blocksatz führt. Immer noch existieren allerdings überlange Zeilen, da deren `\badness` zu groß ist. Es darf erst nach den fraglichen Worten umgebrochen werden, die in den Rand ragen. Der Wert 100 auf Seite 3 führt zu einem guten Ergebnis, da hinreichend Flexibilität in den Wortabständen gegeben ist, um auch weitere Leerräume am Zeilenende, die durch Umbruch vor ganzen Worten resultieren, aufzufüllen.

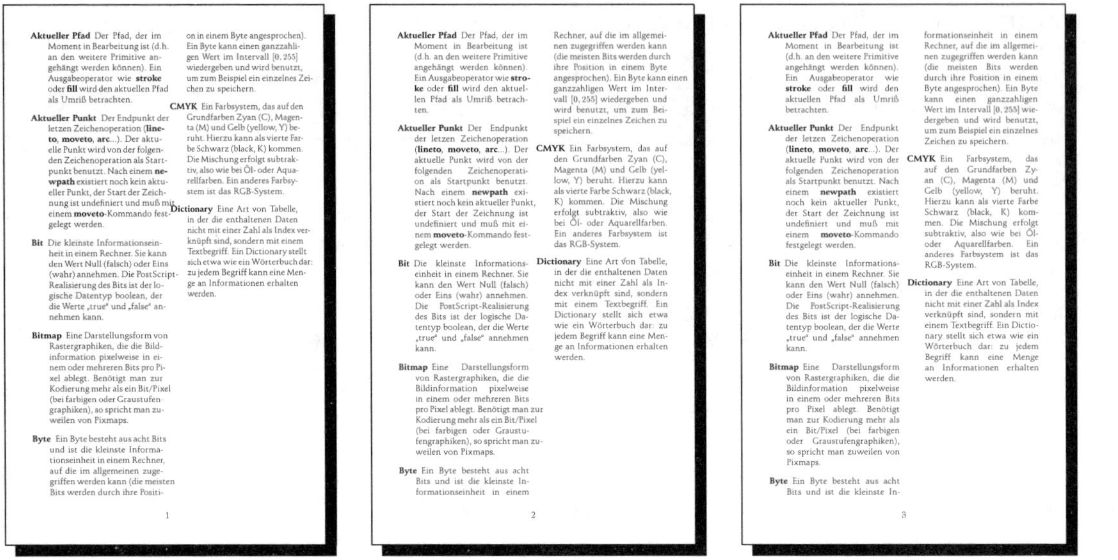

Aktueller Pfad Der Pfad, der im Moment in Bearbeitung ist (d.h. an den weitere Primitive angehängt werden können). Ein Ausgabeoperator wie **stroke** oder **fill** wird den aktuellen Pfad als Umriß betrachten.

Aktueller Punkt Der Endpunkt der letzen Zeichenoperation (**lineto**, **moveto**, **arc**...). Der aktuelle Punkt wird von der folgenden Zeichenoperation als Startpunkt benutzt. Nach einem **newpath** existiert noch kein aktueller Punkt, der Start der Zeichnung ist undefiniert und muß mit einem **moveto**-Kommando festgelegt werden.

Bit Die kleinste Informationseinheit in einem Rechner. Sie kann den Wert Null (falsch) oder Eins (wahr) annehmen. Die PostScript-Realisierung des Bits ist der logische Datentyp boolean, der die Werte „true" und „false" annehmen kann.

Bitmap Eine Darstellungsform von Rastergraphiken, die die Bildinformation pixelweise in einem oder mehreren Bits pro Pixel ablegt. Benötigt man zur Kodierung mehr als ein Bit/Pixel (bei farbigen oder Graustufengraphiken), so spricht man zuweilen von Pixmaps.

Byte Ein Byte besteht aus acht Bits und ist die kleinste Informationseinheit in einem Rechner, auf die im allgemeinen zugegriffen werden kann (die meisten Bits werden durch ihre Position in einem Byte angesprochen). Ein Byte kann einen ganzzahligen Wert im Intervall [0, 255] wiedergeben und wird benutzt, um zum Beispiel ein einzelnes Zeichen zu speichern.

CMYK Ein Farbsystem, das auf den Grundfarben Zyan (C), Magenta (M) und Gelb (yellow, Y) beruht. Hierzu kann als vierte Farbe Schwarz (black, K) kommen. Die Mischung erfolgt subtraktiv, also wie bei Öl- oder Aquarellfarben. Ein anderes Farbsystem ist das RGB-System.

Dictionary Eine Art von Tabelle, in der die enthaltenen Daten nicht mit einer Zahl als Index verknüpft sind, sondern mit einem Textbegriff. Ein Dictionary stellt sich etwa wie ein Wörterbuch dar: zu jedem Begriff kann eine Menge an Informationen erhalten werden.

1 2 3

Abbildung 2.6
Seiten mit Werten von 0, 10 und 100 für `\tolerance`

Kann TeX eine Zeile nicht optimal umbrechen und scheitert an der `\tolerance`-Hürde, so kann mit einem zweiten Parameter `\emergencystretch` Abhilfe geschaffen werden. Mit ihm stellen Sie in jeder Zeile einen zusätzlichen Zwischenraum bereit, der beim Umbruch berücksichtigt werden darf. Die Zeilen können lockerer gesetzt werden, das Sammeln von Minuspunkten und das resultierende Hineinragen von Worten in den Rand wird seltener. Ändern Sie diesen Parameter mit

\emergencystretch

```
\setlength{\emergencystretch}{1em}
```

Benutzen Sie hierbei Maße, die fontabhängig sind, also »em« anstelle »pt«. Der empfohlene Wertebereich liegt zwischen 0,5 em und 2 em.

Abbildung 2.7 zeigt die Wirkung verschiedener Werte bei einem festen Wert `\tolerance=200`. Die Seite 1 wurde mit 0 em gesetzt, der Absatzumbruch wird nur mit der Toleranzschranke bewertet. Da kein zusätzlicher Freiraum eingefügt werden darf und die vorhandenen Wortzwischenräume nur begrenzt für den Randausgleich herangezogen werden dürfen, sind Worttrennungen die einzige Möglichkeit, Blocksatz zu erreichen, entsprechend ausgefranst erscheint der rechte Rand. Die Seite 2 wurde mit 2 em gesetzt, was zu einem guten Ergebnis führt. Der Wert 4 em auf der dritten Seite führt zu losem Satz mit Löchern in den Zeilen, z. B. in den Absätzen »Bit« und »CMYK«. Durch geeignete Wahl beider Parameter sollte es Ihnen gelingen, zufriedenstellende glatte Ränder zu erhalten. Eine Überprüfung ist über die Logdatei und die Option `draft`, die am Ende einer jeden über-

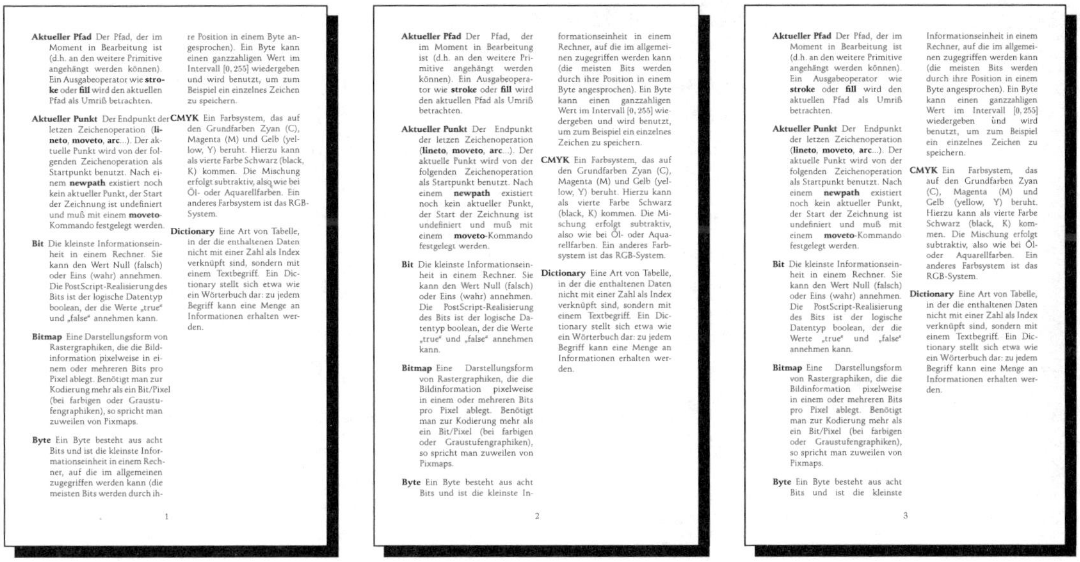

Aktueller Pfad Der Pfad, der im Moment in Bearbeitung ist (d.h. an den weitere Primitive angehängt werden können). Ein Ausgabeoperator wie **stroke** oder **fill** wird den aktuellen Pfad als Umriß betrachten.

Aktueller Punkt Der Endpunkt der letzen Zeichenoperation (**lineto**, **moveto**, **arc**...). Der aktuelle Punkt wird von der folgenden Zeichenoperation als Startpunkt benutzt. Nach einem **newpath** existiert noch kein aktueller Punkt, der Start der Zeichnung ist undefiniert und muß mit einem **moveto**-Kommando festgelegt werden.

Bit Die kleinste Informationseinheit in einem Rechner. Sie kann den Wert Null (falsch) oder Eins (wahr) annehmen. Die PostScript-Realisierung des Bits ist der logische Datentyp boolean, der die Werte „true" und „false" annehmen kann.

Bitmap Eine Darstellungsform von Rastergraphiken, die die Bildinformation pixelweise in einem oder mehreren Bits pro Pixel ablegt. Benötigt man zur Kodierung mehr als ein Bit/Pixel (bei farbigen oder Graustufengraphiken), so spricht man zuweilen von Pixmaps.

Byte Ein Byte besteht aus acht Bits und ist die kleinste Informationseinheit in einem Rechner, auf die im allgemeinen zugegriffen werden kann (die meisten Bits werden durch ihre Position in einem Byte angesprochen). Ein Byte kann einen ganzzahligen Wert im Intervall [0, 255] wiedergeben und wird benutzt, um zum Beispiel ein einzelnes Zeichen zu speichern.

CMYK Ein Farbsystem, das auf den Grundfarben Zyan (C), Magenta (M) und Gelb (yellow, Y) beruht. Hierzu kann als vierte Farbe Schwarz (black, K) kommen. Die Mischung erfolgt subtraktiv, also wie bei Öl- oder Aquarellfarben. Ein anderes Farbsystem ist das RGB-System.

Dictionary Eine Art von Tabelle, in der die enthaltenen Daten nicht mit einer Zahl als Index verknüpft sind, sondern mit einem Textbegriff. Ein Dictionary stellt sich etwa wie ein Wörterbuch dar: zu jedem Begriff kann eine Menge an Informationen erhalten werden.

1

Aktueller Pfad Der Pfad, der im Moment in Bearbeitung ist (d.h. an den weitere Primitive angehängt werden können). Ein Ausgabeoperator wie **stroke** oder **fill** wird den aktuellen Pfad als Umriß betrachten.

Aktueller Punkt Der Endpunkt der letzten Zeichenoperation (**lineto**, **moveto**, **arc**...). Der aktuelle Punkt wird von der folgenden Zeichenoperation als Startpunkt benutzt. Nach einem **newpath** existiert noch kein aktueller Punkt, der Start der Zeichnung ist undefiniert und muß mit einem **moveto**-Kommando festgelegt werden.

Bit Die kleinste Informationseinheit in einem Rechner. Sie kann den Wert Null (falsch) oder Eins (wahr) annehmen. Die PostScript-Realisierung des Bits ist der logische Datentyp boolean, der die Werte „true" und „false" annehmen kann.

Bitmap Eine Darstellungsform von Rastergraphiken, die die Bildinformation pixelweise in einem oder mehreren Bits pro Pixel ablegt. Benötigt man zur Kodierung mehr als ein Bit/Pixel (bei farbigen oder Graustufengraphiken), so spricht man zuweilen von Pixmaps.

Byte Ein Byte besteht aus acht Bits und ist die kleinste Informationseinheit in einem Rechner, auf die im allgemeinen zugegriffen werden kann (die meisten Bits werden durch ihre Position in einem Byte angesprochen). Ein Byte kann einen ganzzahligen Wert im Intervall [0, 255] wiedergeben und wird benutzt, um zum Beispiel ein einzelnes Zeichen zu speichern.

CMYK Ein Farbsystem, das auf den Grundfarben Zyan (C), Magenta (M) und Gelb (yellow, Y) beruht. Hierzu kann als vierte Farbe Schwarz (black, K) kommen. Die Mischung erfolgt subtraktiv, also wie bei Öl- oder Aquarellfarben. Ein anderes Farbsystem ist das RGB-System.

Dictionary Eine Art von Tabelle, in der die enthaltenen Daten nicht mit einer Zahl als Index verknüpft sind, sondern mit einem Textbegriff. Ein Dictionary stellt sich etwa wie ein Wörterbuch dar: zu jedem Begriff kann eine Menge an Informationen erhalten werden.

2

Aktueller Pfad Der Pfad, der im Moment in Bearbeitung ist (d.h. an den weitere Primitive angehängt werden können). Ein Ausgabeoperator wie **stroke** oder **fill** wird den aktuellen Pfad als Umriß betrachten.

Aktueller Punkt Der Endpunkt der letzten Zeichenoperation (**lineto**, **moveto**, **arc**...). Der aktuelle Punkt wird von der folgenden Zeichenoperation als Startpunkt benutzt. Nach einem **newpath** existiert noch kein aktueller Punkt, der Start der Zeichnung ist undefiniert und muß mit einem **moveto**-Kommando festgelegt werden.

Bit Die kleinste Informationseinheit in einem Rechner. Sie kann den Wert Null (falsch) oder Eins (wahr) annehmen. Die PostScript-Realisierung des Bits ist der logische Datentyp boolean, der die Werte „true" und „false" annehmen kann.

Bitmap Eine Darstellungsform von Rastergraphiken, die die Bildinformation pixelweise in einem oder mehreren Bits pro Pixel ablegt. Benötigt man zur Kodierung mehr als ein Bit/Pixel (bei farbigen oder Graustufengraphiken), so spricht man zuweilen von Pixmaps.

Byte Ein Byte besteht aus acht Bits und ist die kleinste Informationseinheit in einem Rechner, auf die im allgemeinen zugegriffen werden kann (die meisten Bits werden durch ihre Position in einem Byte angesprochen). Ein Byte kann einen ganzzahligen Wert im Intervall [0, 255] wiedergeben und wird benutzt, um zum Beispiel ein einzelnes Zeichen zu speichern.

CMYK Ein Farbsystem, das auf den Grundfarben Zyan (C), Magenta (M) und Gelb (yellow, Y) beruht. Hierzu kann als vierte Farbe Schwarz (black, K) kommen. Die Mischung erfolgt subtraktiv, also wie bei Öl- oder Aquarellfarben. Ein anderes Farbsystem ist das RGB-System.

Dictionary Eine Art von Tabelle, in der die enthaltenen Daten nicht mit einer Zahl als Index verknüpft sind, sondern mit einem Textbegriff. Ein Dictionary stellt sich etwa wie ein Wörterbuch dar: zu jedem Begriff kann eine Menge an Informationen erhalten werden.

3

Abbildung 2.7
Seiten mit Werten von 0 em, 2 em und 4 em für `\emergencystretch`

langen Zeile einen schwarzen Balken erzeugt, möglich. Es können so optisch kaum auffällige Randunschönheiten sichtbar gemacht werden.

Wenn TeX einen Absatz nicht sauber setzen kann, erzeugt es während der Übersetzung für jede Box, die zu wenig Inhalt aufweist oder in den Rand hineinragt, Fehlermeldungen auf dem Bildschirm und in der Log-Datei:

```
Underfull \hbox (badness 10000) in paragraph ...
Overfull \hbox (14.22636pt too wide) in paragraph ...
```

Zur Steuerung, welche Satzfehler auf den Bildschirm und in die Log-Datei ausgegeben werden, kennt TeX die zwei Parameter `\hbadness` und `\hfuzz`. `\hbadness` ist der Wert, ab dem eine »underfull \hbox«-Meldung ausgegeben wird, der Wertebereich liegt zwischen Null bei einer idealen Box und 10 000 bei einer Box mit extrem weit auseinandergezogenem Inhalt. `\hfuzz` ist eine Längenangabe und gibt an, wie weit eine Box in den Rand hinein ragen muß, damit eine »overfull \hbox«-Meldung ausgegeben wird.

Wenn Sie es partout nicht schaffen, Ihren Text sauber zu setzen, und nun symptomatisch alle Warnungen unterdrücken wollen, können Sie dies durch die Zuweisungen

```
\hbadness=10000
\hfuzz=1000pt
```

erreichen. Denken Sie aber daran, daß Sie nun das Problem einfach ignoriert haben statt es zu lösen!

2.12 Absätze

Nun erfahren Sie, welche Parameter für die Gestaltung eines Absatzes bedeutsam sind. Die Tabelle 2.7 auf der nächsten Seite listet die Parameter auf, die Abbildung 2.8 stellt sie zur besseren Übersicht graphisch dar. Grau schattiert ist der erlaubte Textbereich, dunkelgrau der Bereich, der vom Text unter Berücksichtigung der in Frage stehenden Parameter tatsächlich in Anspruch genommen wird. Sie können den Parametern mit \setlength andere Werte zuweisen.

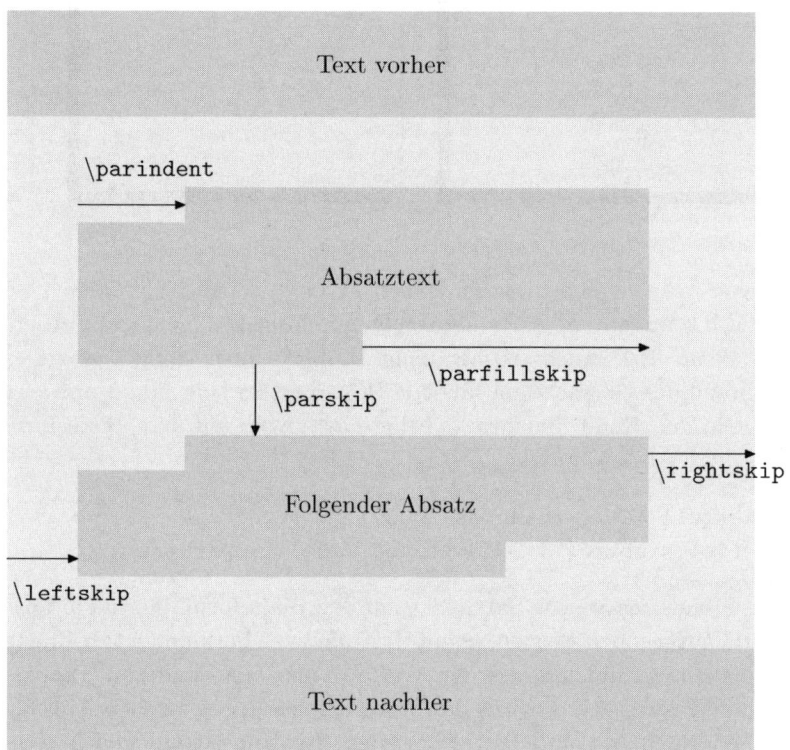

Abbildung 2.8
Die für die Gestaltung eines Absatzes relevanten Parameter und ihre Auswirkungen

Absatz schmälern

Die Parameter \leftskip und \rightskip können Sie ändern, um Absätze, ähnlich der quote-Umgebung, schmäler zu gestalten. Die Befehle

{\setlength{\leftskip}{2cm}\setlength{\rightskip}{2cm}
  ... \par}

rücken den eingeklammerten Absatz beidseitig um 2 cm ein, er wird dadurch 4 cm schmäler. Der \par-Befehl (oder eine Leerzeile) erzwingt einen Absatzwechsel nach dem Text, da die geänderten Werte

`\parindent`	wird am Anfang der ersten Zeile eines neuen Absatzes eingefügt, um den Einzug der ersten Zeile zu realisieren.	**Tabelle 2.7** *Die für die Absatzgestaltung wichtigen Parameter. Änderungen erfolgen über* `\setlength`.
`\parskip`	ist der zusätzliche vertikale Freiraum zwischen Absätzen.	
`\parfillskip`	füllt den verbleibenden Freiraum auf, der nach der letzten Zeile eines Absatzes folgt.	
`\leftskip`, `\rightskip`	Freiraum, der links beziehungsweise rechts von Absatzzeilen plaziert wird. Er kann zur Verschiebung oder Formatierung von Absätzen dienen.	

nur am Ende eines Absatzes rückwirkend für den ganzen Absatz übernommen werden. Wenn Sie flexible Längen angeben, können Sie spezielle Effekte wie Flattersatz erzielen. (Es sollte erwähnt werden, daß die `quote`-Umgebung, anstatt die hier besprochenen Parameter zu ändern, eine Liste mit genau einem leeren Eintrag verwendet und die Listenparameter `\leftmargin` und `\rightmargin` auf die gewünschten Werte gesetzt werden.)

2.13 Die Seite

In diesem Abschnitt werden verschiedene Aspekte des Seitenlayouts betrachtet, wie mehrspaltiger Satz, Seitenzahlen und vor allem der Satzspiegel und die Maße, die mit ihm in Zusammenhang stehen.

2.13.1 Mehrspaltiger Satz – `multicol`

LaTeX sieht für ein Dokument standardmäßig einen maximal zweispaltigen Satz vor, der für die meisten Anwendungsfälle ausreichend sein dürfte. Störend wird diese Begrenzung allerdings, wenn man Artikel in einem zeitschriftenartigen Layout verfassen möchte, die drei oder mehr Spalten oder einen Wechsel der Spaltenzahl auf einer Seite erfordern. Das Paket `multicol` ermöglicht den Satz in `<n>` Spalten, wobei der Text jeweils optimal ausbalanciert wird. LaTeX füllt zunächst die linke Spalte vollständig mit Text und schreibt den Rest des Textes in die rechte Spalte, während der Text, der in einer `multicols`-Umgebung zusammengefaßt ist, soviel vertikalen Raum einnimmt wie erforderlich ist, um ihn möglichst gleichmäßig auf die `<n>` Spalten zu verteilen (Höhenausgleich). Bei einem zweispaltigen Satz erhalten Sie also anstelle einer vollen linken Spalte zwei Spalten, die je die Hälfte der Seitenhöhe einnehmen. Es ist auch möglich, auf einer Seite mehrfach zwischen ein- und mehrspaltigem Satz zu wechseln.

multicols

Was innerhalb der `multicols`-Umgebungen nicht möglich ist, sind Gleitobjekte wie Abbildungen oder Tabellen, die nur über die gesamte Breite einer Spalte reichen. Diese müssen Sie aus den mehrspaltigen Umgebungen ausklammern und im normalen Textfluß (also einspaltig über die volle Breite) setzen. Innerhalb der mehrspaltigen Satzumgebung möglich sind dagegen Fließobjekte über die gesamte Breite des Satzspiegels.

2.13.2 Seitenzahlen

Ein häufiger Wunsch ist, Seitenzahlen in Schmuckzeichen einzuschließen, etwa »* 3 *« anstelle von »3«. Dies kann auf verschiedenen Wegen erreicht werden. Eine Möglichkeit besteht darin, das Makro zur Ausgabe der Seitenzahl zu modifizieren. In Abschnitt 2.5.3 wurden Vor- und Nachteile dieser Methode vorgestellt. Empfehlenswert ist es jedoch, eine eigene Kopf- oder Fußzeilendefinition zu erzeugen, in der das gewünschte Aussehen der Seitenzahlen speziell für die Seitennumerierung (Paginierung) festgelegt werden kann. Damit eng verbunden ist oftmals der Wunsch, die Seitenzahl an anderer Stelle erscheinen zu lassen. Mit den Seitenoptionen `headings` oder `myheadings` werden die Seitenzahlen in Kopfzeilen am jeweils äußeren Rand der Zeile angeordnet. Wenn Sie allerdings die Befehle zur Erzeugung von Kopf- oder Fußzeilen neu definieren, können Sie eine vollkommen freie Gestaltung erreichen und die Erscheinungsform der Seitenzahlen nach Belieben bestimmen. Hierauf wird in Abschnitt 3.4 ausführlicher eingegangen. Mit den in Abschnitt 8.5 vorgestellten Dokumentenklassen sind ebenfalls Eingriffe in das Seitenlayout möglich.

2.13.3 Darstellung des Satzspiegels – `layout`

`layout`

`\layout*`

Die Modifikation des Satzspiegels, gleichgültig ob sie wie im nächsten Abschnitt besprochen oder mit Koma-Script (Abschnitt 8.5) durchgeführt wird, vereinfacht sich wesentlich, wenn Sie zur Kontrolle Ihrer Arbeit das Paket `layout` einsetzen. Es wird mit einem `\usepackage`-Befehl in das zu untersuchende Dokument eingebunden und liefert an der Stelle, an der Sie den Befehl `\layout*` schreiben, eine schematische Darstellung des Satzspiegels sowie eine übersichtliche Ausgabe der aktuellen Parameter. Bei zweiseitigen Dokumenten (Option `twoside`) erhalten Sie die Übersicht für gerade und ungerade Seiten. Das Ergebnis mit dem Eingabetext

```
\documentclass[a4paper,12pt]{book}
\usepackage{german,calc}
\usepackage{layout}
```

```
% 8 oder 4 cm Rand, 39 Textzeilen
\setlength{\oddsidemargin}{4cm-1in}
\setlength{\evensidemargin}{8cm-1in}
\setlength{\textwidth}{9cm}
\setlength{\textheight}
   {39\baselineskip-\headheight-\headsep-\footskip}
\setlength{\topmargin}
   {(\paperheight-39\baselineskip)/2-1in}
\setlength{\marginparwidth}{6cm}

\begin{document}
\layout*
\end{document}
```

liefert das Schema der Abbildung 2.9 auf der nächsten Seite. Exakte Zahlenangaben erhalten Sie mit der Option `reals`.

2.13.4 Satzspiegel und Seitenlayout

Das Layout einer Seite wird durch die Verteilung von Text und Graphiken bestimmt. Diese Verteilung wird häufig als *Satzspiegel* bezeichnet und beinhaltet den eigentlichen Textblock, nicht aber Kopf- und Fußzeilen sowie Marginalien und Fußnoten.

Satzspiegel

Wichtigstes Kriterium für die Wahl eines Satzspiegels ist zunächst die Seitengröße des Dokumentes, die sich nach dem Verwendungszweck (Gedichtband, technische Dokumentation, Taschenbuch) richtet. Steht diese fest, muß der Satzspiegel definiert werden, indem die freien Ränder außerhalb des Textblockes (Innen-, Außen-, Kopf- und Fußsteg) festgelegt werden. Normalerweise ist der Satzspiegel nicht auf dem Papierbogen zentriert, da es optisch ansprechender ist, wenn die oberen und inneren Stege etwas schmäler als die unteren und äußeren sind, der Textblock sich quasi auf ein stabiles Fundament stützen kann. Ein klassisches Größenverhältnis von Innen-, Außen-, Kopf- und Fußsteg zueinander ist zum Beispiel 2:3:4:6. Die sich aus den Stegen ergebende Höhe des Textblocks soll in einem ausgewogenen Verhältnis zu dessen Breite stehen. Die in Frage kommenden Verhältnisse (goldener Schnitt) werden in den typographischen Lehrbüchern behandelt. Sie sehen, daß es nicht möglich ist, das Seitenformat unabhängig vom Größenverhältnis des Textblocks zu bestimmen, beide Merkmale müssen im Zusammenhang betrachtet werden. Gegebenenfalls muß noch ein dem Bindevorgang folgender Beschnitt berücksichtigt werden, der den tatsächlichen Seitenbereich verkleinert.

Stege

Mehrseitige Dokumente werden meist doppelseitig konzipiert und weisen auf linken und rechten Seiten unterschiedliche, aber meist

Abbildung 2.9
Der aktuelle Satzspiegel wird mit `layout.sty` *als übersichtliche Graphik ausgegeben*

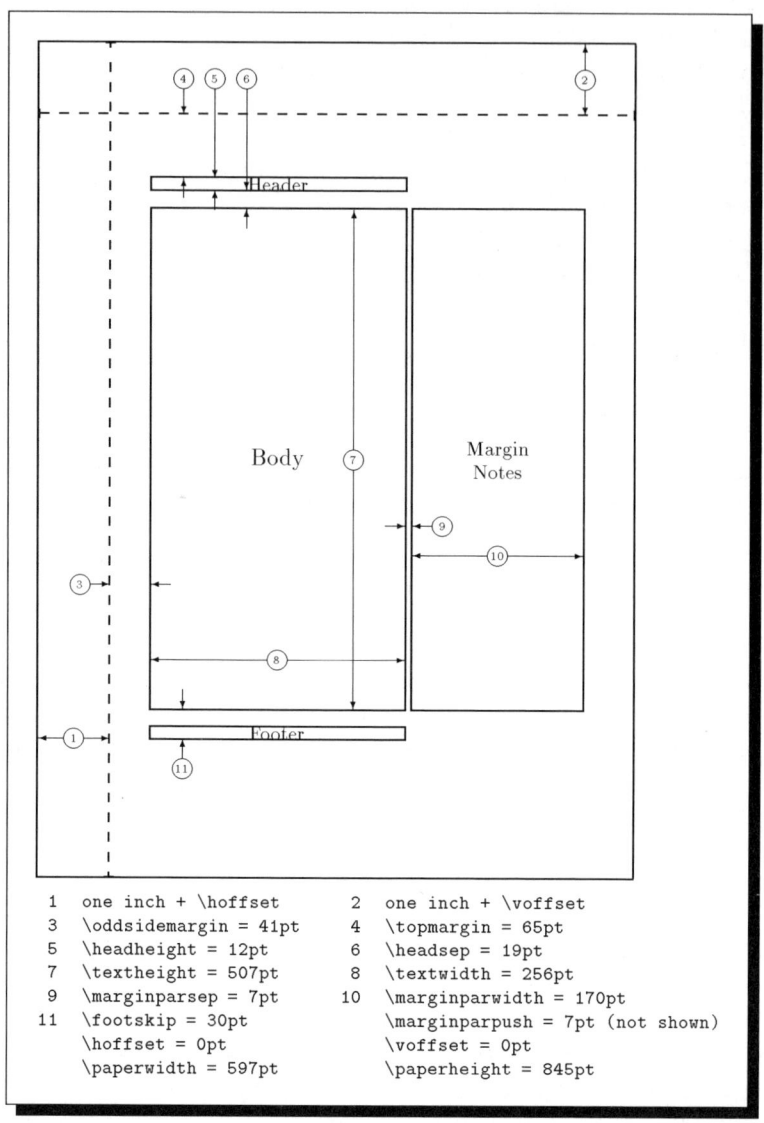

zum Bundrand symmetrische Satzspiegel auf. In den Rändern können ebenfalls Informationen stehen: Randnotizen (Marginalien), Seitenzahlen sowie *tote* Kolumnentitel. Im Gegensatz hierzu ordnet man *lebende* Kolumnentitel – Kopfzeilen, deren Inhalt eine aktuelle Information (Kapitelüberschrift) repräsentieren – innerhalb des Satzspiegels an.

Nehmen wir nun an, die Größe des Textblockes steht fest. Damit *Textbreite* eine Textzeile gut lesbar ist, sollte sie nicht mehr als 60–70 Zeichen enthalten. Je nach der gewählten Grundschriftart und -größe ist die Breite des Textblockes geringfügig anzupassen, um dieses Ziel zu erreichen. Weicht die Textbreite zu stark von der optimalen Breite ab, kann ein zwei- oder sogar mehrspaltiges Layout erforderlich werden.

Für einige gängige Papierformate nimmt LaTeX bereits sinnvolle Einstellungen vor. Die für die Einstellung des Satzspiegels wichtigen Maße werden in der Tabelle 2.8 auf der nächsten Seite aufgeführt und in Abbildung 2.10 graphisch dargestellt. Grau schattiert sind die Bereiche, in denen Text stehen darf. Sie werden mit dem \setlength-Befehl verändert, wobei die Änderung eines Parameters keinen Einfluß auf andere, verwandte Parameter hat. Um etwa die Textbreite zu verkleinern, schreiben Sie

Einstellungen

\setlength{\textwidth}{10cm}

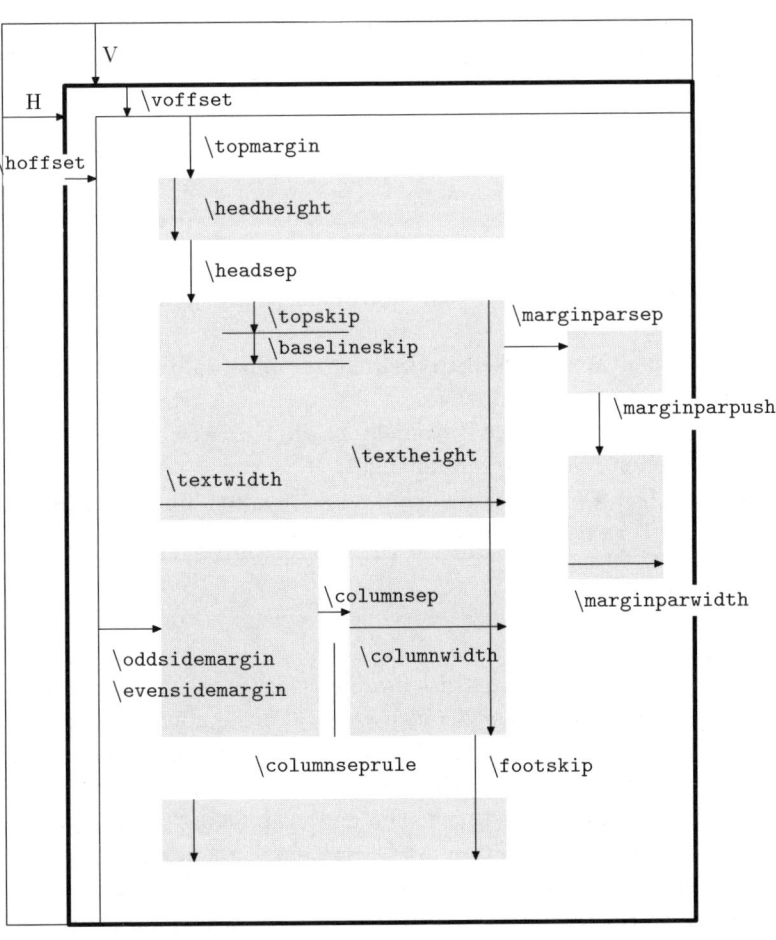

Abbildung 2.10
Darstellung der Seitenlayout-Parameter

`\evensidemargin,` `\oddsidemargin`	Breite des Randes auf linken respektive rechten Seiten ③.
`\textwidth,` `\textheight`	Breite und Höhe des Textkörpers ⑧ und ⑦.
`\paperwidth,` `\paperheight`	Breite und Höhe der Seite.
`\headheight`	Höhe der Kopfzeilen ⑤.
`\headsep`	Abstand von der Kopfzeile zum Textkörper ⑥.
`\topmargin`	Abstand der Oberkante der Kopfzeile zum oberen Seitenrand ④.
`\footskip`	Abstand von der Unterkante des Textkörpers bis zur Unterkante der Fußzeile ⑪.
`\topskip`	Abstand von der Textoberkante bis zur Grundlinie der ersten Textzeile.
`\hoffset,` `\voffset`	Verschiebung der linken oberen Ecke der Seite relativ zur Papierecke (Verschiebung der ganzen Seite auf dem Papier). Die Druckertreiber fügen üblicherweise jeweils 1 inch (2,54 cm) Verschiebung (H- und V-Wert) ein, was mit `\hoffset` und `\voffset` kompensiert oder korrigiert werden kann.
`\marginparsep`	Abstand der rechten Textblockkante zur linken Kante einer Marginalie ⑨.
`\marginparwidth`	Breite der Marginalie ⑩.
`\marginparpush`	Vertikaler Mindestabstand zweier Marginalien.
`\columnsep`	Abstand der Spalten bei mehrspaltigem Satz.
`\columnseprule`	Breite des Kolumnentrennstriches.
`\columnwidth`	Breite einer Spalte.
`\floatsep`	Vertikaler Abstand zwischen Gleitobjekten (Gummilänge).
`\textfloatsep`	Abstand zwischen Gleitobjekt und folgendem (führendem) Text (Gummilänge).
`\intextsep`	Abstand zwischen Text und Gleitobjekten, die innerhalb des Textes mit `[h]` positioniert sind (Gummilänge).
`\dblfloatsep`	Vertikaler Abstand zwischen Gleitobjekten, die bei zweispaltigem Druck über beide Spalten reichen (Gummilänge).
`\dbltextfloatsep`	Abstand zwischen Gleitobjekten über beide Spalten und dem führenden/folgenden Text (Gummilänge).

Tabelle 2.8
Parameter für das Seitenlayout (Zahlen in Kreisen beziehen sich auf Abbildung 2.9)

Die mit TeX gesetzte Seite (dick umrandet) ist durch die Werte H und V (meist auf 2,54 cm gleich 1 inch gesetzt) gegenüber der physischen Papierseite verschoben. Die Bezugsränder können durch eigene Offsets `\hoffset` und `\voffset` verlegt werden, wenn der Drucker die Seite verschoben ausdruckt. Um eine Anpassung zu ermöglichen, ist in der LaTeX-Distribution die Datei `testpage.tex` enthalten, die eine Testseite gemäß Abbildung 2.11 mit Längenskalen an allen vier Rändern erzeugt, anhand derer Sie die erforderlichen Offsets ablesen können.

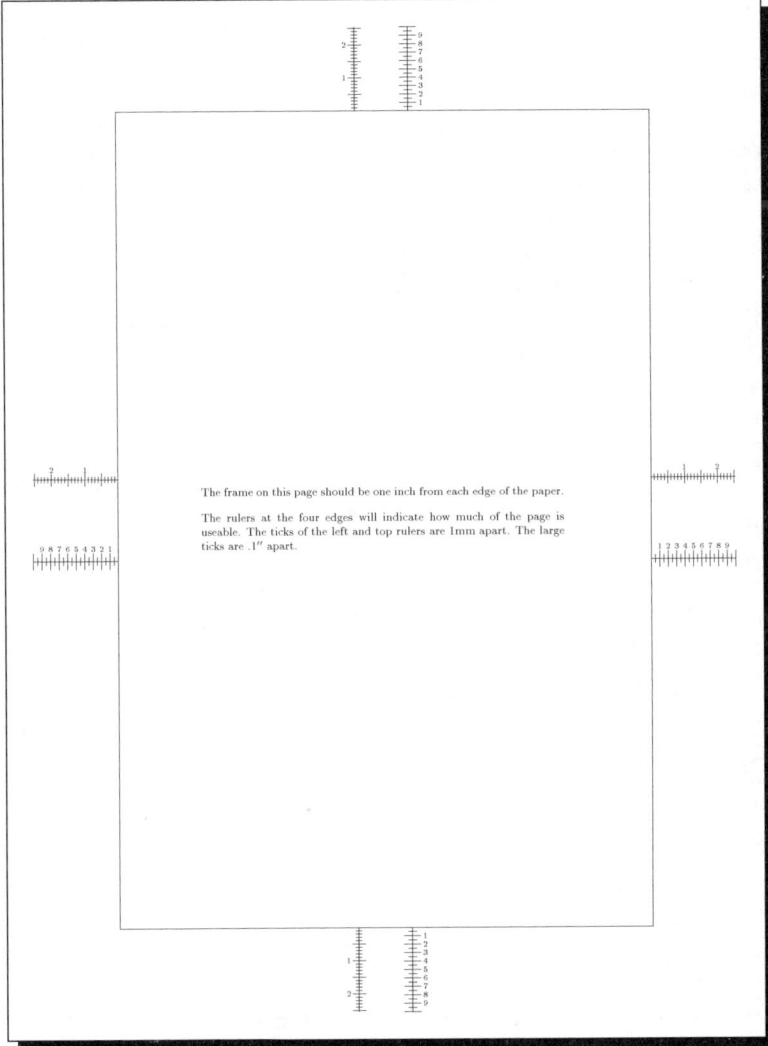

Abbildung 2.11
Eine Testseite für die Offsetanpassung

Um Ihnen einen Überblick über das Zusammenspiel der einzelnen Zahlen bei dem häufigen Problem der Einstellung gewünschter Rand- oder Textausdehnung zu geben, werden verschiedene Satzspiegel festgelegt. Alle Beispiele gehen von einer DIN A4-Seite (210 mm × 297 mm) aus, die horizontale und die vertikale Ausrichtung werden, da voneinander unabhängig, separat besprochen. Eine detaillierte Abhandlung über Satzspiegel und ihre Bedeutung wird in den einschlägigen typographischen Lehrbüchern gegeben und zum Lesen empfohlen, da eine unbedachte Auswahl die Aussage des Dokumen-

Satzspiegel – Beispiele

tes negativ beeinflussen kann (siehe hierzu die Literaturangaben im Anhang).

Satzspiegel manuell festlegen

Zentrierter Textblock

Zuerst soll eine Textbreite von 8 cm eingestellt werden. Der Textblock soll dabei auf dem Blatt horizontal zentriert werden, die linken Ränder auf ungeraden und geraden Seiten sind dabei gleich groß. Auch die oberen und unteren Ränder sollen ebenso breit wie die inneren und äußeren sein. Bei den horizontalen Einstellungen muß die Textbreite sowie die ungeraden und geraden Ränder festgelegt werden. Die Textbreite kann direkt mit dem Maß \textwidth beeinflußt werden, für die Ränder wird die Differenz zwischen Papierbreite und Textbreite gleichmäßig auf linken und rechten Rand aufgeteilt. Der sich dabei ergebende Wert wird bei der Berechnung der Texthöhe berücksichtigt. Zusätzlich kommt zum Tragen, daß die Druckertreiber normalerweise links und oben noch 2,54 cm gleich 1 inch aufschlagen – ohne hierzu aufgefordert worden zu sein! Der Grund hierfür ist, daß die meisten Drucker nicht unmittelbar am linken oberen Papierrand mit dem Druckvorgang beginnen können, sondern erst ein Stückchen weiter innen. Die von TeX vorgenommene Verschiebung, in der Abbildung 2.10 durch die Werte H und V dargestellt, setzt den Nullpunkt auf einen bedruckbaren Punkt des Papiers. Es muß daher an strategischen Stellen stets 2,54 cm addiert oder subtrahiert werden. Benutzen Sie für das erste Beispiel die Befehlsfolge

```
% Problem 1: Zentrierter Text, 8 cm breit
\usepackage{calc}
\setlength{\textwidth}{8cm}
% Ränder = (21cm - 8cm)/2 -2,54 cm
\setlength{\oddsidemargin}
   {(\paperwidth-\textwidth)/2-2,54cm}
\setlength{\evensidemargin}
   {\oddsidemargin}

% Oberer Rand bis Kopfzeile 6.5 cm
\setlength{\topmargin}{8cm-2,54cm}
% Texthöhe (unterer Rand ab Fußzeile 6.5 cm)
\setlength{\textheight}
   {\paperheight-13cm-\headheight-\headsep-\footskip}
```

Durch die Benutzung des calc-Paketes (Abschnitt 2.8) können Sie die erforderlichen Werte durch leicht zu verstehende Ausdrücke beschreiben und müssen keine kryptischen festen Zahlenwerte einsetzen. Gleichzeitig werden die Parameter in Abhängigkeit von den aktuellen

2.13 Die Seite

Seitenabmessungen berechnet und gelten so auch für andere Formate. Dieser Satzspiegel ist durch seine hochgradige Symmetrie bestenfalls für einseitige Dokumente geeignet, Doppelseiten würden außerordentlich langweilig wirken.

Ein Satzspiegel in einem als günstig betrachteten Verhältnis 2:3:4:6 der Stege kann erhalten werden, wenn Sie Texte mit 2 cm breitem inneren, 3 cm breitem äußeren, 4 cm breiten oberem und 6 cm breitem unterem Rand schreiben. Sie benutzen für die Randbreiten unmittelbar den gewünschten Wert abzüglich der 2,54 cm des H-Wertes, müssen aber die Textbreite anpassen, die sich als Differenz zwischen Papierbreite und Summe der Randbreiten ergibt. Die Texthöhe berechnen Sie wie im ersten Beispiel:

Textblock asymmetrisch angeordnet

```
% Problem 2: innen 2 cm, aussen 3 cm Rand
\usepackage{calc}
% Ränder = 2 cm - 2,54 cm bzw. 3 cm - 2,54 cm
\setlength{\oddsidemargin}{2cm-2,54cm}
\setlength{\evensidemargin}{3cm-2,54cm}
% Textbreite = 21 cm - 3 cm - 2 cm
\setlength{\textwidth}{\paperwidth-3cm-2cm}

% Oberer Rand bis Kopfzeile 4 cm
\setlength{\topmargin}{4cm-2,54cm}
% Texthöhe (unterer Rand ab Fußzeile 6 cm)
\setlength{\textheight}
   {\paperheight-4cm-6cm-\headheight-\headsep-\footskip}
```

Falls Sie eine andere Größe für den Textblock wünschen, müssen Sie darauf achten, daß die Verhältnisse der Randbreiten erhalten bleiben, Sie dürfen also nicht einfach überall ein festes Maß subtrahieren oder addieren!

Denken Sie schließlich daran, daß die Texthöhe ein ganzzahliges Vielfaches des Zeilenabstandes \baselineskip, zuzüglich des Abstandes der Grundlinie der ersten Zeile zum oberen Rand (\topskip) betragen sollte, um einen guten Seitenumbruch zu ermöglichen. Ein Textblock mit 39 Zeilen besitzt also die Höhe 38\baselineskip+\topskip. Die vertikale Position ergibt sich aus der Höhe des Textblockes zuzüglich der Kopf- und Fußzeilen, im Verhältnis 4:6 verteilt auf oberen und unteren Rand abzüglich der 2,54 cm des V-Wertes.

Texthöhe vorgegeben

```
% Problem 3: 39 Textzeilen plus Kopf-/Fußzeilen
% vertikal zentriert
\usepackage{calc}
% Texthöhe für 39 Zeilen
```

```
\setlength{\textheight}{38\baselineskip+\topskip}
% Oberer Rand =
% (29,7 cm - Texthöhe -Kopf/Fußhöhe)*4/10 - 2,54 cm
\setlength{\topmargin}
  {(\paperheight-\textheight-\headheight-
   \headsep-\footskip)*\ratio{4}{10}-2,54cm}
```

Möchten Sie erfahren, welche Werte diese Einstellungen zu Beginn besitzen, können Sie sie ausgeben lassen:

```
\showthe\topmargin   \showthe\headsep   \showthe\topskip
```

Den besten Überblick und Eindruck vom ausgewählten Satzspiegel erhält man durch eine proportionale Skizze der Seite, wie sie mit dem in Abschnitt 2.13.3 vorgestellten Paket `layout` erzeugt wird.

Pakete zur Satzspiegelgestaltung

Wie Sie im letzten Abschnitt feststellen konnten, ist es keineswegs trivial, manuell einen bestimmten Satzspiegel einzurichten. Sie können aber auf eine Anzahl von Paketen zurückgreifen, die Ihnen die Arbeit erleichtern.

typearea Im Paket `koma-script`, das auf Seite 429 beschrieben wird, ist das Paket `typearea` enthalten, das zur Berechnung des Satzspiegels eingesetzt werden kann. Anstelle starrer Maße liegt dem Satzspiegel ein flexibles Konstruktionsschema zugrunde, das zu jedem Papierformat einen optimalen Satzspiegel liefert. Das Verfahren läßt sich kurz wie folgt skizzieren:

- ❏ Teile die Breite und Höhe der Seite in n gleiche Teile; es resultieren eine horizontale und eine vertikale Längeneinheit (HL und VL). Für das DIN A4-Format (210 mm × 297 mm) und einer Teilung in 10 Teile erhalten Sie so die Werte HL=21 mm und VL=29,7 mm.

- ❏ Setze bei einseitigem Druck den inneren und äußeren Rand auf 1,5 HL; bei doppelseitigem Druck erhält der innere Rand 1 HL, der äußere dagegen 2 HL. Der obere Rand beträgt stets 1 VL, der untere 2 VL. Sie erhalten so einen Textbereich von $(n-3)$ HL Breite und $(n-3)$ VL Höhe.

Bei der Berechnung des tatsächlichen Satzspiegels wird noch berücksichtigt, daß die Höhe des Textblockes ein ganzes Vielfaches des Grundlinienabstandes `\baselineskip` vermehrt um `\topskip` sein soll, damit bei ganz mit Text gefüllten Zeilen die Grundlinien auf jeder Seite übereinander zu liegen kommen, so daß die Texthöhe geringfügig von der aus der Konstruktion erhaltenen Größe abweichen kann. Weiterhin berücksichtigt die interne Berechnung, daß bei gebundenen Dokumenten der innere Rand größer ausfallen muß als geplant, da für die Klebung oder Bindung etwas Platz benötigt wird. Dieser zusätzliche Raum darf jedoch nicht vom inneren Rand weggenommen werden, sondern wird als Größe b (binding correction) eingestellt und ein entsprechender Teil der Seite für die Spiegelkonstruktion als nicht vorhanden betrachtet.

Für kleine n resultiert aus der Konstruktion ein kleiner Textbereich, für große n ein großer. Die voreingestellten n-Werte sind schriftgradabhängig und werden zu $n = 8$ für 10 pt, $n = 10$ für 11 pt und $n = 12$ für 12 pt gewählt. Der Wert für die Bindung b ist stets Null. Über den Befehl `\typearea[<b>]{<n>}` in der Präambel des Textes können Sie diese Werte neu einstellen, um beispielsweise das Dokument zu binden oder einen anderen Textbereich zu erhalten. Der Befehl

`\typearea`

`\areaset[<b>]{<Breite>, <Höhe>}` \hfill `\areaset`

wird eingesetzt, wenn Sie eine ungewöhnliche Satzspiegelgröße benötigen. Dabei wird ohne weitere Berechnung die Textbreite und -höhe übernommen und lediglich die Randeinstellungen so angepaßt, daß der Textblock sinnvoll positioniert wird. Das kurze Beispiel

```
\usepackage{typearea}
\areaset{10cm}{18cm}
```

dient zur Festlegung eines Textblockes der Größe $10 \times 18 \, \text{cm}^2$.

`typearea` wird von den Koma-Script-Klassen automatisch aufgerufen und legt somit den Satzspiegel für das Dokument fest. Sie können `typearea` auch unabhängig von den Koma-Script-Klassen aufrufen, um ansprechende Satzspiegel zu erhalten.

Weitere Pakete zur einfachen Einstellung eines Satzspiegels:

- ❏ Das Paket `geometry` erlaubt es, durch eine einfache Parameterliste das gewünschte Layout zu erreichen. Beispiel 2 oben läßt sich nun mit den einfachen Zeilen \hfill *geometry*

  ```
  \usepackage{geometry}
  \geometry{left=4cm, right=8cm}
  ```

  formulieren. Die Dokumentation des Paketes liefert einen guten Überblick über die Problematik bei der Seitengestaltung.

- ❏ Mit dem Paket `vmargin` können Sie alle Angaben direkt eingeben. Durch zwei Varianten können entweder die Ränder oder die Abmessungen des Textblockes spezifiziert werden: \hfill *vmargin*

```
\setmargins{<Rand_links>}{<Rand_oben>}
          {<Textbreite>}{<Texthöhe>}
          {<Kopfhöhe>}{<Kopfabstand>}
          {<Fußhöhe>}{<Fußabstand>}
\setmarginsrb{<Rand_links>}{<Rand_oben>}
             {<Rand_rechts>}{<Rand_unten>}
             {<Kopfhöhe>}{<Kopfabstand>}
             {<Fußhöhe>}{<Fußabstand>}
```

Weitere Parameter

Parameter für Gleitobjekte

Eine weitere große Gruppe von Parametern besteht aus reellen Zahlen und kontrolliert die Positionierung von Gleitobjekten im Fließtext. Sie sind in der Tabelle 2.9 aufgeführt, Veränderungen erreichen Sie mit `\renewcommand`:

```
\renewcommand{\textfraction}{.8}
```

(Die Parameter für den einspaltigen Satz gelten beim mehrspaltigen Satz in `multicols`-Umgebungen auch für `figure*`!)

Tabelle 2.9
Gebrochene Zahlen, die als Parameter für das Seitenlayout fungieren

`\topfraction`, `\bottomfraction`	Der Bruchteil der gesamten Texthöhe `\textheight`, der oberhalb beziehungsweise unterhalb des Textes für gleitende Objekte zur Verfügung steht.
`\textfraction`	Der Bruchteil der Texthöhe, der mindestens für Text zur Verfügung stehen muß. Gleitobjekte erhalten damit 1-`\textfraction` an Platz.
`\dbltopfraction`	Der Bruchteil an Texthöhe, der bei zweispaltiger Formatierung für Gleitobjekte, die über die gesamte Seitenbreite reichen, oberhalb des Textes zur Verfügung steht.
`\floatpagefraction`	Der Bruchteil einer Seite, der gefüllt sein muß, bevor für Gleitobjekte gegebenenfalls eine weitere Seite erzeugt wird.
`\dblfloatpagefraction`	Wie `\floatpagefraction`, jedoch für Objekte, die bei zweispaltigem Satz über beide Spalten reichen.

Schließlich existieren noch Zähler (ganzzahlige Parameter), die ebenfalls an der Layoutkontrolle beteiligt und in der Tabelle 2.10 aufgeführt sind.

`topnumber`, `bottomnumber`	Die Höchstzahl von Gleitobjekten, die auf der aktuellen Seite ober- beziehungsweise unterhalb des Textblocks angeordnet werden dürfen.	*Tabelle 2.10* *Ganzzahlige Parameter zur Seitenkontrolle, die mit* `\setcounter` *eingestellt werden*
`totalnumber`	Die Gesamtzahl an Gleitobjekten, die auf der Seite erscheinen dürfen.	
`dbltopnumber`	Die maximale Anzahl an Gleitobjekten, die bei zweispaltigem Druck über beide Spalten reichen.	

Werden die vorgestellten Parameter im Vorspann geändert, so gelten die Änderungen für das ganze Dokument; Änderungen innerhalb des Textes bleiben auf den Geltungsbereich des umschließenden Blocks beschränkt. Da das Layout jedoch über den gesamten Text hinweg einheitlich sein sollte, wird eine Veränderung dieser Parameter üblicherweise zu Dokumentbeginn mit einem Paket vorgenommen.

Geltungsbereich

Speziell für die Trennung der Kolumnen beim mehrspaltigen Satz existieren noch die Parameter `\columnsep` (Abstand der Kolumnen voneinander) und `\columnseprule` (Breite des Trennungsstriches zwischen den Kolumnen). Die Änderung dieser Werte erfolgt mit `\setlength`. Standardmäßig ist `\columnseprule` auf 0 pt Breite eingestellt, wodurch die Trennlinie unsichtbar wird.

2.13.5 Einrahmen des Satzspiegels – `showframe`

Eine bessere optische Kontrolle des Seiteninhalts kann mit dem Paket `showframe` erreicht werden. Es zeichnet auf jeder Seite einen Rahmen um den Textblock und läßt so – neben den schwarzen Balken der »draft«-Option – eine leichte Erkennung von Randverletzungen und der Positionierung des Materials auf der Seite zu. Im Dokumentenbereich selber kann auch der Befehl `\printparam` verwendet werden, um die eingestellten Werte der Layoutparameter zu sehen.

Satzspiegel einrahmen mit `showframe`

`\printparam`

2.13.6 Die Plazierung von Gleitobjekten

Die Plazierung von Gleitobjekten kann je nach deren Anzahl und Platzbedarf zu unbefriedigenden Ergebnissen führen. In solchen Fällen können Sie versuchen, durch Angabe von Positionierungsparametern sowie Änderung der in Tabelle 2.9 erwähnten Parameter Abhilfe zu schaffen. Damit dies nicht zu einer »Verschlimmbesserung« führt, müssen Sie folgende Punkte berücksichtigen.

Alles sammelt sich am Ende ...

Gleitobjekte, die aus irgendwelchen Gründen nicht sinnvoll an der Stelle ihres Auftretens im Text gesetzt werden können, werden an das Ende des Kapitels geschoben. Da die Reihenfolge von aufeinander folgenden Tabellen und Abbildungen nicht geändert wird, schließen sich alle folgenden Fließobjekte an und versammeln sich am Ende in meist unschönem Satz.

Plazierungsparameter schränken ein!

Durch die Angabe von Plazierungsparametern werden die Möglichkeiten nicht etwa um die genannten Werte erweitert, sondern auf diese eingeschränkt. Besonders bedenkenswert ist dies, wenn nur eine *einzige* Plazierung angegeben wird. Häufig tritt dann der oben beschriebene Fall ein, da ein Objekt größer als der für diese Positionierung vorgesehene maximale Freiraum ist und keine alternative Plazierung existiert. Ein Beispiel ist ein Objekt, das mit `\begin{figure}[h]` an der aktuellen Stelle erscheinen sollte, aber größer als der verfügbare Platz auf der Seite ist. Eine Erweiterung der Möglichkeiten ist nur durch eine explizite Angabe der *vollständigen* Wunschliste möglich. Anstelle von `\begin{figure}[h]` ist es also sicherer zu schreiben `\begin{figure}` (stellt den Standard `[tbp]` ein) oder mit `[htbp]` explizit alle Plazierungmöglichkeiten *inklusive* `[h]` zu erlauben.

Die Regeln umgehen ...

Eine besondere Plazierungsangabe ist `[!]`, die mit mindestens einer der Angaben `h`, `t`, `b` oder `p` kombiniert werden muß. Beim Plazieren dieses einen Gleitobjektes werden zahlreiche Parameter (die maximale Anzahl der Gleitobjekte auf einer Seite oder der maximale Platz für Gleitobjekte oben und unten) nicht berücksichtigt. Soll z. B. ein Objekt am Seitenende gesetzt werden, kann die Angabe `[!b]` dies bewirken, auch wenn der Platzbedarf größer ist als der normalerweise für Gleitobjekte am Seitenende zur Verfügung stehende Raum oder wenn bereits zu viele Objekte auf der Seite aufgetreten sind. Mehrere Plazierungsoptionen können kombiniert werden, es gilt dabei jedoch stets die Prioritätsreihenfolge `htbp`. Wenn Sie z. B. `[!bh]` angegeben haben, wird zunächst versucht, das Objekt an der aktuellen Stelle (`[h]`) zu setzen, bevor die Position am Seitenende in Betracht gezogen wird.

Ein Problem, das mit den optionalen Plazierungsparametern nicht gelöst werden kann, tritt auf, da durch die Standardeinstellung der Gleitobjekt-Parameter Objekte vorzugsweise am Seitenanfang gesetzt werden. Wenn ein Absatz, der den ersten Verweis auf ein Objekt enthält, in der Seitenmitte gesetzt wird, das Objekt jedoch am Seitenanfang, dann erscheint dieses *vor* dem Verweis und könnte fälschlicherweise vorhergehenden Abschnitten zugerechnet werden. Abhilfe kann der Befehl

\suppressfloats `\suppressfloats[<Plazierung>]`

bringen: er verhindert auf der aktuellen Seite die Plazierung von Gleitobjekten gemäß <Plazierung> (mögliche Werte t und b). Fehlt die optionale Angabe, dürfen überhaupt keine Gleitobjekte auf der aktuellen Seite gesetzt werden. Das Problem läßt sich lösen, wenn auf der Seite die Plazierung t unterbunden wird.

Das Paket flafter stellt für den gesamten Text sicher, daß Gleitobjekte erst nach dem ersten Verweis auf sie erscheinen. *flafter*

Häufiger kommt es vor, daß Abbildungen auf einer eigenen Seite erscheinen, die dann nur halb gefüllt ist. Der solchermaßen verschenkte Freiraum kann für Text genutzt werden, wenn Sie den Parameter \floatpagefraction von 0,5 auf beispielsweise 0,6 erhöhen. Freiraum auf einer Seite wird dann nur noch erzeugt, wenn diese zu mindestens 60% gefüllt ist. Mit noch höheren Werten erreichen Sie eine noch bessere Ausnutzung der Seiten. Werte wie z. B. 0,6 können jedoch Probleme bereiten, wenn Sie zwei aufeinander folgende Abbildungen mit je 0,5\textheight Höhe setzen müssen: das zweite Bild paßt nicht mehr zusammen mit dem ersten auf eine Seite, beide dürfen jedoch auch nicht separat auf je eine Seite gesetzt werden, da sie nicht genügend Platz ausfüllen. Als Folge kann keine Abbildung gesetzt werden. *Halb gefüllte Seiten*

Mit den Parametern \topfraction und \bottomfraction bestimmen Sie den Platz, den Gleitobjekte über und unter dem Text einnehmen dürfen (Originalwerte 0,7 und 0,3). Größere Bilder geraten so leicht auf eigene Seiten. Eine Erhöhung dieser Werte erlaubt es auch großen Objekten noch, auf einer Seite zusammen mit Text Platz zu finden. Da man Abbildungen in der Regel am Anfang der Seite vermutet, sollte \bottomfraction nicht zu groß gewählt sein. Um andererseits die Mindestmenge an Text festzulegen, die neben h-, t- und b-plazierten Gleitobjekten erscheinen muß, existiert \textfraction. Wählen Sie diesen Wert nicht zu klein (original 0,2), um keine Textblöcke zu provozieren, die nur noch aus einer Zeile bestehen.

Schließlich können mehrere Abbildungen auf einer Seite gesetzt werden, wenn die Werte der beiden Parameter \topnumber und \bottomnumber vergrößert werden. Diese legen die maximale Anzahl an Objekten über und unter dem Text fest, standardmäßig bis zu zwei Objekte oberhalb, eines unterhalb. \totalnumber begrenzt zusätzlich die Gesamtzahl an Fließobjekten auf einer Seite, normalerweise bis zu drei. *Viele kleine Objekte*

Um Ihnen mühevolles Experimentieren zu ersparen, wird in Tabelle 2.11 ein Überblick über sinnvolle Einstellungen der Parameter zur Gleitobjektplazierung gegeben.

Zum Schluß muß noch gesagt werden, daß alle Parameter subtil voneinander und von der Art, Menge und Größe der Fließobjekte abhängen. In kritischen Dokumenten entfernen Sie am besten zunächst alle

Maß	wenige große	viele kleine	Maß	wenige große	viele kleine
\topnumber	2	3	\bottomnumber	2	3
\totalnumber	4	6	\dbltopnumber	2	2
\topfraction	0.9	0.6	\bottomfraction	0.5	0.5
\textfraction	0.1	0.2	\floatpagefraction	0.5	0.8
\dbltopfraction	0.9	0.7	\dblfloatpagefraction	0.5	0.8

Tabelle 2.11 *Sinnvolle Werte für die Parameter der Gleitobjektplazierung*

Positionierungsparameter, ändern dann die Layoutparameter (nicht alle gleichzeitig) und nähern sich so allmählich einem Optimum, das durch einige Positionierungsparameter noch verbessert werden kann. Oft reicht auch ein einfaches Umstellen der Fließobjekte an eine andere Stelle im Text.

2.13.7 Eine `wideenv`-Umgebung

Normalerweise wird von LaTeX und den meisten Paketen ein Layout verwendet, das eine Marginalspalte für Randbemerkungen aufweist, die mehr oder minder breit ist. In den Fällen einer breiteren Marginalspalte resultiert allerdings eine geringere Textbreite, die z. B. für eine breite Tabelle nicht ausreichend sein kann. In solchen Fällen wäre es wünschenswert, das fragliche Material in die Marginalspalte hinein setzen zu können, um so die volle Papierbreite auszunutzen. (Dies wird nur in Ausnahmefällen empfohlen, um den Gedanken einer sinnvoll gewählten Breite von Text- und Marginalspalten nicht ad absurdum zu führen.)

Sie können versuchen, durch Einschluß des Materials in Minipages oder Parboxen die volle Papierbreite zu nutzen, was auch möglich ist – aber je nachdem, ob der solchermaßen verbreiterte Block auf einer rechten oder linken Seite gesetzt wird, gelingt das Vorhaben oder scheitert daran, daß der Block auf linken Seiten aufgrund der großen Breite *in den inneren Bundrand reicht!* Dies liegt daran, daß LaTeX jeden Block unabhängig von seiner Breite bündig zum linken Textrand ausrichtet, was auf rechten Seiten korrekt ist. Auf linken Seiten muß das breite Material jedoch um die Breite der Marginalspalte zuzüglich des Abstandes der Marginalien vom Textblock nach links eingezogen werden!

Das folgende Paket `wide.sty` stellt die folgende Umgebung zur Verfügung, innerhalb derer Text in die Marginalspalte hinein gesetzt werden kann, der korrekt positioniert wird, wie dieser Absatz demonstriert:

```
\begin{wideenv}                                    wideenv
  <breiter Text>
\end{wideenv}
```

Da das Paket intern eine Minipage mit der richtigen Breite benutzt, ist kein Seitenumbruch innerhalb der Umgebung möglich, aber sie dient ja auch nur zum Satz von kurzen Textteilen. Die korrekte Positionierung hängt von der Seite ab, auf der die Minipage gesetzt wird. Um diese herauszufinden, definiert jede Umgebung eine eigene Textmarke mit römischer Zählung `WIDE@i`, `WIDE@ii` usw., die mit Hilfe von `\pageref` wie gewohnt zur Seitenzahl, auf der die Umgebung steht, aufgelöst werden kann. Durch die Überprüfung, ob diese Seitenzahl ungerade ist, kann herausgefunden werden, ob ein Einzug in die linke Marginalspalte hinein erforderlich ist:

```
1  % wide.sty                                       wide.sty
2  % allows material to be set over whole page width
3  \RequirePackage{calc,ifthen}
4
5  % counter for label
6  \newcounter{widecnt}
7  \setcounter{widecnt}{0}
8
9  % saves material to be set wide
10 \newsavebox{\fullbox}
11
12 % max width to use
13 \newlength{\fullwidth}
14 \setlength{\fullwidth}%
15   {\textwidth+\marginparwidth+\marginparsep}
16
17 % sets contents with maximum width
18 \newenvironment{wideenv}
19 {\begin{lrbox}{\fullbox}
20 \begin{minipage}{\fullwidth}
21 }
22 {\end{minipage}
23  \end{lrbox}
24  \stepcounter{widecnt}
25  \begin{trivlist}\item[]
26  \ifthenelse{\isodd{\pageref{WIDE@\roman{widecnt}}}}
27    % right side
28    {\usebox{\fullbox}}
29    % left side
30    {\makebox[\textwidth][r]{\usebox{\fullbox}}}
```

```
31    \label{WIDE@\roman{widecnt}}
32    \end{trivlist}
33  }
```

Da die Textmarke *am Ende* der Minipage gesetzt wird, ist ihr Wert eigentlich erst zu spät bekannt. Zur korrekten Positionierung der `wideenv`-Umgebungen ist eine zweimalige Bearbeitung mit LaTeX erforderlich, wie zum Auflösen von Referenzen üblich.

2.14 Interaktion

Zu guter Letzt sollen noch die Möglichkeiten angeprochen werden, die LaTeX bietet, um eine Interaktion mit dem Benutzer aufzubauen. LaTeX läßt Ausgaben auf dem Bildschirm erscheinen, z. B. Warnungen und informative Meldungen, und nimmt zur Laufzeit Eingaben vom Benutzer entgegen als Reaktion auf Warnungen oder zum Einlesen von Optionen, die die Bearbeitung des Dokumentes beeinflussen.

\typeout   `\typeout{<Text>}` wird zur *Ausgabe* von beliebigem Text auf dem Bildschirm benutzt, wobei Makros und anderer LaTeX-Code ausgewertet werden.

\typein   Die andere Richtung des Informationsflußes, die *Eingabe* über die Tastatur, wird durch den Befehl `\typein[\cmd]{<Text>}` ermöglicht. Dieser Befehl druckt den informativen `<Text>` und wartet auf eine Eingabe des Benutzers, die im Makro `\cmd` gespeichert wird. Dieses Makro kann wie gewohnt eingesetzt werden, als wäre es durch `\newcommand{\cmd}{<Text>}` erzeugt worden.

Das folgende Beispiel soll das Gesagte nun demonstrieren. Für einen Lehrgang sollen Teilnahmebescheinigungen ähnlich der in Abbildung 2.12 auf Seite 88 gezeigten erzeugt werden, die sich jeweils nur im Namen des Teilnehmers, des Zeitraumes sowie des Kurses selber unterscheiden. Anstatt nun für jeden Teilnehmer eine eigene LaTeX-Datei anzulegen, wird eine Eingabedatei erstellt, in der die variablen Teile des Textes durch Makros ersetzt sind. Die Werte der Makros werden beim Übersetzen mit LaTeX vom Benutzer erfragt:

```
$ latex schein
Erstellung von Scheinen
Zeit des Kurses: 3.\,4.\,2000 -- 7.\,4.\,2000 ⟨ Return ⟩
Kurstitel: Einf"uhrung in Java ⟨ Return ⟩
Leiter (<Return> fuer Default "Ingo Kloeckl"): ⟨ Return ⟩
$ dvips schein | lpr
```

Der Eingabetext bietet keine Besonderheiten außer einer ausgiebigen Verwendung von `\typein`, um die Benutzereingaben in den

Makros \zeit, \kurs und \leiter zu speichern. Beachten Sie, wie ein Defaultwert vorgegeben werden kann, indem auf eine leere Eingabe überprüft wird:

```
\documentclass[a4paper,12pt]{article}
\usepackage{german,ifthen}
\begin{document}
\setlength{\baselineskip}{1cm}
\thispagestyle{empty}

\typeout{Erstellung von Scheinen}
\typein[\zeit]{Zeit des Kurses}

\typein[\kurs]{Kurstitel}

\typein[\leiter]
  {Leiter (<Return> fuer Default "Ingo Kloeckl")}
\ifthenelse{\equal{\leiter}{}}
  {\renewcommand{\leiter}{Ingo Kl"ockl}}
  {}

\vspace{4cm}
\centerline{\bfseries\Large Bescheinigung}
\vspace{2cm}

Hiermit bescheinige ich, da"s\\
\hbox to 14cm{Herr/Frau\hspace{5mm}\hrulefill}\\
\hbox to 14cm{wohnhaft\hspace{5mm}\hrulefill}\\
\hbox to 14cm{ \hspace{5mm}\hrulefill}\\
in der Zeit vom \zeit\ am Kurs\\
\centerline{\bfseries \kurs}\\
der Software Wissen AG teilgenommen hat.\\[3cm]

\makebox[\textwidth][r]{Graz, am \today\hspace{5mm}
                \rule{4cm}{.5pt}}
\makebox[\textwidth][r]{\makebox[4cm][c]{\leiter}}

\end{document}
```

schein.tex

Weiteres

Zahlreiche Publikationen beschäftigen sich mit der Einführung in LaTeX, z. B. die Dokumentation des Autors [10, 11]. Bekannte Werke

Abbildung 2.12
Eine Teilnahmebestätigung, durch Interaktion individualisiert

Bescheinigung

Hiermit bescheinige ich, daß

Herr/Frau _____

wohnhaft _____

_____

in der Zeit vom 3. 4. 2000 – 7. 4. 2000 am Kurs

Einführung in Java

der Software Wissen AG teilgenommen hat.

Graz, am 7. April 2000 _____

Ingo Klöckl

(z. B. [14, 6, 7, 8]) liefern einführende wie auch fortgeschrittene Informationen. [34] gibt Antworten auf häufig gestellte Fragen zu LaTeX und den verschiedenen Paketen. Besonderheiten von LaTeX 2_ε sind in [9, 15, 16] ausführlich beschrieben.

3 Modifikationen von LATEX

Nachdem Sie im letzten Kapitel einen Überblick über die wichtigsten LATEX-Befehle erhalten haben, werden Sie nun in die Thematik Modifikation von LATEXs internen Strukturen eingeführt. Thematisch verwandte fertige Pakete werden vorgestellt und die Programmierung der einzelnen Elemente wird an einfachen Beispielen erklärt, so daß Sie in die Lage versetzt werden, die fertigen Pakete gegebenenfalls zu modifizieren oder gemäß Ihren Bedürfnissen neue zu schreiben.

Nicht alle Aspekte können hier behandelt werden. Spezifisches und auch Grundlegendes zur Implementierung von LATEX kann im Quelltext nachgelesen werden. Diesen finden Sie in einer dokumentierten Fassung in [13] sowie den Klassendateien *.cls und deren Optionsdateien *.clo. [13] stellt ein unentbehrliches Referenz- und Nachschlagewerk dar.

3.1 Überschriften-Layout

Standardmäßig benutzt LATEX stets dasselbe Layout für die Kapitelüberschriften. Zur Gestaltung dieser Überschriften gemäß Ihren Wünschen können Sie das Paket `fncychap` einsetzen. Doch was steckt dahinter? Das Überschriften-Layout kann man auf mehreren Stufen betrachten: einmal die Plazierung auf der Seite und zum anderen die Gestaltung der Überschriften und Numerierung. Betrachten wir zunächst den Beginn eines Kapitels oder Werkteils (\part-Teilung): beide beginnen jeweils auf einer (ungeraden) neuen Seite. Ein weiteres wichtiges Merkmal ist die Formatierung, die festlegt, in welchem Schriftgrad und -schnitt die Überschrift gesetzt und mit welcher Numerierung sie versehen wird. LATEX verwendet hierfür zwei unterschiedliche Definitionssequenzen:

fncychap

Zwei Arten von Gliederungsbefehlen

1. Für Gliederungen, die eine Änderung des Seitenlayouts bewirken (im `book`-Stil sind dies \chapter und \part) wird das Makro \secdef aufgerufen.

2. Die tieferen Gliederungen (im `book`-Stil alle Gliederungsbefehle ab \section) werden durch das Makro \@startsection mit unterschiedlichen Parametern implementiert.

Als Beispiel für die erste Gliederung soll das Kapitel dienen. In [13] und der entsprechenden Klassendatei (`book.cls` zum Beispiel) ist der Ablauf nachzulesen: `\chapter` führt die Seitenformatierung durch (Beginn einer neuen Seite usw.) und überträgt mit `\secdef` den beiden Makros `\@chapter` und `\@schapter` die weitere Bearbeitung des `\chapter`- und des `\chapter*`-Befehls (normale und Sternform). Haben Sie `\chapter*` gewählt, wird also nach Bearbeitung von `\chapter` mit dem Makro `\@schapter` fortgefahren. In beiden Fällen werden, falls erlaubt, die Einträge ins Inhaltsverzeichnis vorgenommen und die Abschnittszähler aktualisiert. Die eigentliche Formatierung der Kapitelnummer und -überschrift wird an die Makros `\@makechapterhead` für die normale und `\@makeschapterhead` für die Sternform übertragen. Tabelle 3.1 bietet einen Überblick über die Makros. In der Praxis können einige Makros entfallen, wenn die in ihnen definierten Befehlssequenzen im jeweils übergeordneten Makro enthalten sind, so können zum Beispiel die Aufgaben von `\@makechapterhead` und `\@makeschapterhead` von `\@chapter` und `\@schapter` übernommen werden.

Tabelle 3.1
Makros, die die Kapitelgliederung implementieren

Makro	Funktion
`\chapter`	Gestaltung der Seite, auf der das Kapitel beginnt.
`\@chapter[#1]#2`, `\@schapter[#1]#2`	Eigentliche Implementierung (Eintrag ins Inhaltsverzeichnis, Eintrag in den Bild- und Tabellenverzeichnissen, Fortschaltung der Abschnittszähler) für Normal- und Sternform. #1 ist die Kurzform der Überschrift, #2 die Überschrift.
`\makechapterhead #1`, `\makeschapterhead #1`	Format der Überschriften und Nummern für Normal- und Sternform des Befehls. Diese Funktion kann auch in den obigen Makros integriert sein.

Die zweite Gliederung wird mit Hilfe des Makros

\@startsection

```
\@startsection{<Name>}{<Stufe>}{<Einrückung>}
   {<Vor>}{<Nach>}{<Format>}
```

durchgeführt. `<Name>` ist der Name des Gliederungsbefehls (`section`, `subsection` oder ein eigener), `<Stufe>` die hierarchische Einordnung des Befehls, die ganzzahlig kodiert nach dem Schema 1=`\section`,

2=`\subsection` bis 5=`\subparagraph` vorgenommen wird. Die Angabe `<Einrückung>` ist der Freiraum, der horizontal vor der Abschnittsnummer und der Überschrift eingefügt wird (im Original 0 pt), negative Werte lassen die Überschrift in den Rand rücken.

`<Vor>` und `<Nach>` sind Abstände, die oberhalb und unterhalb der Überschrift zum vorangehenden und folgenden Text eingehalten werden. Damit der Seitenumbruch günstig gestaltet werden kann, darf hier ein elastisches Maß stehen, womit Abschnitte gegebenenfalls etwas auseinandergezogen oder zueinander gerückt werden dürfen. `<Vor>` kann negativ oder positiv sein; der absolute Betrag bestimmt den Abstand, den die Überschrift zum vorhergehenden Text einhält. Ein negativer Wert bewirkt, daß die erste Zeile des Nachfolgetextes nicht eingerückt wird. Positive Zahlen erzeugen eine Einrückung der nachfolgenden ersten Zeile, zu `<Vor>` wird dann noch ein Abstand der Größe `\parskip` addiert. Ein positiver Wert von `<Nach>` bestimmt den Abstand des nachfolgenden Textes zur Überschrift, wobei auch hier ein `\parskip` addiert wird. Ist der Wert negativ, so schließt sich der nachfolgende Text mit einem Abstand, der dem Absolutbetrag von `<Nach>` entspricht, an die Abschnittsüberschrift an (als Beispiel: `\subparagraph`).

`<Format>` schließlich bestimmt das Aussehen der Überschriften, ihre Größe und ihren Schriftschnitt. Hier können Befehle wie `\rmfamily` oder `\bfseries` eingesetzt werden.

Bis zu einem gewissen Grade können Sie allein mit diesem Makro Ihre Gestaltungsvorstellungen umsetzen. Sein Vorteil ist, daß alle Zuordnungen zu einem Eintrag in der Kopfzeile oder im Inhaltsverzeichnis von LaTeX vorgenommen werden, ohne daß Sie sich darum kümmern müßten. Auch wird automatisch verhindert, daß Seitenumbrüche unmittelbar nach der Gliederung auftreten.

3.1.1 Gestalten mit `\@startsection`

Wollen Sie ein anderes als das vorgegebene Layout benutzen, so können Sie an jedem der angeführten Makros ansetzen. Das folgende Beispiel benutzt `\@startsection`, um die Abschnittsüberschriften `\section` und `\subsection` jeweils zentriert in normal großer Schrift, einmal mit Kapitälchen, einmal in kursiver Schrift, zu setzen:

```
1 \renewcommand{\section}
2 {\@startsection{section}{1}{\z@}
3   {-3ex plus -1ex minus-.2ex}{2ex plus.2ex}
4   {\centering\normalfont\scshape}}
5
6 \renewcommand{\subsection}
7 {\@startsection{subsection}{2}{\z@}
```

`mod1.sty`

```
₈    {-2ex plus -1ex minus-.2ex}{2ex plus.2ex}
₉    {\centering\normalfont\itshape}}
```

Die Abbildung 3.1 auf Seite 97 zeigt des Kaisers neue Kleider; sie illustriert zusätzlich eine passende Gestaltung der Kapitelüberschriften, wie sie auf Seite 96 gezeigt wird.

3.1.2 Zitate vor und nach Überschriften

epigraph

Bevor Sie mit der Erstellung eigener Überschriften-Layouts zur Tat schreiten, soll das Paket epigraph vorgestellt werden, das Ihnen einige Arbeit abnehmen kann, wenn Sie vor oder nach Kapitel- oder Abschnittsüberschriften oder zu Beginn neuer Werkteile ein oder mehrere Zitate setzen wollen.

Es handelt sich dabei meist um kurze Textabschnitte, die rechtsbündig in einer schmalen Spalte über oder unter die Überschrift gesetzt werden und eine kurze Quellenangabe enthalten. Das Paket stellt nun einige Befehle zur Verfügung, um an der Stelle dieser Befehle Zitate zu setzen.

\\epigraph

Der Befehl \epigraph{<Text>}{<Quelle>} setzt rechtsbündig ein einzelnes Zitat <Text>, unter dem die Quellenangabe <Quelle> steht. Mehrere aufeinanderfolgende Zitate können in der Listen-Umgebung

epigraphs

```
\begin{epigraphs}
   \item{<Text>}{<Quelle>}
   \item{<Text>}{<Quelle>}
\end{epigraphs}
```

gesetzt werden. Soll ein Zitat vor oder nach einer Kapitelüberschrift erscheinen, ist ein komplizierteres Vorgehen erforderlich: der Befehl

\\epigraphhead

\epigraphhead[<Distanz>]{\epigraph{<Text>}{<Quelle>}}

setzt das Zitat um einen Abstand <Distanz> zur Überschrift verschoben.

\\cleartoevenpage

Das Paket bietet mit dem Befehl \cleartoevenpage die Möglichkeit, Zitate oder – wahrscheinlich häufiger erwünscht – Bilder auf der *linken* Seite eines Buches zu setzen, die einem Kapitelbeginn vorausgeht:

```
\cleartoevenpage
\thispagestyle{empty}
\begin{center}
\includegraphics{kap2.eps}
\end{center}

\chapter{Zweites Kapitel}
```

Alle Befehle des Paketes sind in hohem Maße konfigurierbar, so kann die Schriftgröße, in der die Zitate gesetzt werden, mit

`\renewcommand{\epigraphsize}{\footnotesize}` \hfill `\epigraphsize`

geändert werden. Die Dicke der Linie, mit der Zitate vom Text getrennt werden, wird mit

`\setlenth{\epigraphrule}{0pt}` \hfill `\epigraphrule`

auf Null gesetzt, so daß die Linie unsichtbar wird. Weitere Hinweise wie das Setzen von Zitaten auf den Startseiten von Werkteilen mit `\part` sind in der Dokumentation ([43]) zu finden.

3.1.3 Eigene Gliederungsbefehle

Nach dem im letzten Abschnitt gezeigten Schema können Sie eigene Gliederungsbefehle erzeugen, die sich exakt wie die bereits vorhandenen verhalten. Das heißt, die Numerierung und Abschnittszählung wird von LaTeX kontrolliert, die Überschriften (eventuell als Kurzform) werden in das Inhaltsverzeichnis übernommen und der Seitenumbruch sowie der Abstand vor und nach einer Überschrift wird wie bei den vordefinierten Gliederungen gesteuert. Der Befehl

`\aufgabe[<Kurz>]{<Überschrift>}`

soll nun als Beispiel für die Erzeugung eines neuen Gliederungsbefehls definiert werden. Er soll den Begriff »Aufgabe«, gefolgt von einer unabhängigen laufenden Numerierung und der Überschrift drucken. Eine Kurzform der Überschrift für das Inhaltsverzeichnis kann wie gewohnt angegeben und die komplette Abschnittsnummer referiert werden. Zur Realisierung des Befehls müssen Sie einen Satz von Makros bereitstellen (die Zeichenfolge `aufgabe` kann dabei durch eine passendere ersetzt werden, wenn Sie einen Gliederungsbefehl für andere Zwecke implementieren):

- ❏ `\aufgabe`: Die Definition des Befehls selbst. Dieses Makro ruft `\@startsection` auf.

- ❏ `\newcounter{aufgabe}` stellt einen neuen Zähler bereit, der die laufende Abschnittsnummer enthält.

- ❏ `\theaufgabe`: Hiermit wird der Zähler `aufgabe`, der dem neuen Abschnittsbefehl zugeordnet ist, ausgedruckt. Benutzen Sie Befehle der Tabelle 2.2 auf Seite 41, um den Zählerstand in Zahlenform auszugeben. Wenn Sie dem Zählerstand einen Begriff wie »Abschnitt« oder »Übung« voranstellen, taucht dieser \hfill `\the...`

auch im Inhaltsverzeichnis und in Referenzen auf! Ist dies unerwünscht, wird der Begriff besser in den letzten Parameter des `\@startsection`-Befehls geschrieben, so daß alle Referenzen die reinen Zahlenwerte drucken.

`\...mark`

❑ `\aufgabemark#1`: Dieses Makro steuert die Eintragungen, die Ihr Befehl automatisch in den Kopf- oder Fußzeilen vornehmen soll. Es wird bei jedem Aufruf des Gliederungsbefehls aufgerufen. Sein Parameter ist die Überschrift der Gliederung, die Sie mit `\markright` oder `\markboth` in die Kopfzeilen übernehmen können. Möchten Sie keine Eintragungen in den Kopfzeilen vornehmen, sollten Sie einen leeren Rumpf {} einsetzen. Unterlassen Sie dies, kann es passieren, daß Ihre Überschrift als Doppel noch einmal zu Beginn des Textes erscheint. In Abschnitt 3.4.4 wird die Verwendung der `\...mark`-Makros eingehend besprochen.

`\l@...`

❑ `\l@aufgabe#1#2`: Dieses Makro formatiert den Eintrag im Inhaltsverzeichnis; #1 ist die Abschnittsnummer mit Überschrift, #2 die Seitenzahl. Lesen Sie hierzu bitte Abschnitt 3.8.2.

Sehen Sie nun, wie diese Makros in der Praxis definiert werden:

```
\newcommand{\aufgabe}
  {\@startsection{aufgabe}{1}{\z@}{1cm}
  {1ex}{\large\bfseries Aufgabe }}
\newcounter{aufgabe}
\renewcommand{\theaufgabe}{\arabic{aufgabe}}
\newcommand{\aufgabemark}[1]{}
\newcommand{\l@aufgabe}{\@dottedtocline{1}{1.5em}{2cm}}
```

Der Gliederungsbefehl `\aufgabe` wird mit 1 cm führendem und 1 ex folgendem Abstand zum Text definiert, wobei kein Einzug der Überschrift erfolgt. Der Befehl erhält einen eigenen Zähler und einen Ausgabebefehl, der die laufende Nummer druckt. Die leere Definition von `\aufgabemark` verhindert eine Änderung der Kopfzeileninhalte durch den neuen Befehl. Interessant ist die Implementierung des `\l@aufgabe`-Makros: es verwendet einen nützlichen internen Befehl mit der Syntax

`\@dottedtocline`

```
\@dottedtocline{<Level>}{<Einrückung>}
  {<Nummerbreite>}{<Titel>}{<Seite>}
```

Gepunktete Linien

Er erzeugt die gepunktete Linie im Inhaltsverzeichnis, die Sie von den `\chapter`- und `\section`-Eintragungen her kennen. Die ganze Zahl `<Level>` wird mit dem Zähler `tocdepth` verglichen, um festzustellen, ob Eintragungen auf dieser Hierarchiestufe noch ausgegeben werden sollen. <Einrückung> gibt den Einzug der ganzen Zeile zum linken Rand hin an, <Titel> enthält die Überschrift. Wenn in <Titel> der Befehl \numberline verwendet wird, um neben der Überschrift eine Gliederungsnummer zu setzen, wird die Maßangabe <Nummerbreite> bedeutsam. Sie legt die Breite des Feldes fest, in dem die Gliederungsnummer ausgegeben wird. <Seite> schließlich ist die Seitenzahl, die rechtsbündig nach der gepunkteten Linie gesetzt wird.

In \l@aufgabe sind nicht alle Parameter von \@dottedtocline explizit angegeben. Jeder \l@...-Befehl bekommt den Titel und die Seitenzahl als Parameter übergeben. Da unser Makro diese nicht benutzt, findet \@dottedtocline beide noch in der Eingabedatei stehenden Daten, so daß die Liste vollständig ist.

Entsprechen die gepunkteten Linien nicht Ihren Wünschen, können Sie eine andere Gestaltung wählen. Denken Sie jedoch daran, daß die Überschriften des neuen Befehls zusammen mit denen der ursprünglichen Gliederungsbefehle im Inhaltsverzeichnis erscheinen; Sie sollten das geänderte \l@aufgabe-Makro konsistent zu \l@section und den anderen Makros halten, die \@dottedtocline einsetzen.

Konsistent gestalten!

\@startsection muß nicht allein in der Definition eines neuen Gliederungsbefehls stehen. Die Zeilen

Nicht nur
\@startsection

```
1  \newcommand{\folie}
2  {\newpage
3   \@startsection{folie}{1}{0pt}
4   {1cm plus5pt minus 5pt}{1ex}{\scshape Folie }}
5  \newcounter{folie}
6  \renewcommand{\thefolie}{\arabic{folie}}
7  \newcommand{\l@folie}{\@dottedtocline{1}{1.5em}{2cm}}
8  \newcommand{\foliemark}[1]
9   {\markboth{Folie #1}{Folie #1}}
```

folie.sty

zeigen dies. Der neue Befehl \folie richtet vor der Überschrift stets eine neue Seite ein, ähnlich wie auch \chapter dies tut. Wenn Sie vor einer vollständigen Implementierung eines Gliederungsbefehls zurückschrecken, können Sie in einigen Fällen \@startsection benutzen und Ihre zusätzlichen Aktionen wie \newpage vor dem Aufruf des Makros \@startsection ausführen. Hinter dem \@startsection-Befehl darf dagegen kein Text mehr stehen, da sonst die Position der Überschrift verschoben würde. Die Anwendung ist daher etwas eingeschränkt. Im Beispiel wurde zusätzlich der \foliemark-Befehl so definiert, daß bei jeder neuen Folie deren Überschrift in der Kopfzeile (links und rechts) erscheint.

Möchten Sie einem bereits existierenden Gliederungsbefehl weitere Befehle hinzufügen, können Sie durch Kopie des Originals viel eigene Arbeit sparen. Stellen Sie sich vor, Sie möchten eine Va-

Befehle zur Gliederung
hinzufügen

riante des \section-Befehls benutzen, der eine neue Seite beginnt. Schreiben Sie einen Befehl, der \@startsection ebenso wie in der Definition von \section aufruft, ein section-Objekt betrifft und so alle Teile übernimmt, die Sie brauchen. Hierzu zählen die Makros \l@... und \...mark; weiterhin müssen Sie den Zähler section benutzen, damit nicht plötzlich zwei unabhängige \section-Zählungen durchgeführt werden. Im Beispiel führt \clearsection vor einem neuen Abschnitt einen Seitenumbruch aus:

```
\newcommand{\clearsection}
{\newpage\@startsection{section}{1}{0pt}
  {-3.5ex plus-1ex minus-.2ex}{2.3ex plus.2ex}
  {\normalfont\Large\bfseries}}
```

\clearsection bricht die Seite nicht um, wenn der Befehl direkt nach \chapter eingesetzt wird, da dieser Befehl ebenfalls \newpage aufruft.

3.1.4 Basteln für Fortgeschrittene

Schreiten Sie fort zum freien Erstellen der Gliederungsbefehle. Mit Hilfe der Tabelle 3.1 auf Seite 90 soll zunächst geklärt werden, welche der maximal fünf Makros, die Sie zu Beginn des Abschnittes 3.1 kennengelernt haben, modifiziert werden müssen. Dabei wird als Beispiel die Gliederungsebene des Kapitels gewählt, anstelle von chapter kann aber auch part stehen. Beachten Sie, daß diese beiden Gliederungsbefehle über den vollständigen Satz von Makros verfügen. Für die tieferen Gliederungen ab \section müssen Sie bedenken, daß diese, da mit \@startsection realisiert, den erwähnten Makrosatz nicht besitzen und Sie ihn mehr oder weniger vollständig bereitstellen müssen.

Im folgenden sollen nun anhand einiger Mini-Pakete die Funktionen der einzelnen Makros deutlich gemacht werden. Je nach Aufgabenstellung können mehrere Makros gleichzeitig geändert werden.

Zunächst entwerfen wir zur Gestaltung der tieferen Gliederungen des Abschnittes 3.1.1 eine passende Kapitelüberschrift: sie soll zentriert und ohne das einleitende Wort »Kapitel« gesetzt werden (Abbildung 3.1 auf der nächsten Seite). Da nur das Aussehen der Überschrift geändert werden soll, nicht aber die Gestaltung der Kapitelseite, ändern wir die Makros \@makechapterhead sowie \@makeschapterhead:

mod2.sty

```
1  \renewcommand{\@makechapterhead}[1]
2  {\vspace*{3em}
3    \centerline{\uppercase{\thechapter\quad #1}}
4    \vspace{1em}}
```

3.1 Überschriften-Layout

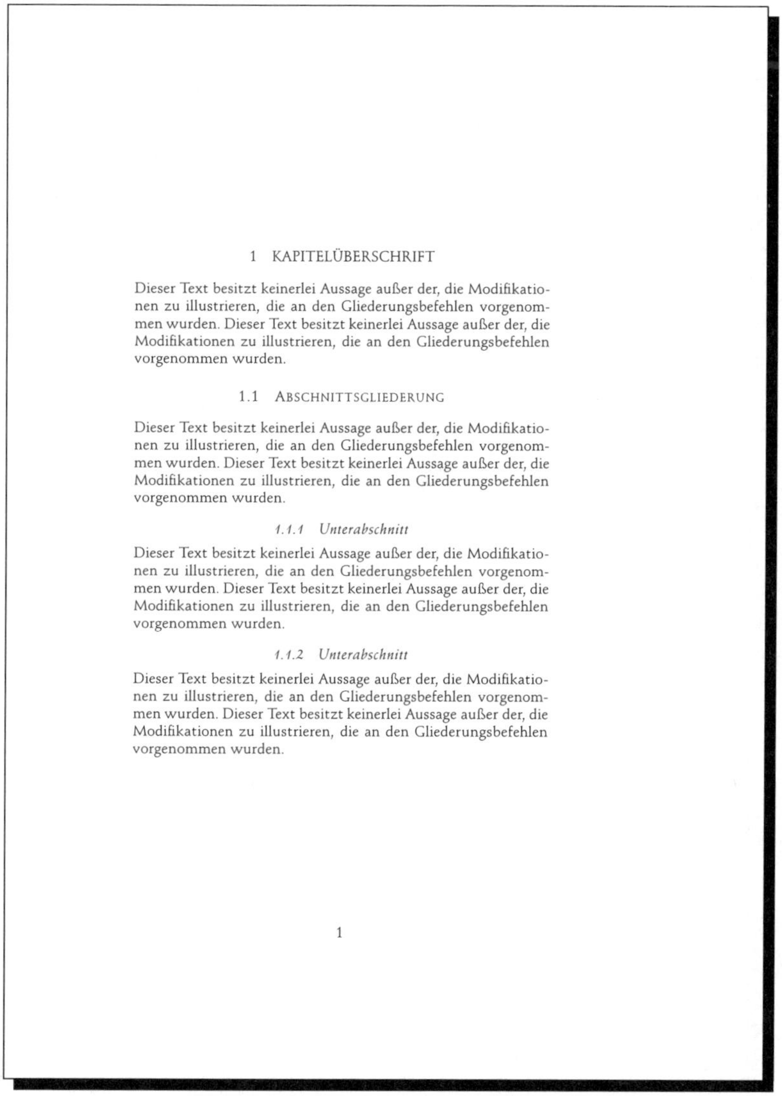

```
5  \renewcommand{\@makeschapterhead}[1]
6  {\vspace*{3em}\centerline{\uppercase{#1}}
7   \vspace{1em}}
```

Abbildung 3.1
Ein Layout für Belletristik

Als Vorübung zur Gestaltung der ganzen Seite soll nun ein Paket geschrieben werden, das auf jeder Startseite der \part-Gliederung ein EPS-Bild anzeigt. Der Name des Bildes soll beim Aufruf des \part-Befehls in der Form

EPS-Bild auf der Startseite

`\part{<Name>}[<Kurz>]{<Überschrift>}`

übergeben werden. Neu hinzugekommen in dieser Parameterliste ist nur <Name>, mit dem die EPS-Graphik <Name> geladen wird. Die beiden restlichen Parameter sind die Argumente des \part-Kommandos. Die Abbildung 3.2 zeigt eine Startseite, auf der eine Rosette dargestellt ist.

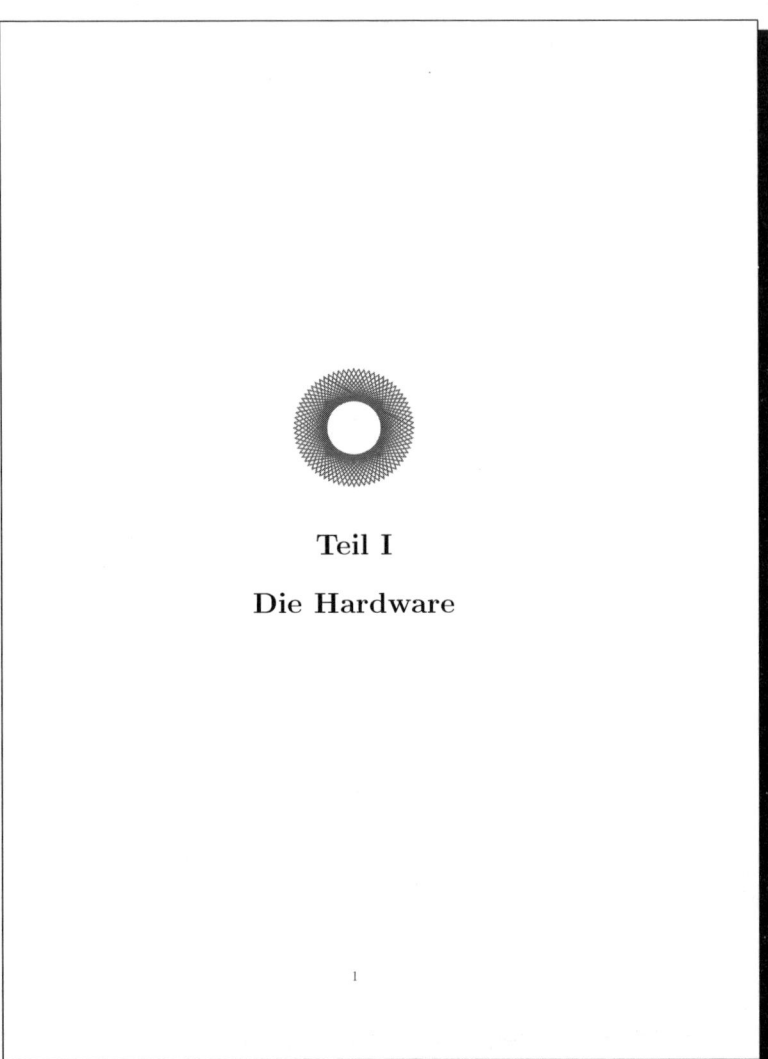

Abbildung 3.2
Die Gestaltung einer Startseite mit einer Rosette, unter Verwendung von `partpic.sty`

`\part` *ändern*

Die Gestaltung der Startseite wird vom Makro \part durchgeführt. Wie immer, wenn Sie eine Funktion im wesentlichen beibehalten und nur geringe Änderungen einbauen wollen, sparen Sie sich viel Mühe, wenn Sie die entsprechenden Teile aus `book.cls` kopieren. Sie fügen an gewünschter Stelle lediglich den Befehl zur Ausgabe der Graphik hinzu. Hier können Sie die Möglichkeit vorsehen, anstelle eines Dateinamens ein Makro anzugeben, so daß Sie von der Benutzerebene aus unterschiedliche Befehle auf den Startseiten ablaufen lassen können. Im Beispiel setzen Sie jedoch nur \includegraphics ein. Sie sehen, daß solche Layoutänderungen stets in Verbindung mit einer bestimmter Klasse vorgenommen werden. Sie müssen für jede LaTeX-Klasse eine entsprechende Variante Ihres Paketes schreiben, um für alle Fälle gerüstet zu sein.

Da der \part-Befehl bereits mit einem Parameter #1 versehen ist, kann die vorgesehene Syntax erzielt werden. Der Dateiname ist der erste in der Argumentliste und wird gleich von der Neudefinition verbraucht. Alle eventuell folgenden Argumente werden an \@part oder \@spart weitergeleitet. Achtung: in der Sternform des Befehls muß auch der Stern entsprechend verschoben werden, was dem LaTeX-Usus widerspricht! Folgende Syntaxvarianten sind möglich:

`\part{rosette.eps}{Die Hardware}`

Angabe einer Kurzform für das Inhaltsverzeichnis:

`\part{rosette.eps}[Hardware]{Die Hardware}`

Die (inkompatible!) Sternform des Befehls:

`\part{rosette.eps}*{Die Hardware}`

`partpic.sty`

```
 1  \RequirePackage[dvips]{graphics}
 2
 3  %   zeigt auf \part-Seiten Bilder, die mit
 4  %   \part{bild.eps}{Titel} definiert werden
 5  %   Übernommen aus LaTeX.ltx --------------
 6  %   Titelseite von \part z.T. neu definieren
 7  \renewcommand{\part}[1]
 8  {\if@openright
 9     \cleardoublepage
10   \else
11     \clearpage
12   \fi
13   \thispagestyle{plain}%
14   \if@twocolumn
15     \onecolumn\@tempswatrue
16   \else
17     \@tempswafalse
18   \fi
19   \vspace*{3cm}
```

```
20    \centerline{\includegraphics{#1}}
21    \vspace*{1cm}
22    \secdef\@part\@spart}
```

Startseite mit Inhaltsverzeichnis

Nun sind Sie bereit, ein schwierigeres Beispiel zu programmieren. parttoc.sty illustriert die Schritte, die erforderlich sind, um auf einer Startseite mit umfassenden Gliederungsbefehlen, hier am Beispiel des \part-Befehls gezeigt, ein kleines Mini-Inhaltsverzeichnis unter der Überschrift zu plazieren (Abbildung 3.3 auf der nächsten Seite). Die Einträge werden nicht automatisch durch die Gliederungsbefehle ab \chapter erzeugt, da zugelassen wird, daß mehrere Kapitel unter einem Gliederungspunkt zusammengefaßt werden. Sie müssen die Einträge an geeigneter Stelle, etwa unmittelbar nach dem \chapter-Befehl, mit dem Kommando

\ptocentry{<Überschrift>}{<Kommentar>}

kennzeichnen. <Kommentar> ist ein Text, der in wenigen Worten erklärt, worum es in einem Abschnitt geht. Da diese Informationen für jeden \part-Abschnitt in einer separaten Datei mit dem \part-Zähler als Dateiendung gesammelt werden, sind zur vollständigen und korrekten Erstellung des Verzeichnisses zwei LaTeX-Durchläufe erforderlich. Das Verfahren ähnelt dem zur Erstellung des ursprünglichen Inhaltsverzeichnisses, das jedoch nur eine einzige Hilfsdatei anlegt.

\@part und \@spart ändern

Da diesmal die zusätzlichen Aktionen erst nach der Ausgabe der Überschriften erforderlich werden, müssen Sie die beiden Makros \@part und \@spart anpassen. Wiederum kann das Listing den größten Teil der originalen Definitionen aus book.cls übernehmen, neu sind vor allem die Zeilen, mit denen das Mini-Inhaltsverzeichnis erzeugt wird. Da die Informationen, die im Mini-Inhaltsverzeichnis stehen sollen, erst *nach* der Erzeugung der Startseite bekannt sind, muß wie beim normalen Inhaltsverzeichnis vorgegangen werden: die

Informationen in Hilfsdateien

Informationen werden in einer Hilfsdatei gesammelt. Im Beispiel wird für jeden Teil des Buches eine solche Datei angelegt, deren Name sich aus dem Namen der zugrundeliegenden Datei und der Nummer des Teils zusammensetzt. Für ein dreiteiliges Buch, das in der Datei chemie.tex enthalten ist, werden also die Dateien chemie.p1 bis chemie.p3 benötigt. Der Inhalt dieser Dateien wird in einem zweiten Bearbeitungslauf an der richtigen Stelle eingefügt. Der dabei grundlegende Befehl \@starttoc, der ein Verzeichnis lädt, sowie andere Vorgänge rund um Verzeichnisse, wird in Abschnitt 3.8.3 detailliert behandelt.

parttoc.sty

```
1  % Das Layout der Einträge im Mini-TOC
2  \newcommand{\l@ptctext}[2]{\small#1\\}
```

Abbildung 3.3
Startseite mit Mini-Inhaltsübersicht, unter Verwendung von parttoc.sty

Teil I
LaTeX

▷ **Befehlsdefinition** 7
Vorgestellt wird die Definition eigener Befehle, Benutzung von Parametern sowie Defaultwerten.

▷ **Nützliches von LaTeX** 9
Bereits in LaTeX integrierte nützliche Befehle werden vorgestellt.

```
3   \newcommand{\l@ptcentry}[2]
4     {\par\textbf{#1} #2\\\nopagebreak}
5
6   %   Der Befehl zum Vormerken
7   \newcommand{\ptocentry}[2]
8     {\addcontentsline{p\the\c@part}{ptcentry}
9        {$\triangleright$ #1}
10    \addcontentsline{p\the\c@part}{ptctext}{#2}}
11
```

```
12  %   Erzeuge das Mini-TOC
13  %   (lies die einzelnen Dateien ein)
14  \newcommand{\printptoc}
15    {\rule{\textwidth}{2pt}\vspace{20pt}
16     \@starttoc{p\the\c@part}}
17
18  %   Übernommen aus LaTeX.ltx. Titelseite
19  %   von \part muss z.T. neu definiert werden
20  \def\@part[#1]#2{%
21     \ifnum\c@secnumdepth >-2\relax
22        \refstepcounter{part}%
23        \addcontentsline{toc}{part}
24           {\thepart\hspace{1em}#1}%
25     \else
26        \addcontentsline{toc}{part}{#1}
27     \fi
28     \markboth{}{}
29     {\interlinepenalty \@M
30      \setlength{\parindent}{0pt}
31      \ifnum\c@secnumdepth>-2\relax
32         \textbf{\huge \partname~\thepart}
33         \par\vspace{20pt}
34      \fi
35      \textbf{\Huge #2}\par
36      \printptoc}
37      \@endpart\cleardoublepage}
38
39  \def\@spart#1{%
40     {\interlinepenalty \@M
41      \setlength{\parindent}{0pt}
42      \textbf{\Huge #1}\par
43      \printptoc}
44      \@endpart\cleardoublepage}
```

Sternform erkennen \@part und \@spart erzeugen ein Mini-Inhaltsverzeichnis, dessen Überschriften mit einem horizontalen Balken von der Hauptüberschrift abgetrennt sind. Für die Sternform des Befehls unterbleibt die Ausgabe der Gliederungsnummer und der Eintrag ins Inhaltsverzeichnis. Während des LaTeX-Durchlaufs werden beide Makros aus dem übergeordneten Makro \part aufgerufen. In diesem entscheidet der Befehl \secdef, ob die Normal- oder die Sternform zu benutzen ist. Die folgenden beiden Makros enthalten die Befehle für die beiden Formen des Gliederungsbefehls:

\secdef \secdef \<Normalmakro> \<Sternmakro>

3.1 Überschriften-Layout

Das Makro für die Normalform der Gliederungsbefehle (nach LaTeX-Konvention \@Gliederung genannt) erhält zwei Parameter, #1 für die Kurzfassung der Überschrift und #2 für die eigentliche Überschrift, das Makro für die Sternform (das meistens \@sGliederung mit einem s für »star« benannt wird) erhält nur die Überschrift als Parameter #1.

Möchten Sie einen \section-Befehl in Anlehnung an \chapter erzeugen, können Sie schreiben:

```
 1  \def\section{\secdef\@section\@ssection}
 2
 3  \def\@section[#1]#2{%
 4    \ifnum \c@secnumdepth >\m@ne
 5      \refstepcounter{section}%
 6      \addcontentsline{toc}{section}{%
 7        \protect\numberline{\thesection}#1}
 8    \else
 9      \addcontentsline{toc}{section}{#1}
10    \fi
11    \sectionmark{#1}%
12    \@makesectionhead{#2}\@afterheading
13  }
14
15  \def\@ssection#1{%
16    \@makessectionhead{#1} \@afterheading}
```

`sect.sty`

Nach dem mit `parttoc.sty` gezeigten Schema können Sie zahlreiche Varianten von Inhaltsverzeichnissen implementieren, die auf Teil-Gliederungen oder Kapitelstartseiten erscheinen sollen. Diese können wie im Beispiel manuell durch spezielle Befehle oder automatisch durch die verschiedenen Gliederungsbefehle aktualisiert werden. Im letzteren Fall können Sie in den \...mark-Makros die Aktualisierung vornehmen. Nachfolgend ein Beispiel für ein kapitelweises Inhaltsverzeichnis, das nur die \section-Abschnitte enthält (Abbildung 3.4):

Automatische Verzeichniseinträge

```
\renewcommand{\sectionmark}[1]
{\markright{\thesection\quad#1}
 \addcontentsline{t\thechapter}{section}%
    {\protect\numberline{\thesection}#1}
}
```

Alles klar – oder doch nicht? Wenn Sie ein alter Hase im Programmieren sind, wissen Sie, wie wichtig gute Testprogramme sind, im Falle von LaTeX also Testtexte. Was, glauben Sie, geschieht, wenn Sie obiges Verfahren mit einem Text von mehr als vierzehn Kapiteln testen?

Abbildung 3.4
Inhaltsübersicht auf den Startseiten der Kapitel mit `chaptoc.sty`

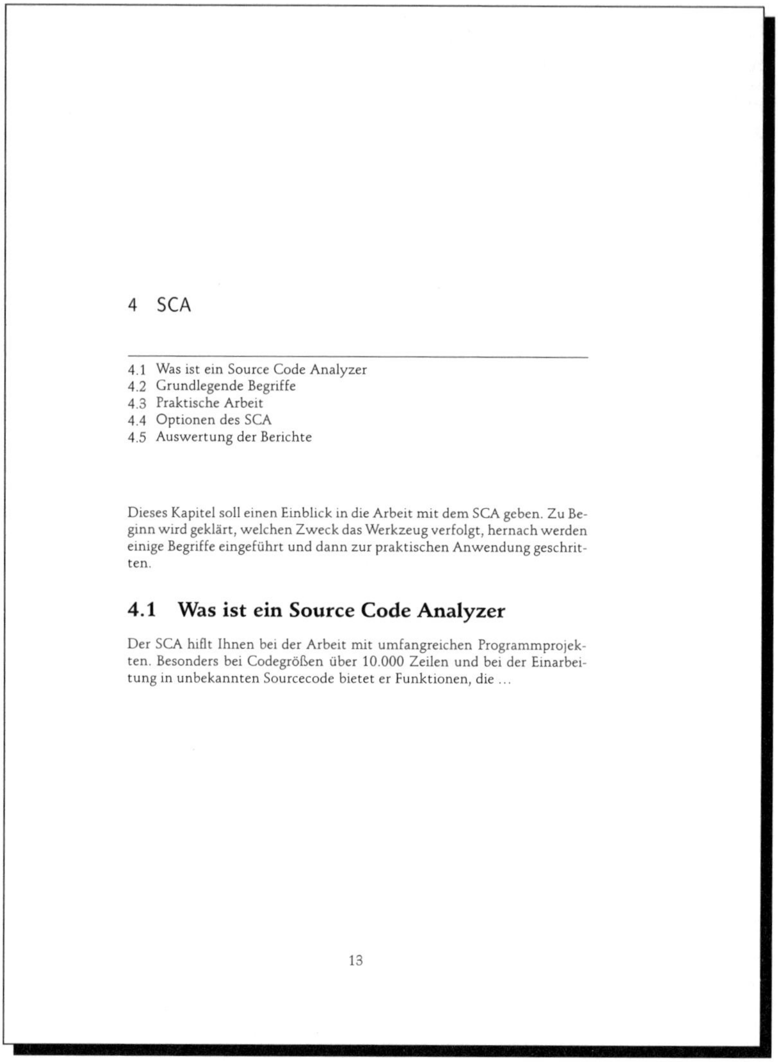
4 SCA

Dieses Kapitel soll einen Einblick in die Arbeit mit dem SCA geben. Zu Beginn wird geklärt, welchen Zweck das Werkzeug verfolgt, hernach werden einige Begriffe eingeführt und dann zur praktischen Anwendung geschritten.

4.1 Was ist ein Source Code Analyzer

Der SCA hiflt Ihnen bei der Arbeit mit umfangreichen Programmprojekten. Besonders bei Codegrößen über 10.000 Zeilen und bei der Einarbeitung in unbekannten Sourcecode bietet er Funktionen, die ...

13

Datenkanäle sind knapp!

Die Problematik bei der Benutzung von Dateien ist die, daß TeX, über das die Dateiein- und ausgabe läuft, insgesamt nur sechzehn verschiedene Datenkanäle offenhalten kann und bei der bisherigen Programmierung für jedes Kapitel ein eigener Kanal reserviert wird. Zuzüglich zu den zwei Kommunikationskanälen von LaTeX sowie eventuell einem Kanal für ein Inhaltsverzeichnis kann das ganz schön knapp werden ...

Ein Kanal pro Datei

Tatsächlich legt der `\addcontentsline`-Befehl für jede Datei einen neuen Ausgabekanal an. Im vorliegenden Falle wäre das verschwenderisch, da diese Kanäle nicht gleichzeitig, sondern nach-

3.1 Überschriften-Layout

einander benötigt werden. Sie verfahren hier besser, wenn Sie einen einzigen Kanal nach jedem Kapitelwechsel mit der entsprechenden Datei assoziieren. Hierzu müssen Sie jedoch einige interne Makros für die Ausgabe in eine Hilfsdatei kopieren und so abändern, daß stets auf denselben Ausgabekanal zugegriffen wird:

```
 1  % Format Mini-TOC                                            chaptoc.sty
 2  \newcommand{\l@chapentry}[2]
 3  {\renewcommand{\numberline}[1]
 4    {\parbox[r]{2em}{##1}}
 5    #1\\}
 6
 7  % erweitere Mini-TOC bei jeder \section
 8  \renewcommand{\sectionmark}[1]
 9  {\markright{\sffamily\thesection\quad#1}
10   \myaddtocont{\protect\contentsline{chapentry}%
11      {\protect\numberline{\thesection}#1}{\thepage}}}
12
13  %   Aus LaTeX.ltx mit Änderungen für Mini-TOC
14  \renewcommand{\@makechapterhead}[1]
15  {\vspace*{3em}\noindent%
16   \textsf{\Large\thechapter\quad #1}\\*[2em]
17   \rule{\textwidth}{0.5pt}
18   \noindent\@mystarttoc{t\thechapter}\par
19   \vspace*{3em}}
20
21  % Sternform ohne TOC
22  \renewcommand{\@makeschapterhead}[1]
23  {\vspace*{3em}\noindent\textsf{\Large#1}\\*[3em]}
24
25  % allokiere einen einzigen Ausgabestream
26  \newwrite\shorttoc
27
28  % Übernahme aus LaTeX.ltx mit Anpassungen ---
29  % liest Mini-TOC ein und setzt Ausgabestream
30  % auf neue Datei.
31  \newcommand{\@mystarttoc}[1]
32  {\begingroup
33   \makeatletter
34   \typeout{input jobname.#1}
35   \@input{\jobname.#1}
36   \protected@write\@auxout
37     {\let\label\@gobble \let\index\@gobble
38      \let\glossary\@gobble}%
```

```
39      {\immediate\openout\shorttoc \jobname.#1\relax}
40    \global\@nobreakfalse\endgroup}
41
42  \newcommand{\myaddtocont}[1]
43  {\protected@write \@auxout
44    {\let\label\@gobble \let\index\@gobble
45     \let\glossary\@gobble}%
46    {\string\@mywritefile{#1}}}
47
48  \newcommand{\@mywritefile}[1]
49  {\@temptokena{#1}
50   \immediate\write\shorttoc{\the\@temptokena}}
51
52  \AtEndDocument{\protected@write\@auxout
53    {}{\immediate\closeout\shorttoc}}
```

Datei am Textende schließen

Die beiden letzten Zeilen sind erforderlich, um auch beim letzten Kapitel ein Mini-Inhaltsverzeichnis zu erstellen. Da nach dem letzten Kapitel kein weiteres mehr kommt, wird der Ausgabekanal nicht mehr mit einer anderen Datei assoziiert, was normalerweise zu einem ordentlichen Abschluß führt. Ahnen Sie, worauf das hinausläuft? Die letzte offengebliebene Datei muß manuell geschlossen werden. Da im `\sectionmark`-Makro die Befehle zum Assoziieren des Kanals mit einer Datei über den Kanal `\@auxout` in die Hilfsdatei `.aux` geschrieben werden, muß auch das explizite Schließen in dieser Datei vorgenommen werden. Lesen Sie zum besseren Verständnis der Vorgänge einmal die `.aux`-Datei durch!

Je nach Ihren Bedürfnissen möchten Sie vielleicht lieber auf ein fertiges Paket zur Erzeugung von Mini-Inhaltsverzeichnissen zurückgreifen; hierzu steht das Paket `minitoc` bereit.

minitoc

3.1.5 Kapitel- und Objektüberschriften anpassen

Nachdem in den beiden letzten Abschnitten so viel über selbsterstellte Gliederungslayouts gesprochen wurde, soll in diesem kurzen Abschnitt gezeigt werden, wie Sie die Überschriften von Verzeichnissen und Kapiteln, die automatisch erstellt werden, Ihren Wünschen entsprechend ändern können, etwa wenn Sie anstelle des Wortes »Literaturverzeichnis« den Begriff »Bücherliste« verwenden wollen.

Jede dieser Überschriften wird durch ein Makro, das nur den Text des Titels enthält, erzeugt. Verwenden Sie den Befehl `\renewcommand`, um die in Tabelle 3.2 enthaltenen Schlüsselworte zu ändern:

```
\renewcommand{\figurename}{Abbildung}
```

Schließlich sei auf das Paket `babel` (Seite 426) verwiesen, das eine große Anzahl von sprachlichen Besonderheiten einschließlich der passenden Überschriften und Texte bereitstellt.

Makro	Original	Deutsche Variante
\contentsname	Contents	Inhalt
\listfigurename	List of Figures	Abbildungsverzeichnis
\listtablename	List of Tables	Tabellenverzeichnis
\bibname	Bibliography	Bibliographie
\indexname	Index	Index
\figurename	Figure	Abbildung
\tablename	Table	Tabelle
\chaptername	Chapter	Kapitel
\appendixname	Appendix	Anhang
\partname	Part	Teil

Tabelle 3.2
Makros, die Namen von Objekten und Verzeichnissen enthalten

3.2 Eingabe von literalem Text

Zu diesem Themenkreis gehören Verbesserungen und Erweiterungen der `verbatim`-Umgebung, Einlesen und wörtliche Wiedergabe von Quelltext, Formatierung von C-Programmen und ähnliches. Neben Programmiersprachen werden von vielen Paketen auch Algorithmen- oder Metasprachen unterstützt. Hier eine Auswahl:

❏ Das Paket `verbatim` beseitigt einige Schwächen der `verbatim`-Umgebung, wie Abbruch der Übersetzung bei zu langem Text. Weiterhin können nun die Inhalte von Dateien eingelesen und wörtlich gesetzt werden, was besonders bei Quelltexten erfreulich und wichtig ist.

verbatim

❏ Das Paket `moreverb` baut auf dem `verbatim`-Paket auf und erweitert dessen Fähigkeiten dahingehend, daß Text innerhalb der `verbatimwrite`-Umgebung zur späteren Bearbeitung in eine Hilfsdatei geschrieben werden kann, Quelltexte zeilenweise oder in beliebiger Schrittweite durchnumeriert und innerhalb einer `verbatim`-Umgebung Tabulatorsprünge in eine vorgegebene Anzahl von Leerzeichen aufgelöst werden können.

moreverb

❏ `listings` erlaubt den Satz von Quelltext in verschiedenen Sprachen. Mit c können LaTeX-Befehle in Java/C/C++-Kommentare eingebettet und die Programme übersetzt oder in LaTeX-Dokumente eingebunden werden.

listings
c

3 Modifikationen von LaTeX

alltt
- In der LaTeX-Distribution ist `alltt` enthalten. Es stellt die alltt-Umgebung bereit, die analog zur \verbatim-Umgebung den Satz von literalen Texten erlaubt, darüber hinaus aber die Funktion der Sonderzeichen \, { und } beibehält:

```
\begin{alltt}
  Es ist so möglich, die \textit{Befehle}
  von \LaTeX{} zu benutzen!
\end{alltt}
```
Es ist so möglich, die *Befehle* von LaTeX zu benutzen!

fancyvrb
- Das Paket `fancyvrb` bietet Ihnen die weitreichendsten Möglichkeiten, mit literalem Text zu arbeiten. Hierzu zählen

  - das Einlesen und Speichern von Textabschnitten,
  - Umgebungen, die Zeilennummern darstellen,
  - die Ausführung von LaTeX-Kommandos mit unterschiedlichen aktiven Zeichen (falls der Backslash und die geschweiften Klammern so zu drucken sind wie in LaTeX-Quelltext) sowie
  - unterschiedlich eingerahmte Textpassagen.

Das Beispiel zeigt, wie Sie aktive Zeichen angeben, die einen LaTeX-Befehl einleiten und eine Gruppe umschließen:

```
\begin{Verbatim}[commandchars=+\[\]]
  +uline[\newcommand]{<Name>}{<Def>}
\end{Verbatim}
```
<u>\newcommand</u>{<Name>}{<Def>}

Auch mathematische Befehle können benutzt werden:

```
\begin{Verbatim}[commandchars=+\[\],
  \codes={\catcode`$=3\catcode`_=8}]
  \circle{<Dicke>}{$+theta_1$}{$+theta_2$}
\end{Verbatim}
```
\circle{<Dicke>}{θ_1}{θ_2}

Diese Befehle können mit \Verb analog zu \verb ohne Umgebung benutzt werden:

`\Verb[commandchars=+\[\]]*_\Verbatim_*`   _\Verbatim_

Einige der oben genannten Pakete bieten die Möglichkeit, den in eine bestimmte Umgebung eingeschlossenen Text in eine Datei `<Datei>` zu schreiben. Dies bietet sich an, um beispielsweise Text in einer externen Hilfsdatei zu speichern und später als Ganzes zu laden und auszudrucken. Denken Sie an ein Lehrbuch mit Übungsaufgaben und Fragen, zu denen die Antworten gleich nach der Frage geschrieben,

3.2 Eingabe von literalem Text

aber die Lösungen in einem separaten Teil erscheinen sollen. Oder Sie erzeugen Endnoten in dieser Datei, die Sie jeweils am Ende eines Kapitels laden und ausgeben. Diese Anwendungen setzen jedoch stets voraus, daß Sie *mehrere* Textstücke nacheinander in die Datei schreiben können. Dies ist mit den angesprochenen Umgebungen leider nicht möglich, da diese eventuell vorhandenes Material in der Datei vor dem Schreiben löschen und so nur den Zugriff auf die jeweils letzte in die Datei geschriebene Passage gestatten.

Die Erweiterung m2verb.sty nutzt die Möglichkeiten des Paketes verbatim, um das oben geschilderte Problem zu umgehen. Sollen mehrere Textstücke ohne Löschen von Passagen in einer Datei gespeichert werden, gehen Sie wie folgt vor:

Erweiterung von verbatim

```
\openfile{<Datei>}{<Ref>}
\begin{writefile}{<Ref>} ... \end{writefile}
```

\openfile
writefile

```
\begin{writefile}{<Ref>} ... \end{writefile}
\closefile{<Ref>}
```

\closefile

```
\input <Datei>
```

Der \openfile-Befehl assoziiert eine Datei <Datei> mit der internen Bezeichnung <Ref> (zum Beispiel \openfile{antwort.tex}{ant}), unter der auf die Datei mit der writefile-Umgebung zugegriffen werden kann. Sie fügen den eingeschlossenen Text zum bereits vorhandenen hinzu, ein Löschen des Inhalts erfolgt nur durch das Öffnen einer Datei. Nach dem Schließen der Datei mit \closefile kann diese später mit einem \input-Kommando wieder geladen oder separat bearbeitet werden. Es ist nicht möglich, die writefile-Umgebung innerhalb von newenvironment zu verwenden, um weitere Umgebungen darauf aufzubauen. Wenn Sie diese benötigen, müssen Sie die Befehle aus dem Paket übernehmen und in die Definition der neuen Umgebung schreiben.

```
1  \RequirePackage{verbatim}
2
3  % Öffnet/schliesst das Ausgabefile
4  \newcommand*{\openfile}[2]
5    {\expandafter\newwrite\csname verb@#2\endcsname
6     \immediate\openout\csname verb@#2\endcsname #1}
7  \newcommand*{\closefile}[1]
8    {\immediate\closeout\csname verb@#1\endcsname}
9
10 % Addiert den Inhalt dieser Umgebung zum File dazu
11 \newenvironment{writefile}[1]
```

m2verb.sty

```
12  {\@bsphack
13  \let\do\@makeother\dospecials
14  \catcode'\^^M\active \catcode'\^^I=12
15  \def\verbatim@processline{%
16    \immediate\write\csname verb@#1\endcsname
17      {\the\verbatim@line}}%
18  \verbatim@start}
19  {\@esphack}
```

3.3 Querverweise

Die von LaTeX bekannten Befehle zum Erzeugen von Querverweisen und Referenzen auf Abbildungen und Tabellen funktionieren famos, solange Sie sie innerhalb eines Dokumentes (das auf mehrere Dateien verteilt sein kann) verwenden. Was aber ist, wenn Sie eine mehrbändige Ausgabe planen und auf bestimmte Objekte in einem anderen Band verweisen wollen? Das Paket `xr` gibt eine Antwort hierauf. Mit `xr` können Sie Textmarken, die in anderen Dokumenten vorkommen, auflösen. Informationen darüber, in welchem Dokument sich die Textmarke befindet, sind jedoch nicht zugänglich.

xr

xref.sty

Das hier entwickelte Paket `xref.sty` baut auf `xr.sty` auf und verwendet dessen elementare Routinen zum Einlesen der externen .aux-Dateien, erweitert jedoch die Möglichkeiten von \label dahingehend, daß nun auch Informationen über die Nummer des Bandes gespeichert werden. Durch Scannen von externen Hilfsdateien kann so beim Auflösen der Referenz erkannt werden, ob die Quelle inner- oder außerhalb des aktuellen Bandes liegt und entsprechende Hinweise in den Text eingefügt werden. Beachten Sie dabei, daß die Textmarken innerhalb des gesamten Dokumentenkomplexes im Gegensatz zu `xr.sty` eindeutig sein müssen. `xref.sty` ist daher besser zu verwenden, wenn Sie sich entschließen, aus einem immer umfangreicher werdenden Text mehrere Bände zu erstellen, wobei die Eindeutigkeit der Textmarken gegeben sein muß. Bei einem neuen Projekt, das aus mehreren Bänden besteht, müssen Sie auf die Eindeutigkeit der Textmarken in allen Dokumenten achten.

\volume

\externalaux

Das Paket stellt einige Kommandos zur Verfügung. Mit dem Befehl \volume{<Bandnummer>} legen Sie zunächst fest, welchen Band das aktuelle Dokument darstellt. Erlaubt sind dabei beliebige Zeichenfolgen wie »I« und »II« für die Bände I und II oder »1« für Band 1. Für jeden weiteren Band muß nun mit Hilfe des Kommandos \externalaux{<Datei>} der Name der entsprechenden .aux-Datei festgelegt werden, die die betreffenden Referenzen auflösen kann. Die Dateiendung .aux darf dabei nicht auftreten. Die grundlegende Einleseroutine aus `xr` funktioniert auch, wenn die externen Dokumente über mehrere Einzeldateien verteilt sind.

Die eigentlichen Befehle, mit denen Sie die Gliederungsnummer (`\ref`) oder Seitenzahl (`\pageref`) erhalten, kennen Sie bereits von Standard-LaTeX her. Zusätzlich jedoch wird, falls das Ziel des Verweises in einem externen Dokument liegt, in Klammern die Angabe des betreffenden Bandes hinzugefügt: »Kapitel 3 (Band II)«. Die Bandnummer erscheint dabei genau wie im `\volume`-Befehl festgelegt. Ist eine Bezeichnung wie beispielsweise »die Seiten 34 (Band II) bis 50 (Band II)« unerwünscht, können mit den Varianten `\rref{<label>}` und `\ppageref{<label>}` die Gliederungsnummern ohne Bandnummer erzeugt werden. Der Verweis kann sinnvoller als »Seiten 34 bis 50 (Band II)« geschrieben werden:

Bandnummer wird hinzugefügt

`\rref, \ppageref`

```
die Seiten~\ppageref{label} bis \pageref{ende}
```

Schließlich liefert der Befehl `\bref{<label>}` die Nummer des Bandes, in dem die Textmarke zu finden ist. Durch Umdefinieren eines internes Befehls des Paketes kann das Aussehen der Referenz auf externe Bände beeinflußt werden:

`\bref`

```
\renewcommand{\volnotation}[1]{, Bd.~#1}
```

Statt der Standardeinstellung (`Band~#1`) wird eine Markierung »Seite 15, Bd. II« erreicht.

Wenn Sie zusätzlich in jedem Band die Inhaltsverzeichnisse der übrigen Werke zeigen wollen, damit der Leser weiß, welche Themen noch behandelt werden, können Sie die `.toc`-Dateien einlesen:

```
\chapter*{Inhalt von Band II}\input band2.toc
```

Nun aber zum Quelltext:

```
1  \NeedsTeXFormat{LaTeX2e}
2  \ProvidesPackage{xref}
3  \RequirePackage{ifthen}
4
5  % Kennung für eigene Bandnummer, Default: Band I
6  \newcommand{\@volume}{I}
7
8  % Userkommando zum Setzen der Bandzahl
9  \newcommand{\volume}[1]
10    {\renewcommand{\@volume}{#1}}
11
12 % Vollständige Kennzeichnung nach einer
13 % externen Referenz
14 \newcommand{\volnotation}[1]{ (Band~#1)}
```

`xref.sty`

3 Modifikationen von LaTeX

```
% Umdefinition einiger Interna für dreiteilige
% Labelinformationen
\long\def\@firstofthree#1#2#3{#1}
\long\def\@secondofthree#1#2#3{#2}
\long\def\@thirdofthree#1#2#3{#3}

% Analog zu \@setref:
% #1 ist dreiteilige Liste (Ref, Seite, Band),
% #2 ist Befehl \@xofthree, #3 ist Labelname
\def\@setbref#1#2#3{%
  \ifx#1\relax
  \else
    \def\tmp{\expandafter#2#1}%
    \ifthenelse{\equal{\tmp}{\@volume}}
      {}
      {\volnotation{\tmp}}%
  \fi
}

% Label, das neben Referenznummer und Seitenzahl
% auch die Bandnummer wegschreibt
\def\label#1{\@bsphack
  \protected@write\@auxout{}%
  {\string\newlabel{#1}%
    {{\@currentlabel}{\thepage}{\@volume}}}%
  \@esphack}

%% Lies Hilfsfiles für die externen Bände ein und
%% generiere Labelinfos daraus
%% -- Einige Zeilen aus File 'xr.sty'/tools -------
%% xr.dtx Copyright (C) 1993-1994 David Carlisle
\def\externalaux#1{\makeatletter
  \XR@next#1.aux\relax\\}
\def\XR@next#1\relax#2\\{%
  \edef\XR@list{#2}%
  \XR@loop{#1}}
\def\XR@aux{%
  \ifx\XR@list\@empty\else\expandafter\XR@explist\fi}

\def\XR@explist{\expandafter\XR@next\XR@list\\}
\def\XR@loop#1{\openin\@inputcheck#1\relax
  \ifeof\@inputcheck
    \PackageWarning{xref}%
```

3.3 Querverweise

```
59          {^^JNo file #1^^JLABELS NOT IMPORTED.^^J}%
60        \expandafter\XR@aux
61     \else
62        \PackageInfo{xref}{IMPORTING LABELS FROM #1}%
63        \expandafter\XR@read\fi}
64  \def\XR@read{%
65     \read\@inputcheck to\XR@line
66     \expandafter\XR@test\XR@line...\XR@}
67  \long\def\XR@test#1#2#3#4\XR@{%
68     \ifx#1\newlabel
69        \newlabel{#2}{#3}%
70     \else\ifx#1\@input
71        \edef\XR@list{\XR@list#2\relax}%
72     \fi\fi
73     \ifeof\@inputcheck\expandafter\XR@aux
74     \else\expandafter\XR@read\fi}
75  % ----- Ende des xr-Imports --------
76
77  % ---- Hauptbefehle ------
78  % Zunächst die normalen Funktionalitäten: Druck
79  % der Referenz, Seitenzahl, Bandzahl
80  % r@name enthält Liste der drei Daten
81  \newcommand{\rref}[1]{%
82     \expandafter\@setref%
83        \csname r@#1\endcsname\@firstofthree{#1}}
84  \newcommand{\ppageref}[1]{%
85     \expandafter\@setref%
86        \csname r@#1\endcsname\@secondofthree{#1}}
87  \newcommand{\bref}[1]{%
88     \expandafter\@setref%
89        \csname r@#1\endcsname\@thirdofthree{#1}}
90
91  % Liefert Referenzzahl und ggf. Hinweis auf den
92  % zugehörigen Band, falls extern
93  \renewcommand{\ref}[1]{%
94     \expandafter\@setref%
95        \csname r@#1\endcsname\@firstofthree{#1}%
96     \expandafter\@setbref%
97        \csname r@#1\endcsname\@thirdofthree{#1}%
98     }
99
100 % dto. für Seitenzahlen
101 \renewcommand{\pageref}[1]{%
102    \expandafter\@setref%
```

```
103        \csname r@#1\endcsname\@secondofthree{#1}%
104        \expandafter\@setbref%
105        \csname r@#1\endcsname\@thirdofthree{#1}%
106      }
```

\label *schreibt Bandnummer*

Der Quelltext benutzt wesentliche Zeilen aus dem `xr`-Paket, verwendet dabei aber eine erweiterte Variante der Informationsliste, die der `\label`-Befehl in die Hilfsdateien schreibt: neben Seitenzahl und aktueller Textmarke wird noch die Nummer des laufenden Bandes geschrieben. Entsprechend müssen alle Einleseroutinen derart modifiziert werden, daß diese das erweiterte Informationsangebot nutzen können. Die bereits vorhandenen Befehle `\ref` und `\pageref` müssen ebenfalls variiert werden, um die Bandnummer zu drucken. Hierzu wird neben der eigentlichen Information (Referenz- oder Seitennummer) auch die Bandnummer aus der Liste entnommen und mit der Nummer des vorliegenden Bandes verglichen, um gegebenenfalls einen Hinweis auf einen weiteren Band zu erzeugen. Die Liste mit der dreiteiligen Information ist für eine Textmarke mit dem Namen `lbl` im Makro `\r@lbl` enthalten. An verschiedenen Stellen, zum Beispiel bei der Ausgabe eines Zahlenwertes oder beim Versuch, in `\@setbref` den i-ten Informationsanteil aus dieser Liste zu extrahieren, muß geprüft werden, ob dieses Makro überhaupt definiert ist. Die Definition fehlt zum Beispiel beim allerersten Bearbeitungslauf, in dem noch keine Hilfsdatei vorhanden ist und die Referenzen noch nicht aufgelöst werden können. Unterbleibt diese Prüfung, würde bei jedem Zugriff auf eine solche leere Liste ein LaTeX-Fehlermeldung auftreten.

`\r@...`

3.4 Kopfzeilen

In diesem Abschnitt soll der Umgang mit Kopf- und Fußzeilen über die Standard-LaTeX-Befehle hinaus erläutert werden. Als Beispiel dient ein kleines Problem mit Kopfzeilen, das mit Hilfe eines Paketes zur eigenen freien Gestaltung gelöst wird.

3.4.1 Ein Problem mit dem headings-Stil

Bei der Wahl des Seitenstils `headings` tritt gelegentlich ein Problem auf, das mit der Sternform der Gliederungsbefehle, vor allem mit dem Kommando `\chapter*`, zusammenhängt. Bekanntlich kann mit der Sternform des Gliederungsbefehls ein Eintrag in das Inhaltsverzeichnis unterbunden werden, gleichzeitig entfällt die Numerierung der Überschrift – und es wird kein Eintrag in die Kopfzeile durchgeführt. Der Effekt wird deutlich, wenn Sie einen Abschnitt für eine Danksagung nach dem Inhaltsverzeichnis mit `\chapter*` erzeugen möchten. In der Kopfzeile auf der Seite mit der Danksagung wird der Begriff »Inhaltsverzeichnis« weitergeführt. Dies wird bei Danksagungen über mehrere Seiten hinweg sichtbar, da die erste Seite eines jeden Kapitels und damit auch der Danksagung mit dem Stil `plain` sowieso keine Kopfzeilen erzeugt. Das Problem liegt darin begründet, daß die letzte Aktualisierung der Kopfzeilen mit dem `\tableofcontents`-Kommando erfolgte. Sie beheben das Problem mit

```
\markboth{}{}                        % leere Kopfzeile
\markboth{Danksagung}{Danksagung} % Danksagung
```

Die Kopfzeile wird entweder ganz gelöscht oder auf beiden Seiten der Begriff »Danksagung« eingetragen. Sie können für ähnliche Anlässe (denken Sie an das Vorwort) ein allgemeines Makro `\preface{<Titel>}` bereitstellen:

\preface

```
\providecommand{\prefacename}{Vorwort}
\newcommand{\preface}[2][\prefacename]
   {\chapter*{#2}\markboth{#1}{#1}}
```

Es gestaltet ein Vorwort mit frei wählbarer Überschrift. Als optionalen ersten Parameter können Sie zusätzlich den Eintrag in die Kopfzeilen steuern, der eventuell vom Titel abweichen soll. Mit

```
\preface{Vorwort zur dritten Auflage}
```

erhalten Sie »Vorwort zur dritten Auflage«, in der Kopfzeile steht »Vorwort«. Die Zeile

```
\preface[Danksagung]{Danksagung}
```

erzeugt einen Abschnitt für Danksagungen; ebenso steht in der Kopfzeile »Danksagung« anstelle von »Vorwort«.

Lange Überschriften in Kopfzeilen

Ein weiteres Problem in Verbindung mit Kopfzeilen sind lange Überschriften, die den in der Kopfzeile verfügbaren Raum überschreiten. Die optionale Kurzform in eckigen Klammern steuert jedoch nur den Eintrag in das Inhaltsverzeichnis. Die Lösung liegt hier in der Verwendung der `\...mark`-Befehle, die in Abschnitt 3.1 vorgestellt wurden und LaTeX mitteilen, welcher Text für den Eintrag der Kapitel- oder Abschnittsüberschrift in der Kopfzeile verwendet werden soll:

```
\chapter{Dies ist eine sehr lange Kapitelüberschrift}
\chaptermark{Die Kurzfassung}

\section{Auch der Abschnitt trägt einen langen Titel}
\sectionmark{Kurztitel}
```

3.4.2 Kopf- und Fußzeilen gestalten

fancyhdr

Das Paket `fancyhdr` gestattet es in einfacher Weise, Kopf- und Fußzeilen zu gestalten. Über die Seitenstile hinaus, die Standard-LaTeX bietet, können Sie nun dreiteilige Kopf- und Fußzeilen, bestehend aus einem linken, einem mittleren und einem rechten Block, mit einer oder mehreren Textzeilen und nach Wunsch mit Linien ober- oder unterhalb definieren. Diese Textblöcke können über die normale Textbreite hinausreichen und auf Kapitelanfangsseiten anders ausschauen. Natürlich wird zwischen geraden und ungeraden Seiten unterschieden.

Neben dieser grundlegenden Anwendung werden in der Dokumentation zu dem Paket noch zahlreiche weitere Tips und Hinweise gegeben, unter anderem die Erzeugung von schwarzen Balken am Rand, die man häufig bei Fahrplänen findet und die mit jedem Kapitel nach unten wandern, um so beim raschen Blättern das Auffinden einer bestimmten Stelle zu erleichtern.

3.4.3 Leere Seiten ohne Kopfzeilen

Im Buchsatz ist es häufig erwünscht, auf einer eventuellen leeren Seite am Ende eines Kapitels die Kopf- und Fußzeilen fortzulassen und nur die Pagina zu setzen. Dies ist z. B. in diesem Buch am Ende von Kapitel 1 zu sehen. LaTeX setzt jedoch auch auf leeren Seiten Kopf-/Fußzeilen ein. Mit dem Wissen, daß die leere Seite durch einen impliziten Aufruf von `\cleardoublepage` durch den nächsten `\chapter`-Befehl erzeugt wird, können Sie jedoch eine Lösung programmieren, indem Sie das Makro `\cleardoublepage` umdefinieren, etwa wie folgt:

empty.sty

```
\renewcommand{\cleardoublepage}
{\clearpage
% two-sided document?
\ifthenelse{\boolean{@twoside}}
  {\ifthenelse{\isodd{\value{page}}}
    % nothing to do, already right (odd) page
    {}
    % blank out even (left) page
    {\thispagestyle{plain} %< insert your commands
     \mbox{}\newpage        %< this is a default
     \ifthenelse{\boolean{@twocolumn}}
       {                    %< insert your commands
                            %< for the 2nd column
        \mbox{}\newpage     %< this is a default
       }
```

```
16              {}% one-column mode, nothing to do
17          }
18      }
19      {}% one-sided document, nothing to do
20  }
```

Diese Definition erzeugt zunächst eine neue Seite. Wenn diese eine rechte Seite ist, ist das Ziel bereits erreicht worden, es liegt dann der Fall vor, daß das vorangegangene Kapitel auf einer linken Seite abschließt, die Erzeugung von Kopf- und Fußzeilen ist dann korrekt. Ein Seitenumbruch ermöglicht den Beginn des neuen Kapitels auf einer rechten Seite. Falls der Seitenumbruch jedoch zu einer linken (geraden) Seite führt, muß diese leer bleiben, damit das neue Kapitel auf einer rechten Seite beginnen kann. Hier tritt der Fall ein, daß der Seitenstil geändert werden muß, um die Erzeugung der Kopf- und Fußzeilen zu unterdrücken. Sie erreichen dies durch Angabe des gewünschten alternativen Seitenstils, hier `plain`. Das Makro wird etwas komplizierter, da es noch den Fall eines zweispaltigen Layouts berücksichtigt.

Sie können in den mit »%« gekennzeichneten Zeilen auch gänzlich andere Befehle einfügen, um z. B. den Text »This page intentionally left blank« einzusetzen:

`blank.sty`

```
1   % blank.sty
2   \renewcommand{\cleardoublepage}
3   {\clearpage
4     % two-sided document?
5     \ifthenelse{\boolean{@twoside}}
6       {\ifthenelse{\isodd{\value{page}}}
7         % nothing to do, already right (odd) page
8         {}
9         % blank out even (left) page
10        {\thispagestyle{plain}
11         \vspace*{.5\textheight}
12         \textbf{This page intentionally left blank}
13         \newpage
14         \ifthenelse{\boolean{@twocolumn}}
15           {\mbox{}\newpage}
16           {}% one-column mode, nothing to do
17         }
18      }
19      {}% one-sided document, nothing to do
20  }
```

3.4.4 Die Interna

Lebende Kolumnentitel sorgen für Orientierung

Hier wird nun erklärt, wie sich eine Kopf- oder Fußzeile aufbaut und woraus ein Seitenstil eigentlich besteht. Häufig besteht der Wunsch, Kopfzeilen zu erzeugen, in denen neben der Seitenzahl auf ungeraden Seiten die aktuelle Kapitelüberschrift, auf der geraden Seite die Abschnittsüberschrift steht, damit man beim Durchblättern sogleich einen Überblick über den Inhalt gewinnt (sogenannte lebende Kolumnentitel). Die beiden Markierungsbefehle \leftmark und \rightmark, die einen Text für linke und rechte Kopf- oder auch Fußzeilen enthalten, ermöglichen dies. Verändert wird der aktuelle Text dieser Marken durch die LaTeX-Befehle

\leftmark, \rightmark

\markboth \markright

```
\markboth{<Linker Text>}{<Rechter Text>}
\markright{<Rechter Text>}
```

Der Text beider Marken bleibt so lange erhalten, bis er durch eine erneute Zuweisung geändert wird. \markboth modifiziert gleichzeitig beide Marken, \markright nur die rechte Marke \rightmark. Weiter muß nach Beginn eines jeden Kapitels mit \markboth die linke Markierung aktualisiert und die rechte geleert, nach Beginn eines Abschnittes dagegen nur die rechte aktualisiert werden. Das folgende Belegungsschema drückt dies aus:

Gliederung	Linke Marke \leftmark	Rechte Marke \rightmark
\chapter	Kapitelname	leer
\section	unverändert	Abschnittsname
\subsection ...	unverändert	unverändert

Die \...mark-Befehle

In einer ersten Fassung können die Marken nach jedem \section- oder \chapter-Befehl per Hand mit \markboth gesetzt werden, aber schöner und komfortabler ist es, wenn dies automatisch durch den Gliederungsbefehl geschieht. LaTeX sieht für jeden Gliederungsbefehl \Gliederung einen Befehl \Gliederungmark vor, dessen Aufgabe es ist, die linken und rechten Marken mit \markright und \markboth in der geforderten Art und Weise zu belegen: zum Beispiel ruft jeder \chapter-Befehl den Befehl \chaptermark mit der aktuellen Kapitelüberschrift als Parameter auf. \chaptermark belegt nun die linke Marke mit der übergebenen Überschrift, die rechte dagegen mit »nichts«. Da beim Aufruf von \section der \sectionmark-Befehl mit der aktuellen Abschnittsüberschrift aufgerufen wird, muß dieser so definiert sein, daß er die rechte Marke mit der Überschrift aktualisiert und die linke unangetastet läßt (er wird daher \markright verwenden).

3.4 Kopfzeilen

Dieses Verfahren ist bereits als Standardeinstellung beim Seitenstil `headings` vorgegeben, Sie müssen sich daher nur dann mit den `\...mark`-Befehlen befassen, wenn die erzeugten Kolumnentitel Ihren Vorstellungen nicht entsprechen. Wenn Sie eigene Gliederungsbefehle erstellt haben, müssen Sie für diese ebenfalls die entsprechenden `\...mark`-Befehle bereitstellen. Wollen Sie diese nicht benutzen, muß zumindest eine leere Definition `\...mark{}` vorhanden sein, da sonst der Überschriftentext verdoppelt wird und als zusätzlicher Text auftritt. Doch zunächst soll demonstriert werden, wie die Gestaltung der Kopf- und Fußzeilen überhaupt vor sich geht.

Die eigentliche Gestaltung der Kopf- und Fußzeilen geschieht über ein Makro `ps@stil`, das mit dem Seitenstil `<stil>` verknüpft ist: zu den LaTeX-Seitenstilen `plain`, `empty` sowie `headings` und `myheadings` existieren daher die Makros `\ps@plain`, `\ps@empty` sowie `\ps@headings` und `\ps@myheadings`. Sie definieren ihrerseits die Makros, die die Kopf- und Fußzeilen für ungerade und gerade Seiten erzeugen:

- ❏ `\@oddhead` enthält Befehle zur Erzeugung der Kopfzeile auf den ungeraden (rechten) Seiten, während mit `\@oddhead`

- ❏ `\@evenhead` die Kopfzeilen auf den linken, geraden Seiten erzeugt werden. Wird das Dokument einseitig formatiert, ist dieses Makro irrelevant. `\@evenhead`

- ❏ `\@oddfoot` gibt die Fußzeilen für die ungeraden Seiten aus und `\@oddfoot`

- ❏ `\@evenfoot` für gerade Seiten. Auch dieses Makro wird nur benötigt, wenn Sie Ihr Dokument doppelseitig formatieren. `\@evenfoot`

Weiterhin muß das Makro für Seitenstile die Implementierung der `\chaptermark`-, `\sectionmark` und gegebenenfalls weiterer Markierungsbefehle übernehmen. Hierzu später mehr.

Der Seitenstil `plain` zeigt, wie die Makros definiert werden, um die zentrierte Seitennummer in den Fußzeilen erscheinen zu lassen:

```
\renewcommand{\ps@plain}
  {\let\@mkboth\@gobbletwo
   \renewcommand{\@oddhead}{}
   \renewcommand{\@evenhead}{}
   \renewcommand{\@oddfoot}{\hfil\thepage\hfil}
   \renewcommand{\@evenfoot}{\hfil\thepage\hfil}
  }
```

Das nachfolgende Beispiel zeigt nun, wie lebende Kolumnentitel implementiert werden. Dabei wird deutlich, daß Sie nicht auf die Standardseitenstile von `plain` bis `myheadings` angewiesen sind. Sie

Eigene Seitenstile können Ihre eigenen Seitenstile einführen, zum Beispiel full und literature, indem Sie die Makros \ps@full und \ps@literature definieren. Innerhalb dieser Makros stellen Sie die erforderlichen Makros für Kopf- und Fußzeilen bereit. Der Seitenstil des Beispiels wird daher erst nach dem Befehl \pagestyle{literature} wirksam. Neben den bereits erwähnten vier Makros für das Erzeugen von Kopf- und Fußzeilen werden in diesem Beispiel \chaptermark und \sectionmark definiert, die die Aktualisierung der linken und rechten Marke in einer Form vornehmen, die vom Standard abweicht. Weiterhin wird zwischen einer ein- oder zweiseitigen Formatierung unterschieden:

literat.sty

```
1  \RequirePackage{ifthen}
2
3  \ifthenelse{\boolean{@twoside}}
4  % zweiseitig
5  {\newcommand{\ps@literature}{
6    \let\@mkboth\markboth
7    \renewcommand{\chaptermark}[1]
8      {\markboth{\@chapapp~\thechapter%
9        \hspace{1em}##1}{}}
10   \renewcommand{\sectionmark}[1]
11     {\markright{\thesection\hspace{1em}##1}}
12   \renewcommand{\subsectionmark}[1]{}
13   \renewcommand{\@oddfoot}{}
14   \renewcommand{\@evenfoot}{}
15   \renewcommand{\@oddhead}
16     {\vbox{\hsize=\textwidth
17       \hbox to \textwidth{\hfil%
18         {\small\scshape\rightmark}\hfil\thepage}%
19       \vskip3pt\hrule height1pt \vskip1pt \hrule}}
20   \renewcommand{\@evenhead}
21     {\vbox{\hsize=\textwidth
22       \hbox to \textwidth{\thepage\hfil%
23         \small\scshape\leftmark\hfil}%
24       \vskip3pt\hrule height1pt \vskip1pt \hrule}}
25   }
26  }
27  % einseitig
28  {\newcommand{\ps@literature}{
29    \let\@mkboth\markboth
30    \renewcommand{\chaptermark}[1]{}
31    \renewcommand{\sectionmark}[1]
32      {\markright{\thesection\hspace{1em}##1}}
```

```
33    \renewcommand{\subsectionmark}[1]{}
34    \renewcommand{\@oddfoot}{}
35    \renewcommand{\@evenfoot}{}
36    \renewcommand{\@oddhead}
37      {\vbox{\hsize=\textwidth
38       \hbox to \textwidth{\hfil%
39         {\small\scshape\rightmark}\hfil\thepage}%
40       \vskip3pt\hrule height1pt \vskip1pt \hrule}}
41    \renewcommand{\@evenhead}{}
42    }
43  }
```

Durch die Definition \subsectionmark{} wird erreicht, daß die \subsection-Gliederung keinen Einfluß auf die Kopfzeilen nimmt; bei einer einseitigen Formatierung geschieht dies auch für die Kapitelgliederung, es werden nur noch die Abschnittsüberschriften in die Kopfzeilen übernommen. In beiden Fällen, der ein- oder zweiseitigen Formatierung, werden die Markierungsmakros \sectionmark und gegebenenfalls \chaptermark so definiert, daß sie die Gliederungsnummer durch einen Gedankenstrich von der jeweiligen Überschrift abtrennen. Beachten Sie die Verwendung des Makros \@chapapp – es enthält normalerweise das Wort »Kapitel«, das jedoch automatisch mit dem Beginn eines Anhangs in »Anhang« umgewandelt wird, so daß die Kopfzeile stets den richtigen Begriff angibt.

\@chapapp

Sie sind jedoch nicht darauf beschränkt, nur die Kopf- und Fußzeilen zu bearbeiten. Sie können auch mit Tricks arbeiten und z. B. die ganze Seite mit einer Gestaltung versehen, die unabhängig vom Textfluß vorhanden ist. Als Beispiel dient der Seitenstil sheet, der einen Hintergrund für Konstruktionsbögen zur Verfügung stellt (Abbildung 3.5 auf der nächsten Seite). Es handelt sich hier um Papiere, vornehmlich für technische Zeichnungen und Dokumentationen, die an den Rändern eine Rastereinteilung mit Numerierung ähnlich einem Lageplan aufweisen, anhand derer ein bestimmtes Planquadrat bezeichnet werden kann. Am unteren Rand finden Sie eine Box, in der eine Beschreibung der Zeichnung, das Datum, die laufende Nummer und ein Unterschriftenfeld vorhanden sind.

Nicht nur Kopfzeilen gestalten

Betrachten Sie zunächst den Quelltext:

```
1  \RequirePackage{ifthen}
2
3  \newcounter{i}
4  \newcommand{\ps@sheet}
5  {\setlength{\headheight}{-0.8cm}
6   \renewcommand{\@oddhead}{\unitlength=1cm
7    \begin{picture}(0,0)(3,25)
```

`sheet.sty`

Abbildung 3.5
Vordrucke für Konstruktionsbögen und technische Illustrationen

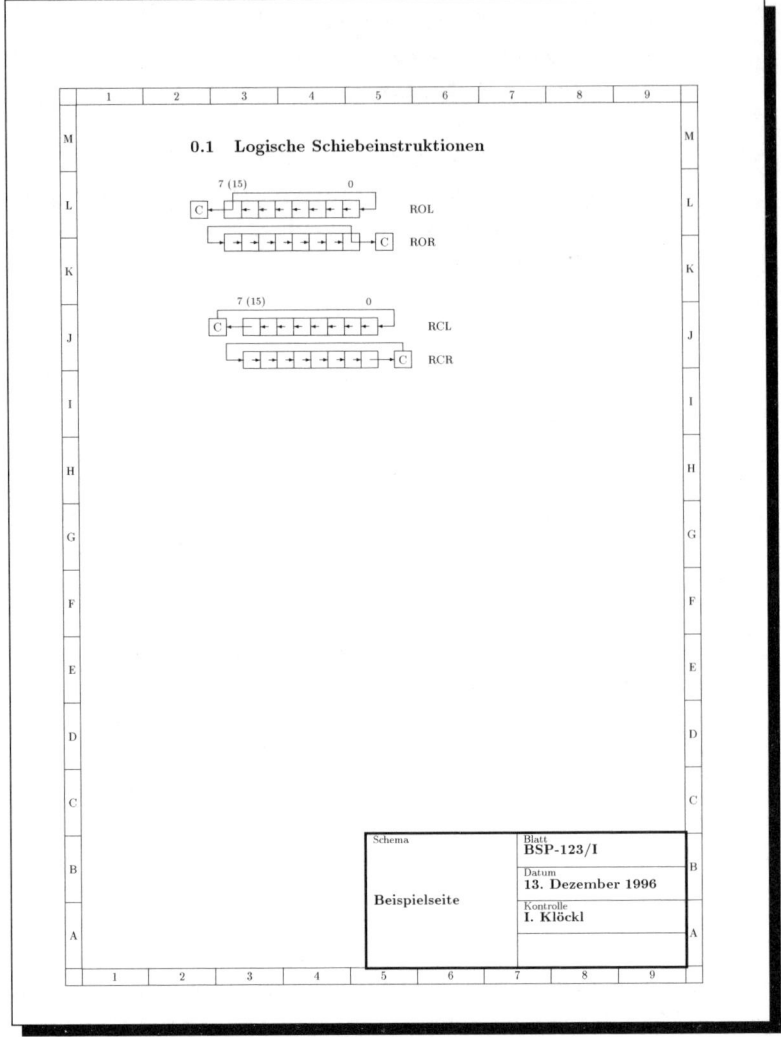

```
 8   \begin{picture}(19,27)
 9   \put(0,0){\framebox(19,27){}}
10   \put(0.5,0.5){\framebox(18,26){}}
11   \linethickness{2pt}\put(9,0.5){\framebox(9.5,4){}}
12   \thinlines
13   \put(9.2,4.2){\makebox(0,0.3)[l]{\small Schema}}
14   \put(13.5,0.5){\line(0,1){4}}
15   \put(13.5,1.5){\line(1,0){5}}
16   \put(13.5,2.5){\line(1,0){5}}
17   \put(13.5,3.5){\line(1,0){5}}
```

3.4 Kopfzeilen

```
18    \put(13.7,4.2){\makebox(0,0.3)[l]{\small Blatt}}
19    \put(13.7,3.2){\makebox(0,0.3)[l]{\small Datum}}
20    \put(13.7,2.2){\makebox(0,0.3)[l]{\small Kontrolle}}
21    \ifthenelse{\equal{\@schema}{}}
22      {}
23      {\put(9.2,0.7){\makebox(0,3.6)[l]
24         {\large\bfseries \@schema}}}
25    \ifthenelse{\equal{\@blatt}{}}
26      {}
27      {\put(13.7,3.6){\makebox(0,0.8)[l]
28         {\large\bfseries \@blatt}}}
29    \ifthenelse{\equal{\@datum}{}}
30      {}
31      {\put(13.7,2.6){\makebox(0,0.8)[l]
32         {\large\bfseries \@datum}}}
33    \ifthenelse{\equal{\@kontrolle}{}}
34      {}
35      {\put(13.7,1.6){\makebox(0,0.8)[l]
36         {\large\bfseries \@kontrolle}}}
37    % vertikal: Buchstaben
38    \setcounter{i}{1}
39    \multiput(0,0.5)(0,2){13}{
40      \multiput(0,0)(18.5,0){2}
41         {\makebox(0.5,2){\Alph{i}}}%
42      \line(-1,0){0.5}}
43      \stepcounter{i}}
44    \put(0,26.5){\line(1,0){0.5}}
45    \put(18.5,26.5){\line(1,0){0.5}}
46    % Horizontal Ziffern
47    \setcounter{i}{1}
48    \multiput(0.5,0)(2,0){9}{
49      \multiput(0,0)(0,26.5){2}
50         {\makebox(2,0.5){\arabic{i}}
51      \line(0,1){0.5}}
52      \stepcounter{i}}
53    \put(0.5,0){\line(0,1){0.5}}
54    \put(0.5,26.5){\line(0,1){0.5}}
55    \end{picture}
56    \end{picture}
57  }
58  \renewcommand{\@oddfoot}{}
59  \renewcommand{\@evenhead}{}
60  \renewcommand{\@evenfoot}{}
61  }
```

```
62 \newcommand{\sheet}[1]{\def\@blatt{#1}}
63 \newcommand{\@blatt}{}
64 \newcommand{\controller}[1]{\def\@kontrolle{#1}}
65 \newcommand{\@kontrolle}{}
66 \newcommand{\dateofsheet}[1]{\def\@datum{#1}}
67 \newcommand{\@datum}{\today}
68 \newcommand{\descript}[1]{\def\@schema{#1}}
69 \newcommand{\@schema}{}
```

Bis auf die Kopfzeile für ungerade Seiten werden alle Makros leer definiert. Die Kopfzeile besteht aus einer umfangreichen `picture`-Umgebung mit einer angegebenen Ausdehnung (0,0). Tatsächlich ist das zu zeichnende Bild mit den Rasterlinien jedoch blattfüllend (19 × 27 cm²). Unter normalen Umständen bliebe kein Platz für Text, deshalb wird LaTeX die Abmessung (0,0) vorgegaukelt. Damit liegt für LaTeX keine Abbildung vor, aber eine Kopfzeile ist möglich.

Die Abbildung besteht aus einer normalen `picture`-Umgebung mit dem Raster, den Rändern und den Beschriftungsfeldern. Für die fortlaufenden Randnummern und -buchstaben wird ein `\multiput`-Befehl verwendet, der einen zweiten `\multiput`-Befehl enthält, da links und rechts beziehungsweise oben und unten dieselben Bezeichner stehen sollen. Damit der Textblock sich gut auf dem Papier einfügt, wird er mit dem zweiten Koordinatenpaar der »mysteriösen« `picture`-Umgebung (Angabe (3,25)) positioniert. Diese Werte müssen Sie gegebenenfalls etwas anpassen (alle Angaben in Zentimetern).

Sollen einige der Felder im Kasten unten rechts (Abbildung 3.5) bereits maschinell ausgefüllt werden, können Sie mit den Befehlen

\descript \descript{<Beschreibung>}
\controller \controller{<Name>}
\dateofsheet \dateofsheet{<Datum>}
\sheet \sheet{<Kurzbezeichnung>}

die Beschreibung der Zeichnung, eine Kurzbezeichnung (eine laufende Nummer oder ähnliches), Ihren Namen als Verantwortlichen sowie ein Datum (automatisch das aktuelle) einsetzen. Diese Werte bleiben erhalten, bis neue Befehle eingegeben werden. Aktiviert wird der Kasten mit Raster mit einem der beiden Befehle `\thispagestyle{sheet}` oder `\pagestyle{sheet}`, wobei die Einträge für die Felder vor der Aktivierung vorgenommen werden müssen.

Daumenindex – nicht nur für Fahrpläne

Schließlich können Sie den Trick mit der Angabe einer fiktiven Abmessung 0 in Form einer `picture`-Umgebung der Dimension (0,0) anwenden, um einen »Daumenindex« zu erzeugen, das heißt die schwarzen Balken am rechten Blattrand. Abbildung 3.6 zeigt ein Beispiel für einen Daumenindex.

3.4 Kopfzeilen

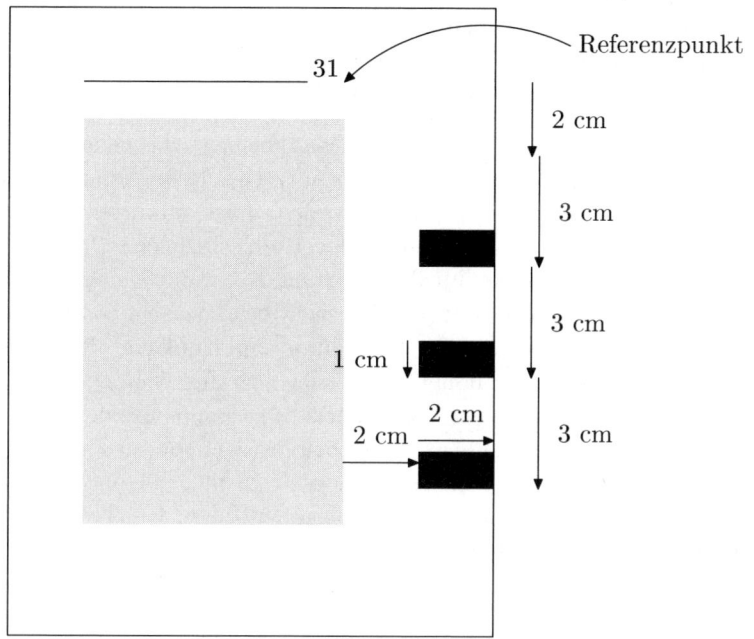

Abbildung 3.6
Ein »Daumenindex« am Rand des Druckwerkes und seine Maße

Das oben dargestellte Verhalten können Sie simulieren, indem ein Eintrag in die Kopfzeilen so modifiziert wird, daß auf jeder Seite eine mit dem Kapitel nach unten wandernde Balkenbox angegeben wird. Die y-Koordinate dieser Box ergibt sich aus der Starthöhe, vermindert um ein Vielfaches der gewünschten Balkenabstände. Hierzu ein Anwendungsbeispiel, das nur einen minimalen Seitenstil einsetzt und nur auf den ungeraden Seiten die Balkenbox druckt:

```
\RequirePackage{ifthen,calc}

\newcounter{y}
\newcommand{\thumb}
{\unitlength1cm
  \begin{picture}(0,0)
  \ifthenelse{\value{chapter}>0}
  {% 3 = 1cm Höhe + 2 cm Abstand
    \setcounter{y}{-3*\value{chapter}-2}
    \put(2,\value{y}){\makebox(0,0){\rule{2cm}{1cm}}}
  }
  {}
  \end{picture}
}
```

thumb.sty

```
15  % Minimaler Seitenstil
16  \newcommand{\ps@thumb}
17  {\renewcommand{\@oddhead}{\hfil\thepage\thumb}
18   \renewcommand{\@evenhead}{\thepage\hfil}}
```

Abbildung 3.6 auf der vorherigen Seite illustriert die geometrische Konstruktion sowie die relevanten Maße. Der Referenzpunkt, auf den alle Verschiebungen bezogen werden, liegt unmittelbar nach der Seitenzahl auf der Grundlinie der Kopfzeile (siehe Pfeil). Die x-Koordinate liegt damit auf dem rechten Textrand. Die schwarzen Blöcke beginnen 2 cm vom Textrand nach rechts verschoben in einer Höhe von 2 cm unterhalb der Grundlinie der Kopfzeile. Zu jedem Kapitel gehört ein 3 cm hoher Block, der sich aus dem 1 cm hohen Balken und 2 cm vertikalem Zwischenraum zusammensetzt.

Das Paket `thumb` definiert einen Seitenstil `thumb`, der auf ungeraden Seiten unmittelbar nach der Seitenzahl in der Kopfzeile eine `picture`-Umgebung erzeugt. Die Basiseinheit dieser Umgebung wird auf 1 cm gesetzt, so daß alle folgenden Zahlen Maße im Zentimeterraster darstellen. Innerhalb der Umgebung wird ein Zähler y auf den Wert

$$-3 \times \text{Kapitelnummer} - 2$$

gesetzt. Da die Kopfzeile die Grundlinie der `picture`-Umgebung mit $y = 0$ ist, müssen die Balken mit steigender Kapitelnummer nach *unten* zu negativen Koordinaten wandern, daher wird die Kapitelnummer mit -3 multipliziert. Dieser Wert setzt sich aus der gewünschten Balkenhöhe von 1 cm zuzüglich des vertikalen Abstandes von je 2 cm zusammen, im ganzen 3 cm. Das Vorzeichen ergibt sich aus der geforderten Abwärtswanderung. Um den vertikalen Startpunkt zu justieren, wird noch der Wert -2 cm zugerechnet, was die Balken um 2 cm nach unten verschiebt. Die so errechneten Koordinaten dienen dazu, eine Rule-Box der Breite 2 cm und Höhe 1 cm zu zeichnen.

Die x-Koordinate ist hier konstant auf einen Wert zu setzen, der sich aus Ihren Rand- und Papiergrößen ergibt. Auch die vertikalen Abstände der Balken sind in Abhängigkeit von der Gesamtzahl der Balken (Kapitel) anzupassen. Das bedeutet ein wenig rechnen (oder probieren ...).

Abschließend sei erwähnt, daß das Makro \thumb in den Seitenstil integriert werden muß, der von Ihnen eingesetzt wird.

3.5 Gleitende Umgebungen

Sie kennen gleitende Umgebungen bereits von der `figure`- und `table`-Umgebung her; wenn auf der aktuellen Seite nicht mehr genügend freier Platz zur Darstellung des gleitfähigen Objektes an der gewünschten Stelle zur Verfügung steht, wird der nachfolgende Text vorgezogen und das Gleitobjekt auf der folgenden Seite angeordnet. Dies kann mit mehreren Objekten geschehen, diese häufen sich dann an geeigneter Stelle an. Dieses Verhalten ist über Abbildungen und Tabellen hinaus für zahllose weitere Objekte sinnvoll, zum Beispiel für Quelltext oder Boxen. Bevor Sie jedoch erfahren, wie Sie vollkommen neue Fließobjekte erzeugen können, sollen einige Teilaspekte wie die Beschriftung der Objekte näher betrachtet werden.

3.5.1 Umgestaltung der Bildunterschriften

Zunächst dreht sich alles um die Layoutgestaltung von Legenden bei Abbildungen und Tabellen. Das Paket `caption` bietet für eine Vielzahl von Varianten der Legende, mit abgesetzter Numerierung, veränderten Auszeichnungen oder Breiten, einfache Benutzerbefehle. Darüber hinaus gibt es die neuere Version `caption2`, die eine verbesserte Zusammenarbeit mit anderen Paketen, die Gleitobjekte und Abbildungen modifizieren, bietet. Für die Variante, Bild- oder Tabellenlegenden *seitlich*, das heißt links oder rechts des Objektes, anzuordnen, existiert das Paket `sidecap`.

caption

sidecap

Wie arbeiten diese Pakete intern? Dreh- und Angelpunkt ist das Makro `\@makecaption#1#2`, das dazu dient, sämtliche von Gleitobjekten angeforderten Unter- oder Überschriften zu erzeugen. Der erste Parameter stellt dabei den Bezeichner des Objektes dar. Beispiele sind »Abbildung 3« oder »Tabelle 5«. Diese Bezeichner werden von einem mit dem Objekt assoziierten Makro `\fnum@objekt` geliefert, das in Abschnitt 3.5.4 vorgestellt wird. Der Parameter #2 enthält den Text der Über- oder Unterschrift. Die folgende einfache Definition erzeugt die Überschrift unmittelbar nach der Objektnummer:

\@makecaption

`\renewcommand{\@makecaption}[2]{#1 #2}`

In Wirklichkeit lautet die Definition des Makros etwas anders, wie ein Blick in `book.cls` zeigt. Es wird überprüft, ob die Kombination Nummer plus Text länger als eine Zeilenbreite ist. Ist sie kürzer, wird zentriert gedruckt, anderenfalls entsprechend der Zeilenbreite umbrochen. In Anlehnung an die einfache Definition sind in der Datei `mycap.sty` einige Varianten der Legendengestaltung implementiert. Sie werden mit verschiedenen Makros gesteuert, die gemäß Ihren Vorstellungen umdefiniert werden können:

```
\renewcommand{\fnumfont}[1]{<Stilnum>}
\renewcommand{\capfont}[1]{<Stiltext>}
\setboolean{capbreak}{true}
\renewcommand{\capshape}[1]{<Form>}
\renewcommand{\fnumshape}[1]{#1: }
```

Die beiden Parameter <Stilnum> und <Stiltext> können leer bleiben oder Umschaltbefehle für Auszeichnungen wie \textit{#1} oder \textbf{\small#1} enthalten. Sie beeinflussen das Erscheinungsbild der Numerierung beziehungsweise des Textkörpers, der in #1 enthalten ist. Lassen Sie die Formatierung fort (Angabe von {#1}), so wird der Text ohne spezielle Auszeichnung gedruckt. Mit einem Wert von true für den Schalter capbreak können Sie die Numerierung von der eigentlichen Beschriftung durch einen Zeilenumbruch absetzen, mit der Voreinstellung false folgt die Beschriftung direkt der Numerierung. Möchten Sie die Legende nicht linksbündig, sondern zentriert haben, setzen Sie für <Form> den Befehl \centering ein, womit sowohl die Numerierung als auch die Beschriftung zentriert werden. Eine leere Definition {} erzeugt wiederum die normale linksbündige Anordnung. Im folgenden Beispiel (Abbildung 3.7) sind nur die wesentlichen Zeilen herausgegriffen:

```
\setboolean{capbreak}{true}
\renewcommand{\capshape}{}
\renewcommand{\capfont}[1]{\textit{#1}}
\caption{Bildunterschrift abgesetzt,
  Rumpf kursiv.}
```

Abbildung 3.7:
Bildunterschrift abgesetzt, Rumpf kursiv.

Mit \fnumshape legen Sie schließlich die genaue Abgrenzung der Numerierung fest. Der Inhalt des freien Parameters #1 (zum Beispiel »Abbildung 0.3« oder »Tabelle 4«) wird von den Gleitumgebungen (figure oder table) geliefert und in der Voreinstellung durch einen Doppelpunkt vom Textkörper getrennt. Ein Beispiel ist in Abbildung 3.8 gezeigt:

```
\setboolean{capbreak}{false}
\renewcommand{\capshape}{}
\renewcommand{\capfont}[1]{#1}
\renewcommand{\fnumfont}[1]{\textbf{#1}}
\renewcommand{\fnumshape}[1]
  {\rule{\linewidth}{1pt}\\#1 }
\caption{Unterschrift mit Linie abgetrennt.}
```

Abbildung 3.8 Unterschrift mit Linie abgetrennt.

Werfen Sie nun einen Blick in mycap.sty:

mycap.sty

```
1 \RequirePackage{ifthen}
2
3 % Fonts für Numerierung und Rumpf
4 \newcommand{\capfont}[1]{\textit{#1}}
5 \newcommand{\fnumfont}[1]{\textbf{#1}}
```

3.5 Gleitende Umgebungen

```
 6
 7  %   Linksbündig {} oder zentriert {\centering}
 8  \newcommand{\capshape}{}
 9
10  %   Form der Numerierung, Default: "Abbildung 0.3: "
11  %   Beispiel "mit Strich abgetrennt":
12  %   \renewcommand{\fnumshape}[1]
13  %      {\rule{\linewidth}{0.5pt}\\#1 }
14  \newcommand{\fnumshape}[1]{#1: }
15
16  %   false: Legende direkt nach Numerierung
17  %   true:  Zeilenumbruch nach Numerierung
18  \newboolean{capbreak}
19  \setboolean{capbreak}{false}
20
21  \renewcommand{\@makecaption}[2]
22  {\vspace{\abovecaptionskip}
23    % Länge der Legende bestimmen
24    % Nummer abgesetzt: nur Textlänge zählt
25    \ifthenelse{\boolean{capbreak}}
26      {\sbox{\@tempboxa}
27        {\capfont{#2}}}
28      {\sbox{\@tempboxa}
29        {\fnumfont{\fnumshape{#1}\capfont{#2}}}}
30    % mehrzeiliger Eintrag?
31    \ifthenelse{\lengthtest{\wd\@tempboxa>\hsize}}
32      {{\capshape\fnumfont{\fnumshape{#1}}%
33        \ifthenelse{\boolean{capbreak}}{\\}{}%
34        \capfont{#2}}
35      }
36      {{\capshape\fnumfont{\fnumshape{#1}}%
37        \ifthenelse{\boolean{capbreak}}{\\}{}%
38        \capfont{#2}}
39      }
40    \vspace{\belowcaptionskip}}
```

Wie bereits angesprochen, ändern Sie mit dem Paket mycap die Gestaltung der Tabellen-, Abbildungs- und aller Über- oder Unterschriften, die mit dem \caption-Befehl generiert werden. Wie Sie selektiv nur für eine Kategorie von Fließobjekten das Aussehen der Legende ändern, erfahren Sie am Beispiel eines Textkastens in Abschnitt 3.5.5. Sie müssen dazu \@makecaption lokal innerhalb der neuen Umgebung umdefinieren. Bei bereits existierenden Umgebungen, wie denen für Abbildungen und Tabellen, müssen Sie dazu allerdings die Definition

Farbige Unterlegung

der Umgebungen aus der Klassendatei, etwa aus `book.cls`, kopieren und ergänzen.

Die Erzeugung von farbig unterlegten Flächen für die Beschriftung von Fließobjekten wurde bereits im Quelltext zu `celg.clo` auf Seite 34 gezeigt. Sie benötigen dazu das Paket `color`, das in Abschnitt 4.8.2 genauer vorgestellt wird, und eine Definition der Art:

```
\renewcommand{\@makecaption}[2]
  {\colorbox{LightGray}{\parbox{\linewidth}
    {\textbf{#1 } #2}}}
```

wobei angenommen wurde, daß der Farbton `LightGray` bereits definiert ist.

Und wie kann nun die Legende seitlich angeordnet werden? Das Paket `sidefig.sty` ist gut für Übungszwecke geeignet und im Gegensatz zur Standardlösung `sidecap.sty` einfacher zu verstehen:

sidefig.sty

```
 1  \RequirePackage{ifthen,calc}
 2
 3  \newsavebox{\figbox}
 4  \newlength{\leftnegwidth}
 5  \setlength{\leftnegwidth}
 6    {\marginparwidth+\marginparsep}
 7  \newcommand{\@lab}{}
 8  \newcommand{\@cap}{}
 9  \newcommand{\@captp}{}
10
11  % \begin{sidefig}[type]{caption}{label}
12  % <figure> or <table>
13  % \end{sidefig}
14  \newenvironment{sidefig}[3][figure]
15    { \renewcommand{\@lab}{\pageref{#3}}
16      \renewcommand{\@captp}{#1}
17      \renewcommand{\@makecaption}[2]
18        {\raggedright\textbf{##1}\\##2}
19      \renewcommand{\@cap}{\caption{#2\label{#3}}}
20      \begin{lrbox}{\figbox}
21      \begin{minipage}{\textwidth}\centering
22    }
23  % schliessender Teil
24    { \end{minipage}\end{lrbox}
25      \@float{\@captp}
26      % Label schon im Hilfsfile?
27      \ifthenelse{\equal{\@lab}{}}
28        % nein, dann einfach Bild drucken
```

3.5 Gleitende Umgebungen

```
29      {\usebox{\figbox}}
30      % ja, dann gerade-ungerade-Test durchführen
31      {\ifthenelse{\isodd{\@lab}}
32        % ungerade Seite: Legende rechts
33        {\parbox{\textwidth+\leftnegwidth}
34          {\usebox{\figbox}
35           \hfil
36           \begin{minipage}[c]{\marginparwidth}
37             \@cap
38           \end{minipage}
39          }
40        }
41        % gerade Seite: Legende links
42        {\hspace*{-\leftnegwidth}%
43         \parbox{\textwidth+\leftnegwidth}
44           {\begin{minipage}[c]{\marginparwidth}
45             \@cap
46            \end{minipage}
47            \hfil
48            \usebox{\figbox}
49           }
50        }
51      }
52   \end@float}
```

Die Datei stellt die Umgebung `sidefig` zur Verfügung, die drei Parameter erhält: der erste, optionale Parameter stellt den Typ des Objektes (Abbildung oder Tabelle) dar und ist standardmäßig auf Abbildungen eingestellt. Der zweite Parameter enthält den Text der Legende, der dritte eine obligatorische Textmarke. Es entfällt also die Angabe der Legende mit dem `\caption`-Befehl. Die Anwendung der Umgebung erfolgt wie nachstehend:

```
\begin{sidefig}{Dies ist eine Abbildung auf der
  linken Seite.}{labl}
  \includegraphics{triangle.eps}
\end{sidefig}

\begin{sidefig}[table]{Die höchsten Berge der
  Kontinente.}{tablabel}
  \begin{tabular}{llr}\toprule
     Kontinent & Berg & Höhe [m]\\ \midrule
     Asien & Chomolungma & 8848 m\\
     Südamerika & Aconcagua & 6962 m\\
     Nordamerika & Denali & 6194 m \\
```

```
         Afrika & Kilimandscharo & 5895 m\\
         Europa & Elbrus & 5642 m\\
         Antarktis & Mount Vinson & 4897 m\\
         Australien & Carstensz Pyramid & 4884 m\\
         \bottomrule
      \end{tabular}
\end{sidefig}
```

Die Legende erscheint dabei auf ungeraden Seiten rechts vom Objekt in der Marginalspalte und auf geraden Seiten links, ebenfalls in der Marginalspalte. Beispiele sind die Legenden in diesem Buch.

Ungerade Seiten erkennen

Ursache und Grund für die Übergabe von Textmarken und Legenden als Parameter ist, daß bei der Plazierung der Legende zwischen geraden und ungeraden Seiten unterschieden werden muß. Dies kann durch Testen der Seitenzahl, auf der das Objekt steht, erfolgen. Die Seitenzahl wird mit `\pageref{<Label>}` geliefert, es ist daher zwingend erforderlich, die Textmarke anzugeben. Da beim ersten LaTeX-Durchlauf, bei dem die .aux-Datei noch leer ist, der Textmarke noch keine Seitenzahl zugeordnet wird, kann noch kein Zahlenwert aus der »Seitenzahl« errechnet werden. Es ist daher erforderlich, das Vorhandensein einer korrespondierenden Seitenzahl zu prüfen. Alle übergebenen Argumente werden noch im öffnenden Teil der Umgebung in Makros gespeichert, da die Platzhalter #1 bis #3 im abschließenden Umgebungscode nicht verfügbar sind.

Die Legende muß als Parameter übergeben werden, damit sie – zusammen mit dem Label – in einem Makro gespeichert werden kann; ebenso wird die aktuelle Abbildung oder Tabelle in einer LR-Box gespeichert. Im abschließenden Teil der Umgebung stehen dann alle erforderlichen Objekte bereit: die Legende, das Objekt und die Information über linke oder rechte Seite. Abhängig davon, ob die Seitenzahl gerade oder ungerade ist, werden die Objekte in geeigneter Reihenfolge in Minipages passender Breite ausgegeben. Bei linken Seiten muß ein Einzug in die Marginalspalte erfolgen, während auf rechten Seiten eine überlange Box gedruckt wird, die in die rechte Marginalspalte reicht.

3.5.2 Nichtgleitende Fließobjekte

In einigen Fällen ist es wünschenswert, den `\caption`-Befehl in Verbindung mit nichtgleitenden Objekten benutzen zu können, so daß das Erscheinungsbild der Beschriftung und die fortlaufende Zählung für eine bestimmte Klasse von Gleitobjekten erhalten bleiben. So möchten Sie vielleicht einer `tabular`-Umgebung eine Überschrift zuordnen, die die Tabellenzählung übernimmt. Das Paket `nofloat.sty` enthält die Umgebung `nofloat`, die das Gewünschte leistet:

3.5 Gleitende Umgebungen

1993	▬▬▬▬▬▬
1994	▬▬
1995	▬▬▬▬▬▬▬▬

Abbildung 3.9: *Graphische Übersicht, Verteilung einer Größe über mehrere Jahre*

Tabelle 3.3: *Tabellarische Übersicht zur Graphik*

Jahr	Anteil [%]	B-Wert
1993	30	23,45
1994	10	22,30
1995	40	15,31

```
1  % \setfloattype{table|figure|...}
2  \newcommand{\setfloattype}[1]{\def\@captype{#1}}
3
4  %   non-floating table-, figure-, ... environment
5  %   may contain \caption
6  \newenvironment{nofloat}[1]
7    {\setfloattype{#1}
8     \begin{trivlist}\item[]}
9    {\end{trivlist}}
```

`nofloat.sty`

Die Zuordnung des \caption-Befehls zu einem bestimmten Objekttyp erfolgt über einen Eintrag im Makro \@captype, den Sie mit dem neuen Befehl \setfloattype auf den gewünschten Wert, zum Beispiel table oder figure setzen können.

Eine Anwendung ergibt sich, wenn Sie innerhalb einer Gleitumgebung wie figure oder table mehrere Objekte unterschiedlichen Typs mit eigenen Legenden nebeneinander plazieren wollen, wie Abbildung 3.9 und Tabelle 3.3 zeigen. Dies ist normalerweise nicht möglich, da der zweite \caption-Befehl, der die Tabellenbeschriftung erzeugen soll, statt dessen die Abbildungsnummer übernimmt, da beide \caption-Befehle in einer figure-Umgebung stehen.

Gleitobjekte mischen

Die Lösung liegt darin, vor Erzeugung der Tabellenbeschriftung mit dem \setfloattype-Befehl aus dem nofloat-Paket die Art des Gleitobjektes, die von \caption angenommen wird, zu ändern, wie das folgende Programm zeigt:

```
\newcommand{\mybar}[2]
  {\hbox{\hbox to 1cm{\hfill#1\ }\rule{#2}{1em}}\par}
\begin{figure}
  \begin{minipage}{.5\linewidth}\centering
    \fbox{\vbox{\mybar{1993}{3cm}
                \mybar{1994}{1cm}
                \mybar{1995}{4cm}}}
    \caption{Graphische\protect\newline Übersicht,
      Verteilung einer Größe über mehrere Jahre}
  \end{minipage}
```

```
              \begin{minipage}{.4\linewidth}\centering
                \setfloattype{table}
                \caption{Tabellarische Übersicht zur Graphik}
                \begin{tabular}{lll} Jahr & Anteil [\%] & B-Wert\\
                \hline
                1993 & 30 & 23,45\\
                1994 & 10 & 22,30\\
                1995 & 40 & 15,31\\
                \hline\end{tabular}
              \end{minipage}
            \end{figure}
```

Sie können mit Hilfe von `\setfloattype{figure}` auch Abbildungsbeschriftungen innerhalb von `table`-Umgebungen erzielen oder eigene Fließobjekte durch Angabe ihres Typs miteinbeziehen.

Keine table und doch beschriftet?
Mit der `tabular`-Umgebung können nichtgleitende Tabellen erzeugt werden. Um eine Legende zu erhalten, müßte normalerweise `\caption` eingesetzt werden, was aber nur innerhalb einer `table`-Umgebung möglich ist. Diese gleitet jedoch... Verwenden Sie die `nofloat`-Umgebung mit dem gewünschten Objekttyp, um diesem Dilemma zu entgehen. Die `trivlist`-Umgebung sorgt dafür, daß vor und nach dem festplazierten Objekt etwas vertikaler Freiraum verbleibt. Ein Beispiel für eine feststehende Tabelle ist Tabelle 3.4.

```
\begin{nofloat}{table}
  \caption{Feststehende Tabelle
    mit laufender Nummer}
  \begin{tabular}{ll}A-Spalte & B-Spalte\\ \hline
  Eintrag A & 345\\
  Zeile B & 345.4 \\
  \hline\end{tabular}
\end{nofloat}
```

Tabelle 3.4: *Feststehende Tabelle mit laufender Nummer*

A-Spalte	B-Spalte
Eintrag A	345
Zeile B	345.4

Seitenumbrüche? Kein Problem!
Schließlich ist eine `nofloat`-Umgebung nützlich, wenn Sie ein langes Objekt (zum Beispiel einen mehrseitigen Quelltext) in eine gleitfähige Umgebung (etwa `figure`) einschließen möchten, innerhalb der jedoch kein Seitenumbruch möglich ist. In diesem Fall können Sie das Problem auf Kosten einer fortlaufenden Beschriftung mit der `verbatim`-Umgebung lösen, die Seitenumbrüche erlaubt. Ähnlich der `tabular`-Umgebung, die wie gezeigt mit einer Legende versehen werden kann, ist es möglich, die `verbatim`-Umgebung in eine `nofloat`-Umgebung vom Typ `figure` zu packen. Auch in diesem Falle werden mit `\caption` Überschriften und laufende Nummern erstellt. Kurze Quelltexte können weiterhin wie gewohnt in `figure`-Umgebungen

geschrieben werden und gleiten an freie Plätze, während Ihre langen Quelltexte ortsfest mit Seitenumbrüchen erscheinen.

```
\begin{nofloat}{figure}
  \begin{verbatim} ... viel Text ... \end{verbatim}
  \caption{Beschriftung des Programmtextes.}
\end{nofloat}
```

Listing 0-2 in der Abbildung 3.10 auf Seite 137 zeigt die Möglichkeiten des Seitenumbruchs innerhalb der festen »Fließ«umgebung. Anstelle einer `verbatim`-Umgebung wird dort ein neues Fließobjekt `source`, das auf die Wiedergabe von Listings spezialisiert ist und auf der `verbatim`-Umgebung basiert, in die fixe Umgebung eingesetzt.

3.5.3 Neue Fließobjekte

Nachdem Sie nun über Teilaspekte der Behandlung von Fließobjekten Bescheid wissen, wollen Sie sicher erfahren, wie Sie eigene gleitende Umgebungen bereitstellen können. Ein Paket, das Ihnen genau dies erlaubt, ist `float`. Die damit erzeugten Gleitobjekte verhalten sich ebenso wie die bereits vorhandenen: Der Inhalt wird durch eine Umgebung begrenzt, mit `\caption`-Befehlen kann eine Legende erzeugt und das Objekt mit `\label`-`\ref`-Paaren referiert werden. Auch die Art der Plazierung ist steuerbar. *float*

Jedes neue Gleitobjekt wird mit Hilfe der Kommandos

```
\newfloat{<Name>}{<Pos>}{<Endung>}[<Glied>]
\floatname{<Name>}{<Begriff>}
\floatplacement{<Name>}{<Pos>}
```

\newfloat
\floatname
\floatplacement

in einer Umgebung mit Namen <Name> erzeugt, wobei Sie mit <Pos> die Standardpositionierung (`h`, `t`, `b` oder `p` sowie Kombinationen) und mit <Endung> die Endung der Hilfsdatei, in der die Titel gespeichert sind, festlegen können. Die optionale Angabe <Glied> verknüpft die Numerierung des Gleitobjektes mit einer Gliederungsnumerierung, zum Beispiel erzeugt die Angabe `chapter` für den Parameter <Glied> eine kapitelweise Numerierung für das Objekt. Der Begriff, der bei der Ausgabe der Numerierung erscheint, wird mit `\floatname` für jede neue Objektklasse bestimmt, während mit `\floatplacement` die Positionierungsparameter geändert werden können.

Das Layout des Gleitobjektes kann mit `\floatstyle{<Stil>}` eingestellt werden, wobei für <Stil> eine der folgenden Angaben möglich ist: *\floatstyle*

❑ `plain`: Keine besondere Formatierung wird durchgeführt, analog der `figure`-Umgebung.

❏ `boxed`: Die Umgebung wird eingerahmt, die Legende erscheint unter dem Rahmen.

❏ `ruled`: Die Umgebung wird von horizontalen Linien begrenzt, die Legende wird über der Umgebung gedruckt.

\restylefloat
\listof

Der Befehl legt das Layout für alle folgenden `\newfloat`-Kommandos fest und muß daher vor diesen erscheinen. Möchten Sie das Aussehen einer bereits vorhandenen Klasse ändern, müssen Sie dies mit dem Befehl `\restylefloat{<Stil>}` durchführen. Schließlich können Sie mit `\listof{<Name>}{<Überschrift>}` eine Liste aller Objekte des Typs `<Name>` in Analogie zu `\listoftables` erzeugen.

3.5.4 Fließende Listings mit Verzeichnis

lstfloat.sty

Möchten Sie nun selbst ein solches gleitfähiges Objekt erstellen, so können Sie wiederum die Datei `latex.ltx` als Anschauungsmaterial benutzen; der Abschnitt »float« zeigt, wie's geht. Als erstes Beispiel (Paket `lstfloat.sty`) wird die `source`-Umgebung definiert, die ein Gleitobjekt bereitstellt, das zur Aufnahme von Quelltexten bestimmt ist. Für die Ausgabe über beide Spalten im zweispaltigen Modus ist die `source*`-Umgebung vorhanden. Neben der Möglichkeit zu gleiten weist diese Umgebung die Besonderheit auf, daß Beschriftungen (Titel für Quelltexte) mit einem `\caption`-Befehl zu Beginn der Umgebung (oberhalb des Quelltextes) erzeugt werden können. Da die `source`-Umgebung nicht die `verbatim`-, sondern die `verbatimtab`-Umgebung einbindet, sind keine Probleme mit Tabulatorzeichen, die in Quelltexten häufig anzutreffen sind, zu erwarten. Betrachten Sie als Beispiel die Abbildung 3.10 auf der nächsten Seite.

`lstfloat.tex`

```
\documentclass[a4paper,11pt,twocolumn]{report}
\usepackage{german,lstfloat,nofloat}
\usepackage[latin1]{inputenc}
\begin{document}
\tableofsources

Das folgende Listing~\ref{l1} illustriert die Verwendung
von indirekter Adressierung verbunden mit Prädekrement.

\begin{source}
  \caption{Indirekte Adressierung mit
  Prädekrement\label{l1}}
  \begin{code}
    mova #1000, a0
    add.w -(a0), d0   ; a0 nun FFE
```

3.5 Gleitende Umgebungen

Abbildung 3.10
Fließende Listings mit lstfloat.sty *gesetzt*

```
      add.l -(a0), d0   ; a0 nun FFA
      add.l -(a0), d0
  \end{code}
\end{source}
\begin{nofloat}{source}
  \caption{Objektcode Primzahlentester.\label{primobj}}
  \addcomment{Ein Eintrag ins Listingverzeichnis!}
  Nachfolgend ist der Objektcode des
  Listings~\ref{primlist} aufgelistet.
```

```
    \begin{code}
7C1B      ; move.l #27, d6
6102      ; bsr.s prim_test ...
    \end{code}
\end{nofloat}

\begin{source*}
    \caption{Ein Primzahlentester.\label{primlist}}
    \begin{code} ... \end{code}
\end{source*}
\end{document}
```

Listing 0-2 illustriert gleichzeitig die Nutzung des `nofloat`-Paketes aus Abschnitt 3.5.2, mit dem Fließobjekte wie die `source`-Umgebung nichtgleitend eingesetzt werden können. Dies ist hier sinnvoll, da ein Seitenumbruch innerhalb eines gleitenden Objektes im allgemeinen nicht möglich ist. Bei dem längeren Beispiel-Quelltext würden eventuell Probleme auftreten. Sie verhindern dies, indem Sie lange Quelltexte innerhalb der `code`-Umgebung in die `nofloat`-Umgebung mit dem gewünschten Gleittyp einbetten.

Zur Ausgabe eines Quelltextes wird die `code`-Umgebung definiert, die automatisch das `moreverb`-Paket (Abschnitt 3.2) lädt. Die Umgebung wird oben und unten von dünnen horizontalen Linien begrenzt. Mit `\coderule` steht eine Variante bereit, die keine `verbatim`-Umgebung öffnet, sondern nur die Abschlußlinien erzeugt, zwischen denen Sie normalen Text einschließen können.

Die `source`-Umgebung sorgt dafür, daß der Programmtext mit `\caption` beschriftet werden kann und gleitfähig ist. Sie kann mehrere `code`-Umgebungen und normalen Text enthalten. Einige der Befehle des `lstfloat`-Paketes dienen der Erzeugung eines neuen Verzeichnisses, in dem die Programmbeschriftungen aufgeführt werden. Dies wird in Abschnitt 3.8.3 beschrieben. Wichtige Befehle des Paketes im Zusammenhang mit Gleitobjekten sind (`typ` ist mit dem Namen des neu zu erstellenden LaTeX-Objektes zu ersetzen):

\fps@...
: ❏ `\fps@typ` (»float position«): Eine Liste der voreingestellten Positionierungsparameter (zur Verfügung stehen die Kennbuchstaben `t` (top), das Objekt erscheint am Seitenanfang; `b` (bottom), es erscheint am Seitenende; `h` (here), es soll an der Stelle des Befehls erzeugt werden; `p` (page), eine eigene Seite wird bereitgestellt).

\ftype@...
: ❏ `\ftype@typ` (»float type«): Dies ist eine eindeutige Zahl, unter der das Objekt geführt wird. Geben Sie hierfür eine Zweierpotenz an (die Nummern 1 und 2 sind von LaTeX bereits für

3.5 Gleitende Umgebungen

Abbildungen und Tabellen vergeben, so daß 4, 8, 16 usw. genutzt werden können).

- \ext@typ (»extension«): Die Dateiendung .toc, oder .lof für die Hilfsdatei, die das Verzeichnis für das Objekt enthält. \ext@...

- \fnum@typ (»float number«): Ein Makro, das die Numerierung des zu erstellenden Objektes für den \caption-Befehl erzeugt. Hier kann beispielsweise Listing~\thesource stehen. \fnum@...

Sehen Sie sich nun den Quelltext an. Sie werden feststellen, daß Gleitumgebungen einfach zu handhaben sind, da der Eintrag in ein Verzeichnis automatisch erfolgt. Die Befehle ab Zeile 57 sind nur zur Formatierung des Gleitobjektes und für Zusatzaufgaben erforderlich.

lstfloat.sty

```
1  % Erzeugt gleitfähige Verzeichnisse von Listings.
2  % Es wird das verbatim-Paket von RS/BR/CR geladen
3  % \begin{source}
4  %    \caption{Legende\label{...}}
5  %    \addcomment{Etwas, das zusätzlich ins
6  %       Listingverzeichnis aufgenommen wird}
7  %    \begin{code} verbatim-Text... \end{code}
8  % \end{source}
9  %
10 \RequirePackage{moreverb}
11 \RequirePackage{ifthen}
12
13 % Die Listingumgebungen selbst
14 \newenvironment{source}
15    {\@float{source}}
16    {\end@float}
17 \newenvironment{source*}
18    {\@dblfloat{source}}
19    {\end@dblfloat}
20
21 % Einige Hilfsfunktionen für Gleitobjekte
22 \newcommand{\fps@source}{htbp}
23 \newcommand{\ftype@source}{4}
24 \newcommand{\ext@source}{los}
25 \newcommand{\fnum@source}{\sourcename~\thesource}
26
27 % Der Listingzähler.
28 \newcommand{\sourcename}{Listing}
29 \@ifundefined{chapter}
30   {\newcounter{source}
31    \renewcommand{\thesource}{\arabic{source}}}
```

```
32  {\newcounter{source}[chapter]
33   \renewcommand{\thesource}
34    {\thechapter-\arabic{source}}}
35
36  % Formatiert die Eintraege im Listing-Verzeichnis.
37  \newcommand{\l@source}
38   {\@dottedtocline{1}{1.5em}{2.3em}}
39
40  % Erzeugt das Verzeichnis der Listings.
41  \newcommand{\losname}{Die Listings}
42  \newcommand{\tableofsources}
43   {\setboolean{@restonecol}{false}
44    \ifthenelse{\boolean{@twocolumn}}
45     {\setboolean{@restonecol}{true}\onecolumn}
46     {}
47    % Verzeichnis erzeugen
48    \chapter*{\losname\@mkboth{\losname}{\losname}}
49    {\setlength{\parindent}{0pt}\@starttoc{los}}
50    % Änderungen rückgängig machen
51    \ifthenelse{\boolean{@restonecol}}
52     {\twocolumn}
53     {}
54  }
55
56  % Setzt ein Listing verbatim, von Linien begrenzt.
57  % Ausser-/innerhalb der source-Umgebung anwendbar.
58  \newenvironment{code}
59   {\rule{\linewidth}{0.5pt}\verbatimtab\relax}
60   {\endverbatimtab\rule{\linewidth}{0.5pt}}
61
62  % erzeugt die führende oder abschliessende Linie.
63  % Geeignet fuer \listinginput von moreverb.
64  \newcommand{\coderule}{\rule{\linewidth}{0.5pt}}
65
66  % Erlaubt die Aufnahme eines kleingeschriebenen
67  % Kommentars in das Listing-Verzeichnis.
68  % Formatierung durch \bcom...\ecom
69  \newcommand{\addcomment}[1]
70   {\addtocontents{los}{\protect\bcom{}#1\protect\ecom}}
71  \newcommand{\bcom}{\bgroup\footnotesize}
72  \newcommand{\ecom}{\egroup\par\vspace{1ex}}
```

`\@float` `\end@float` Die Arbeit wird von den beiden Makros `\@float` und `\end@float` erledigt, die zu Beginn beziehungsweise am Ende einer source-Umgebung aufgerufen werden. Die Sternform der Umgebung wird durch die entsprechenden Makros \@dblfloat und \end@dblfloat implementiert. Der letzte Teil des Listings (ab der Definition der code-Umgebung) ist für die Erzeugung von Gleitobjekten bereits nicht mehr erforderlich und dient nur dazu, einige begleitende hilfreiche Makros für den Satz von Listings bereitzustellen, zum Beispiel die optische Begrenzung des Listings durch Linien, die Bereitstellung der code-Umgebung und eines \addcomment-Befehls, mit dem Sie kleingedruckte Kommentare in das Listingverzeichnis einfügen können.

\@dblfloat
\end@dblfloat

Möchten Sie unabhängig von neuen Fließobjekten die vorgestellten Makros einsetzen, betrachten Sie \fps@objekt näher. Durch die Zeilen

```
\makeatletter
\renewcommand{\fps@figure}{t}
\renewcommand{\fps@table}{b}
\makeatother
```

nach Beginn des Dokumentes können Sie die Voreinstellungen für die Plazierung von gleitenden Abbildungen und Tabellen dahingehend ändern, daß Abbildungen nun stets am oberen, Tabellen dagegen am unteren Seitenrand erscheinen. Die \makeat...-Befehle sind nur erforderlich, falls diese Änderung unmittelbar im Dokument selbst erfolgt. Sie können so die Parameter für beliebige Objekte mit Wirkung im ganzen Dokument in gewünschter Weise ändern.

Im Zusammenhang mit Fließobjekten sind noch die beiden Makros \topfigrule und \botfigrule zu erwähnen, die Sie definieren können, um Gleitobjekte am oberen Seitenende durch eine Linie darunter und solche am Seitenende durch eine Linie darüber vom Textblock abzuheben. Das Beispiel zeigt, wie es geht, achten Sie nur darauf, daß Ihre Makros nach außen hin keinen Platz einnehmen. Sie können als Kompensation \vspace verwenden:

\topfigrule
\botfigrule

```
\newcommand{\topfigrule}
  {\noindent\rule{\textwidth}{0.5mm}\vspace*{-0.5mm}}
\newcommand{\botfigrule}
  {\noindent\rule{\textwidth}{2mm}\vspace*{-2mm}}
```

3.5.5 Textkästen

Textkästen (Kasten 1) sind besonders von populärwissenschaftlichen und Computerzeitschriften her bekannt. In ihnen werden, eingerahmt oder schattiert, ergänzende Informationen zu einem im laufenden Text angesprochenen Thema geboten. Das Paket kasten.sty ist das zweite Beispiel zur Einrichtung eigener Gleitobjekte und stellt die Umgebung

kasten.sty

> **KASTEN 1 Was ist ein Kasten?**
> Kästen sind rechteckige Objekte, die ergänzende Informationen zu einem bestimmten Thema liefern. In einem Artikel über Holzverarbeitung könnte zum Beispiel im ersten Kasten erklärt werden, woraus Holz überhaupt besteht; im zweiten, welche Reaktionen bei der Verarbeitung ablaufen. Diese Kästen stehen meistens in der Nähe der Textstelle, die sie ergänzen sollen. (Sie können jedoch anderweitig plaziert werden – genau das Verhalten, das die Gleitumgebungen in LaTeX zeigen!)

kasten
```
\begin{kasten}
   \caption{<Überschrift>}
   <Kastentext>
\end{kasten}
```

bereit, mit der Sie solche Kästen erzeugen können. Besonders gut schauen diese Kästen im zweispaltigen Satz aus.

Sie können mit den üblichen `\ref`- oder `\pageref`-Befehlen auf die Numerierung eines Kastens (Kasten 1, Kasten 2 ...) verweisen. Zur Erzeugung des Kastens und Rahmens existieren zwei Parameter:

- `\kastenindent`: Die Einrückung des Kastens gegenüber den Texträndern, auf 5 mm voreingestellt.

- `\kastensep`: Der Abstand des Kastenrahmens zum Inhalt, standardmäßig 5 mm.

`\fboxrule` setzt analog zu `\fbox` die Breite des Rahmens. Ändern Sie die Parameter bei Bedarf mit `\setlength`. Nun sollen Sie aber den Quelltext des Paketes `kasten.sty` sehen.

`kasten.sty`
```
 1  \RequirePackage{calc}
 2
 3  % Der Kastenzähler.
 4  \newcommand{\kastenname}{Kasten}
 5  \newcounter{kasten}
 6  \renewcommand{\thekasten}{\arabic{kasten}}
 7
 8  % Box für den Kasteninhalt und Rahmenparameter
 9  \newsavebox{\kbox}
10  \newlength{\kastensep}
11    \setlength{\kastensep}{5mm}
12
13  \newlength{\kastenindent}
14    \setlength{\kastenindent}{0.5cm}
```

3.5 Gleitende Umgebungen

```
15
16  % der Befehl selbst
17  \newenvironment{kasten}
18   {\renewcommand{\@makecaption}[2]{\textsc{##1} ##2}
19    \@float{kasten}
20    \begin{lrbox}{\kbox}
21     \begin{minipage}
22       {\columnwidth-\kastensep*2-\fboxrule-%
23        \kastenindent*2}
24       \scriptsize}
25    { \end{minipage}
26    \end{lrbox}
27   {\fboxsep=\kastensep
28    \hspace{\kastenindent}\fbox{\usebox{\kbox}}
29   }
30   \end@float}
31  \newenvironment{kasten*}
32   {\renewcommand{\@makecaption}[2]{\textsc{##1} ##2}
33    \@dblfloat{kasten}
34    \begin{lrbox}{\kbox}
35    \begin{minipage}
36      {\textwidth-
37       (\kastensep+\fboxrule+\kastenindent)*2}
38       \scriptsize}
39   {\end{minipage}
40    \end{lrbox}
41   {\fboxsep=\kastensep
42    \hspace{\kastenindent}\fbox{\usebox{\kbox}}
43   }
44   \end@dblfloat}
45
46  \newcommand{\fps@kasten}{htbp}
47  \newcommand{\ftype@kasten}{4}
48  \newcommand{\ext@kasten}{lok}
49  \newcommand{\fnum@kasten}{\kastenname~\thekasten}
```

Zunächst wird eine neue Box eingerichtet, in der der Inhalt des Kastens gespeichert werden kann, und die erforderlichen Zähler und Längenregister werden erzeugt.

Die Umgebung `kasten` beziehungsweise `kasten*` wird, wie bereits erwähnt, mit Hilfe der Makros `\@float` und `\@dblfloat` erzeugt. Die eigentliche Aufgabe beim Öffnen der Umgebung besteht darin, eine Box `\kbox` zu erzeugen, in die der Kastentext eingelesen wird. Diese Box muß eine Breite besitzen, die der aktuellen Spaltenbreite (bei ein-

Kastentext einlesen

oder zweispaltiger Aufteilung) entspricht, vermindert um den doppelten Abstand des Rahmens vom Text, die doppelte Strichstärke des Rahmens und die doppelte Einrückung, damit der Rahmen nicht über die Spalte hinausreicht. Der Text im Kasten soll in der Schriftgröße `\scriptsize` gedruckt werden.

\fboxsep lokal halten
Am Ende der Umgebungen müssen die Boxen geschlossen werden. Ihr Inhalt wird mit Hilfe von `\fbox` umrahmt, wobei der Parameter `\fboxsep` durch die Klammerung lokal auf den gewünschten Wert für den Kastenrahmen gesetzt wird. `\kastensep` hat somit keinen Einfluß auf den Rahmenabstand einer normalen `\fbox`. Die Verwendung von `\end@float` und `\end@dblfloat` vervollständigt die Gleitumgebung.

Numerierung erzeugen
Beachten Sie, daß neben dem Makro `\fnum@kasten`, das die eigentliche Numerierung (zum Beispiel »Kasten 3«) erzeugt, innerhalb der `kasten`-Umgebungen auch `\@makecaption#1#2`, das interne Makro, das bereits in Abschnitt 3.5.1 besprochen wurde, umdefiniert wird. Hier wird es benutzt, um die Nummer des Kastens in Kapitälchen auszugeben, wobei die restliche Überschrift unverändert bleibt. Damit das Aussehen der Legenden aller übrigen Gleitobjekte mit Ausnahme der Textkästen unverändert bleibt, muß die Änderung der Definition dieses Makros innerhalb der `kasten`-Umgebungen erfolgen!

3.6 Fußnoten

Auch die Gestaltung der Fußnoten kann Ihren Bedürfnissen angepaßt werden. Für einige kleinere Modifikationen, die jedoch nur mit großem Programmieraufwand durchgeführt werden können, existieren bereits fertige Pakete. So können wir uns hier auf die Programmierung einzelner speziellerer Layoutänderungen beschränken.

3.6.1 Verschiedenes zu Fußnoten

footmisc
Das Paket `footmisc` erfüllt durch die folgenden Optionen verschiedene Wünsche bezüglich des Fußnotensatzes:

- ❏ perpage: Die Zählung der Fußnoten beginnt auf jeder Seite wieder bei Eins. Ein korrekter Satz erfordert zwei LaTeX-Durchläufe.

- ❏ para: Diese Option setzt jede Fußnote in einen eigenen kleinen Absatz, der nicht in einer neuen Zeile beginnt, sondern an die zuletzt auf dieser Seite gesetzte Fußnote anschließt. Besonders bei vielen kurzen Fußnoten wie in kritischen Editionen können Sie durch diese knappe Darstellung viel Platz einsparen.

- ❏ `symbol`: Setzt Symbole anstelle der Zahlen zur Unterscheidung der Fußnoten. Diese Option ist nur sinnvoll, wenn weniger als neun Fußnoten auftreten oder diese mit der Option `perpage` seitenweise numeriert werden.

- ❏ `multiple`: Die Option behebt ein Problem, das auftritt, wenn zwei Fußnotenmarkierungen unmittelbar[1 2] hintereinander folgen, indem es Kommata zwischen die einzelnen Marken setzt und so eine saubere Abtrennung der einzelnen Marken schafft.

- ❏ `bottom`: Die Option setzt Fußnoten stets an den unteren Seitenrand. Der Effekt ist nur dann sichtbar, wenn `\raggedbottom` aktiv ist. Eventuell nötiger Zwischenraum wird dann zwischen Text und Fußnoten gesetzt und nicht unter die Fußnoten.

Mit dem Paket `ftnright`, das keinen besonderen Befehl bereitstellt, werden Fußnoten bei mehrspaltigem Satz am Ende der letzten (rechten) Spalte jeder Seite gesammelt, wobei ihnen nur die Breite dieser Spalte zur Verfügung steht. Standardmäßig würden sie in jeder Spalte am unteren Seitenrand zusammengefaßt und über jeweils eine Spaltenbreite reichen.

ftnright

Rechte Fußnoten

3.6.2 Endnoten

Eine Variante der Fußnoten, die *Endnoten*, wurde besonders in der älteren Literatur gerne benutzt und ist in geisteswissenschaftlichen Arbeiten heute noch üblich. Alle Bemerkungen werden am Ende eines Abschnittes oder Kapitels gesammelt und in einer zusammenhängenden Liste ausgegeben. Wenn Sie anstelle der Fußnoten Endnoten einsetzen möchten, können Sie zum Paket `endnotes` greifen. Es stellt alle Möglichkeiten der Fußnoten für Endnoten bereit, wobei anstelle `footnote` jeweils `endnote` einzusetzen ist. Eine einfache Endnote wird also mit

endnotes

`\endnote{Dies ist der Text dazu.}`

`\endnote`

erzeugt. Die Endnoten werden nicht automatisch gedruckt, Sie müssen an den gewünschten Stellen jeweils den Befehl `\theendnotes` schreiben. Die Zählung läuft dabei stets weiter und muß gegebenenfalls mit `\setcounter{endnote}{0}` zurückgesetzt werden.

`\theendnotes`

Im Paket `endnotes` wird als Überschrift des Endnotenabschnittes »Notes« ausgegeben. Für den deutschsprachigen Raum empfiehlt sich daher eine Anpassung dieser Überschrift mit dem Befehl

`\renewcommand{\notesname}{Anmerkungen}`

---

[1] Diese Fußnote dient nur der Demonstration!
[2] Diese auch ...

in der Präambel des Dokumentes.

Eine kleine Unschönheit des Paketes ist, daß die Endnoten unmittelbar unter der Überschrift beginnen. Sollten Sie an dieser Stelle einen kleinen vertikalen Abstand als Abtrennung bevorzugen, können Sie eine Kopie der Paketdatei unter anderem Namen, etwa `enotes.sty`, erstellen und die Definition von `\enoteheading` wie folgt ändern bzw. die deutschsprachige Überschrift festlegen:

Schönerer Abstand

```
\renewcommand{\notesname}{Anmerkungen}
\renewcommand{\enoteheading}{\section*{\notesname
  \@mkboth{\uppercase{\notesname}}
          {\uppercase{\notesname}}}\leavevmode\par}
```

3.6.3 Gestaltung der Fußnotenmarkierungen

Was muß man bei der Arbeit mit Fußnoten nun wissen? Zwei wichtige Makros können angepaßt werden, wenn man eine einfache Änderung des Erscheinungsbildes der Ziffernmarkierung (hochgestellt, tiefgestellt, eingeklammert) oder des Korpus (kleiner Schriftgrad, kursiv) erreichen will. LaTeX bietet für die Implementierung dieser Funktionen die beiden Makros `\@makefnmark` und `\@makefntext` an. Die nachfolgenden Zeilen erzeugen eine hochgestellte und in Klammern gesetzte Markierung[3], der Fußnotentext erscheint in kursiver Schrift:

`footup.sty`

```
1 \renewcommand{\@makefnmark}
2   {\textsuperscript{(\@thefnmark)}}
3
4 \renewcommand{\@makefntext}[1]
5   {\setlength{\parindent}{1.8em}%
6    \noindent\makebox[1.8em][l]
7      {\textsuperscript{(\@thefnmark)}}%
8    {\itshape #1}}
```

`\@makefnmark`

Das Makro `\@makefnmark` bekommt keinen Parameter und muß den Inhalt von `\@thefnmark` ausdrucken, um die Markierungen für die Fußnoten im laufenden Text zu erzeugen. Und nur dort, denn für alles, was im Fußnotenbereich am unteren Seitenende erscheint, ist das Makros `\@makefntext` verantwortlich! Dies betrifft die Markierung direkt vor dem Fußnotentext, die wiederum im Makro `\@thefnmark` enthalten ist, sowie den eigentlichen Fußnotentext, der als Parameter #1 übergeben wird. Der Ausdruck der Markierung soll im Fußnotenbereich am unteren Seitenende ebenso wie im laufenden Text

`\@makefntext`

---

[3] *Hier gleich ein Beispiel!*

erfolgen, der Fußnotentext üblicherweise in einer LR-Box. Beim Aufruf des Makros ist bereits eine solche mit der voreingestellten Breite des Textes aktiv, so daß die Fußnoten ebenfalls in einem Block dieser Breite erscheinen.

Die gezeigte Beispieldefinition erzeugt von runden Klammern umschlossene, hochgestellte Zahlen als Marken, wobei in beiden Makros die Befehlsfolge \textsuperscript eingesetzt wird. Im Fußnotenbereich am unteren Seitenende muß diese Marke allerdings in eine Box geeigneter Breite eingefügt werden, um eine korrekte Ausrichtung des linken Randes zu erreichen. Der Fußnotentext wird in kursiver Schrift gesetzt und bietet keine Besonderheit.

Da der Fußnotencode von mehreren Benutzerbefehlen erreicht wird, die entweder footnote oder mpfn als Zähler einsetzen, weisen alle Befehle dem Makro \@thefnmark den aktuellen Stand des richtigen Zählers zu. Die beiden bislang angesprochenen Befehle können zur Ausgabe des Zählerstandes \@thefnmark aufrufen und müssen damit keine Entscheidung über \thefootnote oder \thempfn treffen.

Als Übung und zum Kennenlernen der Funktion dieses Makros soll ein Befehl bereitgestellt werden, mit dem Anmerkungen in den Fußnotenbereich eingefügt werden können, die eine aus beliebigem Text bestehende Zeichenfolge als Markierung tragen, die im Gegensatz zu Fußnoten nicht im Fließtext auftaucht. Der Leser erfährt somit nicht, daß ein solcher Kommentar vorhanden ist, wenn er nicht auf das untere Seitenende blickt. Dafür wird aber durch die fehlende Marke der Lesefluß nicht gestört. Der Befehl für eine Anmerkung mit der Syntax

Fußnoten ohne Marke

\annotation[<Marke>]{<Text>}

\annotation

kann durch ein kleines Paket implementiert werden. <Marke> ist die Zeichenfolge für die Markierung und <Text> enthält den Anmerkungstext der Fußnote.

```
1  \newcommand{\annotation}[1][]
2    {\renewcommand{\@thefnmark}{#1}%
3     \@footnotetext}
4
5  \renewcommand{\@makefntext}[1]
6    {\textsuperscript{\tiny\@thefnmark}\ #1}
```

annotate.sty

Ein erster Ansatz zur Lösung des Problems könnte sein, den Benutzerbefehl \footnotetext zu verwenden, der keine Markierung im

---

[1–12, 15] Dies ist ein Beispiel für eine Kommentarfußnote. Die Markierung könnte sich zum Beispiel auf die Verse 1–12 sowie 15 eines lyrischen Werkes beziehen. Wie Sie sehen, stört keine Markierung im Text den Lesefluß.

Text, aber eine Fußnote erzeugt, wobei die Nummer oder Marke als optionaler Parameter übergeben wird. Dieser Ansatz scheitert aber an der Forderung, *beliebige* Zeichen zur Markierung benutzen zu können. Alle Befehle gehen intern davon aus, daß Fußnotenmarken ganze Zahlen sind und operieren daher mit den entsprechenden Zählerbefehlen. Marken aus mehreren Zahlen würden nur bis zum Ende der ersten Zahl verarbeitet, nichtnumerische Marken gar nicht.

Das Paket nutzt daher im wesentlichen die Implementierung des Befehls \footnotetext, um eine Fußnote ohne Textmarke einzufügen. Kern des Paketes ist die Zuweisung der gewünschten Markierungsfolge an das Makro \@thefnmark. Im Normalfall weisen die Benutzerbefehle für Fußnoten, z. B. \footnote oder \footnotemark, diesem Makro den aktuellen Wert des (Minipage-) Fußnotenzählers \thefootnote oder \thempfn zu. Die beiden Makros \@makefnmark und \@makefntext benutzen \@thefnmark dann, um die entsprechenden Zählerstände als Standardmarke auszugeben. Die Definition von \annotation spart die kritischen Teile des Originalcodes, der mit Zählern arbeitet, aus und weist die gewünschte Zeichenfolge für die Markierung dem Makro \@thefnmark zu. Probleme mit nichtnumerischen Zeichenfolgen sind hier nicht zu erwarten. Die Bearbeitung der Fußnote selbst wird den Standardroutinen überlassen, die so etwas am besten können.

Zur weiteren Verbesserung ändern Sie noch \@makefntext, da die ursprüngliche Befehlssequenz einen festen Platz für die Marke vorsieht und somit keine längere Markierung zuläßt.

3.7 Listen und Listeleien

Dieser Abschnitt beschäftigt sich mit Listen, mit denen Sie mehr anfangen können, als Sie vielleicht ahnen. Viele LaTeX-Strukturen sind intern auf Listen aufgebaut und auch viele eigene Wünsche können durch eine Listenstruktur realisiert werden.

3.7.1 Parameter für das Listenlayout

Bevor erläutert wird, was mit Listen möglich ist, sollen zunächst die Parameter erklärt werden, die einer Liste ihre Gestalt verleihen. Die Abbildung 3.11 auf der nächsten Seite veranschaulicht die in Tabelle 3.5 auf Seite 150 aufgeführten Parameter. Der grau schattierte Bereich entspricht der Ausdehnung des Textblockes, dunkelgrau unterlegt ist der Bereich, der tatsächlich mit Text gefüllt ist. Mit dem Befehl \setlength weisen Sie allen aufgeführten Maßen andere Werte zu. Wie Sie bemerken werden, kann ein Einzug der ersten Zeile des jeweils ersten Absatzes eines Aufzählungspunktes nicht realisiert werden, ohne die Markierung über \itemindent mit zu verschieben. Sie erhalten diesen Einzug jedoch, wenn Sie \itemindent auf den Wert des Einzugs setzen und \labelsep um diesen vergrößern.

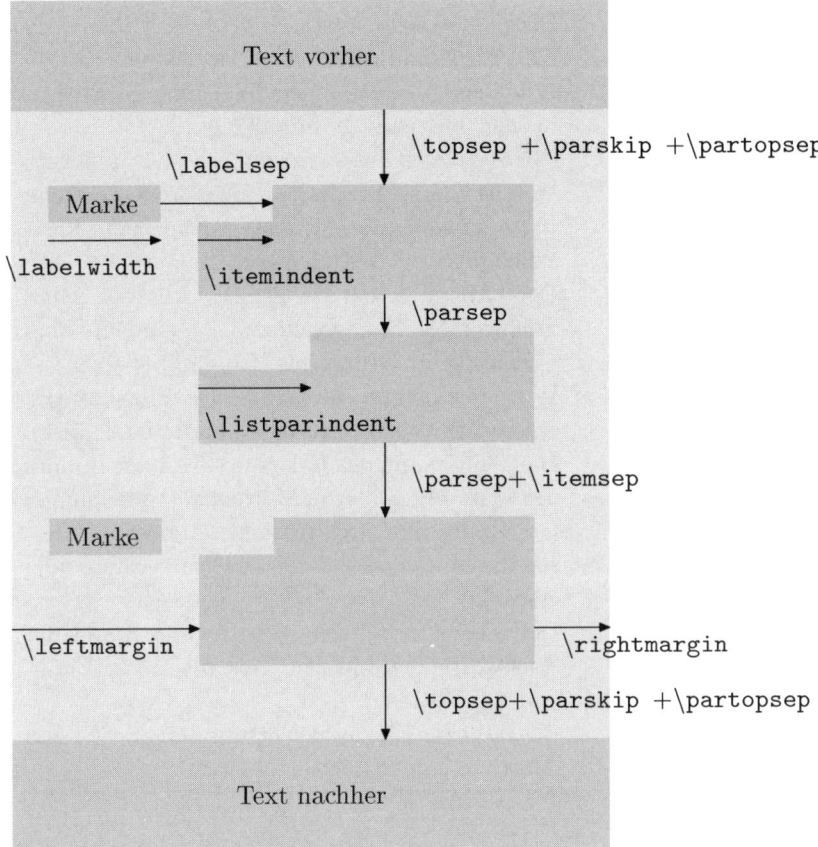

Abbildung 3.11
Eine Liste und die zu ihrer Gestaltung erforderlichen Parameter

Lesen Sie in book.cls nach, wie Listen zur unproblematischen Definition von Umgebungen wie quote oder quotation, die die Absatzform beeinflussen, eingesetzt werden können.

3.7.2 Ändern der Markierungen

Die Listenmarkierungen, also die verschiedenen Symbole oder Ziffern, können vom Benutzer geändert werden. Sie werden für jede Stufe separat erzeugt, für normale Aufzählungen (itemize-Umgebung) durch die Befehle \labelitemi bis \labelitemiv und für numerierte Aufzählungen (enumerate-Umgebung) durch \labelenumi bis

Tabelle 3.5
Werte, die das Aussehen einer Listenstruktur bestimmen

`\topsep`	Vertikaler Abstand, der zusätzlich zum Absatzabstand `\parskip` zwischen der Liste und dem vorangehenden oder folgenden Text eingefügt wird (Gummilänge).
`\itemsep`	Dieser vertikale Abstand wird zusätzlich zum Absatzabstand `\parsep` zwischen dem vorangehenden Text und den folgenden Stichwortblöcken eingefügt (Gummilänge).
`\partopsep`	Ein vertikaler Zwischenraum, der zusätzlich zu `\parskip` und `\topskip` eingefügt wird, wenn vor oder nach der Listenumgebung eine Leerzeile auftritt (Gummilänge).
`\parsep`	Der Abstand der einzelnen Absätze eines Stichwortblockes voneinander, ähnlich dem `\parskip` für Grundtext (Gummilänge).
`\listparindent`	Wie `\parindent` die Größe des Einzuges der ersten Zeile eines Absatzes innerhalb der Liste.
`\leftmargin`, `\rightmargin`	Die Einrückung des linken und rechten Randes der Liste gegenüber der aktuellen Umgebung.
`\labelwidth`	Die Breite des Stichwortfeldes, innerhalb dessen die Marke oder das Stichwort rechtsbündig erscheint.
`\labelsep`	Der Abstand zwischen dem rechten Rand des Stichwortfeldes und dem Text des ersten Punktes.
`\itemindent`	Zusätzlicher Einzug der ersten Zeile des ersten Absatzes jedes Stichwortblockes.

`\labelenumiv`. Die römischen Ziffern kodieren die Stufe der Aufzählungshierarchie. Bei der **itemize**-Umgebung werden Sie im allgemeinen in jeder Stufe feststehende Symbole wählen, während bei der **enumerate**-Umgebung die Punkte fortlaufend durchgezählt werden und daher Befehle zur Ausgabe eines Zählerstandes (`\arabic`) Verwendung finden. Um die Markierungen der **itemize**-Liste zu modifizieren, können Sie den `\renewcommand`-Befehl nutzen. Eine praktische Anwendung der Makros ergibt sich, wenn Sie mit der Definition

`\renewcommand{\labelitemi}{$\bigcirc$}`

eine Liste erzeugen, die mit jedem `\item`-Befehl einen großen Kreis zeichnet. Sie erhalten damit Felder zum Ankreuzen, etwa für ein Formular:

◯ Ich mag lieber den Winter

◯ Ich bin ein Sonnenanbeter

Genauso einfach gestaltet sich die Änderung der numerierten Listen. Die Namen der Zähler in den einzelnen Stufen lauten `enumi` bis `enumiv`, die Ausgabebefehle für die vier Zähler \theenumi bis \theenumiv, so daß eine Ausgabe des aktuellen Zählerstandes der zweiten Stufe in arabischen Ziffern durch Ändern der Definition des Ausgabemakros \theenumii in \arabic{enumii}, des der dritten Stufe mit Großbuchstaben durch Ändern von \theenumiii in \Alph{enumiii} erreicht werden kann. Als Anwendungsbeispiel soll die erste Ebene einer numerierten Aufzählung in großen römischen Ziffern, die beiden folgenden Ebenen als arabische Zahlen und die tiefste Ebene mit Kleinbuchstaben ausgegeben werden:

Numerierung ändern

```
\renewcommand{\theenumi}{\Roman{enumi}}
\renewcommand{\theenumii}{\arabic{enumii}}
\renewcommand{\theenumiii}{\arabic{enumiii}}
\renewcommand{\theenumiv}{\alph{enumiv}}
```

`liste1.tex`

I. Die erste Stufe

   (1) Der erste Punkt der zweite Stufe

      1. Hier geht's immer tiefer
      2. in den Keller ...

   (2) Der zweite Punkt der zweiten Stufe

II. und noch einer ...

Die Änderung der Zählerausgabebefehle \theenum<n> berührt nur das Erscheinungsbild der Zahlen, nicht aber ihre Abtrennung voneinander. So werden durch die obige Änderung die Punkte der dritten Stufe nunmehr in der Form 1., 2., ... ausgegeben (im Original i., ii., ...). Möchten Sie dagegen die Numerierung dieser Stufe in Zusammenhang mit der zweiten Stufe setzen (also 1.3., 1.4., 1.5., ...), müssen Sie den übergeordneten Befehl ändern, der die Zahlen mitsamt ihren Trennsymbolen ausgibt und das Labelfeld erzeugt. Er heißt wie bei der `itemize`-Liste \labelenumi bis \labelenumiv. Möchten Sie das obige Beispiel fortführen und die römischen Zahlen und die Zahlen der zweiten Stufe durch einen Punkt abtrennen, die dritte Stufe als Kombination zweite Stufe – dritte Stufe darstellen und die tiefste Ebene in Klammern einschließen, schreiben Sie zusätzlich

Abtrennung der Zählstufen voneinander

```
\renewcommand{\labelenumi}{\theenumi.}
\renewcommand{\labelenumii}{\theenumii.}
\renewcommand{\labelenumiii}{\theenumii~--~\theenumiii}
\renewcommand{\labelenumiv}{(\theenumiv)}
```

`liste2.tex`

I. Die Planung der Versuche, theoretische Durchdringung des Problems

II. Die Durchführung

1. Materialbeschaffung
2. Experimenteller Aufbau
    2.1. Laboraufbau
    2.2. Änderung des geplanten Aufbaus anhand der Ergebnisse von Punkt II.(2.)1.
    2.3. Gang in die industrielle Produktion

III. Die Auswertung: Man vergleicht die Vorgehensweise nach den Punkten I., II.(2.)1. und II.(2.)3.

Referenzen auf Listen

Eine Feinheit im Zusammenhang mit Zählern soll hier noch genauer beleuchtet werden. Achten Sie auf die Form, in der die Referenzen aufgelöst werden: I., II.(2.)1. und II.(2.)3.. Die Abweichung zur Form der Listenangabe in Form der zusätzlichen Klammernpaare ist eklatant und ohne weiteres Wissen unverständlich. Warum wird bei Referenzen die originale Formatierung beibehalten? Es wurden noch nicht alle Makros modifiziert, die an der Ausgabe von Zählern beteiligt sind. Bereits auf Seite 43 wurde gesagt, daß für jeden Zähler

`\p@...`

zusätzlich zu `\thezähler` ein Makro `\p@zähler` existiert, das bei der Ausgabe des Zählerstandes bei der Referenzauflösung unmittelbar vor `\thezähler` ausgeführt wird. Die Definition dieser Makros für die Zähler der Listenebenen liefert eine Erklärung:

```
\newcommand{\p@enumii}{\theenumi}
\newcommand{\p@enumiii}{\theenumi(\theenumii)}
\newcommand{\p@enumiv}{\p@enumiii\theenumiii}
```

Das Makro `\p@enumi` ist nicht definiert, da bei der Ausgabe der ersten Stufe keine Daten vorangestellt werden müssen. Um in unserem Beispiel auch bei Referenzen eine Ausgabe analog der Listenmarkierung zu erhalten, werden noch zwei Definitionen benötigt:

```
\renewcommand\p@enumii{\theenumi}
\renewcommand\p@enumiii{\theenumi\theenumii}
```

Achten Sie also bei Änderungen von Ausgabemakros gegebenenfalls auf die zugeordneten `\p@...`-Makros!

Bedenken Sie zum Abschluß der Erörterung der einfachen Listen, daß Sie auch innerhalb der `itemize`- und `enumerate`-Liste einzelnen Punkten, deren Markierung vom Normalwert abweichen soll, die gewünschte Marke in eckigen Klammern übergeben können.

```
\begin{itemize}
  \item Ein Punkt in dieser Liste
  \item[$\to$] schaut nicht so aus
  \item wie die anderen. Welcher?
\end{itemize}
```
❏ Ein Punkt in dieser Liste
→ schaut nicht so aus
❏ wie die anderen. Welcher?

Zum Abschluß soll noch gesagt werden, daß Sie die vorgestellten Änderungen durchaus mit { ... } in eine unbenannte Blockstruktur oder Umgebung einschließen können, um – wie in der Beispielliste geschehen – die Änderungen auf eine oder wenige Listen zu begrenzen.

Änderungen lokal halten

3.7.3 Triviale Listen

Neben den Aufzählungen und der `list`-Umgebung kennt LaTeX noch die triviale Liste, die keine Definition von Standardmarken und Listenparameter fordert. Ihre Syntax lautet

`\begin{trivlist}` <Text> `\end{trivlist}`   *trivlist*

Die Listenparameter `\leftmargin`, `\itemindent` und `\labelwidth` werden auf 0 pt gesetzt, `\parsep` und `\listparindent` werden vom aktuellen Absatzlayout übernommen, wie überhaupt die Formatierung diesem Absatzablauf entspricht. Der Vorteil der Umgebung liegt unter anderem darin, daß sie einen vertikalen Zwischenraum zwischen der »Liste« und dem vorangegangenen und dem folgenden Text einfügt:

Textblöcke absetzen

```
\begin{trivlist}
  \item[] Dieser Text ist abgesetzt!
\end{trivlist}
```

Beachten Sie dabei, daß Sie ein leeres `\item` angeben müssen!

LaTeX benutzt die triviale Liste zur Implementierung anderer Umgebungen, etwa der `flushleft`-Umgebung nach dem Prinzip:

```
\begin{trivlist}
  \raggedright
  \item[] <eingeschlossener Text>
\end{trivlist}
```

Auch die Definition der `quote`-Umgebung mag zu eigenen Experimenten anregen und Ideen liefern. Sie besteht aus einer Liste mit einem Aufzählungspunkt und setzt den rechten und linken Rand gleich (der linke ist durch die Einrückung der Liste gegenüber dem laufenden Text etwas nach rechts versetzt):

```
\newenvironment{quote}
  {\begin{list}{}{\rightmargin\leftmargin}\item[]}
  {\end{list}}
```

3.7.4 Listenerweiterung

expdlist Das Paket `expdlist` ergänzt die Listenumgebung um einige Optionen. Es ist ein LaTeX 2.09-Paket, das aber auch unter LaTeX 2_ε läuft. Die Haupterweiterung betrifft die `description`-Liste, die wie folgt aufgerufen werden kann:

\begin{description}[<Optionen>]
...
\end{description}

Ohne die Angabe von Optionen verhält sich diese Liste wie die herkömmliche `description`-Umgebung. Innerhalb des Optionsargumentes können Sie folgende Kommandos einsetzen:

❏ \setleftmargin{<Breite>} stellt die Breite des linken Freiraumes ein.

❏ \setlabelphantom{<Text>} stellt den linken Rand des Stichwortblockes anhand der Breite des Textes und dem Wert von \labelsep ein. Der Stil in \setlabelstyle wird bei der Berechnung berücksichtigt. Dieser Wert hat Vorrang vor einer zusätzlichen Angabe mittels \setleftmargin.

❏ \breaklabel bewirkt, daß der Text erst in der nächsten Zeile beginnt, wenn das Stichwort breiter als der linke Freiraum ist.

❏ \compact läßt den Leerraum zwischen den einzelnen Stichwortblöcken fort und erreicht – wie in dieser Liste – eine knappe Zusammenfassung.

❏ \setlabelstyle{<Stil>} läßt Sie den Zeichensatz frei wählen, der für die Stichworte benutzt wird, zum Beispiel für kursive Stichworte \setlabelstyle{\itshape}. Auch Textkonstanten sind möglich.

\listpart Ein weiterer Vorteil des Paketes liegt darin, mit Hilfe des Befehls \listpart{<Text>} eine `itemize`-, `enumerate`- oder `description`-Umgebung für einen Kommentar <Text> zu unterbrechen. Die Zähler und sonstigen Einstellungen der Liste bleiben dabei unverändert. <Text> wird in der Breite der der Liste übergeordneten Struktur gesetzt, davor und danach vertikaler Freiraum der Größe \listpartsep eingefügt.

3.7.5 Erweiterung der `enumerate`-Liste

enumerate Eine nützliche Ergänzung der `enumerate`-Liste liegt mit dem Paket `enumerate` vor. Es erweitert die `enumerate`-Liste durch ein optionales Argument, mit dem ein Begriff oder ein Satz angegeben werden kann, der anstelle der üblichen Numerierung vor jeden Stichpunkt geschrieben wird, wie »Beispiel (i)«, »Beispiel (ii)«, »Beispiel (iii)«. Die Stichpunkte werden dabei rechtsbündig gesetzt:

```
\begin{enumerate}[{Beispiel} (i)]
  \item Erstes Beispiel
  \item Zweites Beispiel
  \begin{enumerate}[(1)]
    \item Unterpunkt \item Unterpunkt
  \end{enumerate}
  \item Drittes Beispiel
\end{enumerate}

\begin{enumerate}[Punkt a)]
  \item Punkt A \item Punkt B
\end{enumerate}
```

Beispiel (i)   Erstes Beispiel
Beispiel (ii)   Zweites Beispiel
    (1)   Unterpunkt
    (2)   Unterpunkt
Beispiel (iii)   Drittes Beispiel

Punkt a)   Punkt A
Punkt b)   Punkt B

Der normale Listenbeginn wird durch ein optionales Argument erweitert, in dem der Begriff steht, der vor jedem Listenpunkt erscheinen soll. Die Numerierungsart wird durch die Buchstaben a, A für kleine und große Buchstaben, i und I für kleine und große römische und 1 für arabische Ziffern festgelegt. Erscheint einer dieser Kennbuchstaben im zu druckenden Begriff, ist dieser Begriff in geschweifte Klammern einzuschließen wie in {Beispiel}.

3.7.6 Auszeichnung von `description`-Listen

Zuweilen ist eine Änderung des Schriftschnittes der Stichworte in der `description`-Umgebung gewünscht. Sie kann durch Änderung des Makros `\descriptionlabel`, das die Formatierung vornimmt, erreicht werden. Im Original lautet die Definition

`\descriptionlabel`

```
\def\descriptionlabel#1
  {\hspace\labelsep\normalfont\bfseries #1}
```

Der Parameter #1 ist dabei der Text der Listenmarke. Das Beispiel der Abbildung 3.12 oben zeigt, wie Sie durch die Verwendung von {...} einen Block schaffen, so daß die Änderung von `\descriptionlabel` auf diesen beschränkt bleibt und außerhalb der Klammern die originale Definition wirksam ist. Möchten Sie dagegen eine Liste erzeugen, die die Stichworte als Namen von (DOS-)Verzeichnissen interpretiert und in spitze Klammern schreibt, leere `\item`-Befehle dagegen ohne Marke druckt, können Sie mit den Befehlen des `ifthen`-Paketes überprüfen, ob der Parameter von `\descriptionlabel` leer ist oder nicht (Abbildung 3.12 unten).

```
{\renewcommand{\descriptionlabel}[1]{[#1]}
  \begin{description}
    \item[Neu] Hier die neue Definition
    \item[Ganz_neu] ...
  \end{description}
}
```

[Neu] Hier die neue Definition

[Ganz_Neu] ...

```
{\renewcommand{\descriptionlabel}[1]
  {\hspace\labelsep
   \ifthenelse{\equal{#1}{}}
     {}{\textless #1\textgreater}}

  \begin{description}
    \item[stil] Eingabedateien.
      \item   test.sty
      \item   ind1.sty
    \item[demo] Demodateien.
      \item   artikel.tex
      \item   journal.tex
  \end{description}
}
```

<stil>   Eingabedateien.

   test.sty

   ind1.sty

<demo>   Demodateien.

   artikel.tex

   journal.tex

   bsp.tex

Abbildung 3.12
Änderungen des Labelfeldes

Ohne den Vergleich wäre die Ausgabe eines leeren \item-Befehls die Zeichenfolge <>. In allgemeinen Listen (der list-Umgebung) können Sie als Parameter eine Standardmarke vorgeben, die vor jedem \item-Absatz erscheinen soll; unabhängig hiervon kann mit der optionalen Angabe \item[<Marke>] stets eine spezielle Marke angefordert werden. Die Marken erscheinen rechtsbündig in einem Feld.

3.7.7 Die list-Umgebung

\makelabel

Innerhalb des Definitionsteils der list-Umgebung können Sie durch Änderung des Makros \makelabel festlegen, wie eine Markierung erzeugt werden soll. Die Änderung ist auf die betreffende list-Umgebung beschränkt. Beispiel:

```
\begin{list}{}{\leftmargin=2cm
  \renewcommand{\makelabel}[1]{$\to$ ##1}}
  \item ...
\end{list}
```

Das Verfahren der Änderung von \descriptionlabel des letzten Abschnittes ist mit dem hier erwähnten identisch, da die description-

Umgebung aus der `list`-Umgebung aufgebaut wird und das Makro `\descriptionlabel` an die Stelle von `\makelabel` tritt.

Sie können anstelle einer festen Marke auch Zähler ausgeben, um eine `enumerate`-artige Liste zu erzeugen. Im folgenden Beispiel wird eine neue Listenumgebung `circledenum` definiert, die in Kreise eingeschlossene Zahlen zur Numerierung verwendet:

① Erster Punkt.

② Zweiter Punkt.

③ Dritter Punkt.

Für dieses Beispiel wird der Zeichensatz `go1whi10` (siehe Seite 518) benötigt, der die Zahlen von 1 bis 127, von Kreisen eingeschlossen, enthält. (Beachten Sie, daß die Grundlinie dieser Symbole vom Kreis gebildet wird und nicht von den Ziffern, die daher etwas über der Basislinie der Zeile stehen.) Die Befehle, die die Umschaltung des Zeichensatzes vornehmen, werden in Abschnitt 7.2 genauer besprochen. Die eigentliche Erzeugung numerierter Listen erfolgt durch das Ausgabemakro für Zählerstände in runder Manier `\circledarabic` anstelle der festen Marke. Der Befehl `\usecounter` teilt der Listenumgebung mit, welcher Zähler bei jedem Stichpunkt fortgeschaltet werden muß.

```
1  \DeclareFontFamily{U}{gosym}{}
2  \DeclareFontShape{U}{gosym}{m}{n}{<-> go1whi10}{}
3  \DeclareFontShape{U}{gosym}{m}{b}{<-> go1bla10}{}
4
5  \newcommand{\circledarabic}[1]
6  {{\fontencoding{U}\fontfamily{gosym}\selectfont%
7   \symbol{#1}}}
8
9  \newenvironment{circledenum}
10  {\begin{list}
11   {\circledarabic{\value{enumiv}}\ }
12   {\usecounter{enumiv}}
13  }
14  {\end{list}}
```

`circenum.sty`

3.7.8 Zählung bei `enumerate`-Umgebungen

Die `enumerate`-Umgebung beginnt ihre Zählung stets mit dem Wert Eins – was aber ist, wenn Sie die Umgebung abschließen, etwas normalen Text einfügen und anschließend mit einer weiteren `enumerate`-Umgebung die Zählung der ersten fortführen möchten? Ein Blick in ltlists.dtx, wo alle Listenstrukturen definiert werden, zeigt, daß die enumerate-Umgebung den Befehl \usecounter aufruft, der seinerseits den zu benutzenden Zähler mit Null initialisiert. Soll also die Zählung weitergeführt werden, müssen Sie innerhalb einer neuen Umgebung, hier enumcont genannt, *lokal* diesen Befehl etwas abgekürzt bereitstellen. Das Paket enumcont.sty erledigt genau dies:

`enumcont.sty`

```
1 % \begin{enumcont} \item ... \end{enumcont}
2
3 \newenvironment{enumcont}
4   {\renewcommand{\usecounter}[1]
5     {\@nmbrlisttrue\def\@listctr{##1}}
6    \enumerate}
7   {\endlist}
```

Vorsicht vor \usecounter!

Die Anwendung ist mit enumerate identisch, es wird lediglich der Zähler nicht auf Null zurückgesetzt. Sie können somit nach einer enumerate-Umgebung normalen Text setzen und mit der enumcont-Umgebung eine weitere Liste beginnen, deren Numerierung sich an die enumerate-Liste anschließt. Der \usecounter-Befehl wird im folgenden mehrmals als Ursache erkannt und daher in einer eigenen Variante bereitgestellt, die die Initialisierung mit Null unterläßt. Durch diese Maßnahme können Sie nützliche Sonderlisten erzeugen, wenn Sie eine Zählung über mehrere Listenumgebungen hinweg benötigen.

3.7.9 Eine Versnumerierung

Eine der oben angesprochenen Sonderlisten kann beispielsweise dazu herangezogen werden, um eine fortlaufende Numerierung von Versen oder Strophen zu erhalten, wie sie für geisteswissenschaftliche Arbeiten gebraucht wird. Die hier vorgeschlagene Lösung lehnt sich eng an die enumerate-Liste an. Sie können innerhalb der versenumber-Umgebung den Beginn einer Strophe mit einem \item-Befehl markieren. Der Strophe wird dann eine in runde Klammern eingefaßte laufende Nummer vorangestellt. Diese Nummer wird aus der aktuellen Kapitel- oder – beim Hauptstil article – der aktuellen Abschnittsnummer und einer laufenden Versnummer gebildet. Mit Hilfe der \label- und \ref-Befehle können Sie sich auf Verse beziehen. Die Anwendung der Umgebung ist an den Versen (3–1) bis (3–6) der »Göttlichen Komödie« gezeigt:

versenumber

`verscnt.tex`

```
\begin{versenumber}
\item \label{v1}\frqq Durch mich gehts hin zur Heimstatt
    aller Plagen.\\
Durch mich gehts hin zur ewig langen Pein,\\
...
```

```
\item Vor mir war nichts Erschaffnes, was an Jahren\\
Nicht ewig: selber währ ich ewiglich.\\
Laßt, die ihr eingeht, alle Hoffnung fahren!\flqq
\end{versenumber}
```

Dante liest die Worte an der Pforte und erschauernd
erfragt er bei seinem Führer deren Bedeutung.

```
\begin{versenumber}
\item Die Worte, dunkler Farbe, sahe ich\\
Ans Haupt geschrieben einer Pforte stehen:\\
...
\item  \label{v2}Wir sind am Orte, wo in seinen Plagen\\
Das Volk du sehen sollst -- ich sagt' es dir --,\\
Dem nimmer will das Heil des Schauens tagen.\flqq
\end{versenumber}
```

  (3–1) »Durch mich gehts hin zur Heimstatt aller Plagen.
Durch mich gehts hin zur ewig langen Pein,
Durch mich zum Volke, das von Gott geschlagen.

  (3–2) Mich schuf mein Schöpfer, um gerecht zu sein;
Göttliche Allmacht, höchste Weisheit waren
Am Werk, mit erster Liebe eins in drein.

  (3–3) Vor mir war nichts Erschaffnes, was an Jahren
Nicht ewig: selber währ ich ewiglich.
Laßt, die ihr eingeht, alle Hoffnung fahren!«

Dante liest die Worte an der Pforte und erschauernd erfragt er bei
seinem Führer deren Bedeutung.

  (3–4) Die Worte, dunkler Farbe, sahe ich
Ans Haupt geschrieben einer Pforte stehen:
»Hart, Meister«, sprach ich, »ist ihr Sinn für mich.«

  (3–5) Drauf er, wie wer ins Innre weiß zu sehn:
»Hier heißt es alles Argwohns sich entschlagen,
und alle Bangigkeit laß dir vergehn.

  (3–6) Wir sind am Orte, wo in seinen Plagen
Das Volk du sehen sollst – ich sagt' es dir –,
Dem nimmer will das Heil des Schauens tagen.«

```
1  %   \begin{versenumber}[Start]
2  %       \item Vers <Start> ...
3  %       \item Vers <Start>+1 ...
```

verscnt.sty

```
 4  %       \item Vers <Start>+2 ...
 5  %    \end{versenumber}
 6  %    Start kann entfallen, Zählung dann fortlaufend
 7  \RequirePackage{calc}
 8
 9  % entweder (Nummer) oder (Kapitel--Nummer)
10  \@ifundefined{chapter}
11    {\newcounter{verscnt}
12     \renewcommand{\theverscnt}
13       {(\arabic{verscnt})}}
14    {\newcounter{verscnt}[chapter]
15     \renewcommand{\theverscnt}
16       {(\thechapter--\arabic{verscnt})}}
17
18  \setcounter{verscnt}{0}
19
20  % damit Zähler nicht mit 0 initialisiert wird
21  \newcommand{\myusecounter}[1]
22    {\@nmbrlisttrue\def\@listctr{#1}}
23
24  % Verse mit \item einleiten
25  % optional: Start-Versnummer-1
26  \newenvironment{versenumber}[1][\value{verscnt}]
27    {\begin{list}
28       {\theverscnt}
29       {\myusecounter{verscnt}
30        \setcounter{verscnt}{#1}
31        \@ifundefined{chapter}
32          {\settowidth{\labelwidth}{(999)}}
33          {\settowidth{\labelwidth}{(99--999)}}
34        \setlength{\labelsep}{1ex}
35        \setlength{\itemindent}{\labelwidth+\labelsep}
36       }
37    }
38    {\end{list}}
```

Bei der Implementierung stellt sich wiederum das Problem, daß die Zählung über mehrere Umgebungsaufrufe hinweg erhalten bleiben soll. Anstatt \usecounter, der für das Rücksetzverhalten verantwortlich ist, umzudefinieren, wird ein neuer Befehl \myusecounter vorgesehen, der die Funktionalität von \usecounter ohne die Zählerinitialisierung übernimmt. Ein optionaler Parameter erlaubt es, der Umgebung einen neuen Startwert für den Verszähler zu übergeben, falls keine fortlaufende Numerierung gewünscht wird. Der Rest der

Datei besteht aus dem Einstellen des gewünschten Listenlayouts sowie der Definition des Zählers und seines Ausgabemakros.

3.7.10 Ein Lexikon

Analog zur `description`-Liste soll an dieser Stelle gezeigt werden, wie sich ein Lexikon realisieren läßt. Das vorgestellte Paket `lexikon.sty` definiert eine neue Umgebung `lexikon`, mit der Sie bestimmte Abschnitte Ihres Textes als Lexikon mit automatischer Formatierung der Stichworteinträge und der zugehörigen Kommentare gestalten können. Der lexikalische Teil kann mit anderen Texten gemischt werden und steht innerhalb der `lexikon`-Umgebung. Die einzelnen Stichworte werden ähnlich der `description`-Umgebung gekennzeichnet:

```
\begin{lexikon}
  \entry[Aktueller Pfad] Der Pfad, der im ...
  \entry[Aktueller Punkt] Der Endpunkt der ...
  \entry[Bit] Die kleinste Informationseinheit ...
\end{lexikon}
```
`lexikon`

Mit `\begin{lexikon}` wird eine neue Seite begonnen und der folgende lexikalische Teil zweispaltig gesetzt. Die einzelnen Stichworte stehen nach dem `\entry`-Befehl und müssen in eckigen Klammern eingefaßt werden. Die Erläuterung zum Stichwort folgt dann in gewohnter Weise. Insgesamt schreiben Sie Ihren Text wie mit einer `description`-Umgebung. Der Unterschied besteht in der Benutzung des `\entry`- anstelle des `\item`-Befehls. Bei einem Wechsel des Anfangsbuchstabens des Stichwortes wird der neue Buchstabe in großer Schrift durch eine horizontale Linie abgetrennt gesetzt. In der Kopfzeile wird das letzte aktuelle Stichwort der laufenden Seite ebenfalls gedruckt. Die Abbildung 3.13 zeigt ein Beispiel. Es folgt die Stildatei (`lexikon.sty`) mit der Implementierung.

`\entry`

```
 1  \RequirePackage{ifthen}
 2
 3  \newboolean{first}
 4  \newcommand{\lastchar}{}
 5  \newcommand{\ps@lexikon}
 6  {\renewcommand{\@oddhead}
 7    {\hfil\textbf{\Large\botmark}%
 8     \hspace{1cm}\arabic{page}}
 9   \renewcommand{\@evenhead}
10    {\arabic{page}\hspace{1cm}%
11     \textbf{\Large\botmark}\hfil
```
`lexikon.sty`

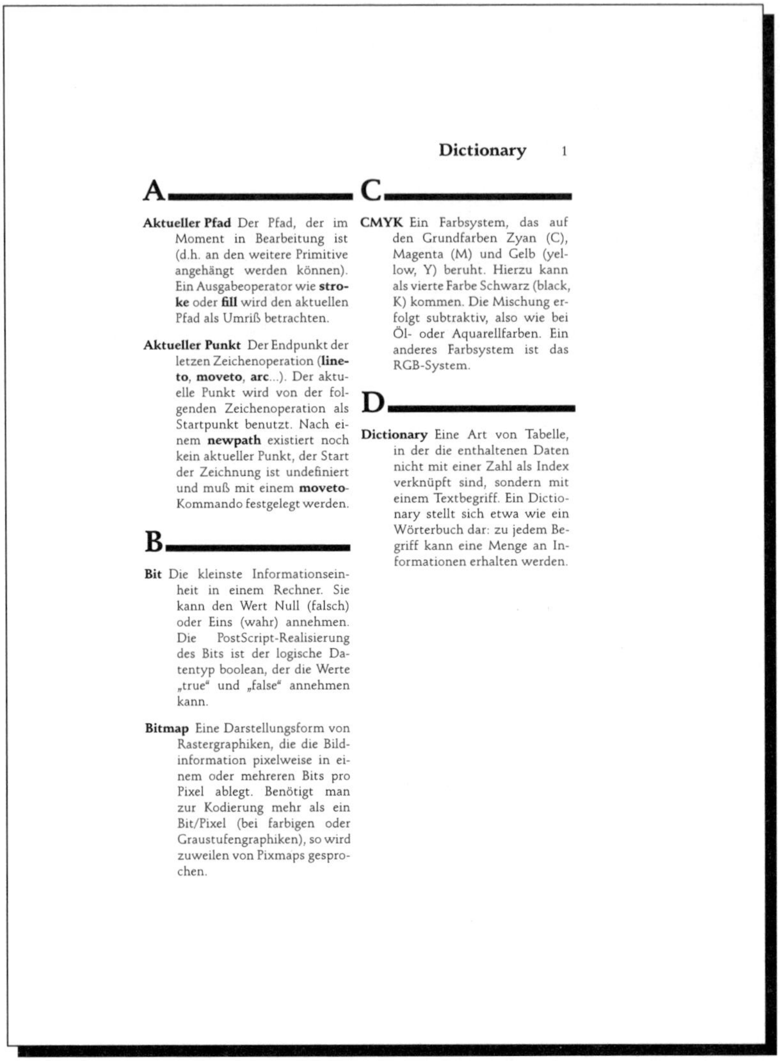

Abbildung 3.13
Eine Seite eines Lexikons über PostScript

```
12    \renewcommand{\@evenfoot}{}
13    \renewcommand{\@oddfoot}{}
14  }
15
16  \newenvironment{lexikon}
17    {\setboolean{first}{true}
18     \renewcommand{\lastchar}{}
19     \newpage\twocolumn
20     \let\@oddh\@oddhead   \let\@evnh\@evenhead
```

3.7 Listen und Listeleien

```
21    \let\@oddf\@oddfoot    \let\@evnf\@evenfoot
22    \pagestyle{lexikon}
23  }
24  {\end{description}
25   \onecolumn
26   \let\@oddhead\@oddh    \let\@evenhead\@evnh
27   \let\@oddfoot\@oddf    \let\@evenfoot\@evnf
28   \markboth{}{}
29  }
30
31  \def\entry[#1#2]
32   {\ifthenelse{\equal{\lastchar}{#1}}
33     {}
34     {\ifthenelse{\boolean{first}}
35       {\setboolean{first}{false}}
36       {\end{description}}
37      \renewcommand{\lastchar}{#1}
38      \medskip
39      \noindent\textbf{\Huge #1}
40      \rule{0.9\columnwidth}{2mm}
41      \begin{description}
42     }
43     \item[#1#2]\mark{#1#2}
44  }
```

Der Befehl \entry erwartet zwei Parameter innerhalb von eckigen Klammern. Weist Ihre Eingabe die Form \entry[Test] auf, so wird das »T« zum ersten und der Wortrest »est« zum zweiten Parameter (nur durch Einschluß in geschweifte Klammern können mehrere Buchstaben einem einzigen Parameter zugeordnet werden). Es kann auf diese Art durch Vergleich mit \lastchar bequem geprüft werden, ob #1 (der Anfangsbuchstabe des neuen Eintrags) ein neuer Buchstabe ist und somit eine neue Überschrift generiert werden muß. Zur eigentlichen Ausgabe des Stichwortes und der Erläuterungen wird intern die description- Umgebung genutzt. Das Stichwort wird aus diesem Grunde durch einen normalen \item-Befehl gesetzt. Diese Art der Listenangabe erfordert, daß Sie die Stichworte bereits alphabetisch sortiert eingeben müssen; sehen Sie hierzu aber Abschnitt 3.11, in dem die Erzeugung von Glossaren erläutert wird.

Das Lexikon benutzt eine eigene Definition der Kopfzeilen, um die aktuellen Stichworte anzuzeigen. Damit nach dem Ende des lexikalischen Teiles eines Dokumentes der frühere Seitenstil restauriert werden kann, müssen zu Beginn der lexikon-Umgebung die entsprechenden Makros gespeichert und an ihrem Ende wieder aktiviert wer-

\botmark den. Interessant ist der Eintrag des zuletzt auf der Seite aufgetretenen Stichwortes: das Makro `\botmark` enthält stets das letzte auf der laufenden Seite eingetragene Stichwort, das dann als Orientierung in die Kopfzeile geschrieben wird.

Zuletzt sei noch angemerkt, daß bei den resultierenden schmalen Spalten der Zeilenumbruch mit den Standardeinstellungen häufig nicht zufriedenstellend ausfällt. Es kann daher sinnvoll sein, die Werte `\tolerance` und `\emergencystretch` zu erhöhen.

3.8 Verzeichnisse

3.8.1 Manuelle Einträge

Bevor Sie nun das Aussehen des Inhaltsverzeichnisses ändern werden, sollen Sie lernen, wie Sie manuelle Einträge in ein Verzeichnis vornehmen können. LaTeX stellt für diesen Zweck zwei Befehle zur Verfügung:

\addcontentsline `\addcontentsline{<Endung>}{<Gliederung>}{<Eintrag>}`
\addtocontents `\addtocontents{<Endung>}{<Eintrag>}`

`<Eintrag>` ist der Text, der in der Gliederungstiefe `<Gliederung>` zusätzlich erscheinen soll. Der Text wird beim ersten Befehl entsprechend der Gliederungstiefe eingerückt, beim zweiten Befehl kann dagegen ein beliebiger Formatierungsbefehl stehen, etwa ein Trennstrich oder Seitenumbruch, der im Inhaltsverzeichnis wirksam wird. Sie sollten ihn allerdings durch ein vorangestelltes `\protect` schützen. In beiden Fällen müssen Sie durch `<Endung>` die Datei identifizieren, die die zusätzlichen Informationen aufnehmen soll. Der Name dieser Datei wird aus dem Grundnamen des Dokumentes und der angegebenen Endung zusammengesetzt (`\jobname.<Endung>`). Die Endung für das Inhaltsverzeichnis ist `toc`, für die Liste der Abbildungen `lof` und für die Tabellenliste `lot`. Sie können an dieser Stelle aber auch eine von Ihnen selbst gewählte Endung einsetzen, um andere Verzeichnisse zu erzeugen, was Gegenstand des Abschnitt 3.8.3 sein wird.

Beliebige Formatierung erlaubt!

Soll der Zusatztext eine Gliederungsnummer wie die automatisch erstellten Einträge erhalten, wird der Eintragtext `<Eintrag>` in der Form

```
\addcontentsline{toc}{section}
  {\protect\numberline{\thesection} Überschrift}
```

empfohlen. Das Makro `\numberline` wird im nächsten Abschnitt besprochen.

Beispiel Ein praktisches Beispiel ist die folgende `poem`-Umgebung, in der ein Gedicht gesetzt wird. Über die `verse`-Umgebung hinaus, die hier ebenfalls eingesetzt wird, trägt `poem` den Titel des Gedichts auf der Stufe der `\section`-Gliederung in das Inhaltsverzeichnis ein.

```
\newenvironment{poem}[1]
 {\addcontentsline{toc}{section}{#1}
  \leftline{\itshape#1}\nopagebreak
  \begin{verse}}
 {\end{verse}}
```

```
\tableofcontents
...
\section{Testeintrag}
\section{Testeintrag II}
\begin{poem}{Winterwald}
  Es treibt der Wind im Winterwalde\\
  die Flockenherde wie ein Hirt...
\end{poem}
\section{Testeintrag III}
```

1. Testeintrag 165
2. Testeintrag II 165
Winterwald 165
3. Testeintrag III 165

Wie Sie sehen, erhält das Gedicht trotz seiner korrekten Einordnung im Inhaltsverzeichnis keine `section`-Numerierung. Dies liegt am fehlenden `\numberline`-Befehl, den Sie im nächsten Abschnitt kennenlernen werden. Es sei weiterhin bemerkt, daß Sie Einträge nicht nur in die Standardverzeichnisse, sondern auch in andere Verzeichnisse vornehmen können. Entscheidend für die Wahl des Verzeichnisses ist die Endung, hier `toc`. Für das neu erstellte Verzeichnis aus Abschnitt 3.8.3 wäre die Endung `lop` (list of poems) sinnvoll nutzbar.

3.8.2 Eigene Gestaltung des Inhaltsverzeichnisses

Als Vorarbeit zur eigenen Gestaltung der Einträge im Inhaltsverzeichnis soll nun ein kurzer Blick auf den Inhalt der Datei `\jobname.toc` geworfen werden. Sie enthält die Verzeichniseinträge und wird von dem Befehl `\tableofcontents` eingelesen. Ihr Inhalt sieht typischerweise so aus:

```
\contentsline{chapter}{\numberline{2} Erstes Kapitel}{4}
\contentsline{section}{\numberline{2.1} Abschnitt 1}{4}
\contentsline{subsection}{\numberline{2.1.1} Subsec 1}{5}
\contentsline{section}{\numberline{2.2} Abschnitt 2}{8}
```

Der `\contentsline`-Befehl gibt also mit dem ersten Parameter an, auf welcher Ebene der Gliederungshierarchie der Eintrag anzuordnen ist; der Text selbst stellt den zweiten Parameter dar, während die Seitenzahl als letzter Parameter auftritt:

`\contentsline{<Stufe>}{<Überschrift>}{<Seite>}` \hfill *\contentsline*

Formatierung der Numerierung

Die Gliederungsnummer wird durch `\numberline` formatiert, das in `latex.ltx` als

`\def\numberline#1{\hbox to \@tempdima{#1\hfil}}`

definiert ist. Die Gliederungszahl wird linksbündig in einem freien Feld angeordnet. An dieser Stelle kann ein bei stark gegliederten Werken auftretender Fehler korrigiert werden, da der von diesem Makro bereitgestellte Platz nicht mehr ausreicht, wenn bei dreiteiligen Gliederungen mehrere zweistellige Zahlen vorkommen: »Abschnitt 10.12.14«. Der nachfolgende Eintrag rückt dann zu dicht an die Gliederungszahl heran. Definieren Sie daher in diesem Falle `\numberline` mit einem größeren Freiraum.

Da Ihre eigene Gestaltung ebenfalls die Datei `\jobname.toc` einlesen wird, muß der Befehl daher gegebenenfalls umdefiniert werden, falls Sie mit dem Aussehen der Gliederungsnummern nicht einverstanden sind. Die eigentliche Formatierung der Inhaltszeilen geschieht – für jede Gliederungsebene separat – durch den Makrosatz

`\l@...`

`\l@part[2]`
`\l@chapter[2]`
`\l@section[2]`

Diese werden in den Klassendateien definiert, lesen Sie beispielsweise die Definitionen in `book.cls`. Der erste Parameter ist der Eintragtext, der zweite die Seitenzahl. Der Eintragtext stellt eine Kombination von Gliederungsnummer, die durch `\numberline` formatiert ist, und Abschnittsüberschrift dar. An dieser Stelle können Sie Ihrer Kreativität freien Lauf lassen und Ihre Vorstellungen umsetzen. Wenn Sie das Layout nur weniger Gliederungsstufen ändern wollen, so müssen Sie allerdings darauf achten, daß Ihre Definition mit denen der restlichen `\l@...`-Makros konsistent ist, um Fehlbearbeitungen zu vermeiden. Ab der `\section`-Stufe werden die Einträge standardmäßig mit `\@dottedtocline` erzeugt (außer bei `article`). Ihre Definitionen müssen daher mit diesem Befehl zusammenarbeiten, genaueres können Sie in Abschnitt 3.1.1 erfahren.

Ein erstes Beispiel erzeugt ein Layout, das für ein belletristisches Buch geeignet sein könnte. Es werden nur die Kapitel in einer eigenen Zeile in fetter Schrift eingetragen und unter jedem Kapitel die Überschriften der Abschnitte (`\section`), durch Gedankenstriche voneinander getrennt, hintereinander und ohne Seitenzahl aufgeführt. Ein entsprechend gestaltetes Inhaltsverzeichnis ist in der Abbildung 3.14 auf Seite 168 zu sehen.

Etwas für Belletristen

`tocbel.sty`

```
1 \RequirePackage{ifthen}
2 \newboolean{firstsec}
```

```
 3  \renewcommand{\numberline}[1]
 4    {\makebox[1.5em][l]{#1}}
 5
 6  \renewcommand{\l@part}[2]{\par\vspace{2ex}
 7    \noindent\textbf{#1}
 8    \setboolean{firstsec}{true}
 9    \par\nopagebreak}
10  \renewcommand{\l@chapter}[2]{\par\vspace*{1ex}%
11    \noindent\textbf{#1\dotfill#2}
12    \par\nopagebreak
13    \setboolean{firstsec}{true}
14    }
15  \renewcommand{\l@section}[2]{%
16    \ifthenelse{\boolean{firstsec}}%
17      {\noindent\setboolean{firstsec}{false}}%
18      {-- }%
19      \textsc{\renewcommand{\numberline}[1]{}\small#1}}
20  \renewcommand{\l@subsection}[2]{}
```

Im Normalfall wird von den Gliederungsbefehlen zusammen mit dem Titel der Befehl `\numberline` als gemeinsamer Eintrag in die Hilfsdatei geschrieben. Dies geschieht sowohl für `\chapter` als auch für die tieferen Gliederungen. Die `\subsection`-Abschnitte erscheinen wegen der leeren Definition von `\l@subsection` überhaupt nicht mehr im Inhaltsverzeichnis; da aber die `\section`-Abschnitte noch zu sehen sein sollen – nur ohne die Gliederungsbezifferung – muß das Makro `\numberline` so umgeschrieben werden, daß es keine Wirkung besitzt. Damit jedoch im Falle einer Kapitelgliederung diese unverändert ausgegeben wird, muß die Umdefinition *lokal* in `\l@section` erfolgen, so daß nur in letzterem Falle die Numerierung unterbleibt.

\numberline

Abschnittsnumerierung unsichtbar machen

Die neue `if`-Abfrage `firstsec` ist nötig, da zwischen den einzelnen Abschnittstiteln in der Liste Gedankenstriche eingefügt werden sollen; vor dem ersten Eintrag der Liste darf dies freilich noch nicht geschehen. Die `if`-Abfrage dient dazu, den ersten Abschnittseintrag in einem neuen Kapitel zu erkennen, der Befehl muß daher bei jedem Kapitel von `\l@chapter` und bei jedem Werkteil von `\l@part` mit `true` initialisiert werden.

Zu diesem Themenkreis sei noch ein weiteres Beispiel angeführt. Die Kapitel sollen durch eine horizontale Linie abgetrennt in großer Schrift linksbündig erscheinen. Mit einem horizontalen Einzug von 2,5 em werden die fett gesetzten Abschnittsüberschriften, mit einem Einzug von weiteren 2,5 em (im ganzen also 5 em) die Unterabschnittsüberschriften gedruckt. Die Seitenzahlen folgen jeweils mit einem festen horizontalen Abstand, werden also nicht wie

Elegantes Beispiel

Abbildung 3.14
Inhaltsverzeichnis eines Werkes mit `tocbel.sty`

Inhaltsverzeichnis

I   Die Hölle

1   Vorspiel auf Erden..5
VERIRRUNG IM WALDE – ERSCHEINUNG VERGILS – WARNUNG VOR DER WÖLFIN – PLAN DER JENSEITSFAHRT

2   Die Sendung Vergils...7
DANTES ZAGEN UND VERGILS ERMUTIGUNG – DER AUFTRAG BEATRICES – DIE FÜRSORGE DER DREI HIMMELSFRAUEN

3   Höllentor, Vorhölle und Acheron..................................9
EINTRITT INS HÖLLISCHE REICH – STRAFE DER LAUHEIT – DER TOTENSCHIFFER UND SEINE FAHRGÄSTE – CHARON VERWEIGERT DIE ÜBERFAHRT

II   Das Fegefeuer

4   Der Empfang...13
ANRUFUNG DER MUSEN – DAS VIERGESTIRN – CATO VON UTICA, DER TORWART – DIE GÜRTUNG MIT BINSEN

5   Landung der Büßer...15
DAS BOOT DES ENGELS – DIE NEUEN BÜSSER – CASELLA, DER SÄNGER – EINE CANZONE DANTES

1

---

im Standard rechtsbündig angeordnet. Bemerkenswert ist, daß der horizontale Abstand nicht direkt in der Maßeinheit »em« angegeben ist, sondern auf dem Umweg über ein Längenregister \emlength. Der Grund dafür ist, daß 1 em in einem großen fetten Schriftschnitt größer als 1 em eines kleinen normallaufenden Fonts ist. Um für den Zeileneinzug eine konstante Bezugsgröße zu erhalten, definieren Sie \emlength als feste Größe.

Auch beim vertikalen Abstand ist einiges zu bedenken. Das gewünschte Layout sieht vor, jeweils vor Werkteilen einen vertikalen

Abstand von 3 ex zu erzeugen, vor Kapiteln einen solchen von 2 ex, vor Abschnittsüberschriften 0,5 ex und vor Titeleinträgen von Unterabschnitten keinen zusätzlichen Abstand. Aus optischen Gründen soll allerdings nach Kapiteln und Werkteilen für den Fall, daß ihnen ein Unterabschnitt unmittelbar folgt, ein kleiner Abstand von 0,5 ex angebracht werden. Damit sich diese verschiedenen Abstände vor und nach Titeleinträgen nicht unerwartet addieren, verwenden Sie den Befehl \addvspace, der folgende interessante Eigenschaft aufweist. Die Folge

\addvspace{l_1}\addvspace{l_2}

erzeugt nicht etwa einen Abstand $\sum l_i$, sondern nur einen solchen der Größe $\max_i l_i$, betrachtet also nur den größten der Einzelabstände. Das ist genau das gewünschte Verhalten für das vorliegende Problem. Falls der Befehl nicht im vertikalen Bearbeitungsmodus aufgerufen wird, erfolgt die Fehlermeldung no item. Dies kann geschehen, wenn Sie die Kapitelgestaltung ungünstig geändert haben, zum Beispiel, um die Abstände nach der Kapitelüberschrift zu variieren. Die Lösung liegt dann in der Verwendung von \par vor \addvspace. Bei diesem Layout fällt ein von Null abweichender vertikaler Abstand \parskip störend auf, so daß dieses Maß gegebenenfalls für das Inhaltsverzeichnis auf Null gesetzt werden muß. Das Beispiel in Abbildung 3.15 auf der nächsten Seite zeigt das gesamte Layout.

```
1  \newlength{\emlength}
2  \setlength{\emlength}{1em}
3  \newlength{\numwidth}
4  \setlength{\numwidth}{2\emlength}
5
6  \renewcommand{\numberline}[1]
7    {\makebox[\numwidth][l]{#1}\hspace{0.5\emlength}}
8
9  \renewcommand{\l@part}[2]{\pagebreak[3]%
10   \addvspace{3ex}\noindent{\Large\bfseries\sffamily
11   #1}\par\nopagebreak\addvspace{1ex}}
12
13 \renewcommand{\l@chapter}[2]{
14   \addvspace{2ex}\pagebreak[3]\noindent%
15   \makebox[0pt][l]{\rule[-2pt]{\textwidth}{0.5pt}}%
16   {\large\bfseries#1\quad#2}
17   \par\nopagebreak\addvspace{1ex}}
18
19 \renewcommand{\l@section}[2]
20   {\addvspace{0.5ex}
```

tocelg.sty

Abbildung 3.15
Gestaltung des Inhaltsverzeichnisses mit `tocelg.sty`

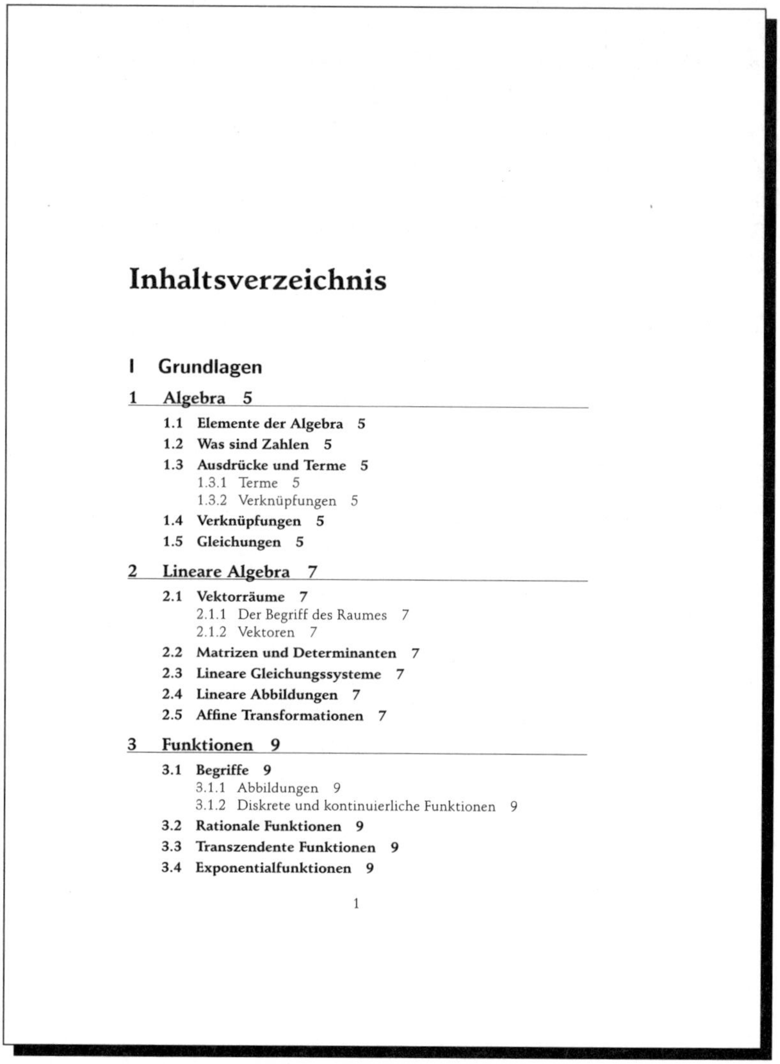

Inhaltsverzeichnis

I Grundlagen

1 Algebra 5
    1.1 Elemente der Algebra 5
    1.2 Was sind Zahlen 5
    1.3 Ausdrücke und Terme 5
        1.3.1 Terme 5
        1.3.2 Verknüpfungen 5
    1.4 Verknüpfungen 5
    1.5 Gleichungen 5

2 Lineare Algebra 7
    2.1 Vektorräume 7
        2.1.1 Der Begriff des Raumes 7
        2.1.2 Vektoren 7
    2.2 Matrizen und Determinanten 7
    2.3 Lineare Gleichungssysteme 7
    2.4 Lineare Abbildungen 7
    2.5 Affine Transformationen 7

3 Funktionen 9
    3.1 Begriffe 9
        3.1.1 Abbildungen 9
        3.1.2 Diskrete und kontinuierliche Funktionen 9
    3.2 Rationale Funktionen 9
    3.3 Transzendente Funktionen 9
    3.4 Exponentialfunktionen 9

```
21    \noindent\hspace{2.5\emlength}%
22    {\bfseries #1\quad#2}\par\nopagebreak[2]}
23
24    \renewcommand{\l@subsection}[2]
25    {{\setlength{\numwidth}{2.5\emlength}
26    \noindent\hspace{5\emlength}#1\quad#2\par}}
```

Das Paket `celg.clo` (Seite 34) zeigt, wie Sie das Gestaltungselement der farbigen Unterlegung von Einträgen im Inhaltsverzeichnis programmieren. Inhaltsverzeichnisse, die für zweispaltige Journale und

Zeitschriften geeignet sind, werden in Abschnitt 3.8.4 behandelt. Im folgenden Abschnitt erfahren Sie, wie Inhaltsverzeichnisse unabhängig von \tableofcontents eingelesen werden können.

3.8.3 Weitere Verzeichnisse erstellen

Verzeichnisse haben Sie bereits mehrere kennengelernt. Das wichtigste ist das Inhaltsverzeichnis, in dem alle von \chapter-, \section- und den anderen Gliederungsbefehlen vorgenommenen Eintragungen samt ihren Seitenzahlen aufgeführt sind. Die Listen der Abbildungen und Tabellen sind weitere Beispiele. Vielleicht standen auch Sie schon vor dem Problem, daß Sie gerne für eigene Objekte ein Verzeichnis erstellen möchten, etwa für eine Liste aller in einem Handbuch auftretenden Programmlistings oder eine Zusammenstellung aller Aufgaben und Lösungen.

Liest man in der Datei `latex.ltx` nach, wie bereits vorhandene Verzeichnisse implementiert sind, so bemerkt man, daß die Entwickler von LaTeX uns zahlreiche mächtige Makros an die Hand gegeben haben, die die Erzeugung von LaTeX-äquivalenten Verzeichnissen unterstützen. Um ein konkretes Beispiel für eine eigene Entwicklung als Vorbild für das allgemeine Verfahren zu haben, werfen Sie zunächst einen Blick in das Paket `poem.sty`, das die Umgebung `poem` bereitstellt, mit der eine laufende Nummer sowie die formatierte Überschrift erzeugt werden.

```
\begin{poem}{Winterwald}{}
    \label{wintergedicht}
    Es treibt der Wind im Winterwalde\\
    die Flockenherde wie ein Hirt.\\
    ...
\end{poem}
```

I WINTERWALD
Es treibt der Wind im Winterwalde
die Flockenherde wie ein Hirt.
...

Die laufende Nummer des Gedichtes I kann mit \label referiert werden. Das Gedicht selbst wird mit einer implizit aufgerufenen verse-Umgebung gesetzt. Eine Liste aller Gedichte kann mit dem Befehl \tableofpoems erzeugt werden. Sie ähnelt der von \listoffigures \tableofpoems erzeugten, wie Sie am Beispiel sehen können:

Liste der Gedichte

I	Winterwald 171
II	Erster Verlust 171
III	Ich denke dein 171

Das Paket zeigt Ihnen, wie die LaTeX-Makros zur Erzeugung von Verzeichnissen eingesetzt werden können.

poem.sty

```
1  \RequirePackage{ifthen}
2
3  % Der Zähler.
4  \newcounter{poemcnt}
5  \renewcommand{\thepoemcnt}{\Roman{poemcnt}}
6
7  % Formatiert die Einträge im Verzeichnis.
8  \newcommand{\l@poem}[2]
9    {{\renewcommand{\numberline}[1]
10     {\makebox[1cm][l]{##1}}
11    \itshape #1\dotfill#2}\\}
12
13  % Formatiert den Titel und Autorennamen
14  \newcommand{\poemtitle}[1]
15    {\textsc{\thepoemcnt{} #1}\\}
16  \newcommand{\poemauthor}[1]
17    {\flushright{\scshape#1}}
18
19  % Erzeugt die Einträge im Verzeichnis und druckt
20  % den Gedichtkopf in einem bestimmten Format.
21  % \begin{poem}[Titel fuers Verzeichnis]{Titel}{Autor}
22  %    ...
23  % \end{poem}
24  \newcommand{\p@author}{}
25  \newcommand{\p@title}{}
26
27  \newenvironment{poem}[3][]
28    {\renewcommand{\p@author}{#3}
29     \refstepcounter{poemcnt}
30     \ifthenelse{\equal{#1}{}}
31       {\renewcommand{\p@title}{#2}}
32       {\renewcommand{\p@title}{#1}}
33     % Eintrag ins Verzeichnis
34     \addcontentsline{lop}{poem}
35       {\protect\numberline{\thepoemcnt}\p@title}%
36     \begin{verse}
37     % Titel vorhanden?
38     \ifthenelse{\equal{#2}{}}
39       {}{\poemtitle{#2}\nopagebreak}
40    }
41    {% Autor genannt?
42     \ifthenelse{\equal{\p@author}{}}
43       {}{\nopagebreak\poemauthor{\p@author}}
44     \end{verse}
```

3.8 Verzeichnisse

```
45  }
46
47  % kein Eintrag ins Verzeichnis, keine Numerierung
48  \newenvironment{poem*}[2]
49    {\renewcommand{\p@author}{#2}
50     \begin{verse}
51     \ifthenelse{\equal{#1}{}}
52       {}{\poemtitle{#1}\nopagebreak}
53    }
54    {\ifthenelse{\equal{\p@author}{}}
55      {}
56      {\nopagebreak\poemauthor{\p@author}}
57     \end{verse}
58    }
59
60  % Erzeugt das Verzeichnis.
61  \newcommand{\lopname}{Die Gedichte}
62  \newcommand{\tableofpoems}
63    {\setboolean{@restonecol}{false}
64     \ifthenelse{\boolean{@twocolumn}}
65       {\setboolean{@restonecol}{true}\onecolumn}
66       {}
67     \@ifundefined{chapter}
68       {\section*{\lopname\@mkboth{\lopname}{\lopname}}}
69       {\chapter*{\lopname\@mkboth{\lopname}{\lopname}}}
70     {\setlength{\parindent}{0pt}
71      \@starttoc{lop}}
72     \ifthenelse{\boolean{@restonecol}}
73       {\twocolumn}
74       {}
75    }
```

Wie Sie anhand des Quelltextes erkennen können, muß bei der Erstellung eines neuen Verzeichnisses ein Satz von Makros definiert werden. In der folgenden Beschreibung wird für einen anderen Anwendungsfall der Begriff poem durch den Namen des gewünschten Objektes ersetzt, zum Beispiel music für Notenbeispiele. In der Zeichenkette lop ist das p ebenfalls mit dem poem-Typ assoziiert. \jobname.lop ist die Hilfsdatei für die Gedichtsammlung. Dieser Buchstabe muß ebenfalls dem neuen Objekt entsprechend geändert werden. Das Makro \lopname dient dazu, eine Überschrift bereitzustellen, zum Beispiel »Gedichtverzeichnis« oder »Die Gedichte«.

Bei der Realisierung besteht die Idee darin, eine Hilfsdatei anzulegen, in die der Grundbefehl jedes neue Objekt mit seiner Überschrift

Informationen in Hilfsdateien

und der aktuellen Seitenzahl einträgt. Dabei ist ein Makro beteiligt, das die korrekte Formatierung für die Ausgabe vornimmt. Der Auslesebefehl muß nur noch die Hilfsdatei komplett einlesen und kann aufgrund des Formatierungsmakros den Satz vornehmen. Der Name der Hilfsdatei setzt sich wie oben besprochen zusammen aus dem Namen des Dokumentes (ohne Endung .tex) und einer Endung, die von Ihnen bestimmt wird: lop für »list of poems« analog zu dem bereits bekannten lot »list of tables«.

Zähler bereitstellen

Als erstes müssen Sie einen neuen Zähler poemcnt, der Ihre Objekte numeriert, sowie den Ausgabebefehl \thepoemcnt definieren. Der Grundbefehl, hier die poem-Umgebung, erzeugt das Objekt, indem er den aktuellen Objektzähler um Eins weiterschaltet, ihn ausdruckt und das Objekt mit Überschrift oder Titel versieht.

Wichtig ist das Hinzufügen des Objekttitels in die Hilfsdatei, anhand derer später das Verzeichnis erstellt wird, anhand von \addcontentsline:

\addcontentsline{lop}{poem}{<Eintrag>}

Die richtige Hilfsdatei wird durch die Kurzbezeichnung identifiziert, anstelle der Objekttypen chapter oder section wie in Abschnitt 3.8.1 tritt hier der Typ poem in Erscheinung. Der eigentliche Eintrag besteht aus dem Titel, bei der poem-Umgebung ist dies deren Parameter #1.

\l@... formatiert Einträge

Die vorstehenden Angaben verknüpfen den Eintrag mit dem Makro l@poem, das den Verzeichniseintrag beim Einlesen der Hilfsdatei formatiert. Sie kennen ähnliche Makros \l@... bereits aus Abschnitt 3.8.2; hier sehen Sie, daß nicht nur Objekten vom Typ chapter oder section, sondern auch eigenen Objekttypen solche Makros zugeordnet sind. Das Makro besitzt zwei Parameter; #1 enthält den Titel, #2 die Seitenzahl. Das folgende Beispiel trennt Titel und Seitenzahl durch eine gepunktete Linie:

\newcommand{\l@poem}[2]{#1\dotfill#2\\}

Parameter von \l@...

Das Makro erhält von \addcontentsline den <Eintrag> als Parameter #1. Die Seitenzahl (Parameter #2) wird von \addcontentsline automatisch hinzugefügt.

Wie kommt die laufende Nummer ins Verzeichnis?

Damit die Einträge im Verzeichnis durchnumeriert werden, schreibt die poem-Umgebung anstelle des einfachen Titels eine Kombination aus Objektzähler und Titel in die Hilfsdatei, <Eintrag> ist folgendermaßen aufgebaut:

\protect\numberline{\thepoem} <Titel>

Einlesen der Hilfsdatei

Schließlich benötigen Sie den Befehl, der das Verzeichnis anlegt und ausgibt. Analog \listoffigures, wird er im Beispiel \listofpoems genannt. Mit ihm wird zunächst ein neuer \chapter*-Abschnitt begonnen, um das Verzeichnis auf einer eigenen Seite zu plazieren. Mit einem \markboth-Befehl werden die korrekten Eintragungen in den Kopfzeilen durchgeführt. Schließlich soll das Verzeichnis immer einspaltig gesetzt werden, selbst wenn das restliche Buch ein zweispaltiges Layout aufweist. Mit den if-Abfragen wird daher geprüft, ob zweispaltige Formatierung vorliegt und diese gegebenenfalls mit \onecolumn kurzfristig aufgehoben werden muß. Die Hauptaufgabe des \tableof...-Befehls liegt jedoch darin, die mit Informationen gefüllte Hilfsdatei einzulesen. Sie können dazu auf das Makro \@starttoc{<Endung>} zurückgreifen, mit der Endung lop für das Beispiel. Vorteilhaft ist hierbei, daß LaTeX selbständig kontrolliert, ob die Datei bereits vorhanden ist oder erst angelegt werden muß und das Öffnen und Schließen übernimmt. Sie sind nicht darauf beschränkt, das \@starttoc-Makro im Kontext eines \tableof...-Befehls benutzen, Sie können es an der Stelle, an der das Verzeichnis eingelesen werden soll, etwa im Fließtext, innerhalb von Parboxen oder in Bildern, einsetzen. Auf diese Weise kann das Kurzinhaltsverzeichnis auf der Titelseite einer Zeitung erzeugt werden, was das Thema des nächsten Abschnittes ist.

\@starttoc

Es ist noch anzumerken, daß Sie mit \addtocontents und \addcontentsline auch im normalen Fließtext in Ihre eigenen Hilfsdateien, deren Endungen Sie angeben müssen, schreiben können, so wie Sie es von den Verzeichnissen toc, lof und lot gewohnt sind. Ein Eintrag in das Gedichtverzeichnis könnte mit

`\addtocontents{lop}{\addvspace{1ex}Weitere Gedichte}`

erfolgen, um die Zeile »Weitere Gedichte« an der entsprechenden Stelle im Verzeichnis auszugeben, angeführt von einem vertikalen Leerraum von 1 ex Höhe. Möchten Sie schließlich eine Umgebung für gleitfähige Objekte schreiben, die in Verzeichnissen aufgeführt werden, lesen Sie bitte in Abschnitt 3.5.4 nach.

3.8.4 Umgestaltung der Verzeichnisseite

In diesem Abschnitt soll gezeigt werden, wie Sie ein Inhaltsverzeichnis in die Seitengestaltung integrieren. Über den \tableofcontents-Befehl hinaus werden Sie lernen, Verzeichnisse in anderer Form erscheinen zu lassen. Es wird an einem Beispiel gezeigt, wie in einem zweispaltigen Zeitschriften-Layout das Verzeichnis in einem umrandeten Kasten in einer Spalte gesetzt wird. Abbildung 3.16 illustriert das beschriebene Erscheinungsbild. Es wurde unter Zuhilfenahme von tocart.sty erstellt. Dieses Paket stellt Befehle zur Verfügung, mit denen Sie eine Zeitschrift wie folgt erzeugen können:

`tocart.tex`

```
\title{Perls interaktive Möglichkeiten}
\maketitle\shorttoc

\noindent In dieser Zeitschrift sollen Sie erfahren...

\article{Suchen und Ersetzen}
  {Such- und Ersetzungsvorgänge in mehreren
   Dateien ohne Editoraufruf}
  {Ingo Klöckl}
Eine der elementaren Aufgaben ...
```

Der grundlegende Befehl

`\article`

`\article{<Kurztitel>}{<Beschreibung>}{<Autor>}`

trägt einen <Kurztitel> als Blickfang, eine etwas ausführlichere <Beschreibung> sowie den Autorennamen in die Hilfsdatei ein. Eingelesen und gesetzt wird das Verzeichnis mit dem Befehl \shorttoc.

`\shorttoc`

`tocart.sty`

```
 1  \RequirePackage{calc}
 2
 3  \newcommand{\shorttocname}{Inhalt}
 4  \newcommand{\shorttoc}
 5    {{\setlength{\fboxsep}{3mm}
 6      \noindent
 7      \fbox{%
 8        \begin{minipage}{\linewidth - \fboxsep*2}
 9        \setlength{\parskip}{1.5em}
10        \centerline{\Large\bfseries\shorttocname}
11        \par
12        \@starttoc{stc}
13        \end{minipage}}
14        \par
15   }}
16
17  \newcommand{\l@title}[2]{$\bullet$ \textbf{#1}\\
18      \makebox[\linewidth]{\dotfill\hspace{1em}#2}\\}
19  \newcommand{\l@subtitle}[2]{#1\\}
20  \newcommand{\l@author}[2]{{\small Von #1}\par}
21
22  % \article{Titel}{Untertitel}{Autor}
23  \newcommand{\article}[3]
24    {\@startsection{section}{1}{0pt}
25        {-3.5ex plus-1ex minus -.2ex}
26        {2.3ex plus .2ex}
27        {\normalfont\Large\bfseries}*{#1}
```

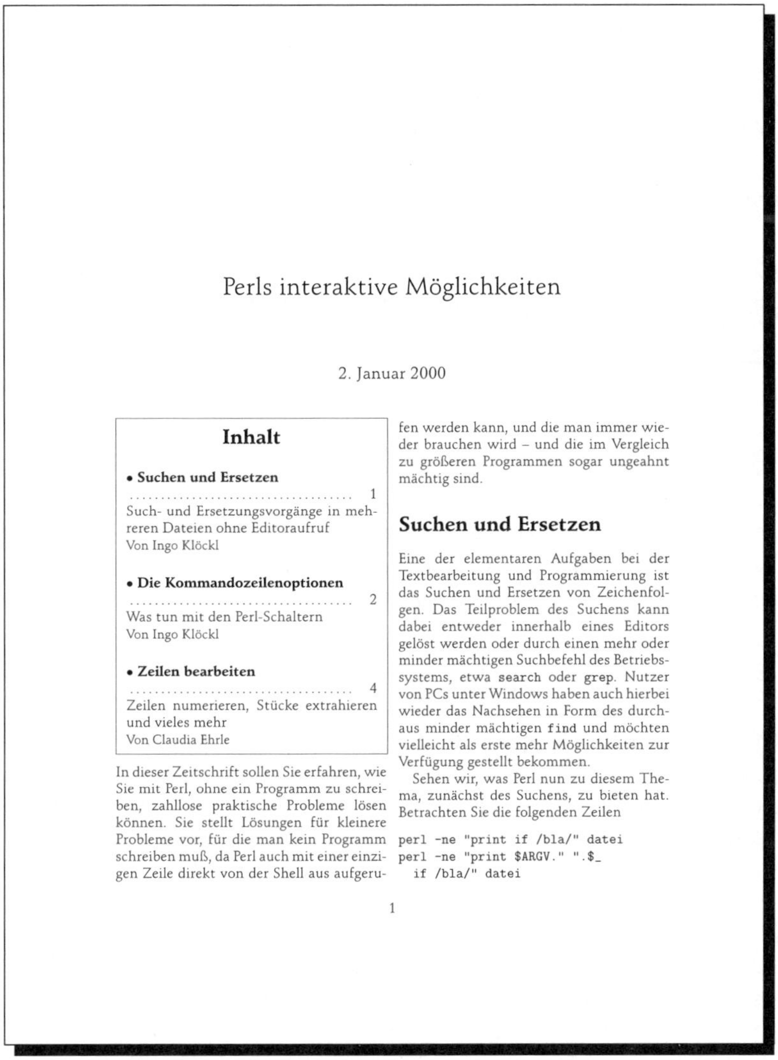

Abbildung 3.16
Beispiel für eine komplett neu gestaltete Seite für das Inhaltsverzeichnis

```
28    \addcontentsline{stc}{title}{#1}
29    \addcontentsline{stc}{subtitle}{#2}
30    \addcontentsline{stc}{author}{#3}
31    }
```

An die Stelle von \tableofcontents tritt der Befehl \shorttoc, der die Hilfsdatei, die den Namen \jobname.stc trägt, in einer eingerahmten Box setzt. Im Gegensatz zu \tableofcontents, der für das Verzeichnis mit \chapter* ein unbeziffertes Kapitel mit Seitenumbruch erzeugt, tritt das umrandete Verzeichnis im Text auf, ohne die restliche Seitengestaltung zu verändern.

Die \l@...-Befehle formatieren die drei Arten von Einträgen in der Hilfsdatei (Titel, Beschreibung und Autor). Da bei den beiden letzten Arten das erneute Auftreten der Seitenzahlen unerwünscht ist, machen die Makros \l@subtitle und \l@author keinen Gebrauch vom zweiten Parameter #2. Der Grundbefehl \article wird als neuer Gliederungsbefehl mit \@startsection definiert. Er trägt seine Argumente mit den drei verschiedenen Formatierungen in die Hilfsdatei ein. Da Artikel in Zeitschriften gewöhnlich nicht numeriert werden, wird in Zeile 27 automatisch die Sternform des Gliederungsbefehls gewählt.

3.9 Die Bibliographie

In diesem Abschnitt soll gezeigt werden, wie Sie Literatur-Datenbanken zur Erzeugung der Bibliographie aufbauen und das Layout der erstellten Bibliographien gemäß Ihren Vorgaben verändern können.

3.9.1 Literaturzitate

Im Zusammenhang mit Literaturzitaten wurde eine Reihe von Paketen entwickelt, die es erlauben, Literaturangaben zusammenzufassen oder im Text zu markieren. Das erste Paket cite stellt folgende Funktionen bereit (die .sty-Dateien enthalten die Dokumentation im ASCII-Format, und zwar nach dem \endinput-Befehl):

drftcite
❑ Mit drftcite können die Ziele von Zitaten als Labeltext ausgegeben werden, was die Korrektur des Textes unter Umständen vereinfacht.

cite
❑ cite faßt Nummernbereiche zusammen, das heißt die Angabe »[3, 5, 6, 7, 10]« wird als »[3, 5–7, 10]« dargestellt.

overcite
❑ overcite faßt mehrere Zitatstellen wie cite.sty zusammen, stellt die Angaben aber insgesamt als geklammerter Exponent dar: »$^{(3,\ 5-7,\ 10)}$«.

chapterbib
❑ chapterbib schließlich erlaubt die Erstellung von mehreren Literaturverzeichnissen, etwa nach jedem Kapitel oder Teil eines Buches.

Mehrfache Bibliographien
Das Paket chapterbib erlaubt die Erstellung mehrfacher Bibliographien. Ursprünglich war es dazu gedacht, für jede \include-Datei

eines größeren Projektes ein Literaturverzeichnis zu erzeugen, Benutzer von BibTeX schreiben hierzu in jede dieser Dateien einen eigenen \bibliography-Befehl. Möchten Sie BibTeX nicht benutzen und auch keine \include-Dateien verwenden, können Sie per Hand eine thebibliography-Umgebung an die gewünschten Stellen schreiben. Der Geltungsbereich jeder dieser Bibliographien wird dann mit der cbunit-Umgebung markiert:

```
\begin{cbunit}\chapter{...} ...
\begin{thebibliography}{99} ...
\end{thebibliography}
\end{cbunit}

% nächste Bibliographie-Einheit
\begin{cbunit}\chapter{...} ...
\begin{thebibliography}{99} ...
\end{thebibliography}
\end{cbunit}
```

Innerhalb der einzelnen cbunit-Umgebungen sind die Textmarken der eingeschachtelten Bibliographie bekannt und können verwendet werden, ohne die der anderen Verzeichnisse zu stören.

3.9.2 Artikel in chemischen Zeitschriften

Das Paket achemso erfüllt die Bedürfnisse der Autoren nach einer Anpassung der Literaturangaben wissenschaftlicher Artikel gemäß den Forderungen der American Chemical Society. Aus diesem Paket wird das Paket overcite (s. o.) geladen, das daher ebenfalls installiert sein muß. Die Literaturangaben werden als geordneter Exponent dargestellt, die zugehörigen Bibliographien gemäß den Richtlinien der amerikanischen Journale ausgegeben.

achemso

3.9.3 Literaturzitate in Textform

Das Paket natbib kommt all denen entgegen, die als Markierung in Literaturzitaten nicht die bekannte Numerierung [2] wünschen, sondern eine textorientierte Wiedergabe mit Autorenname und Erscheinungsjahr, wobei verschiedene Möglichkeiten bereitstehen (»Jones (1990) sagt ...«, »(Jones, 1990)«, »(in: Jones, 1990)«). Die Idee ist, die Textreferenz aus einer kombinierten Autoren-/Jahresangabe in den einzelnen \bibitem-Befehlen zu generieren. Aus dem Eintrag

natbib

```
\bibitem[Jander, J.(1982)]{ja1} Jander, J., ...
```

kann die Referenz »(Jander, 1982)« oder »Jander (1982)« erzeugt werden. In runde Klammern eingefaßte Zahlen werden also als Jahresangabe aufgefaßt.

Wenn Sie die Bibliographie nicht manuell erstellen möchten, können Sie BibTeX zusammen mit `natbib` benutzen. Hierfür werden die Stildateien `plainnat.bst` und `abbrvnat.bst` sowie `unsrtnat.bst` bereitgestellt. Als BibTeX-Anwender müssen Sie keine besonderen Eingaben hinsichtlich der Autoren- oder Jahresangaben machen.

3.9.4 Das Paket `footbib`

footbib   Schließlich sei noch das Paket `footbib` angesprochen. Es ermöglicht das Erzeugen von Literaturangaben in Fußnoten, wobei Bereiche angegeben werden können, innerhalb derer die gleichen Literaturstellen nur beim ersten Referieren gedruckt werden.

3.9.5 Bibliographien mit BibTeX

BibTeX ist ein Hilfsprogramm, das es gestattet, die Bibliographie eines Buches anhand einer von dem betreffenden Projekt unabhängigen Literatur-Datenbank zu erstellen. In dieser Datenbank können Sie alle Titel sammeln, auf die Sie verweisen wollen, und vermeiden so die ständige Neueingabe bereits vorhandener Information. Weiterhin können Sie mit BibTeX auf vorgefertigte Layoutvorlagen zurückgreifen und müssen so nicht jeden Buchtitel mit denselben Formatierungen versehen. Bibliographiestile existieren in vielen Varianten, so auch in speziellen Verlags- und Zeitschriftenstilen. Sie finden BibTeX in

`CTAN/bibliography/bibtex`

Anwendung

Alles kommt aus der Datenbank   Die angesprochene Literatur-Datenbank existiert in Form einer Textdatei, in der die einzelnen Bücher mit ihren Daten (Titel, Autor, Verlag und andere Angaben) und einem Schlüssel stehen, der exakt dem Schlüsselwort des `\bibitem`-Kommandos entspricht. Sie müssen nur noch im Dokument die `\cite`-Befehle niederschreiben und BibTeX mitteilen, in welcher Datenbank die Buchtitel zu finden sind. Das Programm erzeugt daraufhin eine komplette `thebibliography`-Umgebung ausschließlich mit den referierten Titeln, die in konsistenter Weise formatiert und zudem sortiert sind. Durch Wahl eines Verzeichnisstiles können Sie zwischen mehreren Varianten der Ausgabe wählen, ohne jeden Titel einzeln editieren zu müssen. Das Gerüst, das Sie beim Arbeiten mit BibTeX verwenden, ist einfach:

3.9 Die Bibliographie

```
\begin{document}
\bibliographystyle{<Stil>}
```
\bibliographystyle

`...\cite{label}...\cite{label2}...`

`\bibliography{<Datenbank>[, <Datenbank>...]}` \bibliography

Zu Beginn des Dokumentes müssen Sie die gewünschte Formatierung festlegen, wobei Sie für `<Stil>` unter den in Tabelle 3.6 aufgeführten Möglichkeiten wählen können. Die Bibliographie wird an der Stelle des `\bibliography`-Kommandos erzeugt und setzt sich nur aus den Titeln zusammen, die durch `\cite`-Befehle referiert wurden. Die Namen der Datenbank(en), in der oder in denen die weiteren Informationen zu finden sind, stellen die Parameter des Kommandos dar. Diese Dateien besitzen die Endung `.bib` und werden in Abschnitt 3.9.5 ausführlich besprochen. Sie werden im Verzeichnis

Format wählen

`/texmf/bibtex/bib`

oder in einem Unterverzeichnis davon gespeichert. Zur Aufnahme von Titeln, die nicht ausdrücklich im Text angesprochen wurden, steht außerdem der Befehl `\nocite{label}` zur Verfügung. Er nimmt einzelne Titel ohne Referenz auf.

\nocite

`<Stil>`	Bedeutung
`plain`	Numerierung in arabischen Ziffern, Einträge wie in der Datenbank.
`abbrv`	Wie `plain`, Namen werden soweit wie möglich abgekürzt.
`alpha`	Statt arabischer Ziffern wird eine Nummer aus Autorenkürzel und Herausgabejahr erzeugt.
`unsrt`	Keine Sortierung nach Namen, Reihenfolge wie durch die `\cite`-Befehle vorgegeben.

Tabelle 3.6
Die Standardstile des `\bibliographystyle`-*Befehls*

Wie ist BibTeX nun einzusetzen? Zuerst muß ein normaler LaTeX-Durchlauf stattfinden, der die benötigten Datenbanken in die Hilfsdatei schreibt. Anhand dieser Daten kann BibTeX die Referenzen auflösen, die in einer Hilfsdatei mit der Endung `.bbl` stehen und in zwei weiteren LaTeX-Durchläufen korrekt ausgewertet werden. Insgesamt gehen Sie folgendermaßen vor:

```
latex test
bibtex test
latex test
latex test
```

Mehrere Durchläufe sind nötig

Das Arbeiten mit BibTeX erfordert einige LaTeX-Durchläufe, die die benötigten Informationen schrittweise erzeugen, weiterreichen und auswerten. Abbildung 3.17 stellt das Verfahren schematisch dar. Im ersten Durchlauf wird anhand der `\cite`-Befehle im Dokument (hier `test.tex`) festgestellt, welche Titel zitiert und welcher Bibliographie-Stil (hier `abbrev`) benutzt werden soll und diese Information in der Datei mit der Endung `.aux` festgehalten. Von dort kann sie das BibTeX-Programm auslesen und in einer Datei mit der Endung `.bbl` die erforderlichen Informationen in Form einer kompletten `thebibliography`-Umgebung bereitstellen. Die Titeldaten werden aus Datenbanken gelesen, die die Endung `.bib` besitzen und im Verzeichnis

`/texmf/bibtex/bib`

liegen. Im Beispiel trägt die Datenbank den Namen `chemie.bib`. Das Ausgabeformat wird mit `\bibliographystyle` festgelegt und durch eine Datei mit der Endung `.bst` (BibTeX-Stildatei) implementiert. Diese liegt im Verzeichnis

`/texmf/bibtex/bst`

oder einem Unterverzeichnis davon. Aus der LaTeX-Datei und der erzeugten `thebibliography`-Umgebung kann in einem zweiten Bearbeitungslauf der Text des Dokumentes komplett generiert werden. Zur korrekten Auflösung aller Literaturverweise ist noch ein dritter, endgültiger LaTeX--Durchlauf erforderlich.

Die Datenbank

Nachdem Sie über die Anwendung von BibTeX Bescheid wissen, stellt sich die Frage, wie die Datenbanken aufgebaut sind. Zuvor soll noch ausdrücklich darauf hingewiesen werden, daß eine Datenbank aus mehreren einzelnen Dateien bestehen kann, es müssen lediglich im `\bibliography`-Befehl die aktuell benötigten Datenbankdateien namentlich gekennzeichnet werden. Sie können so Ihre Bücher in Fachgebietsdateien abspeichern, etwa als `chemie.bib` für chemische Werke, `mathe.bib` für mathematische Unterhaltung und `versch.bib` für sonstige Titel.

Jeder Eintrag in einer Datenbank besitzt einen Typ, der die verschiedenen Druckerzeugnisse widerspiegelt (Bücher, Berichte in Büchern und Sammelwerken, Artikel in Zeitungen, die Zeitungen selbst, unveröffentlichte Mitteilungen, selbstverlegte Broschüren, Konferenzbände) und besteht aus einer Sammlung von Einzelinformationen, sogenannten Feldern (Titel, Autor, eventuell Verlag, Ort, Erscheinungsjahr). Solche Einzelinformationen sind entweder obligatorisch

3.9 Die Bibliographie

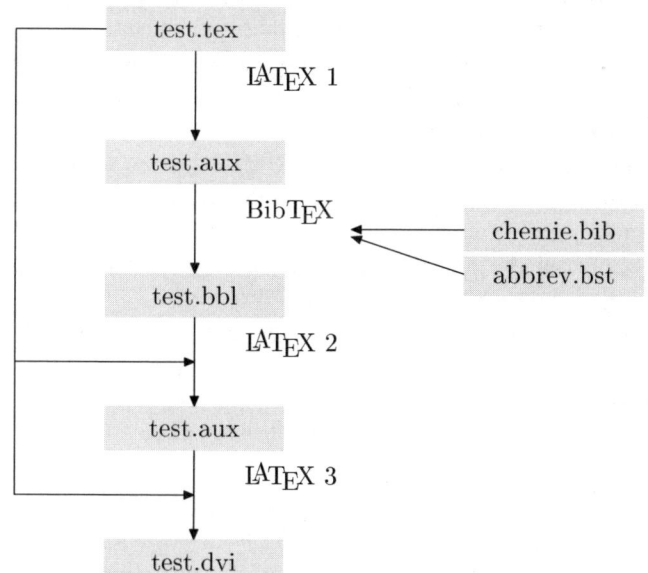

Abbildung 3.17
Ablauf einer vollständigen LaTeX-Übersetzung von `test.tex`

(müssen für einen vollständigen und wohlgeordneten Eintrag vorhanden sein), optional (die Information wird verwendet, falls sie vorhanden ist) oder überflüssig (sie werden sowieso nicht verwertet). Diese Klassifizierung ist vom Typ des Werkes abhängig. In der folgenden Übersicht sind alle Typen aufgeführt. Die einzelnen Arten von Druckerzeugnissen nach der Einordnung von BibTeX sind also:

Typen von Publikationen

article Ein Artikel aus einer Zeitung, einer Zeitschrift oder einem Journal. Obligatorische Felder: `author`, `journal`, `title`, `year`. Optionale Felder: `month`, `note`, `number`, `page`, `volume`.

book Ein Buch, das in einem Verlag erschienen ist. Obligatorisch: `author` oder `editor`, `publisher`, `title`, `year`. Optional: `address`, `edition`, `month`, `note`, `volume` oder `number`, `series`.

booklet Ein gedrucktes und geheftetes Werk, das im Selbstverlag herausgegeben wurde. Obligatorisch: `title`. Optional: `address`, `author`, `howpublished`, `month`, `note`, `year`.

inbook Ein Auszug aus einem Buch, der aus einem Beitrag, einem Kapitel oder auch aus Seiten bestehen kann. Obligatorisch: `author` oder `editor`, `chapter` und/oder `pages`, `publisher`, `year`. Optional: `address`, `edition`, `month`, `note`, `series`, `type`, `volume` oder `number`.

incollection Ein Auszug aus einem Buch, der eine eigene Überschrift besitzt. Obligatorisch: `author`, `booktitle`, `publisher`, `title`, `year`. Optional: `address`, `chapter`, `edition`, `editor`, `month`, `note`, `pages`, `series`, `type`, `volume` oder `number`.

inproceedings Ein Konferenzbeitrag. Obligatorisch: `author`, `booktitle`, `title`, `year`. Optional: `address`, `editor`, `month`, `note`, `pages`, `organization`, `publisher`, `series`, `volume`, `number`.

manual Ein technisches Handbuch. Obligatorisch: `title`. Optional: `address`, `author`, `edition`, `month`, `note`, `organization`, `year`.

masterthesis Eine Diplom- oder Magisterarbeit. Obligatorisch: `author`, `school`, `title`, `year`. Optional: `address`, `month`, `note`, `type`.

misc Benutzen Sie diesen Typ, wenn sonst nichts paßt. Optional: `author`, `howpublished`, `month`, `note`, `title`.

phdthesis Eine Dissertation. Obligatorisch: `author`, `school`, `title`, `year`. Optional: `address`, `month`, `note`, `type`.

proceedings Ein Konferenzband. Obligatorisch: `title`, `year`. Optional: `address`, `editor`, `month`, `note`, `organization`, `publisher`, `series`, `volume` oder `number`.

techreport Ein Artikel oder Bericht, der von einer Institution (Universität, Rechenzentrum, Behörde) herausgegeben wird und gewöhnlich innerhalb einer Serie mit Angabe der Bandnummer erscheint. Obligatorisch: `author`, `institution`, `title`, `year`. Optional: `address`, `month`, `note`, `number`, `type`.

unpublished Ein Werk, dessen Autor bekannt ist, das aber nicht veröffentlicht wurde. Obligatorisch: `author`, `note`, `title`. Optional: `month`, `year`.

Felder von BibTeX

Die Bedeutung der einzelnen Felder lehnt sich an ihren Namen an:

address Die Anschrift des Verlags, die bei großen und bekannten Verlagshäusern meist fortgelassen wird, bei kleinen aber eine hilfreiche Information sein kann.

author Der oder die Namen der Verfasser.

booktitle Der Titel des Buches, aus dem einzelne Teile zitiert werden.

chapter Eine Kapitelnummer.

crossref Ein Feld für interne Querverweise von einem Werk auf ein anderes.

edition Eine Ordinalzahl, die die Auflage kennzeichnet, zum Beispiel »Zweite«.

editor Der Name des Herausgebers.

howpublished Eine etwas ungewöhnliche, hier näher bezeichnete Form der Veröffentlichung (zum Beispiel »Auf Flugblättern«).

institution Das initiierende Institut eines technischen Berichtes.

journal Eine Zeitschrift.

key Wird zum alphabetischen Sortieren und Konstruieren einer Marke benutzt, wenn das `author`-Feld leer ist.

month Der Erscheinungsmonat des Werkes.

note Hier kann weitere Information für den Leser stehen.

number Die Nummer einer Zeitschrift oder eines Bandes innerhalb einer Serie.

organization Die Organisation, die eine Konferenz veranstaltet oder ein Werk herausgegeben hat.

pages Eine oder mehrere Seitenzahlen oder Seitenbereiche, etwa 3, 5–10, 20.

publisher Der Verleger des Werkes.

school Die Hochschule oder Institution, an der die Arbeit verfasst wurde.

series Der Name einer Reihe oder einer Serie von zusammengehörenden Büchern.

title Der Titel des Werkes.

type Das Wesen eines technischen Berichtes, etwa »Bedienungsanleitung«.

volume Die Nummer eines Bandes einer Reihe oder eines über mehrere Bände verteilten Werkes.

year Das Erscheinungsjahr.

Ein weiteres Feld ist das Labelfeld (der erste Eintrag des Werkes), mit dem der Titel im \cite-Befehl referiert wird. Es entspricht der Textmarke eines \bibitem-Kommandos. Als Anschauungsmaterial soll die Datei chemie.bib dienen, die die Bibliographie aus Abbildung 3.18 auf der nächsten Seite erzeugt. Wie Sie bemerken werden, ist BibTeX nicht darauf eingerichtet, Bibliographien für den deutschen Sprachraum zu erzeugen. Dies liegt weniger an BibTeX selbst als am verwendeten Bibliographiestil. Die Standardstile des Programms benutzen durchgehend englische Begriffe, die nicht konfigurierbar sind. Für eine deutschsprachige Fassung der Bibliographie müssen Sie einen entsprechenden Stil bereitstellen, was Thema des Abschnitts 3.9.6 ist, oder ihn unter der großen Anzahl fertiger Bibliographistile ausfindig machen.

In der Literatur-Datenbank finden sich Einträge für Bücher (@book), für eigenständige, von verschiedenen Autoren verfaßte Auszüge aus Büchern (@incollection), Dissertationen (@phdthesis) und Artikel aus Zeitschriften (@article). Beachten Sie, wie im Eintrag @incollection der Querverweismechanismus (Feld crossref) benutzt wird, um auf das übergeordnete Werk zu verweisen.

```
@article{ ch:katena,
  author   = {Schill, G. and L{\"u}ttringhaus, A.},
  title    = {Die gezielte {S}ynthese von
    {K}atenaverbindungen},
  journal  = {Angew. Chemie},
  year     = 1964,
```

Abbildung 3.18
Bibliographie, die Bücher, Artikel, Dissertationen und Querverweise enthält

Allgemein einführende Werke in die qualitative Analytik sind die Werke von Jander ([JH72]) und anderen ([KP76]). Die quantitative Analytik wird in den Werken [JJ85, Poe87] sowie speziell für die Wasseranalytik in [Höl79] abgehandelt. An Arbeiten über Abwasser ist [Rüf79] zu nennen. Thematisch unpassende Werke sind [Pen92] und [SL64].

Literatur

[Höl79] Karl Höll. *Wasser*. de Gruyter, sixth edition, 1979.

[JH72] Gerhart Jander and Helmut Hofmann. *Qualitative Analyse*. Number 2619 in Sammlung Göschen. de Gruyter, 1972.

[JJ85] Gerhart Jander and Karl Friedrich Jahr. *Maśanalyse*. de Gruyter, tenth edition, 1985.

[KP76] Annelore Köster-Pflugmacher. *Qualitative Schnellanalyse der Kationen und Anionen*. Number 2605 in Sammlung Göschen. de Gruyter, sixth edition, 1976.

[Pen92] Heikki Penttilä. *Studies of very Neutron-rich Odd-mass Nuclei with $109 \leq A \leq 119$*. PhD thesis, Department of Physics, University of Jyväskylä, Finland, 1992. Research Report 1/1992.

[Poe87] Walter Poetke. *Praktikum der Maanalyse*. Harri Deutsch, third edition, 1987.

[Rüf79] Hans Rüffer. Untersuchung und Beurteilung von Abwasser. In *Wasser* [Höl79].

[SL64] Gottfried Schill and A. Lüttringhaus. Die gezielte Synthese von Katenaverbindungen. *Angew. Chemie*, 76:567ff., 1964.

1

```
  volume    = 76,
  pages     = {567ff.}
}
@incollection{ ch:abwasser,
  author    = {Hans R{\"u}ffer},
  title     = {Untersuchung und {B}eurteilung
    von {A}bwasser},
  booktitle = {Wasser},
  publisher = {de Gruyter},
```

```
  year      = {1979},
  crossref  = {ch:wasser}
}
@book{ ch:jander,
  author    = {Jander, G. and Hofmann, Helmut},
  title     = {Qualitative Analyse},
  publisher = {de Gruyter},
  number    = {2619},
  series    = {Sammlung G{\"o}schen},
  year      = {1972}
}
@book{ ch:koster,
  author    = {K{\"o}ster-Pflugmacher, Annelore},
  title     = {Qualitative Schnellanalyse der
    Kationen und Anionen},
  publisher = {de Gruyter},
  edition   = {sixth},
  number    = {2605},
  series    = {Sammlung G{\"o}schen},
  year      = {1976}
}
@book{ ch:janderjahr,
  author    = {Jander, G. and Jahr, Karl F.},
  title     = {Ma{\"s}analyse},
  publisher = {de Gruyter},
  edition   = {tenth},
  year      = {1985}
}
@book{ ch:poetke,
  author    = {Poetke, Walter},
  title     = {Praktikum der Maßanalyse},
  publisher = {Harri Deutsch},
  edition   = {third},
  year      = {1987}
}
@book{ ch:wasser,
  author    = {H{\"o}ll, Karl},
  title     = {Wasser},
  publisher = {de Gruyter},
  edition   = {sixth},
  year      = {1979}
}
@phdthesis{ kch:pentila,
  author    = {Penttil{\"a}, Heikki},
```

```
  title    = {Studies of very Neutron-rich Odd-mass
    Nuclei with 109$\leq$A$\leq$119},
  school   = {Department of Physics,
    Univ. Jyv{\"a}skyl{\"a}, Finland},
  note     = {Research Report 1/1992},
  year     = {1992}
}
```

Die Abbildung wurde mit der folgenden Eingabedatei erzeugt.

```
\documentclass[a4paper]{article}
\usepackage{german}
\usepackage[latin1]{inputenc}
\begin{document}
\bibliographystyle{alpha}

Allgemein einführende Werke in die qualitative Analytik
sind die Werke von Jander (\cite{ch:jander}) und anderen
(\cite{ch:koster}). Die quantitative Analytik wird in
den Werken \cite{ch:janderjahr,ch:poetke} sowie speziell
für die Wasseranalytik in \cite{ch:wasser} abgehandelt.
An Arbeiten über Abwasser ist \cite{ch:abwasser}
zu nennen.

Thematisch unpassende Werke sind
\cite{kch:pentila} und \cite{ch:katena}.

\bibliography{chemie}
\end{document}
```

Groß- und Kleinschreibung

Betrachten Sie nun die Einträge der Felder **author** und **title** näher. Sie werden feststellen, daß zuweilen die großgeschriebenen Anfangsbuchstaben von Wörtern in Klammern eingeschlossen wurden. Je nach Art des Eintrags werden im Englischen im Titel die einzelnen Wörter (außer Präpositionen und anderen kleinen Wörtern) durchgehend mit großen Anfangsbuchstaben gesetzt (Buchtitel), bei Artikeln dagegen Kleinbuchstaben bevorzugt. Bei deutschsprachigen Artikelüberschriften kann dies zu Schwierigkeiten führen, wie in »Synthese von Katenaverbindungen«, da im Begriff »Katena« die Großschreibung beibehalten werden soll. BibTeX ändert nun die Groß- oder Kleinschreibung nur in nichtgeklammerten Wörtern, von der äußeren Klammer abgesehen. Setzen Sie daher die Großbuchstaben, die nicht verändert werden sollen, oder das ganze Wort in ein weiteres Klammerpaar (etwa {Titel und {Großschreibung}}), so bleibt dieses Teilstück unverändert!

3.9 Die Bibliographie

Zusätzliche Klammerung kann auch bei der Eingabe von Namen hilfreich sein. Hierzu müssen Sie wissen, daß BibTeX es gestattet, einen Namen aus vier Teilen zusammenzusetzen:

❏ Vorname,

❏ von-Stück (»von«, »de« etc.),

❏ Nachname und

❏ Jr.-Teil, besonders in Amerika geschätzt.

Sie können so Namen von »Peter Nußbaumer« über »Marie-Louise de la Motte-Fouqué« bis zu »James T. Elliot jr.« angeben. Die Angaben werden korrekt behandelt, was die Abkürzung von Vornamen und die Behandlung von Doppelnamen (Maier-Kuckuck) betrifft. BibTeX kennt einige Regeln, nach denen es die Namensangabe korrekt in diese vier Stücke aufspaltet. Angaben wie

```
{Peter Nußbaumer},   {Peter von Nußbaumer}
{Nußbaumer, Peter},  {Marie-Louise de la Motte-Fouqué}
```

können ohne Probleme aufgelöst werden: Vornamen werden durch Komma abgetrennt, der Name wird mit dem oder den Vornamen eingeleitet, die »von«-Teile beginnen stets mit Kleinbuchstaben. Der Fall `{Peter Paul Nußbaumer}` führt somit korrekt zu zwei Vornamen, während die Eingaben

```
{Peter Nußbaumer Matuschka}
{Joseph Graf von Schwarzenberg}
```

(vergessen Sie kurz den üblichen Bindestrich) fälschlich zu den zweiten Vornamen »Nußbaumer« und »Graf« führen und besser als

```
{Peter {Nußbaumer Matuschka}},
{Nußbaumer Matuschka, Peter}
{Graf von Schwarzenberg, Joseph},
{{Graf von} Schwarzenberg, Joseph}
```

eingegeben werden. Der Versuch

```
{Joseph {Graf von} Schwarzenberg}
```

erzeugt lediglich den zweiten Vornamen »Graf von«, der bei Abkürzungen zu »G.« verkürzt würde. Junior-Angaben in Namen geben Sie am besten als `{Klöckl, jr., Ingo}` ein, da die Varianten

```
{Ingo Klöckl jr.},   {Klöckl, Ingo jr.}
```

das Anhängsel »jr.« entweder als Nachnamen auffassen (Klöckl wäre dann der zweite Vorname) oder als zweiten Vornamen. Zusammenfassend sei festgehalten, daß die Eingabeschemata

```
{Vorname von Nachname}
{von Nachname, Vorname}
{von Nachname, junior, Vorname}
```

praktisch alle Namen korrekt erfassen. Ein kleines Problem in Zusammenhang mit dem and-Befehl, der mehrere Autoren voneinander trennt, kann ebenfalls mit Klammern gelöst werden. Die Eingabe

```
{Nestroy, Johann and Grillparzer, Franz}
```

führt zu den zwei Autoren J. Nestroy und F. Grillparzer, eine kulturell minder tätige Firma müssen Sie mit `{{Pommes and Frites GmbH}}` eingeben.

Wenn Sie programmieren, werden Sie anhand der dem BibTeX-Programm beiliegenden Dokumentation die `.bst`-Programme verstehen können, die in einer Postfix-Notation geschrieben sind. Ein Beispiel für eine mögliche und sinnvolle Änderung kann die Ausgabe von Artikelzitaten betreffen: Während die Originalausgabe eines Artikels auf Seite 567 des Bandes 35 im Jahr 1964 wie folgt geschrieben wird: »35:567, 1964«, wird von vielen Journalen oft »567(**35**)1964« gefordert. Sie erreichen diese Darstellung durch die Änderung der Funktionen `article` und `format.num.vol.pages`:

```
FUNCTION {format.vol.num.pages}
{ pages empty$
    { "empty page field in " cite$ * warning$
      ""    }
    { pages }
  if$
  volume empty$
    { "empty volume field in " cite$ * warning$
      ":" *     }
    { "({\bf " * volume * "})" * }
  if$
  year *
}

FUNCTION {article}
{ output.bibitem
  format.authors "author" output.check
  new.block
  format.title "title" output.check
```

```
    new.block
    crossref missing$
      { journal emphasize "journal" output.check
        format.vol.num.pages output
      }
      { format.article.crossref output.nonnull
        format.pages output
      }
    if$
    new.block
    note output
    fin.entry
}
```

Eine weitere sinnvolle Änderung ergibt sich aus der Forderung nach einer deutschsprachigen Anpassung. Sie können zu diesem Zwecke die Standardstildateien kopieren und in ihnen alle feststehenden englischen Begriffe durch deutsche ersetzen.

3.9.6 Eigene Bibliographiestile

Wenn Sie Benutzer von BibTeX sind und eine Zeitschrift mit Artikeln versorgen wollen, die den Stil vorschreibt, kann es zuweilen problematisch sein, einen geeigneten Bibliographiestil zu finden. Wie oben angesprochen, ist es schon schwierig, einen deutschsprachigen Stil zu finden – aber entwickeln Sie ihn doch selbst! Einfach wird es mit `makebst`. Im Paket ist neben der Hauptdatei `makebst.tex` eine Sammlung von Basisstilen in verschiedenen Sprachen vorhanden (`merlin.mbs`, `german.mbs`, `french.mbs` ...), die als Grundlage für eigene Stile dienen. Übersetzen Sie die Hauptdatei `makebst.tex` mit TeX und beantworten Sie der Reihe nach sämtliche Fragen, die Ihnen gestellt werden und die die konkrete Gestaltung des Stiles betreffen, aufbauend auf dem eingangs gewählten Grundstil (`merlin`, `german` oder andere). Wenn Sie alle Layoutfragen beantwortet haben, wird auf Wunsch der persönliche Bibliographiestil erstellt oder eine Batch-Datei mit der Endung `.dbj` erzeugt, in der Sie nach Bedarf noch letzte Korrekturen und Ergänzungen vor der endgültigen Erstellung der Stildatei anbringen können.

3.9.7 Ergänzender Text in der Bibliographie

Nach Vorstellung der Möglichkeiten, die Sie mit fertigen Paketen haben, sollen Sie anhand kleiner und nützlicher Beispiele einen Einblick in die Interna von LaTeXs Bibliographie bekommen. Die in den Beispielen besprochenen Befehle sind in dem Paket `further` enthalten:

3 Modifikationen von LaTeX

`further.sty`
```
 1 % NICHT für BibTeX geeignet!
 2 \newcommand{\furtherhead}
 3   {\textbf{Weitere Literatur}}
 4
 5 \newcommand{\furtherreading}
 6   { \renewcommand{\@biblabel}[1]{$\bullet$}
 7     \bigskip\item[{\normalfont\furtherhead}]}
 8
 9 \newcommand{\bibtext}[1]
10   {\item[{\normalfont\textbf{#1}}]}
```

Texteinsprengsel

Einen ersten Hinweis auf die interne Struktur der Bibliographie erhalten Sie, wenn Sie – wie es häufig gebraucht wird – in der `thebibliography`-Umgebung vor bestimmten Bucheinträgen normalen Text schreiben möchten, um zum Beispiel die Bücher nach einführenden und ergänzenden Werken einzuteilen. Nach dem ersten Bucheintrag klappt das wunderbar, doch immer, wenn Sie vor diesem Eintrag bereits Text schreiben, beschwert sich LaTeX mit der Fehlermeldung

`!LaTeX error: something's wrong- perhaps a missing \item`

Diese zunächst unverständliche Meldung klärt sich rasch, wenn Sie in der Implementationsdatei `latex.ltx` nachlesen und erfahren, daß Bibliographien als *Listen* dargestellt werden. Der erste Eintrag einer Liste muß, wie bereits von `itemize`- oder `enumerate`-Listen her bekannt, ein `\item`-Befehl sein, hier `\bibitem`. Um also Text vor einem `\bibitem` unterzubringen, schreiben Sie

```
\begin{thebibliography}{99}
\item[] \textbf{Einführende Werke und solche,
  die als Klassiker zum Thema zu betrachten sind.}
\bibitem{schill} J. Schill, Schiller als Dramatiker
...
\end{thebibliography}
```

Das Paket `further` enthält diese Sequenz im Befehl

\bibtext   `\bibtext{Einführende Werke ...}`

Weiterführende Literatur

Gelegentlich stellen Einträge in der Bibliographie weiterführende Literatur dar, auf die im Text nicht verwiesen wird. Sie erhalten deshalb keine eigene Nummer und werden beispielsweise nur durch einen

3.9 Die Bibliographie

dicken Punkt abgesetzt. Beispiele finden Sie in diesem Buch in der Bibliographie ab Seite 582. Wenn Sie die Bibliographie manuell erstellen, das heißt die `thebibliography`-Umgebung benutzen, können Sie mit dem Paket `further` einen Abschnitt »Weitere Literatur« einrichten, in dem alle \bibitem-Einträge keine laufende Nummer mehr erhalten, sondern durch einen Punkt markiert sind:

```
\begin{thebibliography}{99}
\bibitem{ja1} Jander, Jahr, Maßanalyse
\bibitem{ja2} Jander, Blasius, Lehrbuch
   der präparativen anorganischen Chemie

\furtherreading

\bibitem{} Knoll, Grundlagen der Analyse
\bibitem{} Peters, Organische Reagenzien
   des Analytikers
\end{thebibliography}
```

[1] Jander, Jahr, Maßanalyse

[2] Jander, Blasius, Lehrbuch der präparativen anorganischen Chemie

Weiterführende Literatur

- Knoll, Grundlagen der Analyse
- Peters, Organische Reagenzien des Analytikers

Das Paket `further` implementiert den Befehl durch Manipulation des LaTeX-Befehls \@biblabel. Er erhält als Parameter die fortlaufende Büchernummer und erzeugt im Normalfall eine in eckige Klammern gesetzte Literaturangabe [1], [2]. Durch die Definition

\@biblabel

```
\renewcommand{\@biblabel}[1]{$\bullet$}
```

wird nur ein Punkt gesetzt. Da die laufende Nummer nicht erscheinen soll, wird der Parameter nicht verwendet. \furtherreading übernimmt neben dieser Definition noch den Satz der Zwischenüberschrift.

In Verbindung mit BibTeX funktioniert das dargestellte Verfahren nicht, da das BibTeX-Programm eigene Befehle nicht interpretiert und der Sortiervorgang die normale und die weiterführende Literatur nicht vermischen darf. Eine Lösung könnte die Verwendung einer separaten Literaturliste sein, die in einem zweiten BibTeX-Durchlauf mit speziellem Bibliographiestil sortiert wird.

3.9.8 Zitatdarstellung

Während das oben angesprochene Makro \@biblabel dazu dient, die Literaturangabe in der Bibliographie zu setzen, wird dies im Text von \@cite vorgenommen. Der Befehl tritt in Funktion, wenn innerhalb des laufenden Textes eine Referenz auf einen Literatureintrag aufgelöst wird. Hierzu erhält \@cite zwei Parameter: zunächst ein bereits aufgelöstes Label oder eine Liste derselben und – so vorhanden – als zweites den optionalen Text (»Seite 15ff.«). Betrachten Sie als Beispiel

\@cite

die Forderung, Literatur nicht als [1], sondern in der Form /10/ oder /12, 13/ anzugeben. Mit \@biblabel können nur die Darstellungen in der Bibliographie selbst geändert werden, Sie müssen vollständig schreiben:

```
1  % Darstellung in Bibliographie
2  \renewcommand{\@biblabel}[1]{/#1/}
3  % Darstellung im Text
4  \renewcommand{\@cite}[2]{/{#1\if@tempswa , #2\fi}/}
```

Im Grunde sind beide Definitionen identisch, nur muß bei Referenzen im Text der optionale Parameter gegebenenfalls durch Komma abgetrennt berücksichtigt werden. Dieser Parameter ist nur vorhanden, wenn der Schalter `if@tempswa` wahr ist.

3.9.9 Mehrere Bibliographien

Es ist durchaus möglich, innerhalb eines Dokumentes mehrere `thebibliography`-Umgebungen zu verwenden – leider beginnt die Zählung der Einträge bei jeder Bibliographie erneut bei Eins, was unter Umständen unerwünscht ist. Durch Hinzufügung eines neuen Zählers für die Einträge können Sie eine Modifikation bereitstellen, die die Zählung über verschiedene Bibliographien hinweg bewahrt. Ein optionaler erster Parameter dient dazu, eine Vorgabe für die Numerierung zu liefern. Fehlt er, beginnt die Zählung bei Eins und läuft über alle Bibliographien hinweg.

`multibib.sty`

```
1   \newcounter{bibcntr}
2   \setcounter{bibcntr}{0}
3
4   \newcommand{\myusecounter}[1]
5     {\@nmbrlisttrue\def\@listctr{#1}}%
6
7   \renewenvironment{thebibliography}[2]           %<
8                                     [\value{bibcntr}]%<
9   {\chapter*{\bibname
10      \@mkboth{\MakeUppercase\bibname}%
11        {\MakeUppercase\bibname}}%
12   \list{\@biblabel{\arabic{bibcntr}}}%            %<
13     {\settowidth\labelwidth{\@biblabel{#2}}%      %<
14      \leftmargin\labelwidth
15      \advance\leftmargin\labelsep
16      \@openbib@code
17      \myusecounter{bibcntr}%                      %<
18      \setcounter{bibcntr}{#1}%                    %<
```

```
19        \renewcommand\thebibcntr{\arabic{bibcntr}}}% %<
20        \sloppy
21        \clubpenalty4000
22        \@clubpenalty \clubpenalty
23        \widowpenalty4000%
24        \sfcode`\.\@m}
25     {\def\@noitemerr
26      {\@latex@warning{%
27        Empty 'thebibliography' environment}}%
28      \endlist
29    }
```

Der Großteil dieses Paketes besteht aus einer Kopie des Originals, es enthält jedoch einen eigenen Zähler für die Einträge und definiert den Befehl \myusecounter, der die Funktion von \usecounter übernimmt, ohne jedoch wie dieser den Zähler mit Null zu initialisieren. Die geänderten Zeilen sind in der Datei mit %< gekennzeichnet. Eine andere Motivation, diesen Befehl in einer eigenen Variante bereitzustellen, die der hier vorhandenen stark ähnelt, haben Sie bereits in Abschnitt 3.7.9 kennengelernt. Neu hinzugekommen ist ein optionaler Parameter der \thebibliography-Umgebung, mit dem Sie einen Startwert für die Zählung vorgeben können. Dieser muß um Eins kleiner sein als der geplante Wert für den ersten folgenden Eintrag. Soll also eine der Bibliographien mit dem Wert 10 beginnen, schreiben Sie

Schon wieder \usecounter

```
\begin{thebibliography}[9]
...
\end{thebibliography}
```

3.10 Das Stichwortverzeichnis (Index)

Gewußt wo – im Stichwortverzeichnis steht's! Ein gutes Buch sollte daher immer über ein hochwertiges Stichwortverzeichnis verfügen. Damit dessen Erstellung nicht das Grauen schlechthin wird, sind in den folgenden Abschnitten einige Programme erläutert, die Ihnen bei der Erstellung, Formatierung und Sortierung behilflich sein und die nötige Arbeit auf ein Minimum reduzieren können.

3.10.1 Bereitstellen der Informationen

Das Stichwortverzeichnis ist einer der wichtigsten Teile eines Buches. Sie benötigen es, wenn Sie das Buch noch nicht auswendig beherrschen, wenn Sie genau wissen, daß diese oder jene Information doch darin zu finden war, aber wo ..., kurz, Sie benötigen es ständig. Aus

Das Stichwortverzeichnis – einfach unentbehrlich!

diesem Grunde hilft Ihnen LaTeX bei der Erstellung eines brauchbaren Stichwortverzeichnisses – aber Vorsicht, Sie müssen selbst die gewünschten Stichwörter und Textstellen angeben, auf die verwiesen werden soll. Viele automatische Stichwort-Generatoren führen im erzeugten »Stichwortverzeichnis« alle Seiten auf, auf denen ein gegebener Begriff überhaupt vorkommt, unabhängig davon, ob diese Referenz nun sinnvoll ist oder das Wort nur zufällig dort erscheint. Um solche unbrauchbaren Stichwortverzeichnisse zu vermeiden, wird in LaTeX folgender Weg beschritten: An den Stellen im Dokument, auf die unter einem Begriff verwiesen werden soll, schreiben Sie den Befehl \index{<Begriff>} Im Vorspann des Dokumentes muß der \makeindex-Befehl verwendet werden, damit LaTeX eine Hilfsdatei öffnet, in die der Begriff mit seiner Seitenzahl geschrieben wird. Das Verzeichnis kann an beliebiger Stelle mit der Umgebung

\index

```
\begin{theindex}
\item <Stichwort>
  \subitem <Unterstichwort>
    \subsubitem <Stichwort3>
\end{theindex}
```

zweispaltig gesetzt werden. Jedes neue Stichwort wird mit einem \item-Befehl erzeugt. Jedes Unterstichwort (»Kochen, Hauptgericht«, »Kochen, Mehlspeisen«), das Teil eines übergeordneten Stichwortes ist, wird durch \subitem- oder \subsubitem-Befehle etwas eingerückt unter den Haupteintrag geschrieben. Der Befehl \indexspace erzeugt eine leere Zeile, die dazu dienen kann, die Einträge eines neuen Anfangsbuchstabens voneinander zu trennen. Es ergibt sich folgendes Schema:

\indexspace

```
\documentclass...
\begin{document}
... \index{...} ... \index{...} ...
\begin{theindex}
  \item Alphabet
    \subitem griechisches
    \subitem hebräisches
  \indexspace
  \item Eisenbahn
\end{theindex}
\end{document}
```

Die Einträge in der theindex-Umgebung müssen leider per Hand vorgenommen werden, wobei Ihnen die durch die \index-Befehle erzeugte Hilfsdatei, deren Name aus dem Namen der LaTeX-Datei und der Dateiendung .idx gebildet wird, wertvolle Dienste leisten wird. Sie enthält Einträge der Form

```
\indexentry{<Eintrag>}{<Seite>}
```
\indexentry

womit Ihnen die Seitenzahl des jeweiligen Eintrags bekanntgemacht wird. Die Anordnung der Einträge in lexikalischer Ordnung und die Zusammenfassung von Seitenbereichen (zum Beispiel »Alphabet, 34–53«) bleibt ebenfalls Ihnen überlassen.

3.10.2 MakeIndex

Hoffentlich sind Sie nach Lektüre des vorangegangenen Abschnittes nicht hoffnungslos erschrocken – die dort geschilderte manuelle Erstellung des Stichwortverzeichnisses ist nicht die einzige Möglichkeit hierzu. Es sind einige leistungsfähige Hilfsprogramme geschrieben worden, die diese Aufgabe automatisieren. Eines davon ist MakeIndex.   *MakeIndex*

Zur korrekten Erzeugung eines wohlformatierten und -sortierten Stichwortverzeichnisses aus den Informationen, die die \index-Befehle liefern, sind wie bei BibTeX einige Bearbeitungsläufe nötig (Abbildung auf der nächsten Seite). In einem ersten LaTeX-Durchlauf werden Ihre Stichwörter (Befehl \index) ungeordnet in eine Hilfsdatei mit der Dateiendung .idx geschrieben. Diese Datei wird vom Programm MakeIndex gelesen, sortiert und das Ergebnis als vollständige theindex-Umgebung in einer Datei mit der Endung .ind abgelegt. Diese Datei wird im zweiten LaTeX-Durchlauf eingelesen und gesetzt. Anhand einer Stildatei teilen Sie MakeIndex mit, wie die Inhalte der .idx-Datei interpretiert werden sollen und welche LaTeX-Befehle zur Erzeugung der theindex-Umgebung benutzt werden. Sie können somit weitreichende Änderungen erzielen, indem Sie einigen Steuerparametern andere Werte zuweisen. Hierbei werden sämtliche Eintragsformen, auch mit Änderung der Sortierreihenfolge, korrekt berücksichtigt. Eventuelle Fehler bei der Eingabe der Stichwörter werden von MakeIndex in einer Datei mit der Endung .ilg gespeichert. Anhand der Zeilennummern, die auf die Zeilen in der .idx-Datei verweisen, können Sie die fehlerhaften \index-Kommandos finden. Die Stildatei besitzt die Endung .ist (Indexstil) und muß in oder   *.ist-Datei*
unter dem Verzeichnis

```
/texmf/makeindex
```

stehen. Die Stichwort-Stildatei wird beim Aufruf mit der Option -s angegeben:

```
makeindex -s test.ist test
```

Dieser Aufruf erzeugt aus text.idx eine Indexumgebung test.ind unter Verwendung der Stildatei test.ist. Damit das erzeugte sortierte Stichwortverzeichnis in das Dokument eingebunden wird, benutzen Sie das Paket makeidx und schreiben an der gewünschten   *makeidx*
Stelle den Befehl \printindex.   *\printindex*

Abbildung 3.19
Bearbeitungsgänge für die Erstellung eines Stichwortverzeichnisses

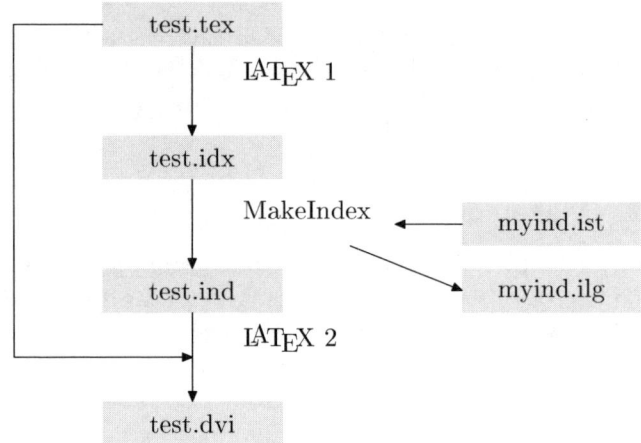

Eingabe der Einträge

Wie bereits angesprochen, entstammen die Informationen, die von MakeIndex verwendet werden, den \index-Befehlen, die Sie im Dokument einsetzen. Speziell für deutschsprachige Autoren stellt sich die Frage, in welcher Form die heimischen Sonderzeichen und die Sortierreihenfolge festgelegt werden. Dies soll in kürzester Form anhand eines Testdokumentes gezeigt werden:

```
% File test.tex
\documentclass{report}
\usepackage{german,makeidx}
\makeindex
\begin{document}
\index{"Ols"aure (normal)}
\index{""Ols""aure (speziell)}
\index{Olsaure@""Ols""aure (optimal)}
\index{Oleum}
\index{Lipide!"Ols"aure (normal)}
\index{Lipide!Olsaure@""Ols""aure (optimal)}
\printindex
\end{document}
```

Die Bearbeitung des Dokumentes mit der Befehlsfolge

```
latex test
makeindex test
latex test
```

3.10 Das Stichwortverzeichnis (Index)

zeigt, daß der Eintrag `"Ols"aure (normal)` für die Ölsäure in der gewohnten Form mit deutscher Sprachanpassung die Anführungszeichen unterschlägt (Abbildung 3.20, links). Dies kommt daher, daß MakeIndex das Anführungszeichen als spezielles Befehlszeichen (Quote-Zeichen) interpretiert, mit dem die Sonderbedeutung anderer Zeichen ausgeschaltet werden kann. Es verschwindet sozusagen aus der Eingabe, es verbleibt der Eintrag »Olsaure (normal)«. Das Zeichen kann jedoch mit sich selber gequotet werden, so daß die Eingabe `""Ols""aure (speziell)` zum richtigen Eintrag »Ölsäure (speziell)« führt. Dieser Eintrag wird jedoch am Anfang des Stichwortverzeichnisses in der Abteilung der Sonderzeichen aufgeführt, was meist unerwünscht ist. Die Eingabe `\index{Olsaure@""Ols""aure (optimal)}` ändert daher die Sortierreihenfolge so ab, daß der Eintrag an der Stelle erfolgt, die auch ein Eintrag mit dem Text »Olsaure« besetzen würde. Die Zeichenkette vor dem Zeichen »@« gibt die Position vor, die Zeichenkette nach diesem Zeichen stellt den Eintragstext dar. (Ab MakeIndex 2.13 kann die in Deutschland übliche Sortierreihenfolge auch mit der Option `-g` ohne manuelle Vorgabe erreicht werden.)

Das Beispieldokument zeigt Ihnen auch, wie Sie Unterpunkte zu einem Stichwort kennzeichnen: das Zeichen »!« trennt die erste von den nächsten Ebenen. Auf jeder dieser Ebenen kann mit dem Zeichen »@«die Sortierreihenfolge geändert werden.

Index

Ölsäure (speziell), 1

Lipide
    Ölsäure (optimal), 1
    Olsaure (normal), 1

Oleum, 1
Ölsäure (optimal), 1
Olsaure (normal), 1

Index

Ölsäure (normal), 1

Lipide
    Ölsäure (normal), 1
    Ölsäure (optimal), 1

Oleum, 1
Ölsäure (optimal), 1

Abbildung 3.20
Zwei Beispiele für das Stichwortverzeichnis: links mit der Eingabe deutscher Umlaute in MakeIndex-Syntax, rechts mit Hilfe der Index-Stildatei `german.ist`

Stichwort-Stildateien

In die Stildatei für MakeIndex schreiben Sie eine Reihe von Schlüsselwörtern und Werten. Ein Wert wird durch ein Leerzeichen von seinem Schlüssel abgetrennt. Für jedes neue Schlüsselwort verwenden Sie eine neue Zeile. Es stehen Ihnen zur Beschreibung der Eingabedatei die in Tabelle 3.7 genannten Werte und für die Ausgabebeschreibung die in den Tabellen 3.8 auf Seite 202 und 3.9 auf Seite 203 aufgeführten Schlüssel zur Verfügung. Einzelne Zeichen müssen dabei in einfache Hochkommata »'« eingeschlossen werden, Zeichenketten in Anführungszeichen. Numerische Werte sind ganzzahlig. Bei der Eingabe von LaTeX-Befehlen müssen Sie den Backslash »\« verdoppeln und als »\\« schreiben. Die Angaben \n und \t symbolisieren einen Zeilenumbruch (»newline«) und einen Tabulatorsprung.

Schlüsselwort	Voreinstellung	Beschreibung
actual	'@' (Zeichen)	Trenner zwischen einem Eintragsschlüssel und seiner Darstellung im Stichwortverzeichnis.
arg_open, arg_close	'{','}' (Zeichen)	Die Zeichen, die das \indexentry-Argument umschließen.
encap	'|' (Zeichen)	Zeichen zur Kennzeichnung, daß der folgende Teil des Arguments ein Befehl zur Auszeichnung der Seitenzahl ist.
escape	'\\' (Zeichen)	Zeichen, das das nachfolgende Kontrollzeichen als Text ausgibt (im Normalfall benutzen Sie hierfür das quote-Symbol, aber mit escape können Sie das quote-Zeichen selbst ausgeben).
keyword	"\\indexentry" (String)	Ein String, der angibt, welche Zeichenfolge als Befehl für den Stichworteintrag erkannt wird.
level	'!' (Zeichen)	Trennzeichen zwischen Haupt- und Untereintrag.
quote	'"' (Zeichen)	Maskierungszeichen, das die Befehlsbedeutung für ein nachfolgendes Zeichen aufhebt. Das quote-Zeichen selbst wird durch Voranstellen des escape-Zeichens ausgegeben. (Dieses Zeichen muß bei Benutzung der Notation "a für »ä« in einer MakeIndex-Stildatei geändert werden.)
range_open, range_close	'(', ')' (Zeichen)	Die Zeichen, die den Beginn und das Ende eines Seitenzahlenbereiches kennzeichnen.

Tabelle 3.7
Parameter zur Festlegung des Eingabeformates für die Erstellung des Stichwortverzeichnisses mit MakeIndex

Da die Eingabedatei für MakeIndex von LaTeX erzeugt wird, müssen Sie deren Format normalerweise nicht ändern. Ein wichtiger Sonderfall ist jedoch die bequeme Eingabe deutscher Umlaute in Indexeinträgen. Wie bereits kurz angerissen wurde, ist die Darstellung korrek-

3.10 Das Stichwortverzeichnis (Index)

ter deutscher Stichworteinträge in MakeIndex-Format nicht einfach. Eine kleine Stildatei für MakeIndex kann hier jedoch Abhilfe schaffen und stellt gleichzeitig eine einfache Einführung dar. Betrachten Sie die folgende Datei `german.ist`:

```
quote     '*'
```

`german.ist`

Diese Datei erlaubt es Ihnen, Indexeinträge wie gewohnt einzugeben:

```
% File test1.tex
\documentclass{report}
\usepackage{german,makeidx}
\makeindex
\begin{document}
\index{"Ols"aure (normal)}
\index{Olsaure@"Ols"aure (optimal)}
\index{Oleum}
\index{Lipide!"Ols"aure (normal)}
\index{Lipide!Olsaure@"Ols"aure (optimal)}
\printindex
\end{document}
```

Die Bearbeitung des Dokumentes geschieht nunmehr folgendermaßen:

```
latex test1
makeindex -s german.ist test1
latex test1
```

Mit dieser MakeIndex-Stildatei haben Sie den Stern »*« als neues Quote-Zeichen festgelegt und können somit bedenkenlos die Anführungszeichen zur Eingabe von deutschen Umlauten verwenden (Abbildung 3.20, rechts). Beachten Sie aber, daß nunmehr der Stern ein Sonderzeichen darstellt und gegebenenfalls gequotet werden muß! Es empfiehlt sich daher, als neues Quote-Zeichen ein Zeichen zu wählen, daß möglichst selten in den Stichworten auftritt, im Idealfall überhaupt nicht (diese Bedingung dürfte für den Stern in vielen Fällen zutreffen).

Wie bereits angesprochen, soll in überwiegendem Maße das Format des fertigen Stichwortverzeichnisses geändert werden. Im folgenden sollen daher die Beziehungen der Schlüsselwörter der Tabellen 3.8 und 3.9 zu den Einträgen der `.ind`-Datei dargestellt werden. Betrachten Sie dazu ein Testdokument `test.tex`, das die folgenden Stichworteinträge enthält:

```
\documentclass[a4paper,12pt]{book}
\usepackage{makeidx}
\makeindex
```

Schlüsselwort	Voreinstellung	Beschreibung
preamble	"\\begin{theindex}\n " (String)	Befehle, die zu Beginn der Indexumgebung erzeugt werden.
postamble	"\n \n \\end{theindex}\n " (String)	Befehle zur Beendigung der Indexumgebung.
setpage_prefix	"\n \\setcounter{page}{" (String)	Anfang des Befehls zum Setzen der Startseite des Stichwortverzeichnisses.
setpage_suffix	"}\n " (String)	Ende des Befehls zum Seitensetzen.
group_skip	"\n \n \\indexspace\n " (String)	Befehle, die zwischen zwei Gruppen eingefügt werden (vertikaler Abstand usw.).
headings_flag	0 (Ganzzahl)	Ganze Zahl, die das Verhalten bei Beginn einer neuen Gruppe (Symbole, Nummern, 26 Buchstaben) steuert. Positive Werte fügen einen Großbuchstaben zu Beginn einer neuen Gruppe ein, negative Werte einen Kleinbuchstaben. Null unterdrückt die Gruppenüberschrift.
heading_prefix, heading_suffix	"", "" (String)	Zeichen oder Befehle, die vor/nach der Gruppenüberschrift eingefügt werden.
symhead_positive, symhead_negative	(String)	Überschrift vor den Symboleinträgen für headings_flag positiv/negativ.
numhead_positive, numhead_negative	(String)	Überschrift vor der Zahlengruppe für headings_flag positiv/negativ.

Tabelle 3.8
Parameter zur Formatierung des Stichwortverzeichnisses

```
\begin{document}\mbox{}\index{Mathematik}
\index{Chemie}\index{Chemie!Organik}\index{Chemie!Bor}
\printindex
\end{document}
```

Eingabe für MakeIndex...

Nachdem Sie das Dokument mit LaTeX übersetzt und mit MakeIndex das fertige Stichwortverzeichnis erstellt haben, präsentiert sich dieses wie folgt:

```
\indexentry{Chemie}{1}
\indexentry{Chemie!Organik}{1}
\indexentry{Chemie!Bor}{1}
\indexentry{Mathematik}{1}
```

3.10 Das Stichwortverzeichnis (Index)

Schlüsselwort	Voreinstellung	Beschreibung
item_0,	"\n \\item",	Formatierung zwischen zwei Haupt-, Unter- und Unteruntereinträgen.
item_1,	"\n \\subitem",	
item_2	"\n \\subsubitem"	
item_01	"\n \\subsubitem"	Formatierung zwischen Haupt- und Untereintrag.
item_x1	"\n \\subitem"	Befehle vor einem Untereintrag, wenn der vorhergehende Eintrag keine Seitenzahlen besitzt.
item_12	"\n \\subsubitem"	Formatierung zwischen dem Unter- und dem folgenden Unteruntereintrag.
item_x2	"\n \\subsubitem"	Befehle vor Unteruntereinträgen, wenn der führende Eintrag keine Seitenzahl hat.
delim_0,	", ",	Trennzeichen zwischen einem Eintrag der Hauptebene (der ersten Ebene, der zweiten Ebene) und der ersten Seitenzahl.
delim_1,	", ",	
delim_2	", "	
delim_n	", "	Trennzeichen zwischen zwei Seitenzahlen desselben Eintrages in allen Ebenen. Die Voreinstellung erzeugt eine durch Kommata getrennte Liste von Seitenzahlen.
delim_r	"-"	Trennzeichen, die zwischen den begrenzenden Seitenzahlen eines Seitenzahlenbereichs eingefügt werden.
delim_t	""	Zeichen, die am Ende einer Seitenzahlenliste eingefügt werden.
encap_prefix	"\\"	Ersatzzeichen für den senkrechten Strich bei Befehlen wie |see.
encap_infix	"{", "}"	Linke/rechte Begrenzung für das Argument eines einkapselnden Befehls wie |see.
encap_suffix		
line_max	72	Maximale Zeilenlänge der Ausgabedatei.
indent_space	"\t \t "	Befehle zum Einrücken von umbrochenen Zeilen.
indent_length	16	Einrückungstiefe für umbrochene Zeilen.
suffix_2p,	"", "", ""	Zeichenfolge, die an die (erste) Seitenzahl angehängt wird, wenn das Stichwort auf zwei, drei oder mehr aufeinanderfolgenden Seiten auftritt (z. B. f. und ff.).
suffix_3p,		
suffix_mp		

Tabelle 3.9
Listeneinträge im Stichwortverzeichnis

Jeder Eintrag wird also in ein \indexentry-Kommando umgewandelt. Das resultierende Stichwortverzeichnis ist in Abbildung 3.21 auf der nächsten Seite den einzelnen Schlüsselwörtern zur Formatbeschreibung (unterstrichen) gegenübergestellt.

```
preamble                                      \begin{theindex}
   heading_prefix heading_suffix
   item_0 Chemiedelim_0 1                        \item Chemie, 1
   item_01 Bordelim_1 1                             \subitem Bor, 1
   item_1 Organikdelim_1 1                          \subitem Organik, 1
   group_skip                                    \indexspace
   heading_prefix heading_suffix
   item_0 Mathematikdelim_0 1                    \item Mathematik, 1
postamble                                     \end{theindex}
```

Abbildung 3.21
Korrespondenz zwischen Stichwortverzeichnis und Formatbeschreibung

Zwei praktische Beispiele sollen nun den Einsatz von Stildateien verdeutlichen. Die erste, `idx1.ist`, erzeugt eine dünne Trennlinie zwischen den einzelnen Eintragsgruppen (Buchstabengruppen). Sie markiert die Auslassung des Oberbegriffes bei Unter- und Unteruntereinträgen mit Unterführungszeichen und schreibt die Seitenzahlen nicht mit einem Komma hinter den Begriff, sondern rechtsbündig durch eine gepunktete Linie abgetrennt. Dies ist in der Abbildung auf Seite 206 in der linken Spalte gezeigt. Die korrekte Verwendung erfolgt mit dem Befehl

```
makeindex -s idx1.ist <dokument>
```

Der Inhalt der Datei ist folgender:

```
 1  group_skip  "\\par
 2                 \\vspace{8pt}\\rule{0.4\\columnwidth}{0.4mm}
 3                 \\vspace{5pt plus 2pt minus 2pt}"
 4
 5  preamble    "\\begin{theindex}\n
 6                 \\def\\subitem{\\par\\leavevmode
 7                    \\hangindent40pt
 8                    \\hspace{12pt}''\\hspace{8pt}}
 9                 \\def\\subsubitem{\\par\\leavevmode
10                    \\hangindent40pt
11                    \\hspace{12pt}''\\hspace{12pt}''
12                    \\hspace{8pt}}"
13
14  delim_0     "\\dotfill"
15  delim_1     "\\dotfill"
16  delim_2     "\\dotfill"
```

Der Trenner zwischen zwei Buchstabengruppen ist normalerweise das Makro \indexspace mit der Definition

```
\def\indexspace
```

```
{\par \vskip 10\p@ plus 5\p@ minus 3\p@\relax}
```

Es wird in der Neudefinition von `group_skip` durch eine äquivalente Anordnung von vertikalen Abständen, die voneinander durch eine dünne Linie getrennt sind, ersetzt.

Zur Realisierung der Unterführungszeichen müssen Sie daran denken, daß das Stichwortverzeichnis als Liste realisiert ist. Die Haupteinträge werden durch `\item`, die Nebeneinträge, um die es hier geht, durch `\subitem` und `\subsubitem` gebildet (Seite 195). In `book.cls` finden Sie die Definitionen

Markierung der Oberbegriffe

```
\def\subitem{\@idxitem \hspace*{20\p@}}
\def\subsubitem{\@idxitem \hspace*{30\p@}}
```

Mit ihnen wird festgelegt, daß der nachfolgende Absatz ein Untereintrag (oder Unteruntereintrag) ist, der mit dem `\hspace*`-Befehl um 20 pt (beziehungsweise 30 pt) eingerückt wird und dessen zweite und weitere Zeilen gegebenenfalls wegen eines impliziten `\hangafter=1` um 40 pt eingezogen werden. Um das angesprochene Problem zu lösen, erweitern Sie diese Definitionen so, daß anstelle eines einfachen Leerraums mehrere durch Leerraum getrennte Zeichen gedruckt werden. Durch Einsatz von `\dotfill` für die Werte `delim_x` werden die Seitenzahlen schließlich rechtsbündig angeordnet und der Freiraum mit einer gepunkteten Linie aufgefüllt.

Die Stildatei `idx2.ist` zeigt Ihnen, wie Sie den Beginn einer neuen Buchstabengruppe mit einem fettgeschnittenen Buchstaben markieren. Zusätzlich wird ein Gedankenstrich als Unterführungszeichen festgelegt. Die Stildatei wird wie folgt eingesetzt:

```
makeindex -s idx1.ist <dokument>
```

Ihr Inhalt ist im folgenden Listing wiedergegeben.

`idx2.ist`

```
 1  headings_flag 1
 2  heading_prefix "\\textbf{"
 3  heading_suffix "}\n"
 4
 5  preamble     "\\begin{theindex}\n"
 6  item_1       "\\par\\leavevmode\\hangindent10pt
 7                \\makebox[10pt][l]{--}"
 8  item_01      "\\par\\leavevmode\\hangindent10pt
 9                \\makebox[10pt][l]{--}"
10  item_x1      "\\par\\leavevmode\\hangindent10pt
11                \\makebox[10pt][l]{--}"
12  item_2       "\\par\\leavevmode\\hangindent20pt
13                \\makebox[20pt][l]{-- -- }"
```

Abbildung 3.22
Zwei Beispiele für die Änderung des Stichwortverzeichnisses: links mit der Index-Stildatei `idx1.ist`*, rechts mit* `idx2.ist`

Stichwortverzeichnis

Bismut 1
Bor 1

Cer 1
Ceramide 1
Chemie 1
  „ Alkohole .... *siehe* Chemie, Organik
  „ Anorganik 1
  „ „ Periodensystem der Elemente 1
  „ „ Zinn 1
  „ Organik 1
  „ „ Alkohole 1
  „ „ Synthese von Alkenen ..1

Mathematik 1
  „ Analysis 1
  „ „ Flächenberechnung krummliniger Gebiete 1
  „ Differentialgleichungen 1
  „ Geometrie 1
Mengenlehre 1
  „ Schnittmengen 1
Metall .... *siehe* Chemie
Molybdän 1

B
Bismut, 1
Bor, 1

C
Cer, 1
Ceramide, 1
Chemie, 1
– Alkohole, *siehe* Chemie, Organik
– Anorganik, 1
– – Periodensystem der Elemente, 1
– – Zinn, 1
– Organik, 1
– – Alkohole, 1
– – Synthese von Alkenen, 1

M
Mathematik, 1
– Analysis, 1
– – Flächenberechnung krummliniger Gebiete, 1
– Differentialgleichungen, 1
– Geometrie, 1
Mengenlehre, 1
– Schnittmengen, 1
Metall, *siehe* Chemie
Molybdän, 1

```
14  item_12    "\\par\\leavevmode\\hangindent20pt
15                \\makebox[20pt][l]{-- -- }"
16  item_x2    "\\par\\leavevmode\\hangindent20pt
17                \\makebox[20pt][l]{-- -- }"
```

Beginn einer Buchstabengruppe

Auch diese Gestaltungsmöglichkeit ist in der Abbildung 3.22 in der rechten Spalte gezeigt. Ein positiver Wert für den Eintrag `headings_flag` erzwingt die Einfügung des Buchstabens zu Beginn einer Gruppe, der zwischen die Werte von `heading_prefix` und `heading_suffix` eingefaßt wird. Durch Zuweisung von Befehlen an diese beiden Parameter können Sie den Buchstaben zentrieren, unterstreichen, fett und in jeder anderen gewünschten Art und Weise darstellen. Anders als im ersten Beispiel, werden hier die `item_`-Einträge angepaßt, um das Unterführungszeichen zu setzen. Da alle Unter(unter)einträge in gleicher Weise gesetzt werden sollen, weisen die drei zur selben Stufe gehörenden `item_`-Einträge identische Definitionen auf.

Das Einkapseln einer Seitenzahl mit einem beliebigen Befehl (zum Beispiel `\index{Test|bfseries}` zum Erzeugen einer fetten Seitenzahl) wird über die `encap*`-Parameter realisiert. Anhand der Zwischendarstellung `Test|bfseries` können Sie sich vorstellen, daß der senkrechte Strich `|` durch das Zeichen `encap_prefix` (normalerweise `\`) ersetzt wird und das Argument des `|`-Befehls durch die Zeichen aus `encap_infix` und `encap_suffix` geklammert wird (normalerweise die linke und rechte geschweifte Klammer). Sie erhalten damit die Darstellung `{Test}\bfseries`, die in die normale LaTeX-Syntax umgewandelt und ausgeführt werden kann.

Layout der Seitenzahlen

Wie Sie MakeIndex zweckentfremden und zum Erzeugen eines Glossars einsetzen können, erfahren Sie in Abschnitt 3.11.

3.10.3 Mehrere Verzeichnisse

In manchen Fällen werden Sie wünschen, über mehr als ein Verzeichnis verfügen zu können, zum Beispiel, um neben dem »normalen« Stichwortverzeichnis noch ein Autorenverzeichnis anzufertigen. Mit den Standardmöglichkeiten ist dies nicht so ohne weiteres möglich, das Paket `multind` kann hier weiterhelfen. Es erweitert die Befehle `\makeindex`, `\index` und `\printindex` um einen weiteren Parameter (an erster Stelle), mit dem Sie ein bestimmtes Verzeichnis identifizieren können:

multind

```
\makeindex{autor}
\index{autor}{Indexeintrag}
\printindex{autor}
```

Die Zeichenfolge `autor` oder eine beliebige andere ordnet die Stichwörter den jeweiligen Verzeichnissen und den Eröffnungs- und Druckbefehlen zu. Die leichter verständliche Variante `polyind` stellt die folgenden Befehle bereit:

Einfaches Beispiel

```
\makeindex[aut]
\index[aut]{Indexeintrag}
\printindex[aut]
```

Analog zu `multind` werden auch hier die drei elementaren am Verzeichnisaufbau beteiligten Befehle erweitert, hier allerdings mit einem *optionalen* Parameter zur Identifizierung eines bestimmten Stichwortverzeichnis. Dies erleichtert den Einsatz des Paketes in bereits vorhandenen und mit Stichworteinträgen versehenen Texten. Fehlt der optionale Parameter wie in den normalen `\index{}`-Befehlen, wird eine leere Identifizierung eingesetzt, ansonsten die übergebene Zeichenfolge. Stichwörter ohne diesen Parameter erfolgen also stets in das eigentliche Stichwortverzeichnis, was sicherlich den Wünschen der Autoren entgegenkommt. Zur weiteren Darstellung sei hier nun der Quelltext angegeben:

polyind.sty

```
1  % \makeindex[name]
2  \renewcommand{\makeindex}[1][]
3    {\expandafter\newwrite\csname @#1ind\endcsname
4     \expandafter\immediate\openout%
5       \csname @#1ind\endcsname=\jobname.#1idx
6     \typeout{writing index file \jobname.#1idx}}
7
8  % \index[name]{entry}
9  \renewcommand{\index}
10   {\@bsphack\begingroup
11    \@sanitize\@wrindex}
12
13 \renewcommand{\@wrindex}[2][]
14   {\expandafter\protected@write%
15     \csname @#1ind\endcsname{}%
16    {\string\indexentry{#2}{\thepage}}%
17    \endgroup\@esphack}
18
19 % \printindex[name]
20 \newcommand{\printindex}[1][]
21   {\InputIfFileExists{\jobname.#1ind}
22    {}
23    {\typeout{Don't forget to process \jobname.#1idx!}}}
24
25 \providecommand{\seename}{siehe}
26 \providecommand*{\see}[2]{\emph{\seename} #1}
```

Jedes Verzeichnis erhält eine Hilfsdatei

Der Grundgedanke dabei ist, für jedes Stichwortverzeichnis eine eigene Hilfsdatei aufzubauen, deren Name sich aus dem Grundnamen des Dokumentes und einer Endung, bestehend aus der Identifizierung gefolgt von idx, zusammensetzt. Das Beispiel setzt voraus, daß das Dateisystem Ihres Rechners Endungen mit mehr als drei Zeichen verarbeiten kann. Das sortierte Stichwortverzeichnis wird in einer Datei mit einer Endung aus Identifizierung gefolgt von ind erwartet, so daß folgendes Vorgehen für das normale und ein Autorenverzeichnis mit der Identifizierungsfolge aut erforderlich ist:

```
latex text
makeindex -o text.ind text.idx           % normaler Index
makeindex -o text.autind text.autidx     % Autorenindex
latex text
```

Ausgabekanäle für die Hilfsdateien zuweisen

Im \makeindex-Befehl wird für jedes neue Stichwortverzeichnis mit den TeX-Primitiven \newwrite zur Reservierung und \openout für den schreibenden Zugriff ein eigener Ausgabekanal geöffnet, der den

Namen `\@ind` für das normale Stichwortverzeichnis und `\@autind` für das Autorenverzeichnis trägt. `\openout` ordnet diesen Kanälen die realen Dateinamen zu. Im LaTeX-Original wird hier nur ein fester Kanal reserviert, woraus folgt, daß nur eine Hilfsdatei mit Stichwortinformationen existiert.

Der Befehl `\printindex` wurde dahingehend geändert, daß er versucht, mit Hilfe des bekannten Dateiladebefehls die sortierte Verzeichnisdatei zu laden oder gegebenenfalls mit einer Meldung auf ihr Fehlen hinweist. Er erzeugt stets ein neues unnumeriertes Kapitel »Index«; Sie können für die Alternativindizes das Makro `\indexname` wie auf Seite 106 gezeigt mit einem passenderen Titel, etwa »Autorenverzeichnis«, definieren.

Für Verzeichnissatz Hilfsdatei laden

Die eigentlichen Tricks beziehen sich auf das Befehlspaar `\index` und `\@wrindex`: Sie stellen beide Kopien der Originaldefinitionen in `latex.ltx` dar, ergänzt um die Fähigkeit, nicht auf einen festen Ausgabekanal zu schreiben. Stattdessen benutzen Sie den, der sich aus der übergebenen Identifizierung ergibt, nämlich genau `\@ind` oder `\@autind`. Damit ist die Hauptaufgabe erfüllt. `multind` prüft darüber hinaus noch, ob ein solcher Kanal existiert und ob Hilfsdateien angelegt werden dürfen. Jedoch bietet diese einfache Minimalimplementierung bereits volle Funktionalität.

Kopieren von `\index` spart Denkarbeit!

Schließlich müssen Sie noch daran denken, den Befehl `\see` zu definieren – bislang kommt dieses Minipaket nämlich ohne das Paket `makeidx.sty` aus, in dem dieses Kommando sonst definiert ist. `\see` erhält zwei Argumente: #1 ist das alternative Stichwort, #2 die Seitenzahl des Indexbefehls.

(K)Eine TeXerei mit `\csname`

Die Konstruktion des Namens für den Ausgabekanal bereitet noch kleine Schwierigkeiten: Wenn Sie versuchen, mit

`\newwrite\@#1ind`

den Namen zusammenzusetzen, nimmt LaTeX konsequenterweise an, daß nur die Zeichen `\@` (nämlich das folgende Token) Bestandteil des Namens werden soll. Hier kommt die Sequenz `\csname` ... `\endcsname` ins Spiel. Mit ihr weisen Sie LaTeX an, alle Zeichen innerhalb dieser klammernden Begriffe zu einem *Befehlswort* zusammenzusetzen: die Folge

Befehlsnamen konstruieren

`\csname @#1ind \endcsname`

ist damit in ihrer Wirkung identisch mit `\@autind`, wobei angenommen wurde, daß #1 aktuell mit `aut` besetzt ist. Wann immer Sie einen Befehlsbegriff aus Parametern und Makroauflösungen zusammensetzen müssen, klammern Sie die Zeichen- und Makrofolgen mit

\csname, wobei der führende Backslash entfallen muß – er wird durch \csname automatisch zugefügt.

3.10.4 Xindy

Xindy ist ein Stichwortgenerator, der neben unsortierten Eingabedateien von LaTeX auch solche von anderen Systemen wie Nroff oder SGML-basierte Systeme verarbeiten kann. Analog zu MakeIndex, müssen Sie eine Datei bereitstellen, die das Stichwortverzeichnis näher definiert, hier allerdings in Form einer regelrechten mächtigen Grammatik, die die Relationen der einzelnen Einträge definiert. Sie können so besser sprachliche Besonderheiten implementieren, zum Beispiel Sortierreihenfolgen, die auch akzentuierte Buchstaben und Buchstabenpaare berücksichtigen. Die Seitenzahlen werden in verallgemeinerter Form betrachtet und müssen keine einfachen Zahlen mehr sein (»Vers 13«). Das Markup für das Layout wird erst in der Schlußphase von Xindy hinzugefügt. Wenn Sie Stichwortverzeichnisse in fremden Sprachen mit deren oftmals komplizierten Regeln erstellen wollen oder ein komplexes Stichwortverzeichnis planen, sind Sie mit Xindy gut beraten.

Die Benutzung des Programms erfordert im Gegensatz zu MakeIndex eine etwas größere Einarbeitungszeit, wird jedoch durch eine umfangreiche Dokumentation sowie ein HTML-Tutorial unterstützt. Da Xindy nicht nur LaTeX, sondern auch weitere Textsatzsysteme unterstützt, erwartet es die unsortierten Stichwörter in einem Xindy-spezifischen Format, und zwar in einer Datei mit der Endung .raw. Im Paket ist ein Hilfsprogramm TEX2XDY enthalten, das von LaTeX erzeugte .idx-Dateien in dieses Format konvertiert. Mit weiteren Hilfsprogrammen können Sie Eingabeinformationen von anderen Satzsystemen bearbeiten.

Die logischen Elemente des Stichwortverzeichnisses werden mit dem Layout durch Angaben in einer Stildatei verknüpft, die die Endung .xdy trägt. Eine solche Stildatei kann unterteilt sein, indem sie weitere Stildateien nachlädt und somit verschiedene Bearbeitungsschritte widerspiegelt: Sortieren der Eingabeinformationen und Hinzufügen des Layouts. Xindy enthält bereits eine Reihe von Stildateien mit Sortierregeln für verschiedene europäische Sprachen (Deutsch, Englisch, Französisch, Spanisch), z. B. für die deutsche Sprache gemäß DIN 5007 und Duden. Eine Stildatei mit dem geeigneten Layout liefert Stichwortverzeichnisse, die LaTeX-kompatibel sind.

Das sortierte Stichwortverzeichnis ist in der Ausgabedatei mit der Endung .ind enthalten. Durch die LaTeX-konforme Stildatei kann diese Datei direkt von LaTeX eingelesen werden. Ein Beispiel für einen typischen Aufruf ist:

```
xindy -l test.xlg germanstil.xdy test.raw
```

Die Option `-l` gibt den Namen einer Logdatei an, in der Fehlermeldungen enthalten sind. Das Stichwortverzeichnis wird für ein Dokument `test` erzeugt und in der Datei `text.ind` geliefert.

3.11 Abkürzungsverzeichnis und Glossar

Dieser Abschnitt beleuchtet ein Thema, das in LaTeX zwar vorgesehen ist, aber nicht vollständig unterstützt wird: Glossare. Zunächst lernen Sie ein bereits vorhandenes LaTeX-Paket zu diesem Thema kennen, danach erfahren Sie mehr über die Implementierung und wie Sie MakeIndex zur Sortierung einsetzen können. Hierbei wird Ihnen Ihr erworbenes Wissen über MakeIndex zustatten kommen.

3.11.1 Abkürzungsverzeichnisse

Manche Autoren naturwissenschaftlicher Texte wünschen zu Beginn oder in einem Anhang eine Sammlung aller benutzten Symbole und ihrer Bedeutung beziehungsweise Definition. Eher geisteswissenschaftlich orientierte Autoren möchten dagegen ein Verzeichnis aller Abkürzungen oder ein Glossar, also ein Stichwortverzeichnis mit Erklärung, anfertigen. Ihnen allen kann das Paket `nomencl` helfen. *nomencl*
Sie müssen im Vorspann des Dokumentes mit `\makeglossary` die Erzeugung einer Glossardatei anfordern, in dem das Verzeichnis zunächst unsortiert erstellt wird. Mittels des MakeIndex-Programms und der `nomencl.ist`-Datei können die einzelnen Einträge, die mit dem Befehl `\nomenclature` erzeugt werden, dann geordnet und in einem zweiten LaTeX-Durchlauf eingelesen werden. Als Beispiel soll ein typischer Bearbeitunglauf von `beispiel.tex` gezeigt werden:

```
latex beispiel
makeindex beispiel.glo -s nomencl.ist -o beispiel.gls
latex beispiel
```

Der erste LaTeX-Lauf erzeugt die ungeordnete Datei `beispiel.glo`, die von MakeIndex eingelesen und sortiert wird. Das Ergebnis, ein sortiertes Glossar, darf allerdings nicht in die Datei `beispiel.ind` geschrieben werden, sondern muß den Dateinamen `beispiel.gls` erhalten, was Sie mit der Option `-o` des MakeIndex-Programms erreichen. Diese `.gls`-Datei wird im zweiten LaTeX-Lauf eingelesen und gesetzt.

3.11.2 Eine einfache Variante

glossar.sty

Zur Illustration der Wirkungsweise des `nomencl`-Paketes soll dessen Funktionalität in einer kleineren Ausgabe als Paket `glossar.sty` nachgebildet werden. Damit MakeIndex zum Sortieren eingesetzt werden kann, ist eine Stildatei `glossar.ist` erforderlich.

Was der Anwender wissen muß ...

\glentry

Die Anwendung des Paketes ist einfach: immer, wenn ein Glossareintrag oder eine Abkürzung erfaßt werden soll, benutzen Sie das Kommando `\glentry{<Abk>}{<Volltext>}`. `<Abk>` ist das Stichwort oder die Abkürzung, `<Volltext>` die korrespondierende Erläuterung dazu:

`\glentry{Tamtam}{Ein ungewöhnliches Instrument.}`

\printglossary

Das erzeugte Glossar wird mit `\printglossary` eingebunden. Für ein korrektes Dokument werden zwei LaTeX-Durchläufe und ein Make-Index-Durchlauf benötigt:

```
latex beispiel
makeindex beispiel.glo -s glossar.ist -o beispiel.gls
latex beispiel
```

Der erste Durchlauf erstellt das unsortierte Verzeichnis in einer `.glo`-Datei, die mit MakeIndex sortiert und in die `.gls`-Datei geschrieben wird. Sie wird im zweiten LaTeX-Durchlauf eingelesen.

Für Programmierer

Um die Implementierung des Paketes `glossar.sty` zu verstehen, werden zunächst die Möglichkeiten erläutert, die LaTeX bereitstellt. Weiterhin muß definiert sein, in welcher Beziehung die Formatangaben einer MakeIndex-Stildatei zum zu erzeugenden Glossar stehen. Auch hier soll ein Testdokument `test.tex` Klarheit schaffen:

```
\documentclass[a4paper,12pt]{book}
\makeglossary
\newcommand{\glspage}[1]{}
\begin{document}
\glossary{Astate}
\glossary{Ariadne|glspage}
\glossary{Daphne|glspage}
\end{document}
```

\glossary

`\glossary` ist der zentrale LaTeX-Befehl, um Einträge in eine Hilfsdatei für Glossare mit der Endung `.glo` zu schreiben, die – analog zum

3.11 Abkürzungsverzeichnis und Glossar

Stichwortverzeichnis – noch mit `\makeglossary` angefordert werden muß. Das Makro `\glspage` dient zur Formatierung einer Seitenzahl, die auf das Auftreten der Definition verweist und im Glossar in der Regel unerwünscht ist, daher der leere Eintrag im Makro. Den senkrechten Strich »|« anstelle von »\« zur Einleitung dieses Makros im Text kennen Sie bereits von der Vorgehensweise beim Erstellen eines Index mit MakeIndex.

Nachdem Sie das Dokument mit LaTeX übersetzt haben, können Sie die Glossardatei `test.glo` anschauen, die die Einträge samt Seitenzahlen enthält:

Eingabe für MakeIndex ...

```
\glossaryentry{Astate}{1}
\glossaryentry{Ariadne|glspage}{1}
\glossaryentry{Daphne|glspage}{1}
```

Jeder Eintrag wird in ein `\glossaryentry`-Kommando umgewandelt. Da MakeIndex zunächst von Stichwortdateien ausgeht, die `\indexentry` als Schlüsselwort enthalten, ist dies wesentlich. Die Stildatei `glossar.ist` muß daher mindestens den folgenden Eintrag enthalten:

```
keyword "\\glossaryentry"
```

Die unsortierte Datei `test.glo` kann nun mit der Befehlsfolge

```
makeindex -s test.ist -o test.gls test.glo
```

bearbeitet werden und liefert die nachfolgend gezeigte Ausgabedatei `test.gls`. Jedem Eintrag wird sein zugeordnetes MakeIndex-Befehlswort unterstrichen gegenübergestellt; die `heading_...`-Einträge erscheinen dabei nur mit der Eintragung `headings_flag 1` in der MakeIndex-Stildatei:

... und die Ausgabe

```
preamble                                        \begin{theindex}
  heading_prefix A heading_suffix                 A
  item_0 Ariadnedelim_0 encap_prefixglspage▶      \item Ariadne, \glspage{1}
         encap_infix1encap_suffix
  item_0 Astatedelim_0 1                          \item Astate, 1
  group_skip                                      \indexspace
  heading_prefix D heading_suffix                 D
  item_0 Daphnedelim_0 encap_prefixglspage▶       \item Daphne, \glspage{1}
         encap_infix1encap_suffix
postamble                                       \end{theindex}
```

Es fällt zunächst auf, daß der Eintrag »Astate«, dem kein |glspage-Befehl nachgestellt wurde, eine Seitenzahl enthält. Sollen im späteren Glossar keine Seitenzahlen erscheinen, müssen *alle*

Keine Seitenzahlen im Glossar!

Einträge mit einem Formatierungsmakro abgeschlossen werden, das durch seine Definition die Ausgabe der Seitenzahl verhindert:

`\newcommand{\glspage}[1]{}`

Die Struktur der .gls-Datei zeigt ihre Abstammung von der Stichwortgenerierung. Die `theindex`-Umgebung bestimmt das Layout, das für ein Glossar jedoch nicht optimal ist. Um ein Glossar als `description`-Liste zu erhalten, betrachten Sie die Herkunft der einzelnen Schlüsselworte in der formatierten Datei. Wenn Sie alle MakeIndex-Schlüsselworte mit dem gewünschten LaTeX-Ersatztext versehen, kommen Sie zur endgültigen MakeIndex-Stildatei:

MakeIndex-Schlüsselworte

`glossar.ist`

```
1  delim_0           " "
2  heading_prefix    " \\glsgroup{"
3  heading_suffix    "}"
4  headings_flag     1
5  preamble  "\n \\begin{description} \n"
6  postamble "\n\n \\end{description}\n"
7  keyword   "\\glossaryentry"
```

Betrachten Sie, wie die übrigen Vorgaben in ein LaTeX-Paket umgesetzt werden:

`glossar.sty`

```
1  \makeglossary
2  %  Seitenreferenz in den Erklärungen:
3  %  \newcommand{\glspage}[1]{ (Seite~#1)}
4  \newcommand{\glspage}[1]{}
5
6  %  \glentry{Stichwort}{Erklärungstext}
7  \newcommand{\glentry}[2]
8    {\glossary{#1@[#1] #2|glspage}}
9
10 %  Schlie~ den Buchstaben vor neuer Gruppe ein
11 \newcommand{\glsgroup}[1]
12   {{\item[] \textbf{\Large #1}}}
13
14 \newcommand{\glshead}{\section{Glossar}}
15 \newcommand{\printglossary}
16   {\InputIfFileExists{\jobname.gls}
17     {\glshead}{}}
```

Glossare sind description-Listen

Erneut muß mit `\makeglossary` die Erzeugung einer .glo-Datei angefordert werden. Der Befehl `\glentry` soll das Glossar als `description`-Liste wiedergeben. Der erste Begriff stellt daher den optionalen Text von `\item` dar, der zweite den folgenden eigentlichen Absatz. Da der Befehl `\item` bereits von MakeIndex geliefert

3.11 Abkürzungsverzeichnis und Glossar

wird, müssen Sie nur noch den ersten Parameter in eckige Klammern einschließen, der in genau dieser Form in die .glo-Datei geschrieben werden muß – aber Vorsicht, wird dann nicht die eckige Klammer bei der Sortierung der Begriffe mit berücksichtigt? Sie wird, daher ändern Sie mit dem @-Befehl die Sortierreihenfolge ab, der Begriff muß im Endeffekt zweimal in die Datei geschrieben werden. Schließlich überlassen Sie es dem \glossary-Befehl, das ganze Konstrukt in die Datei zu schreiben.

Der abschließende |glspage-Befehl verhindert, wie bereits besprochen, die Ausgabe der Seitenzahl. Möchten Sie jedoch tatsächlich einen solchen Querverweis haben, kann dies durch folgende Definition erreicht werden:

Doch Seitenzahlen?

```
\newcommand{\glspage}[1]{ (Seite~#1)}
```

Vor jeder neuen Gruppe von Anfangsbuchstaben wird der Buchstabe in größerer Schrift ausgegeben, was jedoch durch das Makro \glsgroup leicht modifiziert werden kann. Schließlich kann mit \printglossary das Verzeichnis eingebunden werden. Sie lesen die generierte .gls-Datei ein, wobei Titel und Gliederung des Glossars durch Umdefinieren von \glshead geändert werden können.

3.11.3 Noch ein Erscheinungsbild

Die bisher betrachteten Glossare benutzen eine aufzählungsartige Struktur, in der jedes neue Stichwort durch einen \item-Befehl eingeleitet wird. Es sind jedoch auch vollkommen anders gestaltete Glossare möglich, wie das Paketverzeichnis im Anhang dieses Buches zeigt. Dieses Verzeichnis wurde als Glossar realisiert, um die Sortiermöglichkeiten von MakeIndex zu nutzen, es besteht jedoch nicht aus einer Liste, sondern aus aufeinanderfolgenden Textparagraphen. Der zugrundeliegende Befehl ist

```
\package{<Name>}{<Version>}{<Kommentar>}
```
\package

Der Name und die Versionsnummer werden geeignet formatiert in der Kopfzeile des jeweiligen Abschnittes gesetzt, gefolgt von einer gepunkteten Linie und der Seitenzahl. Der Kommentar wird als weiterer Abschnitt gesetzt. Mit \printpackages kann die vollständige Liste der Pakete eingebunden werden. Zur Sortierung wird wiederum MakeIndex eingesetzt, was insgesamt zwei LaTeX-Bearbeitungsläufe erfordert:

\printpackages

```
latex beispiel
makeindex beispiel.glo -s listgls.ist -o beispiel.gls
latex beispiel
```

3 Modifikationen von LaTeX

Das Paket wird wie folgt implementiert:

listgls.sty

```
1  \makeglossary
2  % Verstecke Seitenzahl
3  \newcommand{\formatpage}[1]{}
4  % \package{Name}{Version}{Erläuterung}
5  \newcommand{\package}[3]
6    {\glossary{#1@\noindent\texttt{#1} (Version #2)
7     \protect\dotfill\thepage
8     \\#3|formatpage}}
9  \newcommand{\printpackages}
10   {\InputIfFileExists{\jobname.gls}
11    {\chapter*{Die besprochenen Pakete}}{}}
```

Seitenzahlen nur nach Text?

Beachten Sie hierbei die Behandlung der Seitenzahl. Sie wird standardmäßig als zweiter Parameter des Befehls \glossaryentry bereitgestellt (der erste ist der Erläuterungstext), es wird dabei jedoch davon ausgegangen, daß der *letzte* Befehl der Erläuterung der Formatierung der Seitenzahl dient. Im Beispiel wird diese durch das Makro \formatpage realisiert. Da die Seitenzahl im vorliegenden Fall jedoch *innerhalb* des Glossareintrages stehen soll, funktioniert das im letzten Abschnitt skizzierte Verfahren mit |formatpage nicht wie erwartet. Die Seitenzahl muß daher manuell eingefügt werden; die bereitgestellte wird nicht benutzt.

\protect schreibt Literale in eine Datei

Weiterhin beachtenswert ist das \protect vor \dotfill. Es sorgt dafür, daß der Befehl nicht ausgeführt, sondern literal in die Datei geschrieben und erst beim Einlesen des Glossars durch \printpackages ausgeführt wird.

Damit keine Aufzählung entsteht, muß besonders auf die korrespondierende MakeIndex-Stildatei geachtet werden. Die meisten Voreinstellungen müssen leer bleiben oder durch Zeilenvorschübe ersetzt werden:

listgls.ist

```
1  delim_0      " "
2  item_0       "\\par "
3  group_skip   "\n\n"
4  preamble     "\n"
5  postamble    "\n"
6  keyword      "\\glossaryentry"
```

Die Leerdefinitionen sorgen dafür, daß keine Aufzählungsumgebung erzeugt wird (preamble und postamble), kein besonderer Befehl Zwischenraum zwischen den Einträgen einfügt (group_skip) und vor allem kein \item-Befehl die jeweiligen Einträge anführt (item_0). Stattdessen können Sie an dieser Stelle Kommandos angeben, die zu Beginn eines Eintrages ausgeführt werden sollen.

4 Abbildungen

In diesem Kapitel dreht sich alles um visuelle Genüsse – um Bilder, die im Text eingebettet oder von ihm überlagert werden bis hin zu Spielereien mit PostScript. Hilfsprogramme und Pakete gestatten die programmgesteuerte Erzeugung von Graphiken.

4.1 In den Text eingefügte Abbildungen

Lassen Sie uns mit den Möglichkeiten beginnen, die LaTeX bietet, um Abbildungen und Tabellen in verschiedener Art von Text umfließen zu lassen. Leider sind die Fähigkeiten von LaTeX ohne den Einsatz von Erweiterungspaketen sehr beschränkt. Deshalb werden hier einige Pakete vorgestellt, unter denen Sie sicherlich ein für Ihre Erfordernisse geeignetes finden werden. Beachten Sie dabei aber, daß die solchermaßen in den Text eingefügten Abbildungen mit einem bestimmten Absatz verbunden sind. Haben Sie im Text auch mit der `figure`-Umgebung gesetzte Abbildungen, können diese an den Seitenanfang *vor* die im Absatz stehende Abbildung gleiten. Die Numerierung der Abbildungsbeschriftungen ist dann nicht mehr aufsteigend (eine gleitende Abbildung 3 kann vor der im Absatz stehenden Abbildung 2 gesetzt werden). Analoges gilt für Tabellen.

4.1.1 picins

Wenn Sie häufig recht kleine Abbildungen benötigen, werden Sie das Problem kennen, das sich ergibt, wenn man die `figure`-Umgebung benutzt: es wird links und rechts des Bildes viel Platz verschenkt, den man zum Textsatz benutzen könnte. Das umfangreiche Paket `picins` bietet eine Lösung, indem es erlaubt, *picins* schmälere Abbildungen so in den Text zu stellen, daß sie von ihm umflossen werden. Der Platz neben den Abbildungen wird somit ausgenutzt. Das Paket kann auch in Verbindung mit mathematischen und listenartigen Umgebungen wie `itemize` problemlos eingesetzt werden. Tritt ein Seitenumbruch auf, ohne daß genügend Platz für die Abbildung verbleibt, wird der komplette Absatz auf die nächste Seite verschoben.

4 Abbildungen

Das mitgelieferte Handbuch (`mpic.dvi`) ist ausführlich, so daß hier nur die Grundzüge vorgestellt werden müssen. Das Paket stellt zwei Befehle zur Verfügung, um Abbildungen zu Beginn eines Absatzes beziehungsweise als separaten Absatz zu setzen, wobei normale Bildunterschriften erzeugt werden können, weiterhin werden diese Bilder auf Wunsch eingerahmt.

Der grundlegende Befehl \parpic setzt eine Abbildung zu Beginn des folgenden Absatzes, dessen erste Zeilen gemäß der Breite des Bildes eingezogen werden. Die Syntax

\parpic
```
\parpic(<Breite>,<Höhe>)(<x_off>,<y_off>)
       [<Option>][<Pos>]{<Bild>}
```

berücksichtigt alle Positionierungswünsche. Bis auf die Befehle, die direkt auf die Abbildung bezogen sind, sind die Parameter optional und haben folgende Bedeutung:

- ❑ <Breite> und <Höhe> geben die Abmessungen der Abbildung an und müssen nicht angegeben werden, wenn sie aus dem Bild selbst bestimmt werden können.

- ❑ <x_off> und <y_off> stellen eine Verschiebung des Bildes innerhalb eines Rechteckes der Abmessung <Breite> mal <Höhe> dar, wobei der Ursprung in der linken oberen Ecke liegt.

- ❑ <Option> gibt mit den Werten l oder r die Positionierung des Bildes im Absatz (links oder rechts) an, wobei das Bild standardmäßig links erscheint. Weitere mit l und r kombinierbare Werte stehen für durchgehend eingerahmte (f), gestrichelt umrahmte Bilder (d), Rahmen mit abgerundeten Ecken (o), schattenwerfende (s) und dreidimensionale Rahmen (x).

- ❑ <Pos> schließlich gibt die Positionierung des Bildes im Freiraum der Größe <Breite> mal <Höhe> an. Sie können l, r, t oder b schreiben, um die Abbildung am linken, rechten, oberen oder unteren Rand auszurichten. Kombinationen wie lt oder br sind gestattet. Fehlt die Angabe, wird das Bild im Freiraum zentriert. Diese Parameter ergeben nur dann Sinn, wenn der Freiraum größer als die Bildfläche ist.

Um Abbildungen zu Beginn eines Absatzes einzufügen, können Sie

```
\parpic{\includegraphics[width=3\baselineskip,
                 keepaspectratio]
              {rosette.eps}}
\noindent Wenn Sie ...
```

einsetzen, während die Befehlsfolge

4.1 In den Text eingefügte Abbildungen

```
\parpic(2cm,1cm)[rf]{$y=\int f\,dx$}
\noindent Das vorgestellte Zeichen symbolisiert die
Integration\dots
```

rechtsbündig einen eingerahmten Kasten von 2 cm Breite und 1 cm Höhe erzeugt, in dem eine Formel zentriert wird. Damit Sie in doppelseitig formatierten
$$y = \int f\,dx$$
Schriftwerken die Abbildungen nicht nur links und rechts, sondern auch am Bundrand und dem äußeren Rand anordnen können, existiert das Kommando \picchangemode. Es vertauscht auf geradzahligen (also linken) Seiten die Bedeutung der Positionierungsangaben l und r. Mit l angeordnete Bilder erscheinen auf ungeraden rechten Seiten links (also am Bundrand), auf geraden linken Seiten rechts (wiederum am Bundrand), während mit r positionierte Abbildungen nunmehr stets am äußeren Rand erscheinen. Ohne diesen Wechsel stünden die Abbildungen abwechselnd am Bund- und am äußeren Rand. \picchangemode

Das Kommando \piccaption[<Kurz>]{<Legende>} erzeugt die Bildunterschriften, die Argumente besitzen dieselbe Bedeutung wie beim \caption-Befehl. Im Unterschied zu diesem muß \piccaption jedoch *vor* dem zugehörigen \parpic-Kommando stehen, auch wenn die Legende unterhalb des Bildes angeordnet werden soll. Die Plazierung können Sie durch \piccaption

\piccaptionoutside \piccaptionoutside
\piccaptioninside   \piccaptioninside
\piccaptionside   \piccaptionside
\piccaptiontopside \piccaptiontopside

bestimmen. Die ersten beiden Befehle ordnen die Legende unterhalb des Bildes an, einmal außerhalb, einmal innerhalb eines eventuellen Rahmens. Der Unterschied wird natürlich nur bei umrahmten Bildern augenfällig. Die letzten beiden Befehle fügen die Legende seitlich oder oberhalb der Abbildung ein. Legenden seitlich einer Abbildung nehmen allerdings die ganze restliche Textbreite ein.

Normalerweise wird die Zahl der Zeilen, die das Bild umfließen können, aus der Höhe berechnet und gegebenenfalls der folgende Absatz ebenfalls herangezogen. In einigen Fällen möchten Sie den neuen Absatz unter statt neben dem Bild beginnen lassen oder festlegen, wieviele zusätzliche Zeilen noch einbezogen werden sollen. Benutzen Sie dann picskip{<n>}. Der Befehl beendet den laufenden Absatz und verleiht den folgenden <n> Zeilen genau den Einzug, den das Bild erfordert, unabhängig von der Zahl der normalerweise eingerückten Zeilen. Mit <n>=0 beginnt der nächste Absatz ohne Einzug unterhalb des Bildes. \picskip

Weiterhin kann der horizontale Abstand von Text und Bild, die Länge der Strichelung bei Rahmen sowie die Dicke des Schattenwurfs festgelegt werden. Und zuletzt stehen Ihnen die vier neuen Umgebungen `frameenv`, `shadowenv`, `ovalenv` und `dashenv` zur Verfügung, mit denen Sie die eingeschlossenen Abbildungen mit normalen, schattenwerfenden, abgerundeten oder gestrichelten Rahmen umgeben können.

4.1.2 floatflt

floatflt   Dem Zweck des Umfließens von Abbildungen mit Text dient auch das Paket `floatflt`. Es eignet sich zur Einbindung von Abbildungen, auf der rechten Seite von Text umflossen, in doppelseitigen Dokumenten abwechselnd auf der linken Seite. Mit den folgenden Paketoptionen kann das genaue Verhalten gesteuert werden:

- ❏ `vflt`: Setzt die Fließobjekte auf ungeraden Seiten bündig zum rechten Rand (rechts des Textes), auf geraden Seiten bündig zum linken Rand (links des Textes). Dies ist die Standardeinstellung.

- ❏ `lflt`: Die fließenden Abbildungen und Tabellen werden bündig zum linken Rand gesetzt.

- ❏ `rflt`: Fließobjekte werden stets rechtsbündig gesetzt.

Die im folgenden besprochenen Umgebungen können nicht innerhalb von listenartigen Umgebungen wie `itemize` eingesetzt werden und führen dort zu einer Fehlermeldung. Unmittelbar vor einer Liste eingesetzt, verschwindet das Objekt, anstatt wie erwartet von der Liste umflossen zu werden. In Zusammenhang mit mathematischen Umgebungen können sie jedoch verwendet werden. Tritt ein Seitenumbruch auf, ohne daß genügend Platz für den Satz des Objektes verbleibt, wird es nicht gesetzt. Auch in Zusammenhang mit Gliederungsbefehlen sind Probleme zu erwarten.

Der Einsatz erfolgt durch die Umgebungen

floatingfigure
```
\begin{floatingfigure}[<Option>]{<Breite>}
   <Bild>
   \caption{<Legende>}
\end{floatingfigure}
```

floatingtable
```
\begin{floatingtable}[<Option>]{
   \begin{tabular}{...} ... \end{tabular}
   \caption{<Legende>}}
\end{floatingtable}
```

Mit \caption kann die Abbildung oder Tabelle in das entsprechende Verzeichnis aufgenommen werden und erhält eine laufende Nummer. Der Parameter <Breite> gibt in einer üblichen LaTeX-Einheit den freizuhaltenden Platz pro Textzeile an, während die Höhe aus dem Objekt hervorgeht (eine Box, eine EPS-Datei oder eine picture-Umgebung). Beachten Sie, daß bei Tabellen die Breite nicht als Parameter auftritt, sondern stattdessen *zwingend* eine tabular-Umgebung auftreten muß!

Der optionale Parameter <Option> kann einen der Werte l, r oder p annehmen, um die Fließobjekte immer links respektive rechts des Textblockes zu setzen oder um sie in Abhängigkeit von geraden/ungeraden Seiten zu plazieren. Der Wert v benutzt die aktuelle Paketoption zur Steuerung.

Werden die Abbildungen zwischen Absätzen plaziert, sind sie gleitfähig und erscheinen je nach Platzbedarf an nächstmöglicher Stelle. Hierbei werden die Parameter für Anzahl und Platzverbrauch von Fließobjekten berücksichtigt (Seite 80). Wird die Umgebung innerhalb eines Absatzes eingefügt, so wird die laufende Zeile umbrochen und die Abbildung unmittelbar danach gesetzt, wobei die letzte Zeile nicht mehr im Blocksatz erscheint. Reicht der Platz auf der Seite nicht mehr aus, um die Abbildung vollständig unterzubringen, wandert sie an eine günstigere Stelle, die Zeile bleibt jedoch umbrochen, was nicht schön ausschaut.

Abbildungen sind gleitfähig

4.1.3 wrapfig

Ein drittes Paket zur Lösung des Problems, Text um eine Abbildung oder Tabellen herum fließen zu lassen, stellt wrapfig dar. Sie können hierbei neben der Breite des Bildes bestimmen, ob es rechts oder links erscheinen und um welchen Betrag es gegebenenfalls in den Rand hinein ragen soll. Die Angabe eines \caption-Befehls erteilt dem Bild oder der Tabelle eine fortlaufende Nummer und trägt es in die Verzeichnisse ein. Die Abbildung oder Tabelle kann auch vor oder innerhalb einer Listenumgebung wie itemize eingesetzt werden, das Objekt gleitet jedoch an die nächstmögliche Stelle hinter der Liste. Auch unmittelbar vor einer mathematischen Umgebung gleitet das Objekt zum folgenden Absatz. Wird das Bild dagegen vor einem Absatz gesetzt, der eine mathematische Umgebung enthält, erhalten Sie das erwartete Ergebnis und der gesamte Absatz mit mathematischer Formel wird eingerückt. Tritt ein Seitenumbruch auf, ohne daß genügend Platz für das Objekt verbleibt, wird es auf die nächste Seite hinter den Absatz verschoben. Die allgemeine Syntax lautet

wrapfig

`wrapfigure`
```
\begin{wrapfigure}[<Höhe>]{<Pos>}[<Rand>]{<Breite>}
  <Bild>
  \caption{<Legende>}
\end{wrapfigure}
```

Produkt	Beschreibung
AC-g	Acetylen (Gas)
AC-l	Acetylen verflüssigt
KS	Kohlensäure
Ba	Barium in Stücken

Die optionale Angabe der Höhe legt die Zahl der Zeilen fest, die um das Bild fließen sollen. Fehlt diese Angabe, wird die Höhe aus dem Bild bestimmt. `<Pos>` legt durch die Buchstaben l und r fest, ob das Bild oder die Tabelle auf der linken oder rechten Seite erscheint. Die Angaben i und o bestimmen die innere oder äußere (»outer«) Seite (Bundrand/Außenrand) bei doppelseitigen Druckwerken. Diese Buchstaben großgeschrieben (L, R, I, O) erlauben dem Objekt, an eine geeignete Position zu gleiten. Mit dem Wert `<Rand>` geben Sie an, um welchen Betrag das Objekt in den freien Rand hineinragt. `<Breite>` schließlich legt den Bereich der Zeile fest, die nicht vom Text eingenommen werden darf.

Zur Plazierung der Umgebung ist zu sagen, daß sie entweder fest von Ihnen im Absatz oder automatisch von LaTeX angeordnet werden kann. Wenn Sie die Umgebung innerhalb eines Absatzes mit kleingeschriebenem Seitenparameter (l, r, i, o) anordnen, so wird die laufende Zeile an dieser Stelle umbrochen und die Abbildung begonnen – unabhängig davon, ob auf der laufenden Seite noch hinreichend viel Platz zur Verfügung steht. Zur Vermeidung eines unschönen Zeilenumbruchs ist es günstiger, das Objekt selbst dorthin gleiten zu lassen, wo es am ehesten Platz findet, gegebenenfalls von mehreren Absätzen umflossen. Schreiben Sie dazu die `wrapfigure`-Umgebung separat zwischen die Absätze. Abschließend ein Beispiel für eine Tabelle:

```
Ende des Absatzes...

\begin{wraptable}{O}[4cm]{6cm}
  \begin{tabular}{ll}\hline Produkt & Beschreibung\\
    AC-g & Acetylen (Gas)\\
    AC-l & Acetylen verflüssigt\\
    KS & Kohlensäure\\
    Ba & Barium in Stücken\\
    \hline\end{tabular}
\end{wraptable}

Nächster Absatz...
```

4.1.4 Initialen

Bei der vorangegangenen Beschreibung mag der eine oder andere die Idee bekommen haben, Initialen als von Text umflossene »Abbildungen« zu realisieren. Speziell für diesen Zweck steht jedoch das Paket `dropping` zur Verfügung. Es stellt den folgenden Befehl bereit:

dropping

`\dropping[<Einzug>]{<n>}{<Text>}`

\dropping

Der `<Text>` wird als Initial gesetzt und erstreckt sich in seiner Höhe über `<n>` Zeilen. Der optionale Parameter gibt einen `<Einzug>` des Initials relativ zur linken Textkante an und ist standardmäßig auf 0 pt eingestellt, das heißt das Initial schließt linksbündig ab. Der Beginn des vorigen Abschnittes wurde mit

`\dropping{2}{B}ei der ...`

gesetzt. Sie können Schriftattribute ändern, um beispielsweise eine kursive Auszeichnung der Initialen zu erreichen (beachten Sie das leere Klammernpaar!) oder ganze Worte als Initiale zu setzen:

`\dropping{2}{\itshape{}Bei} der ...`

4.2 Mehrfachabbildungen

Mußten Sie schon einmal thematisch verwandte Abbildungen oder Tabellen neben- oder untereinander setzen? Eine einfache Lösung ist die folgende, in der Bilder in einer `figure`-Umgebung zusammenfaßt und mit einer einzigen Legende versehen werden:

```
\begin{figure}
  \begin{center}
    \includegraphics{a.eps}
    \hspace{1cm}
    \includegraphics{b.eps}
  \end{center}
  \caption{Die Legende}
\end{figure}
```

Soll jede Abbildung eine eigene Legende erhalten, können Sie innerhalb einer `figure`- oder `table`-Umgebung den `\caption`-Befehl mehrfach benutzen, wie das Beispiel (Abbildung 4.1 und 4.2) zeigt:

```
\newcommand{\square}[2]
  {\centering\fbox{\rule{0mm}{#1}\rule{#2}{0mm}}}
```

4 Abbildungen

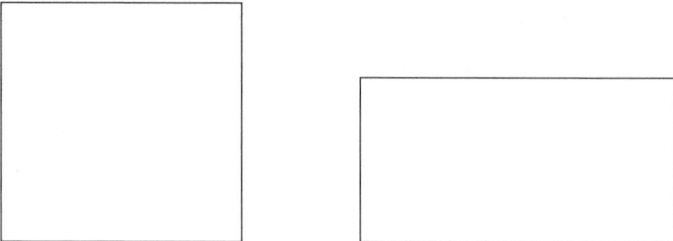

Abbildung 4.1: *Legende einer linken Abbildung*   **Abbildung 4.2:** *Unterschrift einer rechten Abbildung*

```
\begin{figure}
  \begin{minipage}[b]{.4\linewidth}
    \square{3cm}{3cm}
    \caption{Legende einer linken Abbildung}
  \end{minipage}
  \hfil
  \begin{minipage}[b]{.55\linewidth}
    \square{2cm}{4cm}
    \caption{Unterschrift einer rechten Abbildung}
  \end{minipage}
\end{figure}
```

Jede Abbildung erhält einen eigenen \caption-Befehl zur Erzeugung der Legende und wird separat in einer Minipage mit beliebiger Breite, hier als Bruchteil der Zeilenlänge angegeben, aufgebaut. Anhand der Positionierungsparameter b, c und t der Minipage können Sie die Ausrichtung der Abbildungen zueinander festlegen (oben oder unten bündig, vertikal zentriert). Ebenso wie Abbildungen können Sie mehrere tabular-Umgebungen nebeneinander in eine table-Umgebung schreiben. Zum Mischen von Bildern und Tabellen sei auf Abschnitt 3.5.2 auf Seite 132 verwiesen.

subfigure Eine weitere denkbare Art der Beschriftung ist, jedem Teilbild eine eigene Legende zu geben, die Numerierung jedoch nicht – wie bei der Lösung mit mehreren \caption-Befehlen in einer figure-Umgebung – fortlaufen zu lassen, sondern zum Beispiel durch Kleinbuchstaben zu unterscheiden (»Abbildung 3(a), 3(b) und 3(c)«). Dies leistet das Paket subfigure. Sie verwenden es wie folgt:

\usepackage[<Option>]{subfigure}

Die Optionen benutzen Sie zur Festlegung der Schriftart für die Legende und deren Ausrichtung; in Tabelle 4.1 sind die vorhandenen Auswahlmöglichkeiten aufgeführt.

Die Befehle zum Erzeugen der Tabellen oder Teilbilder innerhalb einer table- oder figure-Umgebung sind:

4.2 Mehrfachabbildungen

Option	Wirkung
normal	Normale Legende
hang	Linker Rand der Beschriftung beginnt erst nach Ende der Numerierung
center	Jede Zeile der Legende wird zentriert
centerlast	Nur die letzte Zeile der Legende wird zentriert
nooneline	Auch einzeilige Legenden werden linksbündig ausgerichtet (im Standard werden sie zentriert)
scriptsize, ...	Legt den Schriftgrad der Legende fest
it, sl, ...	Die Auszeichnung der Legende

Tabelle 4.1
Die Optionen des subfigure-*Paketes*

```
\subtable[<Legende>]{<Tabelle>}
\subfigure[<Legende>]{<Bild>}
```

`\subtable`
`\subfigure`

Sie können eine beliebige Anzahl dieser Makros in eine Umgebung setzen, wobei jedes eine optionale Legende erhalten kann. Die Anordnung der Teilbilder erfolgt über die üblichen Abstandsbefehle \hspace und \vspace sowie \hfil. Mit \\ wird eine neue Reihe von Abbildungen begonnen. Als Beispiel soll ein Text über elementare mathematische Funktionen geschrieben werden, der in einer Abbildung (siehe Abbildung 4.3 auf der nächsten Seite) drei Teilbilder mit Graphen wichtiger Funktionsklassen zeigt, von denen die beiden ersten nebeneinander, das dritte (Bild 4.3(c)) für sich zentriert darunter gesetzt wird (die Abbildungen selbst werden mit dem PSTricks-Paket aus Abschnitt 4.12 erzeugt):

```
\usepackage[hang]{subfigure}
\usepackage{pstricks,pst-plot}
\begin{document}

\begin{figure}
\subfigure[Trigonometrische\newline
  Funktionen: $\sin x$ und $\cos x$\label{trig}]
  {\psset{xunit=5mm, yunit=13mm}
    \pspicture(-5,-1.5)(5,1.5)
    \psaxes{->}(0,0)(-5,-1.5)(5,1.5)
    \psplot{-5}{5}{x 3.14159 div 90 mul sin}
    \psplot[linestyle=dotted]{-5}{5}{x 3.14159 div
      90 mul cos}
    \endpspicture
  }
\hfil
```

`subfigur.tex`

Abbildung 4.3
Etwas für Sammler: eine Kollektion von Teilbildern, mit `subfigure.sty` *erzeugt*

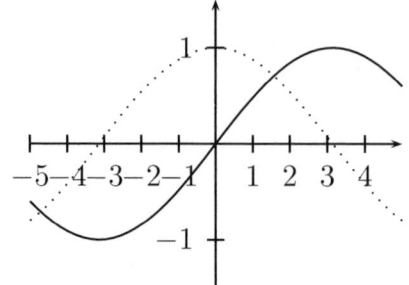

(a) Trigonometrische Funktionen: $\sin x$ und $\cos x$

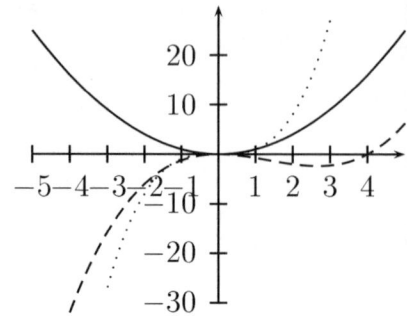

(b) Rationale Funktionen: x^2, x^3 und $\frac{x^3}{4} - x^2$

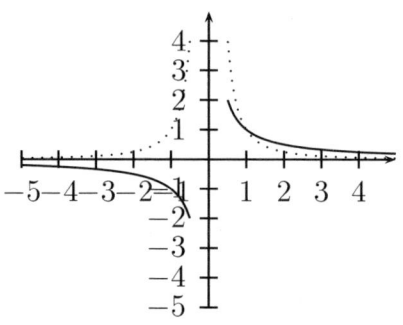

(c) Gebrochen rationale Funktionen: $\frac{1}{x}$ und $\frac{1}{x^2}$

```
\subfigure[Rationale Funktionen: $x^2$, $x^3$ und
  $\frac{x^3}{4}-x^2$\label{pot}]
  {\psset{xunit=5mm, yunit=0.67mm}
  \pspicture(-5,-30)(5,30)
  \psaxes[Dy=10,dy=10]{->}(0,0)(-5,-30)(5,30)
  \psplot{-5}{5}{x dup mul}
  \psplot[linestyle=dotted]{-3.1}{3.1}{x dup mul x mul}
  \psplot[linestyle=dashed]{-3.9}{5}{x dup mul dup neg
    exch x mul 4 div add}
  \endpspicture
  }

\centerline\subfigure[Gebrochen rationale\newline
  Funktionen: $\frac{1}{x}$ und
  $\frac{1}{x^2}$\label{rat}]
```

4.2 Mehrfachabbildungen

```
{\psset{xunit=5mm, yunit=4mm}
 \pspicture(-5,-5)(5,5)
 \psaxes{->}(0,0)(-5,-5)(5,5)
 \psplot{-5}{-.2}{1 x div} \psplot{.2}{5}{1 x div}
 \psplot[linestyle=dotted]{-5}{-.5}{1 x dup mul div}
 \psplot[linestyle=dotted]{.5}{5}{1 x dup mul  div}
 \endpspicture
}}
```

```
\caption{Etwas für Sammler ...\label{func}}
\end{figure}
```

Sowohl die Haupt- als auch die Unterlegenden können wie gewohnt mit \label und \ref referiert werden. Die Numerierung der Teilbilder erfolgt mit dem Zähler subfigure (für Teiltabellen mit subtable), die Ausgabe durch das Makro \thesubfigure (\thesubtable), das standardmäßig die Hauptabbildungsnummer, gefolgt von eingeklammerten Kleinbuchstaben ausgibt. Möchten Sie eine andere Ausgabe erzeugen, können Sie dieses Makro modifizieren. Wollen Sie die Klammerung durch eine Punktabtrennung ersetzen, schreiben Sie:

```
\renewcommand{\thesubfigure}
  {\thefigure.\arabic{subfigure}}
```

Das Makro \@thesubfigure (\@thesubtable) setzt diese Nummer vor die Legende. Wollen Sie das Verhalten ändern, zum Beispiel die Angabe des Begriffes »Bild« vor der Teillegende gefolgt von der Nummer, verwenden Sie die Definition:

```
\renewcommand{\@thesubfigure}{Bild \thesubfigure: }
```

Wenn Sie diese Makros ändern, müssen Sie zur Erzielung korrekter Verweise mit \ref eventuell auch den Wert von \p@subfigure und \p@subtable modifizieren. Diese Makros werden bei der Auflösung einer Referenz dem Makro \thesubfigure (\thesubtable) vorangestellt. Die Voreinstellungen sind

```
\renewcommand{\p@subfigure}{\thefigure}
\renewcommand{\p@subtable}(\alph{subtable})}
```

so daß bei der oben genannten Umdefinition zweimal die Hauptabbildungsnummer gedruckt würde. In diesem Falle müssen Sie also das Makro \p@subfigure mit leerem Rumpf definieren. Die Änderung lautet dann:

```
\renewcommand{\thesubfigure}{\thefigure.\roman{subfigure}}
\renewcommand{\@thesubfigure}{\textbf{Bild~\thesubfigure}}
\renewcommand{\p@subfigure}{}
```

Bei der Anordnung der Bilder und Tabellen werden vier Maße benutzt: \subfigtopskip ist der vertikale Abstand vom oberen Rand zum Bild, \subfigcapskip der vertikale Abstand zwischen Bild und Legende, \subfigbottomskip der vertikale Abstand zwischen Legende und unterem Rand und schließlich \subfigcapmargin, die Einrückung der Legende von links und rechts.

\subfigtopskip
\subfigcapskip
\subfigbottomskip
\subfigcapmargin

4.3 Gedrehte Texte

rotating Das Paket `rotating` erlaubt es, Text, Abbildungen oder Tabellen um einen beliebigen Winkel zu drehen. Damit es einsetzbar ist, muß allerdings eine PostScript-Schrift oder die PostScript-Version der CM-Schriften installiert sein und das Dokument im PostScript-Format auf einem entsprechenden Drucker ausgegeben werden (die Installation von PostScript-Schriften wird in Abschnitt 7.7 behandelt). Es stellt Ihnen die folgenden Umgebungen zur Verfügung:

rotate `\begin{rotate}{<`θ`>}` `<Text>` `\end{rotate}`
turn `\begin{turn}{<`θ`>}` `<Text>` `\end{turn}`
sideways `\begin{sideways}` `<Text>` `\end{sideways}`

Der `<Text>`, der aus beliebigen LaTeX-Konstruktionen wie Text, Tabellen oder Abbildungen bestehen kann, wird um den Winkel θ gedreht ausgegeben. Der Winkel wird in Altgraden (0-360°) gemessen, wobei positive Zahlen eine Drehung im Uhrzeigersinn, negative Zahlen eine solche gegen den Uhrzeigersinn darstellen. Die `sideways`-Umgebung dreht stets um -90° und ist daher besonders geeignet zur Erzeugung von senkrecht verlaufenden Texten. Der Text wird in eine Box eingefaßt, deren Abmessungen bei Einsatz der `turn`-Umgebung dazu benutzt werden, dementsprechend einen freien Raum zu lassen. Die `rotate`-Umgebung dagegen sieht keinen Freiraum vor, so daß der Text eventuell den führenden und nachfolgenden Text überschreiben kann. Da die Rotation gerne eingesetzt wird, um überbreite Beschriftungen wie in Tabelle 4.2 auf der nächsten Seite zu vermeiden, sei ein solches Beispiel angeführt. Da eine PostScript-Schrift eingesetzt werden soll, wird das `times`-Paket geladen (unnötig bei Verwendung der PostScript-CM-Fonts).

`rotb1.tex`

```
\documentclass{report}
\usepackage{german,rotating,times}
\usepackage[latin1]{inputenc}
\begin{document}

\begin{table}
\caption{Reagenzien I}
```

4.3 Gedrehte Texte

Tabelle 4.2
Reagenzien I

Reagenz	Alkohole	Amine	Aminosäuren	Carbonsäuren	Hydroxylgruppen	Phenole
Bortrifluorid-Methanol-Komplex				x		
Chlortrimethylsilan	x	x	x	x	x	x
Dichlordimethylsilan				x		
Hexamethyldisiloxan					x	
N-Methyl-bis(trifluoracetamid)	x	x				x

```
\begin{tabular}{l*6{c}}
\rule{0mm}{27mm} % Freihalten in Höhe der Legende
\hfil\begin{rotate}{60}Reagenz\end{rotate}\hfil &
\begin{rotate}{60}Alkohole\end{rotate} &
\begin{rotate}{60}Amine\end{rotate} &
\begin{rotate}{60}Aminosäuren\end{rotate} &
\begin{rotate}{60}Carbonsäuren\end{rotate} &
\begin{rotate}{60}Hydroxylgruppen\end{rotate} &
\begin{rotate}{60}Phenole\end{rotate} \\
\hline
Bortrifluorid-Methanol-Komplex & & & x & & & \\
Chlortrimethylsilan & x & x & x & x & x & x \\
Dichlordimethylsilan & & & x & & & \\
Hexamethyldisiloxan & & & & & x & \\
N-Methyl-bis(trifluoracetamid) & x & x & & & & x \\
\hline
\end{tabular}
\end{table}
\end{document}
```

Die `rotate`-Umgebung wird weiter benutzt, um in einem überbreiten Tabellenkopf die Beschriftung um 60° schräg nach oben laufen zu lassen, wodurch der Platzbedarf stark vermindert wird. Die `\hfil`-Kommandos der ersten Spalte dienen dazu, in einer linksbündig ausgerichteten Spalte die Überschrift zu zentrieren. Die `rotate`-Umgebung weist für sich keine Breite auf und beeinflußt daher die Breite der einzelnen Spalten nicht, so daß sehr schmale Spalten resultieren, die allein durch die Breite der »x«-Einträge kontrolliert werden. Da auch die Höhe der Beschriftung nicht berücksichtigt wird, setzt LaTeX den Tabellenkopf unmittelbar unter die Überschrift. Um dies zu vermeiden und den Raum für den Tabellenkopf zu erhalten, müssen Sie diesen mit dem (unsichtbaren) `\rule`-Befehl erzeugen.

Tabellenkopf drehen

Falls die Spalten zu schmal sind, kann in einem zweiten Versuch die `rotate`- durch die `turn`-Umgebung ersetzt werden. In diesem Falle würde Platz entsprechend der Größe der schrägen Beschriftung freigehalten, der aber variiert und wiederum zu groß sein dürfte, um optisch ansprechend zu sein. In Tabelle 4.3 auf der nächsten Seite werden 5 mm breite LR-Boxen benutzt, um die Spaltenbreite festzulegen, in denen jeweils eine `rotate`-Umgebung enthalten ist. Neben schrägen Spaltenüberschriften ist in der ersten Spalte eine hochkant gestellte Beschriftung »Reagenz« zu sehen, die wiederum mit der `rotate`-Umgebung erstellt wird. Um diese Beschriftung vertikal über die Tabelle zu zentrieren, wird das `multirow`-Paket eingesetzt. Das `array`-Paket erlaubt es, mit `\extrarowheight` in jeder Zeile 1 pt zusätzliche Höhe einzufügen, damit in unserem Beispiel der Begriff »Substratklasse« nicht von der horizontalen Linie angeschnitten wird.

`rotb2.tex`
```
\usepackage{rotating,multirow,array}
...
\newcommand{\headrotate}[1]
  {\makebox[5mm][c]{\begin{rotate}{60}#1\end{rotate}}}

\begin{table}
\caption{Reagenzien II}
\setlength{\extrarowheight}{1pt}
\begin{tabular}{|ll|*6{c|}}\hline
  & & \multicolumn{6}{c|}{\large\bfseries Substratklasse}\\
\rule{0mm}{25mm} & & % Freihalten in Höhe der Legende
  \headrotate{Alkohole} &
  \headrotate{Amine} &
  \headrotate{Aminosäuren} &
  \headrotate{Carbonsäuren} &
  \headrotate{Hydroxylgruppen} &
  \headrotate{Phenole}
  \rule{2mm}{0mm} \\   % rechter Rand
\hline
\multirow{5}{5mm}
  {\begin{turn}{90}\large\bfseries Reagenz\end{turn}}
  & Bortrifluorid-Methanol-Komplex & & & x & & & \\
  & Chlortrimethylsilan & x & x & x & x & x & x \\
  & Dichlordimethylsilan & & & x & & & \\
  & Hexamethyldisiloxan & & & & & x & \\
  & N-Methyl-bis(trifluoracetamid) & x & x & & & & x \\
\hline
\end{tabular}
\end{table}
```

4.3 Gedrehte Texte

		Substratklasse					
		Alkohole	Amine	Aminosuren	Carbonsuren	Hydroxylgruppen	Phenole
Reagenz	Bortrifluorid-Methanol-Komplex			x			
	Chlortrimethylsilan	x	x	x	x	x	x
	Dichlordimethylsilan			x			
	Hexamethyldisiloxan					x	
	N-Methyl-bis(trifluoracetamid)	x	x				x

Tabelle 4.3
Reagenzien II

Neben diesen Drehungen von Objekten existieren die zwei Umgebungen

```
\begin{sidewaystable} <Tabelle> \end{sidewaystable}
\begin{sidewaysfigure} <Abbildung> \end{sidewaysfigure}
```

\sidewaystable
\sidewaysfigure

innerhalb derer Sie Tabellen und Abbildungen einschließlich ihrer Legenden um 90° drehen können:

```
\begin{sidewaystable}
  \caption{Anwendungsübersicht über verschiedene
    Derivatisierungsreagenzien}
  \begin{tabular}{lcccccc}
    Reagenz & Alkohole & ...
    ...
  \end{tabular}
\end{sidewaystable}
```

Bei eigenen Experimenten werden Sie feststellen, daß die Drehung möglicherweise um einen unerwarteten Punkt erfolgt. Dies liegt daran, daß die Boxen, in die der Text eingeschlossen wird, neben ihrer Höhe eine Tiefe besitzen: Ein mehrzeiliger Absatz (durch \parbox oder eine Minipage erzeugt), wird mit dem Positionierungsparameter t normalerweise so gesetzt, daß er mit der oberen Zeile nahtlos an die laufende Textzeile anschließt. Der Drehpunkt dieser Box liegt ebenfalls an dieser Stelle, so daß die Drehung der Box nicht um ihren obersten oder untersten Eckpunkt, sondern um den etwas unter der oberen Ecke liegenden Punkt erfolgt. Ist dies nicht erwünscht, müssen Sie mit den optionalen Parametern der Boxbefehle oder mit Abstandskommandos die Box verschieben.

4.4 Das multibox-Paket

Der LaTeX-Befehl \multiput ist bei der Erzeugung repetitiver Muster in picture-Umgebungen nützlich. Auch bei der Beschriftung von Illustrationen tritt häufig der Fall ein, daß die Texte regelmäßig angeordnet werden sollen, ein Beispiel ist in Abbildung 4.4 zu sehen. Hier wäre ein zu \multiput analoger Befehl von Vorteil. Das Paket multibox bietet die beiden Befehle

\multimake \multimake(<x>,<y>)
(<Δx>,<Δy>){<n>}(<w>,<h>)[<pos>]
{<Text$_1$>}...{<Text$_n$>}
\multiframe \multiframe(<x>,<y>)
(<Δx>,<Δy>){<n>}(<w>,<h>)[<pos>]
{<Text$_1$>}...{<Text$_n$>}

Mit ihnen können Sie regelmäßig angeordnete \makebox- oder \framebox-Befehle erzeugen, die nacheinander die <n> Textparameter <Text$_1$> bis <Text$_n$> setzen. Die Parameter dieser Befehle entsprechen denen der bereits bekannten \multiput- sowie \makebox- und \framebox-Befehle.

Abbildung 4.4
Anschlußbelegung eines TTL-Schaltkreises

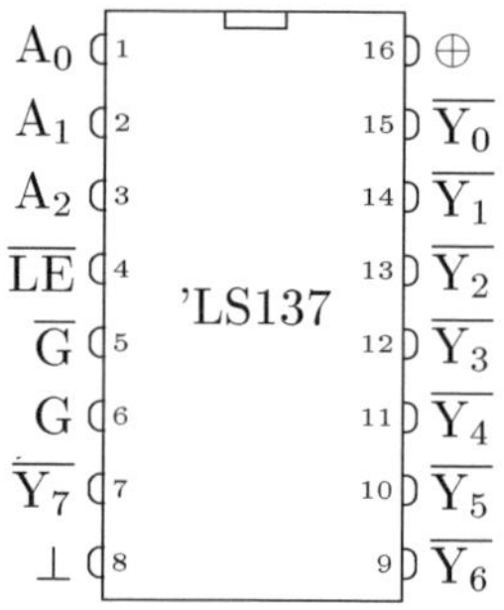

Das Beispiel wurde wie folgt erzeugt, wobei ein Hilfsmakro die Querstriche über einigen Beschriftungen im mathematischen Modus generierte.

multibox.tex

```
\newcommand{\ovr}[1]{\ensuremath{\overline\mathrm{#1}}}

\begin{figure}\unitlength5mm\centering
\begin{picture}(12,8)
   \put(4,0){\framebox(4,8){'LS137}}
   \put(5.6,7.8){\framebox(0.8,0.2){}}
   \multiput(4,0.5)(0,1){8}{\oval(0.4,0.4)[l]}
   \multiput(8,0.5)(0,1){8}{\oval(0.4,0.4)[r]}
```

```
    \begin{tiny}
     \multimake(4.1,0)(0,1){8}(0,1)[l]{8}{7}
        {6}{5}{4}{3}{2}{1}
     \multimake(7.9,0)(0,1){8}(0,1)[r]{9}{10}
        {11}{12}{13}{14}{15}{16}
    \end{tiny}
    \multimake(3.6,0)(0,1){8}(0,1)[r]{$\perp$}
       {\ovr{Y_7}}{G}{\ovr{G}}{\ovr{LE}}{A$_2$}
       {A$_1$}{A$_0$}
    \multimake(8.4,0)(0,1){8}(0,1)[l]{\ovr{Y_6}}
       {\ovr{Y_5}}{\ovr{Y_4}}{\ovr{Y_3}}
       {\ovr{Y_2}}{\ovr{Y_1}}{\ovr{Y_0}}{$\oplus$}
\end{picture}
\end{figure}
```

4.5 Hintergrundbilder

Die Abmessungen der `picture`-Umgebungen müssen nicht mit denen der in ihnen enthaltenen Illustration übereinstimmen. Wenn Sie an dieser Stelle andere Maße angeben, können Sie zahlreiche Spezialeffekte erzielen. Besonders praktisch sind `picture`-Umgebungen mit den Abmessungen (0,0), da Sie mit einer solchen Umgebung zwar die eingelagerten Graphikbefehle abarbeiten und diese an beliebiger Stelle mit den \put-Kommandos plazieren können, der aktuelle LaTeX-Punkt, an dem der folgende Text beginnt, jedoch nicht geändert wird (da die Bildbox keine Flächenausdehnung hat, wie die Angabe (0,0) versprochen hat). Dies können Sie nutzen, um in einem Absatz ein *Hintergrundbild* abzulegen. Die Einbindung eines solchen Bildes im EPS-Format ist unproblematisch. Die in den Abschnitten 4.7 und 4.8 besprochenen Befehle wie beispielsweise \includegraphics können ohne weiteres als »Textparameter« nach \put stehen. Sie müssen jedoch darauf achten, daß der entsprechende Absatz nicht durch einen Seitenumbruch auseinandergerissen wird. Dies würde zwar die Hintergrundabbildung nicht stören, sie erschiene aber am untersten Seitenrand. Es empfiehlt sich daher, diese Elemente erst am Ende einzuarbeiten, wenn das Dokument fertig vorliegt und die Einfügepositionen bekannt sind. Das Beispiel der grauen Rosette (s. u.) können Sie in einem ersten Versuch mit den Zeilen

```
{\unitlength=1cm
 \begin{picture}(0,0)
    \put(5,-5){\includegraphics{rgray.eps}}
 \end{picture}}
Die Abmessungen der \verb+picture+-Umgebungen ...
```

erzeugen. In diesem einfachen Beispiel beziehen sich die Koordinatenangaben im \put-Befehl jeweils auf den aktuellen LaTeX-Punkt, an dem das nächste Objekt erscheinen wird. Diese Werte müssen abgeschätzt werden, um die Rosette wie gewünscht zu positionieren.

In einer ernsthafteren Anwendung werden Sie ein Makro einsetzen, das die Abbildung selbständig zentriert, wie die graue Rosette zeigt. Das Paket `backpic.sty` liefert Ihnen einen Anhaltspunkt, um Ihre eigenen Vorstellungen umzusetzen:

backpic.sty

```
 1  %  BACKPIC.STY
 2  %  \backpicture{\includegraphics{Bild.Eps}}
 3  %  \backpicture{\includegraphics[width=\textwidth]
 4  %     {Bild.Eps}}
 5  \RequirePackage[dvips]{graphicx}
 6  \RequirePackage{ifthen}
 7
 8  \newcommand{\backpicture}[1]
 9    {\renewcommand{\bpname}{#1}%
10     \thispagestyle{back}}
11  \newcommand{\bpname}{}
12
13  \newcommand{\ps@back}
14    {{\ifthenelse{\isodd{\value{page}}}%  Verschiebe um
15        {\hspace*{\oddsidemargin}}%          linken Rand
16        {\hspace*{\evensidemargin}}
17     % Bild der Größe 0,0 verschiebt später nichts
18     \begin{picture}(0,0)
19        \put(0,0){\parbox[t][\textheight][c]
20                 {\textwidth}
21                 {\centerline{\bpname}}}
22     \end{picture}}
23  }
```

\backpicture   Es stellt den Befehl \backpicture{<Hintergrundobjekt>} bereit, mit dem Sie auf der aktuellen Seite eine EPS-Datei zentriert in den Hintergrund, also unter den folgenden Text, legen können. Zum Laden eines Bildes müssen Sie den Befehl \includegraphics angeben, damit Sie alle Möglichkeiten dieses Kommandos, wie Skalierung und Rotation, für das Hintergrundbild nutzen können:

\backpicture{\includegraphics[width=.7\textwidth]%
             {rgray.eps}}%

Spezieller Seitenstil   Da die Abbildung *vor* dem Text gesetzt werden muß, kommt hier intern die Umschaltung auf einen anderen Seitenstil mit Hilfe von \thispagestyle zum Einsatz. Hieraus ergeben sich die sinnvollen Positionierungsmöglichkeiten für den \backpicture-Befehl: der letzte dieser Befehle auf der aktuellen Seite bestimmt das Hintergrundbild (wichtig, falls zu wenig Text zwischen den einzelnen Hintergrundbildern steht!). Da der Seitenstil ps@back nicht die Makros für die Kopf- oder Fußzeilen ändert, hat sein Aufruf auf die Gestaltung der restlichen Seitenelemente keinen Einfluß, seine einzige sichtbare Wirkung liegt in der Darstellung der Abbildung, die innerhalb einer Absatzbox positioniert wird. Die Absatzbox wird wie bereits besprochen, in eine picture-Umgebung ohne Ausdehnung eingeschlossen und bleibt daher ebenfalls ohne Wirkung auf spätere Elemente.

Im übrigen sind Sie nicht auf EPS-Abbildungen beschränkt; an der Parameterposition des neuen Befehls kann beliebiger LaTeX-Text stehen. Um zum Beispiel das Wort »LaTeX« unter den Text zu legen, verwenden Sie die Zeilen

```
\usepackage[dvips]{color}
\usepackage{palatino,backpic}
...
\backpicture{\fontsize{140pt}{0}\selectfont
  \textcolor[gray]{.8}{\LaTeX}}
```

Hiermit laden Sie das Farbpaket, um den Begriff mit hellgrauer Farbe zu drucken (was die Lesbarkeit des eigentlichen Textes erhöht) und die PostScript-Schrift Palatino, damit Sie über eine größer skalierbare Schrift verfügen. Der \backpicture-Befehl legt temporär einen Schriftgrad von 140 pt fest und setzt den Begriff.

Ein weiteres Beispiel für den sinnvollen Einsatz von nichtleeren picture-Umgebungen ohne Ausdehnung wurde bereits auf Seite 124 vorgestellt. Weiterhin bietet auch Abschnitt 8.6.1 auf Seite 433 Anschauungsmaterial für den Einsatz der Umgebung.

4.6 Automatische Erzeugung von picture-Umgebungen

Das vorgestellte Verfahren des manuellen Erstellens der picture-Umgebungen, eventuell von einem Millimeterpapier unterstützt, kann ausgesprochen mühsam werden. In einigen Fällen können Ihnen jedoch Graphikprogramme weiterhelfen, die LaTeX-verwertbare Ausgabedateien erzeugen.

GNUPLOT

Das Programm GNUPLOT dient zum interaktiven Erzeugen von ein- und zweidimensionalen Graphen von Funktionen und Relationen, wahlweise sogar in parametrischer Darstellung. Es wird so vor allem Mathematikern und Naturwissenschaftlern helfen, die gewünschten Abbildungen zu erzeugen. Es kann von

`CTAN/graphics/gnuplot`

geladen werden. Anstelle einer Bildschirmausgabe kann eine LaTeX-Umgebung generiert und unmittelbar in ein Dokument übernommen werden. Werfen Sie zunächst einen Blick auf die Abbildung 4.5, in der die Graphen einiger Funktionen gezeigt sind. Die Funktionen wurden anhand des folgenden Programms mit GNUPLOT berechnet und dargestellt:

```
gnuplot
>set format x "$%g$"
>set format y "$%g$"
>set nokey
>set xlabel "x"
>set ylabel "y"
>set title ⇒
   "Die Funktionen $\frac{\ln x}{x^a}, a=1\dots3$"
>plot [1:20] log(x)/x, log(x)/x**2, log(x)/x**3
```

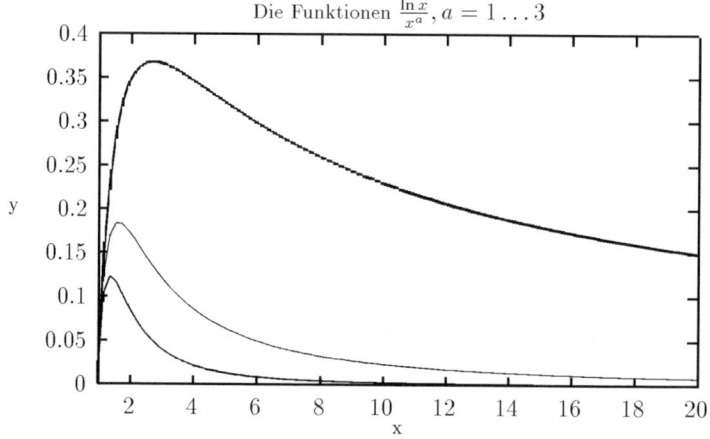

Abbildung 4.5
Funktionsgraphen mit GNUPLOT als LaTeX-Code eingebunden

Die normalen GNUPLOT-Kommandos sollen hier nicht im einzelnen erläutert werden (lesen Sie bei Bedarf die Dokumentation [42]), betrachten Sie nur einige Zeilen genauer: Sie werden viele aus LaTeX vertraute Konstruktionen finden, vor allem die Umschaltung in den mathematischen Modus mit $ ... $ und die Ausgabe von Formeln. Mit den beiden `set format`-Kommandos werden auch die Zahlen an den Achsenmarkierungen in $ ... $ eingeschlossen. Wenn Sie dieses Programm ablaufen lassen, schauen die Beschriftungen nicht schön aus. Dies ändert sich jedoch, wenn Sie wie folgt vorgehen:

```
gnuplot
>set output "gnupic.tex"
>set terminal latex
>load "gnudemo.dem"
>exit
```

Mit dieser Vorgehensweise erzeugen Sie eine Datei `gnupic.tex`, in der die Graphik im LaTeX-`picture`-Format enthalten ist. Diese Datei können Sie mit \input auf einfache Weise in Ihr Dokument einbinden:

```
\begin{figure}
  \begin{center} \input gnupic \end{center}
  \caption{...}
\end{figure}
```

Der Nachteil bei diesem Verfahren liegt lediglich in den begrenzten Möglichkeiten der `picture`-Umgebung, so daß häufig große Dateien entstehen, die unter Umständen nicht mehr verarbeitet werden können, so bei dreidimensionalen Funktionenplots. Wählen Sie anstelle von `latex` den Terminaltyp `eepic` oder einen geräteabhängigen Typ, zum Beispiel `pstricks` für das PostScript-Paket, kann auf mächtigere Zeichenprimitive zugegriffen und die Dateigröße verringert werden. Auch können eventuell einige Zeichenelemente in höherer Qualität ausgeführt werden. Anregungen für das Arbeiten mit LaTeX/GNUPLOT finden Sie in [29].

Zeichenprogramme

Nicht alle Abbildungen lassen sich als Funktion darstellen und somit einfach berechnen. Müssen Sie für das gewünschte Bild ein Zeichenprogramm einsetzen, kann dieses mit großer Wahrscheinlichkeit eine EPS-Datei als Ausgabe produzieren, die mit den im nächsten Abschnitt besprochenen Methoden in das LaTeX-Dokument übernommen werden kann. Auf verschiedenen Rechnerplattformen existiert das Programm XFIG, das es erlaubt, ein LaTeX-Ausgabeformat zu erzeugen. Für Rechner unter MS Windows leistet – vor allem für geometrische Illustrationen – das Shareware-Programm Mayura-Draw, zu finden unter `www.mayura.com`, gute Dienste.

XFIG
Mayura-Draw

4.7 EPS-Dateien und PostScript

Die jetzt vorgestellte Methode erfordert die Verwendung des Druckertreibers DVIPS, mit dem Sie PostScript für den Druck erzeugen. Besitzen Sie keinen PostScript-fähigen Drucker, können Sie von der

Möglichkeit, PostScript-Dateien mit Ghostview in andere Graphikformate umzuwandeln, Gebrauch machen. Lesen Sie hierzu bitte Seite 423. Dieser PostScript-Previewer kann auch eingesetzt werden, wenn Sie über einen älteren DVI-Previewer verfügen, der mit PostScript nichts anzufangen weiß. Die EPS-Abbildungen und graphischen Ausgaben der PostScript-Programme sehen Sie dann erst nach einem Durchlauf von DVIPS und Darstellung der erzeugten PS-Datei mit dem PostScript-Previewer.

Weiterhin müssen die Illustrationen oder Graphiken im EPS-Format vorliegen, was allerdings kaum auf Schwierigkeiten stoßen sollte, da praktisch alle gängigen Graphik- und Anwendungsprogramme (Excel, CorelDraw etc.) dieses graphische Ausgabe-Format erzeugen können. Wenn Ihr selbstgeschriebenes Programm reines PostScript ausgibt, ist es ebenfalls durch leichte Änderung dieses Programmes möglich, EPS auszugeben und in ein LaTeX-Dokument einzubinden.

4.7.1 EPS-Illustrationen

\special
Wie funktioniert das Laden einer EPS-Datei nun? LaTeX kennt den speziellen Befehl \special{...}, der alles, was innerhalb der geschweiften Klammern steht, unverändert an den Druckertreiber zur Interpretation weiterreicht. Befindet sich innerhalb der Klammern ein PS-Programm und ist DVIPS der Druckertreiber, so würde das Programm an der Stelle des Auftretens des \special-Befehls in die Ausgabedatei eingebunden, beim Drucken interpretiert und seine Ausgabe in den Druckbogen eingefügt werden.

Zum Laden von EPS-Dateien kennt DVIPS das Schlüsselwort psfile, das im \special-Parameter auftreten muß:

\special{psfile=<Name> [<key> = <Wert>] ... }

<Name> ist der Name der Datei mit der Abbildung im EPS-Format, die an der aktuellen Position im Text in ihrer Originalgröße eingefügt wird. LaTeX stellt den hierfür benötigten Platz nicht automatisch bereit. Sie müssen also selbst dafür Sorge tragen, daß die Abbildung nicht in den Text hineinragt (sofern dies nicht beabsichtigt ist), indem Sie den Einbettungsaufruf in eine LR-Box geeigneter Höhe einschachteln, um den Platz zu erzielen. Die Zeile

\vtop to 2cm{\vfill\special{psfile=rosette.eps}}

fügt die folgende Graphik ein:

4.7 EPS-Dateien und PostScript

Die in der allgemeinen Syntax angegebenen optionalen Parameter <key> und <Wert> sind jeweils Paare: Der <Wert> wird dem Schlüsselwort <key> zugeordnet und dient dazu, die Lage und/oder Größe der Abbildung zu modifizieren. Es stehen die Schlüsselwörter aus Tabelle 4.4 bereit. Die Skalierungsangaben sind Zahlen aus dem Intervall [0,100] und entsprechen einer prozentualen Angabe, die Verschiebungen müssen im Defaultkoordinatensystem von PostScript erfolgen, das in der Einheit »bp« (1 in = 72 bp = 72,27 pt) skaliert ist.

Tabelle 4.4
Die vom \special-*Befehl erlaubten Schlüsselworte beim Einladen einer EPS-Datei*

Parameter	Bedeutung
psfile	Name der zu ladenden EPS-Datei
hoffset	Die horizontale Verschiebung der Abbildung
voffset	Die vertikale Verschiebung
hsize	Legt die horizontale Ausdehnung fest
vsize	Bestimmt die vertikale Ausdehnung
hscale	Horizontale Skalierung
vscale	Vertikale Skalierung
clip	Gestattet das Clipping für den Bereich, der als Bounding-Box fungiert
angle	Der Winkel, um den die Abbildung gedreht wird
!	Bindet ein folgendes PostScript-Programm in den Prolog der Ausgabedate ein
"	Bindet ein folgendes PostScript-Programm an der aktuellen Stelle im Dokument ein
ps:	wie ", aber ohne Sicherung der (graphischen) PostScript-Parameter auf dem Stack

Eine weitere Möglichkeit zum Einbinden von EPS-Graphiken lernen Sie im nächsten Abschnitt kennen.

4.7.2 LaTeX und PostScript

Mit dem Druckertreiber DVIPS stehen interessante Möglichkeiten offen, die es dem PostScript-Programmierer erlauben, nicht nur separate EPS-Dateien einzubinden, sondern PostScript-Programme direkt in den LaTeX-Text einzufügen. Zur Information über das Programmieren in PostScript können Sie [45, 46, 47, 48] heranziehen. Über die Möglichkeit der Graphikeinbindung hinaus erzielen Sie mit diesem Verfahren spezielle gestalterische Effekte. Als »Schmankerl« für den Einstieg dient das folgende Dokument, das einen Effekt aufweist, der zuweilen gefordert wird: quer über das Papier soll auf jeder Seite ein Begriff wie »vertraulich«, »confidential«, »preliminary« oder ähnli-

4 Abbildungen

draftcopy

ches stehen. Hierfür existiert eine LaTeX-Lösung in Form des Paketes draftcopy, das den Begriff »Entwurf« respektive seine sprachabhängige Übersetzung über eine oder alle Seiten des Dokuments setzt. Sie können den Begriff frei wählen.

secret

Auch mit DVIPS kann eine Lösung angeboten werden, wie das folgende Paket secret zeigt:

`secret.sty`

```
 1 \AtBeginDocument{\special{!userdict begin
 2 /split {(pt) search { 3 1 roll pop pop } if cvr} def
 3 /font /Palatino-Roman findfont 110 scalefont def
 4 /angle 50 def
 5 /str (vertraulich) def
 6 gsave font setfont 1000 1000 moveto
 7 str true charpath pathbbox grestore
 8 3 -1 roll sub 3 1 roll sub neg
 9 /breite exch def /hoehe exch def
10 /mx (\the\textwidth) split 2 div 72 add def
11 /my (\the\textheight) split 2 div 72 add def
12 /bop-hook { gsave .9 setgray font setfont
13           mx my translate angle rotate
14           breite -2 div hoehe -2 div moveto
15           str show grestore
16         } def end
17 }}
```

Die Anwendung ist einfach:

`dvips.tex`

```
\documentclass[a4paper,12pt]{book}
\usepackage{german}
\usepackage[latin1]{inputenc}
\usepackage{secret}
\begin{document}
\begin{titlepage}\centering

\textbf{\HugeDVIPS}\\
\textbf{\large und seine Möglichkeiten}\\[3cm]
\today, Ingo Klöckl\\[5cm]
Ein PostScript-Treiber für \TeX{} und die Möglichkeiten der
Gestaltung unter Zuhilfenahme von PostScript-Befehlen.
Erzeugen Sie Überschriften wie "'vertraulich"',
"'preliminary"' und ähnliches auf Ihren Dokumenten.
Setzen Sie graphische Elemente unter und über Ihren
Text. Arbeiten Sie kreativ mit PostScript-\TeX!
\end{titlepage}
\end{document}
```

Es handelt sich dabei um den Anfang eines vertraulichen Papiers (daher fehlt die Veröffentlichung des Restes), das durch den Begriff als solches kenntlich gemacht wird, wie dies die Abbildung 4.6 zeigt.

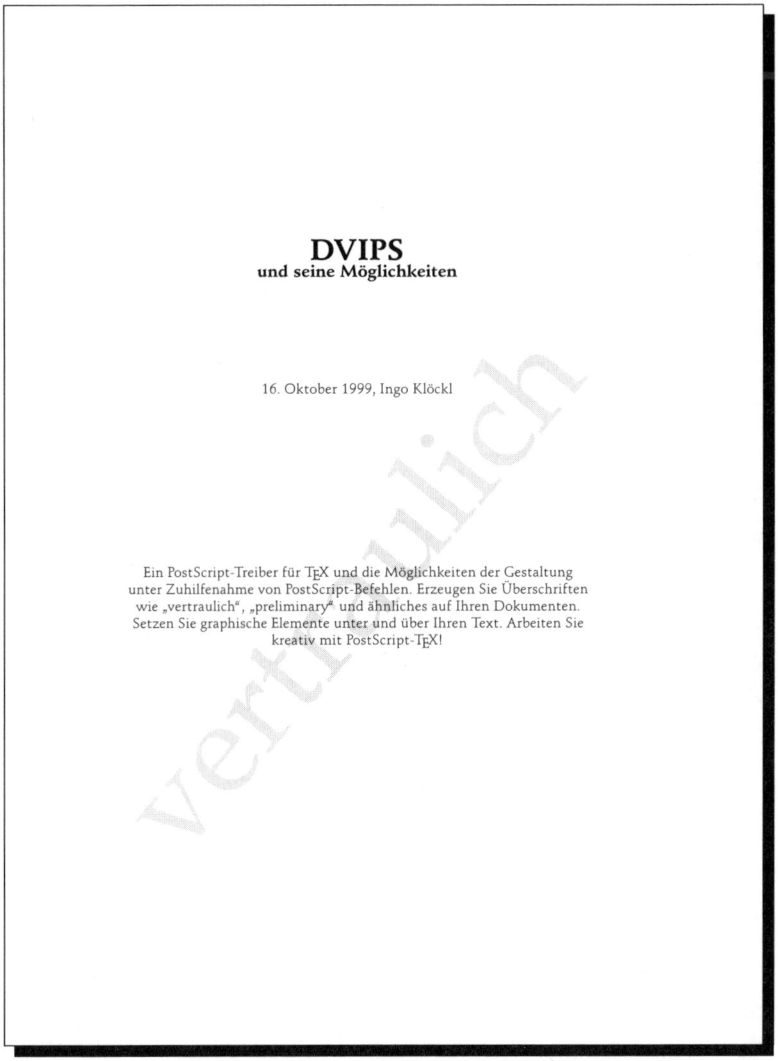

Streng geheim? Kein Problem!

Abbildung 4.6
Vertrauliche Papiere mit DVIPS und LaTeX kenntlich gemacht

Warum funktioniert's? DVIPS interpretiert den Parameter von \special, der keines der in Tabelle 4.4 erwähnten speziellen Schlüsselworte enthält, als PostScript-Programm. Es stellt hierfür eine Benutzerumgebung bereit, indem es den Nullpunkt des PostScript-Koordinatensystems auf den aktuellen TeX-Punkt setzt und die Skalierung im bp-Raster vornimmt. Weiterhin stellt es ein Dictionary userdict bereit, in dem der Benutzer lokal arbeiten kann, ohne die restliche Druckseite zu gefährden. Nach diesen Vorarbeiten wird das Benutzerprogramm, also der \special-Parameter, ausgeführt. Hierbei sind jedoch zwei Varianten von \special zu unterscheiden, die nur geringfügig voneinander abweichen:

```
\special{! <PostScript-Befehle...>}
\special{" <PostScript-Befehle...>}
```

»!« In der Form mit dem »!« zu Beginn wird Ihr PostScript-Programm in den Prolog der entstehenden Datei eingebaut, also noch vor die Befehle für die erste Druckseite. Sie können hiermit PostScript-Befehle in die Datei einbetten, die globale Gültigkeit haben sollen. Die Variante
»"« mit »"« bettet die PostScript-Befehle an der Stelle des \special-Befehls ein, also zumeist in den laufenden Text. Diese Variante werden Sie wählen, wenn Sie lokal Abbildungen oder Programme einfügen möchten. Da die Anführungszeichen in Verbindung mit german.sty aktive Zeichen geworden sind, ist nur der Aufruf

```
\special{\string" ...}
```

erfolgreich, um die Sonderbedeutung der Anführungszeichen zu maskieren.

Bedenken Sie, daß DVIPS keine Überprüfung vornimmt, ob Ihr Programm sich auf einen bestimmten Zeichenbereich beschränkt. Tatsächlich dürfen Sie jeden Punkt der Zeichenfläche, auch den mit Text bedruckten, übermalen, was durchaus reizvoll oder gar sinnvoll sein kann, wie das Herzerl unter dem Text demonstriert, das mit den Zeilen

```
\special{\string"
  1 .6 0 setrgbcolor
  72 2.54 div 2 mul dup scale 2.5 -1.5 translate
  0 0 moveto 2.5 3 0 2.5 0 1.5 curveto
  0 2.5 -2.5 3 0 0 curveto closepath fill}
```

entstand. Mit dem translate-Befehl wird die Zeichnung allerdings nach unten verschoben, so daß sie den bereits gesetzten Text nicht überdeckt, sondern der nachfolgende Text über die Zeichnung gedruckt wird. Wünschen Sie diesen Überschreibungseffekt nicht, müssen Sie dafür sorgen, daß genügend vertikaler Freiraum zur Verfügung steht (eine LaTeX-Umgebung zur Integration von PostScript in LaTeX, die dies leistet, wird im nächsten Abschnitt besprochen).

Nach der Beschreibung wird noch nicht klar, weshalb das Beispielprogramm, das den Begriff »vertraulich« über das Papier druckt, überhaupt für jede Seite ausgeführt wird. DVIPS kennt einige Einsprungstellen des PostScript-Programms in Form von Makros, die

4.7 EPS-Dateien und PostScript

normalerweise leer sind (keine Aktion bewirken) und denen Sie selbst Inhalt zuweisen und diesen zu Beginn oder am Ende einer Seite ausführen lassen können. Sie ähneln den LaTeX-Befehlen \AtBeginDocument oder \AtEndDocument. Die Makros sind in der Tabelle 4.5 aufgeführt.

/bop-hook	Enthält Ihre Befehle, die zu Beginn einer jeden Seite ausgeführt werden sollen (noch vor dem Satz der Seite selbst!).
/eop-hook	Wie /bop-hook, jedoch Ausführung der Befehle am Ende des Druckvorganges der Seite.
/start-hook	Wie /bop-hook, wird jedoch nur einmal zu Beginn des Dokumentes ausgeführt.
/end-hook	Wie /bop-hook, schließt jedoch das Dokument ab.

Tabelle 4.5
PostScript-Makros, die Sie definieren können, um Ihr Programm zu Beginn oder am Ende einer jeden Seite ausführen zu lassen

Ein Beispiel für die Verwendung von /bop-hook ist in `secret.sty` auf Seite 240 in den Zeilen 12–16 zu sehen.

Da diese Befehle definiert sein müssen, noch bevor die erste Seite gedruckt wird, müssen Sie zu ihrer Einbettung die \special-Variante mit »!« wählen.

4.7.3 Eigene PostScript-Programme

Wenn Sie ein spezielles PostScript-Programm geschrieben haben, können Sie es mit dem folgenden Paket `ps` direkt in Ihren Text einbinden. Das Beispiel zeigt eine in PostScript programmierte Rosette, die mit dem Befehl \ps{<Höhe>}{PS-Code} eingebunden wird. Der erste Parameter <Höhe> ist der vertikal freizuhaltende Platz für die graphische Ausgabe des Programms, der zweite Parameter das PostScript-Programm selbst:

\ps

```
\documentclass[a4paper,12pt]{article}
\usepackage{german,ps}
\usepackage[latin1]{inputenc}
\begin{document}
Sehen Sie die Rosette als Test für die Einbindung
von PS-Dateien:\\
\ps{5cm}{
/star {newpath 0 2 moveto 0 exch 360 exch div 360
 { dup sin 2 mul exch cos 2 mul lineto } for
 stroke} def
 3 2.5 translate 24 {3 star 5 rotate} repeat
}
```

ps.tex

4 Abbildungen

Den Platz für das Bild müssen Sie selbst freihalten, aber dafür können Sie Ihr eigenes PS-Programm direkt in den \LaTeX-Text schreiben.
\end{document}

Das Paket `ps.sty` enthält das folgende Programm:

`ps.sty`

```
 1  %  PS.STY. Einbindung von literalem PostScript
 2
 3  %  \ps{Höhe des Bildes}{PS-Programm}
 4  \long\def\ps#1#2{
 5  \vbox to #1{\vss \special{\string"
 6  72 2.54 div dup scale
 7  privatedict begin /sobj save def
 8  .02 setlinewidth
 9  { #2 } stopped { err_handler } if
10  clear sobj restore end } }
11  }
12
13  \special{! /privatedict 200 dict def
14  privatedict begin
15  /err_handler {
16  /Times-Roman findfont .6 scalefont setfont
17  0 2 moveto (error occured) show
18  /Times-Roman findfont .4 scalefont setfont
19  0 1 moveto (offending ps command : ) show
20  $error /command get 30 string cvs show
21  0 .5 moveto (operand stack : ) show
22  $error /ostack get { 200 string cvs show } forall
23  0 0 moveto (VMStatus : max. memory ) show
24  vmstatus 10 string cvs show
25  ( used memory ) show 10 string cvs show
26  ( level ) show 10 string cvs show
27  } def
28  }
```

Der \ps-Befehl fügt mit der "-Form von \special das PostScript-Programm an der aktuellen Stelle in die PS-Datei ein, so daß das Bild später an der gewünschten Stelle im laufenden Text steht. Mit einer vertikalen Box wird der benötigte Platz für das Bild freigehalten (diese Größe müssen Sie selbst angeben). Weiterhin definiert das Paket mit den letzten Zeilen und der !-Form des \special-Befehls eine Routine, die die Fehlerbehandlung in PostScript übernimmt. Sollte Ihr PS-Programm einen Fehler hervorrufen, so wird er (meistens) von dieser Routine abgefangen und mit einer Fehlermeldung quittiert.

4.7 EPS-Dateien und PostScript

Header-Dateien

Wenn Sie mit PostScript-Code in \special arbeiten, brauchen Sie möglicherweise immer eine Art Initialisierungsdatei, bevor das Programm korrekt arbeitet. Zur Einbettung solcher Dateien sieht DVIPS das Schlüsselwort

\special{header = <Name>}

vor, mit dem die PS-Datei <Name> in den Header der erzeugten Druckdatei geschrieben wird. In solchen Dateien können zum Beispiel gemeinsam benutzte Befehle oder Makros enthalten sein.

Nichtgekapseltes PostScript

Haben Sie in einem LaTeX-Text den Befehl

\special{" <PostScript-Programm>}

eingesetzt und lesen Sie nun in der von DVIPS erzeugten PS-Datei, stellen Sie fest, daß Ihr Programm von einigen zusätzlichen Makros umschlossen ist:

```
@beginspecial  @setspecial
   <PostScript-Programm>
@endspecial
```

Diese Makros schützen die Druckseite gegen Fehlverhalten des eigenen PostScript-Programms, gleichzeitig werden damit jedoch auch alle von Ihnen getätigten Änderungen graphischer Parameter rückgängig gemacht, was normalerweise sinnvoll und auch praktisch für Sie ist. In einigen Fällen möchten Sie jedoch die Änderungen in den nachfolgenden LaTeX-Text übernehmen. Ein Beispiel hierfür wäre ein eigener Befehl, um die Textfarbe dauerhaft zu ändern. Glücklicherweise können Sie mit einer weiteren Syntax von \special PostScript *ohne* Kapselung in die Ausgabedatei einfügen:

\special{ps: <PostScript-Programm>}

Verwenden Sie diese Variante, sind Sie allerdings für eventuelle Beschädigungen des nachfolgenden Textes selbst verantwortlich!

Arbeiten Sie mit Farb-PostScript-Druckern, können Sie die zuletzt vorgestellte Variante benutzen, um die Farbe von LaTeX-Texten zu beeinflußen. Die Abbildung 4.7 auf der nächsten Seite zeigt das Ergebnis des folgenden Eingabetextes:

`colorps.tex`

```
% Farbbefehl bereitstellen
\newcommand{\color}[1]
   {\special{ps: #1 setrgbcolor
```

```
                gsave newpath 0 0 moveto 1 0 rlineto stroke grestore}}

        % Farbige Quadrate
        \newcommand{\colorsquare}[1]
          {\color{#1}\rule{1em}{1em}\color{\black}}

        % Einige Farben definieren
        \newcommand{\red}{1 0 0}    \newcommand{\white}{1 1 1}
        \newcommand{\yellow}{1 1 0}\newcommand{\blue}{0 0 1}
        \newcommand{\green}{0 1 0}  \newcommand{\black}{0 0 0}
        \newcommand{\violet}{1 0 1}\newcommand{\cyan}{0 1 1}

        % los geht's
        \begin{figure}
          \begin{tabular}{llll}\hline
          Wei  & \colorsquare{\white} &
            Schwarz & \colorsquare{\black} \\
          Rot   & \colorsquare{\red}   &
            Zyan    & \colorsquare{\cyan} \\
          Grün & \colorsquare{\green} &
            Violett & \colorsquare{\violet} \\
          Blau  & \colorsquare{\blue}  &
           Gelb    & \colorsquare{\yellow} \\
          \hline\end{tabular}
          \hfil
          \parbox{.4\textwidth}{Auch Texte können \color{\red}%
          farbig (hier in Rot) \color{\black}gesetzt werden.
          Allerdings benötigen Sie den Treiber \color{\violet}%
          DVIPS \color{\black}dafür.}
          \caption{Grund- und Sekundärfarben im RGB-System
          sowie farbiger Text.}
        \end{figure}
```

Abbildung 4.7
Grund- und Sekundärfarben im RGB-System sowie farbiger LaTeX-Text

Weiß	■	Schwarz	■
Rot	■	Zyan	■
Grün	■	Violett	■
Blau	■	Gelb	■

Auch Texte können farbig (hier in Rot) gesetzt werden. Allerdings benötigen Sie den Treiber DVIPS dafür.

Das Geheimnis der Farben liegt im PostScript-Befehl

r g b setrgbcolor

Sie übergeben drei Zahlen r, g und b aus dem Intervall [0,1], die den Bruchteil der Grundfarben Rot, Grün und Blau bestimmen. Diese werden, wie beim Farbfernsehen, additiv gemischt. Dabei entspricht die Zahl Eins einer hundertprozentigen Zumischung der betreffenden Farbe. In LaTeX werden diese drei Komponenten mit dem Makro \color{r g b} für die folgenden Texte oder Graphiken gesetzt. Sie können die drei Zahlen direkt eingeben: \color{.2 .3 1} oder – wie im Beispiel – Makros für häufig benötigte Farbtöne definieren.

Falls Sie das subtraktive Mischungssystem CMY mit den Komponenten Gelb, Zyan und Magenta vorziehen, das in der Aquarell- und Ölmalerei zur Anwendung kommt, können Sie den Befehl setrgbcolor durch 0 setcmykcolor ersetzen und dann anstelle der Zahlen für r, g und b die Zahlen c (Zyan), m (Magenta) und y (Yellow, Gelb) benutzen, die ebenfalls im Intervall [0,1] liegen müssen.

4.8 Die Pakete graphics und graphicx

Eine geräteunabhängige Schnittstelle für die Verwendung von Farben sowie zur Einbindung von Graphiken für LaTeX 2_ε wird durch die Pakete color, graphics und graphicx bereitgestellt. Über die im folgenden vorgestellten Möglichkeiten hinaus bietet die Dokumentation [20] einen reichen Informationsschatz.

graphics
graphicx

Die Verwendung des graphics-Paketes erfolgt durch einen \usepackage-Befehl im Dokumentenvorspann, dem Sie das gewünschte Ausgabegerät, zum Beispiel dvips, als Option übergeben können. Es können so bei Bedarf geräteabhängige Steuerbefehle erzeugt werden, die nur von einem bestimmten Druckertreiber verstanden werden. Im Dokument selbst muß die Graphikeinbindung jedoch nicht geändert werden.

Möchten Sie die Ausgabeoption nicht in jedem Dokument explizit festlegen, was bei einem Wechsel des Gerätes eine Änderung dieser Zeile in Ihren Dokumenten erforderlich machen würde, können Sie diese in den beiden Konfigurationsdateien color.cfg und graphics.cfg mit der Zeile \ExecuteOptions{dvips} festlegen.

4.8.1 Laden von Graphik, Skalierung und Rotation

Betrachten Sie zunächst die Möglichkeiten der Pakete graphics und graphicx, die ähnliche Funktionen in zwei Syntaxvarianten bereitstellen. graphicx ist die erweiterte Version und sollte vorgezogen werden. Die Pakete besitzen über die Angabe des Treibers hinaus weitere Optionen:

- ❏ `draft` und `final` steuern die Behandlung von einzuladenden Graphiken. Bei `draft` werden lediglich die Abmessungen zur korrekten Positionierung gelesen und ein leerer Rahmen mit dem Namen der Graphikdatei angezeigt, während die `final`-Version die Bilder zeigt.

- ❏ `hiderotate` und `hidescale` zeigen keinen gedrehten oder skalierten Text an, was sinnvoll bei Previewern ist, die diese Merkmale nicht unterstützen.

- ❏ `hiresbb` weist LaTeX an, die Bildgröße nicht anhand der üblichen Folge `%%BoundingBox`, sondern `%%HiResBoundingBox` zu erkennen.

Die einzelnen Möglichkeiten der Pakete werden im folgenden angesprochen.

Drehung von Texten

Die Rotation von Text können Sie mit den folgenden Befehlen erreichen:

\rotatebox
```
\rotatebox{<θ>}{<Text>}                  % graphics
\rotatebox[<keys-list>]{<θ>}{<Text>}     % graphicx
```

Der Text wird als Box um den Winkel θ gegen den Uhrzeigersinn gedreht, wobei der Referenzpunkt der LaTeX-Box der Drehpunkt ist. In der `graphicx`-Version können Sie dies mit den folgenden Schlüssel-Wert-Paaren `<key-list>` ändern:

```
origin=<label>
x=<dim>
y=<dim>
units=<Zahl>
```

`<x>` und `<y>` stellen die Verschiebung des gewünschen Drehpunktes relativ zum Referenzpunkt der Box dar. Für einige ausgezeichnete Drehpunkte existieren Kurzbezeichnungen `<label>`, diese sind in der Abbildung 4.8 dargestellt. Mit `<Zahl>` geben Sie die Drehrichtung vor, die Angabe `units=-360` bewirkt eine Drehung *im* anstatt *gegen* den Uhrzeigersinn. Möchten Sie den Winkel in Neu- statt in Altgraden angeben, erreichen Sie dies mit `units=400`.

Die Drehung um verschiedene Bezugspunkte wird beispielhaft anhand der folgenden Zeile dargestellt:

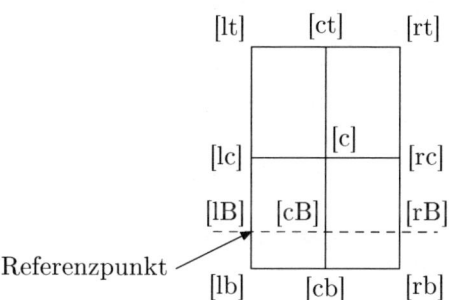

Abbildung 4.8
Ausgezeichnete Punkte bei \rotate

Der Strich markiert die Grundlinie. Ein Wort mit Unterlänge wurde jeweils um 30° gedreht, wobei zunächst der Referenzpunkt als Drehpunkt benutzt wurde (entspricht `origin=lB`), die weiteren Beispiele wurden mit den Angaben `origin=c` und `origin=rb` gedreht.

Auch mit \rotatebox können breite Tabellenüberschriften platzsparend gedreht werden, wie Tabelle 4.6 zeigt. Um den hochkant gestellten Begriff »Reagenz« vertikal zu zentrieren, wird das `multirow`-Paket eingesetzt. \extrarowheight fügt in jeder Tabellenzeile vertikal einen zusätzlichen Freiraum von 1 pt ein, um zu verhindern, daß die horizontale Linie den Begriff »Substratklasse« abschneidet.

		Substratklasse				
		Alkohole	Amine	Aminosuren	Carbonsuren	Hydroxylgruppen
Reagenz	Bortrifluorid-Methanol-Komplex			x		
	Chlortrimethylsilan	x	x	x	x	x
	Dichlordimethylsilan			x		
	Hexamethyldisiloxan					x
	N-Methyl-bis(trifluoracetamid)	x	x			

Tabelle 4.6
Reagenzien III

```
\usepackage{multirow,array}
...
\begin{table}\caption{Reagenzien III}
\centering
\setlength{\extrarowheight}{1pt}
\begin{tabular}{|ll|*5{c}|}\hline
```

`rotb3.tex`

```
              & & \multicolumn{5}{c|}{\large\bfseries Substratklasse}\\
              & & \rotatebox{90}{Alkohole}        &
                  \rotatebox{90}{Amine}           &
                  \rotatebox{90}{Aminosäuren}     &
                  \rotatebox{90}{Carbonsäuren} &
                  \rotatebox{90}{Hydroxylgruppen} \\
\hline
\multirow{5}{3mm}{\rotatebox{90}{\large\bfseries Reagenz}}
              & Bortrifluorid-Methanol-Komplex & & & x & & \\
              & Chlortrimethylsilan & x & x & x & x & x \\
              & Dichlordimethylsilan & & & x & & \\
              & Hexamethyldisiloxan & & & & & x \\
              & N-Methyl-bis(trifluoracetamid) & x & x & & & \\
\hline
\end{tabular}
\end{table}
```

Skalierung von Text

Die Skalierung von Text kann mit dem Kommando

\scalebox
```
\scalebox{<h-Faktor>}{<Text>}
\scalebox{<h-Faktor>}[<v-Faktor>]{<Text>}
```

erreicht werden. Wiederum wird der Text in eine Box gesetzt, die aber nun in horizontaler Richtung um den Faktor `<h-Faktor>`, in vertikaler Richtung um `<v-Faktor>` gestreckt (Werte größer Eins) oder gestaucht (Werte kleiner Eins) wird. Fehlt die Angabe der vertikalen Streckung, so wird diese gleich der horizontalen gesetzt. Um Text auf eine vorgegebene Ausdehnung zu skalieren, benutzen Sie

\resizebox
\resizebox*
```
\resizebox{<Breite>}{<Höhe>}{<Text>}
\resizebox*{<Breite>}{<Höhe>}{<Text>}
```

Der Text wird so skaliert, daß er die vorgegebene Breite `<Breite>` und die Höhe (in der Sternform: Höhe plus Tiefe) `<Höhe>` einnimmt. Ein »!« für ein Argument übernimmt den aus der anderen Länge resultierenden Skalierungsfaktor, so daß der Text maßstäblich gestreckt wird. In beiden Parameterpositionen können Sie die Maße \height, \width, \totalheight und \depth benutzen, um die normale Breite, Höhe, Gesamthöhe oder Tiefe des Textes zu erhalten.

Laden von Graphiken

Das wohl wichtigste Merkmal der `graphic`-Pakete ist das Laden von Graphikdateien. `graphics` respektive `graphicx` stellen dazu die Kommandos

4.8 Die Pakete graphics und graphicx

\includegraphics[<x_u>,<y_u>][<x_o>,<y_o>]{<Datei>} \includegraphics
\includegraphics[<key-list>]{<Datei>}
\includegraphics*[<x_u>,<y_u>][<x_o>,<y_o>]{<Datei>} \includegraphics*
\includegraphics*[<key-list>]{<Datei>}

bereit. Bei der Sternform wird die Graphik auf die angegebenen Abmessungen begrenzt (clipping), lassen Sie den Stern fort, wird die Graphik in ihrer vollen Ausdehnung gezeigt, jedoch nur die spezifizierten Abmessungen zur Positionierung berücksichtigt (das Bild kann also Text überdecken). Lassen Sie sämtliche Parameter außer dem Dateinamen fort, wird die in der Bilddatei enthaltene Größeninformation (bei EPS-Dateien zum Beispiel die Bounding Box) zur Positionierung herangezogen. Diese kann von Ihnen überschrieben werden; in der graphics-Version durch die Angabe des unteren linken (x_u, y_u) und oberen rechten (x_o, y_o) Punktes der Abbildung, wobei für die vier Werte Zahlen mit TEX-Dimensionen (cm, in, pt) anzugeben sind. Möchten Sie also von einem im Original 4 cm × 3 cm großen Bild nur das linke obere Viertel sehen, schreiben Sie

\includegraphics*[0cm,1,5cm][2cm,3cm]{test.eps}

Die graphicx-Version stellt Ihnen mit <key-list> die Möglichkeit zur Verfügung, über zahlreiche Schlüsselwort-Wert-Paare vielfältige Änderungen vorzunehmen. Führen Sie die in Frage kommenden nachfolgend beschriebenen Schlüsselwörter innerhalb dieser Liste auf und weisen Sie ihnen mit einem »=«-Zeichen die gewünschten Werte zu. Sie können unter den folgenden Schlüsseln wählen:

❏ bb: Enthält vier, durch Leerzeichen getrennte dimensionsbehaftete Zahlen, die die linke untere und rechte obere Ecke des darzustellenden Ausschnittes angeben. Die Angabe spezifiziert die PostScript BoundingBox; da diese in EPS-Dateien vorhanden sein muß, kann die Angabe meist entfallen.

❏ natheight, natwidth: Alternative Spezifikation der Bildgröße durch Angabe der rechten oberen Ecke über die Höhe und Breite des Bildes. Die linke untere Ecke wird stets bei (0,0) angenommen.

❏ viewport: Vier Zahlen, die den darzustellenden rechteckigen Ausschnitt spezifizieren. Diese Koordinaten werden jedoch nicht auf den Koordinatenursprung bezogen, sondern auf die linke untere Ecke des Bildes, die durch die BoundingBox oder die »bb«-Daten festgelegt ist.

❏ trim: Vier Zahlen, die angeben, um wieviel die Bounding-Box auf jeder Seite verkleinert werden soll.

- **draft**: Wenn dieses Schlüsselwort angegeben wird, wird die Graphik nicht geladen, sondern nur der ihrer Größe entsprechende Platz freigehalten.

- **angle**: Der Winkel, um den das Bild gegen den Uhrzeigersinn gedreht werden soll.

- **origin**: Der Punkt, um den die Drehung erfolgt. Die Angabe des Drehpunktes erfolgt analog dem \rotatebox-Befehl, siehe Abbildung 4.8.

- **width, height**: Das Bild wird so gestreckt oder gestaucht, daß seine Breite oder Höhe den gewünschten Wert erreicht. Der Wert kann in einer beliebigen TeX-Einheit angegeben werden und – zusammen mit dem calc-Paket – auch aus einfachen mathematischen Ausdrücken bestehen.

- **totalheight**: Das Bild wird so gestreckt oder gestaucht, daß seine Höhe zuzüglich seiner Tiefe den gewünschten Wert (in jeder TeX-Einheit) erreicht. Diese Angabe kann besonders nach Drehungen des Bildes nützlich sein.

- **scale**: Dient zur maßstabsgetreuen Skalierung des Bildes.

- **clip**: Wenn angegeben, werden eventuell vorhandene, außerhalb der spezifizierten Bildgröße liegende Zeichnungsteile abgeschnitten und sind nicht sichtbar. Fehlt dieses Schlüsselwort, wird die gesamte Zeichnung dargestellt.

- **keepaspectratio**: Wenn angegeben, wird bei Vorgabe einer festen (horizontalen oder vertikalen) Größe die andere Ausdehnung so skaliert, daß das Seitenverhältnis beim Einpassen des Bildes in die gewünschte Größe erhalten bleibt. Fehlt das Schlüsselwort, kann das Bild horizontal und vertikal unterschiedlich skaliert (und damit verzerrt) werden.

Die weiteren Optionen **ext**, **type**, **read** und **command** werden auf Seite 254 beschrieben.

Mit den Möglichkeiten zur Rotation und Skalierung hat das graphicx-Paket mehr zu bieten, einige Funktionen können mit beiden Paketen formuliert werden, wie die äquivalenten Zeilen zeigen:

```
% graphicx                                % graphics
\includegraphics                          \includegraphics*[20,20][50,50]{t.eps}
  [bb=20 20 50 50,clip]{t.eps}
\includegraphics[scale=.5]{t.eps}         \scalebox{.5}{\includegraphics{t.eps}}
\includegraphics[angle=90]{t.eps}         \rotatebox{90}{\includegraphics{t.eps}}
```

4.8 Die Pakete graphics und graphicx

Die Auswirkung der drei vorgestellten Befehlszeilen ist in der Abbildung 4.9 sichtbar. Links ist die Originalgraphik dargestellt, rechts daneben mit der zusätzlichen Angabe des darzustellenden Ausschnittes, weiterhin eine skalierte und rechts eine gedrehte Variante.

Original   bb,clip   scale   angle

Abbildung 4.9
Einladen von Graphiken

Einbinden von GIF- oder JPEG-Graphiken

Bislang wurde \includegraphics eingesetzt, um EPS-Graphiken einzubinden. Sie können aber auch andere Graphikformate wie GIF oder JPEG einsetzen, wenn Sie ein geeignetes Konverterprogramm haben, um die Graphikdatei in EPS zu konvertieren. Das allein wäre die Erwähnung nicht wert, steht Ihnen dieser Weg doch immer offen, um die derart erzeugte EPS-Datei wie gewohnt mit \includegraphics einzubinden. Interessant ist jedoch, daß Sie Regeln definieren können, wie bestimmte Graphikformate während der Erzeugung der PostScript-Ausgabe von DVIPS in EPS konvertiert werden sollen. Die Notwendigkeit, diese Konversion bereits vorher mühsam manuell vorzunehmen und die fertigen EPS-Dateien bereitzustellen, entfällt damit. Grundlage ist ein Befehl mit der Syntax

\DeclareGraphicsRule{<Endung>}{<Typ>}{<Größe>}
   {<Befehl>}

\DeclareGraphicsRule

Immer, wenn mit \includegraphics eine Datei mit der <Endung> eingebunden werden soll, wird der interne Treiber des graphics-Paketes für das Graphikformat <Typ> benutzt. <Befehl> kann eine Befehlszeile enthalten, die die angegebene Datei in das gewünschte Format <Typ> konvertiert, falls dieser vom originalen Datentyp abweicht. <Größe> kann die Endung einer Datei enthalten, in der in Form einer Bounding Box die Größe der Datei enthalten ist. Alle hier festgelegten Werte können für einen individuellen \includegraphics-Befehl über die Optionen ext, type, read und command überschrieben werden.

Als Beispiel soll eine JPEG-Datei eingebunden werden, aber beim Erstellen der Druckdatei diese automatisch in das EPS-Format konvertiert werden. Hierzu wird der Konverter jpeg2ps eingesetzt, dessen Quelltext im Verzeichnis CTAN/nonfree/support/jpeg2ps zu finden ist. Sie können dann die folgenden Zeilen benutzen, um eine JPEG-Graphik darzustellen:

```
\DeclareGraphicsRule{.jpg}{eps}{}{'jpeg2ps #1'}
...
\includegraphics[bb=0 0 200 200]{teich1.jpg}
```

Normalerweise würde eine Datei mit der Endung `.jpg` vom JPEG-Treiber des DVIPS-Programms behandelt werden (Typ `jpg`). Um die Bearbeitung durch den EPS-Treiber zu ermöglichen, muß die Dateiendung `.jpg` mit dem Typ `eps` verknüpft werden. Die zu ladende JPEG-Datei wird dann von DVIPS automatisch durch das Kommando im letzten Argument in das EPS-Format konvertiert. Die Angabe `#1` in der Befehlszeile enthält den Namen der aktuellen Graphikdatei.

Im letzten Beispiel wurde LaTeX durch die explizite Angabe der Bounding Box über die Größe der Graphik informiert. Wollen Sie diese nicht stets angeben, können Sie die Größeninformationen in Hilfsdateien festhalten. Zu jeder Graphikdatei gehört dann eine solche Größendatei. Die Endung dieser Dateien wird durch den bislang freigebliebenen Parameter `<Größe>` festgelegt:

```
\DeclareGraphicsRule{.jpg}{eps}{.jpg.bb}{'jpeg2ps #1'}
...
\includegraphics{teich1.jpg}
```

LaTeX liest in dieser Variante die Bounding Box aus einer Datei `teich1.jpg.bb`. In dieser steht die Zeile

```
%%BoundingBox: 0 0 200 200
```

Es ist nicht erforderlich, `\DeclareGraphicsRule` zu benutzen, da vier Optionen des `\includegraphics`-Befehls dieselbe Funktion erfüllen: ext korrespondiert mit dem Parameter `<Endung>`, type mit `<Typ>`, size mit `<Größe>` und command mit `<Befehl>`. Das Beispiel läßt sich damit wie folgt formulieren:

```
\includegraphics[bb=0 0 200 200,
                type=eps,command='jpeg2ps #1']
               {teich1.jpg}
```

4.8.2 Farbe ins Bild mit dem color-Paket

color

Verfügen Sie über ein farbfähiges Ausgabegerät, so werden Sie das color-Paket gerne einsetzen, um farbig unterlegte Überschriften, kolorierte Graphiken und ähnliches zu erstellen. Es besitzt neben der Angabe des Treibers folgende Optionen:

- ❏ `monochrome` schreibt keine Farbinformationen in die Ausgabedatei, die somit auch von nicht-farbfähigen Previewern wie dem normalen DVI-Previewer betrachtet werden kann, ohne schwarze Balken anstelle der Farben zu zeigen.

4.8 Die Pakete graphics und graphicx

- ❏ `nodvipsnames` legt für DVIPS keine (speicherkostende) Liste mit vordefinierten Farbnamen an, die über das Farbmodell `named` angesprochen werden können.

- ❏ `usenames` stellt Namen für einige vordefinierte Farben bereit, die mit dem Farbmodell `named` spezifiziert werden.

Vor Benutzung von Farben müssen Sie den gewünschten Farbnamen <Name> (etwa `hellblau` oder `darkgray`) mit dem Befehl

\definecolor{<Name>}{<Modell>}{<Daten>}   \definecolor

durch die Farbdaten <Daten> im Farbmodell <Modell> beschreiben. Sind mehrere Angaben erforderlich, werden diese durch Kommata getrennt. Sie können eines der folgenden Farbmodelle wählen:

- ❏ `rgb`: das vom Farbfernsehen her bekannte RGB-System mit drei Zahlen, die den Rot-, Grün- und Blauanteil bestimmen;

- ❏ `gray`: das monochrome System mit einem einzigen Grauwert;

- ❏ `cmyk`: das Modell mit vier Werten für den Zyan-, Magenta-, Gelb- und Schwarzanteil entsprechend dem Vierfarbendruck.

- ❏ `name`: ein druckertreiberabhängiges System. DVIPS etwa legt 68 vordefinierte Farbnamen fest, auf die unter diesem System Bezug genommen werden kann.

Die ein bis vier Zahlen können Werte von Null bis Eins annehmen und sind als Bruchteil von zugemischter Farbe anzusehen.

Mit dem Befehl \color{<Name>} legen Sie die Farbe für den   \color
folgenden Text bis zum Ende der augenblicklichen Klammerungsebene fest, ähnlich wie das Verfahren zum Fettdruck mit \bfseries.
Der Befehl \textcolor{<Name>}{<Text>} druckt analog \textbf   \textcolor
nur den als Argument übergebenen Text in der bestimmten Farbe. Beide Befehle besitzen eine Variante mit direkt anzugebenden Farbwerten:

\color[<Modell>]{<Daten>}
\textcolor[<Modell>]{<Daten>}{<Text>}

Der Einsatz dieser Befehle bleibt sinnvollerweise auf Einzelfälle beschränkt, da das Wiederauffinden namenloser Farbdefinitionen im Dokument schwer ist.

Mit dem Befehl \pagecolor{<Name>} können Sie für diese und   \pagecolor
alle folgenden Seiten die Hintergrundfarbe ändern, mit den Makros

\colorbox{<Name>}{<Text>}   \colorbox
\fcolorbox{<Name1>}{<Name>}{<Text>}   \fcolorbox

Boxen analog \fbox erzeugen. Sie benutzen ebenfalls die Parameter \fboxsep und \fboxrule, färben allerdings den Hintergrund der Boxen mit der Farbe <Name> ein. \fcolorbox erzeugt darüber hinaus einen in <Name1> gefärbten Rahmen der Stärke \fboxrule.

Farbige Elemente in Büchern

Betrachten Sie bitte das Beispiel für farbig gestaltete Bücher in Abschnitt 2.4.7 auf Seite 29, in dem die Option celg für die eigene Klasse buch.cls eingesetzt wird und folgende Anwendungen zeigt:

❏ Farbige Unterlegung von Bild- und Tabellenlegenden,

❏ Kapitelüberschriften, die in farbig unterlegte Kästen gesetzt sind,

❏ Seitenzahlen in farbigen Boxen.

colortbl

Im Zusammenhang mit Tabellen wird häufig ebenfalls eine farbige Unterlegung bestimmter Spalten oder Zeilen (siehe Tabelle 4.7 auf der nächsten Seite) gewünscht. Das Paket colortbl ermöglicht dies mit den Befehlen

\columncolor
\rowcolor

```
\columncolor[<Modell>]{<Daten>}
\rowcolor[<Modell>]{<Daten>}
```

Die Parameter sind mit denen von \color identisch und legen das Farbmodell sowie die Farbanteile für den konkreten Farbton fest. Das Beispiel zeigt zwei Tabellen, von denen die erste in den Spalten Eins und Drei eingefärbt wird, die zweite dagegen zeilenweise. Wie Sie sehen, muß die Spaltenfarbe mit dem Befehl > in jeder Zeile wiederholt werden, was die Möglichkeit offenläßt, nur Ausschnitte der Spalte zu unterlegen. Ebenso müssen die zu färbenden Spalten jeweils mit \rowcolor beginnen. In der Dokumentation zum Paket sind alle Möglichkeiten ausführlich erläutert.

`colortab.tex`

4.9 Beschriftung von EPS-Abbildungen

Die meisten Zeichen- und viele Anwendungsprogramme können Graphiken, Diagramme und Funktionenplots im EPS-Format erzeugen und bieten für ihren eigentlichen Zweck viele Darstellungsmöglichkeiten. Fast immer problematisch sind jedoch die Ausgabefähigkeiten für Text, die im allgemeinen denen von LATEX klar unterlegen sind. So liegt der Gedanke nahe, LATEX zur Erzeugung der Beschriftungen zu benutzen. Verschiedene Wege führen zu diesem Ziel. Die integrative Methode, mit der Sie gleichzeitig die Graphik selbst und den Text als TEX-Einsprengsel generieren, wird von den Paketen PSTricks und METAPOST genutzt und in den Abschnitten 4.12 und 4.14 vorgestellt. Im folgenden werden zwei Pakete betrachtet, die es gestatten,

4.9 Beschriftung von EPS-Abbildungen

```
\begin{tabular}{>{\columncolor[gray]{0.9}}ll>{\columncolor[gray]{0.9}}r}
   \toprule
   Kontinent & Berg & Höhe [m]\\ \midrule
   Asien & Chomolungma & 8848\\
   Südamerika & Aconcagua & 6962\\
   ...
   \bottomrule
\end{tabular}

\begin{tabular}{llr}\toprule
   \rowcolor[gray]{0.9}
   Kontinent & Berg & Höhe [m]\\
   \midrule
   Asien & Chomolungma & 8848\\
   \rowcolor[gray]{0.9}
   Südamerika & Aconcagua & 6962\\
   Nordamerika & Denali & 6194\\
   \rowcolor[gray]{0.9}
   Afrika & Kilimandscharo & 5895\\
   Antarktis & Mount Vinson & 4897\\
   \rowcolor[gray]{0.9}
   Australien & Carstensz Pyramid & 4884\\
   Europa & Elbrus & 5642\\
   \bottomrule
\end{tabular}
```

Kontinent	Berg	Höhe [m]
Asien	Chomolungma	8848
Südamerika	Aconcagua	6962
Nordamerika	Denali	6194
Afrika	Kilimandscharo	5895
Antarktis	Mount Vinson	4897
Australien	Carstensz Pyramid	4884
Europa	Elbrus	5642

Kontinent	Berg	Höhe [m]
Asien	Chomolungma	8848
Südamerika	Aconcagua	6962
Nordamerika	Denali	6194
Afrika	Kilimandscharo	5895
Antarktis	Mount Vinson	4897
Australien	Carstensz Pyramid	4884
Europa	Elbrus	5642

Tabelle 4.7
Farbig unterlegte Tabellen

fertig vorliegende EPS-Abbildungen nachträglich mit Beschriftungen zu versehen.

4.9.1 Beschriften mit `overpic`

Das Paket `overpic` liefert die `overpic`-Umgebung, die eine Kombination aus `\includegraphics` und der `picture`-Umgebung darstellt. Sie können mit ihr ein EPS-Bild laden und dann mit den Möglichkeiten der `picture`-Umgebung Texte oder LaTeX-Material über die Abbildung legen. Hierzu legt die `overpic`-Umgebung ein kartesisches Koordinatensystem über die EPS-Graphik, innerhalb dessen Sie mit absoluten oder relativen Werten die Position des Textes festlegen können.

Als Beispiel soll die Graphik der Abbildung 4.10 dienen. Die Paketoption `abs` legt fest, daß zur Positionierung absolute Koordinaten verwendet werden. Die dabei zugrundeliegende Längeneinheit wird standardmäßig durch den Wert von `\unitlength` festgelegt, kann aber wie dargestellt mit Hilfe von `unit` geändert werden, hier auf

`overpic.tex`

`rgray.eps`

```
\usepackage[abs]{overpic}
\begin{overpic}[unit=1pt,grid,tics=20,
  keepaspectratio,width=\linewidth]{austria.eps}
\put(90,30){\makebox(0,0)[c]{$\circ$}}
\put(90,32){\makebox(0,0)[b]{Wien}}
\put(80,10){\makebox(0,0)[c]{$\circ$}}
\put(82,10){\makebox(0,0)[l]{Graz}}
\put(50,5){\makebox(0,0)[c]{$\circ$}}
\put(52,3){\makebox(0,0)[tl]{Klagenfurt}}
\end{overpic}
```

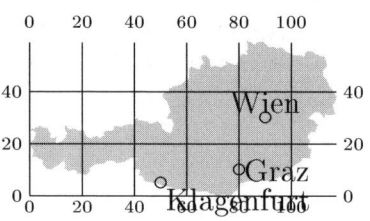

Abbildung 4.10
Graphik mit overpic

1pt. Mit der Angabe `grid` erhalten Sie zur besseren Orientierung während der Entwurfsphase ein Linienraster. Möchten Sie die Koordinaten lieber als Prozent respektive Promille der Länge der längeren Seite angeben, können Sie dies mit den Paketoptionen `percent` oder `permil` erreichen.

4.9.2 Beschriften mit PSfrag

Eine weitere Möglichkeit, LaTeX-Texte in eine EPS-Abbildung zu integrieren, bietet das Paket `psfrag`. Das dabei benutzte Verfahren sieht vor, innerhalb der EPS-Datei *Textmarken* anzubringen, die aus einigen wenigen Buchstaben bestehen. Diese EPS-Datei wird in ein LaTeX-Dokument geladen und beim anschließenden LaTeX-Bearbeitungslauf werden alle Textmarken durch LaTeX-Konstruktionen hoher Qualität ersetzt. Im Gegensatz zum erstgenannten Paket wird Ihnen somit die manuelle Berechnung der Textpositionen erspart. Dargestellt ist dies in der Abbildung 4.11 auf der nächsten Seite, die oben die originale EPS-Datei zeigt. Die darin benutzten Textmarken sind `rh113`, `ru113`, `ener` sowie `cnt`. Nach Ersetzen dieser Marken durch LaTeX-Textstücke erhält man das Diagramm unten. Hierbei muß angemerkt werden, daß das Verfahren nur für den Druck im PostScript-Format geeignet ist.

Die Option `scanall` weist PSfrag an, in allen EPS-Dateien nach Textmarken `<Marke>` zu suchen, die dann durch LaTeX-Texte ersetzt werden. Welche Zeichenfolgen Textmarken darstellen, wird mit

`psfrag1.tex`
`gamma.eps`

\psfrag `\psfrag{<Marke>}{<LaTeX>}`
`\psfrag{<Marke>}[<pos>][<pspos>]{<LaTeX>}`
`\psfrag{<Marke>}[<pos>][<pspos>][<scale>][<$\theta$>]{<LaTeX>}`

festgelegt. Weiterhin wird der Ersatztext `<LaTeX>` mit Position, Größe und Drehwinkel angegeben. Die beiden Parameter `<ps>` und `<pspos>` geben die Ausrichtung des ersetzenden LaTeX-Textes beziehungsweise die Ausrichtung der Textmarke in der EPS-Datei an und

4.9 Beschriftung von EPS-Abbildungen

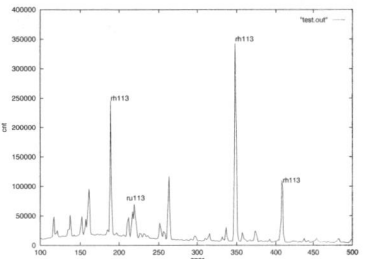

```
\usepackage[scanall]{psfrag}
\begin{document}
\begin{figure}
\includegraphics[width=.3\textwidth,angle=-90]
  {gamma.eps}

\psfrag{rh113}[Bl][Bl][1.0][90]
  {\footnotesize $^{113}_{45}$Rh}
\psfrag{ru113}[Bl][Bl][1.0][90]
  {\footnotesize $^{113}_{44}$Ru}
\psfrag{ener}[t][]{$\gamma$-Energie [keV]}
\psfrag{cnt}[t][]{counts}
\includegraphics[width=.3\textwidth,angle=-90]
  {gamma.eps}
\end{figure}
```

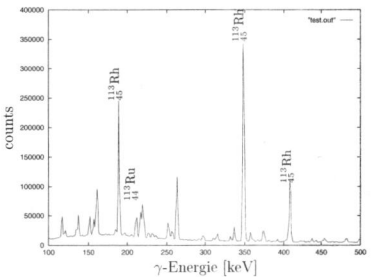

Abbildung 4.11
Beschriftung einer EPS-Abbildung mit psfrag

entsprechen den Angaben des \makebox-Kommandos. Sie legen fest, welcher Eckpunkt an der Position der Marke liegt. Sie bestehen aus bis zu zwei Buchstaben und sind in der Abbildung 4.8 auf Seite 249 dargestellt. Die Voreinstellung ist [Bl].

Optional kann mit <scale> ein Vergrößerungsfaktor angegeben werden, um den LaTeX-Text größer (Faktor größer Eins) oder kleiner (Faktor kleiner Eins) wiederzugeben, wie aus dem Beispiel ersichtlich ist. Für qualitativ hochwertige Ausgaben wird dies jedoch nicht empfohlen. <θ> erlaubt es, den Ersetzungstext gegen den Uhrzeigersinn zu drehen.

Die weitere Anwendung ist einfach: Nach Spezifikation der gewünschten Ersetzungen und Bearbeitung mit LaTeX liegt eine Datei vor, die noch mit DVIPS in ein PS-Dokument konvertiert werden muß. Dieses enthält anstelle der Textmarken die geforderten LaTeX-Äquivalente. Da hierbei PostScript-Konstruktionen beteiligt sind, kann ein Anschauen nur über einen PostScript-Previewer wie GS erfolgen.

Die Gültigkeit einer Ersetzung endet mit einem zweiten \psfrag-Kommando für dieselbe Textmarke oder mit dem Ende der aktuellen LaTeX-Umgebung. Im Beispiel besitzen die vier Ersetzungen nur Gültigkeit innerhalb der figure-Umgebung. \psfrag-Kommandos außerhalb einer Umgebung wären für alle dem Befehl folgenden Umgebungen sichtbar, gegebenenfalls bis zum Ende des Dokumentes. Soll der aktive Bereich beschränkt werden, kann dies durch normale Umgebungen oder durch die psfrags-Umgebung geschehen:

psfrags
```
\begin{psfrags}
  \psfrag{wx}{$\sqrt{x}$}
  % Textmarke wx ist definiert
  ...
\end{psfrags}
% Textmarke wx undefiniert !
```

psfragscanon
Nun sei noch auf den Befehl \psfragscanon hingewiesen. Sollen nur in wenigen EPS-Abbildungen Ersetzungen durchgeführt werden, ist es nicht nötig und meist ergebnislos, in *allen* EPS-Dateien nach Textmarken zu suchen. In solchen Fällen kann die Paketoption scanall fortgelassen und stattdessen nur vor zu prüfenden Abbildungen \psfragscanon eingesetzt werden:

psfrag2.tex

gamma.eps
```
\usepackage{psfrag}
\begin{document}
\begin{figure}
\includegraphics[angle=-90]{gamma.eps}
\hfil
\psfrag{rh113}[Bl][Bl][1.0][90]{\tiny $^{113}_{45}$Rh}
\psfrag{ru113}[Bl][Bl][1.0][90]{\tiny $^{113}_{44}$Ru}
\psfrag{ener}[t][]{$\gamma$-Energie [keV]}
\psfrag{cnt}[t][]{counts}
\psfragscanon
\includegraphics[angle=-90]{gamma.eps}
\end{figure}
```

Der Wirkungsbereich dieses Befehls endet – ebenso wie der der Ersetzungen – mit der aktuellen Umgebung, hier also mit der figure-Umgebung.

Abschließend muß noch auf eine kleine Tücke im Zusammenhang mit skalierten Abbildungen hingewiesen werden. Sie wollen eine EPS-Datei auf die Textbreite skalieren. Werden die LaTeX-Ersetzungen nun vor oder nach dieser Skalierung durchgeführt? In Abhängigkeit hiervon resultieren unterschiedliche Schriftgrade. Das Beispiel verwendet zur Skalierung der Bilder den width-Parameter von \includegraphics, und zwar *vor* einem eventuellen angle-Parameter! In diesem Falle werden die LaTeX-Texte nicht skaliert, weisen also denselben Schriftgrad wie der Fließtext auf. Eine Umkehrung der Reihenfolge der Parameter oder Skalierung mit \resizebox würde auch den LaTeX-Text innerhalb der Abbildung skalieren. Eine genauere Diskussion dieser Effekte ist in der Dokumentation [23, S. 8] gegeben.

Es kann weiterhin vorkommen, daß die gewünschte Ersetzung nicht erfolgt, weil das die EPS-Datei erzeugende Programm die Textmarke nicht als lückenlose Zeichenkette speichert, sondern sie in einzelne Teile (meist Buchstaben) auflöst. Somit ist die Textmarke nicht in der Datei enthalten und kann von PSfrag nicht gefunden werden.

4.10 Abbildungen mit METAFONT

Das Paket `mfpic` nutzt die Möglichkeiten von METAFONT, um alle Abbildungen eines Dokumentes in Zeichen eines speziellen Zeichensatzes umzurechnen. Da sich ein solcher Font nicht von den normalen Textfonts unterscheidet, können die Abbildungen mit einem normalen DVI-Previewer dargestellt und problemlos in hoher Qualität gedruckt werden, womit eine Maschinenunabhängigkeit der LaTeX-Dokumente gegeben ist. Wenn Sie sich über die zahlreichen Möglichkeiten, die die der `picture`-Umgebung erheblich übertreffen, informieren möchten, lesen Sie die Datei [30] und – als kleine Einführung in METAFONT – [39, 40]. Ausführlichere Beschreibungen der Makros in der METAFONT-Basisdatei finden Sie in [41]. Das Paket stellt Makros zum Zeichnen von Punkten, Linienzügen, Bögen, Kurven, Rechtecken, Kreisen und Texten bereit.

`mfpic`

Betrachten Sie vor einer detaillierten Besprechung der erforderlichen Bearbeitungsschritte eine typisches Eingabedatei für `mfpic`. Sie erzeugt ein Histogramm sowie verschiedene Textplazierungen und ist als Abbildung 4.12 auf der nächsten Seite zu finden. Sie erkennen an dem Beispiel, daß jede Abbildung in einer `mfpic`-Umgebung enthalten ist. Ihre Größe wird durch die minimalen und maximalen x- und y-Koordinaten sowie die Länge einer Einheit \mfpicunit festgelegt. Die Zeichnung wird in einem kartesischen Koordinatensystem mit den angegebenen Grenzen angelegt, wobei Koordinaten stets als ein in runde Klammern eingefaßtes Paar (1.5,2) auftreten. Für grundlegende Elemente wie Linien, Pfeile oder Kreise existieren spezielle Befehle. Mit \tlabel wird LaTeX-Text an der angegebenen Position eingefügt, wobei der Text relativ zum Bezugspunkt unterschiedlich ausgerichtet sein kann.

`mfpict.tex`

Um das Paket anwenden zu können, müssen Sie die Abbildung mit METAFONT generieren. Folgendes Verfahren hat sich dafür bewährt:

❏ Tragen Sie in der Datei `/texmf/fontname/special.map` für jeden Dateinamen, der mit \opengraphsfile erklärt wurde, folgende Zeile ein. Im Beispiel lautet der Name `mfpic`:

    mfpic   public   misc

Hiermit teilen Sie dem LaTeX-Fontmechanismus mit, daß die gesuchten Graphikdaten im Verzeichnis

4 Abbildungen

```
\input mfpic
\begin{document}
\opengraphsfile{mfpic}\setlength{\mfpicunit}{1mm}
\begin{mfpic}[3]{0}{10}{-2}{10}
  \arrow\lines{(0,0),(0,10)}  \lines{(0,0),(10,0)}
  \xmarks{2,5,8}
  \shade\rect{(1,0),(3,5)}
  \rect{(4,0),(6,3)}
  \gfill\rect{(7,0),(9,7)}
  \lines{(2,3),(3,2),(4,6),(5,7),(6,10),
         (7,8),(8,9)}
\end{mfpic}
%
\begin{mfpic}[7]{0}{10}{0}{7}
  \tlabel[tr](1,1){[bl]}  \tlabel[tl](9,1){[br]}
  \tlabel[br](1,5){[tl]}  \tlabel[bl](9,5){[tr]}
  \tlabel[bc](5,5){[t]}
  \tlabel[cc](5,3){\Large Text}
  \rect{(2,2), (8,4)}
  \point{(2,2), (8,2), (2,4), (5,4), (8,4)}
  \arrow\lines{(1,1),(2,2)}  \arrow\lines{(9,1),(8,2)}
  \arrow\lines{(1,5),(2,4)}  \arrow\lines{(9,5),(8,4)}
  \arrow\lines{(5,5),(5,4)}
\end{mfpic}
\closegraphsfile
```

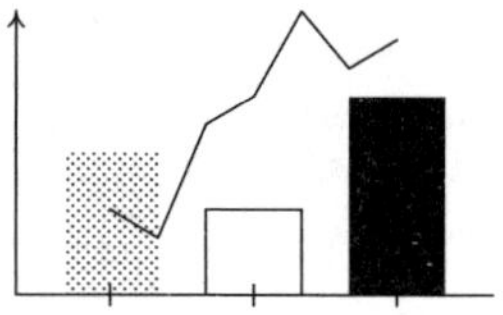

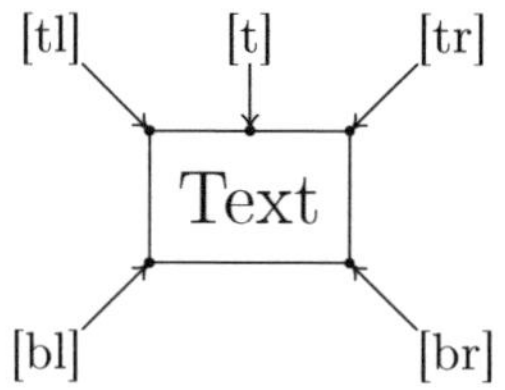

Abbildung 4.12
Mit mfpic erstellte
Illustrationen

/texmf/fonts/pk/<Modus>/public/misc/dpi<nnn>

als .pk-Datei zu finden sein werden. Der Wert für <Modus> hängt von Ihrem Drucker ab, ebenso die Auflösung <nnn>, z. B. für einen HP Laserjet mit 600 dpi Auflösung hier ljfour. Diese Modusparameter können der Datei modes.mf entnommen werden.

❑ Rufen Sie METAFONT auf und kopieren Sie die Graphikdaten in dieses Verzeichnis. Für das Beispiel:

```
mf \mode=ljfour; input mfpic
gftopk mfpic.600gf mfpic.pk
copy mfpic.pk
       c:\texmf\fonts\pk\ljfour\public\misc\dpi600
```

Damit stellen Sie sicher, daß sowohl der Previewer wie auch der Druckertreiber die aktuelle Version des Zeichensatzes benutzen. Previewer und Druckertreiber können zwar den Zeichensatz bei Bedarf generieren, merken aber nicht, wenn Sie die Graphiken geändert haben und eine Neubearbeitung des METAFONT-Programmes erforderlich ist. Wenn Sie Veränderungen am Zeichensatz vornehmen, kopieren Sie am besten die Graphikdaten manuell in das Verzeichnis und stellen so sicher, daß alle Programme den aktuellen Zeichensatz benutzen.

Wenn Sie Perl auf Ihrem Rechner installiert haben, können Sie folgendes Skript zum Generieren benutzen:

```
1  # mfpic.pl [-r <res>] [-m <mode>] <file>
2  use Getopt::Long;
3
4  my $res = 600;
5  my $mode = "ljfour";
6  GetOptions("r=i", \$res, "m=s", \$mode);
7  my $file = shift;
8
9  system("mf \\mode=$mode; input $file");
10 system("gftopk $file.${res}gf $file.pk");
11 system("copy $file.pk ".
12        "d:\\localtexmf\\fonts\\pk\\$mode".
13        "\\public\\misc\\dpi$res");
```

`mfpic.pl`

Damit reduzieren sich die Befehle zur Erzeugung der Graphikdaten auf

```
perl mfpic.pl mfpic                    % ljfour 600dpi
perl mfpic.pl -m ljfive mfpic          % ljfive 600dpi
perl mfpic.pl -r 300 -m ljfive mfpic   % ljfive 300dpi
```

je nachdem, ob Sie die Voreinstellungen 600 dpi mit dem Modus ljfour übernehmen oder mit den Optionen -r und -m ändern wollen.

❏ Hierbei ist zu beachten, daß ein METAFONT-Bearbeitungslauf nur dann erforderlich ist, wenn die Abbildungen noch nie bearbeitet oder die Bilder geändert wurden. Solange Sie an den Illustrationen nichts mehr ändern, können Sie auf die bereits fertig erzeugten Daten zurückgreifen!

❏ Übersetzen Sie den Text erneut mit LaTeX. Erst in diesem Durchlauf können die von METAFONT erzeugten Metrikdateien benutzt werden, um die Abbildungen richtig zu positionieren. Nach diesem Lauf liegt Ihr Dokument samt Abbildungen fertig vor.

4 Abbildungen

Die LaTeX-Bearbeitung des Dokumentes generiert eine METAFONT-Datei, die für jede Abbildung in einer `mfpic`-Umgebung die Definition eines speziellen »Zeichens« enthält. Sie muß anschließend mit METAFONT bearbeitet werden. Der Name der Datei wird mit dem Befehl `\opengraphsfile{<Name>}` festgelegt und lautet vollständig `<Name>.mf`. Gleichzeitig wird die Datei für folgende Schreibzugriffe geöffnet. Wenn alle Abbildungen beschrieben worden sind, muß die Datei explizit geschlossen werden, was mit `\closegraphsfile` möglich ist.

\opengraphsfile

\closegraphsfile

Die eigentlichen Abbildungen werden in einer speziellen Umgebung konstruiert:

mfpic
```
\begin{mfpic}[<xs>][<ys>]{<xu>}{<xo>}{<yu>}{<yo>}
  <Graphik>
\end{mfpic}
```

Koordinaten

Die Werte x_u und x_o beziehungsweise y_u und y_o definieren die Grenzen der x- und y-Achse des Koordinatensystem, das der Zeichnung zugrundeliegen soll, wobei negative Werte erlaubt sind. Hiermit wird implizit die Größe der Zeichnung festgelegt: jede Einheit auf einer Achse entspricht der Länge `\mfpicunit`, die standardmäßig auf 1 pt festgelegt ist (was jedoch von Ihnen mit `\setlength`, hier mit `\setlength{\mfpicunit}{1mm}` geändert werden kann). Geben Sie dem Koordinatensystem also die Grenzen $[-5; 5]$ für die x- und $[0; 20]$ für die y-Achse, so nimmt das Bild eine Fläche von 10 pt × 20 pt ein. Um die tatsächliche Größe von den Koordinatengrenzen unabhängig zu halten, müssen Sie zusätzlich mindestens einen der beiden Skalierungsfaktoren x_s oder y_s angeben. Ein Wert von 3 verdreifacht die Einheitslänge der entsprechenden Achse. Mit diesem Wert besitzt das oben angeführte Koordinatensystem immer noch die Grenzen $[-5; 5]$ und $[0; 20]$, aber seine Ausdehnung ist auf 30 pt × 60 pt gewachsen.

Graphische Primitive

In diesem Koordinatensystem können die in der Tabelle 4.8 auf der nächsten Seite aufgeführten graphischen Primitive gezeichnet werden. Bei vielen Kommandos können dabei in einem Zuge mehrere Punkte oder ganze Linienzüge dargestellt werden. Einige dieser Elemente werden in Abbildung 4.13 genutzt.

Die Breite der verwendeten Linie beträgt 0,5 pt und kann mit `\pen{<Dicke>}` geändert werden. Maßangaben, die das Aussehen der Graphikprimitive beeinflußen, sind in Tabelle 4.9 auf Seite 266 aufgeführt. Sie ändern deren Werte mit `\setlength`.

\pen

Anstelle kartesischer Koordinaten können auch *Polarkoordinaten* mit Angabe von Winkel und Radius (θ, r) benutzt werden, wenn das Makro `\plr{($\theta_0, r_0$),...,($\theta_n, r_n$)}` benutzt wird. In einem Makroaufruf können bis zu n Polarkoordinatenpaare enthalten sein.

\plr

4.10 Abbildungen mit METAFONT

Befehl	Beispiel
`\point{(<`x_1`>,<`y_1`>), (<`x_2`>,<`y_2`>), ...}` Hiermit werden ein oder mehrere Punkte an den spezifizierten Stellen gezeichnet.	

`\lines{(<`x_1`>,<`y_1`>), (<`x_2`>,<`y_2`>), ...}`
`\polygon{(<`x_1`>,<`y_1`>), (<`x_2`>,<`y_2`>), ...}`
Linienzug vom Start- zum Endpunkt über Zwischenpunkte. Im Falle eines Polygons wird der Kurvenzug durch eine Linie vom End- zurück zum Startpunkt geschlossen.
	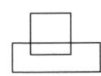

`\rect{(<`x_1`>,<`y_1`>), (<`x_2`>,<`y_2`>)}` Rechteck mit Angabe der gegenüberliegenden Ecken.	
`\circle{(<`m_x`>,<`m_y`>), <`r`>}` Kreis mit festgelegtem Mittelpunkt und Radius r.	
`\ellipse[`θ`]{(<`m_x`>,<`m_y`>), <`r_x`>, <`r_y`>)}` Ellipse, deren Mittelpunkt und deren Radien längs der x- und y-Achse festgelegt sind. Optional ist der Drehwinkel θ.	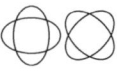
`\sector{(<`m_x`>,<`m_y`>), <`r`>, <`θ_s`>, <`θ_e`>}` Kreissektor, der aus einem Kreis mit dem spezifizierten Mittelpunkt und Radius r hervorgeht. Der Kreisbogen verläuft vom Start- (θ_s) zum Endwinkel (θ_e).	
`\curve{(<`x_1`>,<`y_1`>), (<`x_2`>,<`y_2`>), ...}` Bézier-Kurve vom Start- zum Endpunkt über Zwischenpunkte.	
`\cyclic{(<`x_1`>,<`y_1`>), (<`x_2`>,<`y_2`>), ...}` Geschlossene Bézier-Kurve über angegebene Punkte.	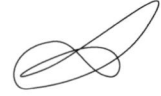

Tabelle 4.8
Graphische Primitive

Für *Kreisbögen* stehen neben `\circle` zum Zeichnen des Vollkreises weitere Beschreibungsformen bereit: mit `\arc[p]` durch Angabe des Mittelpunktes, des Start- und Endwinkels und des Radius oder mit `\arc[t]` durch Angabe dreier auf dem Kreisbogen liegender Punkte, mit `\arc[s]` durch Start- und Endpunkt des Kreisbogens und einer Winkelangabe oder mit `\arc[c]` durch Angabe des Mittelpunktes, des Startpunktes des Bogens und des Winkels:

Kreise

`\arc[p]{(<`x_c`>,<`y_c`>), <`r`>, <`θ_1`>, <`θ_2`>}`
`\arc[t]{(<`x_1`>,<`y_1`>), (<`x_2`>,<`y_2`>),(<`x_3`>,<`y_3`>)}`
`\arc[s]{(<`x_1`>,<`y_1`>), (<`x_2`>,<`y_2`>), <`θ`>}`
`\arc[c]{(<`x_c`>,<`y_c`>), (<`x_s`>,<`y_s`>), <`θ`>}`

`\arc`

Abbildung 4.13
Einfache Elemente von mfpic

```
\begin{mfpic}[7]{0}{4}{0}{7}
    \point[2pt]{(2,5)}
    \pen{1pt} \circle{(2,5),1.5}
    \pen{.5pt}
    \arrow\curve{(2,2),(3.6,4),(2.2,5)}
    \arrow\curve{(1,1),(.5,2),(1,4)}
    \tlabel[tl](2,2){Mittelpunkt}
    \tlabel[tl](1,1){Peripherie}
\end{mfpic}
\begin{mfpic}[7]{0}{5}{0}{5}
    \sector{(2,2),1.5,0,30}
    \shade\sector{(2,2),1.5,30,135}
    \sector{(1.5,2),1.5,135,215}
    \gfill\sector{(2,2),1.5,215,360}
\end{mfpic}
```

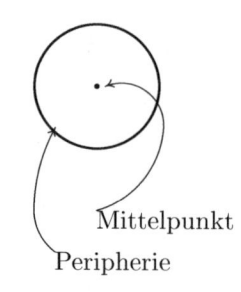

Tabelle 4.9
Maßangaben, die das Aussehen der graphischen Primitive steuern

Parameter (Voreinstellung)	Bedeutung
\mfpicunit (1 pt)	Basisdimension, die die Größe einer Einheit festlegt. Die reale Größe hängt noch von den Skalierungsfaktoren der mfpic-Umgebung ab.
\pointsize (2 pt)	Größe von Punkten
\shadespace (1 pt)	Abstand der Punkte bei \shade
\hatchspace (3 pt)	Abstand der Linien bei \hatch
\headlen (3 pt)	Länge einer Pfeilspitze
\dashspace (4 pt)	Freiraum bei gestrichelten Linien
\dashlen (4 pt)	Länge eines Striches für gestrichelte Linien
\axisheadlen (5 pt)	Länge der Pfeile an Koordinatenachsen
\hashlen (4 pt)	Länge der Achsenticks
\pointfilled (true)	Keine Länge, sondern eine logische Variable, die entscheidet, ob Punkte gefüllt (true) oder umrandet mit weißem Inneren erscheinen sollen.

Mit den bisher vorgestellten graphischen Primitiven können nicht alle denkbaren und gewünschten Figuren erzeugt werden, wie z. B. das Symbol in Abbildung 4.14 auf der nächsten Seite. Offenbar läßt sich dessen Randlinie jedoch aus einem großen Halbkreisbogen und zwei kleinen Halbkreisbögen, die den halben Radius aufweisen, zusammensetzen. Genau dies leistet die `connect`-Umgebung, die aus den in ihr enthaltenen Linien- und Kurvenabschnitten eine *offene* Gesamtkurve kombiniert. Sie kann wie ein einzelnes Segment durch Präfixe modifiziert werden, wobei zum Füllen des Gebiets der offene Kurvenzug noch geschlossen werden muß.

connect

```
\begin{mfpic}[2]{0}{10}{0}{10}
\shade\lclosed\begin{connect}
  \arc[p]{(5,5),0,180,5}
  \arc[p]{(2.5,5),180,360,2.5}
  \arc[p]{(7.5,5),180,0,2.5}
\end{connect}
\end{mfpic}
```

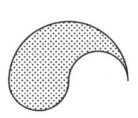

Abbildung 4.14
connect *verbindet Segmente*

Interessant ist die Möglichkeit, »turtle-Graphiken« zu erzeugen. Ausgehend von einem Startpunkt (x, y) wird eine Linie bestimmter Länge gezeichnet, dann die Richtung um einen Winkel geändert, wiederum eine Linie gezeichnet und so fort. Sie simulieren dieses Verfahren mit dem Kommando

`\turtle{(<`x`>,<`y`>), (<`θ_1`>,<`l_1`>), (<`θ_2`>,<`l_2`>), ...}`   `\turtle`

Die bisherigen Kommandos können durch verschiedene *Präfixe* ergänzt werden. Dies sind Befehlsworte, die unmittelbar vor einem der oben genannten Zeichenmakros stehen und dieses modifizieren. Tabelle 4.10 auf der nächsten Seite gibt über die möglichen Präfixe Auskunft. Die Präfixe `\arrow` und `\dash` erzeugen vor Zeichenbefehlen Linien mit Pfeilspitzen oder gestrichelte Linien:

Präfixe

`\arrow`
`\dash`

```
\dotted\circle{(5,5),5}
\dotted[1pt,1pt]\circle{(5,5),5}
\dotted[1pt,3pt]\circle{(5,5),5}

\arrow\lines{(0,0),(4,10)}
\arrow[b5mm]\lines{(3,0),(7,10)}
\arrow[15mm]\lines{(6,0),(10,10)}
```

In diesem Zusammenhang kann das Präfix `\reverse` erwähnt werden, das die Orientierung einer Randfigur umdreht – eine nützliche Anwendung ist die Erzeugung von Doppelpfeilen:

`\reverse`

```
\arrow\arc[p]{(5,5),30,270,4}
\arrow\reverse\arc[p]{(12.5,5),30,270,4}
\arrow\reverse\arrow\arc[p]{(20,5),30,270,4}
```

Präfix	Beispiel
\gfill, \gclear Füllt einen (geschlossenen) Linien- oder Kurvenzug vollständig. \gclear benutzt dabei weiße Farbe, löscht also das umschlossene Gebiet.	
\dotted[<dot>,<gap>] Erzeugt gestrichelte Linien. Die Parameter geben die Länge des Striches respektive des Abstandes an.	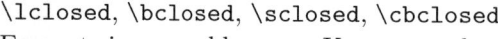
\lclosed, \bclosed, \sclosed, \cbclosed Erzeugt einen geschlossenen Kurvenzug durch Verbinden von Anfangs- und Endpunkt mit einer Linie, einem Béziersegment, einer weichen Kurve oder einem kubischen B-Spline.	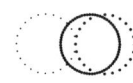
\reverse Invertiert die Orientierung einer Kurve.	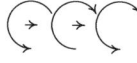
\draw Zeichnet den Umriß eines Kurvenzuges.	
\rotatepath{(<x>,<y>), <θ>} Dreht den nachfolgenden Kurvenzug um einen Winkel <θ> um den Punkt <x>,<y>.	
\arrow[l<headlen>][b<back>][r<rotate>] Erzeugt eine Linie mit Pfeilspitze. Die optionalen Parameter bestimmen die Länge der Spitze, den Abstand vom Linienende und den Drehwinkel der Spitze.	
\shade[<shadespace>] Versieht das umschlossene Gebiet mit einer Schattierung, gegebenenfalls mit spezifiziertem Rasterpunktabstand.	
\hatch[<hatchspace>], \rhatch[<hatchspace>], \lhatch[<hatchspace>] \thatch[<hatchspace>, <angle>] Schraffiert die Fläche mit Kreuzmuster oder nach rechts (links) oben gerichteten Linien; der optionale Parameter gibt den Abstand der Schraffurlinien an. Bei \thatch kann zusätzlich der Winkel der Schraffurlinien angegeben werden.	

Tabelle 4.10
Präfixe zur Beeinflußung graphischer Primitive

Zum Füllen eines Figurbereiches beziehungsweise zum Löschen eines Bereiches gibt es die Präfixe \gfill und \gclear. Die Figur muß dabei geschlossen sein, das heißt Linienzüge und aus Kreisbögen und Kurven zusammengesetzte Formen müssen wieder am Startpunkt enden. Aus diesem Grunde stehen die \...closed-Makros zur Verfügung. Soll nicht mit voller Farbe gefüllt, sondern nur schattiert oder schraffiert werden, benutzen Sie die Präfixe \shade oder \hatch mit

4.10 Abbildungen mit METAFONT

den optionalen Angaben der Schattierungs- oder Schraffurendichte. Ein Wert von Null führt auf eine vollständig dichte Schraffur und entspricht damit \fill. Die Dichte der Schraffur kann auch mit den Befehlen \lightershade und \darkershade um den Faktor $5/6$ verringert oder um den Faktor $6/5$ vergrößert werden. Da hierbei die globale Schattierungsdichte geändert wird, setzen Sie diese beiden Kommandos am besten innerhalb einer Gruppe { ... } ein. Abbildung 4.15 zeigt die Auswirkungen verschiedener Schattierungen; oben sehen Sie, wie mit Hilfe von \draw die Umrisse der einzelnen Kreise sichtbar gemacht werden. Weiterhin fällt auf, daß schattierte Flächen zwischen den Rasterpunkten *durchscheinend* sind; zwei übereinandergelegte Schattierungen oder Schraffuren werden dichter als die Einzelflächen.

\lightershade
\darkershade

```
\begin{mfpic}[10]{0.5}{4.8}{0}{8}
  \shade\circle{(2,1.5),1.5}
  {\lightershade\shade\circle{(4,2),0.8}}
  {\darkershade\shade\circle{(1.5,2.5),0.7}}
  \white\circle{(2.5,0.9),0.5}
  \shade[2pt]\circle{(1.9,3),0.5}
  %
  \shade\draw\circle{(2,6),1.5}
  {\lightershade\shade\draw\circle{(4,6.5),.8}}
  {\darkershade\shade\draw\circle{(1.5,8),.7}}
  \white\draw\circle{(2.5,5.4),.5}
  \shade[2pt]\draw\circle{(1.9,7.5),.5}
\end{mfpic}}
```

Abbildung 4.15
Schattierungen

Das aktuelle Koordinatensystem kann mit \axes gezeichnet werden. Die Markierungen an den Achsen erfolgen mit den Kommandos

\axes

\xmarks{<x_1>, <x_2>, ...}
\ymarks{<y_1>, <y_2>, ...}

\xmarks
\ymarks

an individuell festlegbaren Positionen. Ganze Figuren können Sie durch den Vorsatz \rotatepath{(<x>,<y>), <θ>} um den Punkt (x,y) mit einem Winkel von θ Grad drehen. Schließlich ist die Einfügung von Texten mit dem Befehl

\rotatepath

\tlabel[<tr>](<x>,<y>){<Text>}

\tlabel

möglich. Der Punkt (x,y) ist der Referenzpunkt, dessen Lage zum Text mit dem Parameter <tr> näher bestimmt wird. Die möglichen Werte sind in der Abbildung 4.8 auf Seite 249 gezeigt. Das Kommando

\tcaption[<exceed>,<line>]{<Text>}

\tcaption

4 Abbildungen

erzeugt eine Legende <Text> unterhalb der METAFONT-Graphik. Überschreitet die Zeilenlänge das <exceed>-fache der Graphikbreite, wird sie in mehrere Zeilen umbrochen, die mindestens die <line>-fache Breite der Graphik aufweisen.

Funktionen   Komplette Funktionsgraphen können gezeichnet werden. Mit

\function   \function[<l>]{<x_u>,<x_o>,<Δx>}{<$f(x)$>}
\parafcn   \parafcn[<l>]{<t_u>,<t_o>,<Δt>}{(<$x(t)$>,<$y(t)$>)}
\plrfcn   \plrfcn[<l>]{<θ_u>,<θ_o>,<$\Delta\theta$>}{<$r(\theta)$>}

wird von \function die von der Variablen x abhängige Funktion $f(x)$ im Intervall $[x_u; x_o]$ dargestellt, wobei eine Schrittweite von Δx eingehalten wird. <l> gibt den Linientyp an, p zeichnet einen Polygonzug, s eine glatte Kurve. \parafcn zeichnet die von t abhängige Parameterfunktion $x = x(t), y = y(t)$ im Parameterintervall $[t_u; t_o]$. \plrfcn schließlich erzeugt die in Polardarstellung vom Winkel θ abhängige Funktion $r(\theta)$ im Intervall $[\theta_u; \theta_o]$. Zur Darstellung von Regionen zwischen zwei normal dargestellten beziehungsweise in Polarkoordinaten gegebenen Funktionen stehen die Makros

\btwnfcn   \btwnfcn[<l>]{<x_u>,<x_o>,<Δx>}{<$f(x)$>}{<$g(x)$>}
\plrregion   \plrregion[<l>]{<θ_u>,<θ_o>,<$\Delta\theta$>}{<$r(\theta)$>}{<$s(\theta)$>}

bereit. Das Diagramm 4.16 soll Ihnen eine Anwendung der Funktionenmakros zeigen und veranschaulicht den Wert

$$\int_{x_u}^{x_o} g(x) - f(x)\,dx$$

```
\begin{mfpic}[6][4]{0}{5}{-1}{7}
  \arrow\lines{(0,1),(5,1)}\arrow\lines{(0,1),(0,7)}
  \function[s]{0.5,3.5,0.2}{x**1.5+2}
  \function[s]{0.5,4,0.2}{x**1.2+1}
  \hatch\btwnfcn{1,3,0.2}{x**1.5+2}{x**1.2+1}
  \dotted\lines{(1,1),(1,4)}
  \dotted\lines{(3,1),(3,5)}
  \tlabel[bc](1,0){$x_u$}
  \tlabel[bc](3,0){$x_o$}
  \tlabel(4,9){$g(x)$}
  \tlabel(4.5,7){$f(x)$}
  \tcaption{Schraffiert: Fläche zwischen
$f(x)=x^{1.2}+1$ und $g(x)=x^{1.5}+2$}
\end{mfpic}
```

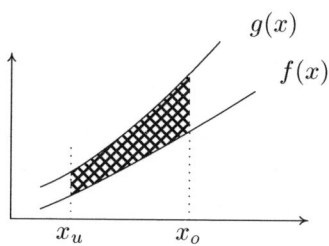

Schraffiert: Fläche zwischen $f(x) = x^{1.2} + 1$ und $g(x) = x^{1.5} + 2$

Abbildung 4.16
Funktionsgraphen

4.11 XY-pic

Schließlich kann das Koordinatensystem einer affinen Transformation unterworfen werden (das ist eine Transformation, bei der Parallelen erhalten bleiben). Der Wirkungsbereich dieser Transformation wird durch die coords-Umgebung begrenzt:

\begin{coords} <Graphik> \end{coords}   coords

Innerhalb dieser Umgebung können mit den Befehlen aus Tabelle 4.11 Verschiebungen, Skalierungen und Rotationen des Koordinatensystems durchgeführt werden. Ein graues Rechteck kennzeichnet das originale Koordinatensystem, nach der entsprechenden Transformation zeigt ein Rahmen die neue Lage. Alle vorgestellten Transformationen bleiben in ihrer Wirkung auf diese Umgebung beschränkt, so daß komplexe Figuren durch mehrere aufeinanderfolgende coords-Umgebungen beschrieben werden können.

\shift{(<x_s>,<y_s>)}
Verschiebt den Ursprung des Koordinatensystems um den Vektor (x_s, y_s).

\rotate{<θ>}
Dreht das Koordinatensystem um den Winkel θ gegen den Uhrzeigersinn um den Koordinatenursprung.

\scale{<s>}
Skaliert das Koordinatensystem einheitlich mit einem Faktor <s>.

\xscale{<s_x>}, \yscale{<s_y>}
Skaliert eine Achse des Koordinatensystems mit dem Faktor s.

\zscale{(<x>,<y>)}
Skaliert das Koordinatensystem mit dem Betrag des Vektors (x,y) und dreht es um den Winkel, den der Vektor mit der positiven x-Achse bildet.

\reflectabout{(<x_1>,<y_1>)}{(<x_2>,<y_2>)}
Spiegelt das Koordinatensystem an der (hier gestrichelt dargestellten) Verbindungslinie der beiden Punkte.

\rotatearound{(<x>,<y>)}{<θ>}
Dreht das Koordinatensystem um θ Grad um den spezifizierten (eingezeichneten) Punkt.

\xslant{<s>}, \yslant{<s>}
Verschiebt jeden Punkt längs der x-Achse (y-Achse) um das <s>-fache seiner y-Koordinate (x-Koordinate).

Tabelle 4.11
Transformationen der coords-Umgebung

4.11 XY-pic

Mit XY-pic wurde ein weiteres Paket bereitgestellt, das mit den Mitteln von METAFONT und LaTeX vielfältigste Arten von Graphen und matrixartigen Anordnungen von Zeichnungselementen mit beliebigen Verbindungen erlaubt. Graphen, Ablaufdiagramme und ähnliche

4 Abbildungen

Schemata stellen kein Problem dar, mit optionalen Paketbestandteilen können verknotete und krummlinige Verbindungen sowie xy-Zeichnungen dargestellt werden. Das Paket basiert auf der Verwendung von Bildbestandteilen in Form neuer Zeichensätze, so daß Sie zur Installation Fontmetriken und Zeichensätze kopieren müssen. In [36, 37] werden alle Möglichkeiten zur Graphikerzeugung ausführlich geschildert.

Betrachten Sie Abbildung 4.17. Sie zeigt oben einen Ablaufplan mit unterschiedlichen Querverbindungen, der durch matrixartige Anordnung der einzelnen Elemente realisiert werden kann. In der Mitte ist ein Diagramm eines endlichen Automaten gezeigt, das ebenfalls durch eine (einzeilige) Matrix aufgebaut wird. Als untere Abbildung sehen Sie eine Zeichnung, die in gewohnter Form mit x- und y-Koordinaten aufgebaut wurde.

```
\documentclass{article}
\usepackage[frame,curve,arrow,matrix]{xy}
\begin{document}
\xymatrix{A \ar[r]^a & B \ar@{~>}[dr]^b &\\
C \ar@{.>}[ur] \ar@{=>}[rr]^x_y && D}

\entrymodifiers={++[o][F-]}
\xymatrix{*\txt{Start} \ar[r] &
1 \ar[r]^a &
2 \ar[r]_b \ar@(r,u)[]_c &
3 \ar[r]^c \ar `d_l[ll] `_u[ll] ^x [ll]&
*++[o][F=]{4} }

\begin{xy} 0;<1mm,0mm>:<0mm,.1mm>::
\POS(10,400)\ar(10,300)
\POS(20,300)\ar@{=>}(20,100)
\POS(30,250)\ar(30,100)
\POS(40,100)\ar(40,0)
\POS(0,0)\ar@{-}(50,0)
\POS(0,100)\ar@{-}(50,100)
\POS(0,250)\ar@{..}(50,250)
\POS(0,300)\ar@{-}(50,300)
\POS(0,400)\ar@{-}(50,400)
\POS(0,100)*+!R{100}
\POS(0,250)*+!R{x^2+y^2}
\end{xy}
\end{document}
```

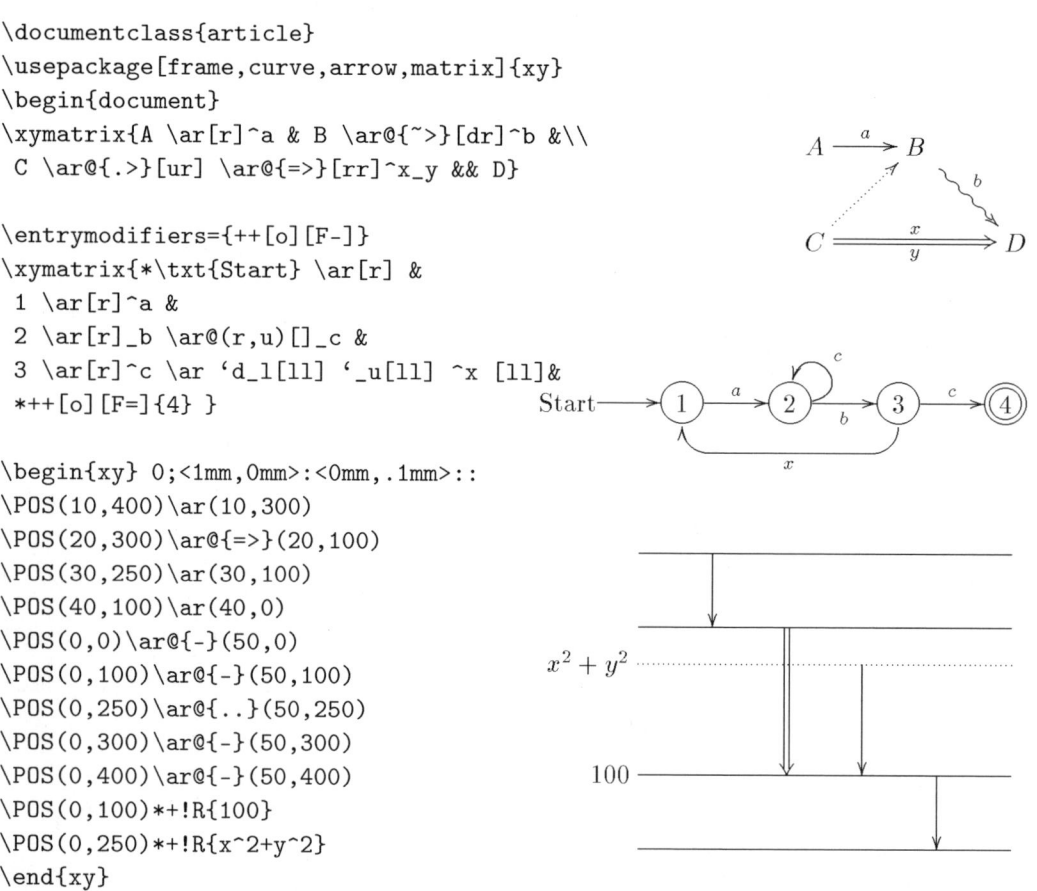

Abbildung 4.17
Beispiele für XY-pic

Das \xymatrix-Kommando erzeugt die Matrix, die wie gewohnt mit & und \\ aufgebaut wird. Mit \ar können die Querverweise realisiert werden, wobei nach einem @-Zeichen die Pfeilform sowie in eckigen Klammern der Zielpunkt angegeben werden. Der Inhalt der einzelnen Zellen wird im mathematischen Modus gesetzt, was jedoch geändert werden kann. Für den endlichen Automaten wurde die Zellenform auf »Kreis« gesetzt. Zur Angabe von x- und y-Koordinaten für unabhängigen Zeichnungselemente steht innerhalb der xy-Umgebung der \POS-Befehl bereit. In der ersten Zeile der Umgebung wird mit den Angaben 0;<1mm,0mm>:<0mm,.1mm>:: eine Transformation des Koordinatensystems durchgeführt, damit man im folgenden mit 1 mm als x-Einheit, aber 0,1 mm als y-Einheit arbeiten kann.

\xymatrix
\ar

\POS

Die vielfältigen Möglichkeiten des Paketes, auch die zum freien Gestalten in einer kartesischen Koordinatenebene sowie zur Objekt- und Pfadbeschreibung und insbesondere für die Erzeugung von kommutativen Diagrammen, sind komplex und können an dieser Stelle nicht annähernd erschöpfend beschrieben werden, lesen Sie dazu bitte die Dokumentationsdateien.

4.12 PSTricks

Das Paket PSTricks dürfte praktisch alle Möglichkeiten zur Erzeugung auch komplexer Illustrationen liefern. Es stellt eine Reihe von mächtigen PostScript-Makros zur Verfügung, mit denen neben grundlegenden geometrischen Figuren auch Graphen, Tabellen und Funktionsplots erzeugt werden können. Durch enge Verzahnung mit dem Satzmechanismus von LaTeX ist es kein Problem, graphische Ausgabe und Text zu kombinieren, zum Beispiel Teile einer Tabelle grau zu unterlegen oder einzurahmen. In [44] finden Sie viele Beispiele und ein komplettes Benutzerhandbuch. Beachten Sie, daß Sie nur dann in den Genuß der Makros kommen, wenn Sie nach dem LaTeX-Bearbeitungslauf mit DVIPS eine PS-Datei erzeugen und diese entweder auf einem PostScript-fähigen Ausgabegerät drucken oder Ghostview einsetzen, um beliebige Drucker verwenden zu können (Seite 423).

Nur PostScript!

PSTricks arbeitet mit einem kartesischen Koordinatensystem, das am aktuellen TeX-Referenzpunkt beginnt und nach rechts und oben verläuft. Die tatsächliche Länge einer Einheit wird durch die Variable unit bestimmt, die zu Beginn auf 1 cm gesetzt ist, das heißt die Koordinatenangabe (1,1) spricht einen Punkt an, der 1 cm rechts und oberhalb des momentanen TeX-Punktes liegt. Für jede Achse getrennt wird die Einheitslänge mit Zuweisungen an xunit und yunit geändert, für Zeichnungen im Polarkoordinatensystem existiert noch die

4 Abbildungen

Elementareinheit `runit` für den Einheitsradius. Änderungen dieser und aller weiteren Parameter können mit

\psset   `\psset{<par>=<Wert>}`

vollzogen werden, ein Koordinatensystem im Millimetermaßstab etwa wird mit `\psset{unit=1mm}` eingestellt. Die einzelnen Koordinaten werden als Paare (x, y) eingesetzt, wobei reine Zahlen ohne Dimension als Vielfache der entsprechenden Einheitslänge angesehen werden (häufigster Fall); die Angabe einer Dimension überschreibt dabei die Voreinstellung. So bedeutet `(1,1)` normalerweise einen Punkt je 1 cm rechts und oberhalb, `(1,5pt)` jedoch einen Punkt 1 cm nach rechts und 5 pt nach oben verschoben.

Graphische Primitive   Alle Koordinatensysteme wären sinnlos ohne graphische Elemente, die mit ihrer Hilfe positioniert werden können. Die einfachsten Objekte sind in der Tabelle 4.12 auf der nächsten Seite mit Beispiel aufgeführt. Wie bereits erwähnt, werden alle Objekte relativ zum aktuellen TEX-Referenzpunkt gezeichnet, ohne diesen dabei zu verschieben. Das bedeutet, daß die resultierenden Zeichnungen keinerlei Ausdehnung haben, sie überschreiben jedoch eventuell den Text oberhalb von ihnen und werden ihrerseits von nachfolgendem Text überschrieben. Soll eine Graphik in einem Freiraum mit gegebenen Abmessungen plaziert werden, können Sie sie mit

pspicture   `\pspicture(<`x_u`>,<`y_u`>)(<`x_o`>,<`y_o`>)`
    `<Graphik>`
`\endpspicture`

in eine Box der Größe $x_o - x_u$ mal $y_o - y_u$ einfassen, deren linke untere und rechte obere Ecke Lage und Ausdehnung und damit gleichzeitig den möglichen Koordinatenbereich festlegen. Objekte können diesen Bereich überschreiten; soll der Zeichenbereich auf genau die angegebene Fläche begrenzt werden (wobei Objekte abgeschnitten werden), setzen Sie die Sternform `\pspicture*` ein. Die Angabe der unteren linken Ecke kann entfallen und wird dann auf `(0,0)` gesetzt.

Parameter   Die einzelnen graphischen Objekte können durch Variation von Parametern in viele weitere Objekte überführt werden. Die Tabelle 4.13 auf Seite 276 gibt hierüber Auskunft. Die Parameter können entweder global innerhalb der aktuellen Umgebung (Gruppe) mit `\psset` gesetzt werden oder lokal für ein bestimmtes Objekt. Hierfür kann eine in eckige Klammern eingeschlossene Liste übergeben werden:

`\psline[linestyle=dotted,dotsep=3pt](0,0)(2,1)`

Nach der Kurzvorstellung der elementaren Begriffe und Möglichkeiten soll Ihnen der folgende LaTeX-Text zeigen, wie Sie neben dem

4.12 PSTricks

		Tabelle 4.12
`\psline[par](<`x_0`>,<`y_0`>)(<`x_1`>,<`y_1`>)...` Zeichnet Linien oder Linienzüge vom Startpunkt über eventuelle Zwischenpunkte zum Endpunkt.		Die grundlegenden graphischen Objekte von PSTricks
`\psframe[par](<`x_0`>,<`y_0`>)(<`x_1`>,<`y_1`>)` Zeichnet ein Rechteck mit Angabe der linken unteren und rechten oberen Ecke.		
`\pspolygon[par](<`x_0`>,<`y_0`>)(<`x_1`>,<`y_1`>)...` Erzeugt einen geschlossenen Kurvenzug über mehrere Zwischenpunkte, bei dem der Endpunkt mit dem Anfangspunkt verbunden wird.	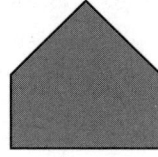	
`\pscircle[par](<`m_x`>,<`m_y`>){<`r`>}` Erzeugt einen Kreis mit Angabe des Mittelpunktes und des Radius.		
`\pswedge[par](<`m_x`>,<`m_y`>){<`r`>}{<`ϕ_s`>}{<`ϕ_e`>}` Erzeugt einen Kreissektor, wobei der Mittelpunkt des Kreises, der Radius sowie der Start- und Endwinkel (gegen den Uhrzeigersinn) angegeben werden.		
`\psellipse[par](<`m_x`>,<`m_y`>)(<`r_x`>,<`r_y`>)` Zeichnet eine Ellipse, deren Mittelpunkt und Radien angegeben werden müssen.		
`\psdots[par](<`x_0`>,<`y_0`>)...` Erzeugt an dem oder den angegebenen Punkten Markierungssymbole.		

korrekten Laden des Paketes und seiner Teile mit sogenannten *Knoten* arbeiten und aus einer normalen Liste heraus auf korrespondierende Teile einer Formel Pfeile richten können (Abbildung 4.18 auf Seite 277). Die Knoten mit der Formel werden mit Textknoten über `\nccurve` verbunden:

```
\documentclass[12pt,a4paper]{article}
\usepackage{german,pstricks,pst-plot,pst-node}
\usepackage[latin1]{inputenc}
```

`pstrick1.tex`

Parameter	Bedeutung (Voreinstellung)
linewidth=<dim>	Linienbreite (.8pt).
linestyle=<style>	Linienmuster: none, solid, dashed, dotted (solid).
dash=<l1> <l2>	Strichelungsmuster für linestyle=dashed (5pt 3pt).
dotsep=<dim>	Abstand der Punkte bei linestyle=dotted (3pt).
linecolor=<color>	Linienfarbe: white, lightgray, gray, darkgray, black, green, red, yellow, blue (black).
fillstyle=<style>	Füllungsart: none, solid (flächig) sowie vlines, vlines*, hlines, hlines*, crosshatch und crosshatch* (none). Ein *-Stil füllt zusätzlich den Hintergrund (wie solid).
fillcolor=<color>	Farbe für fillstyle=solid (white).
hatchwidth=<dim>	Breite der Schraffurlinien (.8pt).
hatchsep=<dim>	Abstand der Hatch-Linien für Schraffuren (4pt).
hatchcolor=<color>	Farbe der Schraffur (black).
hatchangle=<angle>	Winkel der Schraffurlinien (45).
arrows=<style>	Gestaltung der Linienenden. Die reine Linie »-« kann an einem oder beiden Enden mit den Pfeilspitzen >, <, |, [,], (,) oder o versehen werden. Bei offenen Kurven kann die Pfeilart nach den optionalen Parametern in {} eingeschlossen werden: \psline {->}(0,0)(3,3). (-.)
linearc=<dim>	Radius der Kreise zur Abrundung von Ecken bei Linienzügen (0pt).
dotstyle=<style>	Markierungssymbol für \psdots: *, o, +, triangle, triangle*, square, square*, pentagon, pentagon* und |.
dotscale=<sx> <sy>	Skalierung der Markierungssymbole längs der x- und y-Achse. Die y-Angabe kann entfallen. (1)
dotangle=<angle>	Winkel, um den die Markierungssymbole gedreht werden (0).

Tabelle 4.13
Die graphischen Parameter von PSTricks

```
\begin{document}
\psset{nodesep=3pt}

\newrgbcolor{lila}{0.6 0.2 0.5}
\newrgbcolor{darkyellow}{1 0.9 0}
\begin{itemize}
\item dem \rnode{b}{Oberflächenanteil}
\item dem \rnode{a}{Volumenanteil}
\end{itemize}

\begin{equation}
E=\rnode[t]{ae}{\psframebox*[fillcolor=darkyellow,
    linestyle=none]{a_vA}} +
  \rnode[t]{be}{\psframebox*[fillcolor=lightgray,
    linestyle=none]{-a_fA^{2/3}}} +
  \rnode[t]{ce}{\psframebox*[fillcolor=green,
```

4.12 PSTricks

```
    linestyle=none]{-a_c\frac{Z(Z-1)}{A^{1/3}}}} +
 \rnode[t]{de}{\psframebox*[fillcolor=lila,
    linestyle=none]{-a_s\frac{(A-2Z)^2}{A}}} +
 \rnode[t]{ee}{\psframebox*[fillcolor=gray,
    linestyle=none]{E_p}}
\end{equation}

\begin{itemize}
\item dem \rnode{c}{Coulomb-Anteil}
\item der \rnode{d}{Symmetrieenergie}
\item sowie einem \rnode{e}{Paarbildungsbeitrag}.
\end{itemize}

\nccurve[angleA=-90,angleB=90]{->}{a}{ae}
\nccurve[angleB=30]{->}{b}{be}
\nccurve[angleB=-90]{->}{c}{ce}
\nccurve[angleB=-90]{->}{d}{de}
\nccurve[angleB=-90]{->}{e}{ee}
```

Die Bindungsenergie im Tröpfchenmodell setzt sich aus folgenden Teilen zusammen:

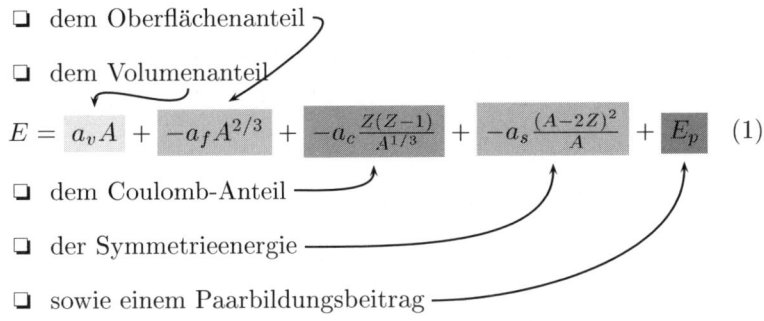

Abbildung 4.18
PSTricks erster Teil: Verweise kreuz und quer

Als nächstes Beispiel wird eine Illustration für ein mathematisches Buch erstellt (Abbildung 4.19 auf der nächsten Seite). Wieder werden Knoten durch geschwungene Linien verbunden, aber darüber hinaus die Möglichkeit, ganze Funktionen plotten zu lassen und Koordinatensysteme zu zeichnen, genutzt.

`pstrick2.tex`

Besonders angenehm ist das Zusammenspiel zwischen LaTeX und PSTricks, wenn die Koordinaten von PSTricks so skaliert sind, daß die graphischen Objekte in natürlichen LaTeX-Einheiten positioniert werden können. Dies ist an einem grau unterlegten unregelmäßigen Ausschnitt einer Tabellenstruktur demonstriert (siehe Tabelle 4.14 auf Seite 279):

Näherung der Ableitung durch eine Sekante.

```
\psset{unit=4mm}
\begin{center}\pspicture(0,-1)(10,8)\small
  \psaxes{->}(10,8)
  \psplot[linewidth=2\pslinewidth,linecolor=red]
    {0.5}{8}{x dup mul 6 64 div mul 2 add}
  \psline[linestyle=dotted](1,0)(1,3)
  \psline[linestyle=dotted](7,4)(7,7)
  \psline[linewidth=.5\pslinewidth](1,2.1)(7,6.6)
  \psline[linewidth=.5\pslinewidth](1,1.25)(7,5.75)
  \rput[l](5.8,5.8){\rnode{S}{}}
  \rput[l](8,7){\rnode{Se}{Sekante}}
  \rput[l](4.5,2.5){Tangente $\approx f'(x)$}
\endpspicture\end{center}
```

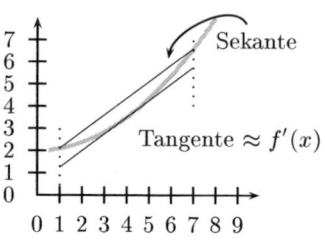

Näherung der Ableitung durch eine Sekante.

```
\nccurve[angleA=120,angleB=80]{->}{Se}{S}
```

Abbildung 4.19
PSTricks zweiter Teil: eine komplexe Illustration

pstrick3.tex

```
% 12mm = 8 mm Breite + 2\tabcolsep
\psset{xunit=12mm, yunit=\baselineskip}
\tabcolsep=2mm
\pspolygon
  [fillcolor=lightgray,fillstyle=solid,linestyle=none]
  (0,-3.3)(0,2.7)(2,2.7)(2,1.7)(4,1.7)(4,0.7)(6,0.7)
  (6,-1.3)(7,-1.3)(7,-2.3)(5,-2.3)(5,-3.3)(4,-3.3)
  (4,-2.3)(3,-2.3)(3,-3.3)
\begin{tabular}{*{8}{p{8mm}}}
    H  &     &     &     &     &     &     & He\\
    Li & Be  & B   & C   & N   & O   & F   & Ne\\
    Na & Mg  & Al  & Si  & P   & S   & Cl  & Ar\\
    K  & Ca  & Ga  & Ge  & As  & Se  & Br  & Kr\\
    Rb & Sr  & In  & Sn  & Sb  & Te  & I   & Xe\\
    Cs & Ba  & Tl  & Pb  & Bi  & Po  & At  & Rn\\
    Fr & Ra  & 112 &     & 114 &     &     & \\
\end{tabular}
```

Eine x-Einheit wird gerade so groß gewählt, wie eine Spalte breit ist (8 mm) zuzüglich des zweimaligen \tabcolsep von 2 mm, so daß die ganzen Zahlen direkt eine Tabellenspalte festlegen.

Interessant dürfte die einfache Erstellung von Flußdiagrammen oder Organigrammen sein, die die Beziehungen verschiedener Objekte zueinander symbolisieren (Abbildung 4.20 auf Seite 280). Wenn Sie die Objekte in einer regelmäßigen Anordnung benötigen, können Sie

H							He
Li	Be	B	C	N	O	F	Ne
Na	Mg	Al	Si	P	S	Cl	Ar
K	Ca	Ga	Ge	As	Se	Br	Kr
Rb	Sr	In	Sn	Sb	Te	I	Xe
Cs	Ba	Tl	Pb	Bi	Po	At	Rn
Fr	Ra	112		114			

Tabelle 4.14
Periodensystem der chemischen Elemente; grau unterlegt die metallischen Elemente

sie innerhalb der `array`-Umgebung setzen und damit Befehle einsparen. Rechts neben dem Diagramm in derselben Abbildung findet sich ein Baumgraph, der mit dem Zusatzpaket `pst-tree` erstellt wurde. Die Anordnung der Teilbäume und die gegenseitigen Abstände und Verbindungsformen sind in weiten Grenzen variabel, so daß praktisch alle denkbaren Baumformen erzeugt werden können. In allen Argumentpositionen der Makros darf übrigens beliebiger LaTeX-Text stehen, so daß komplexe Formatierungen genutzt werden können. Abschließend noch die Eingabe für die Diagramme der Abbildung 4.20:

`pstrick4.tex`

```
\psset{unit=7mm}
\centering\hbox{\pspicture(0,0)(8,7)
  \rput(3,7.0){\ovalnode{L}{Leitung}}
  \rput(0,3.5){\rnode{F}{\psframebox{Forschung}}}
  \rput(6,3.5){\rnode{E}{\psframebox{Entwicklung}}}
  \rput(6,0.5){\rnode{P}{Produktion}}
  \nccurve[angleA=180, angleB=90]{->}{L}{F}
  \nccurve[angleA=0, angleB=90]{->}{L}{E}
  \ncline{<->}{F}{E}
  \ncline{->}{E}{P}
  \ncarc[angleA=30, angleB=30, linestyle=dotted]{->}{P}{E}
  \Aput{\footnotesize R"uckmeldung}
\endpspicture
\hfil
\pstree[treemode=R,levelsep=1cm,radius=2pt]
  {\Tcircle{root}}
  { \pstree{\TC*}{ \Tr{A}   \Tr{B}   \Tr{C} }
    \pstree{\TC*}
      { \pstree{\TC*}{\Tr{$A_1$}   \Tr{$A_2$}}
        \pstree{\TC*}{\Tr{$B_1$}   \Tr{$B_2$}}
      }
    \pstree[treemode=D]{\TC}
      {\TR{$x^2$}   \TR{$y_a^2$}   \TR{$\frac{1}{x+y}$}
      }
```

}
}

Abbildung 4.20
*PSTricks dritter Teil:
Organigramm und Baum*

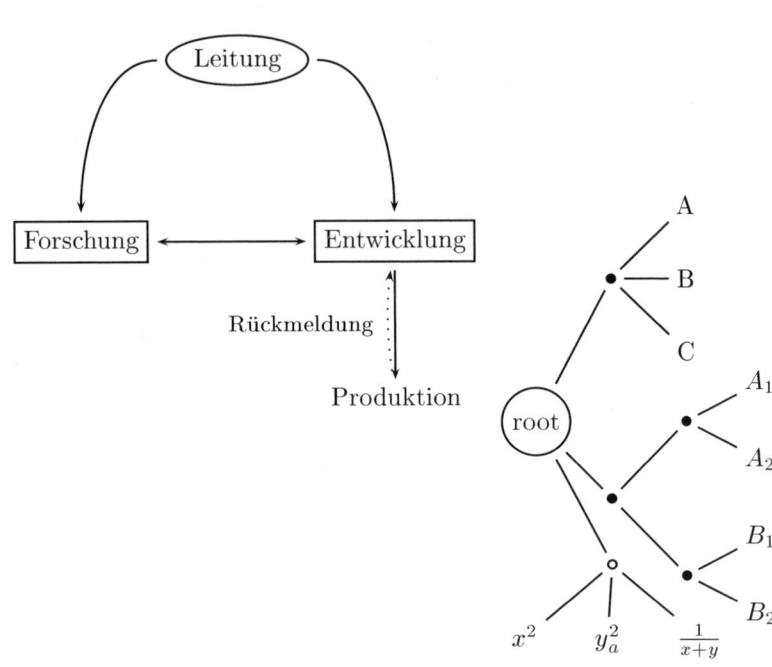

Zuletzt sei noch die Lösung eines verbreiteten Problems mit PSTricks vorgestellt: Sie haben eine EPS-Graphik, etwa von einem Scanner, und möchten nachträglich noch Teile inmitten dieser Graphik mit LaTeX-Texten beschriften. Dies ist in Abbildung 4.21 auf der nächsten Seite dargestellt, in der die fragliche EPS-Rohdatei (kleines Bild oben) ein schematisches Periodensystem erzeugt, dessen Aufbau nun genau durch Text und Pfeile erläutert werden soll. Die Fragestellung wird gelöst durch Laden der Graphik in der Textposition eines Textausgabemakros, hier \rput. Da \includegraphics normalerweise die geladene EPS-Datei zentriert darstellt, das heißt den geometrischen Mittelpunkt dieser Illustration auf den Nullpunkt des Koordinatensystems von PSTricks legt, geben Sie als Positionierung für den »Text« [bl], die linke untere Ecke an. Alle folgenden PSTricks-Makros überschreiben dann die geladene Graphik, so daß Sie wie gewohnt in einem kartesischen Koordinatensystem die Positionen Ihrer Beschriftung und der Querverweise angeben können (hier mit dem color-Paket zur Auswahl der Textfarbe Weiß):

`pstrick5.tex`
`pse.eps`

```
\psset{unit=5mm}\begin{pspicture}(18,11)
\rput[bl](0,0){\includegraphics{pse.eps}}
\psline{->}(0.5,9.5)(0.5,7.2)\rput[l](0,10){Alkalimetalle}
```

```
\psline{->}(2,8)(1.5,6.2)\rput[l](2,8.5){Erdalkalimetalle}
\psline{->}(14,7)(15.5,6.2)\rput(14,7.2){Chalkogene}
\rput{15}(7.5,2.5){\psframebox*{Nebengruppen}}
{\color{white}\rput{45}(15,3.5){{Hauptgruppen}}}
\end{pspicture}
```

Analog können Sie in allen Fällen verfahren, in denen Sie Landkarten, Bilder und anderes Material vorliegen haben. Achten Sie nur darauf, daß die Rohabbildung zuunterst zu liegen kommt, das heißt als erstes geladen werden muß! (Eine andere Möglichkeit zur Beschriftung von Abbildungen wurde bereits in Abschnitt 4.9.1 auf Seite 257 vorgestellt.)

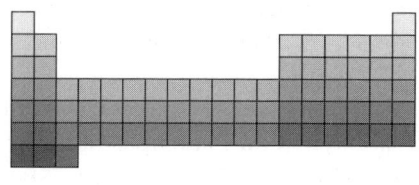

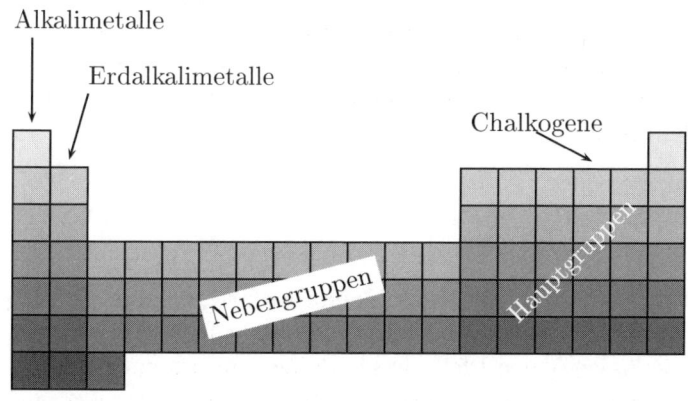

Abbildung 4.21
PSTricks beschriftet Diagramme und Abbildungen. Ein schematisches Periodensystem im EPS-Format (kleines Schema oben) wird mit PSTricks-Kommandos erklärt

4.13 LaTeX und noch mehr PostScript

Die Möglichkeiten von PostScript, speziell zur Erzeugung qualitativ hochwertiger Abbildungen, werden allgemein gerne in Anspruch genommen, wie ein weiteres Paket `texdraw` zeigt, das es gestattet, in kurzer Zeit schöne Diagramme und Illustrationen darzustellen. Der unmittelbare Zugriff auf Befehle der PostScript-Ebene sowie eine komfortable Einbindung in LaTeX-Texte ist möglich. Zur Beschriftung der Diagramme können Sie alle Möglichkeiten von LaTeX ausschöpfen. Die Benutzung des Paketes und seiner Makros ist im Handbuch

texdraw

[24] ausführlich dargelegt, hier sollen zwei Diagramme in die einfache Handhabung einführen.

Sie laden das Paket mit \usepackage{texdraw}, um die elementaren Makros einzusetzen. Ein \input-Befehl lädt eine Datei mit erweiterten Befehlen für direkten PostScript-Zugriff, der für manche Anwendungen nicht erforderlich ist und daher explizit angegeben werden muß. Für jede Abbildung wird eine texdraw-Umgebung angelegt, die eine LaTeX-Box kreiert. Diese kann somit zentriert, verschoben oder anderweitig positioniert werden:

texdraw \begin{texdraw} <Graphik> \end{texdraw}

Alle Zeichnungen werden in einem kartesischen Koordinatensystem angelegt, dessen Einheitsdimension (die Länge einer Einheit) Sie mit
\drawdim dem Befehl \drawdim <Einheit> festlegen, wobei für <Einheit> Maße wie cm stehen können. Skalierungen werden durch weitere Befehle unterstützt.

Elemente der Zur Erzeugung des Liniendiagramms setzen Sie die Befehle zum *Zeichnung* Anfahren von bestimmten Koordinatenpositionen sowie zum Zeichnen von Linien und Pfeilen ein. Hierbei wird das PostScript-Schema des *aktuellen Punktes* zugrundegelegt: mit \move wird ein Startpunkt festgelegt, zum Zeichnen einer Linie wird dem \lvec-Kommando nur noch der *Endpunkt* mitgeteilt, der nach Abschluß der Linienzeichnung zum neuen Startpunkt für weitere graphische Elemente wird. Die Syntax lautet

\move \move(<x> <y>)
\lvec \lvec(<x> <y>)
\avec \avec(<x> <y>)

wobei <x> und <y> die Koordinaten des ausgewählten Start- oder Endpunktes sind. \move legt den Startpunkt fest, \lvec erzeugt eine Linie, \avec einen Pfeil, dessen Spitze zum Endpunkt zeigt. Alle Koordinatenangaben sind absolute Zahlen; wollen Sie sich auf den derzeitigen aktuellen Endpunkt beziehen, setzen Sie die relativen Befehle ein, denen Sie nur die Verschiebungen zum aktuellen Punkt mitteilen:

\rmove \rmove(<Δx> <Δy>)
\rlvec \rlvec(<Δx> <Δy>)
\ravec \ravec(<Δx> <Δy>)

Um die Linienstärke, -farbe und die Art der Linie (durchgezogen oder gestrichelt) zu variieren, können Sie auf

\linewd \linewd <Dicke>
\setgray \setgray <Grauwert>
\lpatt \lpatt(<l_1> <l_2> ...)

zurückgreifen. Die Strichelung wird dabei durch eine Reihe von Zahlen l_i für die Längen der einzelnen Segmente (abwechselnd sichtbar und unsichtbar) festgelegt.

Neben Linien und Pfeilen können Sie mit den Befehlen auch *Umrisse* festlegen, die zum *Füllen* dienen können. Sie erreichen die Füllung mit einem der beiden Kommandos

Flächen und Füllungen

```
\ifill f:<Grauwert>
\lfill f:<Grauwert>
```

\ifill
\lfill

\ifill (»inner fill«) füllt das umrissene Gebiet mit dem spezifizierten <Grauwert>; 0 steht hierbei für Schwarz, 1 für Weiß. Die Angabe erfolgt als gebrochene Zahl, z. B. \ifill f:.3 für ein dunkles Grau. \lfill (»line fill«) zieht zusätzlich zum Füllen der Fläche mit dem spezifizierten Grauwert den Umriß mit der aktuellen Schriftfarbe, normalerweise Schwarz, nach.

Zum Einfügen von Textmaterial in die Abbildung stehen die folgenden Kommandos bereit:

```
\htext{<Text>}           \vtext{<Text>}
\htext(<x> <y>){<Text>}  \vtext(<x> <y>){<Text>}
```

\htext
\vtext

```
\rtext td:<θ>{<Text>}
\rtext td:<θ>(<x> <y>){<Text>}
```

\rtext

\htext erzeugt normalen horizontalen Text, \vtext um 90° gedrehten und \rtext um einen beliebigen Winkel θ rotierten Text. Alle drei Befehle benutzen als Referenzpunkt entweder den aktuellen oder den in Klammern spezifizierten Punkt (x, y). Normalerweise markiert der Referenzpunkt die linke untere Ecke der Textbox, was jedoch für spezielle Positionierungen des Textes geändert werden kann:

```
\textref h:<hor> v:<vert>
```

\textref

Für die horizontale Ausrichtung des Textes bezüglich des Referenzpunktes kann L, C oder R eingesetzt werden (Referenzpunkt am linken, mittleren oder rechten Textbereich), für die vertikale Ausrichtung T, C oder B (Referenzpunkt am oberen (»top«), mittleren oder unteren (»bottom«) Bereich).

Häufig können Bilder aus kleineren Teilbildern aufgebaut werden, die jedes für sich leicht in einem eigenen Koordinatensystem konstruierbar sind. Dies wird durch die Umgebung

Teilbilder

```
\bsegment <Teilbild> \esegment
```

\bsegment, \esegment

unterstützt: am aktuellen Punkt wird ein neues *Segment* begonnen, das Ihnen für seinen Geltungsbereich bis zum abschließenden

\esegment-Befehl ein Koordinatensystem anbietet, dessen Nullpunkt eben der aktuelle Punkt ist. Alle innerhalb des Segmentes auftretenden Koordinatenangaben beziehen sich also auf diesen aktuellen Punkt. Mit

\setsegscale
\relsegscale

```
\setsegscale <scale>
\relsegscale <faktor>
```

können Sie den Maßstab des Segmentes durch Angabe einer reellen Zahl, die mit Ihren Koordinatenangaben multipliziert wird, absolut festlegen (scale) oder – wenn Sie den bestehenden Maßstab modifizieren möchten – mit faktor einen Faktor angeben, mit dem die aktuelle Skalierung multipliziert wird. Sie können so ein Teilbild in seiner Originalgröße in ein komplexeres Bild einpassen.

Abbildung 4.22
Zwei Diagramme, die mit texdraw konstruiert wurden

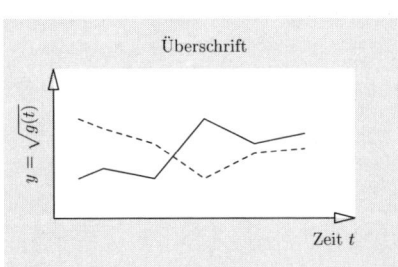
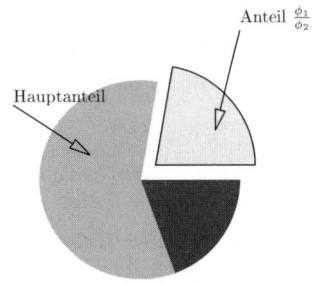

Alle genannten Befehle werden nun eingesetzt, um das Diagramm der Abbildung 4.22 zu konstruieren.

texdr1.tex

```
\documentclass{article}
\usepackage{german,texdraw}
\input txdps    % <-- nur fuer die Torte nötig!
\begin{document}

\begin{texdraw}
\drawdim cm
% Frame um alles, grau unterlegen
\move(0 0)\lvec(8 0) \lvec(8 5) \lvec(0 5) \lvec(0 0)
\ifill f:0.9

% Beschriftung
\textref h:C v:C \htext(4 4.5){Überschrift}
\vtext(0.5 2.5){$y=\sqrt{g(t)}$}
```

```
\textref h:R v:T \htext(7 0.7){Zeit $t$}

% Graphik beginnt an Punkt (1,1)
\move(1 1)
\bsegment
  % Weisse Fläche
  \move(0 0)\lvec(6 0)\lvec(6 3)\lvec(0 3)\lvec(0 0)
  \ifill f:1
  % Koordinatensystem
  \move(0 0)\avec(6 0) \move(0 0)\avec(0 3)
  % Daten
  \move(.5 .8)\lvec(1 1)\lvec(2 .8)\lvec(3 2)
           \lvec(4 1.5)\lvec(5 1.7)
  \lpatt(.1 .1) % je 1 mm Strich und Lücke!
  \move(.5 2) \lvec(1 1.8)\lvec(2 1.5)\lvec(3 .8)
           \lvec(4 1.3)\lvec(5 1.4)
  \esegment
\end{texdraw}
```

Wie bereits erwähnt, stehen in der Datei `txdps.tex` einige Makros `\PS...` zum unmittelbaren Zugriff auf PostScript-Funktionen bereit. Exemplarisch ist die Erzeugung eines Tortendiagramms gezeigt. Dabei wird der PostScript-Befehl `arc` genutzt, der vom Mittelpunkt des Kreises Linien zum Bogenrand zeichnet:

```
\begin{texdraw}                                              texdr2.tex
\drawdim cm
% maximale Abmessungen bekanntmachen!
\move(0 0)\move(5 5)
% Torte beginnt an M=(2.5 2.5)
\move(2.5 2.5)
\bsegment
  \move(0 0) \PSarc r:2 sd:80 ed:290 (0 0)
  \PSclosepath \ifill f:0.7
  \move(0 0) \PSarc r:2 sd:290 ed:360 (0 0)
  \PSclosepath \ifill f:0.2
  \move(.3 .3) \PSarc r:2 sd:0 ed:80 (.3 .3)
  \PSclosepath \lfill f:0.9
  \move(-2.5 1.5) \avec(-1 .5)
    \htext(-2.5 1.5){Hauptanteil}
  \move(2 3) \avec(1.5 1)
    \htext(2 3){Anteil $\frac{\phi_1}{\phi_2}$}
\esegment
\end{texdraw}
```

4.14 PostScript und kein Ende – METAPOST

METAPOST

Das Thema PostScript ist unerschöpflich – falls Sie schon alles durchprobiert haben und immer noch nicht Ihre ideale Abbildung erstellen können, bleibt noch das Paket METAPOST übrig. METAPOST generiert aus Befehlen einer mächtigen, von METAFONT abgeleiteten Sprache PostScript-Einsprengsel, mit denen Sie praktisch alle denkbaren und vor allem berechenbaren Bilder in hoher Qualität erzeugen können. Aber auch zur Erzeugung von Flußdiagrammen (Abbildung 3.19 auf Seite 198) und Organigrammen (Abbildung 4.26 auf Seite 291) ist METAPOST hervorragend geeignet.

Das Paket führt nach kurzer Zeit zu ansehnlichen Bildern, da die Kommandosprache recht intuitiv ist. Autoren mit METAFONT-Erfahrung sind hierbei natürlich im Vorteil, jedoch werden anhand von [26] auch dem Neuling schnell die Grundlagen und sogar Feinheiten klar. Sie schreiben Ihre Bildbeschreibung in eine .mp-Datei, lassen diese dann von mp bearbeiten, wobei für jede Abbildung eine durchnumerierte Datei entsteht, und führen schließlich die Bilder mit Ihrem LaTeX-Text zusammen:

```
edit simple.mp     % Bilddatei programmieren
mp simple          % übersetzen -> mathe.1, mathe.2 ...
dvips test         % mit test.tex/test.dvi vereinen
```

Die von METAPOST gelieferten Dateien liegen einzeln und durchnumeriert im PostScript-Format vor und können wie gewöhnlich geladen werden, zum Beispiel mit

```
\centerline{\includegraphics{simple.1}}
```

für die erste Abbildung der Beispieldatei. Die Nummer der jeweiligen Abbildung wird von Ihnen innerhalb der Bildbeschreibung durch ein beginfig-Kommando zugeteilt. Der folgende Quelltext zeigt eine typische Eingabedatei für METAPOST und erzeugt einige einfache Figuren (siehe Abbildung 4.23 auf der nächsten Seite):

simple.mp

```
beginfig(1);
u:=5mm;                    % Einheitslänge

% Polygon, direkte Punktelisten
draw (6u,0)--(8u,0)--(8u,4u);     % Linie
draw (8u,4u)..(6u,4u)..(6u,0);    % Kurve

% Rechteck und Quadrat, Angabe von Pfadvariablen
path q;                    % Variable Typ Pfad
```

4.14 PostScript und kein Ende – METAPOST

```
q := unitsquare;                  % Einheitsquadrat
fill q xscaled 4u yscaled 8u withcolor .8white;
draw q scaled 3u shifted (u,u);

% grauer Kreisring
path p[];                         % Array vom Typ path
p1 := (3u,0)..(0,3u)..(-3u,0)..(0,-3u)..cycle;
p2 := (2u,0)..(0,2u)..(-2u,0)..(0,-2u)..cycle;
fill p1 shifted (15u,3u) withcolor 0.6white;
unfill p2 shifted(15u,3u);        % Loch in der Mitte

% Beschriftung
z1=(10u,2u);    z2=(10u,6u);      % Startpunkte
drawarrow z1--(8u,u);             % Pfeil gerade
drawarrow z2{-1,0}..{1,-1}(6u,4u); % Pfeil gekrümmt
label.rt("Linie",z1);  label.rt("Kurve",z2);

endfig;
end;
```

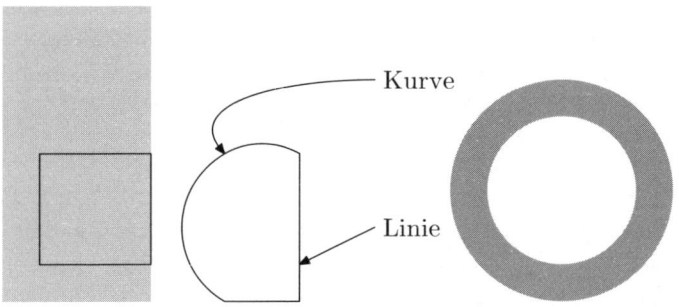

Abbildung 4.23
Einfache Figuren mit METAPOST

Wie Sie auch ohne Kenntnis der METAFONT-Sprache erahnen können, geht es bei Beschreibungen von METAPOST-Bildern ausgesprochen geometrisch zu. Sollten Sie planen, Illustrationen für mathematische Werke zu erzeugen, werden Sie bereits nach wenigen Bildern die Grundlagen der Analytischen Geometrie verinnerlicht haben, da Sie viele Hilfspunkte der Abbildungen nicht von einem Millimeterpapier ablesen müssen, sondern mit den algebraischen Fähigkeiten von METAPOST ausrechnen lassen können. Diese bestehen nämlich unter anderem darin, lineare Bestimmungsgleichungen für Konstruktionspunkte selbständig auszurechnen sowie komplexe Kombinations- und Mengenoperationen durchzuführen.

Geometrie ist alles

Jede Abbildung wird durch einen `beginfig`-Befehl eingeleitet und durch eine Nummer identifiziert, die später im LaTeX-Dokument zum Laden benutzt wird. Die einfachsten Elemente von METAPOST sind Linien und Pfeile, die mit den Befehlen `draw` und `drawarrow` erzeugt werden. Sie erhalten eine Liste von n Koordinatenpaaren, jeweils in runde Klammern eingeschlossen, und bilden einen Kurvenzug aus $n-1$ zusammenhängenden Linien. Werden die einzelnen Punkte dabei mit »--« verbunden, entsteht eine gerade Linie, mit »..« dagegen wird eine gekrümmte Linie erzeugt, so daß kein Polygonzug entsteht, sondern eine glatte Kurve, die alle Punkte berührt. Verschiedene Zusätze wie `rotate` können benutzt werden, um die Koordinaten eines Punktes vor ihrer Verwendung zu transformieren (drehen, skalieren). Der Zusatz `cycle` erzeugt einen *geschlossenen* Kurvenzug, bei dem der letzte angegebene Punkt mit dem Startpunkt verbunden ist. Geschlossene Kurvenzüge, deren Punkte symmetrisch verteilt und mit »..« verbunden sind, können Kreise bilden. Um die Form gekrümmter Kurven genauer festzulegen, können *Tangenten* an die Kurve in den beiden Endpunkten vorgegeben werden, wie am Beispiel des mit »Kurve« beschrifteten Pfeils gezeigt wird. Die Richtung der Tangenten wird durch einen Vektor festgelegt, dessen Komponenten in geschweifte Klammern eingeschlossen werden: `{-1,0}` spezifiziert eine Tangente, die eine Einheit nach links und null Einheiten nach oben verläuft, also nach links weist. Der Vektor `{1,-1}` dagegen weist eine Einheit nach rechts und eine Einheit nach unten. Diesen Angaben entsprechend verläuft der Pfeil zunächst nach links und dann diagonal nach rechts unten.

Sollen Flächen entstehen, wird anstelle `draw` der Befehl `fill` eingesetzt, wobei eine Angabe der Füllfarbe folgen kann (`withcolor`). Im Beispiel folgen keine unmittelbaren Punktangaben, sondern eine *Variable* q, die vom Typ `path` ist. Solchen `path`-Variablen kann eine Punktfolge als Wert zugewiesen werden, die in `draw`- oder `fill`-Befehlen anstelle der konkreten Angabe (mehrfach) verwendet werden kann. Das entstehende Objekt kann ebenfalls als Ganzes skaliert (`scaled`, `xscaled`, `yscaled`) oder verschoben (`shifted`) werden. Variablen können, wie hier p, zu Arrays zusammengefaßt werden.

TeX-Texte werden mit `label` eingefügt, wobei nach einem Punkt die Ausrichtung des Textes relativ zum angegebenen Bezugspunkt angegeben wird. Im Gegensatz zu den üblichen Angaben (siehe z. B. Abbildung 4.8 auf Seite 249) verwendet METAPOST die in Abbildung 4.24 beschriebenen Angaben, um die gewünschte Lage der Textbox (gestrichelt) relativ zum Bezugspunkt (dicke Punkte in der Abbildung) zu beschreiben. Im Beispiel werden die Koordinaten, an denen der Text erscheinen soll, nicht direkt angegeben, sondern durch die Variablen z1 und z2 spezifiziert. Ebenso wie ganze Pfade können einzelne Punkte in Variablen gespeichert werden.

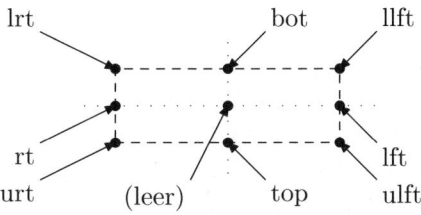

Abbildung 4.24
Textausrichtung bei
METAPOST

Nun noch ein realistisches Beispiel, das illustriert, wie das Volumen von Erdäpfeln, beschrieben durch das Raumgebiet V, berechnet werden kann, ausgehend von der Beziehung

$$\text{Volumen} = \int_V d\mathbf{V} = \int_{x_u}^{x_o} \int_{f(x)}^{g(x)} L(x,y) - K(x,y) dy dx$$

(Hierzu müssen Sie noch die Begrenzungsflächen durch die Funktionen K und L sowie die Randprojektion f und g beschreiben, Abbildung 4.25 zeigt die Bedeutung der genannten Funktionen.)

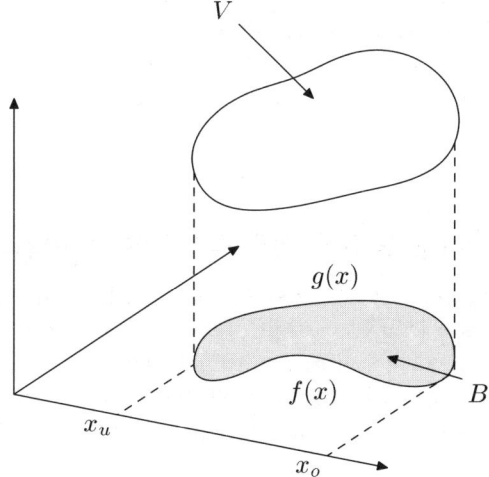

Abbildung 4.25
Gewichtsbestimmung von Erdäpfeln ist kein Problem mehr, wenn Sie das Volumen des Körpers V und seine Dichtefunktion kennen!

```
beginfig(2);
u := 1cm;
path p;
```

erdapfel.mp

4 Abbildungen

```
% Koordinatensystem
z0=(0,0); z1=(5u,-u); z2=(3u,2u);
drawarrow z0--(0,4u);
drawarrow z0--z1; drawarrow z0--z2;

% die Gebietsprojektion
p = (2.4u,0.4u){0,-1}..(3.3u,0.4u)..(4.6u,0.3u)..
    {0,1}(5.9u,0.5u){0,1}..(3.8u,1.2u)..cycle;
fill p withcolor 0.9white; draw p;
drawarrow (6u,0.2u)--(5u,0.5u);
label.lrt(btex $B$ etex,(6u,0.2u));

% der Erdapfel
draw (2.4u,3u)..(4.5u,2.7u)..(5.9u,3.4u)..(4.5u,4.6u)..
    (3.8u,4.3u)..(3.2u,4.1u)..cycle;
drawarrow (3u,5u)--(4u,4u);
label.ulft(btex $V$ etex,(3u,5u));

% finde nun y-achsenparalle Linien
whatever[z2,z0] + m[z1,z0] = (2.4u,.4u);
whatever[z2,z0] + o[z1,z0] = (5.9u,.3u);
draw (2.4u,3u)--(2.4u,.4u)--(m[z1,z0]) dashed evenly;
draw (5.9u,3.4u)--(5.9u,0.3u)--(o[z1,z0]) dashed evenly;
label.llft(btex $x_u$ etex,m[z1,z0]);
label.llft(btex $x_o$ etex,o[z1,z0]);
label.bot(btex $f(x)$ etex,(4u,0.3u));
label.top(btex $g(x)$ etex,(4.3u,1.3u));
endfig;
end;
```

LaTeX-unabhängige METAPOST-Abbildungen

Standardmäßig benutzt METAPOST für Beschriftungen die normalen CM-Fonts von LaTeX, was mit den üblichen Dokumenten harmoniert, aber Probleme bereitet, wenn Ihr Dokument mit einer anderen Grundschrift arbeitet oder Sie METAPOST zur Erzeugung von LaTeX-unabhängigen Abbildungen nutzen möchten. Über die Zuweisung

```
defaultfont := "<name>";
```

können Sie den Font `<name>` als Schriftfont nehmen – vorausgesetzt, Sie verfügen über die Fontmetrik `<name>.tfm`. Diese können Sie gegebenenfalls aus einer vorhandenen .afm-Datei mit dem Programm AFM2TFM generieren. Ein kleines Problem bei unabhängig zu verwendenden METAPOST-EPS-Dateien ist noch, daß eine Header-Datei fehlt, die einen wichtigen Ausgabebefehl definiert, den Sie manuell einfügen müssen. Das gesamte Vorgehen wird an folgendem Organigramm illustriert, das eine normale EPS-Datei (Abbildung 4.26) für beliebige Verwendung erzeugt, in der die PostScript-Fonts Palatino-Roman und Courier verwendet werden.

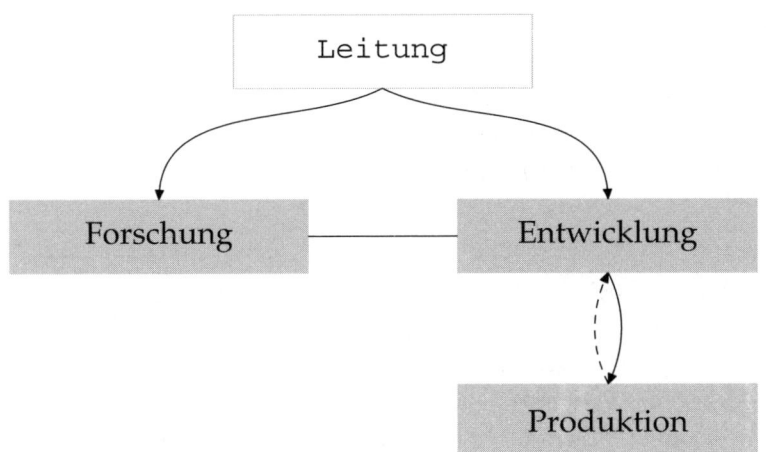

Abbildung 4.26
Beispiel einer LATEX-unabhängigen EPS-Datei

Die METAPOST-Datei `simple2.mp`, die das Beispiel erzeugt, enthält die Zeilen

```
u := 5mm;
defaultfont := "pplr";
defaultscale := 12pt/fontsize defaultfont;

beginfig(1);
path p;
p := unitsquare xscaled 8u yscaled 2u;
draw p shifted(6u,10u) withcolor 0.8white;
fill p shifted(0,5u) withcolor 0.8white;
fill p shifted(12u,5u) withcolor 0.8white;
fill p shifted(12u,0) withcolor 0.8white;
drawarrow (10u,10u){-2,-1}..{0,-1}(4u,7u);
drawarrow (10u,10u){2,-1}..{0,-1}(16u,7u);
draw (8u,6u)--(12u,6u);
drawarrow (16u,5u){1,-2}..{-1,-2}(16u,2u);
drawarrow (16u,2u){-1,2}..{1,2}(16u,5u) dashed evenly;

label("Forschung",(4u,6u));
label("Entwicklung",(16u,6u));
label("Produktion",(16u,1u));
```

`simple2.mp`

```
defaultfont:="pcrr";
label("Leitung",(10u,11u));

endfig;
end;
```

Im LaTeX-Fontnamensystem ([12]) tragen die beiden Fonts die Namen `pplr` und `pcrr`. Manuell oder automatisiert müssen Sie diese Synonyme mit den PostScript-Fontnamen assoziieren und den fehlenden `fshow`-Befehl definieren.

Wenn Sie häufiger eigenständige EPS-Dateien erzeugen möchten, finden Sie dazu vielleicht ein kleines Perl-Skript nützlich. Rufen Sie es mit

```
perl conv.pl simple2.1    % je nach Perl-Installation
conv.pl simple2.1
```

auf, um die Datei `simple21.eps` zu erhalten. Der Name der EPS-Datei setzt sich aus dem Grundnamen der METAPOST-Datei (hier `simple2`) und der Abbildungsnummer (hier 1) zusammen. Wildcards im Namen erlauben die Konversion mehrerer Dateien in einem Zug. In der Zieldatei sind nun alle Informationen enthalten, um sie unabhängig von LaTeX verwenden zu können. Das Skript selbst enthält folgenden Text:

conv.pl

```perl
 1  #! /usr/bin/perl
 2  #  ist für andere Fonts abzuändern!!!
 3  $texrmfont = "pplr"; $rmfont = "/Palatino-Roman";
 4  $texttfont = "pcrr"; $ttfont = "/Courier";
 5  $texsffont = "phvr"; $sffont = "/Helvetica";
 6
 7  $i=0;
 8  while (<>){
 9    if (!$i){
10      ($first,$num) = $ARGV =~ /(\w+).(\d+)/;
11      $output = $first.$num.".eps";
12      print "generating $output\n";
13      open(output,">".$output);
14
15      # ergänze die EPSF-Kennung
16      print output "%!PS-Adobe-3.0 EPS-1.2\n";
17
18      # schreibe den ganzen Prolog
19      do {
20        $_ = <>;
21        print output $_
```

```
22           unless (/^%\*Font: $texrmfont/ ||
23                   /^%\*Font: $texttfont/ ||
24                   /^%\*Font: $texsffont/);
25       } while (!/%%EndProlog/);
26
27     # füge nun den Fonthack ein
28     print output <<EOP
29 /$texrmfont $rmfont def
30 /$texttfont $ttfont def
31 /$texsffont $sffont def
32 /fshow {exch findfont exch scalefont setfont show} def
33 EOP
34     } else {
35       print output $_; }
36     ++$i;
37     if (eof) {
38         $i=0;
39         close(output);
40     }
41 }
```

Beachten Sie, daß nur die Textstücke unabhängig von LaTeX sind, die *nicht* in `btex ... etex` eingeschlossen sind. Diese beiden Kommandos rufen TeX auf, um den Text zu formatieren, womit nicht der voreingestellte Font von METAPOST, sondern der von TeX ins Spiel kommt, für die Grundschrift also `cmr10`, für Indizes `cmr7`. Um hier ebenfalls einen anderen Font zu wählen, werden im Perl-Skript auch diese beiden Fonts mit der Roman-Grundschrift gleichgesetzt.

4.15 Darstellung von Datenfeldern und memory maps

Die in diesem Abschnitt besprochenen Pakete helfen Ihnen, wenn Sie für eine elektronische Dokumentation Diagramme erstellen wollen, die zeigen, wie Daten im Speicher angeordnet sind oder welche Bedeutung die Bits und Bytes in Registern von Mikroprozessoren oder -controllern haben. Allen Fällen gemein ist die Anordnung von Text in einer tabellarischen Blockgraphik.

4.15.1 Das Paket `bitfield`

Das kleine Paket `bitfield` erlaubt es, einfache Diagramme, die beispielsweise die Anordnung von Datenstrukturen im Speicher zeigen, zu erstellen. Es bietet dazu die folgende Umgebung an, innerhalb derer alle Befehle eingesetzt werden:

bitfield `\begin{bitfield}{<Maxbreite>}`
   `<Beschreibung>`
`\end{bitfield}`

Innerhalb der Umgebung kann nun das Diagramm gesetzt werden, wobei der Parameter `<Maxbreite>` angibt, wieviele Bits maximal in einer Zeile dargestellt werden. Das Diagramm selber (`<Beschreibung>`) wird durch einen oder mehrere der folgenden Befehle beschrieben:

\bits `\bits[<Legende>]{<Breite>}{<Text>}`
\dbits `\dbits[<Legende>]{<Breite>}{<Text>}`
\bitstack `\bitstack{<Breite>}{<Text>}`
\bitsubspaced `\bitsubspaced{<Breite>}{<Text>\\ ...}`

Die Befehle erzeugen rechteckige Kästchen, in denen der `<Text>` gesetzt ist und die jeweils die angegebene `<Breite>` in Bits besitzen. Die Größe der Kästchen wird dabei automatisch aus der Bitbreite abgeleitet. Mit dem optionalen Parameter kann über das Kästchen noch eine `<Legende>` gesetzt werden.

Die Bedeutung der Befehle soll hier anhand von einfachen Beispielen gezeigt werden. Die folgenden Zeilen illustrieren den allgemeinen Aufbau eines 32 bit-Registers. Jede Zeile der Darstellung wird durch \\ abgeschlossen, jeder `\bits`-Befehl erzeugt ein Kästchen mit dem angegebenen Text und der gewünschten Breite, hier 32, 16 und 8 Bits. Sie können erkennen, daß der optionale Parameter `<Legende>` dazu dient, oberhalb der Kästchen weiteren Text innerhalb einer Klammer zu setzen, eine leere Angabe [] unterdrückt die Ausgabe der Klammer:

```
\begin{bitfield}{32}
  \bits[thirty-two]{32}{longword}\\
  \bits[sixteen]{16}{word}\bits{16}{word}\\
  \bits[eight]{8}{byte}\bits{8}{byte}\bits[]{8}{byte}
    \dbits[]{8}{byte}\\
\end{bitfield}
```

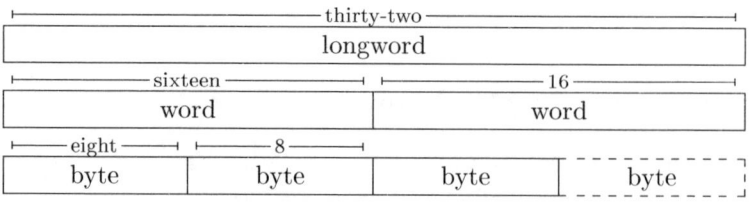

4.15 Darstellung von Datenfeldern und memory maps

Besitzt ein Bitfeld mehrere alternative Belegungen, kann dies durch den Befehl \bitstack angedeutet werden, ohne daß die Alternativen individuell gezeigt werden müssen:

```
\begin{bitfield}{16}
  \bits[]{8}{command}\bitstack{4}{\bits[]{4}{reg src}}
    \bitstack{4}{\bits[]{4}{reg dst}}\\
\end{bitfield}
```

Mit Hilfe des Befehls bitsubspaced können mehrere Kästchen untereinander dargestellt werden, ohne daß sich ihre horizontale Position ändert. Er ermöglicht es Ihnen so, eine ausführliche Darstellung von alternativen Speicherbelegungen darzustellen:

```
\begin{bitfield}{16}
  \bits[]{8}{command}
  \bitsubspaced{4}{
    \bits[]{1}{0}\bits[]{3}{abs mode}\\
    \bits[]{1}{1}\bits[]{3}{rel mode}\\
  }
  \bits[]{4}{register}
\end{bitfield}
```

Sie können auch in jeder Zeile einen Text voranstellen, um zum Beispiel eine Speicherbelegung zu zeigen. Beachten Sie dabei, daß die einzelnen Zeilen nicht unmittelbar aneinandergrenzen:

```
\begin{bitfield}{32}
  \$00 \bits[]{3}{}\bits[]{29}{}\\
  \$04 \bits[]{16}{word}\bits[]{16}{word}\\
  \$08 \bits[]{16}{word}\bits[]{16}{word}\\
\end{bitfield}
```

4.15.2 Das Paket bytefield

Das Paket `bytefield` erlaubt es ähnlich wie `bitfield`, Diagramme, die den Aufbau von Registern zeigen, zu erstellen. Das Diagramm und somit alle Befehle des Paketes werden in der folgenden Umgebung eingesetzt:

bytefield
```
\begin{bytefield}{<Wortbreite>}
  <Beschreibung>
\end{bytefield}
```

Der Parameter <Wortbreite> gibt an, aus wievielen Bits ein Wort bestehen soll. Das *Wort* respektive das dazugehörende Kästchen ist die grundlegende Einheit von `bytefield` (dennoch können natürlich auch Bitfelder mit einer von der Wortgröße abweichenden Bitanzahl dargestellt werden). Das Diagramm selber (<Beschreibung>) wird durch einen oder mehrere der folgenden Befehle beschrieben:

\wordbox `\wordbox[<Rahmen>]{<Zeilen>}{<Text>}`
\bitbox `\bitbox{<Breite>}{<Text>}`
\bitheader `\bitheader{<Nummernliste>}`

Die Befehle erzeugen rechteckige Kästchen, in denen der <Text> gesetzt ist. \wordbox stellt dabei ein Kästchen mit einer Breite von <Wortbreite> Bits dar, das eine Tiefe von <Zeilen> Zeilen hat. Längere Texte werden automatisch umgebrochen. Sollen Bitfelder mit einer abweichenden Anzahl an Bits gezeigt werden, hilft \bitbox. Hier wird mit <Breite> die Breite in Bits angegeben, die Tiefe dieser Box beträgt immer eine Zeile. Der optionale Parameter <Rahmen> steuert die Darstellung des begrenzenden Rahmens: mit Hilfe der vier Buchstaben t (top), b (bottom), l (left) und r (right) können Sie angeben, welche dieser Rahmenlinien gezeichnet werden soll. Standardmäßig wird mit der Angabe [tbrl] ein kompletter Rahmen gezeichnet. Diese Angabe kann verwendet werden, um mehrere Bit- oder Wortkästchen optisch miteinander zu vereinen, indem die aneinanderstoßenden Rahmenlinien unterdrückt werden (ein Beispiel ist auf Seite 4.15.2 zu sehen, in der das Kästchen mit der Ellipse unterdrückt wird, indem überhaupt keine Rahmenlinien gezeichnet wird). Der Befehl \bitheader erlaubt es, eine Liste von Bitpositionen anzugeben, die mit Nummern versehen werden sollen.

Als erstes Beispiel sehen Sie wieder den allgemeinen Aufbau eines Registers (mit Bitzählung für Big endian-Prozessoren):

```
\begin{bytefield}{32}
  \bitheader[b]{0-7,8,15-23,24,31}\\
  \wordbox{1}{longword}\\
  \bitbox{16}{high word}\bitbox{16}{low word}\\
```

4.15 Darstellung von Datenfeldern und memory maps

```
  \bitbox[tr]{8}{}\bitbox{8}{byte}
  \bitbox[trl]{8}{}\bitbox{8}{byte}\\
\end{bytefield}
```

Da die einzelnen Zeilen innerhalb eines Diagramms unmittelbar aneinandergrenzen, können Sie einfach die Belegung ganzer Speicherbereiche zeigen. Die Auslassung von Speicherzellen kann mit dem Befehl \skippedwords kenntlich gemacht werden: \skippedwords

```
\begin{bytefield}{16}
  \bitbox{4}{mode3}\bitbox{8}{$\cdots$}
  \bitbox{4}{mode0}\\
  \wordbox[tlr]{2}{I/O port \#1}\\
  \skippedwords\\
  \wordbox[blr]{2}{I/O port \#16}\\
  \wordbox[]{2}{$\vdots$}\\
  \wordbox{2}{I/O port \#32}\\
\end{bytefield}
```

Durch die Umgebungen wordgroupr und wordgroupl können Sie mehrere Zeilen eines Diagramms mit einer rechten beziehungsweise linken Klammer zusammenfassen (beachten Sie bitte, daß keine echte Umgebungssyntax eingesetzt wird):   wordgroup

```
\begin{bytefield}{8}
  \bitheader[b]{0,7}\\
  \wordgroupl{control}
    \bitbox{1}{1}
    \bitbox{5}{mode}\bitbox{2}{ctrl}
  \endwordgroupl\\
  \wordgroupr{I/O space}
    \wordbox{2}{I/O in, 2 bytes per port}\\
    \wordbox{2}{I/O out, 2 bytes per port}
  \endwordgroupr\\
\end{bytefield}
```

Innerhalb einer Textposition eines \wordbox- oder \bitbox-Befehls stehen die Maße \width und \height zur Verfügung, mit denen Sie zum Beispiel unbenutzte Bits durch Darstellung einer schwarzen Fläche mit \rule markieren können:

```
\begin{bytefield}{16}
  \bitbox{4}{\rule{\width}{\height}}
  \bitbox{1}{\tiny S\\T\\R}\bitbox{7}{mode1}
  \bitbox{4}{mode0}\\
\end{bytefield}
```

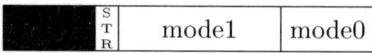

Schließlich soll noch gezeigt werden, wie Sie eine memory map mit Adressangaben versehen können (Abbildung 4.27). Falls jede Zeile des Diagramms einzeilig ist, können Sie einfach eine \bitbox ohne Rahmen mit der Adressangabe voranstellen (Adressen $0 bis $3). Wenn in einer Zeile jedoch für einen großen Speicherbereich höhere Kästchen gezeichnet werden sollen, die obendrein mit einer Start- und einer Endadresse versehen werden sollen, muß ein Trick angewendet werden: Innerhalb einer \bitbox kann mit \\ ein Zeilenumbruch erzwungen werden, hier mit der Angabe der freizulassenden Zeilen. Im Speicherdiagramm selber wird die Höhe durch die Zeilenzahl der \wordbox vorgegeben. Es gilt dabei, daß die Höhe der \wordbox um zwei größer ist als der Zeilenumbruch in der \bitbox:

```
\begin{bytefield}{16}
  \bitbox[]{4}{\texttt{\$00}} &
    \wordbox{1}{control word}\\
  \bitbox[]{4}{\texttt{\$02}} &
    \bitbox{4}{mode}\bitbox{12}{I/O pattern}\\
  {\setlength{\byteheight}{3\baselineskip}%
  \bitbox[]{4}{\texttt{\$04}}\\[\baselineskip]
            \texttt{\$10}}&
    \bitbox{16}{area for I/O ports, 16 bit wide each}
  }\\
  {\setlength{\byteheight}{5\baselineskip}%
  \bitbox[]{4}{\texttt{\$12}}\\[3\baselineskip]
            \texttt{\$1C}}&
    \bitbox{16}{\parbox[c][\height]{.95\width}
       {area for control bits, 16 bit for each port}}
  }\\
\end{bytefield}
```

Das Einschachteln des Textes der \wordbox in eine Absatzbox dient dazu, eine linksbündige Formatierung des Textes zu erzielen (verglei-

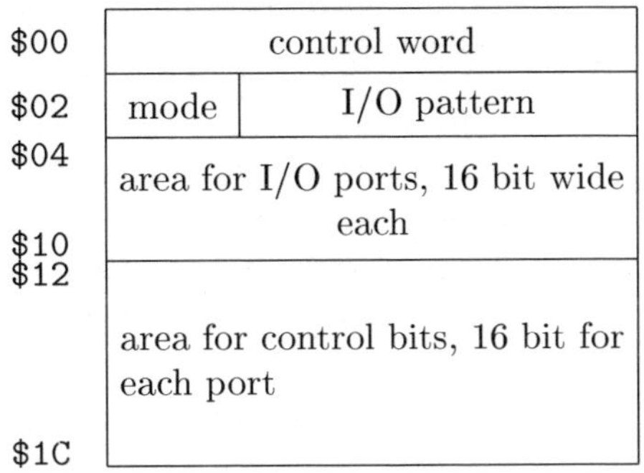

$00	control word
$02	mode │ I/O pattern
$04	area for I/O ports, 16 bit wide each
$10	
$12	area for control bits, 16 bit for each port
$1C	

Abbildung 4.27
Speicherbereiche mit Adressangabe

chen Sie dazu bitte den mittleren und den unteren Abschnitt des Speicherabzugs).

4.16 Darstellung von Timingdiagrammen

Dieser Abschnitt soll dem Digitalelektroniker zeigen, wie er mit Hilfe von LaTeX Timingdiagramme setzen kann, die den zeitlichen Verlauf digitaler Signale zeigen. Allen vorgestellten Paketen gemeinsam ist der Ansatz, für die unterschiedlichen Signalarten einen neuen Zeichensatz bereitzustellen.

4.16.1 Das Paket `ifsym`

Das Paket `ifsym` (Seite 389) stellt einen Zeichensatz bereit, der einige Zeichen für den Satz von Signalverläufen enthält. Dazu existiert der Befehl \textifsym, dessen Parameter den Signalverlauf darstellt. Zur Eingabe der üblichen Signalarten (high- und low-Pegel et cetera) existieren die Kennbuchstaben der Tabelle 4.15. Der so erzeugte Signalverlauf kann innerhalb des Fließtextes auftreten, wie die Darstellung eines Taktsignals ⎍⎍⎍⎍ :

... Taktsignals \textifsym{LLL|H|L|H|LL|h|lLL} ...

Für die Darstellung mehrerer Signale untereinander kann man den Befehl in einer Tabellenumgebung (`tabular`) oder – besser – der `picture`-Umgebung einsetzen, so daß auch eine Beschriftung mit allen Mitteln der `picture`-Umgebung möglich ist (Abbildung 4.28):

```
{\settowidth{\unitlength}{\textifsym{L}}
\begin{picture}(30,9)
\put(0,1){\makebox(8,0)[br]{Data}
  \textifsym{MMM<dDDDDDDD>mMMM}}
```

Tabelle 4.15
Die Befehle für Taktdiagramme des Pakets `ifsym.sty`

Eingabe	Symbol	Bedeutung
l, h	–, ‾	Kurzes Signal auf L- oder H-Pegel.
L, H	—, ‾‾	Langes Signal auf L- oder H-Pegel.
|	|	Flanke des L/H- oder H/L-Wechsels.
m, d	⁻, ₋	Kurzes Signal auf einem Pegel zwischen L und H bzw. doppeltes Signal auf L- und H-Pegel.
M, D	⁻⁻, ₋₋	Langes Signal auf einem Pegel zwischen L und H bzw. doppeltes Signal auf L- und H-Pegel.
<, «	⟨, <	Aufspaltung eines m- oder M-Signals zu einem d- oder D-Signal.
>, »	⟩, >	Vereinigung eines d- oder D-Signals zu einem m- oder M-Signal.

```
\put(0,4){\makebox(8,0)[br]{Clk}
  \textifsym{LLL|H| L|H|L|H|L|H|L|H|L LLL}}
\put(0,7){\makebox(8,0)[br]{Strobe}
  \textifsym{LLL|h|lLLLLLLLL|h|lLLL}}
\put(11,0){\line(0,1){9}\makebox(0,0)[bl]{Start}}
\put(20,0){\line(0,1){9}\makebox(0,0)[bl]{Ende}}
\end{picture}
}
```

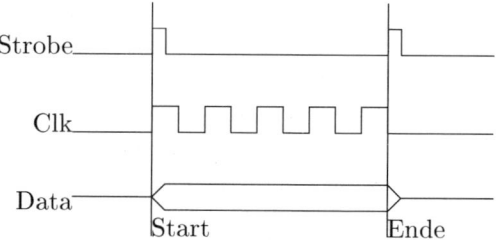

Abbildung 4.28
Ein komplettes Timingdiagramm mit `ifsym.sty` *erstellt*

4.16.2 Das Paket `timing`

timing   Die im Paket `timing` enthaltenen Möglichkeiten zur Darstellung von Signalverläufen erlauben es, auch komplizierte Diagramme ansprechend darzustellen. Hierzu stellt es die neue Umgebung

timing
```
\begin{timing}[<Font>]{<Labelbreite>}
   <Diagramm>
\end{timing}
```

bereit, innerhalb der das Signaldiagramm gezeichnet wird. Die angegebene <Breite> gibt die Breite an, die für die Zeilenbeschriftung (die Signalnamen) vorgesehen werden soll. Mit Hilfe der optionalen Angabe <Font> kann einer von vier verschiedenen Zeichensätzen ausgewählt werden, die die eigentlichen Signalformen enthalten: die Angaben 1 und 2 entsprechen schmalen beziehungsweise breiten Zeichen, die Angaben 1s und 2s schmalen beziehungsweise breiten Zeichen mit schrägen Signalflanken.

Ein Signal wird mit den Befehlen

\tin{<Zeile>}{<Name>} \tin
\til{<Zeile>}{<Codefolge>} \til

gesetzt. Die Angabe <Zeile> gibt die (ganzzahlige) Nummer des Signals an, die bei Eins für das oberste Signal beginnt. Mit <Name> wird das Signal mit einem Namen verbunden, der vor dem Signalverlauf selber gesetzt wird. Der Verlauf wird wiederum durch eine Folge von Kennbuchstaben für die einzelnen Signalarten (low, high, Tristate et cetera) kodiert. Die Signalflanken werden durch den Ligaturmechanismus von LaTeX erzeugt, so zum Beispiel eine steigende Flanke, wenn die beiden Kennbuchstaben L und H aufeinandertreffen. Damit dieser Mechanismus funktioniert, muß darauf geachtet werden, daß mindestens zwei gleichartige Kennbuchstaben aufeinanderfolgen!

Innerhalb einer Signalfolge kann auch eine Beschriftung erfolgen, wofür die beiden Befehle

\tnote{<Zeile>}{<t>}{<Text>} \tnote
\rarw{<Zeile>}{<t>}{<Dauer>}{<Text>} \rarw
\larw{<Zeile>}{<t>}{<Dauer>}{<Text>} \larw

eingesetzt werden. \tnote setzt den spezifizierten <Text> an die Stelle, die durch <Zeile> und die Zeitmarke <t> gekennzeichnet ist. Die Zeit wird dabei durch die Kennbuchstaben kodiert: der erste Kennbuchstabe entspricht der Zeitmarke 1, der fünfte der Zeitmarke 5 und so fort. Der Befehl \rarw (\larw) setzt nicht nur die spezifizierte Beschriftung <Text>, sondern noch zusätzlich einen nach rechts (links) gerichteten Pfeil mit der Länge <Dauer>.

Den zeitlichen Zusammenhang zwischen den Signalen können Sie mit dem Befehl

\sline{<oben>}{<t>}{<unten>} \sline

durch vertikale Linien verdeutlichen, die von der oberen Zeile <oben> bis zur unteren Zeile <unten> reichen und an der Stelle gezeichnet werden, die dem Zeitpunkt <t> entspricht. Die Zeit wird wiederum durch die Kennbuchstaben wiedergegeben.

Ein Beispiel, das alle vorgestellten Möglichkeiten verwendet, um das Timingdiagramm der Abbildung 4.29 zu erzeugen, ist folgendes:

4 Abbildungen

```
\begin{timing}[1]{1cm}
\tin{1}{CLK}
\til{1}{LLLLHHHHLLLLHHHHLL-LHHHHLLLL}
\tin{2}{Strobe}
\til{2}{LLLLHHLLLLLLLLLLLL-LHHLLLLLL}
\tin{3}{D0--7}
\til{3}{ZZZZUUUUXVVVVVVVZZ-ZUUUUXVVV}
\rarw{3.25}{4}{4}{Einschwingen}
\rarw{2.45}{8}{8}{g"ultige Daten}
\tnote{2.85}{9}{Daten}
%
\sline{0}{4}{3.5}
\sline{0}{20}{3.5}
\end{timing}
```

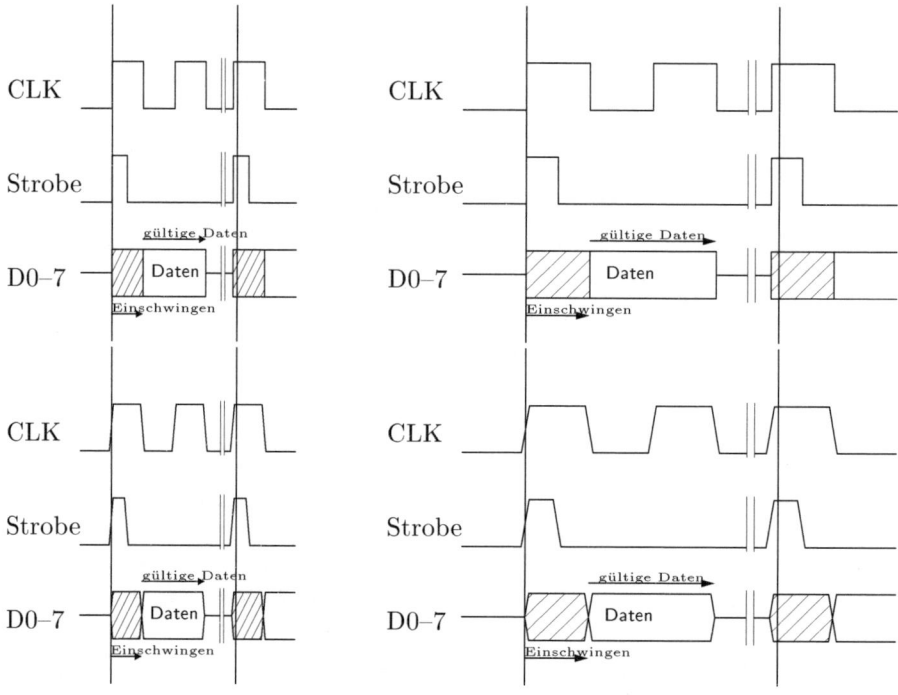

Abbildung 4.29
Ein Timingdiagramm mit timing erstellt. Alle vier möglichen Zeichensätze sind verwendet worden.

4.17 Organigramme mit GaSTeX

Außer den bisher vorgestellten Möglichkeiten, Diagramme in verschiedenen Varianten darzustellen, bietet sich auch noch das Paket

4.17 Organigramme mit GaSTeX

GaSTeX an, um Automaten, Netz- und andere Diagramme, zum Beispiel Organigramme, darzustellen. Es benutzt ebenfalls Makros, die in PostScript-Code aufgelöst werden, kann also nur in Verbindung mit DVIPS oder einem anderen PostScript-Treiber eingesetzt werden.

GaSTeX

Als Beispiel für die Leistungsfähigkeit soll wiederum das bereits häufiger verwendete Organigramm mit GaSTeX dargestellt werden, wie in Abbildung 4.30 zu sehen ist. Der Eingabetext ist folgender:

```
\usepackage{gastex}
\usepackage{german}
\usepackage[usenames]{color}

\begin{picture}(70,60)(-10,-10)
  \gasset{Nadjust=w,Nadjustdist=2}
  \node[fillcolor=Yellow,Nmr=2](L)(40,0){Labor}
  \node[Nmr=0](F)(40,20){Forschung}
  \node(B)(0,20){Betrieb}
  \node[Nh=15](V)(20,40){Verwaltung}

  \drawbpedge(V,-150,10,B,90,10){}
  \drawbpedge(V,-30,10,F,90,10){}
  \drawedge[dash={1.5}0](F,B){}
  \drawedge[curvedepth=-5,linecolor=Red](L,F){R"uckmeldung}
  \drawedge[curvedepth=-5](F,L){}
  \drawloop[loopangle=0](L){}
\end{picture}
```

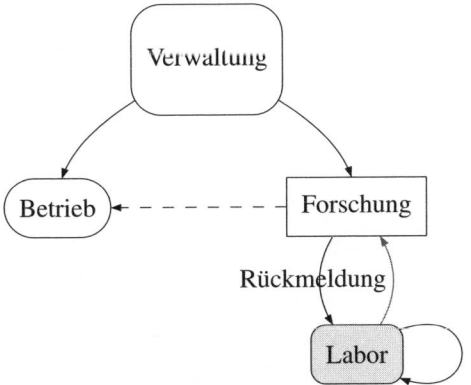

Abbildung 4.30
Ein Organigramm mit GaSTeX erstellt.

Beachten Sie bitte, daß Sie das Paket german erst *nach* GaSTeX laden dürfen, wenn Sie es benötigen. Weiterhin bemerken Sie bitte, daß die Befehle von GasTeX in einer picture-Umgebung eingesetzt werden. Das wichtigste graphische Primitiv, das GaSTeX anbietet,

4 Abbildungen

ist eine Box oder *Knoten* an einer Position, die durch die kartesischen Koordinaten <x> und <y> spezifiziert ist. Der Knoten trägt den Namen <Node> und umschließt einen <Text>. Die Abmessungen des Knotens können wahlweise fest vorgegeben oder automatisch an den Textinhalt angepaßt werden (die selbständige Anpassung an die Textgröße ist der Standardwert):

\node   \node(<Node>)(<x>,<y>){<Text>}

Der Knotenname kann verwendet werden, um zwei Knoten mit Linien oder Kurven miteinander zu verbinden. Zur Steuerung des genauen Aussehens aller graphischen Primitive stehen die in Tabelle 4.16 aufgeführten graphischen Parameter zur Verfügung, Längen werden dabei stets auf den aktuellen Wert von \unitlength als Einheit bezogen. Es existieren zwei Möglichkeiten, bestimmte Parameter zu verändern, die im Beispiel gezeigt werden: mit Hilfe des Befehls

\gasset   \gasset{<Param1>=<Wert1>,<Param2>=<Wert2>,...}

können Sie die angegebenen Parameter dauerhaft (das heißt gegebenenfalls innerhalb der Gültigkeit einer LaTeX-Umgebung) ändern. Sollen einige Werte nur für ein bestimmtes graphisches Element geändert werden, können die entsprechenden Parameter stets innerhalb eckiger Klammern direkt beim Element selber angegeben werden. Sie besitzen dann nur für dieses Element Gültigkeit.

Im folgenden Beispiel werden die einfachsten Möglichkeiten, Knoten zu verwenden, gezeigt und dabei die obengenannte zweite Variante, Parameter zu konfigurieren, eingesetzt. Wie Sie sehen, kann durch geeignete Wahl der Parameter auch ein rechteckiger Knoten erzeugt werden:

```
\begin{picture}(60,40)(-10,-10)
  \node(A)(0,0){Testknoten}
  \node[Nadjust=w](B)(20,0){Knoten}
  \node[Nadjust=wh](D)(40,0){Knoten}

  \gasset{Nadjust=wh}
  \node[Nadjust=h,Nw=30](BB)(10,20){Knoten}
  \node[Nmr=0](DD)(40,20){Knoten}
\end{picture}
```

Viele Parameter steuern das Aussehen von Linien und Flächen, so daß durch geeignete Wahl der Werte auch farbig umrandete oder ausgefüllte Knoten erzeugt werden können:

4.17 Organigramme mit GaSTeX

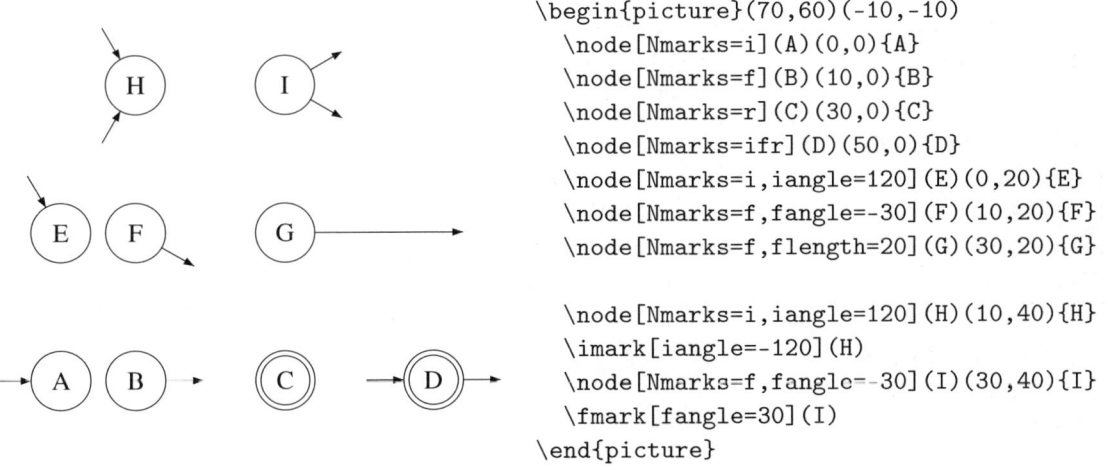

```
\begin{picture}(40,50)(-10,-5)
  \gasset{Nadjust=wh}
  \node(A)(0,0){Knoten}
  \node[Nframe=n](B)(0,10){Knoten}
  \node[linegray=0.7](B)(0,20){Knoten}
  \node[fillgray=0.7](C)(0,30){Knoten}
  \node[fillgray=0.7,Nframe=n,Nmr=0](E)
     (0,40){Knoten}
  \node[linecolor=Red](AA)(20,0){Knoten}
  \node[fillcolor=Yellow](BB)(20,10){Knoten}
  \node[linewidth=2](CC)(20,20){Knoten}
  \node[dash={1 1}0](DD)(20,30){Knoten}
  \node[dash={3 1}0](EE)(20,40){Knoten}
\end{picture}
```

Mit dem Knoten-Primitiv können noch keine Beziehungen untereinander aufgebaut werden. Ein Knoten kann jedoch einlaufende oder austretende Pfeil- oder Liniensegmente tragen, die entweder mit den folgenden Befehlen erzeugt oder direkt als Parameter des \node-Befehls spezifiziert werden können:

\imark(<Node>)	\imark
\fmark(<Node>)	\fmark
\rmark(<Node>)	\rmark

Da in den meisten Knoten des Beispiels nur ein Pfeil gewünscht ist, ist die Angabe über die Parameter des \node-Befehls ausreichend. Sollen jedoch mehrere Pfeile an einem Knoten enden oder von ihm ausgehen, muß der zweite und alle folgenden Pfeile durch ein separates Kommando erzeugt werden:

```
\begin{picture}(70,60)(-10,-10)
  \node[Nmarks=i](A)(0,0){A}
  \node[Nmarks=f](B)(10,0){B}
  \node[Nmarks=r](C)(30,0){C}
  \node[Nmarks=ifr](D)(50,0){D}
  \node[Nmarks=i,iangle=120](E)(0,20){E}
  \node[Nmarks=f,fangle=-30](F)(10,20){F}
  \node[Nmarks=f,flength=20](G)(30,20){G}

  \node[Nmarks=i,iangle=120](H)(10,40){H}
  \imark[iangle=-120](H)
  \node[Nmarks=f,fangle=-30](I)(30,40){I}
  \fmark[fangle=30](I)
\end{picture}
```

Parameter	Bedeutung (Voreinstellung)
Nadjust=n|w|h|wh	Größenanpassung des Rahmens an Knotenabmessung (n).
Nadjustdist=<dim>	Abstand Rahmen–Knoteninhalt (1).
Nw=<dim>	Knotenbreite (8).
Nh=<dim>	Knotenhöhe (8).
Nframe=y|n	Rahmen ziehen? (y).
Nfill=y|n	Knoten füllen? (n).
Nmr=<dim>	Radius der abgerundeten Ecken (4).
Nmarks={r,i,f,n}	Ein-/auslaufende Pfeile (n).
iangle=<angle>	Winkel für eingehende Label (180).
ilength=<dim>	Länge des Pfeils (5).
fangle=<angle>	Winkel für ausgehende Label (0).
flength=<dim>	Länge des Pfeils (5).
rdist=<dim>	Abstand zwischen wiederholten Rahmen (0.7).
ExtNL=y|n	Bezeichnungen außen oder innen? (n).
NLdist=<dim>	Labelabstand vom Knotenzentrum oder dem Rahmen (0).
NLangle=<angle>	Labelwinkel (90).
ELside={r,l}	Labels an rechter/linker Seite (l).
ELpos=0..100	Position der Label in % der Kantenlänge, 0=Startknoten (50).
ELdist=<dim>	Abstand der Label von der Kante (1).
linewidth=<dim>	Linienbreite (0.14).
linegray=<0..1>	Grauwert für Linienfarbe, 0=schwarz (0).
linecolor=<color>	Linienfarbe.
dash={<pattern>} <offset>	Strichelungsmuster ({}0).
fillcolor=<color>	Füllfarbe.
fillgray=<0..1>	Grauwert für Füllung, 0=schwarz (0).
curvedepth=<dim>	Kurvenkrümmung (0).
loopangle=<angle>	Winkel für Selbstpfeil (90).
loopdiam=<dim>	Durchmesser für Selbstpfeil (8).
AHnb=0, 1, 2, \dots	Anzahl der Pfeilspitzen, 0=keine (1).
AHdist=<dim>	Abstand der Pfeilspitzen (1.41).
AHangle=<angle>	Winkel für Pfeilspitze (20).
AHLength=<dim>	Länge der Pfeilspitzen-Seite (1.5).
AHlength=<dim>	Länge der Einknickung der Pfeilspitze (1.41).

Tabelle 4.16
Die graphischen Parameter von GasTeX

Um einen oder mehrere Knoten miteinander zu verbinden, können Sie zwei weitere Primitive einsetzen:

`\drawedge(<Node1>,<Node2>){<Text>}` \drawedge
`\drawloop(<Node>){<Text>}` \drawloop

`\drawedge` verbindet die zwei Knoten `<Node1>` und `<Node2>` miteinander, wobei die Verbindungskurve noch mit einer Beschriftung `<Text>` versehen werden kann. Die maximale Krümmung der Kurve kann durch den Parameter `curvedepth` gesteuert werden. `\drawloop` dagegen erzeugt eine Kurve, die in dem Knoten endet, in dem sie begonnen hat. Einige Beispiele mögen dies zeigen:

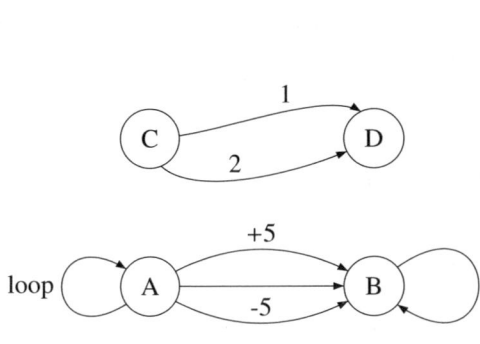

```
\begin{picture}(70,40)(-20,-10)
  \node(A)(0,0){A}
  \node(B)(30,0){B}
  \drawedge(A,B){}
  \drawedge[curvedepth=5](A,B){+5}
  \drawedge[curvedepth=-5](A,B){-5}
  \drawloop[loopangle=180](A){loop}
  \drawloop[loopangle=0,loopdiam=10](B){}

  \node(C)(0,20){C}
  \node(D)(30,20){D}
  \drawbpedge(C,0,10,D,90,10){1}
  \drawbpedge(C,-90,10,D,-150,10){2}
\end{picture}
```

Knoten können neben Verbindungen auch Bezeichnungen oder *Label* tragen:

`\nodelabel(<Node>){<Text>}` \nodelabel

Der Labeltext wird dabei an einer Position zentriert, die durch einen Abstand vom Knotenzentrum `NLdist` und einen Richtungswinkel `NLangle` spezifiziert wird. Da der Standardwert für den Abstand Null ist, erscheinen die Labeltexte direkt im Knotenzentrum (Knoten A im Beispiel). Der Abstand im Beispielknoten B ergibt sich aus dem Radius von 4 Einheiten und der Pfeillänge von 5 Einheiten nicht exakt. Um die Labeltexte auf den Knotenrand zu beziehen, kann der Parameter `ExtNL` auf den Wert y gesetzt werden. Die Positionierung der Label erfolgt dann in Bezug auf den Rand des Knotens, nicht auf dessen Zentrum (Knoten C: Abstand 0 vom Rand, Knoten D: Abstand 5 Einheiten vom Rand).

```
\begin{picture}(50,40)(-10,-10)
  \node(A)(0,0){A}
  \nodelabel[NLangle=150](A){150}
  \imark[iangle=150](A)
  \nodelabel[NLangle=-135](A){-135}
  \imark[iangle=-135](A)
  \node(B)(20,0){B}
  \nodelabel[NLangle=-135,NLdist=13](B){-135}
  \imark[iangle=-135](B)

  \node(C)(0,20){C}
  \nodelabel[NLangle=150,ExtNL=y](C){150}
  \imark[iangle=150](C)
  \nodelabel[NLangle=-135,ExtNL=y](C){-135}
  \imark[iangle=-135](C)
  \node(D)(20,20){D}
  \nodelabel[NLangle=-135,ExtNL=y,NLdist=5](D){-135}
  \imark[iangle=-135](D)
  \nodelabel[NLangle=45,ExtNL=y,NLdist=5](D){45}
  \imark[iangle=45,ilength=10](D)
\end{picture}
```

Die weiteren graphischen Primitive

\drawline	\drawline(<x1>,<y1>,<x2>,<y2>)
\drawcircle	\drawcircle(<mx>,<my>,<r>)
\drawrect	\drawrect(<x1>,<y1>,<x2>,<y2>)
\drawoval	\drawoval(<x1>,<y1>,<x2>,<y2>)

dienen zur Darstellung von Liniensegmenten, Kreisen, Rechtecken und Ovalen (Rechtecke mit abgerundeten Ecken):

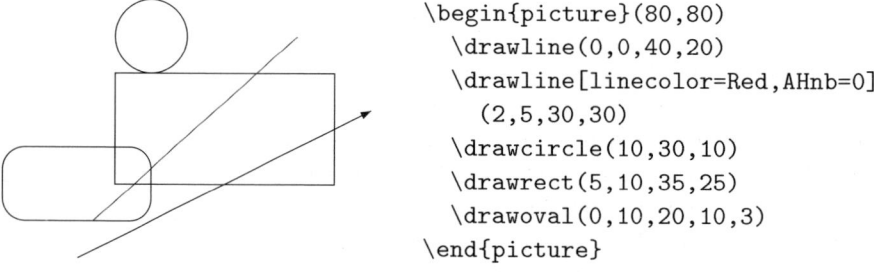

```
\begin{picture}(80,80)
  \drawline(0,0,40,20)
  \drawline[linecolor=Red,AHnb=0]
    (2,5,30,30)
  \drawcircle(10,30,10)
  \drawrect(5,10,35,25)
  \drawoval(0,10,20,10,3)
\end{picture}
```

In den beiliegenden Beispielen zu GaSTeX finden sich zahlreiche Abbildungen, die die Anwendung aller genannten und weiterer Befehle von GaSTeX ausführlich erläutern.

5 Mathematisches

Dieses Kapitel ist nicht nur für Spezialisten von Interesse – es behandelt mathematische Abstände in Formeln und klärt die Frage, die Sie sich sicherlich schon einmal gestellt haben: was unterscheidet Operatoren von Relationen und anderen Symbolgruppen? Sie werden erfahren, wie man auch in komplizierten Fällen korrekte Abstände der Formelbestandteile erzielen und eigene Funktions- und Relationszeichen definieren kann. Weiterhin werden nützliche Pakete im Zusammenhang mit dem mathematischen Formelsatz vorgestellt.

5.1 Sub-Gleichungen

Bei der Ableitung komplexer Gleichungen ist es manchmal erforderlich, eine fortlaufende Nummer tieferer Stufe zu vergeben: 3, 4(a), 4(b), ... Ein komfortables Paket, das dies ermöglicht, ist `deleq`. Es erlaubt das Mischen der normalen Numerierung mit einer alphabetisch untergliederten Unternummer innerhalb von Gleichungen und Gleichungsbündeln. Die Tabelle 5.1 soll Ihnen die neu hinzugekommenen Umgebungen samt ihren Auswirkungen zeigen. Sie können sie wie die `equation`- oder die `eqnarray`-Umgebung einsetzen. »Normale Nummern« sind hierbei die standardmäßig vergebenen Zahlen: »(3), (4)«, Unternummern sind alphabetisch angeordnet: »(3a), (3b)«.

`deleq`

Tabelle 5.1
equation- und eqnarray-artige Umgebungen für Formeln mit Nebengleichungsnummern (deleq-Paket)

equation-artig	eqnarray-artig	Auswirkung
equation	eqnarray	Neue normale Nummer, »(2)« nach »(1)«.
deqn	deqarr	Neue Nummer, zusätzlich alphabetisch gegliedert, »(2a)«, »(2b)« nach »(1)«.
ddeqn	ddeqar	Folgende alphabetische Unternummer, »(2a)«, »(2b)« nach »(1)«, »(2b)«, »(2c)« nach »(2a)«.

Möchten Sie die folgende(n) Gleichung(en) mit einer erhöhten Hauptgleichungsnummer sowie einer mit »a« beginnenden Untergliederung versehen, setzen Sie also die `deqn`- oder die `deqarr`-Umgebung ein. Haben Sie bereits eine untergliederte Gleichung benutzt und wollen nun die darauf folgende Unternummer erzeugen, verwenden Sie die `ddeqn`- oder die `ddeqar`-Umgebung.

deqn, deqarr

ddeqn, ddeqar

Innerhalb einer `eqnarray`-artigen Umgebung für Gleichungsbündel können noch die folgenden Kommandos eingesetzt werden:

- `\heqno` weist der folgenden Gleichung eine erhöhte normale Nummer ohne Untergliederung zu: »(3a), (3b), (4)«.

- `\nydeqno` erhöht die Hauptgleichungsnummer und setzt die Untergliederung wiederum mit »a« fort: »(3a), (3b), (4a), (4b)«.

- `\arrlabel{<Label>}` setzen Sie wie den `\label`-Befehl ein und erhalten beim Referieren die Hauptgleichungsnummer, also bei den Formeln »(3a), (3b), (3c)« jeweils »3«. `\label` selbst liefert jeweils die vollständige Unternummer.

- `\rem{<Text>}` setzt den <Text> innerhalb einer `eqnarray`-artigen Umgebung linksbündig zum normalen Textfluß, was optisch so aussieht, als hätten Sie das Gleichungsbündel in zwei Bündel aufgelöst, die durch normalen Text getrennt sind. Im Gegensatz zu dieser Lösung bleibt bei `\rem` jedoch die Ausrichtung der Formeln auf einen gemeinsamen Mittelteil erhalten.

Mit den bisher vorgestellten Umgebungen und den Definitionen

$$\mathbf{X} = (x_1, \ldots, x_n) \qquad (5.1\text{a})$$
$$\mathbf{Y} = (y_1, \ldots, y_n) \qquad (5.1\text{b})$$

sowie

$$\mathbf{A} = \begin{pmatrix} a_{11} & \cdots & a_{1n} \\ \vdots & \ddots & \vdots \\ a_{n1} & \cdots & a_{nn} \end{pmatrix} \qquad (5.1\text{c})$$

können wir das Gleichungssystem

$$\mathbf{Y} = \mathbf{AX} \qquad (5.2)$$

als

$$y_1 = a_{11}x_1 + a_{12}x_2 + \cdots + a_{1n}x_n \qquad (5.2\text{a})$$
$$\vdots$$
$$y_n = a_{n1}x_1 + a_{n2}x_2 + \cdots + a_{nn}x_n \qquad (5.2\text{n})$$

oder mit

5.1 Sub-Gleichungen

$$\sum_{i=1}^{n} a_i := a_1 + a_2 + \cdots + a_n \qquad (5.3)$$

als

$$y_1 = \sum_{i}^{n} a_{1i} x_i \qquad (5.4\text{a})$$

$$\vdots$$

$$y_n = \sum_{i}^{n} a_{ni} x_i \qquad (5.4\text{n})$$

schreiben. Die Gleichungen (5.4) benutzen dabei das sog. Summenzeichen $\sum$. Auf LaTeX-Ebene müssen Sie folgendes eingeben:

```
... und den Definitionen
\begin{deqarr}
  \mathbf{X} &=& (x_1,\dots,x_n)\\
  \mathbf{Y} &=& (y_1,\dots,y_n)
\end{deqarr}
sowie
\begin{ddeqn}
  \mathbf{A} = \left( \begin{array}{ccc}
    a_{11} & \cdots & a_{1n}\\
    \vdots & \ddots & \vdots\\
    a_{n1} & \cdots & a_{nn}\end{array}\right)
\end{ddeqn}
können wir das Gleichungssystem
\begin{equation}
  \mathbf{Y} = \mathbf{A}\mathbf{X}
\end{equation}
als
\begin{ddeqar}
  y_1 &=& a_{11}x_1 + a_{12}x_2 + \dots +a_{1n}x_n \\
    &\vdots& \nonumber \\
  \setcounter{deleq}{14}
  y_n &=& a_{n1}x_1 + a_{n2}x_2 + \dots +a_{nn}x_n \\
  \rem{oder mit}\heqno
  \sum_{i=1}^n a_i &:=& a_1+a_2+\cdots+a_n\\
  \rem{als}\nydeqno
  y_1 &=& \sum_i^n a_{1i}x_i \arrlabel{summe}\\
    &\vdots& \nonumber \\
  \setcounter{deleq}{14}
  y_n &=& \sum_i^n a_{ni}x_i
\end{ddeqar}
schreiben. Die Gleichungen (\ref{summe}) benutzen dabei
das sog. Summenzeichen $\sum$.
```

`deleq.tex`

Das Beispiel benutzt weiterhin den Zähler `deleq`, der mit dem Befehl `\setcounter` auf den Endwert gesetzt wird, um eine Numerierung »(2a) ... (2n)« anstelle von »(2a) ... (2b)« zu erreichen.

Über die besprochenen Darstellungen hinaus ist es möglich, Gleichungen wiederzuverwenden, das heißt bereits gedruckte Gleichungen ohne Angabe einer Nummer erneut durch Aufruf einer zugeordneten Textmarke wiederzugeben. Dies ist in der Dokumentation zum Paket `deleq` im Detail erläutert.

5.2 Gleichungsnummern variiert

Auf welche Weise erreicht das vorgestellte Paket nun die Änderung der Gleichungsnumerierung? Diese Nummer ist nichts anderes als ein gewöhnlicher LaTeX-Zähler, dessen Darstellung über das Makro `\theequation` modifiziert werden kann. Als einfaches Beispiel soll hier das Problem gelöst werden, einen Satz Formeln mit denselben Nummern wie einen anderen Satz zu markieren, die aber durch ein zusätzliches Zeichen voneinander unterscheidbar sind, beispielsweise bei äquivalenten Darstellungen der Funktionen (Gleichungen 5.5 und 5.6)

$$f(x) = \sin x \qquad (5.5)$$
$$g(x) = \cos x \qquad (5.6)$$

diese als Gleichungen 5.5* und 5.6*

$$f(x) = \sum_{i=0}^{\infty} (-1)^i \frac{x^{2i+1}}{(2i+1)!} \qquad (5.5^*)$$
$$g(x) = \sum_{i=0}^{\infty} (-1)^i \frac{x^{2i}}{(2i)!} \qquad (5.6^*)$$

zu numerieren. Um zu beweisen, daß weiterhin die normale Numerierung aktiviert werden kann, soll noch der Zusammenhang

$$f(x)^2 + g(x)^2 \equiv 1 \qquad (5.7)$$

gezeigt werden.

Die Lösung liegt in der lokalen Neudefinition des angesprochenen Makros, das die Numerierung ausgibt. Vor der Erklärung der benutzten Makros soll erst die LaTeX-Eingabe für das obige Beispiel besprochen werden:

eqno.tex

```
... Funktionen (Gleichungen~\ref{gla} und \ref{glb})
\startquote
\begin{eqnarray}
```

5.2 Gleichungsnummern variiert

```
  f(x) &=& \sin x \label{gla} \\
  g(x) &=& \cos x \label{glb}
\end{eqnarray}
diese als Gleichungen~\ref{glc} und \ref{gld}
\quotedeqno{*}
\begin{eqnarray}
  f(x) &=& \sum_{i=0}^\infty
    (-1)^i\frac{x^{2i+1}}{(2i+1)!} \label{glc}\\
  g(x) &=& \sum_{i=0}^\infty
    (-1)^i\frac{x^{2i}}{(2i)!}     \label{gld}
\end{eqnarray}
\normaleqno
zu numerieren ...
```

Das Makro \startquote markiert die Stelle, ab der die alternative Numerierung starten soll, also bei einer gewünschten Folge von »(1), (2), (3), (2'), (3'), (4)« ab der Formel mit der Nummer (2). Mit \quotedeqno{<Zeichen>} wird dann ab dieser Nummer die um <Zeichen> erweiterte Form ausgegeben, bis mit \normaleqno wieder der Ursprungszustand erreicht und die Zählung mit der folgenden Nummer fortgesetzt wird.

\startquote

\quotedeqno
\normaleqno

Sie benötigen einen neuen Zähler, der den Stand des Gleichungszählers an der gewünschten Stelle speichert. Beim Ablauf des Makros \quotedeqno wird der Gleichungszähler auf diesen Wert zurückgesetzt, die alte Definition von \theequation in \oldequation aufgehoben und, um ein beliebiges Zeichen erweitert, als neue Definition benutzt. Das Makro \normaleqno muß nichts anders tun, als \oldequation wieder als Definition für \theequation heranzuziehen. Das geschilderte Speicherverfahren hat den Vorteil, daß zuvor aufgetretene Redefinitionen von \equation, etwa als »Nummer-Kapitel«, berücksichtigt werden.

Beachtenswert ist noch, daß auch Referenzen auf Gleichungsnummern korrekt mit Zusatzzeichen versehen werden.

```
 1  \newcounter{oldeqno}
 2
 3  \newcommand{\startquote}
 4    {\setcounter{oldeqno}{\value{equation}}}
 5  \newcommand{\quotedeqno}[1]
 6    {\let\oldequation\theequation
 7     \renewcommand{\theequation}{\oldequation#1}
 8     \setcounter{equation}{\value{oldeqno}}}
 9  \newcommand{\normaleqno}
10    {\let\theequation\oldequation}
```

eqno.sty

5.3 Gleichungsnummern und Symbole

`easy.tex`

E. Bertolazzi hat mit seinen easy*-Paketen einige nützliche Erweiterungen für den Satz von mathematischen Formeln bereitgestellt. Die Erweiterungen umfassen Gleichungsnumerierung, Blockmatrizen, Vektornotationen und diverse Symbole. Einige dieser Pakete werden im folgenden kurz angesprochen.

5.3.1 Das easymat-Paket

Blockmatrizen mit easymat

Das Paket easymat stellt zahlreiche Manipulationsmöglichkeiten von Matrizen bereit, speziell zum Satz von Blockmatrizen. Für diese wird die array-artige Umgebung MAT eingesetzt:

MAT
```
\begin{MAT}(<eq>)[<ex>]{<Pos>}
<array-artige Zeilenstruktur>
\end{MAT}

\begin{MAT}(<eq>,<mx>,<my>)[<ex>,<MX>,<MY>]{<Pos>}
<array-artige Zeilenstruktur>
\end{MAT}
```

Der optionale, in runde Klammern eingefaßte Parameter <eq> dient dazu, eine Angleichung der Höhe und Breite der einzelnen Zellen vornehmen zu lassen, der Parameter <ex> gibt die Größe von Zwischenraum an, der zusätzlich zwischen den Tabelleneinträgen erzeugt wird. Die Angaben <mx> und <my> geben die minimale Größe an, mit der einzelne Zellen erzeugt werden, die Angaben <MX> und <MY> die Gesamtgröße der ganzen Tabelle. Zunächst soll eine einfache Blockmatrix erzeugt werden:

$$\begin{pmatrix} x_{11} & x_{12} & & 0 \\ x_{21} & x_{22} & & \\ & & x_{m-1,n-1} & x_{m-1,n} \\ 0 & & x_{m,n-1} & x_{m,n} \end{pmatrix}$$

```
\begin{displaymath}
\left(\begin{MAT}{cc:cc}
x_{11} & x_{12} & & 0 \\
x_{21} & x_{22} & & \\:
  & & x_{m-1,n-1} & x_{m-1,n} \\
0 & & x_{m,n-1} & x_{m,n} \\
\end{MAT}\right)\label{blocka}
\end{displaymath}
```

Im erzeugenden Code sind einige Neuheiten zu beobachten: In der Tabellenbeschreibung dürfen neben den üblichen Formatierungen (zentriert oder bündig) weitere Befehle auftreten, im Beispiel :, mit dem die gestrichelte vertikale Linie zwischen den entsprechenden Spalten gezeichnet wird. Weitere Linienformen werden durch die Befehle |

5.3 Gleichungsnummern und Symbole

oder - für Zeilen (durchgezogen), ; (Strich-Punkt-Linie), . (gepunktet) und 0 – 9 (durchgezogen mit verschiedener wachsender Linienstärke) erzeugt. Wie Sie an der dritten Zeile sehen können, werden diese Befehle auch am Zeilenende verwendet, um horizontale Linien unterhalb der aktuellen Zeile zu ziehen.

Es können auch eine bequeme Angleichung der einzelnen Zellengrößen erreicht sowie beliebige Pfade innerhalb der Matrix gezogen werden:

$$\left(\begin{matrix} k_{11} & k_{12} & \dots & k_{1n} \\ \vdots & & & \\ k_{n-1,1} & k_{n-1,2} & & \\ k_{n1} & & & 0 \end{matrix}\right)$$

```
\begin{displaymath}
\left(\begin{MAT}(c){cccc}
k_{11} & k_{12} & \dots & k_{1n} \\
\vdots & & & \\
k_{n-1,1} & k_{n-1,2} & & \\
k_{n1} & & & 0
\addpath{(1,0,.)urururu}\\
\end{MAT}\right)
\end{displaymath}
```

Zur Angleichung der Zellenbreiten wird der zusätzliche Parameter `<eq>` verwendet, hier mit dem Wert `c`, um eine gleiche Zellenbreite zu erzielen. Weitere Möglichkeiten sind `r` (gleiche Zellenhöhe), `b` (gleiche Zellenbreiten und gleiche Zellenhöhen) sowie `e` (gleiche Zellenbreiten und -höhen).

Das Zeichnen des Pfades wird mit dem Befehl `\addpath` erzielt. Seine Parameter sind der Startpunkt, gemessen in Spalten und Zeilen, der Linientyp, mit dem der Pfad nachgezogen werden soll, sowie der Pfad selber mit den Bewegungen `u` (up, nach oben), `d` (down, nach unten), `l` (left, nach links) und `r` (right, nach rechts).

`\addpath`

5.3.2 Das easyeqn-Paket

Das Paket `easyeqn` erlaubt eine weitgehende Steuerung der Numerierung sowie der Formatierung von einzelnen und zu Bündeln zusammengefaßten Gleichungen.

Gleichungsnumerierung mit easyeqn

Bevor die Möglichkeiten der Formatierung des Gleichungssatzes gezeigt werden, sollen einige Symbole vorgestellt werden, die verfügbar sind, wenn die Paketoption `math` eingesetzt wird:

$\frac{\frac{1}{x}}{\frac{1}{a}}, \frac{\frac{1}{x}}{\frac{1}{a}}, \|a\|, |b|$

```
\frac{\frac{1}{x}}{\frac{1}{a}},
\frac[0.5pt]{\frac{1}{x}}{\frac{1}{a}},
\norm{a}, \abs{b}
```

$\dfrac{\partial^2 f(x,y,z)}{\partial x \partial y}, \dfrac{\partial^2 f(x,y,z)}{\partial x^2}, \dfrac{\partial f(x,y,z)}{\partial x^2}$

```
\ParDer[xy]{f(x,y,z)},
\ParDer[xx]{f(x,y,z)},
\ParDer[{x^2}]{f(x,y,z)}
```

5 Mathematisches

$\nabla \cdot A, \nabla f, \Delta A$ \hspace{4em} \DIV{A}, \GRAD{f}, \LAPLA{A}

$\begin{pmatrix} a & b \\ c & d \end{pmatrix}, \begin{pmatrix} a & b \\ c & d \end{pmatrix}$ \hspace{2em} \left(\begin{ARRAY}{cc}a & b\\c & d \end{ARRAY}\right), \left(\begin{array}{cc}a & b\\c & d \end{array}\right)

Zum Satz von Gleichungen stehen zwei Umgebungen bereit, die die Möglichkeiten der equation- und eqnarray-Umgebung kombinieren und erweitern, was die Möglichkeiten der Gleichungsnumerierung und der vertikalen Ausrichtung betreffen:

EQ \quad \begin{EQ}[<Pos>]
\qquad\quad <Gleichungen>
\qquad \end{EQ}

EQA \quad \begin{EQA}[<Pos>]
\qquad\quad <Gleichungen>
\qquad \end{EQA}

Die EQ-Umgebung erlaubt es wie die eqnarray-Umgebung, mehrzeilige Gleichungen zu setzen, wobei beliebig viele Spalten für eine vertikale Ausrichtung verwendet werden dürfen. Die horizontale Positionierung der einzelnen Formelelemente werden durch den Parameter <Pos> gesteuert, wobei die Kennbuchstaben l, c und r zugelassen sind. Sie bedeuten, daß die entsprechenden, untereinanderstehenden Elemente linksbündig, zentriert oder rechtsbündig zueinander angeordnet werden. Ähnlich der equation-Umgebung erhält der ganze (mehrzeilige) Gleichungsblock nur eine einzige Nummer, wie die Gleichung (5.8) zeigt:

```
\begin{EQ}[rcll]\label{defs}
\DIV{V}  & = & \ParDer[x]{v_x(x,y)} +
               \ParDer[y]{v_x(x,y)} &
               \mathrm{Divergenz}\\
\GRAD{f} & = & \left(
               \ParDer[x]{f(x,y)},
               \ParDer[y]{f(x,y)}\right) &
               \mathrm{Gradient}
\end{EQ}
```

$$\begin{aligned}\nabla \cdot V &= \frac{\partial v_x(x,y)}{\partial x} + \frac{\partial v_x(x,y)}{\partial y} \quad \text{Divergenz} \\ \nabla f &= \left(\frac{\partial f(x,y)}{\partial x}, \frac{\partial f(x,y)}{\partial y}\right) \quad \text{Gradient}\end{aligned} \quad (5.8)$$

5.3 Gleichungsnummern und Symbole

Die `EQA`-Umgebung wird ebenso wie die `EQ`-Umgebung eingesetzt, vergibt jedoch für jede Zeile eine eigene Gleichungsnummer, anstatt nur eine einzige für alle Zeilen. Dies zeigen die Gleichungen (5.9) und (5.10):

```
\begin{EQA}[rcll]
\DIV{V}   & = & \ParDer[x]{v_x(x,y)} +
                \ParDer[y]{v_x(x,y)} &
                \mathrm{Divergenz}
                \label{divc}\\
\GRAD{f}  & = & \left(
                \ParDer[x]{f(x,y)},
                \ParDer[y]{f(x,y)}\right) &
                \mathrm{Gradient}
                \label{gradc}
\end{EQA}
```

$$\nabla \cdot V = \frac{\partial v_x(x,y)}{\partial x} + \frac{\partial v_x(x,y)}{\partial y} \quad \text{Divergenz} \qquad (5.9)$$

$$\nabla f = \left(\frac{\partial f(x,y)}{\partial x}, \frac{\partial f(x,y)}{\partial y}\right) \quad \text{Gradient} \qquad (5.10)$$

Bei den beiden vorgestellten Umgebungen werden Gleichungsnummern nur dann eingesetzt, wenn für die Gleichungen mit Hilfe von `\label`-Befehlen Textmarken definiert wurden und diese auch referiert werden, was mit den Befehlen `\eqref` erfolgt. Unterbleibt eine Referenzierung der Gleichung, erhält die Gleichung auch keine Nummer. Wünscht man in jedem Falle eine Numerierung der Gleichung, setzt man den Befehl `\yesnumber` wie einen `\label`-Befehl ein. Dieser erzwingt die Numerierung der Gleichung. Es ist auch möglich, eine Numerierung für alle Gleichungen zu erzwingen, wenn man die Paketoption `allnumber` verwendet.

`\eqref`

`\yesnumber`

Es ist weiterhin möglich, die Nummer einer Gleichung oder, genauer, den Inhalt der Textmarke manuell vorzugeben. Die Gleichungen (*) und (**) zeigen dies:

```
\begin{EQA}[rcll]
\DIV{V}   & = & \ParDer[x]{v_x(x,y)} +
                \ParDer[y]{v_x(x,y)}&
                \mathrm{Divergenz}
                \label[*]{divd}\\
\GRAD{f}  & = & \left(
                \ParDer[x]{f(x,y)},
                \ParDer[y]{f(x,y)}\right) &
                \mathrm{Gradient}
```

\end{EQA}
$$\label(**){gradd}$$

$$\nabla \cdot V = \frac{\partial v_x(x,y)}{\partial x} + \frac{\partial v_x(x,y)}{\partial y} \quad \text{Divergenz} \qquad *$$

$$\nabla f = \left(\frac{\partial f(x,y)}{\partial x}, \frac{\partial f(x,y)}{\partial y}\right) \quad \text{Gradient} \qquad (**)$$

\label Die Variante \label[<Text>]{<Label>} gibt dabei den vollständigen Text einschließlich eventueller begrenzenden runden Klammern für die Textmarke vor, während \label(<Text>){<Label>} nur den inneren Teil der Textmarke ersetzt und das umschließende Klammernpaar beibehält.

5.3.3 Das easyvector-Paket

Vektoralgebra mit easyvector

Das Paket easyvector erleichtert besonders den Satz von mathematischen Formeln im Bereich der Linearen und Vektoralgebra. Es stellt dazu einen Befehl bereit, mit dem Sie Vektoren definieren können:

\newvector

\newvector[<Skalar>,<Vector>]{<Name>}

Der Befehl richtet einen neuen Befehl \<Name> ein, mit dessen Hilfe Sie einen Vektor in einem skalaren oder Vektorkontext darstellen können. Die Anwendungsmöglichkeiten sind die folgenden:

```
Vektor: \<Name>
Skalar: \<Name>[<Sub1>, ...; <Sup1>, ...]
```

Für die Darstellung als Vektor wird der Befehl aus <Vector> verwendet, für die Darstellung einer Vektorkomponente der Befehl aus <Skalar>. In diesem Falle können mit der Angabe in eckigen Klammern Indizes und hochgestellte Zeichen an die Vektorbezeichnung angehängt werden. Alle Buchstaben, die vor dem trennenden Semikolon »;« erscheinen, werden als Index betrachtet, alle folgenden Buchstaben als Superskript.

Als Beispiel sehen Sie zwei selbst definierte Vektoren A und B. Deren Darstellung als Vektor wird durch die Befehle A und \mathbf{b} spezifiziert. Einzelne Vektorkomponenten werden durch die Befehle a und \beta dargestellt, wobei die in [] eingeschlossenen Buchstaben als Indexliste angehängt werden:

```
\newvector[a,A]{A}
\newvector[\beta,\mathbf{b}]{B}
```

$$\begin{aligned} \mathbf{A} &= (a_i) \\ \mathbf{B} &= (\beta_{i,j}^k) \end{aligned}$$

```
\begin{EQA}[rcl]
\A &=& (\A[i])\label{veca}\\
\B &=& (\B[i,j;k]) \label{vecb}\\
\end{EQA}
```

Darüberhinaus können Sie mit Hilfe der Paketoption `definevectors` die folgenden vordefinierten Vektoren einsetzen:

$\mathbf{a} \ldots \mathbf{Z}, \boldsymbol{\alpha} \ldots \boldsymbol{\omega}$
$a_i \ldots Z^i, \alpha_i^k \ldots \omega_{i,j}^{k,l}$

```
\begin{EQA}[c]
\aa\dots\ZZ, \Balpha\dots\Bomega& \\
\aa[i]\dots\ZZ[;i],
    \Balpha[i;k]\dots\Bomega[i,j;k,l]
\end{EQA}
```

5.4 Neue Klammerform

Der Befehl `\underbrace` erlaubt das Unterteilen von Formelstücken, indem eine liegende geschweifte Klammer unter (oder mit `\overbrace` auch über) einen eingeschachtelten Abschnitt gesetzt wird. Durch Kopieren und Modifizieren des entsprechenden Abschnittes aus der LaTeX-Implementierung gelingt Ihnen auch der Satz von liegenden *eckigen* Klammern, wie das Beispiel zeigt:

```
\begin{displaymath}
  s_n = 1 +
        \underbracket{1+2}_{s_1} +
        \underbracket{1+2+3}_{s_2} + \dots
\end{displaymath}
```

$$s_n = 1 + \underbracket{1+2}_{s_1} + \underbracket{1+2+3}_{s_2} + \ldots$$

Der neue Befehl `\underbracket` ist wie folgt implementiert:

`\underbracket`

`underbr.sty`

```
1  \RequirePackage{calc}
2
3  \newcommand{\underbracket}[1]
4  {\mathop{\vtop{\m@th\ialign{##\crcr
5    $\hfil\displaystyle{#1}\hfil$\crcr
6    \noalign{\kern3\p@\nointerlineskip}%
7    \upbracketfill\crcr\noalign{\kern3\p@}}}}\limits}
8
9  \newcommand{\upbracketfill}
10 {\rule{0.8pt}{1ex}%
11  \leaders\vrule height0.8pt \hfill%
12  \rule{0.8pt}{1ex}}
```

5.5 Das `vector`-Paket

Das Paket `vector` erlaubt eine einfache Notation von Vektoren variabler Länge, wahlweise mit allen Komponenten oder mit Ellipsen als Platzhalter. Weiterhin sind einige Abkürzungen für die Arbeit mit Vektoren definiert.

`vector`

Für die Wiedergabe von Vektoren, bei denen die inneren Komponenten durch eine Ellipse ersetzt sind, werden die folgenden Befehle verwendet:

`\icvec`   `\icvec[<Endindex>]{<Komponente>}`
`\irvec`   `\irvec[<Endindex>]{<Komponente>}`

Die einzelnen Komponenten werden jeweils mit dem Buchstaben `<Komponente>` dargestellt. Die Befehle setzen nur die erste und die letzte Komponente, die die Indizes »$_1$« und »$_n$« erhalten, jeweils als Spalten- (`\icvec`) oder Zeilenvektor (`\irvec`). Die letzte Komponente kann durch die optionale Angabe `<Endindex>` indiziert werden. Beispiele:

$$\begin{pmatrix} \beta_1 \\ \vdots \\ \beta_n \end{pmatrix}, (\beta_1, \ldots, \beta_m) \qquad \begin{array}{l} \text{\textbackslash begin\{displaymath\}} \\ \text{\textbackslash left(\textbackslash icvec\{\textbackslash beta\}\textbackslash right),} \\ \text{(\textbackslash irvec[m]\{\textbackslash beta\})} \\ \text{\textbackslash end\{displaymath\}} \end{array}$$

Sollen die inneren Komponenten vollständig aufgezählt werden, setzen Sie statt der beiden vorherigen die folgenden Befehle ein:

`\cvec`   `\cvec{<Komponente>}{<Startindex>}{<Endindex>}`
`\rvec`   `\rvec{<Komponente>}{<Startindex>}{<Endindex>}`

Wieder werden die einzelnen Komponenten jeweils mit dem Buchstaben `<Komponente>` dargestellt. Diese Befehle setzen alle Komponenten und indizieren sie vom angegebenen `<Startindex>` an bis zum angegebenen `<Endindex>`, jeweils als Spalten- (`\cvec`) oder Zeilenvektor (`\rvec`). Einige Beispiele hierzu:

$$\begin{pmatrix} a_1 \\ a_2 \\ a_3 \\ a_4 \end{pmatrix}, (\alpha_1, \alpha_2, \alpha_3, \alpha_4) \qquad \begin{array}{l} \text{\textbackslash begin\{displaymath\}} \\ \text{\textbackslash left(\textbackslash cvec\{a\}\{1\}\{4\}\textbackslash right),} \\ \text{\textbackslash left(\textbackslash rvec\{\textbackslash alpha\}\{1\}\{4\}\textbackslash right)} \\ \text{\textbackslash end\{displaymath\}} \end{array}$$

Für eine bequeme Eingabe von Vektoren sind schließlich einige Befehle definiert, die einen Buchstaben in verschiedenen Varianten als Vektor kennzeichnen:

$$\mathbf{a}, \hat{\mathbf{a}}, \vec{a}, \hat{\vec{a}} \qquad \begin{array}{l} \text{\textbackslash begin\{displaymath\}} \\ \text{\textbackslash bvec\{a\}, \textbackslash buvec\{a\},} \\ \text{\textbackslash svec\{a\}, \textbackslash suvec\{a\}} \\ \text{\textbackslash end\{displaymath\}} \end{array}$$

5.6 Große mathematische Akzente

LATEX bietet verschiedene Möglichkeiten, um Matrizen in Klammern einzufassen, die sich in ihrer Größe der Matrix anpassen. Ab einer bestimmten Größe jedoch werden die schöngeschwungenen Bögen durch Geraden ersetzt. Ebenso können sich die liegenden Akzente `\widehat` und `\widetilde` in bestimmten, aber beschränkten Grenzen in ihrer Größe anpassen. Das Paket `yhmath` schafft Abhilfe, indem es weitere Größenstufen für die runden Klammern bereitstellt:

`yhmath`

$$\begin{pmatrix} a & b & c \\ d & e & f \\ g & h & i \\ j & k & l \\ m & n & o \end{pmatrix}$$

```
\begin{displaymath}
 \left(\begin{array}{ccc}
  a&b&c\\
  d&e&f\\
  g&h&i\\
  j&k&l\\
  m&n&o
 \end{array}\right)
\end{displaymath}
```

Weiterhin existieren auch die spitzen Klammern als beliebig große Begrenzungszeichen. Diese können auch mit Hilfe der `amatrix`-Umgebung als »Matrix« angeordnet werden:

`amatrix`

$$\langle A \rangle = \left\langle \frac{\phi}{|\phi|} \Bigm| \frac{\psi}{|\psi|} \right\rangle$$

$$= \left\langle \begin{matrix} \phi_1\psi_1 & \cdots & \phi_1\psi_m \\ \vdots & \ddots & \\ \phi_n\psi_1 & \cdots & \phi_n\psi_m \end{matrix} \right\rangle$$

```
\begin{eqnarray*}
\left\langle A \right\rangle
 &=&
 \left\langle \frac{\phi}{|\phi|}
  \Bigm|
  \frac{\psi}{|\psi|}
 \right\rangle \\
 &=&
 \begin{amatrix}
  \phi_1\psi_1 & \cdots & \phi_1\psi_m\\
  \vdots       & \adots & \\
  \phi_n\psi_1 & \cdots & \phi_n\psi_m\\
 \end{amatrix}
\end{eqnarray*}
```

Für die weiten Akzente werden ebenfalls weitere Größenstufen bereitgestellt, als neue Akzente kommen der Bogen `\wideparen` und das Dreieck `\widetriangle` sowie der Ring `\widering` hinzu. Für den Ringakzent existiert mit `\ring` auch eine Variante für einzelne Buchstaben:

`\wideparen`
`\widetriangle`
`\widering`
`\ring`

$\widehat{ABC}$, $\widetilde{ABC}$
$\widering{ABC}$, $\mathring{A}$

`$\widetriangle{ABC}$, $\wideparen{ABC}$`
`$\widering{ABC}$, $\ring{A}$`.

Die Einbindung weiterer sowie der Entwurf eigener mathematischer Akzente und Symbole mit METAFONT wird in Abschnitt 7.5.2 auf Seite 373 gezeigt.

5.7 Das $\mathcal{AMS}$-LaTeX-Paket

Die American Mathematical Society hat mit $\mathcal{AMS}$-LaTeX eine Sammlung von Paketen und Klassen zur Verfügung gestellt, die die mathematischen Fähigkeiten von LaTeX bedeutend erweitern (die darüber hinaus bereitgestellten Fonts werden ab Seite 382 angesprochen). Vorhandene Schwachstellen beim mathematischen Satz wurden durch Bereitstellen geeigneter Umgebungen und neuer Befehle entschärft, vor allem die Anordnung mehrzeiliger Formeln kann nun detailliert beschrieben werden. Vier Umgebungen stehen zur Verfügung, die folgende Aufgaben erfüllen:

`multline`
- `multline` ist eine Variante der `equation`-Umgebung und erlaubt den Satz von Gleichungen, die länger als eine Zeile sind. Jede neue Zeile wird mit \\ eingeleitet. Die erste und letzte Zeile werden links- respektive rechtsbündig gesetzt, die mittleren Zeilen zentriert angeordnet.

$$U = N\Biggl[\frac{3kT}{2} + kT + \frac{h\nu_i \exp\left(-\frac{h\nu_i}{kT}\right)}{1-\exp\left(-\frac{h\nu_i}{kT}\right)} + \\ + \frac{h\nu_i}{2} + \epsilon_{eI1} + \\ + \frac{(\epsilon_{eI2}-\epsilon_{eI1})\frac{\Omega_2}{\Omega_1}\exp\left(-\frac{\epsilon_{eI2}-\epsilon_{eI1}}{kT}\right)}{1+\frac{\Omega_2}{\Omega_1}\exp\left(-\frac{\epsilon_{eI2}-\epsilon_{eI1}}{kT}\right)} \Biggr] \quad (5.11)$$

```
\newcommand{\efrac}[1]
   {\exp\left(-\frac{\displaystyle#1}
    {\displaystyle kT}\right)}

\begin{multline}
U = N\Biggl[ \frac{3kT}{2} + kT +
   \frac{h\nu_i \efrac{h\nu_i}}{1-\efrac{h\nu_i}} +\\
  + \frac{h\nu_i}{2} + \epsilon_{eI1} +\\
  + \frac{(\epsilon_{eI2}-
  \epsilon_{eI1})\frac{\Omega_2}{\Omega_1}
  \efrac{\epsilon_{eI2}-\epsilon_{eI1}}}
   {1+\frac{\Omega_2}{\Omega_1}\efrac{\epsilon_{eI2}-
  \epsilon_{eI1}}} \Biggr]
\end{multline}
```

5.7 Das $\mathcal{AMS}$-LaTeX-Paket

❏ Die gather-Umgebung enthält mehrere Gleichungen, die – anders als die eqnarray-Umgebung – nicht aufeinander ausgerichtet sind, sondern separat zwischen linkem und rechtem Rand zentriert werden. *gather*

$$f(x) = \sum_{\substack{0\le i,j\le N_0\\ i\ne j}} N_{ij} x_{ij} \tag{5.12}$$

$$g(x,y) = \int \cdots \int_{\substack{G(x,y)\\ x>0, f(x,y)\ne 0}} f(x,y)\, d(x,y) \tag{5.13}$$

```
\begin{gather}
f(x) = \sum_{\substack{0\le i,j\le N_0\\i\ne j}}
       N_{ij}x_{ij}\\
g(x,y) = \idotsint_{\begin{subarray}{l}
                    G(x,y)\\
                    x>0, f(x,y)\ne 0
                    \end{subarray}} f(x,y)\, d(x,y)
\end{gather}
```

❏ Mit der align-Umgebung können vertikale Ausrichtungen erreicht werden. In Erweiterung zur eqnarray-Umgebung werden mehrere untereinanderstehende Positionen durch & festgelegt. Die einzelnen Zeilen werden wie gewohnt mit \\ abgeschlossen. Beachten Sie, daß pro Markierung nur genau ein &-Zeichen benutzt werden darf. *align*

$$\frac{d}{dx}(ax+b)^n = \frac{du}{df}\frac{df}{dx} \qquad u(f) = f^n \tag{5.14}$$
$$= nf^{n-1}a \qquad f(x) = ax+b \tag{5.15}$$
$$= an(ax+b)^{n-1} \tag{5.16}$$

```
\newcommand{\dif}[2]{\frac{d#1}{d#2}}

\begin{align}
\dif{}{x} (ax+b)^n
   &= \dif{u}{f}\dif{f}{x} & u(f) &= f^n\\
   &= n f^{n-1} a          & f(x) &= ax+b\\
   &= an(ax+b)^{n-1}       % kein weiteres & nötig
\end{align}
```

❏ Die split-Umgebung schließlich muß innerhalb einer anderen Umgebung verwendet werden, die die Numerierung bereitstellt (equation, eqnarray oder die drei vorgenannten Umgebungen). Mit & werden in jeder Zeile Positionen definiert, die un- *split* tereinandergesetzt werden. Sie können so eine mehrzeilige Herleitung in einer einzigen numerierten Gleichung erzeugen.

$$\begin{split}
\lim_{x \to 0} \frac{\sin x}{x} &= \lim_x \frac{\cos x}{1}\\
&= \lim_{x\to 0} \cos x\\
&= 1
\end{split} \tag{5.17}$$

```
\begin{equation}
  \begin{split}
    \lim_{x \to 0} \frac{\sin x}{x}
      &= \lim_x \frac{\cos x}{1}\\
      &= \lim_{x\to 0} \cos x\\
      &= 1
  \end{split}
\end{equation}
```

Alle Umgebungen außer `split` existieren auch in einer Sternform, wobei dann die Ausgabe der Gleichungsnummern unterdrückt wird.

$\mathcal{AMS}$-LATEX enthält separat einsetzbare Pakete, die in Tabelle 5.2 aufgeführt sind und Teilaufgaben des mathematischen Satzes wahrnehmen. Sie können je nach Ihren Erfordernissen die passenden Pakete kombinieren.

Tabelle 5.2
In $\mathcal{AMS}$-LATEX enthaltene Pakete

Paket	Inhalt
amstext	Stellt `\text` bereit, mit dem Text innerhalb von Formeln gesetzt werden kann.
amsbsy	Definiert die Befehle `\boldsymbol` und `\pmb` für fette Symbole.
amsopn	Stellt den `\DeclareMathOperator`-Befehl bereit.
amsmath	Enthält verschiedene Umgebungen für mehrzeilige Formeln und umfaßt die Möglichkeiten von `amstext`, `amsbsy` und `amsopn`.
amsthm	Enthält eine Umgebung für Beweise sowie Erweiterungen für Theorem-Umgebungen.
amsintx	Erweitert die Möglichkeiten für Summen und Integrale.
amscd	Erleichtert die Erstellung von Kommutativdiagrammen.
amsxtra	Enthält einige selten benutzte Kommandos aus $\mathcal{AMS}$-TEX Version 1.1.

Indexfelder

Wie aus den Beispielen bereits ersichtlich wurde, sind nicht nur neue Umgebungen für die Formelausrichtung, sondern auch für weitere Problemfelder bereitgestellt worden. Für die einfache Erstellung von

Indexfeldern (betrachten Sie das Summen- und Integralzeichen) existieren nun die Befehls- beziehungsweise Umgebungsvarianten

```
\substack{Zeile 1\\Zeile 2\\...}
\begin{subarray}{<Pos>}
  Zeile 1\\ Zeile 2\\ ...
\end{subarray}
```
\substack
subarray

Die subarray-Umgebung gestattet genau wie die array-Umgebung, mit <Pos> die Ausrichtung der Zeilen mit l, c ... anzugeben. Neben dem einfachen Integral \int gibt es nun Zwei- und Mehrfachintegrale \iint, \iiint und \idotsints, zum Setzen von normalem Text in einer Formel können Sie \text benutzen:

Mehrfachintegrale
\iint, \idotsints
\text

```
\begin{displaymath}
  f(x,y)=k g(x)h(y) \text{ wobei } x>y
\end{displaymath}
```

$$f(x,y) = kg(x)h(y) \text{ wobei } x > y$$

Der \text-Befehl kann auch in Indexpositionen (nach _ oder ^) auftreten. Möchten Sie Text in separaten Zeilen inmitten einer Umgebung mit mehreren Gleichungen einfügen, wobei sowohl vor als auch nach dem Textstück bestimmte Positionen aufeinander ausgerichtet bleiben (eqnarray- oder align-Umgebungen), benutzen Sie \intertext:

\intertext

```
\begin{align*}
  f(x) &= x^2, & g(x) &= 2x\\
  \intertext{so da"s folgt}
  f'(x) &= 2x, & g'(x) &= 2
\end{align*}
```

$$f(x) = x^2, \qquad g(x) = 2x$$
so daß folgt
$$f'(x) = 2x, \qquad g'(x) = 2$$

Die Numerierung von Gleichungen erfolgt mit zugefügten Kleinbuchstaben, wenn Sie sie in eine subequations-Umgebung einschließen. Ein \label-Kommando unmittelbar zu Beginn dieser Umgebung erzeugt Referenzen auf die Hauptgleichungsnummer, \label-Befehle nach einzelnen Gleichungen beziehen sich auf die jeweilige Nummer mit Buchstaben. Der Einsatz von \tag{<Text>} vor einem Zeilenumbruch mit \\ setzt den angegebenen Text anstelle der laufenden Gleichungsnummer ein. Die Variante \tag*{<Text>} unterdrückt die runden Klammern um den Text. Die gewohnten Befehle zur Erzeugung mathematischer Akzente stehen in $\mathcal{AMS}$-LaTeX unter den Namen \Hat, \Check, \Tilde, \Acute, \Grave, \Dot, \Ddot, \Breve, \Bar und \Vec (mit großgeschriebenem Anfangsbuchstaben) bereit. Sie erzeugen jedoch im Gegensatz zu den Originalbefehlen bei mehrfach ineinandergeschachtelter Anwendung die korrekte Positionierung der einzelnen Akzente.

Gleichungsnumerierung

\tag

Für die wichtigsten `array`-Anordnungen Matrizen, Determinanten und Normen stehen die folgenden Umgebungen zur Verfügung:

pmatrix	`\begin{pmatrix} ... \end{pmatrix}`
vmatrix	`\begin{vmatrix} ... \end{vmatrix}`
Vmatrix	`\begin{Vmatrix} ... \end{Vmatrix}`
bmatrix	`\begin{bmatrix} ... \end{bmatrix}`
Bmatrix	`\begin{Bmatrix} ... \end{Bmatrix}`

Im Gegensatz zur `array`-Umgebung müssen Sie keine Spaltenbeschreiber angeben, da alle Einträge automatisch zentriert werden:

```
\begin{eqnarray*}
  \begin{pmatrix} a & b \\ c & d \end{pmatrix},
  \begin{bmatrix} a & b \\ c & d \end{bmatrix} \\
  \begin{vmatrix} a & b \\ c & d \end{vmatrix},
  \begin{Vmatrix} a & b \\ c & d \end{Vmatrix} \\
  \begin{Bmatrix} a & b \\ c & d \end{Bmatrix}
\end{eqnarray*}
```

$$\begin{pmatrix} a & b \\ c & d \end{pmatrix}, \begin{bmatrix} a & b \\ c & d \end{bmatrix}$$

$$\begin{vmatrix} a & b \\ c & d \end{vmatrix}, \begin{Vmatrix} a & b \\ c & d \end{Vmatrix}$$

$$\begin{Bmatrix} a & b \\ c & d \end{Bmatrix}$$

cases Für Fallunterscheidungen gibt es eine einfache Möglichkeit:

```
\begin{displaymath}
  f(x) = \begin{cases}
         0    & \text{für $x<0$}\\
         x^2  & \text{sonst}
         \end{cases}
\end{displaymath}
```

$$f(x) = \begin{cases} 0 & \text{für } x < 0 \\ x^2 & \text{sonst} \end{cases}$$

Jeder einzelne Fall wird in einer gegebenenfalls durch \\ abgeschlossenen Zeile aufgeführt.

Die $\mathcal{AMS}$-LaTeX-Pakete bieten noch zahlreiche weitere Hilfen und Verbesserungen für den Mathematiker an, zum Beispiel komplette Artikel- und Buchklassen sowie Zeichensätze. Lesen Sie bei Interesse die entsprechenden Dokumentationen `amsldoc.tex` (allgemeine Befehle und Neuerungen) sowie die `.dtx`-Dateien (paketspezifische Informationen) sowie Abschnitt 7.6.1 auf Seite 382.

5.8 Mathematische Abstände

Dieser Abschnitt soll nun die Frage klären, warum einige LaTeX-Symbole in die Rubrik »Operator«, andere dagegen unter »Relation« fallen.

5.8 Mathematische Abstände

Unabhängig von seiner geometrischen Erscheinung besitzt jedes Symbol in einer Formel eine Funktion, anhand derer LaTeX die Anordnung der Elemente innerhalb der Formel bestimmt. Es kennt dazu die in Tabelle 5.3 angesprochenen Kategorien von Symbolen. Es gelten folgende Faustregeln:

- ❑ Gewöhnliche Sonderzeichen werden ohne besondere Verarbeitung zwischen andere Symbole gesetzt.

- ❑ Die großen Operatoren werden grundsätzlich ihren Operanden vorangestellt, deutlich größer dargestellt und erhalten einen kleinen Zwischenraum, der sie von den Operanden abgrenzt.

- ❑ Die binären Operatoren werden zwischen ihren beiden Operanden eingefügt in einer dem Formelrest nahekommenden Größe, wobei ebenfalls vor und nach dem Operator ein kleiner Zwischenraum eingefügt wird.

- ❑ Relationen stehen ebenfalls zwischen ihren zwei Argumenten, werden jedoch durch einen gegenüber binären Operatoren deutlich vergrößerten Zwischenraum abgetrennt.

- ❑ Symbole der Zeichensetzung schließen sich ihrem Vorgänger dicht an, erzeugen aber hinter sich einen vergrößerten Zwischenraum.

In den obigen Regeln kommt zum Ausdruck, daß Relationen auf Ausdrücke wirken, die durch Operatoren auf einer tieferen, enger bindenden Stufe zusammengefaßt werden.

Klasse	Bedeutung	Beispiel
0	Gewöhnliche Zeichen ohne Sonderbedeutung	/
1	Großer, vorangestellter Operator	\int, \sum
2	Binärer Operator	+, -
3	Relationen	=
4	Öffnendes Klammersymbol	(
5	Schließendes Klammersymbol	)
6	Zeichensetzung	,
7	Variablennamensbestandteil	a, b

Tabelle 5.3
Die Funktionskategorien im mathematischen Satz

Sie können dies, abgesehen von den normalen Symbolen mit den entsprechenden Funktionen, im Vergleich deutlich sehen, wenn Sie ein immer gleiches Zeichen wählen und in allen oben aufgeführten Funktionen verwenden. Dazu existieren die LaTeX-Befehle

Kategorie ändern

\math...	\mathord{<Symbol>}	M	$=$	y	$\mid f(x)$
	\mathop{<Symbol>}	M	$=$	y	$\mid f(x)$
	\mathbin{<Symbol>}	M	$=$	y	$\mid f(x)$
	\mathrel{<Symbol>}	M	$=$	y	$\mid f(x)$
	\mathopen{<Symbol>}	M	$=$	y	$\mid f(x)$
	\mathclose{<Symbol>}	M	$=$	y	$\mid f(x)$
	\mathpunct{<Symbol>}	M	$=$	y	$\mid f(x)$

Sie setzen das <Symbol> (zum Beispiel »=«, »+« oder »|«) und vergeben die Leerräume vor und nach dem Zeichen gemäß seiner durch den Befehl erzwungenen Funktion. Auf diese Weise können Sie einen binären Operator »=« erzeugen, obwohl das »=«-Zeichen ein Relationssymbol ist. Neben den Befehlen sind die Abstände vor und nach dem |-Zeichen in der entsprechenden Funktion gezeigt.

Mit diesem theoretischen Rüstzeug können Sie nun Tabelle 5.4 verstehen, die die genauen Zusammenhänge zwischen einem führenden und einem folgenden Zeichen sowie dem erzeugten Leerraum zwischen beiden Zeichen beschreibt. In der Tabelle bedeutet

❏ ein leeres Feld, daß kein besonderer Zwischenraum zwischen dem linken und dem rechten Symbol erzeugt wird.

❏ Die Zeichen »-«, »–« und »—« symbolisieren geringen, mittleren und größeren Zwischenraum zwischen den beiden Bestandteilen.

❏ Ein »⚡« heißt, daß dieser Fall niemals eintreten darf (beispielsweise ein binärer Operator, gefolgt von weiteren binären Operatoren).

❏ Ein * zeigt an, daß der entsprechende Zwischenraum nur in den Schriftgrößen \textstyle und \displaystyle, nicht aber in \scriptstyle und \scriptscriptstyle erzeugt wird.

Text in Formeln Sie können die Abstandsbefehle zum Beispiel nutzen, um kürzere Texte innerhalb einer Formel zu setzen. Da innerhalb des mathematischen Modus jedoch Leerzeichen im Text nicht beachtet werden, müssen Sie den Text zusätzlich in eine LR-Box einschließen:

```
\newcommand{\intertext}[1]
  {\mathrel{\mathrm{\mbox{#1}}}}
```

$$y = f(x) \text{ wobei gilt: } x > 0 \qquad (5.18)$$

```
\begin{equation}
  y = f(x) \intertext{wobei gilt:} x>0
\end{equation}
```

Führendes Zeichen	Folgendes Zeichen						
	Norm. 0	Op 1	Bin 2	Rel 3	Open 4	Close 5	Punct 6
Normal 0	-	-	_*	_*			
Op 1	-	-	↯	_*			
Bin 2	_*	_*	↯	↯	_*	↯	↯
Rel 3	_*	_*	↯		_*		
Open 4	↯						
Close 5	-	_*	_*				
Punct 6	_*	_*	↯	_*	_*	_*	_*

Tabelle 5.4
Abstand zwischen zwei Objekten in Abhängigkeit von deren Funktionalität

Da LaTeX nach den vorgestellten Regeln horizontale Abstände in Formeln selbständig bestimmt und die Anzahl an Leerzeichen zwischen Symbolgruppen nicht berücksichtigt, kann es in speziellen Fällen notwendig werden, Feinkorrekturen vorzunehmen. Für diese Korrekturen können Sie die in Tabelle 5.5 aufgeführten Befehle benutzen.

Abstände in Formeln

Negative Distanz		Positive Distanz	
Befehl	Beispiel	Befehl	Beispiel
	xy		xy
\!, \negthinspace	xy	\,, \thinspace	$x\,y$
\negmedspace	xy	\:, \medspace	$x\:y$
\negthickspace	xy	\;, \thickspace	$x\;y$
		\quad	$x \quad y$
		\qquad	$x \qquad y$

Tabelle 5.5
Mathematische Abstandsangaben

Ein Beispiel für einen zu korrigierenden Freiraum bietet die Formel

```
k = \int \int V dS
```
$$k = \int\int V dS$$

in der der Abstand zwischen den beiden Integralzeichen beziehungsweise zwischen Integrand und Differential zu groß ist. Mit korrigierten Abständen schaut die Formel folgendermaßen aus:

```
k = \int \!\! \int V \, dS
```
$$k = \iint V\, dS$$

5.9 Operatoren selbstgemacht

Mit dem im letzten Abschnitt gesammelten Wissen sind Sie nun in der Lage, eigenen Funktionen zu definieren. Dies ist nicht nur von wissenschaftlichem Interesse – es kann geschehen, daß Sie einen speziellen Funktionsnamen benutzen wollen, den LaTeX nicht kennt. Sie könnten jedes Auftreten dieses Namens mit dem richtigen Font und den korrekten Abständen schreiben, aber einfacher ist es, einen Befehl zu haben, der aus Ihrem Begriff eine Funktion erzeugt, die sich exakt wie die eingebauten (\lim oder \sin) verhält. Ein Blick in /tex/latex/base/latex.ltx zeigt, wie LaTeX Funktionen definiert:

`\def\sin{\mathop{\operator@font sin}\nolimits}`

Die Textbox, die den gewünschten Funktionsbegriff erzeugt, wird mittels des \mathop-Befehls zu einem Operator erklärt, mit dem automatisch die Leerräume vor und nach dem Begriff angepaßt werden. Das Argument von \mathop muß nicht reiner Text sein, Sie können alle erforderlichen Befehle einsetzen, wie die Beispiele zeigen:

```
\makeatletter
\newcommand{\limsup}
   {\mathop{\overline{\operator@font lim}}}
\newcommand{\liminf}
   {\mathop{\underline{\operator@font lim}}}
\newcommand{\kgv}{\mathop{\operator@font kgV}\nolimits}
\makeatother
```

Mit den ersten beiden Zeilen erzeugen Sie Varianten der Darstellung des limes superior und des limes inferior, die häufig in Gebrauch sind. Das Symbol »lim« wird überstrichen $a = \overline{\lim} a_i$ oder unterstrichen $a = \underline{\lim} a_i$ dargestellt, was Sie mit \overline und \underline nachbilden. Die dritte Zeile definiert den Funktionsnamen \kgv (»kleinstes gemeinsames Vielfaches«), der den Begriff »kgV« ausgibt. Der Zusatz \nolimits bedeutet, daß nachfolgende Hoch- oder Tiefstellung von Formeln hinter anstatt unter dem kgV-Begriff stattfindet. Neben \mathop können Sie ebenso alle anderen Befehle dieser Gruppe verwenden, wie das nächste Beispiel zeigen soll:

`\newcommand{\norm}[1]{\mathord{\left\|#1\right\|}}`

Hiermit definieren Sie den Befehl \norm, der die als Parameter übergebene Formel in größenmäßig angepaßte doppelte Betragsstriche setzt, um die Norm oder den Betrag des Parameters zu symbolisieren. Der gesamte Komplex wird als gewöhnliches Zeichen betrachtet, so daß es für den Satz keinen Unterschied macht, ob Sie a oder \norm{a} schreiben. Hiermit sollten die Abstände korrekt gesetzt werden:

$$\|a+b\| \stackrel{?}{=} \|a\| + \|b\|$$

```
\begin{displaymath}
   \norm{a+b} \stackrel{?}{=} \norm{a} + \norm{b}
\end{displaymath}
```

Da auch im mathematischen Modus Boxen interessant sind, sei auch hierzu ein Beispiel angeführt. Mit der folgenden Eingabe

```
\newcommand{\textarrow}[2][1]
  {\settowidth{\@tempdima}{#2}
   \stackrel{#2}
            {\makebox[#1\@tempdima][l]{\rightarrowfill}}}
\begin{eqnarray*}
 y = f(x) & \textarrow[1.5]{Transformation} & Y = F(X)\\
 y = f(x) & \textarrow{\ensuremath{x\mapsto X}} & Y = F(X)
\end{eqnarray*}
```

`textarr.tex`

erhalten Sie die beiden Formeln

$$y = f(x) \quad \xrightarrow{Transformation} \quad Y = F(X)$$
$$y = f(x) \quad \xrightarrow{x \mapsto X} \quad Y = F(X)$$

Mit `\textarrow{<Text>}{<n>}` wird der übergebene (mathematische oder normale) <Text> über einen Pfeil gesetzt, dessen Länge das <n>-fache der Textbreite beträgt, wobei <n> ein reeller Faktor ist, dessen Voreinstellung Eins ist. Um einen Pfeil dieser bestimmten Länge zu erhalten, kann vorteilhaft eine LR-Box mit Angabe ihrer Breite verwendet werden.

5.10 Befehle im mathematischen Modus

Zum Abschluß soll noch darauf eingegangen werden, wie Sie mathematische Symbole und Befehle definieren, um sie sowohl im Text- als auch im mathematischen Modus verwenden zu können. Ein Befehl, der die Zeichenfolge »S_n« erzeugt und wie folgt realisiert wurde,

`\newcommand{\sn}{$\mathrm{S_n}$}`

kann bei Benutzung im mathematischen Modus Probleme bereiten. Ein $-Zeichen würde auf den Textmodus umschalten, was durchaus nicht geplant ist. Mit `\ensuremath{<Befehle>}` können Sie sicherstellen, daß Befehle auf jeden Fall im mathematischen Modus, unabhängig vom aktuell verwendeten, ablaufen. Das Beispielmakro kann also sicherer wie folgt implementiert werden:

`\ensuremath`

```
\newcommand{\sn}{\ensuremath{\mathrm{S_n}}}
Der \sn-Wert wird definiert als
\begin{equation} \sn &=& \frac{a}{b} \end{equation}
```

`\ensuremath` kann auch sinnvoll eingesetzt werden, um das Gradzeichen ° oder die Einheit °C zu setzen:

```
\newcommand{\textdegree}{\ensuremath{^\circ}}
\newcommand{\textcelsius}{\ensuremath{^\circ\mathrm{C}}}
```

Beim Einsatz der TC-Zeichensätze werden diese beiden Befehle durch das `textcomp`-Paket definiert und durch eigene Symbole dargestellt (Seite 352).

5.11 Weitere mathematische Symbole

In den $\mathcal{AMS}$- sowie weiteren Zeichensätzen sind zahlreiche mathematische Symbole enthalten, die in den Abschnitten 7.6.1 und 7.6.1 vorgestellt werden. Bevor Sie ein Zeichen, das Sie dort nicht finden können, mit Hilfe von METAFONT programmieren und einbinden (was zwar Spaß macht, aber mühsam und Thema des Abschnittes 7.5 ist), können Sie versuchen, es mit den Mitteln von LaTeX zusammenzusetzen. So kann das Zeichen für die Relation »entspricht« auf zwei Arten

```
\newcommand{\entspricht}{\mathrel{\widehat{=}}}
\newcommand{\entspricht}{\stackrel{\scriptstyle\wedge}{=}}
```

mit den Resultaten $\widehat{=}$ und $\stackrel{\wedge}{=}$ aus einzelnen übereinandergesetzten Zeichen kombiniert werden. Beispiele, was Sie mit der `picture`-Umgebung erreichen können, sind die Symbole für Laplace-, Fourier- und andere Transformationen, die im Paket `trfsigns` enthalten sind. Es stellt die in Tabelle 5.6 enthaltenen Befehle und Symbole bereit. Beachten Sie auch das Paket `trsym`, das die Symbole des auf Seite 177 gezeigten Zeichensatzes `trsym` verfügbar macht.

Tabelle 5.6
Die von `trfsigns.sty` bereitgestellten Operatoren

Befehl	Symbol	Bedeutung
\laplace	○—●	Laplace-Transformation
\Laplace	●—○	Laplace-Transformation
\fourier	○——	(Kontinuierliche) Fourier-Transformation
\Fourier	——○	(Kontinuierliche) Fourier-Transformation
\dfourier	○⌒	(Diskontinuierliche) Fourier-Transformation
\Dfourier	⌒○	(Diskontinuierliche) Fourier-Transformation
\ztransf	○⌒●	Z-Transformation
\Ztransf	●⌒○	Z-Transformation
\dft {A}	$\overline{A}$	Diskrete Fourier-Transformation
\DFT {A}	$\underline{A}$	Diskrete Fourier-Transformation

6 Briefe

LaTeXs Stärken liegen im Buchsatz und bieten die Möglichkeit, komplette Druckwerke zu erzeugen. Aber auch bei der Bewältigung alltäglicher Aufgaben steht Ihnen LaTeX zur Seite. Hierunter verstehe ich das Erledigen der täglichen Korrespondenz: Briefeschreiben in Druckqualität! Sie benutzen die Klasse `letter` und sind schon in der Lage, anhand der `letter`-Umgebung einen oder mehrere Briefe zu verfassen, die automatisch mit dem richtigen Layout versehen werden. Bei Briefen im geschäftlichen und privaten Bereich bietet es sich jedoch an, persönlichere Layouts zu verwenden.

Es folgt zunächst kurz eine Vorstellung des Funktionsumfangs zweier fertiger Pakete zum Thema DIN-Brief. Da die meisten Briefe jedoch stark von der persönlichen Gestaltung des Schreibers geprägt sind, wird dann auf die Erstellung eines eigenen Briefstils eingegangen, in dem persönliche Vorlieben und Erfordernisse vereint sind.

6.1 Geschäftsbriefe

Wenn Sie häufiger Geschäftsbriefe mit Adreßangaben für Sichtfensterkuverts, »Ihr/Unser Zeichen«-Angaben sowie Bankverbindungen schreiben müssen, werden Sie vom originalen LaTeX-Briefstil nicht optimal unterstützt. Den geeigneten Briefstil können Sie jedoch mit dem Paket `g-brief` erhalten. Da es eine neue Klasse darstellt, wird es nicht mit \usepackage, sondern mit \documentclass aufgerufen. Als Optionen stehen `german`, `english` oder `usenglish` zur Verfügung, was Auswirkungen auf das Datumsformat und einige Formatierungen hat. Bei der Voreinstellung `german` wird automatisch das `german`-Paket für deutsche Umlaute geladen.

g-brief

Die Benutzung erfolgt analog der originalen `letter`-Umgebung, wobei Ihnen erweiterte Möglichkeiten wie Falzmarken, Betreffzeile, »Ihr/Unser Zeichen« usw. zur Verfügung stehen.

Mit `dinbrief` steht ein weiteres Paket bereit, um Briefe gemäß DIN-Norm zu verfassen. Auch dieses Paket ähnelt in seiner Struktur der `letter`-Klasse, fügt jedoch weitere Makros für Strukturen wie »Ihr/Unser Zeichen« hinzu.

dinbrief

6.2 Serienbriefe und andere Mischtexte

Haben Sie schon daran gedacht, Ihre Bücherdatenbank oder eine elektronisch erfaßte Schallplattenliste hübsch mit LaTeX formatiert auszudrucken, um einen Standortkatalog zu erstellen oder einfach die Liste Freunden zu geben? Wollten Sie Rundschreiben an Ihre Freunde schicken und sahen sich genötigt, denselben Brieftext immer wieder zu kopieren? In allen Fällen, in denen Informationen, die in Listenform in einer Datenbank bereitstehen, in gleichartig formatierten Text umgewandelt werden sollen, werden Sie vom Paket `textmerg` unterstützt. Sie können mit den elementaren Befehlen

textmerg

\Field `\Field{\Felda\Feldb\Feldc...}`
\Merge `\Merge{<Datei>}{<Text>}`

Informationen, die zeilenweise in der Datenbank `<Datei>` stehen, auslesen und in `<Text>` als Befehl `\Felda`, `\Feldb` oder `\Feldc` verwenden. Der Text wird so oft wiederholt bearbeitet, bis das Ende der Datenbank erreicht ist. Je nach Zahl der Felder, die in der Datenliste pro Datensatz vorhanden sind (entsprechend der Zahl der Zeilen, die zu einem Datensatz gehören), können dem `\Fields`-Kommando unterschiedlich viele und unterschiedlich benannte Argumente übergeben werden. Eine Adressensammlung könnte die Felder `\name`, `\anschrift` und `\ort` definieren, eine Bücherliste `\titel`, `\standort`, `\verlag` und `\autor`. Jeder Aufruf dieser Befehle führt zur Ersetzung mit dem aktuellen Datenfeld.

Beispiel

Das folgende Beispiel liest für den Druck von Einladungsbriefen eine Adreßliste aus, in der neben dem Namen des Gastes auch eine Sammlung an freundlicherweise mitzubringenden Genüssen vorbereitet ist. Als erstes wird ein Feld `\titel` vorgesehen, anhand dessen im Anschreiben die Damen und Herren korrekt angeredet und im Garderobenhinweis auf korrekte Kleidungsstücke hingewiesen werden können. Der Vergleich erfolgt mit Befehlen aus dem `\ifthen`-Paket. Als Besonderheit wird nach der Bearbeitung der Anschriften die Liste an Eßwaren eingelesen. Da nicht von vornherein feststeht, wieviele Einträge diese Liste umfassen wird, wird mit `\MarkEnd` ein Kennzeichen festgelegt, das eindeutig die Nahrungsliste abschließt. Die einzelnen Felder werden innerhalb einer `tabular`-Umgebung gesetzt und jeweils

\MultiRead mit `\MultiRead{<n>}` eingelesen, wobei `<n>` die Zahl der einzulesenden Felder ist. Die Felder werden als Spalten in die `tabular`-Umgebung gesetzt. Da jedem Mitbringsel ein dicker Punkt vorangestellt werden soll, ist das Kommando

\Process `\Process{<i>}{\<Befehl>}`
`\newcommand{\<Befehl>}[1]{...}`

vorgesehen. Bevor die `<i>`-te Spalte der Tabelle gedruckt wird, wird der entsprechende Text einem `<Befehl>` übergeben. Mit geeigneter Definition dieses Makros können Sie beliebige Formatierungen innerhalb der Tabelle erzielen. Die konkrete Anwendung kann am Beispiel ersehen werden:

```
\documentclass{letter}
\usepackage{textmerg,ifthen}
\MarkEnd{***}
\Process{1}{\ding} \newcommand{\ding}[1]{$\bullet$ #1}
\Fields{+\titel\vorname\name\strasse\ort}

\begin{document}
\Merge{adr.dat}{%
  \begin{letter}
    {\titel\ \vorname\ \name\\ \strasse\\ \ort}
  \opening{Liebe\ifthenelse{\equal{\titel}{Herrn}}{r}{}
    \vorname,}
  ich möchte Dich am 24.10.1996 zu einer Feier im
  kleinen Rahmen einladen. Bitte bringe die folgenden
  Dinge mit:\par
  \begin{tabular}{l}
  \MultiRead{1}
  \end{tabular}
  \closing{Viele Grüße,}
  \ps{PS. Bitte in \ifthenelse{\equal{\titel}{Frau}}
    {Abendkleid oder kleinem Schwarzem}
    {Smoking oder Frack}
    erscheinen!}
  \end{letter}
  }
\end{document}
```

`textmerg.tex`

Abbildung 6.1 auf der nächsten Seite zeigt zwei Ausschnitte aus einer Datenbank, deren zeilenweisen Aufbau sowie die daraus erzeugten Einladungen.

`adr.dat`

6.3 Eigene Briefstile

Nachdem Sie einige Variationen der originalen `letter`-Klasse kennengelernt haben, werden Sie über Möglichkeiten nachdenken, Ihre eigenen Vorstellungen eines Brieflayouts zu verwirklichen. Im Beispiel heißt die neue Klasse `privat.cls`, so daß die erste Zeile eines Briefdokuments

	6. Juli 1999

```
Frau
Verena
Fallersleben
Gottfried Schillstraße 34
A-3000 Bregenz
Herrentorte
Krautsalat
***
```

Frau Verena Fallersleben
Gottfried Schillstraße 34
A-3000 Bregenz

Liebe Verena,

ich möchte Dich am 24.7.1999 zu einer Feier im kleinen Rahmen einladen. Bitte bringe die folgenden Dinge mit:

- Herrentorte
- Krautsalat

Viele Grüße,

PS. Bitte in Abendkleid oder kleinem Schwarzem erscheinen!

10. November 2001

Herrn Hermann Buhl
Gesäuseweg 13
A-8040 Admont

```
Herrn
Hermann
Buhl
Gesäuseweg 13
A-8040 Admont
Nußkrapferl
Frittaten- oder andere Suppe
Geselchtes
***
```

Lieber Hermann,

ich möchte Dich am 24.7.1999 zu einer Feier im kleinen Rahmen einladen. Bitte bringe die folgenden Dinge mit:

- Nußkrapferl
- Frittaten- oder andere Suppe
- Geselchtes

Viele Grüße,

PS. Bitte in Smoking oder Frack erscheinen!

Abbildung 6.1
Datenbankeinträge und erzeugte Briefe

`\documentclass{privat}`

lautet. Lassen Sie uns zunächst die Möglichkeiten des neuen Briefstils überlegen.

Die neuen Befehle

Das Beispiel trägt den Bedürfnissen zweier Personen (als Beispiel Max und Verena) Rechnung, die zusammenleben und mit einem Briefstil Briefe für beide Namen erzeugen wollen. Es ist daher eine Option vorgesehen, die angibt, wer von den beiden den Brief schreibt:

`\documentclass[a4paper,12pt,max]{privat}`

6.3 Eigene Briefstile

`\documentclass[a4paper,11pt,verena]{privat}`

Die Optionen `max` oder `verena` wählen den Schreiber aus und setzen abhängig hiervon einige Voreinstellungen wie den Namen in der Anschrift oder Aussehen des Briefkopfes. Da beide im selben Haus wohnen, unterscheiden sich im Beispiel viele Einstellungen allerdings nur wenig voneinander. Damit Sie einen Eindruck vom Layout erhalten, können Sie den in Abbildung 6.2 abgebildeten Musterbrief lesen.

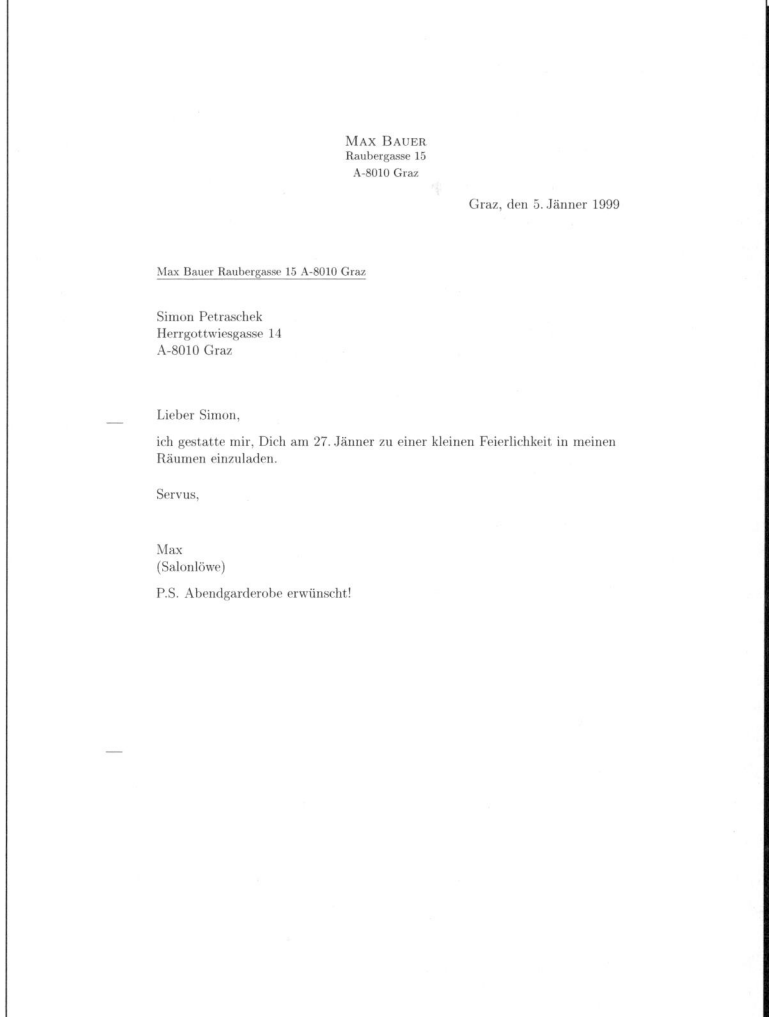

Abbildung 6.2
Ein privater Brief von Max, einem der Partner unseres Testpaares für den privaten Briefstil

Nur auf der ersten Seite wird ein Briefkopf mit der vollständigen *Briefkopf mit Anschrift*

Anschrift erzeugt, es sei denn, Sie wählen den Seitenstil `headings`. Dann erscheint in jeder Kopfzeile der Name des Adressaten und in der Fußzeile die Anschrift. Zur Erzeugung dieser Kopf- und Fußzeilen sind einige Angaben erforderlich, die durch die beiden Optionen `max` oder `verena` korrekt gesetzt werden. Sollte allerdings ein anderer Name oder eine andere Anschrift gewünscht werden, so können diese Daten einzeln oder komplett mit den folgenden Befehlen für die nächsten Briefe in derselben Datei geändert werden:

`\name`	`\name{<Name>}`
`\street`	`\street{<Straße>}`
`\city`	`\city{<Wohnort>}`
`\telephone`	`\telephone{<Telefonnummer>}`

Wenn Sie eine »Betrifft«-Zeile möchten, verwenden Sie den Befehl `\refbox{<Betreff>}`. Er erzeugt in einer eigenen Zeile einen Betrifft-Vermerk mit Ihrem Text. Es folgt rechtsbündig Ort und Datum des Schreibens. Hierfür wird das aktuelle Datum und der Ort aus den Voreinstellungen gesetzt. Sie können jedoch beide Angaben separat mit den Befehlen `\date{<Datum>}` und `\location{<Ort>}` ändern.

Der folgende Brief wird innerhalb der `letter`-Umgebung mit den üblichen Befehlen erzeugt und abgeschlossen. Die Anschrift des Adressaten wird dabei in eine Box gesetzt, die für Fensterkuverts geeignet ist. In der obersten Zeile dieser Box wird die Rücksendeadresse (also Ihre eigene) gedruckt, die aus den Angaben `\name`, `\street` und `\city` zusammengesetzt wird. Es folgt die vertikal zentrierte Anschrift des Empfängers. Eine Signatur unterhalb der Unterschrift unterbleibt im Standard, Sie können diese aber mit `\signature{<Signatur>}` ein- oder mehrzeilig einrichten:

`\signature{Max\newline (Salonlöwe)}`

Die Implementierung

Mit dem LaTeX-Mechanismus des Aufsetzens einer Klasse auf eine bereits existierende (Abschnitt 2.4.7) kann ein persönlicher Briefstil einfach kreiert werden, da nur die wirklich zu ändernden Teile programmiert werden müssen. Alles andere können Sie der originalen `letter`-Klasse überlassen.

privat.cls

```
1 % Klassendatei für Privatbriefe
2 \NeedsTeXFormat{LaTeX2e}
3 \ProvidesClass{privat}
4 \RequirePackage{ifthen}
5
6 % Zwei Personen können sich beteiligen
```

6.3 Eigene Briefstile

```
 7  \newboolean{max}       \setboolean{max}{false}
 8  \newboolean{verena}    \setboolean{verena}{false}
 9
10  \DeclareOption{max}{\setboolean{max}{true}}
11  \DeclareOption{verena}{\setboolean{verena}{true}}
12  \DeclareOption*
13    {\PassOptionsToClass{\CurrentOption}{letter}}
14
15  % Max schreibt häufiger -> Voreinstellung
16  \ExecuteOptions{max}
17  \ProcessOptions\relax
18
19  % Alle mögen A4-Papier und die deutsche Anpassung
20  \LoadClass[a4paper,12pt]{letter}
21  \RequirePackage{german}
22
23  \renewcommand\opening[1]
24    {\thispagestyle{firstpage}%
25     % Falzmarken
26     {\unitlength1cm\begin{picture}(0,0)
27       \put(-1.5,-6.45){\line(1,0){.5}}
28       \put(-1.5,-16.36){\line(1,0){.5}}
29     % Empfängerfeld  auf richtige Höhe verschieben
30       \put(0,-2){\parbox[t][35mm][s]{\textwidth}
31            {\underline{\footnotesize\@returnaddress}
32              \vfil\raggedright \toname\\
33              \toaddress\vfil}}
34     \end{picture}}
35     \vspace{0pt plus.00006fil}
36     \rightline{\hfil\@location, den \datebox}\par
37     \ifthenelse{\equal{\refboxtext}{}}
38       {}{\showrefbox\par}
39     \vspace{2\parskip}
40     #1\par\nobreak}
41
42  \long\def\closing#1{\par\nobreak\vspace{\parskip}%
43    \stopbreaks
44    #1\par\vspace{3\parskip}
45    \ifthenelse{\equal{\fromsig}{}}
46      {}{\fromsig\par}
47    }
48
49  \newcommand{\showrefbox}
50    {\underline{Betrifft: \refboxtext}}
```

```
51  \newcommand{\refbox}[1]
52    {\renewcommand{\refboxtext}{#1}}
53  \renewcommand{\signature}[1]
54    {\renewcommand{\fromsig}{#1}}
55  \renewcommand{\date}[1]
56    {\renewcommand{\datebox}{#1}}
57  \newcommand{\street}[1]
58    {\renewcommand{\@street}{#1}}
59  \renewcommand{\location}[1]
60    {\renewcommand{\@location}{#1}}
61  \renewcommand{\telephone}[1]
62    {\renewcommand{\@telephone}{#1}}
63  \newcommand{\city}[1]
64    {\renewcommand{\@city}{#1}}
65  \renewcommand{\name}[1]
66    {\renewcommand{\fromname}{#1}}
67  \newcommand{\return}[1]
68    {\renewcommand{\@returnaddress}{#1}}
69
70  % Voreinstellungen
71  \ifthenelse{\boolean{verena}}
72    {\renewcommand{\fromname}{Verena Bauer}}
73    {\renewcommand{\fromname}{Max Bauer}}
74  \newcommand{\refboxtext}{}
75  \renewcommand{\fromsig}{}
76  \newcommand{\datebox}{\@date}
77  \newcommand{\@street}{Raubergasse 15}
78  \newcommand{\@telephone}{Tel. (0361) 88 04 34}
79  \newcommand{\@city}{A-8010 Graz}
80  \newcommand{\@location}{Graz}
81  \newcommand{\@returnaddress}
82    {\fromname\ \@street\ \@city}
83
84  \setlength{\headsep}{30pt}
85  \renewcommand{\@texttop}{}
86
87  \renewcommand{\thepage}{- \arabic{page}\ -}
88
89  \renewcommand{\ps@headings}
90    {\renewcommand{\@oddhead}
91      {\vbox to \textwidth{\footnotesize\it
92        \headtoname\ \toname\hfil
93        \@date\hfil \pagename\ \thepage\\
94        \vskip2pt\hrule height .5pt}}
```

6.3 Eigene Briefstile

```
 95    \renewcommand{\@oddfoot}
 96      {\footnotesize\fromname\hfil\@street\hfil
 97       \@telephone\hfil\@city}}
 98  \pagestyle{headings}
 99
100  \renewcommand{\ps@firstpage}
101    {\setlength{\topmargin}{-57pt}
102     \setlength{\headheight}{52pt}
103     \ifthenelse{\boolean{max}}
104        {\renewcommand{\@oddhead}
105           {\parbox{\textwidth}
106              {\centering{\sc \fromname}\\
107               {\footnotesize \@street\\ \@city}}}}
108        {\renewcommand{\@oddhead}
109           {\parbox{\textwidth}
110              {{\sc \fromname}\\
111               {\small \@street\\ \@city\\ \@telephone}}}}
112     \renewcommand{\@oddfoot}{}
113     \renewcommand{\@evenhead}{}
114     \renewcommand{\@evenfoot}{}}
```

Zu Beginn erfolgt die Identifizierung der Klasse sowie die Definition der Optionen (neben max und verena können alle Optionen der originalen Briefklasse benutzt werden, diese werden an letter.cls weitergeleitet). Die Ergebnisse der Personenoptionen werden in zwei neuen \if-Befehlen verena und max gespeichert. Die deutsche Anpassung wird automatisch geladen.

Das Makro \opening ist etwas komplizierter aufgebaut, da es mit Hilfe der LaTeX-Boxen die kleine Rücksendeanschrift in einem korrekt plazierten Anschriftsfeld setzen muß. Eine picture-Umgebung ohne Ausdehnung ab Zeile 26 hilft, zwei Falzmarken bei jeweils Dritteln des Briefes einzuzeichnen.

Falzmarken mit picture-Umgebung

Ab Zeile 49 kommen die Befehle, die neu hinzukommen oder modifiziert werden.

Die Zeilen 70ff. legen die Voreinstellungen für Adressen, Datum, Unterschrift usw. fest. Diese Angaben können durch die entsprechenden Benutzerbefehle überschrieben werden.

Ab Zeile 89 wird der Seitenstil festgelegt (siehe Abschnitt 3.4). headings ist der Stil für Folgeseiten, der Briefkopf der ersten Seite wird durch firstpage erzeugt. Beide Stile verwenden die Informationen der @-Makros für Anschrift und Namen. Anhand der neuen if-Abfragen können spezifische Briefköpfe für jeden erzeugt werden.

Es sollte Ihnen nicht schwerfallen, aus diesem Gerüst einen eigenen Stil zu kreieren. Wichtig sind die Makros \opening und

\closing, die den Briefbeginn einschließlich der Empfängeranschrift sowie den Schluß erzeugen. Die restlichen internen Befehle und Makros können unverändert übernommen werden. Die Makros für Namen und Anschriften können angepaßt werden. Der Briefkopf wird über den Seitenstil geändert.

7 LaTeX künstlerisch – Zeichensätze

In diesem Kapitel geht es auf eine Reise quer durch alle Kontinente und Zeiten – Sie werden einige Zeichensätze kennenlernen, die mit LaTeX verwendet werden können, um einheimische und fremdsprachige Texte zu setzen. Zunächst werden jedoch die mitgelieferten Schriften kategorisiert und dann die Möglichkeiten des LaTeX-Auswahlmechanismus für Zeichensätze detailliert geschildert.

7.1 LaTeX-Zeichensätze

Dieser Abschnitt liefert den technischen Hintergrund für die mit Zeichensätzen in Verbindung stehende Programmierung und ist bei der Integration neuer Zeichensätze hilfreich.

7.1.1 Attribute eines Zeichensatzes

LaTeX charakterisiert einen Zeichensatz durch die folgenden, voneinander unabhängigen Parameter, auf die in den nächsten Abschnitten detaillierter eingegangen wird:

- ❏ Die Schriftfamilie, die den grundsätzlichen Charakter festlegt (mit/ohne Serifen, Sonderschriften, Schreibmaschinenschrift). Sie wird mit \rmfamily, \sffamily und \ttfamily und in allgemeiner Form mit \fontfamily festgelegt.

- ❏ Die Schriftstärke (normal, fett), einstellbar mit \mdseries, \bfseries und \fontseries.

- ❏ Die Schriftgestalt (aufrecht, kursiv, geneigt oder Kapitälchen), erzeugt mit \upshape, \itshape, \slshape und \scshape sowie \fontshape.

- ❏ Die Größe des Zeichensatzes. Dieses Attribut können Sie mit den Befehlen zur Größenumschaltung \Large oder \small nicht direkt einstellen, sondern nur in Relation zur Größe der Grundschrift des Dokumentes. Eine direkte Auswahl der Größe ist mit `\fontsize` möglich.

❏ Das Encoding-Schema, das die Umsetzung der ganzzahligen Zeichencodes (die für druckbare Zeichen größtenteils mit den ASCII-Codes übereinstimmen) in ein Zeichen beschreibt. Eine direkte Auswahl ist mit `\fontencoding` möglich.

Jeder der aufgeführten Befehle ändert genau einen Parameter, so daß durch mehrere aufeinanderfolgende Kommandos alle möglichen Attributkombinationen erzielbar sind. Es ist allerdings möglich, daß ein derartig ausgezeichneter Zeichensatz nicht zur Verfügung steht. Die Zuordnung der existierenden Benutzerbefehle zu den Attributen wird in Tabelle 7.1 erläutert. Die Befehle lassen sich in zwei Gruppen einteilen: die eine, zum Beispiel `\textbf`, setzt den als Argument übergebenen Text mit dem entsprechenden Schriftattribut, die andere, zum Beispiel `\bfseries`, ändert das Attribut dauerhaft.

Tabelle 7.1 Zuordnung der Attribute eines Zeichensatzes zu den Änderungskommandos

Attribut	Befehle	Befehle
Familie	`\rmfamily`	`\textrm {<Text>}`
	`\sffamily`	`\textsf {<Text>}`
	`\ttfamily`	`\texttt {<Text>}`
Stärke	`\mdseries`	`\textmd {<Text>}`
	`\bfseries`	`\textbf {<Text>}`
Gestalt	`\upshape`	`\textup {<Text>}`
	`\itshape`	`\textit {<Text>}`
	`\slshape`	`\textsl {<Text>}`
	`\scshape`	`\textsc {<Text>}`

Jeweils in einer Gruppe stehende Befehle ändern denselben Parameter und können daher nicht sinnvoll miteinander kombiniert werden. Sie können jedoch gleichzeitig die Familie (Schreibmaschinenschrift), die Stärke (fett) und die Form (kursiv) einstellen. Nach einem Wechsel auf die Schrift Roman bleiben die Stärke und die Form erhalten, so daß Sie nunmehr mit der fetten kursiven Roman arbeiten.

7.1.2 Schriftfamilien und -schnitte

Standardmäßig werden in einer LaTeX-Distribution die CM- und die EC-Schriftfamilie ausgeliefert. Diese lassen sich in drei Gruppen unterteilen:

❏ *Proportionalschriften* sind die übliche Schriftart, bei der jedes Zeichen so breit ist, wie es seinem Aussehen entspricht, das heißt ein »i« ist schmäler als ein »m«. Die meisten LaTeX-Schriften sind Proportionalschriften. Sie lassen sich noch zusätzlich in serifenlose und serifenbehaftete Zeichensätze unterteilen.

❏ *Fixschriften* sind Schriften bei denen jedes Zeichen gleich breit ist. Sie kennen diese Schriften von der `Schreibmaschine` und vom Rechnerterminal, in LaTeX implementiert als `\textttt`-Schrift.

❏ *Sonderschriften* sind vor allem Zeichensätze mit mathematischen und anderen Sonderzeichen sowie verzierten Buchstaben.

Eine Übersicht über den vollständigen Zeichensatz können Sie mit dem auf Seite 357 besprochenen LaTeX-Programm erhalten.

Proportionalschriften

Standardmäßig arbeitet LaTeX mit proportionalen Zeichensätzen. Sie lassen sich unterteilen in Times- oder Roman-ähnliche Zeichensätze (serifenbehaftet) und in die Gruppe der Grotesk-Schriften (Helvetica, serifenlos). Die entsprechenden Kennbuchstaben sind in den Tabellen 7.2 und 7.3 zusammengefaßt.

Nichtproportionale Schriften

In nichtproportionalen Schriften besitzt jedes Zeichen die gleiche Breite, unabhängig von seiner geometrischen Ausdehnung. Beispiele solcher Schriften findet man bei Schreibmaschinen- (Courier) und Bildschirmschriften. LaTeX implementiert ausschließlich Schreibmaschinenschriften. Tabelle 7.4 auf Seite 347 liefert eine Übersicht über die verfügbaren Schnitte und ihre Kennung.

Mathematische Zeichensätze

Neben den bisher vorgestellten textorientierten Zeichensätzen benötigt man zum Satz mathematischer Formeln noch eine große Zahl an Sonderzeichen für Symbole und mathematische Textzeichen. Tabelle 7.5 auf Seite 347 gibt über die Kennbuchstaben Auskunft.

In den mathematischen Zeichensätzen sind Ziffern enthalten, die für den Satz der sogenannten *Mediävalziffern* geeignet sind, das sind Ziffern, die sich in ihrer Form deutlich von den normalen aufrechtstehenden *Tabellenziffern* unterscheiden: »0123456789« im Gegensatz zu »0123456789«. Die Eingabe der Ziffern erfolgt mit dem Befehl

Mediävalziffern

`\oldstylenums{0123456789}`

7 LaTeX künstlerisch – Zeichensätze

Tabelle 7.2
Kennbuchstaben für die möglichen Schnitte der Proportionalschriften

T1	OT1	Zeichensatz
rm	r	Roman-Grundschrift mit Serifen.
bx	bx	Fetter Schnitt der Roman-Schrift mit größerer Laufweite (bold extended).
rb	b	Fette Roman mit gleicher Laufweite.
sl	sl	Schiefgestellte Roman (slanted).
bl	bxsl	Fette Variante der geneigten Roman.
cc	csc	Kapitälchen (caps and small caps).
xc		Fette Kapitälchen höherer Laufweite.
sc		Geneigte Kapitälchen (slanted caps).
oc		Fette schiefgestellte Kapitälchen (oblique).
ti	ti	Kursive Roman (italic).
bi	bxti	Fette Kursive.
ci		Classical Serif Italic.
ss	ss	Serifenlose Grundschrift (sans serif).
sq	sq	Sans Serif mit höherer Laufweite, für Zitate.
qi	ssqi	dito, geneigt.
si	ssi	Geneigte Sans Serif (inclined), nicht italic!
sx	ssbx	Fette Sans Serif höherer Laufweite (sans serif bold extended).
ssdc	ssdc	Fette Sans Serif normaler Laufweite.
so		Fette geneigte Sans Serif (oblique).

Tabelle 7.3
Kennbuchstaben für Sonderschriften

T1	OT1	Zeichensatz
dh	dunh	Dunhill, ein Zeichensatz mit überhöhten Oberlängen, ähnlich einer Märchenbuchschrift.
u	u	Italic-Schrift, bei der die Neigung der Zeichen entfernt wurde (unslanted).
vt	vtt	Proportionale Schreibmaschinenschrift (variable typewriter).
vi		dito, kursiv.
	ff	Verzerrter Font (funny font).
	fi	dito, kursiv.

Mediävalziffern werden in belletristischen Werken häufig eingesetzt. Es wäre nun sehr kompliziert, an sämtlichen Stellen, an denen Ziffern auftreten, den Befehl \oldstylenums anzuwenden, um auch in

Tabelle 7.4
Kennbuchstaben für Schnitte der Fixschriften

T1	OT1	Zeichensatz
tt	tt	Schreibmaschinenschrift (typewriter type).
tc	tcsc	Schreibmaschinenschrift, Kapitälchen (typewriter caps).
st	sltt	Geneigte Schreibmaschinenschrift.
it	itt	Kursive Schreibmaschinenschrift (italic typewriter).
	tex	Weitere Zeichen (typewriter extension).

Tabelle 7.5
Mathematisch orientierte Zeichensätze von TEX

Kennung	Bedeutung
mi	Mathematischer Text (math italic) für Variablennamen und sonstigen Text.
mib	Mathematische Textzeichen in fettem Schnitt.
sy	Mathematische Sonderzeichen (symbol), zum Beispiel verschiedene Operatoren.
bsy	Fetter Schnitt der mathematischen Sonderzeichen.
ex	Symbole, die in mehreren Größen auftreten (Wurzeln, Integrale).

eigenen Werken diese Ziffern verwenden zu können. Glücklicherweise stehen mit den ECO-Zeichensätzen Varianten der EC-Zeichensätze zur Verfügung, in denen die Tabellen- durch Mediävalziffern ersetzt sind. Durch das Laden des Paketes eco werden die Zeichensätze in den Text eingebunden. Wollen Sie an einigen Stellen dennoch Tabellenziffern benutzen (etwa in Tabellen), so können Sie dies in Umkehrung des Verfahrens mit Hilfe des Befehls \newstylenums{<Ziffern>} erreichen.

eco

7.1.3 Vergrößerungsstufen von Zeichensätzen

Es wurde bereits von Entwurfsgröße und Vergrößerungen von Zeichensätzen gesprochen. Dahinter steht die Tatsache, daß die Zeichensätze von LATEX jeweils in einer speziellen Größe entworfen, programmiert und berechnet sind. Größere oder kleinere Schriftzeichen werden nicht durch bloße Skalierung des einmal entworfenen Zeichensatzes realisiert, sondern durch ein für jede andere Größe neues Zeichensatzprogramm erneut berechnet. Der Nachteil, daß dadurch für jede Größenstufe Dateien für alle Schriftschnitte vorhanden sein müssen, wird durch Qualität kompensiert, da jeder Zeichensatz seiner Größe gemäß optimal gestaltet ist. Eine Roman-Schrift von 12 pt Entwurfsgröße sieht geringfügig anders (und besser) aus als eine 10 pt-Roman, die um den Faktor $^{12}/_{10}$ vergrößert wurde. Sie können dies am Beispiel der originalen 12 pt-EC-Schrift `ecrm1200` und der vergrößerten Variante `ecrm0500 scaled 2400` sehen:

> Dieses Alphabet ABCDEFabcdef wurde mit einer 12 pt-Entwurfsschrift gesetzt. Hier noch einige Worte für einen besseren Leseeindruck dieser Schrift.
> **Das Alphabet ABCDEFabcdef wurde dagegen einer hochskalierten 5 pt-Schrift entnommen. Hier noch einige Worte für einen besseren Leseeindruck dieser Schrift.**

Da jedoch nicht für jede Schriftgröße ein eigenständiger Zeichensatz zur Verfügung steht, wurde die Möglichkeit vorgesehen, durch bloße Vergrößerung einen Zeichensatz sowohl in seiner Entwurfsgröße als auch in weiteren Schriftgraden zu berechnen. Eine 10 pt-Schrift kann auf 12 pt umgerechnet werden, wenn sämtliche geometrischen Elemente um den Faktor 1,2 vergrößert werden. Es können im Prinzip beliebige Vergrößerungen benutzt werden, für einen Rechner stellt dies im Gegensatz zum Setzer, der mit Bleilettern arbeitet, kein Problem dar. Dennoch arbeitet LaTeX nur mit einer begrenzten Zahl von solchen Vergrößerungsstufen, einerseits, um nicht beliebig viele Dateien benutzen zu müssen, andererseits leidet die Lesbarkeit eines Druckwerkes, wenn zu viele verschiedene Schriftgrößen in einem Dokument gemischt werden. Daher stellt das LaTeX-System Dateien zur Verfügung, die diskrete Vergrößerungsstufen darstellen und durch eine mit 1000 multiplizierte Dezimalzahl gekennzeichnet werden. Die Abstufungen betragen jeweils 1,2 oder $\sqrt{1,2} = 1,095$, womit sich als verfügbare Stufen finden lassen: 1000 (die Originalgröße), 1095, 1200 $(1,2^1)$, 1440 $(1,2^2)$, 1728 $(1,2^3)$, 2074 $(1,2^4)$ ... Da die Potenzen von 1,2 so wichtig sind, existiert in LaTeX dafür die alternative Angabe `mag=magstep<n>`, wobei `<n>` eine ganze Zahl ist und die entsprechende Potenz von 1,2 darstellt. `mag=magstep2` bedeutet also die Stufe 1440 oder $1,2^2$.

Wenn Sie beispielsweise eine Grundschriftgröße von 10 pt eingestellt haben, so könnte zum Satz des Fließtextes die Datei `cmr10` herangezogen werden. Sollte durch einen Größenumschaltbefehl wie `\large` die Schrift in 12 pt Größe angefordert werden, so können zwei Fälle auftreten:

❏ Die Datei `cmr12` mit einer Entwurfsgröße von 12 pt existiert und wird benutzt (bester Fall) oder

❑ cmr12 ist nicht vorhanden. LaTeX versucht, eine Datei zu finden, in der cmr10 um den Faktor 1,2 vergrößert enthalten ist (cmr10 scaled 1200 oder cmr10 at 12pt). LaTeX findet Informationen über zulässige Austauschzeichensätze in den .fd-Dateien, die für jeden Zeichensatz und jedes Encoding vorhanden sind (siehe Abschnitt 7.2).

Wenn Sie den LaTeX-Befehl \newfont benutzen, tritt der zweite Fall in Kraft. Mit den meistens beigegebenen Vergrößerungsstufen könnten Sie aus Ihrer cmr10-Datei neben der dedizierten 10 pt-Schrift die Schriftgrößen 12 pt, 14,4 pt und 17,28 pt erzielen. Hätten Sie nur eine cmr12-Datei, könnten Sie damit neben der geplanten 12 pt-Schrift eine Größe von 13,15 pt, 14,4 pt, 17,28 pt oder 20,74 pt erzielen.

Wie Sie LaTeX dazu bringen können, anstelle der CM-Fonts neue Zeichensätze für den Grundtext zu benutzen, erfahren Sie in Abschnitt 7.2.

7.1.4 Das Encoding

Das *Encoding* eines Zeichensatzes verknüpft ein Schriftzeichen mit einer bestimmten Position innerhalb des vollständigen Satzes. Sie kennen vielleicht bereits die ASCII-Kodierung, die alle großen und kleinen Buchstaben des Alphabets sowie Ziffern und Sonderzeichen durch Zahlen zwischen Null und 127 darstellt. Die Kodierung, die den CM-Zeichensätzen zugrundeliegt, ist eng an den ASCII-Standard angelehnt und belegt darüber hinaus einige freie Positionen mit Sonderzeichen. Sie wird OT1 genannt und tritt, falls nichts anderes angegeben ist, beim Arbeiten mit LaTeX in Kraft.

Es gibt zahllose andere Möglichkeiten, Zeichen anzuordnen. 1990 wurde in Cork im Rahmen einer TeX-Konferenz ein Encoding-Schema T1 mit 256 Zeichen verabschiedet, mit dem ein Großteil der europäischen, auf dem lateinischen Alphabet basierenden Sprachen für LaTeX verfügbar gemacht werden kann. Da in den bisherigen CM-Zeichensätzen nur 128 verschiedene Zeichen enthalten waren, konnten viele nationale Sondersymbole nicht berücksichtigt werden oder mußten als Folge aus einfachen Grundelementen wie Buchstaben, Bögen und Akzenten zusammengesetzt werden. Nicht alle Sonderzeichen konnten so eine befriedigende Darstellung erhalten, auch traten Probleme bei der Worttrennung auf. Durch den erweiterten Zeichenvorrat sind nun zahlreiche Spezialzeichen als fertiger Entwurf mit größtmöglicher Qualität verfügbar (sehen Sie hierzu [5, S.152ff]). Die entsprechenden Zeichensätze für METAFONT heißen jetzt EC (European oder Extended Computer Modern) und ersetzen die alten CM-Zeichensätze. Abbildung 7.1 auf der nächsten Seite zeigt das Äquivalent zu cmr10 im T1-Encoding.

EC-Fonts

7 LaTeX künstlerisch – Zeichensätze

ecrm1000

	0	1	2	3	4	5	6	7	8	9	A	B	C	D	E	F	
0	`	´	^	~	¨	˝	˚	ˇ	˘	¯	˙	¸	‹	›	‹	›	0
1	"	"	„	«	»	–	—	o	ı	ȷ	ff	fi	fl	ffi	ffl		1
2	␣	!	"	#	$	%	&	'	(	)	*	+	,	-	.	/	2
3	0	1	2	3	4	5	6	7	8	9	:	;	<	=	>	?	3
4	@	A	B	C	D	E	F	G	H	I	J	K	L	M	N	O	4
5	P	Q	R	S	T	U	V	W	X	Y	Z	[	\	]	^	_	5
6	'	a	b	c	d	e	f	g	h	i	j	k	l	m	n	o	6
7	p	q	r	s	t	u	v	w	x	y	z	{	|	}	~	-	7
8	Ă	Ą	Ć	Č	Ď	Ě	Ę	Ğ	Ĺ	Ľ	Ł	Ń	Ň	Ŋ	Ő	Ŕ	8
9	Ř	Ś	Š	Ş	Ť	Ţ	Ű	Ů	Ÿ	Ź	Ž	Ż	IJ	İ	đ	§	9
A	ă	ą	ć	č	ď	ě	ę	ğ	ĺ	ľ	ł	ń	ň	ŋ	ő	ŕ	A
B	ř	ś	š	ş	ť	ţ	ű	ů	ÿ	ź	ž	ż	ij	¡	¿	£	B
C	À	Á	Â	Ã	Ä	Å	Æ	Ç	È	É	Ê	Ë	Ì	Í	Î	Ï	C
D	Ð	Ñ	Ò	Ó	Ô	Õ	Ö	Œ	Ø	Ù	Ú	Û	Ü	Ý	Þ	SS	D
E	à	á	â	ã	ä	å	æ	ç	è	é	ê	ë	ì	í	î	ï	E
F	ð	ñ	ò	ó	ô	õ	ö	œ	ø	ù	ú	û	ü	ý	þ	ß	F
	0	1	2	3	4	5	6	7	8	9	A	B	C	D	E	F	

Abbildung 7.1
ecrm1000 *als Beispiel für einen T1-kodierten Zeichensatz (Äquivalent zu* cmr10 *für die Zeichenpositionen 0-127)*

Eingesetzt werden die EC-Zeichensätze, wenn Sie das Paket fontenc mit der Option T1 (Großbuchstaben) aufrufen:

\usepackage[T1]{fontenc}

Hiermit wird als Encoding-Schema das Cork-Encoding T1 benutzt.

Welche Vorteile können Sie aus den neuen Zeichensätzen ziehen? Zunächst sind einige neue Kommandosequenzen enthalten, um europäische Sonderzeichen und Akzente zu erzeugen (Tabelle 7.6). Ebenfalls hinzugekommen sind Ligaturen für häufig benötigte zusammengesetzte Zeichen wie die Anführungs- und Abführungsstriche der deutschen, französischen, polnischen und englischen Sprache. Diese können in Anlehnung an ihr Erscheinungsbild eingegeben werden. Weiterhin können einige Zeichen nun unmittelbar im Text dargestellt werden, ohne daß zuvor in den mathematischen Modus geschaltet werden muß, beispielsweise die Relationen < und >.

Ausführlichere Informationen können Sie [28] entnehmen, das zwar die DC-Zeichensätze beschreibt, aber für EC-Zeichensätze anwendbar ist. In dieser Dokumentation erfahren Sie Einzelheiten über die Zeichenpositionen sowie das Namensschema.

TC-Fonts

Zusammen mit den EC-Zeichensätzen kommt eine Sammlung von *text companion*-Zeichensätzen (TC-Zeichensätze), die in der Zei-

7.1 LaTeX-Zeichensätze

Eingabe	Resultat	Eingabe	Resultat
\r a	Ringakzent å	\k a	Ogonek ą
\dj \DJ	đĐ	<< >>	« »
\ng \NG	ŋŊ (Eng)	,, ``	„ "
\dh \DH	ðĐ (Edh)	`` ,,	" „
\th \TH	þÞ (Thorn)		

Tabelle 7.6
Neue Kommandosequenzen für das T1-Encoding

chengestalt mit den normalen Schriftzeichen harmonieren und eine Vielzahl von Sondersymbolen und Währungszeichen bieten. Die Zeichen des TC-Zeichensatzes haben ein eigenständiges Encoding, das die Bezeichnung TS1 trägt, Abbildung 7.2 zeigt dies beispielhaft. Die Zeichen können zusammen mit den EC-Zeichensätzen geladen werden:

Sondersymbole

`\usepackage[TS1,T1]{fontenc}`

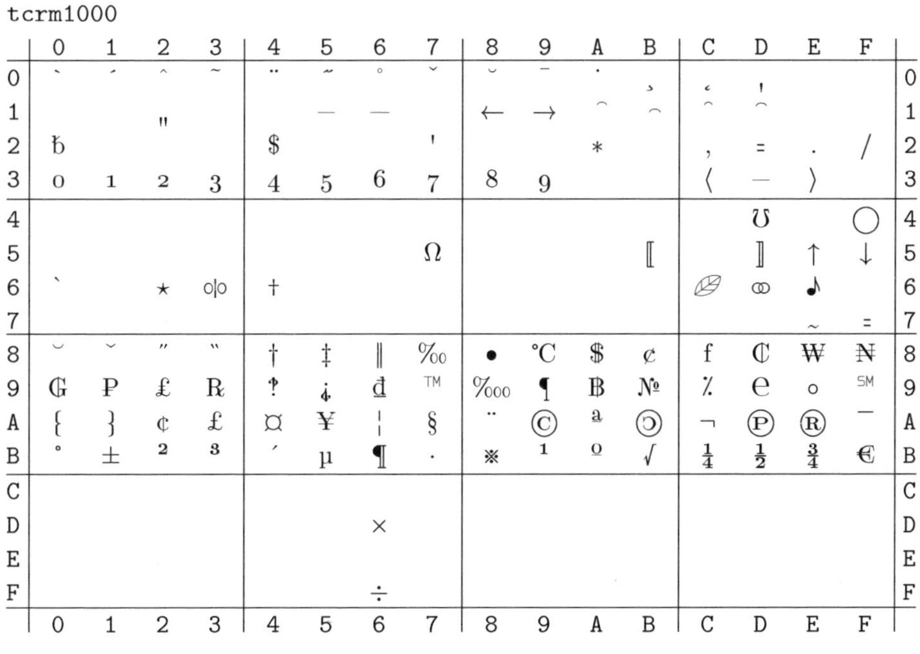

tcrm1000

[Zeichentabelle tcrm1000 mit Spalten 0–F und Zeilen 0–F]

Tabelle 7.7 auf der nächsten Seite zeigt einen Auszug der wichtigsten Symbole und der zugehörenden Befehle. Hierzu ist die Datei `textcomp.sty` nötig, die unter

`CTAN/macros/latex/unpacked`

Abbildung 7.2
tcrm1000 *als Sonderzeichenfont zu* ecrm1000, *TS1-kodiert*

zu finden ist. (Das Symbol für den Euro des TC-Zeichensatzes entspricht nicht der offiziellen Vorgabe; wenn Sie ein normgerechtes Symbol benötigen, lesen Sie bitte Abschnitt 7.6.3 auf Seite 390.) Erwähnenswert unter diesen Symbolen ist das aufrechte griechische My µ (\textmu), das im Gegensatz zu seiner kursiven mathematischen Variante μ als Zusatz »Mikro-« in Maßeinheiten wie 3 µm verwendet werden kann. Das hochgestellte Gradzeichen ° (\textdegree) muß mit dem TC-Zeichensatz auch nicht mehr mit ° ($^\circ$) approximiert werden.

⟦	\textlbrackdbl	←	\textleftarrow	→	\textrightarrow
⟧	\textrbrackdbl	↑	\textuparrow	↓	\textdownarrow
◯	\textbigcircle	Ω	\textohm	µ	\textmu
¼	\textonequarter	½	\textonehalf	¾	\textthreequarters
±	\textpm	√	\textsurd	0	\textzerooldstyle
1	\textoneoldstyle	2	\texttwooldstyle	3	\textthreeoldstyle
4	\textfouroldstyle	5	\textfiveoldstyle	6	\textsixoldstyle
7	\textsevenoldstyle	8	\texteightoldstyle	9	\textnineoldstyle
⋆	\textborn	†	\textdied	⚭	\textmarried
o|o	\textdivorced	†	\textdagger	‡	\textdaggerdbl
‰	\textperthousand	‱	\textpertenthousand	‖	\textbardbl
¦	\textbrokenbar	°	\textdegree	°C	\textcelsius
•	\textbullet	◦	\textopenbullet	§	\textsection
©	\textcopyright	º	\textordmasculine	ª	\textordfeminine
™	\texttrademark	№	\textnumero	℮	\textestimated
®	\textregistered	$	\textdollaroldstyle	$	\textdollar
¢	\textcentoldstyle	¢	\textcent	ƒ	\textflorin
¥	\textyen	£	\textsterling	₤	\textlira
₩	\textwon	₦	\textnaira	₲	\textguarani
₱	\textpeso	€	\texteuro		

Tabelle 7.7
Wichtige Befehle und Zeichen der TC-Zeichensätze

Zu erwähnen ist, daß in den TC-Schriften neue Akzente hinzugekommen sind, die speziell für das Zusammenspiel mit Großbuchstaben geeignet sind. Die Tabelle 7.8 auf der nächsten Seite enthält diese neuen Befehle. Vergleicht man jeweils die beiden Zeichen áá (Eingabe mit \'a und \capitalacute{a}) und ÁÁ (Eingabe mit \'A und \capitalacute{A}), stellt man fest, daß letztere flacher laufen. Auch die Bögen für die Zeichengruppen a͡a I͡I (Eingabe mit \t{aa} und \capitaltie) sind so gestaltet. Bögen über einem Buchstaben â und Â werden mit \newtie{a} und \capitalnewtie{A} gesetzt.

Á	\capitalacute {A}	Â	\capitalcircumflex {A}	**Tabelle 7.8**
À	\capitalgrave {A}	Ǎ	\capitalcaron {A}	*Akzente und neue Bögen*
Ä	\capitaldieresis {A}	Å	\capitalring {A}	*zum Verbinden von einem*
Ȧ	\capitaldotaccent {A}	Ã	\capitaltilde {A}	*oder zwei Buchstaben*
Ă	\capitalbreve {A}	Ǎ	\capitalhungarumlaut {A}	
Ą	\capitalcedilla {A}	Ą	\capitalogonek {A}	
â͡a	\newtie {a}	Â͡	\capitalnewtie {A}	
a͡a	\t {aa}	I͡I	\capitaltie {II}	

7.1.5 Zeichensatznamen

Die Dateinamen der alten CM-Zeichensätze sind nach folgendem Schema aufgebaut:

`cmxxss`

Sie beginnen mit den Buchstaben `cm` (Computer Modern-Zeichensätze im OT1-Encoding, Abschnitt 7.1.4), gefolgt von zwei bis vier Zeichen `xx`, die den Schnitt charakterisieren (zum Beispiel `r` für »roman«, `ti` für »italic«, Abschnitt 7.1.2). Zuletzt folgen ein oder zwei Ziffern `ss`, die die Entwurfsgröße des Zeichensatzes in Punkt angeben. Der Zusammenhang zwischen Entwurfsgröße und Vergrößerungsstufen wurde in Abschnitt 7.1.3 beschrieben. Das Namensschema der neuen EC-Zeichensätze ist ähnlich, der Aufbau

`ecxxssss`
`tcxxssss`

spiegelt das Encoding (T1 entsprechend EC-Fonts oder TS1 entsprechend TC-Fonts), den Schnitt `xx` sowie die Entwurfsgröße `ssss` wider. Im Gegensatz zu den CM-Zeichensätzen wird hier die Größe in Punkt, mit 100 multipliziert, stets vierstellig wiedergegeben.

In [12] wird ein allgemeines Namensschema für Zeichensätze vorgeschlagen, nach dem ein LaTeX-Zeichensatzname den Aufbau

Allgemeines Namensschema

`STTW[V...][N][E][DD]`

hat, wobei die Abkürzungen bedeuten:

❏ S, »supplier«, der Produzent des Zeichensatzes.

❏ TT, »typeface«, die Schriftfamilie (zwei Buchstaben), unter der alle folgenden Schnitte subsummiert sind.

❏ W, »weight«, die Stärke des Schriftschnittes (mager, normal, fett ...). Die beiden Gewichte, die die LaTeX-CM- oder EC-Schriften bieten, sind normal (medium) und fett-breitlaufend (bold-extended) mit den Werten m und bx für den Parameter »series«. Viele der Type 1-Zeichensätze bieten fette Schnitte, die jedoch keine im Vergleich zur Grundschrift erhöhte Laufweite haben und daher mit dem Attributwert b kodiert werden müssen. Da die üblichen Umschaltbefehle \textbf und \bfseries den originalen LaTeX-Wert bx verwenden, müssen Sie in der .fd-Datei zur Schriftfamilie diesen Wert auf b mappen. Als Lohn dieser Mühe können Sie die normalen Umschaltbefehle für die neuen fetten Schnitte verwenden.

❏ V, »variants«, bis zu zwei Angaben über Schnittvarianten wie kursiv oder geneigt. Bei den normalen Grundschnitten entfällt diese Angabe.

❏ N, »encoding«, eine Angabe über die Kodierung des Zeichensatzes.

❏ E, »extend«, Angabe über die Laufweite der Schrift (schmal- oder breitlaufend).

❏ DD, »design size«, bis zu zwei Ziffern für die Schriftgröße in Punkt. Diese Angabe kann entfallen, zum Beispiel bei skalierbaren Type 1-Schriften.

Einige dieser Angaben können fehlen. Die korrekten Werte für die verschiedenen Hersteller, Familien usw. erhalten Sie durch Nachschlagen in den folgenden .map-Dateien

CTAN/info/fontname/supplier.map
CTAN/info/fontname/typeface.map
CTAN/info/fontname/weight.map
CTAN/info/fontname/variant.map
CTAN/info/fontname/width.map

7.1.6 Aufbau des Font-Verzeichnisses

Aus den METAFONT-Dateien können Sie sowohl die Metrikdateien (.tfm-Dateien) mit Informationen über Laufweite und Ausdehnung der Zeichen als auch die Graphikdaten (.pk-Dateien) mit den Rasterdaten für die tatsächliche Zeichengestalt erzeugen.

Die .mf-Dateien, die im gewünschten Paket enthalten sind, und die erzeugten .tfm- und .pk-Dateien müssen in den LaTeX-Verzeichnisbaum kopiert werden, und zwar in die Verzeichnisse

7.1 LaTeX-Zeichensätze

```
/texmf/fonts/source/<publisher>/<family>
/texmf/fonts/tfm/<publisher>/<family>
/texmf/fonts/pk/<mode>/<publisher>/<family>[/dpi<res>]
```

Um Ordnung in dieses Verzeichnis zu bringen, werden einem Zeichensatz zwei grundlegende Kenndaten zugeordnet, die sich in dem Verzeichnisnamen niederschlagen: der Entwickler des Zeichensatzes (im Verzeichnisbaum mit `<publisher>` bezeichnet) und die Schriftfamilie (im Pfad mit `<family>` bezeichnet). Nähere Informationen, um für einen bestimmten Zeichensatz diese Angaben zu finden, erhalten Sie in [12]. Beide Angaben tragen Sie für jeden neuen Zeichensatz in einer eigenen Zeile in der Datei

```
/texmf/fontname/special.map
```

ein. Je nach Herkunft und Art des Zeichensatzes kann die Änderung einer der anderen `.map`-Dateien sinnvoll sein, zum Beispiel von `adobe.map` für einen Adobe-Zeichensatz. Liegt Ihnen `symb10.mf` ohne weitere Hinweise vor, können Sie zum Beispiel die Zeile

```
symb public  misc
```

eintragen, um zu kennzeichnen, daß es sich um einen frei verteilten Zeichensatz handelt, der Zeichen und Symbole enthält. Die Pfade zum Kopieren der (erzeugten und vorliegenden) Dateien sind dann

```
/texmf/fonts/source/public/misc
/texmf/fonts/tfm/public/misc
/texmf/fonts/pk/<mode>/public/misc[/dpi<res>]
```

Im letzten Pfad sind noch nicht alle Angaben aufgelöst. `<mode>` steht für den Parametersatz, der von METAFONT verwendet wird, um aus einem Zeichensatzprogramm Rastergraphiken mit maximaler Qualität für das Zielgerät zu erzeugen. Dieser Parametersatz enthält gerätespezifische Parameter für Auflösung, Druckpunktüberschneidung, Schwärzungsgrad usw. Welche Parametersätze existieren, können Sie in der Datei

Druckermodus

```
/texmf/metafont/misc/modes.mf
```

nachsehen. Dort wird auch `localfont` definiert, das die Voreinstellung für Ihr Standardausgabegerät darstellt. Weicht Ihre Geräteausstattung von den Angaben in dieser Datei ab, können Sie diese ändern, um automatisch Zeichensätze für das richtige Gerät zu generieren. Der Wert `ljfour` für `localfont` generiert zum Beispiel Zeichensätze für einen Laserjet 4 und kompatible.

Es bleibt, die Angabe `<res>` zu erklären. Sie ergibt sich aus der (horizontalen) Auflösung des Ausgabegerätes multipliziert mit der gewünschten Vergrößerungsstufe. Stellen Sie sich vor, Sie benutzen einen Laserjet 4 mit 600 dpi (Wert `ljfour` für `<mode>`). Wenn Sie die Rastergraphikdaten eines Zeichensatzes `symb10.mf` in der Entwurfsgröße 10 pt generieren, liegt die Vergrößerungsstufe 1 vor, die erhaltenen Rasterdaten `symb10.pk` werden in das Verzeichnis

`/texmf/fonts/pk/ljfour/public/misc/dpi600`

geschrieben. Die Größe 12 pt entspricht einer Vergrößerungsstufe von $^{12}/_{10}$, 1,2 oder `magstep1`. Die Rasterdaten `symb10.pk` werden in das Verzeichnis für 720 dpi kopiert, da $600 \times 1{,}2 = 720$ ergibt. Das korrekte Verzeichnis ist damit

`/texmf/fonts/pk/ljfour/public/misc/dpi720`

In den beiden Beispielen wurde von zwei Dateien mit dem gleichen Namen `symb10.pk`, aber unterschiedlichem Inhalt (Größe) ausgegangen. Um diese Mehrdeutigkeit aufzulösen, muß die optionale Angabe `<res>` im Verzeichnispfad benutzt werden. Eine übliche Alternative ist es, die Auflösung in den Dateinamen zu übernehmen (`symb10.600pk` und `symb10.720pk`), der Pfadname ist dann

`/texmf/fonts/pk/ljfour/public/misc`

7.1.7 Erzeugung der Zeichensätze mit METAFONT

Sie wissen nun, wohin Sie die METAFONT-Dateien und das Ergebnis der METAFONT-Berechnungen kopieren müssen. Wie wird diese Bearbeitung aber angestoßen? Viele LaTeX-Installationen erlauben eine on-the-fly-Erzeugung fehlender Zeichensatzdaten, wenn Sie nur die METAFONT-Dateien in das richtige Verzeichnis kopiert haben. Eine LaTeX-Bearbeitung kann so die Metrikdateien erzeugen, der DVI-Previewer oder Druckertreiber fehlende Rasterdaten. Erlaubt Ihre Installation dies nicht, müssen Sie die Dateien per Hand erzeugen. Auch wenn bei der automatischen Erzeugung fehlender Zeichensatzdateien

Was tun bei Fehlern? en ein Fehler auftritt, der zum Abbruch der METAFONT-Bearbeitung führt, können Sie meist per Hand den Zeichensatz erzeugen: viele Fehler werden zwar gemeldet, liefern aber dennoch verwendbare Metrik- und Rasterdaten, wenn Sie METAFONT mit der Eingabe »q« zum Fortführen der Bearbeitung zwingen. (Am besten ist es natürlich, es gelingt Ihnen, den Fehler im METAFONT-Programm zu korrigieren!)

In der Regel müssen Sie für jede `.mf`-Datei einen METAFONT-Lauf starten, der Name der `.mf`-Datei entspricht dann dem Namen des Zeichensatzes. Sie erhalten die `.tfm`-Datei, die in das oben besprochene Verzeichnis gehört und können nun den Zeichensatz mit LaTeX benutzen. Der DVI-Previewer und die Druckertreiber benötigen noch die Rasterdaten, die mit dem Programm GFTOPK erzeugt

7.1 LaTeX-Zeichensätze

werden. Als Beispiel sollen für den Zeichensatz `symb10` die Metriken und Rasterdaten in der Entwurfsgröße 10 pt und in der Vergrößerung 12 pt erzeugt werden. Als lokaler Drucker sei `ljfour` eingestellt mit einer Auflösung von 600 dpi:

```
copy symb10.mf /texmf/fonts/source/public/misc

mf \mode=localfont; input symb10
gftopk symb10.600gf symb10.pk
copy symb10.tfm /texmf/fonts/tfm/public/misc
copy symb10.pk /texmf/fonts/pk/ljfour/public/misc/dpi600

mf \mode=localfont; \mag=1.2; input symb10
gftopk symb10.720gf symb10.pk
copy symb10.tfm /texmf/fonts/tfm/public/misc
copy symb10.pk /texmf/fonts/pk/ljfour/public/misc/dpi720
```

Nach dem METAFONT-Bearbeitungslauf erhalten Sie eine Datei, die den Namen der METAFONT-Datei besitzt und eine Zahl als Endung aufweist (zum Beispiel `symb10.600gf`). Diese Zahl entspricht der Grundauflösung des Druckermodus, der METAFONT mit `\mode=` mitgeteilt wurde, multipliziert mit dem Vergrößerungsfaktor. Wandeln Sie diese Datei mit dem Programm GFTOPK in gepackte Graphikdaten um und kopieren Sie die resultierende `.pk`-Datei in das Verzeichnis, das die Graphikdaten enthält.

GFTOPK

Bei umfangreichen Zeichensätzen kann es vorkommen, daß der Autor die METAFONT-Programme auf mehrere `.mf`-Dateien aufgeteilt hat. Ein Beispiel könnten die Dateien

```
optima10.mf
upper.mf
lower.mf
lig.mf
misc.mf
```

sein, von denen nur `optima10.mf` mit METAFONT behandelt werden darf. Diese Datei stellt eine *Treiberdatei* dar, die selbständig weitere `.mf`-Dateien für bestimmte Zeichengruppen aufruft, hier `upper.mf` und `lower.mf` für die Groß- und Kleinbuchstaben. Eine solche Treiberdatei erkennen Sie häufig an einer Größenangabe (hier »10« für die 10 pt-Optima).

Treiberdateien

7.1.8 Übersicht und Fonttabellen

Möchten Sie einen vollständigen Überblick über alle Zeichen eines Zeichensatzes erlangen, so verwenden Sie das LaTeX-Dokument `nfssfont.tex`, das in der LaTeX-Distribution enthalten ist oder von

```
CTAN/macros/latex/base
```

geladen werden kann. Bei der Bearbeitung mit LaTeX werden Sie nach dem Namen des Zeichensatzes gefragt. Anschließend können Sie wählen, ob Sie eine tabellarische Übersicht über den Zeichensatz (Eingabe von `\table`) oder eine Schriftprobe (Eingabe von `\sample`) wünschen. Die Eingabe `\help` liefert weitere Informationen, `\bye` beendet die Bearbeitung und liefert die Ausgabedatei `nfssfont.dvi`.

7.2 Ändern der Grundschriftart des Dokumentes

Dieser Abschnitt zeigt eine mögliche Vorgehensweise, um fremdsprachliche Texte zu setzen, wenn Sie die erforderlichen Zeichensätze besitzen. Als Beispiel werden die $\mathcal{AMS}$-LaTeX-Schriftzeichen (Abschnitt 7.6.1 auf Seite 382) zum Satz kurzer Textpassagen oder kompletter Dokumente in kyrillischer Schrift verwendet. (Texte in kyrillischer Sprache können jedoch auch mit Hilfe des Paketes `babel` verfaßt werden, in Abschnitt 7.6.5 auf Seite 396 können Sie mehr hierüber erfahren.) Das Beispielpaket `kyril.sty` wird mit der Zeile

```
\usepackage{kyril}
```

geladen und nimmt alle erforderlichen Anpassungen vor. Die Eingabe der kyrillischen Buchstaben erfolgt gemäß Tabelle 7.18 auf Seite 399 in einer lateinischen Umschrift, für die Eingabe der Härte- und Weichheitszeichen Ъ, ъ, Ь und ь werden Befehle wie `\cyrhrdsn` definiert. Es ist möglich, in diesem kyrillischen Text Passagen in lateinischen Buchstaben zu setzen. Die Umschaltung erfolgt analog zu `\textit` mit dem Befehl `\texttimes`, der unter Beibehaltung der restlichen Attribute sein Argument in EC-Roman (T1-kodiert) setzt sowie `\timestext`, mit dem analog zu `\itshape` dauerhaft auf lateinische Schriftzeichen umgeschaltet wird. Ebenso kann in lateinischen Passagen mit `\textcyrillic` und `\cyrillictext` vorübergehend oder dauerhaft auf kyrillische Schrift umgeschaltet werden. Dies wird in Abschnitt 7.6.1 auf Seite 382 gezeigt. Soll Kyrillisch ohne weitere Umschaltung die Grundschrift für das ganze Dokument sein, verwenden Sie die Paketoption `basefont`.

Liegen Ihnen mehrere verschiedene Sätze von Schriften vor, können Sie für jeden dieser Sätze analog dem Beispiel ein eigenes Paket schreiben, so daß ein Wechsel lediglich durch Austausch des Paketnamens erfolgen kann. Zum Verständnis der erforderlichen Schritte sehen Sie, wie das Paket aufgebaut ist:

7.2 Ändern der Grundschriftart des Dokumentes

`kyril.sty`

```
 1  \ProvidesPackage{kyril}[1999/06/17]
 2
 3  \DeclareOption{basefont}
 4  {\typeout{setting up cyrillic base font}
 5   \renewcommand{\rmdefault}{cyr}
 6   \renewcommand{\sfdefault}{cyrs}}
 7  \ProcessOptions
 8
 9  % Welche Familie soll für Times benutzt werden
10  \newcommand{\timesdefault}{cmr}
11
12  \newcommand{\cyrilacc}
13  {\renewcommand{\"}[1]{\accent32##1}%
14   \renewcommand{\'}[1]{\accent38##1}%
15   \renewcommand{\u}[1]{\accent36##1}}
16
17  % Kurzfristige Umschaltung
18  \DeclareTextFontCommand{\texttimes}
19    {\fontencoding{T1}\fontfamily{\timesdefault}%
20     \selectfont}
21  \DeclareTextFontCommand{\textcyrillic}
22    {\fontencoding{OT1}\fontfamily{cyr}%
23     \selectfont\cyrilacc}
24  % Dauerhafte Umschaltung
25  \newcommand{\timestext}
26    {\usefont{T1}{\timesdefault}{m}{n}}
27  \newcommand{\cyrillictext}
28    {\usefont{OT1}{cyr}{m}{n}\cyrilacc}
29
30  % Härtezeichen
31  \newcommand{\CYRSFTSN}{\symbol{94}}
32  \newcommand{\cyrsftsn}{\symbol{126}}
33  \newcommand{\CYRHRDSN}{\symbol{95}}
34  \newcommand{\cyrhrdsn}{\symbol{127}}
```

Die Makros

\rmdefault{<Familie>}   \rmdefault
\sfdefault{<Familie>}   \sfdefault
\ttdefault{<Familie>}   \ttdefault

legen die Voreinstellung der Familienkennung für die Schriftarten Roman, Sans Serif und Typewriter (cmr, cmss und cmtt) fest. Im Beispiel werden im Bearbeitungszweig für die Paketoption basefont die Familien cyr und cyrs als Voreinstellung für die Roman- und die Sans Serif-Schrift erklärt. Damit wird die normale Roman durch eine kyrillische Grundschrift ersetzt, der gesamte Text erscheint in der gewünschten Schriftart. Jeder Fontbefehl, der Bezug auf eine der drei Familien nimmt (`\textrm`, `\rmfamily`, `\textsf`, `\sffamily` und `\texttt`, `\ttfamily`), sucht anhand der Definitionen dieser Makros die zugrundeliegende Schriftgruppe aus. Da kein Entwurf für eine kyrillische Typewriterschrift vorliegt, wird im Beispiel diese Schriftfamilie nicht geändert, die Einstellung für `\ttdefault` bleibt erhalten.

Für alle Fontparameter sind solche Voreinstellungen vorhanden und können geändert werden, um einen oder mehrere Parameter für das Dokument festzulegen. Die Befehle zur Änderung der Voreinstellungen der vier anderen Attribute heißen

`\encodingdefault`	`\encodingdefault{<Encoding>}`	OT1
`\familydefault`	`\familydefault{<Familie>}`	`\rmdefault`
`\seriesdefault`	`\seriesdefault{<Serie>}`	m
`\shapedefault`	`\shapedefault{<Form>}`	n

Rechts sind die Voreinstellungen gezeigt. Die normale Grundschrift eines Textes ist also nicht Sans Serif, sondern Roman.

Die Befehle `\textbf`, `\bfseries` und ihre Gegenspieler `\textmd` und `\mdseries` beziehen sich auf

`\mddefault`	`\mddefault{<Serie>}`	n
`\bfdefault`	`\bfdefault{<Serie>}`	bx

Die Befehlspaare `\textit` und `\itshape`, `\textsl` und `\slshape`, `\textsc` und `\scshape` sowie `\textup` und `\upshape` benutzen die mit

`\itdefault`	`\itdefault{<Form>}`	it
`\sldefault`	`\sldefault{<Form>}`	sl
`\scdefault`	`\scdefault{<Form>}`	sc
`\updefault`	`\updefault{<Form>}`	n

einstellbaren Werte. Sie werden bemerken, daß keine Voreinstellungen für die Schriftgrößenbefehle (`\small`) vorhanden sind. Diese werden von den Klassenoptionsdateien (`size10.clo`, `bk10.clo` usw.) separat definiert. Die Grundform lautet

`\newcommand{\small}{\fontsize{8}{10}\selectfont}`

wobei in der Praxis noch zahlreiche andere Parameter wie die Abstände von Listen und Abbildungen an die Größe angepaßt werden. Wenn Sie diese Befehle umdefinieren wollen, müssen Sie allerdings `\renewcommand` benutzen.

Schriftattribute ändern

Um im kyrillischen Text auf lateinische Schriftzeichen in allen Größen und Auszeichnungen umschalten zu können, wurde ein Befehl \texttimes definiert, der ein übergebenes Argument in EC-Roman unter Beibehaltung der anderen Attribute setzt, sowie \timestext, der dauerhaft auf EC-Roman umschaltet. Da sich \texttimes wie \textrm verhalten soll (Italic-Korrekturen), wird der Definitionsbefehl

\DeclareTextFontCommand{\<Name>}{<Switch>}

benutzt. Er definiert das Textkommando \<Name>{<Argument>} mit den Fontbefehlen <Switch>. Für diese werden entweder die Benutzerbefehle (\itshape, \bfseries usw.) verwendet oder fünf Befehle, die einzelne Zeichensatzattribute ändern:

\fontsize{<Größe>}{<Base>}   \fontsize
\fontencoding{<Encoding>}   \fontencoding
\fontfamily{<Familie>}   \fontfamily
\fontseries{<Serie>}   \fontseries
\fontshape{<Form>}   \fontshape
\selectfont   \selectfont

Jeder dieser Befehle stellt eines der Attribute unabhängig von den anderen ein. Die endgültige Kombination von Attributen wird erst mit dem Befehl \selectfont, der ohne weiteren Text unmittelbar nach den \font...-Kommandos folgen muß, wirksam. \fontsize stellt neben der Größe noch das Maß für \baselineskip, den Zeilenabstand, ein. Zusammenfassend können Sie die obigen Befehle einschließlich des \selectfont-Kommandos mit

\usefont{<Enc>}{<Fam>}{<Serie>}{<Form>}   \usefont

benutzen. Möchten Sie in einem \usefont-Befehl nur einige Werte neu einstellen, andere dagegen beibehalten, so benutzen Sie die Makros

\f@encoding, \f@family, \f@series, \f@shape,   \f@...
\f@size, \f@baselineskip,
\tf@size, \sf@size, \ssf@size

Sie enthalten die aktuellen Werte für Encoding-Schema, Familie, Serie, Form, Größe, Zeilenabstand sowie, nur innerhalb von Formeln zugänglich, die Größe mathematischer Zeichen, der Indizes und der zweifach geschachtelten Indizes.

Fontdefinitions-Dateien

Durch die Definition

\renewcommand{\rmdefault}{cyr}

sowie die weiteren Attribute, die durch die Umschaltbefehle eingestellt werden, kennt LaTeX zwar den vollständigen Satz der Attribute, die verwendet werden sollen. Diese Informationen reicht jedoch noch nicht aus: Welche METAFONT-Datei soll für die fragliche Attributkombination verwandt werden? Gibt es diese überhaupt? Die Verknüpfung der Attribute mit Zeichensatzdateien erfolgt durch eine *Fontdefinitionsdatei* mit der Endung .fd (»font description«). LaTeX sucht in solchen Fontdefinitionsdateien nach Informationen über Schriftfamilie, Zeichensatzdateien und Besonderheiten bei der Benutzung. Der Name einer Fontdefinitionsdatei setzt sich nach dem Schema

<Encoding><Familie>.fd

zusammen. Für jede im Dokument eingesetzte Schriftfamilie muß eine solche .fd-Datei bereitstehen, im Beispiel also ot1cyr.fd und ot1cyrs.fd:

ot1cyr.fd
```
1  % Die Familie der "Roman"-Schriften
2  \DeclareFontFamily{OT1}{cyr}{}
3  \DeclareFontShape{OT1}{cyr}{m}{n}{%
4    <5-11> gen * wncyr
5    <11-> wncyr10}{}
6  \DeclareFontShape{OT1}{cyr}{bx}{n}{%
7    <5-11> gen * wncyb
8    <11-> wncyb10}{}
9  \DeclareFontShape{OT1}{cyr}{m}{it}{%
10   <5-11> gen * wncyi
11   <11-> wncyi10}{}
12 \DeclareFontShape{OT1}{cyr}{m}{sc}{%
13   <-> wncysc10}{}
```

ot1cyrs.fd
```
1  % Kyrillische Sans Serif-Schrift
2  \DeclareFontFamily{OT1}{cyrs}{}
3  \DeclareFontShape{OT1}{cyrs}{m}{n}{%
4    <8> <9> <10> gen * wncyss
5    <11-> wncyss10}{}
```

Der Name jeder Schriftfamilie muß mit \DeclareFontFamily deklariert werden. Bereits vorhanden sind die Familien cmr Serif, cmss Sans Serif und cmtt Typewriter, für das Beispiel werden die Namen

7.2 Ändern der Grundschriftart des Dokumentes

cyr und cyrs gewählt. Unter diesem Namen wird auf die Familie in allen anderen Befehlen Bezug genommen. Die Syntax des Befehls lautet

\DeclareFontFamily{<Encoding>}{<Familie>}{<Load>} \DeclareFontFamily

Hierin bedeuten <Encoding> das Encoding-Schema, <Familie> die Familienbezeichnung und <Load> Befehle, die unmittelbar nach dem Laden eines Zeichensatzes mit dieser Encoding-Familienkombination ausgeführt werden.

Die gesuchten Informationen, mit denen die Verknüpfung zwischen einer Schriftfamilie und den Zeichensatzdateien hergestellt werden kann, werden mit dem Befehl

\DeclareFontShape{<Encoding>}{<Familie>}{<Serie>} \DeclareFontShape
    {<Form>}{<Info>}{<Load>}

bekanntgegeben. Zur Beschreibung der Attribute werden die Symbole der Tabelle 7.9 auf der nächsten Seite benutzt. Eine detaillierte Betrachtung der Attribute aller verfügbaren Schriften ist in [12] zu finden. Encoding-Schemata für kyrillische Schriften werden auf Seite 398 vorgestellt.

Die Bedeutung der ersten vier Parameter kann anhand des Beispielpakets kyril.sty verstanden werden. <Load> enthält Befehle, die unmittelbar nach dem Laden eines Zeichensatzes mit der Attributkombination ausgeführt werden. Der Aufbau von <Info> ist komplexer, hiermit wird die genaue Zuordnung der Zeichensatzdateien zu den Attributen festgelegt. Zunächst stehen innerhalb von spitzen Klammern Schriftgrade. Mit einem Bindestrich können Größenbereiche symbolisiert werden: die untere Grenze wird durch die erste Zahl, die obere durch die zweite Zahl ausschließlich markiert. Die Angabe <5> beinhaltet also nur den Grad 5 pt, während <5-10> alle Grade <>
von 5 bis einschließlich 9 und <-> sämtliche Größen umfaßt. Listen <->
spitzer Klammern <5> <7> <9> sind erlaubt.

Es folgt die Bezeichnung der den Schriftgraden zuzuordnenden Dateien (cmr10, wncysc10 ...). Ein Größenbereich, der einem einzelnen Dateinamen zugeordnet ist (zum Beispiel <11-> wncyr10) bedeutet, daß für die Größen ab 11 pt keine eigenen METAFONT-Beschreibungen vorhanden sind, sondern diese durch Vergrößerung aus der einzigen Beschreibungsdatei gewonnen werden müssen. Die zusätzliche Angabe gen * besagt, daß für jeden Grad aus der Auf- gen *
zählung der Schriftgröße die Datei <Name><Größe>.mf benutzt wird. Im Beispiel <5-10> gen * wncyr also wncyr7.mf für die Größe 7, wncyr9.mf für den Grad 9. Die Angabe von sub gestattet, im Fal- sub
le einer fehlenden Beschreibung für diese Attributkombination eine andere Zeichensatzdatei zu benutzen.

Tabelle 7.9
Kodierung der Attribute für \DeclareFontShape

Attribut	Symbol	Bedeutung
Encoding	OT1	LaTeX-Text, auf alte Weise mit 7 bit kodiert
	OT2	7 bit Encoding für kyrillische Zeichen
	T...	Allgemein 8 bit Encoding mit lateinischen Zeichen an den Positionen der ASCII-Zeichen
	T1	Erweitertes Encoding mit 8 bit
	T2A - T2C	8 bit Encoding für kyrillische Schriften mit lateinischen Zeichen
	TS1	Encoding der text companion-Schrift für EC-Zeichensätze
	X2	8 bit Encoding ausschließlich mit kyrillischen Zeichen
	L...	Lokales Encoding
	LWN	7 bit Encoding für kyrillische Zeichen
	LCY	8 bit Encoding für kyrillische Zeichen
	LGR	8 bit Encoding für griechische Zeichen (CB-Zeichensätze)
	OML	Kursive mathematische Zeichen
	OMS	Mathematische Symbole
	OMX	Große mathematische Symbole
	U	Unknown
Serie	n	Voreinstellung
	l	Light, magere Schrift
	m	Medium (meist die Normalschrift)
	b	Bold, Fettschrift mit gleicher Laufweite wie die Normalschrift
	bx	Bold-extended, Fettschrift mit größerer Laufweite
	d	Demi-bold, halbfett
	sb	Semi-bold, halbfett
	c	Condensed, schmallaufende Schrift
Form	n	Voreinstellung
	up	Upright (normal, aufrecht)
	it	Italic, kursive Auszeichnung
	sl	Slanted, geneigt (falsche Kursive)
	sc	Kapitälchen

Zum Beispiel wird für die Attributkombination cyr/m/n (Familie, Serie und Form), die die normale, aufrechte Grundschrift mit Serifen bezeichnet, für Größen zwischen 5 und 10 pt die Zeichensatzbeschreibung aus den Dateien `wncyr5.mf`, `wncyr6.mf`...`wncyr10.mf` herangezogen. Größere Schriftgrade werden durch Vergrößerung aus `wncyr10.mf` gewonnen, da für diese keine eigenen Zeichensätze mehr entworfen wurden. Die Beschreibung der Kapitälchen muß für alle Schriftgrade aus der Datei `wncysc10.mf` bezogen werden.

Eine weitergehende Diskussion der einzelnen Befehle zum Thema Zeichensatzwechsel, speziell mathematische Zeichensätze betreffend, finden Sie in [16].

7.3 Einbindung einzelner Schriften

Untersuchen wir nun, welche Anwendungsfälle es über die Installation einer ganzen Schriftfamilie hinaus gibt. Stellen Sie sich vor, Sie haben im Anhang B auf Seite 503 den Zeichensatz `necker` entdeckt, der Sie an Ihre Anfangszeit als Programmierer erinnert, als Männer noch Männer waren, Gerätetreiber selber geschrieben und zur Ausgabe diese lauten Nadeldrucker verwendet haben. Aus nostalgischen Gründen möchten Sie auch in LaTeX-Dokumenten den Quellcode im 8-Nadel-Look setzen:

```
      program test
   c maximaler Schleifenzaehler
      parameter (max_i = 10)
   c Variablendeklaration
      integer*2 i
   c und los geht's
      do 100, i=1,max_i
         print *, i, i**2
 100  continue
      end
```

Offenbar liegt hier eine Verknüpfung zwischen dem neuen Zeichensatz und einer Umgebung für literalen Satz wie `verbatim` vor. Wenn Sie die Dokumentation zu einem der Pakete `verbatim.sty` oder `moreverb.sty` (Seite 107) lesen, erfahren Sie, daß der Wechsel auf den Zeichensatz, der für die Literale verwendet wird, durch das Makro `\verbatim@font` vollzogen wird. In diesem Makro muß also der gewünschte `necker`-Zeichensatz aktiviert werden. Damit Sie zumindest die aktuelle Schriftgröße im literalen Text beibehalten können (Schnitte für die Halbfette oder Kursive bietet `necker` nicht an), sollten Sie den Zeichensatz nicht fest einbauen, sondern eine `.fd-`

Datei zur Zuordnung von Attributen und Zeichensatz verwenden. Der Unterschied zum kyrillischen Beispiel (Seite 358) liegt nur darin, daß die Umschaltung zwischen den Zeichensätzen nun nicht durch den Autor des Dokumentes erfolgt, sondern automatisch durch die Benutzung von bestimmten Umgebungen. Als literaler Text zählt dabei alles, was mit einem `\verb`-Befehl oder einer `verbatim`-Umgebung respektive allen von ihr abgeleiteten Umgebungen gesetzt wird.

Das Paket `dotprinter.sty` implementiert das zuvor Gesagte. Da die zum Vorbereiten des Zeichensatzwechsels benötigten Befehle im Paket selber enthalten sind, ist keine separate `.fd`-Datei erforderlich. Für eine bequeme Benutzung sind noch einige Befehle definiert.

\textdot
\dottext

Da es Fälle gibt, in denen kein `\verb`-Befehl erlaubt ist, stehen die Umschaltbefehle `\textdot{<Text>}` und `\dottext` bereit. `\textdot` setzt – ähnlich `\textit` für begrenzte kursive Auszeichnungen – den Text, der als Parameter übergeben wurde, im Nadeldrucker-Zeichensatz, `\dottext` dagegen schaltet dauerhaft auf den Nadeldrucker-Zeichensatz um. Der Gueltigkeitsbereich dieser Aenderung muss mit unbenannten Bloecken (geschweifte Klammern {...} oder Umgebungen begrenzt werden, aehnlich wie die dauerhafte Umschaltung auf kursive Schrift mit `\itshape`. Beachten Sie, dass der Nadeldrucker-Zeichensatz viele Sonderzeichen des OT1-Zeichensatzes aufweist, aber Umlaute nicht dargestellt werden koennen.

... im Nadeldrucker"=Zeichensatz,
{\dottext \verb+\dottext+ dagegen ... koennen.}

Durch das Laden des Paketes wird der Nadeldrucker-Zeichensatz als Standard für Literale verwendet. Es kann aber – wie in diesem Buch – wünschenswert sein, Literale nur in Teilen des Dokumentes in dieser Form zu setzen. Sie können daher mit dem Befehl `\originalverbatim` die Verwendung des Nadeldrucker-Zeichensatzes verbieten und mit `\dotverbatim` wieder zulassen.

\originalverbatim
\dotverbatim

dotprinter.sty

```
1  % extension to verbatim.sty/moreverb.sty/tech.clo
2  \DeclareFontFamily{OT1}{necker}{}
3
4  \DeclareFontShape{OT1}{necker}{m}{n}{%
5    <-> necker}{}
6
7  % switch verbatim fonts
8  \newcommand{\dotverbatim}
9  {\let\save@verbatim@font\verbatim@font%
10   \renewcommand{\verbatim@font}%
```

```
11  {\normalfont\usefont{OT1}{necker}{m}{n}%
12                \let\do\do@noligs%
13                \verbatim@nolig@list}}
14  \newcommand{\originalverbatim}
15  {\let\verbatim@font\save@verbatim@font}
16
17  % font switching commands
18  \DeclareTextFontCommand{\textdot}
19  {\normalfont\fontencoding{OT1}\fontfamily{necker}\selectfont}
20  \newcommand{\dottext}{\usefont{OT1}{necker}{m}{n}}
21
22  \dotverbatim
```

7.4 Einbindung von Symbolzeichensätzen

Nachdem Sie gelernt haben, wie Sie eine Zeichensatzfamilie für den Textsatz verfügbar machen können, soll ein Beispiel zeigen, wie ein Symbolzeichensatz für den Einsatz in LaTeX fit gemacht werden kann. Gerade Zeichensätze mit nützlichen Symbolen werden häufig ohne weitere Unterstützung veröffentlicht, da auf ein einzelnes Zeichen leicht mit Befehlen wie \newfont und \symbol zugegriffen werden kann. Diese einfache Methode hat allerdings Nachteile, da ein Wechsel in den Zeichensatzattributen durch weitere \newfont-Befehle nachvollzogen werden müssen. Schöner wäre es, für ein Symbol einen allgemeinen Befehl zu verwenden und die Auswahl der richtigen Schnitte LaTeX zu überlassen, was mit den Schriftzeichensätzen bereits gezeigt wurde.

Als Demonstrationszeichensatz soll ifclk verwendet werden, der 144 Symbole einer kleinen Analoguhr enthält, die jeweils andere Zeiten zeigen, sowie einige hiervon abgeleitete Uhrensymbole. Die META-FONT-Dateien ifclk10.mf und ifclkb10.mf stellen einen normalen und einen halbfetten Schnitt bereit, die Zeit schreitet jeweils von Mittag (oder Mitternacht, was auf der 12-Stunden-Uhr nicht unterscheidbar ist) bis Mittag in 5 Minuten-Schritten 🕛 🕧 🕐 ... voran. Es wird zunächst die METAFONT-Eingabedatei für den normalen Schnitt gezeigt:

```
1  font_size=10pt#; mode_setup;
2  design_size=10pt#; linewidth=0.5pt;
3  input ifclk.gen;
```
`ifclk10.mf`

Die METAFONT-Eingabe für den halbfetten Schnitt schaut fast genauso aus, ändert jedoch die Linienstärke, um die Zeichen fetter darzustellen:

ifclkb10.mf

```
1  font_size=10pt#; mode_setup;
2  design_size=10pt#; linewidth=1.0pt;
3  input ifclk.gen;
```

Die eigentlichen Zeichendefinitionen sind in einer gemeinsamen Datei enthalten, in der die zu verwendende Linienstärke ausgewertet wird:

ifclk.gen

```
1  % clock for hh:mm -> \symbol{hh*12+mm/5}
2  picture clk,            % Zifferblatt
3          clkb,           % Zifferblatt mit Zeiger 13:00
4          clks;           % Stopuhr
5  path button; button = (5.5pt,10pt)--(5.5pt,11pt)--
6      (6pt,11pt)..(6.5pt,11.5pt)..(6pt,12pt)--
7      (4pt,12pt)..(3.5pt,11.5pt)..(4pt,11pt)--
8      (4.5pt,11pt)--(4.5pt,10pt)--cycle;
9
10 beginchar(149,10pt#,10pt#,0); % Zifferblatt
11     pickup pencircle scaled .75linewidth;
12     draw fullcircle scaled 10pt shifted (5pt,5pt);
13     path s; s=(8pt,5pt)--(9pt,5pt);
14     for i=0 upto 11:
15         draw s rotatedaround ((5pt,5pt),(i*30));
16     endfor;
17     clk := currentpicture;
18 endchar;
19
20 n := 0;
21 for h=3 downto -8:
22     for m=15 step -5 until -40:
23         beginchar((char n),10pt#,10pt#,0);
24             currentpicture := clk;
25             pickup pencircle scaled .75linewidth;
26             draw (5pt,5pt)--(9pt,5pt)
27                 rotatedaround ((5pt,5pt),(m*6));
28             draw (5pt,5pt)--(7pt,5pt)
29                 rotatedaround ((5pt,5pt),(h*30-(15-m)/2));
30         endchar;
31         n := n+1;
32     endfor;
33 endfor;
34
35 beginchar(150,10pt#,14pt#,0); % Taschenuhr
36     currentpicture := clk;
37     pickup pencircle scaled .75linewidth;
38     draw (5pt,5pt)--(9pt,5pt)
```

7.4 Einbindung von Symbolzeichensätzen

```
39      rotatedaround ((5pt,5pt),0);
40    draw (5pt,5pt)--(7pt,5pt)
41      rotatedaround ((5pt,5pt),22.5);
42    clkb := currentpicture;
43    draw fullcircle scaled 4pt shifted (5pt,12pt);
44    fill button;
45  endchar;
46  beginchar(148,11pt#,16pt#,0); % Taschenuhr2
47    currentpicture := clkb shifted(0,1pt);
48    pickup pencircle scaled .75linewidth;
49    draw fullcircle scaled 12pt shifted (5pt,6pt);
50    draw fullcircle scaled 4pt shifted (5pt,14pt);
51    fill button shifted(0,2pt);
52  endchar;
53  beginchar(151,12pt#,12pt#,0); % stop watch start
54    currentpicture := clk;
55    pickup pencircle scaled .75linewidth;
56    draw fullcircle scaled 2pt shifted (5pt,11pt);
57    fill button rotatedaround((5pt,5pt),40);
58    fill button rotatedaround((5pt,5pt),-40);
59    clks := currentpicture;
60    draw (5pt,5pt)--(9pt,5pt)
61      rotatedaround ((5pt,5pt),90);
62  endchar;
63  beginchar(152,10pt#,12pt#,0); % stop watch stop
64    currentpicture := clks;
65    pickup pencircle scaled .75linewidth;
66    draw (5pt,5pt)--(9pt,5pt)
67      rotatedaround ((5pt,5pt),-60);
68  endchar;
69  beginchar(153,10pt#,10pt#,0); % interval
70    currentpicture := clk;
71    fill quartercircle scaled 10pt
72      shifted(5pt,5pt)--(5pt,5pt)--cycle;
73    fill quartercircle rotated -30 scaled 10pt
74      shifted(5pt,5pt)--(5pt,5pt)--cycle;
75  endchar;
76  beginchar(154,14pt#,12pt#,0); % Wecker
77    fill unitsquare xscaled 14pt yscaled 12pt;
78    unfill fullcircle scaled 10pt shifted(7pt,6pt);
79    currentpicture :=
80      currentpicture + clkb shifted(2pt,1pt);
81  endchar;
82  end.
```

Das erste Ziel für Sie muß nun sein, eine Verknüpfung zwischen den aktuellen Zeichensatzattributen und der METAFONT-Datei herzustellen, die diesen entspricht. Dies gelingt wie bereits für die Schriftzeichensätze gezeigt, durch eine .fd-Datei, in der die beiden zusammengehörenden METAFONT-Dateien zu einer neuen Schriftfamilie zusammengefaßt werden, die Sie ifclk (*ingo's font for clok*s) nennen mögen. Da es sich um einen Symbolzeichensatz ohne besonderes Encoding handelt, verwenden Sie zur Kennzeichnung nicht OT1 oder T1, sondern U für »unknown«, das Sie hier besser als »nicht standardisiert« übersetzen. Die beiden Mitglieder dieser Familie können Sie nun den geeigneten Attributkombinationen zuordnen:

`uifclk.fd`

```
1 \DeclareFontFamily{U}{ifclk}{}
2 \DeclareFontShape{U}{ifclk}{m}{n}{<-> ifclk10}{}
3 \DeclareFontShape{U}{ifclk}{bx}{n}{<-> ifclkb10}{}
```

Je nachdem, wie viele Schnitte Ihnen im konkreten Anwendungsfall vorliegen, kann diese Datei unterschiedlich viele Einträge enthalten. Auch die richtige Zuordnung von Attributkombinationen zu einzelnen Zeichensätzen kann je nach geplanter Anwendung unterschiedlich sein, so können z. B. auch Ersetzungsregeln eingefügt werden. Da die Beispielzeichensätze nur in einer Größe vorliegen, ist die Regel für die Größenstufung mit <-> im Beispiel einfach und muß in der Praxis möglicherweise ebenfalls angepaßt werden, wenn Sie Symbole in verschiedenen Entwurfsgrößen besitzen.

Mit Hilfe dieser Datei können Sie die aktuellen Attribute beim Satz von Uhren übernehmen, wenn Sie die Symbole wie folgt aufrufen:

```
\newcommand{\clock}{1]
{\fontencoding{U}\fontfamily{ifclk}\selectfont%
 \symbol{#1}}
```

Uhrzeit: \clock{134}. \textbf{Uhrzeit: \clock{134}.}

Die Verwendung der Zeichensatzfamilie kann nochmals vereinfacht werden, und zwar durch die Bereitstellung eines Paketes `clock.sty` und eines Befehls \showclock{<Stunde>}{<Minute>}, der das zu benutzende Uhrensymbol selbständig berechnen kann. Der erste Parameter ist die Stunde (0 – 11), der zweite die Minute (0 – 55 in 5er-Schritten), so daß die folgenden Uhren gesetzt werden können:

\showclock

```
        \showclock{0}{45},
     \textbf{\showclock{5}{30}}\\
    {\LARGE\showclock{0}{45},
     \textbf{\showclock{5}{30}}}
```

Das Paket benutzt den vorgestellten Mechanismus für die Auswahl des Zeichensatzes, versteckt diesen jedoch – analog zu \sffamily und \textsf – in einem Befehlspaar \clkfamily und \textclk zur Auswahl dieses Zeichensatzes für den Satz einen unbegrenzten Bereichs oder nur für das übergebene Argument. Das Argument von \textclk ist ein einzelnes Zeichen, das sich durch einfache Arithmetik aus dem gewünschten Zeitpunkt bestimmen läßt. Der neue Befehl \textclk kann benutzt werden, um Symbole wie ⌚ durch Befehle, hier \Taschenuhr, verfügbar zu machen:

```
 1  \RequirePackage{calc}
 2
 3  \newcommand{\clkfamily}
 4  {\fontencoding{U}\fontfamily{ifclk}\selectfont}
 5  \DeclareTextFontCommand{\textclk}{\clkfamily}
 6
 7  \newcounter{clkcnt}
 8  \newcommand{\showclock}[2]
 9  {\setcounter{clkcnt}{#1*12+#2/5}%
10    \textclk{\symbol{\value{clkcnt}}}}
11
12  \newcommand{\Taschenuhr}{\textclk{\symbol{150}}}
13  \newcommand{\varTaschenuhr}{\textclk{\symbol{148}}}
14  \newcommand{\StopWatchStart}{\textclk{\symbol{151}}}
15  \newcommand{\StopWatchEnd}{\textclk{\symbol{152}}}
16  \newcommand{\Interval}{\textclk{\symbol{153}}}
17  \newcommand{\Wecker}{\textclk{\symbol{154}}}
```

clock.sty

7.5 Mathematische Zeichensätze

Die bislang vorgestellten Pakete bezogen sich auf reine Schriftzeichensätze und Symbole, die im Text Verwendung finden sollen. Es ist jedoch auch möglich, Zeichensätze für den Gebrauch im mathematischen Modus anzupassen. Als Beispiele sollen die Integration eines Alphabetes sowie verschiedener Symbole dienen.

7.5.1 Mathematische Alphabete

Viele Zeichensätze enthalten komplette Alphabete, die Sie auch innerhalb von Formeln einsetzen können, Beispiele sind Frakturschriftzeichen oder Blackboard-Alphabete. Um die Einbindung eines solchen Alphabetes zu zeigen, soll der Zeichensatz schwell.mf von Seite 520 als Grundlage verwendet werden, mit dem die Bezeichnungen von Vektoren mit dem Befehl \mathschwell wie in alten Büchern zur linearen Algebra gesetzt werden sollen:

$\mathcal{A} = (a_1, a_2, \ldots)$
$\mathcal{B} = \mathcal{A}^T$

```
\begin{eqnarray*}
  \mathschwell{A} = (a_1, a_2, \dots)\\
  \mathschwell{B} = \mathschwell{A}{\,}^T
\end{eqnarray*}
```

Zunächst muß eine neue Schriftfamilie (hier schwell genannt) definiert und die vorhandenen METAFONT-Dateien mit den richtigen Schriftattributen assoziiert werden. Dies erfolgt auf bereits bekanntem Wege durch Bereitstellung einer `.fd`-Datei. Der Beispielzeichensatz bietet nur die METAFONT-Eingabedatei für einen Schriftschnitt an, so daß die `.fd`-Datei sehr einfach ist:

`uschwell.fd`
```
1 \DeclareFontFamily{U}{schwell}{}
2 \DeclareFontShape{U}{schwell}{m}{n}{<-> schwell}{}
```

Der Autor eines Dokumentes braucht, um die neuen Vektorbezeichnungen nutzen zu können, nur das Paket `mathschwell` zu laden:

`mathschwell.sty`
```
1 \ProvidesPackage{mathschwell}[2000/04/10 I.Kloeckl]
2 \DeclareSymbolFont{schwell}{U}{schwell}{m}{n}
3 \DeclareSymbolFontAlphabet{\mathschwell}{schwell}
```

In diesem Paket kommen zwei neue LaTeX-Kommandos vor. Das erste definiert einen neuen *Symbolzeichensatz* namens `<Font>`, der durch die folgenden vier Schriftattribute (Encoding, Familie usw.) charakterisiert ist:

`\DeclareSymbolFont`
```
\DeclareSymbolFont{<Font>}{<Encoding>}{<Familie>}
    {<Serie>}{<Form>}
```

Zur Darstellung von Zeichen wird stets Bezug auf den abstrakten Symbolzeichensatz `<Font>` genommen (z. B. Zeichen mit Code 3 aus `<Font>`). Die Realisierung erfolgt anhand der aktuellen Schriftattribute, die darüber entscheiden, welcher METAFONT-Zeichensatz verwendet werden muß, um den Symbolzeichensatz zu repräsentieren. Die angegebenen Schriftattribute gelten standardmäßig für alle Werte, die in `\mathversion` erlaubt sind, das heißt in jeder mathematischen Version würde der gleiche METAFONT-Zeichensatz verwendet. Abweichungen müssen gesondert mit `\SetSymbolFont` gekennzeichnet werden. Im nächsten Abschnitt erfahren Sie mehr zu diesem Thema. Dort wird ein Zeichensatz besprochen, der auch in einer halbfetten Variante existiert. LaTeX definiert standardmäßig vier Symbolzeichensätze:

```
\DeclareSymbolFont{operators}{OT1}{cmr}{m}{n}
\DeclareSymbolFont{letters}{OML}{cmm}{m}{it}
\DeclareSymbolFont{symbols}{OMS}{cmsy}{m}{n}
\DeclareSymbolFont{largesymbols}{OMX}{cmex}{m}{n}
```

Das zweite Kommando erstellt einen Umschaltbefehl \<Befehl>, der im mathematischen Modus auf den soeben definierten Symbolzeichensatz <Font> umschaltet:

`\DeclareSymbolFontAlphabet{\<Befehl>}{<Font>}`

Der als Argument an den Befehl übergebene Text wird dann mit dem Zeichensatz <Font> gesetzt. Die Gültigkeit dieser Zeichensatzumschaltung bleibt dabei auf den Argumenttext beschränkt, so wie \textit auch nur auf das Argument wirkt. Als Beispiel sei gezeigt, wie LaTeX einige Umschaltbefehle definiert:

`\DeclareSymbolFontAlphabet{\mathrm}{operators}`
`\DeclareSymbolFontAlphabet{\mathcal}{symbols}`

Das Paket mathschwell.sty zeigt, wie die Befehle praktisch eingesetzt werden. Es definiert einen Symbolzeichensatz schwell, der mit dem normalen Schnitt des gleichnamigen METAFONT-Zeichensatzes verknüpft wird. Diesem Symbolzeichensatz wird der Umschaltbefehl \mathschwell{<Text>} zugeordnet, der den <Text> im gewünschten Zeichensatz erzeugt.

Wie Sie sehen, ist die Integration eines kompletten mathematischen Alphabetes sehr einfach, einige für Mathematiker sinnvolle Zeichensätze, die Blackboard-Buchstaben (Buchstaben mit Doppelstrich wie IN) enthalten, sind bbold (Seite 501), bbm (Seite 505, zahlreiche Schriftschnitte), ocmr (Seite 506, zahlreiche Schriftschnitte), cmbrbs (Seite 508) und xccbm (Seite 510). Die Zeichensätze msbm (Seite 495) und dsrom (Seite 515) sind bereits durch Pakete verfügbar gemacht und werden auf den Seiten 384 und 388 besprochen. Zur Bezeichnung von speziellen Mengen oder Matrizen können Sie neben schwell vielleicht einige der folgenden Zeichensätze verwenden: cmpicab (Seite 509), suet (Seite 520), die Frakturzeichensätze ab Seite 520, la (Seite 528), twcal (Seite 545), va (Seite 546) oder china (Seite 558) nutzen.

7.5.2 Mathematische Symbole

Eine Reihe von Zeichensätzen enthält keine Schriftzeichen, sondern Symbole, die für Mathematiker interessant sind. Dieser Abschnitt soll Ihnen zeigen, wie Sie diese Zeichen verfügbar machen, wenn kein begleitendes Paket vorhanden ist (einige Zeichensätze mit Paketunterstützung werden in Abschnitt 7.6.1 besprochen). Um diese Voraussetzung sicherzustellen, sollen eigene Symbole entworfen und durch METAFONT-Programme beschrieben werden. Dies ist zwar nicht erforderlich, wenn die METAFONT-Dateien bereits auf dem CTAN-Server zu finden sind. Es soll Ihnen aber hier gezeigt werden, wie Sie vorgehen müssen, wenn Sie alle Möglichkeiten von LaTeX ausschöpfen und in ihrer Größe angepaßte Operatoren und Klammersymbole bereitstellen wollen.

Im Zeichensatz sind die beiden Klammern \ldbracket und \rdbracket sowie die Relation \dottedbar enthalten: $a_1 = [\![A \mid A']\!]$ (schlecht, da sich die Klammern ohne die vorangestellten Befehle \left und \right in ihrer Größe nicht an den Text anpassen), $a_2 = \left[\!\left[A \mid A' \right]\!\right]$ (gut). Die Klammern passen sich in ihrer Größe an den Inhalt an: $a_3 = \left[\!\left[\frac{a}{a'} \mid \frac{b}{b'} \right]\!\right]$. Für ein besseres Erscheinungsbild der Relation muß diese manuell mit \bigm auf die richtige Größe gebracht werden: $a_4 = \left[\!\left[\frac{a}{a'} \bigm| \frac{b}{b'} \right]\!\right]$. Mit \upint steht ein Operator zur Verfügung: $c = \lceil \frac{a}{b} = \lceil_{i=0}^{\infty} b_i$. \disjunct ist eine neue Relation, \dbar ein neuer Akzent: $\bar{\bar{A}} \asymp \bar{\bar{A}}'$. \scaledown schließlich ist ein neuer binärer Operator: $k = a \downV b$. Die Beispiele wurden absichtlich im Fließtext gesetzt, damit Sie sehen, daß tatsächlich für die Darstellung im Fließtext (\textstyle) eine andere Größe als in abgesetzten Formeln (\displaystyle) verwendet wird. In Abbildung 7.3 sehen Sie die Beispiele mit Angabe der Eingabe als separate Formel.

Der normale Schriftschnitt wird durch folgende METAFONT-Eingabedatei definiert:

`ifmsy10.mf`

```
1  font_size=10pt#; mode_setup;
2  design_size=10pt#; linewidth=0.5pt;
3  input ifmsy.gen;
```

Auch eine halbfette Variante soll zur Verfügung gestellt werden, so daß Formeln später auch mit \mathversion{bold} gesetzt werden können:

`ifmsyb10.mf`

```
1  font_size=10pt#; mode_setup;
2  design_size=10pt#; linewidth=1.0pt;
3  input ifmsy.gen;
```

Schließlich wird noch die eigentliche Implementierung benötigt, die von beiden Schnitten benutzt wird, jedoch mit unterschiedlicher Linienstärke:

`ifmsy.gen`

```
1  pen normalpen; normalpen = pencircle scaled linewidth;
2  "upint";  % \textstyle operator \upint
3  beginchar(0,3pt#,10pt#,0);
4    pickup normalpen;
5    bot lft z0=(0,0); top lft z1=(0,h); top rt z2=(w,h);
6    draw z0--z1--z2;
7  endchar;
8  "displayupint";  % \displaystyle operator \upint
9  beginchar(1,3pt#,20pt#,0);
```

7.5 Mathematische Zeichensätze

$a_1 = \llbracket A \mid A' \rrbracket$

$a_2 = \left\llbracket A \mid A' \right\rrbracket$

$a_3 = \left\llbracket \dfrac{a}{a'} \mid \dfrac{b}{b'} \right\rrbracket$

$a_4 = \left\llbracket \dfrac{a}{a'} \,\bigg|\, \dfrac{b}{b'} \right\rrbracket$

$c = \left\lceil \dfrac{a}{b} = \int_{i=0}^{\infty} b_i \right.$

$d = \bar{A} \mathbin{\propto} \bar{A'}$

$k = a \mathbin{\triangledown} b$

$b = \dfrac{A_1}{a_1} \,\bigg|\, \dfrac{A_2}{a_2} \,\bigg|\, \dfrac{A_3}{a_3} \,\bigg|\, \dfrac{A_4}{a_4} \,\bigg|\, \dfrac{A_5}{a_4}$

$a = \begin{bmatrix} a \\ b \\ c \\ d \\ e \\ f \end{bmatrix}$

$\boldsymbol{d = \bar{A} \mathbin{\propto} \bar{A'} = \triangledown b}$

```
       \begin{eqnarray*}
       a_1&=&\ldbracket A\dottedbar A'\rdbracket\\
       a_2&=&\left\ldbracket A\dottedbar A'\right\rdbracket\\
       a_3&=&\left\ldbracket\frac{a}{a'}\dottedbar\frac{b}{b'}
             \right\rdbracket\\
       a_4&=&\left\ldbracket\frac{a}{a'}\bigm\dottedbar\frac{b}{b'}
             \right\rdbracket\\
       c&=&\upint\frac{a}{b}=\upint_{i=0}^\infty b_i\\
       d&=&\dbar{A}\disjunct \dbar{A'}\\
       k&=&a\scaledown b\\
       b&=&\frac{A_1}{a_1}
             \bigm\dottedbar \frac{A_2}{a_2}
             \Bigm\dottedbar \frac{A_3}{a_3}
             \biggm\dottedbar \frac{A_4}{a_4}
             \Biggm\dottedbar \frac{A_5}{a_4}\\
       a &=& \left\ldbracket\begin{array}{c}
             a\\b\\c\\d\\e\\f
             \end{array}\right\rdbracket
       \end{eqnarray*}

       {\mathversion{bold}
       \begin{displaymath}
       d=\dbar{A}\disjunct \dbar{A'}=\scaledown b
       \end{displaymath}
       }
```

Abbildung 7.3
Neue Klammer- und mathematische Symbole

```
10   pickup normalpen;
11   bot lft z0=(0,0); top lft z1=(0,h); top rt z2=(w,h);
12   draw z0--z1--z2;
13 endchar;
14 charlist 0:1;
15
16 "scaledown"; beginchar(2,4pt#,10pt#,0);
17   pickup normalpen;
18   top lft z0=(0,h); top rt z1=(w,h); bot z2=(.5w,0);
19   draw z0--z1--z2--cycle;
20 endchar;
21 "disjunct"; beginchar(3,8pt#,8pt#,0);
22   pickup normalpen; path p;
23   lft z0=(0,.8h); lft z1=(0,.2h);
24   p:=z0--(x0+.3w,y0)..(x0+.5w,.5h)..(x0+.3w,y1)--z1;
```

```
25    draw p; draw p rotatedaround ((.5w,.5h),180);
26  endchar;
27  "dbar"; beginchar(4,5pt#,3pt#,0);
28    pickup normalpen;
29    top lft z0=(0,h); top rt z1=(w,h);
30    lft z2=(0,h-2pt); rt z3=(w,h-2pt);
31    draw z0--z1; draw z2--z3;
32  endchar;
33
34  def leftdb =
35    pickup normalpen;
36    bot rt z0=(w,0); bot lft z1=(0,0);
37    top lft z2=(0,h); top rt z3=(w,h);
38    draw z0--z1--z2--z3;
39    draw z1 shifted(1pt,0)--z2 shifted(1pt,0);
40  enddef;
41  "leftdbracket"; % \displaystyle left double bracket
42  beginchar(5,3pt#,10pt#,0); leftdb; endchar;
43  "bigleftdbracket"; % \displaystyle\big left dbl br.
44  beginchar(6,3pt#,14pt#,0); leftdb; endchar;
45  "Bigleftdbracket"; % \displaystyle\Big left dbl br.
46  beginchar(7,3pt#,18pt#,0); leftdb; endchar;
47  "biggleftdbracket"; % \displaystyle\bigg left dbl br.
48  beginchar(8,3pt#,22pt#,0); leftdb; endchar;
49  "Biggleftdbracket"; % \displaystyle\Bigg left dbl br.
50  beginchar(9,3pt#,26pt#,0); leftdb; endchar;
51  "Topleftdbracket";
52  % \displaystyle top left double bracket
53  beginchar(10,3pt#,10pt#,0);
54    pickup pencircle scaled 1linewidth;
55    bot lft z0=(0,0); top lft z1=(0,h); top rt z2=(w,h);
56    draw z0--z1--z2;
57    draw z0 shifted(1pt,0)--z1 shifted(1pt,0);
58  endchar;
59  "Bottomleftdbracket";
60  % \displaystyle bottom left double bracket
61  beginchar(11,3pt#,10pt#,0);
62    pickup normalpen;
63    top lft z0=(0,h); bot lft z1=(0,0); bot rt z2=(w,0);
64    draw z0--z1--z2;
65    draw z0 shifted(1pt,0)--z1 shifted(1pt,0);
66  endchar;
67  "Prolongleftdbracket";
68  % \displaystyle prolongated left double bracket
```

7.5 Mathematische Zeichensätze

```
 69 beginchar(12,3pt#,5pt#,0);
 70   pickup normalpen;
 71   lft z0=(0,h); lft z1=(0,0);
 72   draw z0--z1; draw z0 shifted(1pt,0)--z1 shifted(1pt,0);
 73 endchar;
 74 charlist 6:7:8:9:10;
 75 extensible 10:10,0,11,12;
 76
 77 def rightdb =
 78   pickup normalpen;
 79   bot lft z0=(0,0); bot rt z1=(w,0);
 80   top rt z2=(w,h); top lft z3=(0,h);
 81   draw z0--z1--z2--z3;
 82   draw z1 shifted(-1pt,0)--z2 shifted(-1pt,0);
 83 enddef;
 84 "rightdbracket"; % \displaystyle right double bracket
 85 beginchar(13,3pt#,10pt#,0); rightdb; endchar;
 86 "bigrightdbracket"; % \displaystyle\big right double br.
 87 beginchar(14,3pt#,14pt#,0); rightdb; endchar;
 88 "Bigrightdbracket"; % \displaystyle\Big right double br.
 89 beginchar(15,3pt#,18pt#,0); rightdb; endchar;
 90 "biggrightdbracket"; % \displaystyle\bigg right double br.
 91 beginchar(16,3pt#,22pt#,0); rightdb; endchar;
 92 "Biggrightdbracket"; % \displaystyle\Bigg right double br.
 93 beginchar(17,3pt#,26pt#,0); rightdb; endchar;
 94 "Toprightdbracket";
 95 % \displaystyle top right double bracket
 96 beginchar(18,3pt#,10pt#,0);
 97   pickup normalpen;
 98   bot rt z0=(w,0); top rt z1=(w,h); top lft z2=(0,h);
 99   draw z0--z1--z2;
100   draw z0 shifted(-1pt,0)--z1 shifted(-1pt,0);
101 endchar;
102 "Bottomrightdbracket";
103 % \displaystyle bottom right double bracket
104 beginchar(19,3pt#,10pt#,0);
105   pickup normalpen;
106   top rt z0=(w,h); bot rt z1=(w,0); bot lft z2=(0,0);
107   draw z0--z1--z2;
108   draw z0 shifted(-1pt,0)--z1 shifted(-1pt,0);
109 endchar;
110 "Prolongrightdbracket";
111 % \displaystyle prolongated right double bracket
112 beginchar(20,3pt#,5pt#,0);
```

```
113    pickup normalpen;
114    rt z0=(w,h); rt z1=(w,0);
115    draw z0--z1;
116    draw z0 shifted(-1pt,0)--z1 shifted(-1pt,0);
117 endchar;
118 charlist 14:15:16:17:18;
119 extensible 18:18,0,19,20;
120
121 def dottedbar =
122    pickup normalpen; draw (.5w,0)--(.5w,h);
123    pickup pencircle scaled 2linewidth;
124    drawdot (.5w,.5h);
125 enddef;
126 "dottedbar"; % \displaystyle dotted bar
127 beginchar(21,1pt#,10pt#,0); dottedbar; endchar;
128 "bigdottedbar"; % \displaystyle\big dotted bar
129 beginchar(22,1pt#,14pt#,0); dottedbar; endchar;
130 "Bigdottedbar"; % \displaystyle\Big dotted bar
131 beginchar(23,1pt#,18pt#,0); dottedbar; endchar;
132 "biggdottedbar"; % \displaystyle\bigg dotted bar
133 beginchar(24,1pt#,22pt#,0); dottedbar; endchar;
134 "Biggdottedbar"; % \displaystyle\Bigg dotted bar
135 beginchar(25,1pt#,26pt#,0); dottedbar; endchar;
136 charlist 22:23:24:25;
137 end.
```

Sicher haben Sie schon vermutet, daß aller Anfang in der Bereitstellung einer neuen Schriftfamilie ifmsy und der Verknüpfung der METAFONT-Eingabedateien mit den gewünschten Schriftattributen besteht:

`uifmsy.fd`

```
1 \DeclareFontFamily{U}{ifmsy}{}
2 \DeclareFontShape{U}{ifmsy}{m}{n}{<-> ifmsy10}{}
3 \DeclareFontShape{U}{ifmsy}{bx}{n}{<-> ifmsyb10}{}
```

Sie müssen nun wiederum anhand dieser Schriftfamilie einen Symbolzeichensatz und anschließend für jedes gewünschte Symbol einen Umschaltbefehl definieren. Dies erfolgt im Paket ifmsy.sty, um dem Benutzer eine einfache Handhabung zu erlauben:

`ifmsy.sty`

```
1 \DeclareSymbolFont{ifmsy}{U}{ifmsy}{m}{n}
2 \SetSymbolFont{ifmsy}{bold}{U}{ifmsy}{bx}{n}
3 \DeclareMathSymbol{\upint}{\mathop}{ifmsy}{0}
4 \DeclareMathSymbol{\scaledown}{\mathbin}{ifmsy}{2}
5 \DeclareMathSymbol{\disjunct}{\mathrel}{ifmsy}{3}
6 \DeclareMathAccent{\dbar}{\mathalpha}{ifmsy}{4}
```

7.5 Mathematische Zeichensätze

```
 7  \DeclareMathDelimiter{\ldbracket}
 8     {\mathopen}{ifmsy}{5}{ifmsy}{6}
 9  \DeclareMathDelimiter{\rdbracket}
10     {\mathclose}{ifmsy}{13}{ifmsy}{14}
11  \DeclareMathDelimiter{\dottedbar}
12     {\mathrel}{ifmsy}{21}{ifmsy}{22}
```

Im letzten Abschnitt über mathematische Alphabete haben Sie bereits den Befehl \DeclareSymbolFont kennengelernt, mit dem Sie einen Symbolzeichensatz mit einem METAFONT-Zeichensatz verknüpfen, wobei die angegebenen Schriftattribute für alle Werte von \mathversion gültig sind. Da für den Beispielzeichensatz ifmsy10 auch eine halbfette Variante ifmsyb10 existiert, müssen Sie LaTeX mitteilen, für welche Mathematikversion welche Schriftattribute eingesetzt werden dürfen. Diese Zuordnung erfolgt über den Befehl

\SetSymbolFont{<Font>}{<Version>} \
   {<Encoding>}{<Familie>}{<Serie>}{<Form>}   *\SetSymbolFont*

Er setzt für die angegebene <Version> die folgenden Schriftattribute. Diese verweisen wiederum durch die Eintragungen in der .fd-Datei auf die richtige METAFONT-Eingabedatei. Das Beispiel bewirkt die Verwendung des Zeichensatzes ifmsyb10, wenn mit \mathversion{bold} auf fetten mathematischen Satz umgeschaltet wird. LaTeX definiert standardmäßig zwei Erweiterungen für die Mathematikversion bold:

\SetSymbolFont{operators}{bold}{OT1}{cmr}{bx}{n} \
\SetSymbolFont{letters}{bold}{OML}{cmm}{b}{it}

   Erheblich einfacher ist die Definition von Befehlen, unter denen die Symbole des Zeichensatzes aufgerufen werden können. Sie müssen hierzu den grundlegenden Befehl

\DeclareMathSymbol{\<Befehl>}{<Typ>} \
   {<Font>}{<Code>}   *\DeclareMathSymbol*

einsetzen, der einen neuen Befehl <\Befehl> erzeugt. Dieser Befehl setzt das Symbol, das im Symbolzeichensatz <Font> den Zeichencode <Code> besitzt. <Typ> kann einer der Befehle \mathord, \mathop, \mathbin usw. sein und gibt die Funktion (gewöhnliches Zeichen, Operator, binärer Operator usw.) des neuen Symbols an. Wie es möglich ist, daß der neue Operator ⌈ je nach Kontext in verschiedenen Größen auftreten kann, bleibt bis zum folgenden Abschnitt 7.5.3 noch ein Geheimnis.

   Die Definition von mathematischen Akzenten erfolgt über einen weiteren Befehl.

\DeclareMathAccent \DeclareMathAccent{\<Befehl>}{<Typ>}{<Font>}{<Code>}

richtet einen Umschaltbefehl \<Befehl> ein, der wie \vec eingesetzt wird und auf das als Parameter übergebene Zeichen wirkt. Der Akzent wird aus dem angegebenen Symbolzeichensatz <Font> genommen und hat den spezifizierten Zeichencode <Code>. Für <Typ> können Sie \mathord oder \mathalpha verwenden.

Sie haben bei den Eingabebeispielen gesehen, daß die Klammern [] und die Relation | in verschiedenen Größenstufen auftreten kann, und zwar genau dann, wenn sie Bestandteil eines \left/\right-Paares sind oder explizit mit \bigm eine andere Größe angefordert wurde. Sie lassen dieses Verhalten für ein bestimmtes Symbol mit dem Befehl

\DeclareMathDelimiter \DeclareMathDelimiter{\<Befehl>}{<Typ>}
{<Font1>}{<Code1>}{<Font2>}{<Code2>}

zu. Die ersten vier Parameter sind zu denen von \DeclareMathSymbol identisch, die beiden letzten geben den Zeichencode und den Symbolzeichensatz an, in dem die vergrößerte Variante des Symbols zu finden ist. Im Beispiel sind beide Größen im Zeichensatz ifmsy definiert. Wiederum bleibt bis zum folgenden Abschnitt 7.5.3 unklar, wieso mit zwei Zeichencodes alle möglichen Größenstufen der Symbole (mindestens vier) kodiert werden können.

Wie bereits erwähnt, wird die größere Version des Symbols nur in speziellen Fällen benutzt; wenn LaTeX kein größenveränderliches Symbol erwartet (weil Sie z. B. das \left/\right-Paar vergessen haben, wie es mir beim Testen ergangen ist :-)), wird der entsprechende Befehl \<Befehl> so behandelt, als ob er durch \DeclareMathSymbol definiert worden wäre. Wenn Sie ein bisserl mit den verschiedenen Typen wie \mathrel und \mathbin experimentiert haben, werden Sie festgestellt haben, daß sich je nach gewählter Funktion des Symbols dessen vertikale Positionierung geändert hat, auch wenn die Eingabedateien für METAFONT gleich geblieben sind. So steht z. B. ein Operator (\mathop) zentriert vor seinem Operanden, während das Symbol einer Relation immer auf der Basislinie der Zeile steht. Diese Effekte sind kein Ausdruck einer falsch programmierten METAFONT-Eingabedatei!

7.5.3 METAFONT-Zaubereien

In diesem Abschnitt soll nun das Geheimnis gelüftet werden, wieso mit einem bzw. zwei Zeichencodes zwei bzw. mindestens vier Größenstufen von Symbolen kodiert werden können. Tatsächlich wären diese Angaben alleine nicht ausreichend, um die Symbole in der richtigen Größe in einem Zeichensatz ausfindig zu machen, im abgedruckten

METAFONT-Programm sind jedoch ergänzende Angaben versteckt. Betrachten Sie z. B. die Zeile, die der Definition der *zwei* Größenstufen von ⌈ folgt:

`charlist 0:1;`

Es ist kein Zufall, daß die beiden Zahlen 0 und 1 genau den Zeichencodes der beiden Größen des Operators entsprechen. Durch die Anweisung `\charlist` wird LaTeX aufgefordert, die passende Größe des Operators in einer *Liste* von Zeichencodes zu suchen, die mit dem Code 0 (Variante für den Fließtext) beginnt. Ist das entsprechende Symbol ungeeignet, kann als nächstes der Code 1 überprüft werden. Es ist also nur nötig, mit dem Befehl `\DeclareMathSymbol` den Einsprungpunkt (einen einzelnen Zeichencode) in diese Liste zu liefern.

Besonders augenscheinlich wird das Verfahren, wenn mehr Größenstufen zur Auswahl stehen, wie es bei der Relation | der Fall ist. Auch hier finden Sie im METAFONT-Programm eine Zeile

`charlist 22:23:24:25;`

Das Zeichen mit dem Code 22 ist wiederum der Einsprungpunkt in eine Liste, die diesmal vier Möglichkeiten (für die vier Varianten von `\bigm`) bietet.

Schließlich gibt es noch das Klammernpaar, das die Möglichkeit bietet, *beliebig* groß zu werden, wenn etwa Matrizen eingeschlossen werden müssen. Über eine Liste von fertigen Größen (Zeichen 5–9 für [ ) hinaus kann hier eine Übergröße durch das Zusammensetzen mehrerer Einzelteile realisiert werden. Jede Klammer bietet hierzu ein Oberteil (Zeichen 10 bei [ ), ein Unterteil (Zeichen 11 bei [ ) und ein Stück, das zum Ausfüllen der verbleibenden Lücke dient (Zeichen 12 bei [ ). Dieser Sachverhalt wird LaTeX durch die METAFONT-Anweisungen

`charlist 6:7:8:9:10;`
`extensible 10:10,0,11,12;`

mitgeteilt und folgendermaßen zu lesen: »Oh LaTeX! Wenn Du eine Klammer konstruieren mußt, dann schaue in der Liste der Zeichencodes 6 – 10 nach der passenden Größe. Übrigens, das Zeichen mit dem Code 10 ist ein zusammengesetztes Zeichen, das aus einem Oberteil (Code 10) besteht, ein Unterteil besitzt (Code 11) sowie einen Lückenfüller aufweist (Code 12).« Je nach Gestalt der vergrößerbaren Klammer können einige der Bestandteile fehlen, im vorliegenden Beispiel weisen die Klammern zum Beispiel kein Mittelstück auf. In der `extensible`-Liste steht daher einmal eine Null. Die geschweiften Klammern besitzen ein solches mit der Spitze in der Mitte. Diese Klammern weisen alle vier möglichen Einzelteile auf, so daß in der

Liste vier Zeichencodes angegeben werden. Eine Klammer der Gestalt
⌈ hat kein Unterteil und kein Mittelstück, daher tritt bei dieser Liste
zweimal eine Null auf.

7.6 Zeichensatzpakete

Hier sollen einige Zeichensätze vorgestellt werden, deren Anwendung durch fertige Pakete erheblich erleichtert wird. Sie enthalten mathematische und allgemeine Symbole, kyrillische und griechische Schriftzeichen, setzen altdeutsche Texte oder phonetische Symbole. Eine Übersicht über viele Zeichen in den Fonts erhalten Sie in Anhang B. Wenn Sie einen Zeichensatz benutzen möchten, müssen Sie die METAFONT-Dateien sowie die Dateien, die zum Paket gehören, kopieren. Wie können Sie erfahren, welche Zeichensätze über die hier genannten hinaus für die Arbeit mit LaTeX vorhanden sind? Neben den unzähligen Type 1-Zeichensätzen, von denen noch die Rede sein wird, können Sie auf den CTAN-Servern nach METAFONT-Dateien für jeden Einsatzzweck suchen. Erleichtert wird diese Suche durch eine leider veraltete Liste (1997) mit Kurzbeschreibung der Fonts im Verzeichnis `CTAN/info/metafont-list`.

Zeichensatzbeispiele auf www.dpunkt.de

7.6.1 $\mathcal{AMS}$-Zeichensätze

Von der American Mathematical Society werden eine Reihe von Zeichensätzen geliefert, die in Anhang B.2 auf Seite 493 aufgeführt sind. Sie enthalten eine Vielzahl von mathematischen Symbolen wie erweiterte Zeiger- und Operatordarstellungen, weitere Vergleichsrelationen und deren Negation, Blackboard- und gothische Buchstaben sowie eine umfangreiche kyrillische Schriftfamilie. Ausführliche Informationen sind im Benutzerhandbuch [19] enthalten.

Kyrillischer Text

Die Zeichensätze `wncy...` stellen Zeichen des kyrillischen Alphabets bereit, wie das Beispiel (der Anfang von »Der Meister und Margherita« von M. Bulgakov) in kyrillischer Schrift zeigt:

> Однажды весною, в час небывало жаркого заката, в Москве, на Патриарших прудах, появились два гразхданина. Первый из них, одетый в летнюю серенькую пару, был маленького роста, упитан, лыс, свою приличную шляпу пирожком нес в руке, а на хорошо выбритом лице его помещались сверхъестественных размеров очки в черной роговой оправе. Второй — пле-

чистый, рыжеватый, вихрастый молодой человек в заломленной на затылок клетчатой кепке — был в ковбой ке, жеваных белых брюках и в черных тапочках.

```
\usepackage{kyril}
{\cyrillictext
Odnazhdy vesnoyu, v chas nebyvalo zharkogo zakata, v
Moskve, na Patriarshikh prudakh, poyavilis\cyrsftsn{}
dva grazhdanina. Pervyi0 iz nikh, odetyi0 v letnyuyu
seren\cyrsftsn kuyu paru, byl malen\cyrsftsn kogo
rosta, upitan, lys, svoyu prilichnuyu shlya\-pu
pirozhkom nes v ruke, a na khorosho vybritom litse
ego pomeshchalis\cyrsftsn{}
sverkh\cyrhrdsn estest\-vennykh razmerov ochki v
chernoi0\ rogovoi0{} oprave. Vtoroi0 --- plechistyi0,
ryzhevatyi0, vikhrastyi0 molodoi0 chelovek v
zalomlennoi0 na zatylok kletchatoi0 kepke --- byl v
kovboi0 ke, zhevanykh belykh bryukakh i v chernykh
tapochkakh.}
```
`bulgakov.tex`

Das Paket `kyril` wurde bereits in Abschnitt 7.2 auf Seite 358 vorgestellt. Es gestattet, Schriftgröße und -auszeichnung mit den Befehlen \large oder \textbf zu ändern. Die Umschaltung auf kyrillische Schrift erfolgt für kurze Passagen (Москве Moskau) mit \textcyrillic

... Passagen (\textcyrillic{Moskve} Moskau) mit ...

und für längere Abschnitte mit \cyrillictext. Tabelle 7.18 auf Seite 399 zeigt die korrekte Eingabe der kyrillischen Buchstaben, die in einer Art lateinischer Umschrift erfolgt. Das Paket `kyril` enthält Befehlsworte für Zeichen, die auf diese Weise nicht direkt eingegeben werden können. Im Eingabetext für die russische Sprache treten häufig die Befehle zur Erzeugung der Härte- und Weichheitszeichen als Abschluß eines Wortes auf. Das folgende Leerzeichen wird von LaTeX unterdrückt, da es nur zur Abgrenzung des Befehlswortes, z. B. \cyrsftsn dient. Um ein sichtbares Leerzeichen zu erhalten, wie man es zwischen Worten vermuten darf, müssen Sie in diesen Fällen eine leere Gruppe \cyrsftsn{}␣ oder ein Leerzeichen \cyrsftsn\␣ zur Abtrennung des Befehlswortes und Erzwingung eines Leerzeichens benutzen.

Vorsicht bei Befehlen am Wortende!

Mathematische Symbole

Wie bereits erwähnt, stellen die $\mathcal{AMS}$-Zeichensätze hauptsächlich eine große Vielzahl mathematischer Symbole bereit. Zur Einbindung der Symbole und Fonts dienen folgende Pakete:

7 LATEX künstlerisch – Zeichensätze

\mathbb
- amsfonts stellt Blackboard-Zeichen (ein Alphabet für Mengenlehre) mit dem Umschaltbefehl \mathbb bereit. Weiterhin können Sie auf sämtliche Symbole zugreifen, wenn Sie für die benötigten Zeichen selbst einen Befehl mit \DeclareMathSymbol bereitstellen.

- amssymb stellt Befehle für sämtliche Symbole einschließlich der Fraktur- und Blackboard-Zeichen bereit. Es ist eine Obermenge aller Pakete.

\mathscr
- eucal ersetzt die normalen, mit \mathcal erzeugen kalligraphischen Buchstaben durch neugestaltete. Die Option mathscr führt keine Ersetzung aus, sondern stellt zusätzlich zu \mathcal den Befehl \mathscr bereit, so daß Sie mit dieser Option auf zwei Sätze von kalligraphischen Symbolen zugreifen können.

- euler ersetzt die mathematischen Zeichensätze durch die Euler-Zeichensätze eu... Darüberhinaus bietet es \mathfrak sowie \mathscr.

Sie beginnen Ihr Dokument also mit einer der Zeilen:

```
\usepackage{amssymb}
\usepackage{amsfonts}
\usepackage{eucal}
\usepackage[mathscr]{eucal}
```

amsfonts
Die Symbole können nur im mathematischen Modus eingesetzt werden. Das folgende Beispiel zeigt den Satz von Frakturbuchstaben mit \mathfrak. Mit Hilfe des amsfonts-Paketes können auch Blackboard-Buchstaben erzeugt werden.

Satz Sei $\lambda \in \mathbb{N}, \mathfrak{X} \in \mathbb{R}^3$. Dann gilt $\lambda\mathfrak{X} = \mathfrak{Y} \in \mathbb{R}^3$.

```
\textbf{Satz} Sei $\lambda\in\mathbb{N},
\mathfrak{X}\in \mathbb{R}^3$. Dann gilt
$\lambda\mathfrak{X} = \mathfrak{Y} \in \mathbb{R}^3$.
```

amssymb

Einzelne Symbole benutzen

Die Tabellen 7.10 und 7.11 enthalten eine Auswahl der wichtigsten Operatoren, Vergleichs- und Zeigersymbole, die durch das Paket amssymb aktiviert werden. Möchten Sie nicht alle Befehlsdefinitionen laden (Speicher sparen!), da Sie nur einige wenige benötigen, können Sie statt amssymb das Paket amsfonts laden. Mit dem Befehl \DeclareMathSymbol in der Dokumentenpräambel definieren Sie dann nur Befehle für die wirklich benötigten Symbole:

```
\DeclareMathSymbol{\quadrat}{\mathord}{AMSa}{"03}
```

7.6 Zeichensatzpakete

$\barwedge$	\barwedge	$\veebar$	\veebar	$\doublebarwedge$	\doublebarwedge
$\circledcirc$	\circledcirc	$\circledast$	\circledast	$\circleddash$	\circleddash
$\boxplus$	\boxplus	$\boxminus$	\boxminus	$\boxtimes$	\boxtimes
$\boxdot$	\boxdot	$\ltimes$	\ltimes	$\rtimes$	\rtimes
$\dotplus$	\dotplus	$\curlywedge$	\curlywedge	$\curlyvee$	\curlyvee
$\circleddash$	\circleddash	$\circledast$	\circledast	$\circledcirc$	\circledcirc
$\shortmid$	\shortmid	$\shortparallel$	\shortparallel	$\between$	\between
$\leqq$	\leqq	$\geqq$	\geqq	$\approxeq$	\approxeq
$\leqslant$	\leqslant	$\geqslant$	\geqslant	$\doteqdot$	\doteqdot
$\lesssim$	\lesssim	$\gtrsim$	\gtrsim	$\circeq$	\circeq
$\lessapprox$	\lessapprox	$\gtrapprox$	\gtrapprox	$\triangleq$	\triangleq
$\precsim$	\precsim	$\succsim$	\succsim	$\lessgtr$	\lessgtr
$\precapprox$	\precapprox	$\succapprox$	\succapprox	$\lesseqgtr$	\lesseqgtr
$\vartriangleleft$	\vartriangleleft	$\vartriangleright$	\vartriangleright	$\blacktriangleleft$	\blacktriangleleft
$\trianglelefteq$	\trianglelefteq	$\trianglerighteq$	\trianglerighteq	$\blacktriangleright$	\blacktriangleright
$\nless$	\nless	$\ngtr$	\ngtr	$\nsim$	\nsim
$\nleq$	\nleq	$\ngeq$	\ngeq	$\ncong$	\ncong
$\nleqslant$	\nleqslant	$\ngeqslant$	\ngeqslant	$\nmid$	\nmid
$\nleqq$	\nleqq	$\ngeqq$	\ngeqq	$\nparallel$	\nparallel
$\nprec$	\nprec	$\nsucc$	\nsucc	$\ntriangleleft$	\ntriangleleft
$\npreceq$	\npreceq	$\nsucceq$	\nsucceq	$\ntriangleright$	\ntriangleright
$\precneqq$	\precneqq	$\succneqq$	\succneqq	$\ntrianglelefteq$	\ntrianglelefteq
$\nsubseteq$	\nsubseteq	$\nsupseteq$	\nsupseteq	$\ntrianglerighteq$	\ntrianglerighteq
$\nsubseteqq$	\nsubseteqq	$\nsupseteqq$	\nsupseteqq		

Tabelle 7.10
Binäre Operatoren und Vergleichssymbole mit amssymb

Die hierbei auftretenden hexadezimalen Zahlenangaben können für die gewünschten Symbole aus den Zeichensatztabellen der dem Paket beiliegenden Dokumentation [19, S. 36ff.] entnommen werden. Häkchen (✓) können mit dem Befehl \checkmark erzeugt werden. Das nächste Beispiel zeigt, wie ein Quadrat verwendet werden kann:

Satz Sei $\mathfrak{G} = \nabla f(\mathfrak{X})$, $\mathfrak{G}, \mathfrak{X} \in \mathbb{R}^3$, $\mathfrak{H}, \mathfrak{Y} \in \mathbb{R}^4$. Dann gilt $\mathfrak{H} = \square f(\mathfrak{Y})$.

```
\DeclareMathSymbol{\quadrat}{\mathord}{AMSa}{"03}
\textbf{Satz}
Sei $\mathfrak{G} = \nabla f(\mathfrak{X})$,
$\mathfrak{G, X} \in \mathbb{R}^3$,
$\mathfrak{H, Y} \in \mathbb{R}^4$.
Dann gilt $\mathfrak{H} = \square f(\mathfrak{Y})$.
```

Zuletzt seien noch die kalligraphischen Symbole, die mit dem eucal-Paket aktiviert werden, dargestellt, wobei die Option mathscr dafür

⇇	\leftleftarrows	⇉	\rightrightarrows	⇚	\Lleftarrow	
⇆	\leftrightarrows	⇄	\rightleftarrows	⇛	\Rrightarrow	
↶	\curvearrowleft	↷	\curvearrowright	⇝	\rightsquigarrow	
↺	\circlearrowleft	↻	\circlearrowright	↭	\nleftrightarrow	
↢	\leftarrowtail	↣	\rightarrowtail	↭	\leftrightsquigarrow	
↚	\nleftarrow	↛	\nrightarrow	⇎	\nLeftrightarrow	
⇍	\nLeftarrow	⇏	\nRightarrow	↱	\Lsh	
⇋	\leftrightharpoons	⇌	\rightleftharpoons	↰	\Rsh	
⇈	\upuparrows	⇊	\downdownarrows			
□	\square	■	\blacksquare	ℏ	\hbar	
△	\vartriangle	▲	\blacktriangle	ℏ	\hslash	
▽	\triangledown	▼	\blacktriangledown	⌟	\lrcorner	
◊	\lozenge	♦	\blacklozenge	℧	\mho	
∅	\varnothing	Ⓢ	\circledS	ϰ	\varkappa	
∠	\angle	∡	\measuredangle	∢	\sphericalangle	
★	\bigstar	∁	\complement	‵	\backprime	
ð	\eth	Ϝ	\digamma	∄	\nexists	
ℶ	\beth	ℷ	\gimel	ℸ	\daleth	
⌜	\ulcorner	⌝	\urcorner	⌞	\llcorner	

Tabelle 7.11
Auswahl weiterer Pfeil- und sonstiger Symbole aus amssymb

sorgt, daß beide Sätze kalligraphischer Zeichen nebeneinander Verwendung finden können. Die originalen Zeichen

$$ABCDEFGHIJKLMNOPQRSTUVWXYZ$$

\mathcal

wurden im mathematischen Modus mit dem normalen Umschaltbefehl \mathcal generiert, während die Zeile

$$\mathscr{ABCDEFGHIJKLMNOPQRSTUVWXYZ}$$

\mathscr

den Befehl \mathscr benutzt. Ohne die Option mathscr wäre der Befehl \mathcal durch \mathscr, also die ersten Zeichen durch die letzten *ersetzt* worden.

7.6.2 Alte deutsche Schriften

Der Satz von Texten in alten deutschen Schriften wie Fraktur oder Schwabacher sowie die Ausschmückung mit prächtigen Initialen wird durch sehr schöne Zeichensätze ermöglicht, die ab Seite 520 dargestellt sind. Die Anwendung dieser Schriften wird durch das Paket oldgerm erleichtert, dem auch eine Dokumentation über die alten Schriften (Verwendung der verschiedenen Formen eines Buchstabens) beigelegt ist. Es stellt drei Befehle \textgoth, \textfrak und

oldgerm

\textgoth

7.6 Zeichensatzpakete

\textswab zur Verfügung, um analog zu \textit kurze Passagen in altdeutscher Schrift in den Text einzufügen, sowie die Umschaltbefehle \gothfamily, \frakfamily und \swabfamily, um die Grundschrift zu ändern. Da die Zeichensätze nur im normalen Schnitt vorliegen, können keine fetten oder kursiven Texte gesetzt werden, die Umschaltung auf andere Größenstufen verläuft jedoch korrekt. Damit alles wie erwartet funktioniert, müssen Sie zusätzlich zu oldgerm.sty die .fd-Dateien kopieren.

\textfrak
\textswab
\gothfamily,
\frakfamily,
\swabfamily

Ein weiteres Paket, das den Einsatz der Schriften vereinfacht, ist yfonts. Es enthält die bereits bei oldgerm.sty erwähnten Umschaltbefehle. Für Absätze, die mit einem Initial eingeleitet werden sollen, bietet es darüber hinaus den Befehl \yinipar an, der wie folgt eingesetzt wird (wichtig dabei ist der \par-Befehl!):

yfonts

\yinipar

```
{\frakfamily\fraklines
  \yinipar{Dies} ist ein Absatz mit Initial ...\par}
```

Die genaue Verwendung der Befehle sowie typographische Richtlinien für den korrekten Einsatz der verschiedenen Formen des »s« (etwa des Schluß-s s:) finden Sie in der beiliegenden Dokumentation. Es sei hier nur erwähnt, daß unter Verwendung der deutschen Anpassung die Umlaute und Anführungszeichen wie gewohnt eingegeben werden können. Die Frakturschrift, die in der Datei cmfrak.mf implementiert ist, liegt im alten CM-Dekodierungsschema vor; das EC-Schema wird durch METAFONT-Bearbeitung von dcfrak.mf bereitgestellt. An Ligaturen sind ebenfalls sz (liefert »ß«) und s: sowie die Umlaute "a, "o und "u enthalten.

7.6.3 Symbole

Mathematische Symbole

In Anhang B sind weitere Zeichensätze mit mathematischen Sonderzeichen aufgeführt. Die Dateien rsfs5.mf, rsfs7.mf und rsfs10.mf beschreiben große Schreibschriftbuchstaben $\mathscr{ABCD}\cdots\mathscr{XYZ}$, die häufig zur Bezeichnung bestimmter Gruppen, Räume und Transformationen benutzt werden. Für den bequemen Einsatz stellt das Paket mathrsfs den Umschaltbefehl \mathscr bereit:

Schreibschrift

mathrsfs
\mathscr

$$x \in \mathscr{L} \rightarrow y \in \mathscr{H}_N$$

```
\begin{equation}
   x \in \mathscr{L} \rightarrow y \in \mathscr{H}_N
\end{equation}
```

Möchten Sie in vorhandenen Dokumenten kalligraphische Buchstaben, die mit dem Befehl \mathcal erzeugt wurden, durch diese

calrsfs Schreibschriftzeichen ersetzen, ohne die Befehlsworte austauschen zu
Mathematische müssen, können Sie das Paket `calrsfs` einsetzen.
Symbole In den Fonts `stmary5` bis `stmary10` sind zahlreiche mathematische
Zeiger, Klammern, Operatoren und Relationen enthalten, die gemeinsam mit den $\mathcal{AMS}$-Fonts eingesetzt werden können. Die Benutzung
stmaryrd wird durch das Paket `stmaryrd` und die Fontbeschreibungsdatei
`ustmry.fd` erleichtert. Das Paket stellt Ihnen komfortable Befehle
zur Verfügung, die in der Tabelle 7.12 in einer Auswahl und in [22]
vollständig aufgeführt sind:

$$\bigboxempty_{i=0}^{n} a_i \phi x_i = s \boxplus \frac{M}{\llbracket N \rrbracket}$$

```
\begin{equation}
\bigbox_{i=0}^n a_i \baro x_i =
  s \inplus \frac{M}{\left\llbracket N \right\rrbracket}
\end{equation}
```

Da Sie möglicherweise nicht alle Symbole gleichzeitig benötigen werden, ist die Option `only` des Paketes interessant. Sie definiert nur die
in der folgenden Liste aufgeführten Befehle. Für das Beispiel wurde
das Paket mit der folgenden Zeile geladen:

```
\usepackage[only,baro,rrbracket,llbracket,inplus,bigbox]
           {stmaryrd}
```

Die METAFONT-Dateien `dsrom10.mf` und `dsrom12.mf` enthalten
Blackboard-Buchstaben, die vor allem von Mathematikern gern benutzt werden, wenn es darum geht, Mengen wie die der natürlichen
oder reellen Zahlen $\mathbb{R}$ zu kennzeichnen. Normalerweise benutzt man
zu diesem Zweck den `\mathbb`-Befehl und die $\mathcal{AMS}$-Zeichensät-
ze. Die hier vorliegenden Zeichen sind jedoch den originalen CM-
Zeichensätzen nachempfunden und ergeben so ein einheitlicheres Erscheinungsbild. Leerzeichen sind nicht im Zeichensatz enthalten. Das
dsfont Paket `dsfont` enthält die beiden Dateien `dsfont.sty` und `udsrom.fd`
\mathds und stellt den Umschaltbefehl `\mathds` bereit. Dieser wird innerhalb
des mathematischen Modus eingesetzt. Die Eingabe `$\mathds{R}$`
erzeugt das soeben gezeigte Symbol für die Menge der reellen Zahlen,
ein ausführlicheres Beispiel ist folgendes:

Sei $\mathbb{N} := \{0, \pm 1, \pm 2 \ldots\}$ und $\mathbb{N}_0^+ = \{0, 1, 2 \ldots\}$. Dann gilt

$$\mathbb{Q} = \{x \mid x = \frac{p}{q}, p, q \in \mathbb{N}\} \supset \mathbb{N}$$

```
Sei $\mathds{N}:=\{0, \pm1, \pm2 \ldots\}$ und
$\mathds{N}^+_0=\{0, 1, 2 \ldots\}$. Dann gilt
\[ \mathds{Q}=\{ x\mid x=\frac{p}{q},
   p,q\in \mathds{N} \} \supset \mathds{N}\]
```

7.6 Zeichensatzpakete

⊖	\minuso	⌽	\baro	⨯	\vartimes		
Y	\varcurlyvee	⋏	\varcurlywedge	⊞	\nplus		
⫽	\sslash	⦸	\bbslash	⫴	\interleave		
⊲	\leftslice	⊳	\rightslice	↯	\lightning		
⫾	\talloblong	⫽	\fatslash	⫽	\fatbslash		
∈	\inplus	∋	\niplus	⋐	\subsetpluseq		
⋐	\subsetplus	⋑	\supsetplus	⋑	\supsetpluseq		
⊴	\trianglelefteqslant	⊵	\trianglerighteqslant				
⋬	\ntrianglelefteqslant	⋭	\ntrianglerighteqslant				
□	\bigbox	△	\bigtriangleup	▽	\bigtriangledown		
⫼	\biginterleave	⋀	\bigcurlywedge	⋎	\bigcurlyvee		
⨹	\bignplus	∥	\bigparallel	⊓	\bigsqcap		
⟦	\llbracket	⌈	\llceil	⌉	\rrceil		
⟧	\rrbracket	⌊	\llfloor	⌋	\rrfllor		

Tabelle 7.12
Binäre und große Operatoren, Relationen und Klammersymbole der St Mary's-Fonts

Das wasysym-Paket

Das Paket `wasysym` stellt Befehle für zahlreiche spezielle und nützliche Symbole bereit (geometrische Figuren, Tierkreiszeichen, Symbole der Programmiersprache APL und andere). Tabelle 7.13 gibt einen Überblick, die Tabelle auf Seite 547 zeigt sämtliche verfügbaren Zeichen.

Das ifsym-Paket

Auch das Paket `ifsym` stellt Befehle für zahlreiche Symbole bereit, Tabelle 7.14 gibt einen Überblick. Die Zeichensatztabellen ab der Seite 525 zeigen sämtliche verfügbaren Zeichen, der Einsatz einiger elektronischer Symbole wurde auf Seite 299 erläutert. Die Symbole sind in verschiedene Bedeutungsgruppen untergliedert, eine Paketoption aktiviert die jeweiligen Befehle:

`\usepackage[misc]{ifsym}`

ifsym

Die Optionen sind in der Tabelle ebenfalls angegeben. Es können mehrere Optionen aktiviert sein, um Zugriff auf mehrere Symbolgruppen zu haben. Mit dem Befehl \showclock{<Stunde>}{<Minute>}, z. B. \showclock{0}{45}, können Sie kleine Analoguhren ⊕ mit der gewünschten Zeit (in Fünfminutenschritten) erzeugen.

Zeichen	Eingabe	Zeichen	Eingabe	Zeichen	Eingabe
♂	\male	♀	\female	¤	\currency
☎	\phone	⌕	\recorder	⊕	\clock
⚡	\lightning	⇨	\pointer	⌀	\diameter
~	\AC	≈	\HF	≋	\VHF
∡	\varangle	✣	\kreuz	☺	\smiley
☹	\frownie	●	\blacksmiley	☼	\sun
✓	\checked	♠	\bell	¢	\cent
‰	\permil	↺	\leftturn	↻	\rightturn
○	\Circle	◖	\Leftcircle	◗	\Rightcircle
●	\CIRCLE	◀	\LEFTCIRCLE	▶	\RIGHTCIRCLE
⬡	\hexagon	⬠	\pentagon	◯	\octagon
♈	\vernal	☊	\ascnode	☋	\descnode
○	\fullmoon	●	\newmoon	☾	\leftmoon
☽	\rightmoon	☉	\astrosun	☿	\mercury
♀	\venus	♁	\earth	♂	\mars
♃	\jupiter	♄	\saturn	♅	\uranus
♆	\neptune	♇	\pluto		
♈	\aries	♉	\taurus	♊	\gemini
♋	\cancer	♌	\leo	♍	\virgo
♎	\libra	♏	\scorpio	♐	\sagittarius
♑	\capricornus	♒	\aquarius	♓	\pisces
☌	\conjunction	☍	\opposition		
⋆	\APLstar	⊗	\APLlog	▫	\APLbox
△	\APLup	▽	\APLdown	⎕	\APLinput
⍓	\APLuparrowbox	⍗	\APLdownarrowbox	⍇	\APLleftarrowbox
⍈	\APLrigharrowbox	⍝	\APLcomment	⌿	\notslash

Tabelle 7.13
Eingabe für die Symbole des WASYSYM-Zeichensatzes

Das Euro-Symbol

eurosym
china2e

Verschiedene Pakete enthalten ein Euro-Symbol, das mehr der offiziellen Gestaltung als das der TC-Schriften entspricht. Eines davon ist eurosym. Es erzeugt mit dem Makro \euro das Symbol in verschiedenen Schnitten: €, €, €. Mit china2e stehen neben verschiedenen Symbolen für chinesische Kalender auch ein Euro-Zeichen zur Verfügung, das mit dem Makro \Euro erzeugt wird: €. Verschiedene Schriftschnitte sind aber nicht verfügbar.

7.6 Zeichensatzpakete

Zeichen	Eingabe	Zeichen	Eingabe	Zeichen	Eingabe
Option misc					
✉	\Letter	☎	\Telephone	⊡, ⌗	\Cube {1}, \Cube {6}
	\PaperPortrait		\PaperLandscape		
❖	\SectioningDiamond			✗	\Irritant
❖	\FilledSectioningDiamond				\Fire
|...卌	\StrokeOne...\StrokeFive				\Radiation
Option alpine					
†	\SummitSign	▲	\StoneMan	⌂	\Hut
▲	\Summit	△	\SurveySign		\FilledHut
▲▲	\Mountain		\IceMountain		\Village
	\VarMountain		\VarIceMountain		
)(	\Joch		\Flag		\Tent
△	\VarSummit		\VarFlag		\HalfFilledHut
Option weather					
☼	\Sun		\HalfSun	●	\NoSun
	\Fog		\ThinFog		\Rain
	\Hail		\Sleet		\WeakRain
❄	\Snow	⚡	\Lightning	☁	\Cloud
	\RainCloud		\WeakRainCloud		\SunCloud
	\FilledCloud		\SnowCloud		\FilledRainCloud
	\FilledSnowCloud		\FilledSunCloud		\FilledWeakRainCloud
Option electronic					
⌐	\RaisingEdge	⊓	\ShortPulseHigh	⊓	\PulseHigh
¬	\FallingEdge	⊔	\ShortPulseLow	⊔	\PulseLow
⊓⌐	\LongPulseHigh	⊔⌐	\LongPulseLow		
Option clock					
	\showclock {0}{5}		\VarClock		\Wecker
	\Taschenuhr		\VarTaschenuhr		
	\Interval		\StopWatchStart		\StopWatchEnd

Phonetisches Alphabet

Auf Seite 539 wird ein Zeichensatz gezeigt, der Symbole des phonetischen Alphabets enthält. Das Paket phonetic stellt Makros für die

Tabelle 7.14
Eingabe für die Symbole der IF-Zeichensatzfamilie

phonetic

Eingabe der Symbole bereit, die in Tabelle 7.15 aufgeführt sind.

Tabelle 7.15
Eingaben für den Font cmph10

ə	\schwa	þ	\thorn	ʔ	\glottal
ʃ	\esh	ŋ̍	\emgma	ŋ	\engma
ʒ	\yogh	ð	\eth	ɗ	\hookd
fi	\voicedh	ɾ	\flap	ɲ	\enya
ɓ	\hausab	ɗ	\hausad	ɛ	\epsi
ɒ	\rotvara	ʌ	\pwedge	ɥ	\udesc
ɠ	\varg	ƙ	\hausak	ɔ	\openo
fj	\fj	ɒ	\revD	ω	\varomega
ɔ	\varopeno	ɑ	\vara	ɹ	\rotr
λ	\barlambda	ʙ	\hausaB	ᴅ	\hausaD
ᴋ	\hausaK	ħ	\planck	ʋ	\vod
ɨ	\ibar	ɯ	\rotm	ʎ	\roty
ʝ	\barj	ɩ	\vari	ʉ	\ubar
ʊ	\rotOmega	ʍ	\rotw	ɿ	\riota
o̞	\ut {o}	o̞	\td {o}	o̜	\syl {o}
o̥	\hill {o}	o	\od {o}	ô	\ohill {o}
ç	\rc {c}	aᵇb	a\upbar b	m̂n̂	\labvel {mn}
ó	\acbar {\'}{o}	ő	\acarc {\'}{o}	mʰ	m\uplett {h}

tipa

Ein weiteres, umfassendes System phonetischer Zeichen steht mit dem Paket **tipa** zur Verfügung. Es enthält die Symbole des internationalen phonetischen Alphabets sowie Kennzeichnungen des Tonfalls in vier Schriftschnitten. Die Benutzung ist einfach: Nach Kopieren aller Dateien in Ihren LaTeX-Verzeichnisbaum können Sie das Paket laden und innerhalb der drei folgenden Varianten spezielle Befehle zur phonetische Kennzeichnung sowie Einzelbuchstaben, die ebenfalls Symbole repräsentieren, eingeben:

\textipa \textipa{<Zeichen>}
IPA \begin{IPA} <Zeichen> \end{IPA}
\tipaencoding {\tipaencoding <Zeichen>}

Eine Tabelle aller Sonderzeichen samt ihrer Eingabe ist in der umfangreichen Dokumentation enthalten.

7.6.4 Griechische Schrift

Mit Hilfe der mathematischen Zeichensätze können Sie einige griechische Zeichen aufs Papier zaubern. Um jedoch umfangreiche Dokumente in griechischer Sprache zu setzen, reicht das Angebot an

Zeichen nicht aus, auch steht nur der kursive Schnitt zur Verfügung. Hier helfen Ihnen eine Reihe von Fontpaketen, die in Verzeichnisen unter

CTAN/fonts/greek

zu finden sind. Jeder dieser Fonts enthält eine Reihe von mehr oder minder vielen verschiedenen Schnitten der griechischen Zeichen sowie Pakete, mit denen Sie, ebenfalls mehr oder minder komfortabel, Dokumente oder Passagen in griechisch setzen können.

Einfach mit `babel`

Eine einfache Möglichkeit bietet das Paket `babel` (siehe auch Seite 426). Es benötigt eine Reihe von griechischen Zeichensätzen, die Sie in Form der METAFONT- und Metrikdateien im Verzeichnis

CTAN/fonts/greek/cb

finden. In diesen Zeichensätzen sind auch Akzente und Atemzeichen enthalten, so daß auch klassische Texte gesetzt werden können. Das `babel`-Paket gestattet es, mit der Option `greek` neugriechische Passagen wie folgt zu setzen:

```
\usepackage[greek,german]{babel}
...
<Deutscher Text>
\selectlanguage{greek} <Griechischer Text>
\selectlanguage{german} <Deutscher Text>
\begin{otherlanguage}{greek}
  <Weiterer griechischer Text>
\end{otherlanguage}
<Deutscher Text>
```

Die Option `polutonikogreek` gestattet den Textsatz in klassischem Griechisch. Die zuletzt aufgeführte Option, im Beispiel `german`, bestimmt die Grundsprache des Dokumentes.

Schreiben Sie Dokumente, in denen neben der griechischen auch lateinische Schriften eingesetzt werden sollen, können Sie für kurze Textpassagen mit `\textlatin` und `\textgreek` auf lateinische oder griechische Schrift umschalten. Mit den Befehlen `\latintext` und `\greektext` bleibt die Schrift so lange eingestellt, bis ein weiteres Umschaltkommando folgt. Die Befehle verhalten sich analog zu `\textbf` und `\bfseries`.

Um ein komplett griechisches Dokument zu verfassen, setzen Sie `greek` als einzige Option ein. Mit `\captionsgreek` werden alle feststehenden Überschriften wie »Inhaltsverzeichnis« mit den entsprechenden griechischen Äquivalenten versehen.

Zeichen	Eingabe	Zeichen	Eingabe	Zeichen	Eingabe
A, α	A, a	I, ι	I, i	P, ρ	R, r
B, β	B, b	K, ϰ	K, k	Σ, σ/ς	S, s
Γ, γ	G, g	Λ, λ	L, l	T, τ	T, t
Δ, δ	D, d	M, μ	M, m	Υ, υ	U, u
E, ε	E, e	N, ν	N, n	Φ, φ	F, f
Z, ζ	Z, z	Ξ, ξ	X, x	X, χ	Q, q
H, η	H, h	O, ο	O, o	Ψ, ψ	Y, y
Θ, ϑ	J, j	Π, π	P, p	Ω, ω	W, w
','	",''	«, »	((,))	·, ;	;, ?

Tabelle 7.16
Eingabe für griechische Schrift (CB- und Levy-Fonts)

Die Eingabe der griechischen Zeichen erfolgt in einer Art Umschrift mit lateinischen Zeichen nach Tabelle 7.16. Der Akzent des heutigen Griechisch ά wird als 'a eingegeben. Zur korrekten Eingabe von Texten in der Polutoniko-Variante mit allen Akzenten und Atemzeichen müssen Sie Altgriechisch (Option `polutonikogreek` in Babel) als Grundsprache eingestellt haben und mit

Altgriechisch

`\selectlanguage{polutonikogreek}`

auf Griechisch umschalten. Die drei Akzente werden wie folgt eingegeben: ὰ 'a, ά 'a, ᾶ ~a. Die beiden Atemzeichen sind ἀ <a und ἁ >a. Der Iota-Subskript wird mit ᾳ a| *nach* dem Vokal eingegeben, der Doppelpunkt mit ϊ "i und ϋ "u. Im Altgriechischen treten häufig Kombinationen der diakritischen Zeichen auf, bei der Eingabe sind dann die Atemzeichen vor dem Akzent zu setzen, der Doppelpunkt vor oder nach dem Akzent: ἄ <'a, ἦ >~h, ΰ "'u, ῇ ~h|.

Achtung: wenn die deutsche Sprachanpassung aktiv ist (Grundsprache deutsch) und griechische Texte mit `\textgreek` eingestreut werden, weisen das Anführungszeichen sowie die Tilde eine besondere Bedeutung auf, die nicht konform zur Verwendung im griechischen Text ist. Diese beiden Zeichen müssen daher speziell eingegeben werden. Da das Voranstellen des Quote-Zeichens »\« den Ligaturmechanismus durcheinanderbringt, hat sich der Einsatz des folgenden kleinen Pakets bewährt, das die Befehle `\grt` und `\grdp` bereitstellt:

`grk.sty`

```
1 \begingroup
2 \catcode`\~=12
3 \lccode`\!=`\~
4 \lowercase{\def\x{\endgroup
5   \def\grt{!}}\x
6 \begingroup
```

```
 7 \catcode'\"=12
 8 \lccode'\!='\"
 9 \lowercase{\def\x{\endgroup
10   \def\grdp{!}}\x}
```

Bei der Eingabe der Akzente muß dann jede Tilde durch den Befehl \grt ersetzt werden, jedes Anführungszeichen durch den Befehl \grdp: φῶς f\grt ws, ἤ >\grt h, ὐ \grdp'u, ῇ \grt h|. Wenn polutonikogreek als Grundschrift eingestellt oder mit dem Befehl \selectlanguage ausgewählt worden ist, müssen die beiden Sonderzeichen nicht anders als zuvor genannt eingegeben werden, da sie nur für die deutsche Anpassung eine Sonderrolle spielen.

Als Beispiel für die Gestalt der Buchstaben sollen einige Worte sowie der Anfang des Neuen Testaments (Johannes 1) gezeigt werden: λόγος (l'ogos) sprechen, ζωή (zw'h) Leben, φῶς (f~ws) Licht, λίθος (l'ijos) Stein, χρόνος (qr'onos) Zeit, σκοτία (skot'ia|) Finsternis.

Ἐν ἀρχῇ ἦν ὁ λόγος, καὶ ὁ λόγος ἦν πρὸς θεόν, καὶ θεὸς ἦν ὁ λόγος. οὗτος ἦν ἐν ἀρχῇ πρὸς τὸν θεόν. πάντα δι' αὐτοῦ ἐγένετο, καὶ χωρὶς αὐτοῦ ἐγένετο οὐδὲ ἕν. ὃ γέγονεν ἐν αὐτῷ ζωὴ ἦν, καὶ ἡ ζωὴ ἦν τὸ φῶς τῶν ἀνθρώπων. καὶ τὸ φῶς ἐν τῇ σκοτίᾳ φαίνει, καὶ ἡ σκοτία αὐτὸ οὐ κατέλαβεν.

```
>En 'arq~h| >~hn <o l'ogos, ka'i <o l'ogos >~hn pr'os je'on, ka'i je'os >~hn
<o l'ogos. o>~utos >~hn >en >arq~h| pr'os t'on je'on. p'anta di> a>uto'u
>eg'eneto, ka'i qwr'is a>uto'u >eg'eneto o>ud'e <'en. <'o g'egonen >en a>ut~w|
zw'h >~hn, ka'i <h zw'h >~hn t'o f~ws t~wn >anjr'wpwn. ka'i t'o f~ws >en t~h|
skot'ia| fa'inei, ka'i <h skot'ia| a>ut'o o>u kat'elaben.
```

Für die Eingabe der griechischen Schriftzeichen nach ISO 8859-7 (ISO Latin 7 Greek) ist im Paket die Encoding-Datei iso-8859-7.def enthalten. Sie wählen diese Eingabe mit der Zeile

\usepackage[iso-8859-7]{inputenc}

nach dem Laden des babel-Paketes. Dieses 8 bit-Encoding-Schema enthält an den Positionen 0 bis 127 die ASCII-Zeichen, an den höheren Positionen zahlreiche Sonderzeichen (Euro, pound) sowie griechische Spezialzeichen. Die griechischen Buchstaben befinden sich an den Positionen im Bereich von 128 bis 255, die ihren lateinischen Äquivalenten entsprechen.

Das Paket greek

Das Verzeichnis CTAN/fonts/greek/kd enthält das Paket greek, mit dem Dokumente in griechischer Sprache und Schrift verfaßt werden können. Darüber hinaus enthält das Verzeichnis die griechischen

greek

Analoga der LaTeX-Klassen sowie ein griechisches LaTeX-Format. Es stellt somit ein komplett auf griechischer Sprache basierendes LaTeX-System dar.

Das Paket `lgreek`

Neben den neueren CB-Zeichensätzen existieren die Zeichensätze von S. Levy, die im Verzeichnis

`CTAN/fonts/greek/levy`

lgreek enthalten sind. Die griechischen Zeichen sind in normalem und fettem Schnitt sowie der Typewriter-Variante verfügbar, kursive oder geneigte Schnitte sind nicht enthalten. Da zahlreiche akzentuierte Zeichen als Ligaturen zur Verfügung stehen, können mit diesen Zeichensätzen auch altgriechische Texte gesetzt werden. Die Eingabe erfolgt in lateinischer Transkription (siehe Abschnitt 7.6.4). Eine bequeme Nutzung der Zeichensätze unter LaTeX ist mit dem Paket `lgreek` möglich. Die Umgebung

greek `\begin{greek} <Griechischer Text> \end{greek}`

setzt alles, was in ihr steht, mit griechischen Zeichen. Für kurze Textstücke, die in den normalen lateinischen Text eingestreut werden sollen, können Sie die mathematischen Delimiter `$griechisch$` einsetzen, der normale mathematische Satz erfolgt weiterhin mit den Delimitern `\(` und `\)`. Diese Kurzeingabe ist allerdings nur möglich, wenn Sie die Option `delims` beim Aufruf des Paketes angeben. Als Beispiel ist wieder der Anfang des Neuen Testamentes (Johannes 1) gezeigt:

> Ἐν ἀρχῇ ἦν ὁ λόγος, καὶ ὁ λόγος ἦν πρὸς θεόν, καὶ θεὸς ἦν ὁ λόγος. οὗτος ἦν ἐν ἀρχῇ πρὸς τὸν θεόν. πάντα διἀὐτοῦ ἐγένετο, καὶ χωρὶς αὐτοῦ ἐγένετο οὐδὲ ἕν. ὃ γέγονεν ἐν αὐτῷ ζωὴ ἦν, καὶ ἡ ζωὴ ἦν τὸ φῶς τῶν ἀνθρώπων. καὶ τὸ φῶς ἐν τῇ σκοτίᾳ φαίνει, καὶ ἡ σκοτία αὐτὸ οὐ κατέλαβεν.

7.6.5 Kyrillische Schrift

Mit Hilfe der $\mathcal{AMS}$-Zeichensätzen können Sie kyrillische Schriftzeichen setzen, die neuen kyrillischen Font-Encodings T2A, T2B, T2C und X2 werden jedoch nicht unterstützt. Das Paket `babel` (Seite 426) kann diese dagegen benutzen. Für eine korrekte Installation, die den Textsatz kyrillischer Dokumente erlaubt, benötigen Sie die folgenden Pakete:

- ❑ LaTeX in einer Version ab dem 1. Dezember 1998. Ab dieser Version werden die Encodings T2A bis T2C für multilinguale Texte sowie X2 unterstützt.

7.6 Zeichensatzpakete

❏ Die Dateien der kyrillischen Unterstützung, zu finden im Verzeichnis

CTAN/macros/latex/required/cyrillic

❏ Das Paket `babel`, Version 3.6h oder höher, in

CTAN/macros/latex/required/babel

❏ Die erforderlichen Zeichensätze sind nicht die $\mathcal{AMS}$-, sondern die LH-Zeichensätze (Version 3.2), die im Verzeichnis

CTAN/fonts/cyrillic/lh

zu finden sind. Bei der Installation werden die Treiberdateien für die verschiedenen Encodings erzeugt.

❏ Russische Trennmuster, zu finden in

CTAN/language/hyphenation/ruhyphen

In der Datei `CTAN/macros/latex/base/cyrguide.tex` sind Hinweise für einen erfolgreichen kyrillischen Textsatz enthalten.

Die Option `russian` des `babel`-Paketes erlaubt den Satz von Text in kyrillischer Schrift. Standardmäßig wird dabei das T2A-Encoding der LH-Zeichensätze verwendet, durch entsprechende Optionen des `fontenc`-Paketes kann jedoch auch das T2B-, T2C-, X2-, OT2- oder LCY-Encoding eingestellt werden. Vor dem Laden des `babel`-Paketes müssen Sie explizit angeben, welche Eingabekodierung Sie benutzen wollen, zum Beispiel

```
\usepackage[cp1251]{inputenc}
\usepackage[russian,german]{babel}
```

bei der Eingabe der Texte unter Windows. Die möglichen Eingabekodierungen für kyrillische Alphabete sind in Tabelle 7.17 aufgeführt. Eine Sonderrolle spielt dabei das OT2-Encoding, das es erlaubt, den kyrillischen Text in lateinischer Transkription gemäß Tabelle 7.18 einzugeben. In diesem Falle ist es nicht erforderlich, eine Eingabekodierung anzugeben.

Analog zum griechischen Textsatz (Seite 393) stehen folgende Kommandos bereit:

```
\selectlanguage{cyrillic} <Kyrillischer Text>
\begin{otherlanguage}{cyrillic}
  <Weiterer kyrillischer Text>
\end{otherlanguage}
\cyrillictext <Kyrillischer Text> \latintext
\textcyrillic{<Kyrillischer Text>} \textlatin{...}
```

Tabelle 7.17
Eingabekodierungen für kyrillische Schrift

Kodierung	Beschreibung
iso88595	ISO Latin 5-Kodierung (kyrillisch)
cp855	MS-DOS-Kodierung kyrillisch
cp866	MS-DOS-Kodierung russisch
cp1251	MS Windows-Kodierung kyrillisch
koi8-r	UNIX-Kodierung russisch
koi8-u	UNIX-Kodierung ukrainisch
maccyr	Macintosh-Kodierung kyrillisch
ctt, dbk, mnk, mos, ncc, msl	Mongolische Kodierungen

Verwenden Sie `russian` als einzige Option, wird das Dokument vollständig in kyrillischer Schrift erzeugt. Mit \captionscyrillic werden alle feststehenden Überschriften (»Inhaltsverzeichnis«) mit den entsprechenden russischen Äquivalenten versehen. Verwenden Sie mehrere Sprachen im Dokument (durch Angabe mehrerer Optionen), können Sie mit den Befehlen \latintext und \textlatin sowie \selectlanguage auf lateinische Schrift umschalten. Die entsprechenden Kommandos, um auf kyrillische Schrift zu wechseln, lauten \cyrillictext und \textcyrillic sowie \selectlanguage.

Nachfolgend ist als Beispiel für die Gestalt der Zeichen der LH-Zeichensätze wiederum ein Ausschnitt aus »Der Meister und Margherita« gegeben. Das Beispiel wurde im OT2-Encoding eingegeben:

```
\usepackage[OT2,T1]{fontenc}
\usepackage[russian,german]{babel}
...
\begin{quote}\cyrillictext
Odnazhdy vesnoyu, v chas nebyvalo zharkogo zakata, v
Moskve, na Patriarshikh prudakh, poyavilis\cyrsftsn{} dva
...
\end{quote}
```

> Однажды весною, в час небывало жаркого заката, в Москве, на Патриарших прудах, появились два гразхданина. Первый из них, одетый в летнюю серенькую пару, был маленького роста, упитан, лыс, свою приличную шляпу пирожком нес в руке, а на хорошо выбритом лице его помещались сверхъестественных размеров очки в черной роговой оправе. Второй — плечистый, рыжеватый, вихрастый молодой человек в заломленной на затылок клетчатой кепке — был в ковбой ке, жеваных белых брюках и в черных тапочках.

7.6 Zeichensatzpakete

Zeichen	Eingabe	Zeichen	Eingabe	Zeichen	Eingabe
А, а	A, a	К, к	K, k	Х, х	Kh, kh
Б, б	B, b	Л, л	L, l	Ц, ц	Ts, ts
В, в	V, v	М, м	M, m	Ч, ч	Ch, ch
Г, г	G, g	Н, н	N, n	Ш, ш	Sh, sh
Д, д	D, d	О, о	O, o	Щ, щ	Shch, shch
Е, е	E, e	П, п	P, p	Ъ, ъ	\CYRHRDSN, \cyrhrdsn
Ё, ё	E0, e0	Р, р	R, r	Ы, ы	Y, y
Ж, ж	Zh, zh	С, с	S, s	Ь, ь	\CYRSFTSN, \cyrsftsn
З, з	Z, z	Т, т	T, t	Э, э	E1, e1
И, и	I, i	У, у	U, u	Ю, ю	Yu, yu
Й, й	I0, i0	Ф, ф	F, f	Я, я	Ya, ya
Ђ, ђ	Dj, dj	I, i	I1,i1	Џ, џ	D2, d2
Ѓ, ѓ	\'G, \'g	J, j	J, j	S ,s	D3, d3
Є, є	E2, e2	Љ, љ	Lj,lj	Ў, ў	\u {U}, \u {u}
Ї, ї	\"I, \"i	Њ, њ	Nj,nj	№	N0
Ё, ё	\'E, \'e	Ќ, ќ	\'K,\'k	«, »	<, >

Tabelle 7.18
Eingabe kyrillischer Zeichen im OT2-Encoding

7.6.6 Der APL-Zeichensatz

Anhänger von APL müssen nicht auf Dokumentationen in LATEX verzichten, wenn Sie den Zeichensatz `cmapl10` (Übersicht auf Seite 496) einsetzen. Er enthält unterstrichene und kursive Buchstaben sowie zahlreiche Sondersymbole. Einige Symbole entstehen durch Überlagerung zweier einfacher Zeichen. Zur Erleichterung der Eingabe existiert das Paket `aplstyle`, das verschiedene Befehle bereitstellt, die in Tabelle 7.19 aufgeführt sind. Das Paket definiert darüber hinaus den Umschaltbefehl `\apl`, den Sie am besten innerhalb eines Klammerblockes anwenden, um auf den APL-Zeichensatz umzuschalten. Normale Buchstaben erscheinen kursiv, die Makros `\ZA` bis `\ZZ` erzeugen kursive unterstrichene Großbuchstaben:

aplstyle

```
{\apl BUCHSTABEN IN APL}     BUCHSTABEN IN APL
{\apl \ZA\ZB\ZC \ZZ}          ABCZ
```

Als Beispiel eines APL-Programms nun die Erzeugung eines kleinen Einmaleins. Zunächst wird ein Vektor mit den Zahlen von Eins bis Zehn gefüllt *A*←ι10 und dann mit dem Operator ∘.× das dyadische Produkt gebildet, womit man die Multiplikationstafel erhält und gleich ausgeben kann: ▯←*B*←*A*∘.×*A*.

\overstrike

Die kombinierten Symbole wie ⌸ werden intern mit dem Kommando `\overstrike{<z1>}{<z2>}` aus den Einzelzeichen zusammengesetzt, wobei `<z1>` und `<z2>` Makros zur Erzeugung der einfachen Symbole (`\IO`, `\SO` ...) oder Befehlssequenzen (`{\apl A}`) sein können.

Tabelle 7.19
Die in `aplstyle.sty` *definierten APL-Symbole*

Befehl	Zeichen	Befehl	Zeichen	Befehl	Zeichen
\RO	ρ	\IO	⍳	\BX	▯
\CE	⌈	\FL	⌊	\DE	⊥
\EN	⊤	\DL	∇	\LD	∆
\NT	∼	\LO	○	\GO	→
\OR	∨	\DM	◇	\LE	≤
\GE	≥	\AB	|	\LB	{
\RB	}	\DA	↓	\UA	↑
\EP	∈	\NE	≠	\BL	\
\RU	⊂	\LU	⊃	\DU	∩
\UU	∪	\LK	⊢	\RK	⊣
\US	_	\NG	¯	\DD	¨
\AM	α	\OM	ω	\SO	○
\TR	⍒	\RV	⌽	\CR	⊖
\GD	⍋	\GU	⍫	\FM	⌺
\XQ	⍦	\SS	⊆	\CO	⊇
\CB	⍀	\CS	⌿	\IB	⌶
\DQ	⌸	\QQ	⌷	\PD	⍙
\NR	⍱	\NN	⍲	\LG	⊛

7.7 PostScript-Zeichensätze

Zunehmend werden PostScript-Drucker zur Dokumentenausgabe eingesetzt, mit Hilfe von Ghostscript und Ghostview können Sie jedoch die in diesem und den folgenden Abschnitten vorgestellten PostScript-Zeichensätze auch mit nicht PostScript-fähigen Druckern verarbeiten.

Benutzung der Zeichensätze

times, palatino usw.

Falls Sie den Druckertreiber DVIPS verwenden, können Sie mit Hilfe eines der Pakete `times.sty`, `palatino.sty` usw. aus dem PSNFSS-Paket PostScript-Zeichensätze einsetzen. Diese schalten für den gesamten Text die Grundschriftart auf die gewünschten Schriften um

7.7 PostScript-Zeichensätze

und entnehmen die Zeichensätze für serifenlose und andere Schnitte ebenfalls den PostScript-Zeichensätzen. Die Dateien des Paketes befinden sich im Verzeichnis

`CTAN/macros/latex/packages/psnfss`

Beachten Sie bitte die möglichen Wechselwirkungen mit den gleichnamigen DVIPS-Dateien (siehe Seite 422).

Nachdem Sie alle Dateien aus dieser Quelle kopiert haben, müssen Sie DVIPS mitteilen, daß die PostScript-Schriften verwenden werden sollen. Hierzu fügen Sie in der Datei

`/texmf/dvips/config/local/config.ps`

die Zeile

`p +psnfss.map`

ein oder löschen den führenden Stern, falls eine solche Zeile bereits existiert. Eine detailliertere Diskussion dieser Einbindung wird auf Seite 409 gegeben. Nun können Sie die Pakete `times`, `bookman`, `palatino`, `helvet` und `newcent` zum Setzen der entsprechenden PostScript-Zeichensätze als Grundschrift benutzen. Ein Beispiel:

```
\documentclass{article}
\usepackage{times}
\begin{document}
Der Text wird nun in PS-Times Roman gesetzt!
\end{document}
```

Zusätzlich zu den genannten Dateien erhalten Sie noch das Paket `pifont`, das Sie mit vielen Symbolen (Punkte, Sterne, Pfeile, Bleistifte usw.) der sogenannten *Pi-Fonts* versorgt, auf die Sie mit den Befehlen

pifont Symbole

```
\ding{<n>}                \Pisymbol{<Font>}{<n>}
\dingfill{<n>}            \Pifill{<Font>}{<n>}
\dingline{<n>}            \Piline{<Font>}{<n>}

\begin{dinglist}{<n>}     \begin{Pilist}{<Font>}{<n>}
  \item                     \item
\end{dinglist}            \end{Pilist}
```

zugreifen können. `<n>` ist hierbei die Codenummer des gewünschten Zeichens, die für den `\ding`-Befehl aus Abbildung 7.4 auf der nächsten Seite entnommen werden kann. Neben Dezimalzahlen sind auch Eingaben im oktalen oder hexadezimalen Zahlensystem erlaubt:

Hexadezimale und oktale Zahlen

```
\ding{41}      % dezimal
\ding{'051}    % oktal
\ding{"29}     % hexadezimal
```

Das Häkchen (✓) können Sie daher mit dem Befehl `\ding{51}` erzeugen. Da das Zeichen »"« mit der deutschen Anpassung `german` ein Befehlszeichen geworden ist, müssen Sie in diesem Falle hexadezimale Zahlen größer als `"9F` mit einer führenden Null `\ding{"0A1}` eingeben. Mit `\ding` erzeugen Sie ein einmaliges Auftreten des Zeichens, mit `\dingline` erhalten Sie eine Reihe von über die Zeilenbreite verteilten Symbolen. `\dingline{34}` erzeugt die Linie

✂ ✂ ✂ ✂ ✂ ✂ ✂ ✂ ✂ ✂ ✂ ✂ ✂ ✂ ✂

`\dingfill` füllt wie `\dotfill` einen variablen Zwischenraum mit dem Symbol, zum Beispiel am Absatzende mit dem Symbol 86:   ✱   ✱

Mit den Sondersymbolen markierte Listen

```
\begin{dinglist}{46}
  \item So wie diese hier!
  \item noch ein Punkt \dots
\end{dinglist}
```

✎ So wie diese hier!

✎ noch ein Punkt ...

erzeugen Sie mit der `dinglist`-Umgebung, die das Symbol `<n>` anstelle der normalen Listenmarkierung ausdruckt.

pzdr

	0	1	2	3	4	5	6	7	8	9	A	B	C	D	E	F	
2		✁	✂	✃	✄	☎	✆	✇	✈	✉	☛	☞	✌	✍	✎	✏	2
3	✐	✑	✒	✓	✔	✕	✖	✗	✘	✙	✚	✛	✜	✝	✞	✟	3
4	✠	✡	✢	✣	✤	✥	✦	✧	★	✩	✪	✫	✬	✭	✮	✯	4
5	✰	✱	✲	✳	✴	✵	✶	✷	✸	✹	✺	✻	✼	✽	✾	✿	5
6	❀	❁	❂	❃	❄	❅	❆	❇	❈	❉	❊	❋	●	❍	■	❏	6
7	❐	❑	❒	▲	▼	◆	❖	◗	❘	❙	❚	❛	❜	❝	❞		7
A		❡	❢	❣	❤	❥	❦	❧	♣	♦	♥	♠	①	②	③	④	A
B	⑤	⑥	⑦	⑧	⑨	⑩	❶	❷	❸	❹	❺	❻	❼	❽	❾	❿	B
C	➀	➁	➂	➃	➄	➅	➆	➇	➈	➉	➊	➋	➌	➍	➎	➏	C
D	➐	➑	➒	➓	➔	→	↔	↕	➘	➙	➚	➛	➜	➝	➞	➟	D
E	➠	➡	➢	➣	➤	➥	➦	➧	➨	➩	➪	➫	➬	➭	➮	➯	E
F		➱	➲	➳	➴	➵	➶	➷	➸	➹	➺	➻	➼	➽	➾		F
	0	1	2	3	4	5	6	7	8	9	A	B	C	D	E	F	

Abbildung 7.4
Die Symbole des ZapfDingBats-Fonts (hexadezimal kodiert)

`\Pisymbol` und die anderen Befehle der `\Pi...`-Reihe setzen Sie ein, wenn Sie ein bestimmtes Zeichen aus einem bestimmten `<Font>` darstellen möchten, zum Beispiel kann `<Font>` durch die Werte `pzd` für

»ZapfDingBats« oder `psy` für den PostScript Symbol-Font ersetzt werden. Die Angabe `pzd` führt die `\Pi`...-Befehle in die `\ding`...-Befehle über.

PostScript sichtbar – PSNFSS-Dokumente ansehen

Nach erfolgreicher Installation der Type 1-Zeichensätze mag eine kleinere Enttäuschung eingetreten sein: ältere DVI-Previewer können die Zeichensätze nicht darstellen. Sie müssen in diesem Falle die `.dvi`-Datei mit DVIPS in PostScript konvertieren und einen PostScript-Previewer wie Ghostview zur Ansicht verwenden (Seite 423). Eine Möglichkeit, Dokumente, die die gängigen Type 1-Zeichensätze von Adobe nutzen, mit dem DVI-Previewer anzusehen, besteht darin, aus

`CTAN/fonts/psfonts`

die Datei `lw35pk.zip` zu kopieren. Sie enthält die `.pk`-Dateien der Adobe-Zeichensätze für wichtige Auflösungen (Vergrößerungen). Das Paket PS2PK bietet darüber hinaus die Möglichkeit, aus *jedem* Type 1-Zeichensatz eine normale `.pk`-Datei zu erzeugen. Für den Einsatz unter emTeX/PC ist im Paket ein lauffähiges Programm enthalten, für andere Betriebssysteme liegt der Quellcode bei.

PS2PK

Um einen Type 1-Zeichensatz in eine Bitmapdatei gegebener Auflösung und Punktgröße zu konvertieren, benötigen Sie die `.afm`- und die `.pfb`-Datei. Starten Sie die Konversion wie folgt:

`ps2pk -v -P10 -X300 humanist.pfb hum.pk`

Die Datei `hum.pk` enthält nun die gepackten Graphikdaten für den `humanist`-Font in 10 pt Größe und 300 dpi Auflösung. Kopieren Sie diese Datei in das Verzeichnis für Zeichensatzdaten. Sie müssen die Konversion für jeden in Frage kommenden Schriftgrad durchführen. Mit den Parametern `-E<xs>` können Sie gleichzeitig den Zeichensatz breiter oder schmäler gestalten, mit `-S<x>` eine geneigte Variante erzeugen. Die Benutzung des Programms ist darüber hinaus von seinem Autor in den Dokumentationsdateien, insbesondere `usage`, gut erklärt worden. Abschließend sei angemerkt, daß die Konversion der gängigen PostScript-Fonts in Pixeldaten durch das beiliegende Shellskript `allpspk` erfolgen kann.

7.8 LaTeX-eigene PostScript-Zeichensätze

Neben den zahlreichen Type 1-Zeichensätzen, die zusammen mit Programmen wie CorelDraw oder einer Textverarbeitung erworben werden können oder die frei verfügbar sind, stehen auf dem CTAN-Server einige weitere Type 1-Zeichensätze bereit.

7.8.1 Vollständige Nutzung von Adobe Times und Palatino

txfonts
pxfonts

Die beiden Pakete `txfonts` und `pxfonts` stellen Ihnen die Adobe Times- resp. die Adobe Palatino-Schriftfamilie als Brotschrift in LaTeX-Dokumenten zur Verfügung. Neben den PostScript-Zeichensätzen für Fließtext sind jedoch auch Type 1-Zeichensätze für mathematische, griechische und sonstige Sonderzeichen vorhanden, die mit der normalen EC-Schrift von LaTeX verfügbar sind. Darüberhinaus stellen die Pakete eine Vielzahl weiterer Symbole bereit.

Die Nutzung der interessanten Pakete ist sehr einfach, sie müssen nur mit einer der beiden Zeilen

```
\usepackage{txfonts}     % Times
\usepackage{pxfonts}     % Palatino
```

geladen werden, und zwar *vor* einer eventuellen deutschen Sprachanpassung. Als Ergebnis erhalten Sie ein Dokument, das vollständig in Type 1-Zeichensätzen gesetzt ist.

7.8.2 Symbole und Piktogramme

marvosym

Das Paket `marvosym` stellt Befehle zur einfachen Benutzung der Symbole des Zeichensatzes `marvosym` zur Verfügung. Die Befehle und die ihnen entsprechenden Piktogramme sind in Tabelle 7.20 enthalten. Der Zeichensatz bietet zahlreiche Symbole aus den Bereichen Gefahrensymbole, EDV, Verschiedenes und Wäscherei.

7.9 METAFONT-Zeichensätze aus PostScript-Fonts

PS4MF

Das Paket PS4MF für Unix- und MS-DOS-Rechner stellt eine komfortable Möglichkeit zur Verfügung, um aus den zahlreich vorhandenen PostScript-Type 1-Zeichensätzen METAFONT-Dateien zu generieren.

Als Beispiel und Anreiz zum Weiterlesen mag diese Passage in einer schoenen Uncial-Schrift dienen, die im Paket uncial.zip enthalten ist.

In `ps4mf.doc` ist eine ausführliche Beschreibung der Vorgehensweise enthalten. Zur Konversion von PostScript-Zeichensätzen kopieren

7.9 METAFONT-Zeichensätze aus PostScript-Fonts

Zeichen	Eingabe	Zeichen	Eingabe	Zeichen	Eingabe
	\Stopsign		\Beam		\Bearing
	\Loosebearing		\Fixedbearing	0, 9	\MVZero
	\Corresponds	@	\MVAt		\Pickup
	\Letter	CE	\CEsign	€	\EURdig
	\Lightning		\Pointinghand		\Mobilefone
	\Industry		\Estatically		\Coffeecup
	\Leftscissors		\Rightscissors	---	\Kutline
	\Lineload		\Telefon		\Clocklogo
	\Checkedbox		\Explosionsafe		\Laserbeam
	\Writinghand	€	\EURcr	€	\EURtm
	\Biohazard		\Radioactivity		\Info
	\Cutleft	---	\Cutline		\Cutright
	\Football	FAX	\fax	FAX	\FAX
	\Faxmachine		\Wheelchair	♀	\Female
	\Gentsroom		\Ladiesroom	♂	\Male
	\FEMALE		\MALE	†	\Cross
	\Celtcross	†	\Ankh	♡	\Heart
@	\Ecommerce		\Tumbler		\Octosteel
	\Hexasteel		\Rectsteel	—	\Flatsteel
	\Squaresteel		\Circsteel	L	\Lsteel
	\Squarepipe		\Rectpipe		\Bicycle
	\RewindToIndex		\RewindToStart		\Rewind
	\Forward		\ForwardToEnd		\ForwardToIndex
	\CleaningF		\CleaningFF		MoveUp
	\CleaningP		\CleaningPP		
	\MoveDown		\ToTop		\ToBottom
	\ComputerMouse		\SerialInterface		\Keyboard
	\SerialPort		\parallelPort		\Printer
	\IroningI		\IroningII		\IroningIII
	\AtNinetyFive		\AtForty		\AtSixty
	\ShortNinetyFive		\ShortFifty		\ShortSixty
	\ShortForty		\SpecialForty		\ShortThirty
	\Handwash		\Dontwash		\NochemicalCleaning
	\WashCotton		\WashSynthetics		\WashWool

Tabelle 7.20
Die Befehle des Pakets marvosym

Sie die zum ausgewählten Zeichensatz gehörenden .pfb- und .afm-Dateien in das Verzeichnis, das PS4MF angelegt hat. Wechseln Sie in dieses Verzeichnis und starten Sie die Konversion, als Beispiel für den Font »Agate«:

`conv_ado agate`

Die Zeichensätze können von verschiedenen Herstellern stammen und Differenzen aufweisen, die unterschiedliche Konvertierungsprogramme erfordern. Wie Sie herausfinden, welche Konvertierung Sie durchführen müssen, ist in der Dokumentation unter Punkt III ausführlich geschildert. Da es sich bei dem Font »Agate« um einen Zeichensatz der Gruppe Adobe Wfnboss/Corel Fontographer handelt, wird die Konvertierung für Adobe eingesetzt (`conv_ado`). Die entstehende METAFONT-Datei `agate.mf` sowie die Metrikdatei `agate.tfm` werden in die richtigen Verzeichnisse im LaTeX-Baum kopiert.

Da viele Fonts in mehreren Schriftschnitten vorhanden sind, macht es Sinn, nach dem in Abschnitt 7.2 geschilderten Verfahren ein Paket zu schreiben, das die Verwendung aller Schnitte zuläßt. Der folgende Quelltext stellt ein einfaches Beispiel dar:

`agate.sty`

```
1 \renewcommand{\rmdefault}{aga}
```

Zu Beginn des Dokumentes ist nur die Zeile `\usepackage{agate}` erforderlich. Sie benötigen noch folgende Fontdefinitionsdatei:

`ot1aga.fd`

```
1 \DeclareFontFamily{OT1}{aga}{}
2 \DeclareFontShape{OT1}{aga}{m}{n}{<-> agate}{}
3 \DeclareFontShape{OT1}{aga}{bx}{n}{<-> agateb}{}
4 \DeclareFontShape{OT1}{aga}{m}{it}{<-> agatei}{}
```

Um Akzente und griechische Großbuchstaben nutzen zu können, die in den meisten Fonts nicht implementiert sind, können Sie zu Beginn Ihres Dokumentes mit

`\input{redefint}`

eine im Paket enthaltene Datei laden, die diese speziellen Zeichen aus den vorhandenen LaTeX-CM-Zeichensätzen übernimmt. Eine weitere Möglichkeit, einen neuen Zeichensatz als Grundschrift einzusetzen, besteht darin, die Datei `newfont.tex` entsprechend den Hinweisen in der Datei selbst zu modifizieren und zu Beginn eines jeden Dokumentes nachzuladen:

`\documentclass[...]{article}`
`\input{newfont}`

Hierbei werden einige Unschönheiten wie fehlende Umlaute oder Akzente im Zeichensatz durch Einsatz der Zeichen aus den CM-Fonts beseitigt. Innerhalb der Datei müssen Sie die normalerweise von LaTeX eingesetzten Fonts gegen den von Ihnen gewünschten Zeichensatz austauschen. Beachten Sie, daß Sie für eine brauchbare Grundschrift neben der aufrechten noch eine kursive und eine fette Variante benötigen, die für viele Fonts eventuell nicht vorhanden ist. Auch deutsche Umlaute können ein Problem darstellen, da sie häufig in den

PostScript-Font-Dictionaries als Zeichenformen enthalten, aber nicht kodiert und damit nicht zugänglich sind.

7.10 Das FONTINST-Paket

Das Paket FONTINST erlaubt die Installation einer ganzen Familie von Type 1-Fonts zur Verwendung unter LaTeX. Das Vorgehen ist in der Dokumentation fontinst.dvi genau erläutert, einige Maßnahmen sind jedoch zur erfolgreichen Installation der Fontfamilie zu treffen (lesen Sie hierzu auch [34, Kapitel 10.2.2]).

Zunächst müssen Sie die .afm- und .pfb-Fontdateien, die zur ausgewählten Familie gehören, entsprechend dem LaTeX-einheitlichen Namensschema (Abschnitt 7.1.5) umbenennen. Dies ist erforderlich, weil FONTINST nur über die Fontnamen Kenntnis erhalten kann, für welche Schnitte und Gewichte Fontdateien existieren. Streng genommen können die .pfb-Dateien ihren Namen beibehalten, da dieser in der Mapping-Datei explizit aufgeführt wird. Wenn Sie beide Dateiarten gleichartig benennen, wird aber der Zusammenhang besser sichtbar. Als Beispiel sollen die Fontdateien, die zur Schriftfamilie ClassicalGaramond von Bitstream (die Originalfamilie von ITC heißt Sabon) gehören, mit FONTINST installiert werden. Ihnen liegen zu Beginn die Dateien

LaTeX-Namen wählen

```
clsgaran.afm    clsgaran.pfb
clsgarai.afm    clsgarai.pfb
clsgarab.afm    clsgarab.pfb
clsgarbi.afm    clsgarbi.pfb
```

vor, die Sie beispielsweise aus einer Fontsammlung erhalten haben. Sie enthalten die wesentlichen Schnitte der Schrift: die normale Roman-Variante, eine kursive, eine fette und eine fett-kursive Variante. In den .pfb-Dateien sind die (binären) PostScript-Zeichensatzprogramme enthalten, während in den .afm-Dateien in Klartext die Fontmetrik sowie in den ersten Zeilen wichtige Informationen über den Font stehen. Wenn Sie nicht sicher sind, welche Schnitte Sie haben, lesen Sie in diesen Dateien nach, welche Schriftfamilie, Bezeichnung, Gewicht usw. Ihnen vorliegen. Auch das Encoding-Schema wird hier mitgeteilt, in der Beispielschrift das Adobe-Standard-Encoding.

.afm-Dateien verraten vieles

Diese Dateien müssen gemäß Tabelle 7.21 auf der nächsten Seite umbenannt werden. Die sich aus dem LaTeX-Namensschema ergebenden Namen setzen sich zusammen aus b für BitStream (Produzent), sb für die Familie Sabon sowie den Gewichten r (regular) für die normalen und b für die fetten Schnitte. Die kursiven Schnitte werden durch die weitere Angabe i identifiziert. Da – wie Sie aus der .afm-

Metrik wissen – alles Adobe-kodiert ist, wird 8a als 8 Bit-Adobe-Encoding angesetzt.

Tabelle 7.21
Die Dateien der Sabon-Schriftfamilie und die Namen im LaTeX-Schema

Datei	Schnitt	LaTeX-Name
`clsgaran.afm`	Roman	`bsbr0.afm`
`clsgarai.afm`	RomanItalic	`bsbri0.afm`
`clsgarab.afm`	Bold	`bsbb0.afm`
`clsgarbi.afm`	BoldItalic	`bsbbi0.afm`

Starten Sie FONTINST mit dem Aufruf

`tex fontinst.sty`

und geben Sie ein:

`\latinfamily{bsb}{}\bye`

Das Programm sucht nun alle verfügbaren Schnitte der Familie `bsb` (Bitstream Sabon); der Vorgang kann geraume Zeit in Anspruch nehmen und liefert die Dateien `.pl` und `.vpl`. Diese müssen Sie in `.tfm`- und `.vf`-Dateien konvertieren. Sie wenden dazu das Programm PLTOTF auf alle `.pl`-Dateien und das Programm VPTOVF auf alle `.vpl`-Dateien an. Sie erhalten verschiedene Metrikdateien und die Dateien für die virtuellen Fonts. Sie können dies mit einem kleinen Perl-Skript für alle Dateien gleichzeitig durchführen:

Metriken erzeugen

`fontinst.pl`

```perl
#!/usr/bin/perl
foreach $file (<*.pl>){
   ($filename) = $file =~ /(\w+)\.pl/;
   system("pltotf $file $filename.tfm");
}
foreach $file (<*.vpl>){
   ($filename) = $file =~ /(\w+)\.vpl/;
   system("vptovf $file $filename.vf $filename.tfm");
}
```

Der erste Parameter von PLTOPF ist die `.pl`-, der zweite die `.tfm`-Datei. Bei VPTOVF stellt der erste Parameter die `.vpl`-, der zweite die `.vf`- und der dritte die `.tfm`-Datei dar.

Neben den Metrikdateien werden noch die zwei Dateien `t1bsb.fd` und `ot1bsb.fd` erzeugt, die alle verfügbaren Schriftschnitte mit den Attributen des LaTeX-Fontauswahlmechanismus in Bezug setzen. Auf diese Weise können Sie die normalen Befehle zum Schriftwechsel wie `\textbf` verwenden.

Verteilung der Dateien

Nun müssen Sie alle Dateien in die richtigen Verzeichnisse kopieren, damit Sie von LaTeX gefunden werden können. Es handelt sich neben den Ausgangsdateien um die soeben erzeugten .vf- und .tfm-Dateien sowie um die beiden .fd-Dateien.

Die umbenannten .afm- und .pfb-Dateien werden in ein Verzeichnis kopiert, in dem DVIPS nach Header-Dateien sucht. Die entsprechenden Pfade sind unter dem »H«-Eintrag in der Datei

Geometriedateien kopieren

```
/texmf/dvips/config/local/config.ps
```

zu finden. Header-Dateien können darüber hinaus im aktuellen Verzeichnis oder unter

```
/texmf/dvips
```

liegen. Im folgenden wird stets angenommen, daß in den zu benutzenden Pfaden jeweils ein Unterverzeichnis type1 liegt, um Ordnung zu halten. Ihre Ausgangsdateien werden daher für das Beispiel in

```
/texmf/dvips/type1
```

kopiert. Die .tfm-Dateien werden zu anderen LaTeX-Metrikdateien kopiert, die .vf-Dateien in ein Verzeichnis, in dem DVIPS nach virtuellen Fonts sucht. Der Eintrag »V« in config.ps enthält den entsprechenden Pfad, zum Beispiel

```
/texmf/fonts/vf
```

Die korrekten Zielverzeichnisse nach [17] (siehe auch Abschnitt A.2 auf Seite 484) für die virtuellen Fonts und Metriken sind also

```
/texmf/fonts/vf/bitstream/sabon
/texmf/fonts/tfm/bitstream/sabon
```

Font-Mapping für DVIPS

Damit DVIPS weiß, welche .pfb-Dateien für welchen Font verwendet werden sollen, müssen Sie noch eine Verbindung zwischen den Fontnamen im LaTeX-Namensraum (zum Beispiel bsbr) und den echten Zeichensatznamen (ClassicalGaramondBT-Roman) sowie den Fontdateinamen clsgaran.pfb herstellen. Sie schreiben dazu eine *Mapping-Datei* clsgarmd.map, die im Header-Verzeichnis von DVIPS abgelegt wird:

```
%% CLSGARMD.MAP für Sabon
bsbr0   ClassicalGaramondBT-Roman <clsgaran.pfb
bsbro0  ClassicalGaramondBT-Roman " .167 SlantFont" <clsgaran.pfb
bsbri0  ClassicalGaramondBT-Italic <clsgarai.pfb
bsbb0   ClassicalGaramondBT-Bold <clsgarab.pfb
bsbbo0  ClassicalGaramondBT-Bold " .167 SlantFont" <clsgarab.pfb
bsbbi0  ClassicalGaramondBT-BoldItalic <clsgarbi.pfb
```

Alle in der ersten Spalte aufgeführten LaTeX-Fontnamen stellen Zeichensätze dar, deren Realnamen in der zweiten Spalte enthalten sind. Die virtuellen Fonts dürfen hier nicht vertreten sein, da sie keine geometrische Beschreibung der Zeichen enthalten. Durch das Zeichen < wird DVIPS angewiesen, die folgende Datei beim Druck in die Ausgabedatei zu übernehmen. Dies ist wichtig für Fonts, die nicht fest im Drucker installiert sind.

Für jede Schriftstärke (normal und fett) sind die geneigten Varianten aufgenommen, da FONTINST automatisch aus den aufrechten Fonts Metriken für diese Form mitgeneriert. Die geometrische Beschreibung entspricht der der aufrechten Schnitte, es wird daher deren Fontdatei angegeben, aber (zum Zeitpunkt der Ausgabe durch den Drucker) durch PostScript-Hackerei in eine geneigte Variante überführt. Das entsprechende PostScript-Makro, das diese Aufgabe ausführt, heißt `SlantFont`.

Die Mapping-Datei wird in der Datei `config.ps` durch die Zeile

```
p +clsgarmd.map
```

bekanntgegeben. Meist steht hier bereits `p +psnfss`, um die üblichen PostScript-Fonts nutzen zu können. Ältere DVIPS-Versionen unterstützen die Notation mit dem +-Zeichen nicht; in diesen Fällen müssen Sie die Mapping-Einträge direkt in die Datei `psnfss.map` schreiben und diese gegebenenfalls durch die einzelne Zeile

```
p psnfss
```

bekanntgeben. Sie können alternativ mit

```
dvips -P <Name> <DVI-Datei>
```

den Namen einer weiteren Konfigurationsdatei `config.<Name>` spezifizieren, in der Sie ebenfalls Mapping-Verweise eintragen können. Dies ist dann sinnvoll, wenn Sie bestimmte Schriften nur selten benötigen und daher deren Mapping-Dateien nur bei Bedarf durchsucht werden sollen. Abbildung 7.5 zeigt links den normalen Aufruf von DVIPS, bei dem die Datei `config.ps` durchsucht wird. Die in dieser Datei genannten Mapping-Dateien werden zur Auflösung der Fontnamen benutzt. Der rechte Teil der Abbildung zeigt das Geschehen, wenn beim Aufruf mit der Option -P explizit der Name einer Konfigurationsdatei angegeben wird, die nach `config.ps` durchsucht wird und weitere Mapping-Einträge enthält.

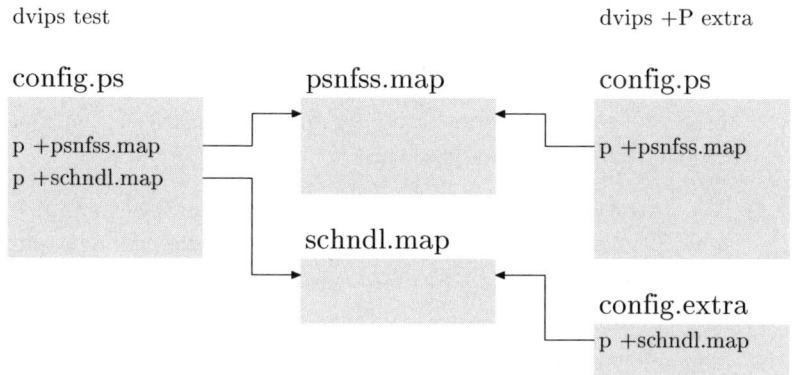

Abbildung 7.5
Bekanntgabe der Informationen neuer PostScript-Fonts

Nutzung unter LaTeX

Nun sind alle Arbeiten abgeschlossen. Sie können auf die Fonts Bezug nehmen, indem Sie in Ihrem Dokument die Zeile

`\renewcommand{\rmdefault}{bsb}`

vor dem Beginn des eigentlichen Textes einfügen oder – besser – diesen Befehl als Paket `sabon.sty` bereitstellen. Die Serifengrundschrift `\rmfamily` wird damit aus der Sabon-Fontfamilie (Kennung `bsb`) gesetzt. Kursive, fette und geneigte Schnitte werden ohne weiteres Zutun korrekt den entsprechenden Fonts zugeordnet, sofern Sie Fontdateien für diese Schnitte besitzen. Diese Zuordnung wird über die Dateien `t1bsb.fd` und `ot1bsb.fd` geregelt. Sind weitere Schnitte vorhanden, für die in LaTeX keine Umschaltbefehle existieren, zum Beispiel Light, Extrabold oder Condensed, müssen Sie nach der Anleitung in Abschnitt 7.2 eigene Textbefehle definieren, beispielsweise die Befehle `\textlight` und `\lightseries`.

sabon.sty

Mehr Schnitte

Es wurde bereits erwähnt, daß durch eine Schiefstellung der Zeichen mit PostScript-Manipulationen aus den aufrechten Schriftschnitten geneigte Varianten erzeugt werden können. Weitere Manipulationen an den Metriken und den geometrischen Beschreibungen erlauben die Erzeugung von breiter oder schmaler laufenden Varianten sowie von falschen Kapitälchen (bei denen die Kleinbuchstaben verkleinerte

Großbuchstaben sind). Da die genannten Verzerrungen nicht mit dem ursprünglichen Designkonzept der Zeichensätze in Einklang stehen, können solche Fonts jedoch von fragwürdiger Qualität sein.

Zur Erzeugung der Metriken solcher Varianten wird das Programm AFM2TFM eingesetzt, das einige Optionen aufweist:

- ❏ Die Angabe `-e <sx>` erlaubt es, den Zeichensatz horizontal um einen Faktor `<sx>` zu strecken oder zu stauchen, womit Sie breiter- (`<sx>`> 1) oder schmalerlaufende (`<sx>`< 1) Varianten des Fonts erstellen können.

- ❏ Mit `-s <sl>` können Sie den Font um den Bruchteil `<sl>` neigen. Sie erhalten damit die Form, die mit `\slshape` eingestellt wird und von FONTINST automatisch erzeugt wird.

- ❏ Mit `-c <cap>` schließlich können Sie einen Kapitälchenfont erzeugen. Die Kleinbuchstaben sind durch Großbuchstaben mit einer Versalhöhe, die durch den Bruchteil `<cap>` ausgedrückt wird, ersetzt (falsche Kapitälchen).

Die Metrikdateien der variierten Fonts werden aus der Metrik des Grundfonts erzeugt. Um für die Roman-Variante der obigen Beispielschrift eine breiter laufende und eine Kapitälchen-Variante zu generieren, sind folgende Programmaufrufe erforderlich:

```
afm2tfm clsgaran -e 1.2  -v bsbre -T 8r.enc bsbre8a
vptovf bsbre.vpl bsbre.vf bsbre.tfm
```

```
afm2tfm clsgaran -c 0.8  -v bsbrc -T 8r.enc bsbrc8a
vptovf bsbrc.vpl bsbrc.vf bsbrc.tfm
```

Die Angabe `-T` bedeutet, daß die erzeugten Zeichensätzen das Adobe-PostScript-Encoding verwenden, um auf akzentuierte Zeichen zuzugreifen. Die zur Erzeugung der Zeichenformen erforderlichen Manipulationen der `.pfb`-Datei werden in der Mapping-Datei `clsgarmd.map` angegeben, die sich damit um die Zeilen

```
bsbre8a ClassicalGaramondBT-Roman " 1.2 ExtendFont ⮕
   TeXbase1Encoding ReEncodeFont" <8r.enc <clsgaran.pfb
bsbrc8a ClassicalGaramondBT-Roman                    ⮕
   " TeXbase1Encoding ReEncodeFont" <8r.enc <clsgaran.pfb
```

erweitert. Neben dem Zeichensatz selbst muß auch die Encoding-Datei geladen werden. Für die Nutzung unter LaTeX ergänzen Sie das Schriftpaket `sabon.sty` um die Zeile:

```
\DeclareTextFontCommand{\textextend}
   {\fontshape{e}\selectfont}
```

Der Umschaltbefehl \textextend gibt analog zu \textrm das Textargument in der breitlaufenden Variante aus. Hierfür ist ein neuer Schnitt mit der Kennung e für den Parameter shape definiert worden, der sich zu den Formen kursiv, geneigt und Kapitälchen äquivalent verhält.

Um die neuen Schriftschnitte vollständig zu integrieren, ergänzen Sie noch t1bsb.fd um die Zeilen:

\DeclareFontShape{T1}{bsb}{m}{sc}{<-> bsbrc}{}
\DeclareFontShape{T1}{bsb}{m}{e}{<-> bsbre}{}

Sie können nun auch noch \textextend, \scshape und \scseries einsetzen.

Weitere Literatur

Eine Besprechung des LaTeX-Fontschemas NFSS findet man in [14, Kapitel 7]. Hier wird detailliert auf die Fontauswahl in Text- und mathematischen Modi sowie die Entwicklung eigener Fontdateien und den Ersatz vordefinierter Zeichensätze eingegangen. Auch [34, Kapitel 9,10] bietet viele Informationen rund um Fonts. Eine ausführliche Besprechung der mathematischen Zeichensätze findet sich in [16, Kapitel 3]. Hilfreich zum Verständnis der Vorgänge rund um DVIPS ist das Handbuch [35, Kapitel 5], das allgemeine und spezielle Informationen rund um PostScript-Fonts bietet. Unentbehrlich für Font-Installateure ist [12].

8 Weitere Hilfsprogramme und Pakete

Dieses Kapitel stellt einige weitere Hilfsprogramme, die die Textverarbeitung unterstützen, vor. Bisher gewonnene Kenntnisse werden genutzt, um fertige Pakete zu modifizieren und eigene Pakete zu schreiben. Es werden zwei neue Klassen vorgestellt, die für die Erstellung von Faltblättern und Zeitschriften eingesetzt werden können, und Möglichkeiten des mehrsprachigen Satzes aufgezeigt. Chemiker werden mit Paketen zur Formulierung chemischer Formeln bedacht und Lehrer mit Fragen- und Antwort-Paketen.

8.1 Hilfsprogramme für LaTeX

8.1.1 Bearbeitung der PostScript-Ausgabedatei

Im Verzeichnis

```
CTAN/support/psutils
```

finden Sie den Quelltext und die Dokumentation dreier Programme, die Ihnen behilflich sind, wenn Sie Ihre Dokumente auf PostScript-Laserdruckern ausgeben möchten. Sie können aus Ihrer PostScript-Ausgabedatei bestimmte Seiten, zum Beispiel alle ungeraden, extrahieren oder die Seiten so zusammenfassen, daß Sie das gedruckte Ergebnis in der Mitte zu einer DIN A5-Broschüre falzen können. Schließlich können die Seiten in einer fast beliebigen Art und Weise neu arrangiert und dabei verkleinert, vergrößert oder verschoben werden, zum Beispiel zum Druck von mehreren Seiten auf einem Blatt. Die Programme erwarten eine PostScript-Datei als Eingabe. Zur Bearbeitung von DVI-Dateien existieren die analogen Programme DVISELECT, DVIBOOK und DVITODVI. Sie finden die Programme im Verzeichnis

```
CTAN/dviware/dvibook
```

Als erstes soll das Programm PSSELECT vorgestellt werden, das Sie auf der Kommandozeile wie folgt aufrufen:

8 Weitere Hilfsprogramme und Pakete

```
psselect [-q] [-e] [-o] [-r] [-p<Pages>] [<Ein> [<Aus>]]
```

<Ein> ist bei diesem und den anderen Programmen der Name einer PostScript-Datei. Optional können Sie mit <Aus> einen anderen Namen für die umsortierte Ausgabedatei wählen. Die Parameter haben folgende Bedeutung:

- ❏ -e Alle geraden Seiten werden in die Ausgabedatei geschrieben.

- ❏ -o Alle ungeraden Seiten werden in der Ausgabe plaziert.

- ❏ -r Sortiert die Seiten in umgekehrter Reihenfolge.

- ❏ -p<Pages> Gestattet Ihnen, beliebige Seiten auszuwählen. <Pages> ist eine Liste von Seitenzahlen, die durch Kommata separiert sind und entweder aus einer Zahl oder einem Seitenbereich der Form <erste>-<letzte> oder <erste>:<letzte> bestehen, zum Beispiel -p 1, 3-6, 9-12, 20-. Die Angabe für die erste oder die letzte Seite kann fortgelassen werden, es wird dann die erste beziehungsweise letzte Seite des Dokumentes eingesetzt. Wird der Seitenangabe ein »-« vorangestellt, bezieht sich die Seite auf das Ende des Dokumentes (-3 ist die drittletzte Seite).

- ❏ -q Unterdrückt die Ausgabe der Seitenzahl von PSSELECT.

Doppelseitige Ausgabe

Blattfolge umkehren

Möchten Sie ein Dokument auf einseitigen Druckern doppelseitig drucken, so können Sie zunächst eine Druckdatei mit allen ungeraden Seiten erzeugen und drucken. Dann erzeugen Sie eine weitere Datei mit den geraden Seiten und legen den soeben erhaltenen Papierstapel umgekehrt in Ihren Drucker, um die Rückseiten zu bedrucken. Damit Sie nicht die Reihenfolge der Seiten manuell umkehren müssen (da der Drucker das zuoberst liegende Blatt zuerst bedruckt), kommt noch die Option -r ins Spiel:

```
psselect -q -o test.ps testo.ps
print testo.ps
<Papier erneut einlegen>
psselect -q -e -r test.ps teste.ps
print teste.ps
```

Wenn Sie die Ausgabedatei direkt mit DVIPS erzeugen, können Sie auf den Einsatz von PSSELECT verzichten und folgendes schreiben:

```
dvips -A test
print test.ps    % ungerade Seiten
```

```
<Papier erneut einlegen>
dvips -B -r test
print test.ps    % gerade Seiten, umgekehrte Folge
```

Die Optionen -A und -B weisen den Druckertreiber an, nur die ungeraden respektive geraden Seiten in die Datei zu schreiben. Mit -r wird die Reihenfolge der Seiten umgekehrt.

Bücher und Hefte

Nützlich zur Erzeugung von Broschüren und Heften ist das Programm PSBOOK mit der Syntax

```
psbook [-q] [-s<n>] [<Ein> [<Aus>]]
```

Es sortiert die Seiten der Eingabedatei in der Reihenfolge, wie sie für eine *Lage* typisch sind. Lagen sind Blöcke aus je <n> Seiten, die als Einheit bearbeitet werden. Bei fadengehefteten Büchern können Sie die einzelnen Lagen, die immer gemeinsam gefalzt werden, deutlich am Buchrücken erkennen. Die Notwendigkeit, die Seiten umzusortieren, ergibt sich allerdings nur dann, wenn die einzelnen Lagen gefalzt werden, das heißt, wenn Sie je zwei DIN A4-Seiten auf eine DIN A3-Seite drucken, um durch Faltung in der Mitte ein DIN A4-Format zu erzeugen. Abschnitt 8.2 schildert, wie Sie durch Faltung von DIN A4-Seiten ein DIN A5-Format erhalten können. Soll das Ganze professionell fadengebunden werden, so können Sie für <n> die Zahl 16 wählen. Soll eine mit Klammern gehaltene Broschüre entstehen, müssen Sie einen so großen Wert für <n> wählen, der ausreicht, um eine *einzige* Lage zu erstellen, die Sie knicken und heften können. <n> muß daher das Vielfache von 4 sein, daß größer oder gleich der Seitenzahl ist. Der Parameter -q unterdrückt die Ausgabe der Seitenzahl (»*« für eingefügte Leerseiten) auf dem Bildschirm.

Lagengröße

Allerlei Schiebereien

Schließlich können Sie mit PSTOPS zahlreiche Kombinationen aus Seitenwahl, Verschiebung und Skalierung erreichen. Es ist so möglich, mehrere Seiten auf einem Blatt Papier zu drucken, zum Beispiel zwei Seiten quer für eine DIN A5-Broschüre oder vier Seiten für ein Korrekturexemplar. Der Aufruf lautet

```
pstops [-q] [-d[<Dicke>]]
       [-w<Breite>] [-h<Höhe>] [-p<Format>]
       <spec> <Ein> <Aus>
```

Wiederum unterdrückt -q die Ausgabe der Seitenzahlen. -d erzeugt einen Rahmen der angegebenen Dicke (voreingestellt ist 1 pt) um jede

Seite. Die Angaben `-w` und `-h` legen die Größe der Seite fest, auf der die sortierten Eingabeseiten enthalten sind. Sie können hier Werte wie `10cm` oder `560pt` angeben. Vordefinierte Papierformate wie `a4` oder `a5` können bequemer mit `-p` festgelegt werden. Die Voreinstellung ist `a4`. Sie können sich in `<spec>` durch Angaben wie `1w` oder `.5h` auf die festgelegte Breite oder die halbe Höhe beziehen und müssen diese so nicht ausrechnen.

Hinter `<spec>` verbirgt sich eine komplexe Liste mit den Informationen, die angeben, was mit jeder Seite zu tun ist. Stellen Sie sich vor, Sie fassen je `<n>` Seiten zu Blöcken zusammen, die immer gleich behandelt werden (`<n>` kann auch Eins sein, dann behandeln Sie jede Seite separat und in identischer Weise). Innerhalb eines jeden Blockes existieren dann die relativen Seitennummern 0, 1, ... `<n>`-1, die in der Liste benutzt werden. Sie beziehen sich also immer auf den Blockanfang, nicht auf die tatsächliche Seitenzahl. Die Liste hat nun die Form

`<spec> := [<n>:]<spc>`

wobei `<spc>` den Aufbau

```
<spc> := [-]<Seite>[@<scale>][L | R | U] ➡
   [(<xoff>,<yoff>)][,<spc> | +<spc>]
```

hat. `<Seite>` ist die eben erwähnte relative Seitennummer, `<scale>` ein Skalierungsfaktor, den Sie benötigen, wenn Sie Seiten verkleinern wollen (zum Beispiel `@0.7` für den Druck von DIN A5-Seiten). `<xoff>` und `<yoff>` sind Verschiebungen, die die Seite an beliebiger Stelle plazieren. Sie sind mit einem Maß versehen. Sie können hier Zahlen wie `14.85cm` angeben. Bequemer ist häufig, ein Vielfaches der Breite und Höhe anzugeben, die mit `-w`, `-h` oder `-p` festgelegt wurden. Dies erfolgt mit den speziellen Maßen `w` und `h`, zum Beispiel `2w` für die doppelte Breite oder `.5h` für die halbe Höhe. Mit den Angaben `L`, `R` und `U` können Sie die Seite nach links oder rechts drehen oder mit `U` auf den Kopf stellen. Weitere Seitenvorgaben können mit »+« auf dieselbe Seite gedruckt werden oder mit »,« auf das nächste Blatt.

Betrachten Sie ein Beispiel: Sie wollen eine DIN A5-Broschüre erstellen und müssen je zwei Seiten verkleinert und gedreht nebeneinander wiedergeben. Die Liste lautet

`2:0L@0.7(21cm,0)+1L@0.7(21cm,14.85cm)`

oder – unter Berücksichtigung der Voreinstellungen für das Papierformat –

`2:0L@0.7(1w,0)+1L@0.7(1w,.5h)`

Sie fassen je zwei Seiten zusammen, drucken sie auf ein gemeinsames Blatt (+), drehen jede Seite nach links (L) und verschieben sie entsprechend. Der Faktor 0.7 verkleinert von DIN A4 auf DIN A5. Falls Sie diese Funktion häufiger verwenden wollen, sparen Sie viel Arbeit, wenn Sie den Programmaufruf als Shellskript ablegen, zum Beispiel in `dina5.bat`:

```
pstops 2:0L@0.7(21cm,0)+1L@0.7(21cm,14.85cm) %1 %2
```

Der Aufruf

```
dina5 test.ps testa5.ps
```

konvertiert dann die Datei `test.ps` in eine DIN A5-Datei `testa5.ps`. In einigen Fällen kommt das Ausgabegerät allerdings nicht mit DIN A5-Kommentaren zurecht und meldet einen Fehler `invalid access in -put-` und später `-dicttype- /a5`. Sie können diesen Fehler beheben, indem Sie in der `.ps`-Datei die Zeile suchen, in der die Sequenz `/folio/quarto/a5]{dup`... auftritt und hier `/a5` ersatzlos streichen.

Es ist praktisch, wenn Sie dieses Shellskript in einem Verzeichnis, das nach Skripten und ausführbaren Programmen durchsucht wird, ablegen. Das Programm kann dann von jeder Stelle im Verzeichnisbaum aus aufgerufen werden. Sie können mit PSTOPS auch Ansichten mehrerer Seiten in einer einzigen EPS-Datei unterbringen, um so Abbildungen ähnlich der auf Seite 477 zu erzeugen.

Mehrere Seiten in einer EPS-Datei

Auf gleiche Weise können Sie weitere nützliche Shellskripte bereitstellen: die Datei `dina5r.bat`, die ebenfalls je zwei Seiten im A5-Format nebeneinander auf ein A4-Blatt druckt, dabei jedoch jedes zweite Blatt auf den Kopf stellt. Dies kann je nachdem, wie der Papierstapel gebunden werden soll, notwendig werden (Abbildung 8.1).

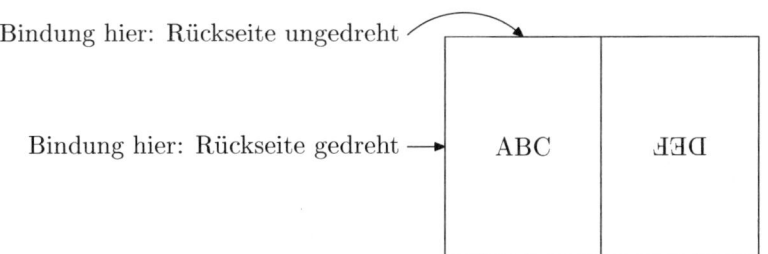

Abbildung 8.1
Erforderliche Drehung der Rückseite je nach Bindung

Der Inhalt der Datei ist wie folgt:

```
pstops 4:0L@0.7(21cm,0)+1L@0.7(21cm,14.85cm),
       2R@0.7(0,29.7cm)+3R@0.7(0,14.85cm) %1 %2
```

Praktisch ist zuweilen die Möglichkeit, beim Drucken jede Seite zweimal, und zwar im A5-Format nebeneinander, auszugeben und obendrein jedes zweite Blatt auf den Kopf zu stellen (wieder für den Duplex-Modus doppelseitig arbeitender Drucker). Auf diese Weise können Sie aus einer Druckdatei zwei DIN A5-Broschüren herstellen. Die Datei soll `dina5r2.bat` genannt werden:

```
pstops 2:0L@0.7(21cm,0)+0L@0.7(21cm,14.85cm), ⇒
    1R@0.7(0,29.7cm)+1R@0.7(0,14.85cm) %1 %2
```

Schließlich stellt `booklet.bat` noch die Möglichkeit bereit, eine Druckdatei so umzusortieren, daß die Blätter nach dem doppelseitigen Druck in der Mitte gefalzt werden können, so daß eine DIN A5-Broschüre entsteht, die geheftet werden kann:

```
pstops 4:-3R@0.7(0,29.7cm)+0R@0.7(0,14.85cm), ⇒
    1L@0.7(21cm,0)+-2L@0.7(21cm,14.85cm) %1 %2
```

Weitere Hinweise zur Erzeugung von Büchern und Broschüren im DIN A5-Format finden Sie im Abschnitt 8.2.

8.1.2 Perl zur Textbearbeitung

Da LaTeX-Eingabedateien aus ASCII-Text bestehen, ist es sinnvoll, die Skriptsprache Perl für einige Routineaufgaben beim Arbeiten mit LaTeX heranzuziehen. Sie finden Perl unter

```
ftp://ftp.rz.ruhr-uni-bochum.de/pub/programming/ ⇒
    languages/perl/CPAN
```

Das folgende Beispielprogramm kann Ihnen behilflich sein, wenn Sie an einem großen Projekt arbeiten; mit entsprechend vielen `.tex`-, `.eps`- und sonstigen Dateien, die zu einem Dokument dazugehören können. Im Laufe der Arbeit sammeln sich eventuell viele Dateien an, die eigentlich nicht mehr benötigt werden. Möchten Sie nun ein aktuelles ZIP-Archiv erstellen, das nur die wirklich erforderlichen Dateien enthält, können Sie mit den Zeilen

```
perl such.pl projekt.lis projekt.tex
pkzip projekt.zip @projekt.lis
```

eine Liste `projekt.lis` erzeugen, die alle Dateien enthält, die von der Grunddatei `projekt.tex` über `\input`, `\includegraphics`, `\listinginput` oder `\include` geladen werden. Diese Liste kann dazu benutzt werden, um das ZIP-Archiv zu generieren.

such.pl

```
1 # such.pl <lst-file> <dateiname>
2 # liefert liste aller INCLUDE/INPUT-texfiles und
```

8.1 Hilfsprogramme für LaTeX

```
 3  # durchsucht diese ebenfalls nach
 4  # - listinginput, includegraphics
 5
 6  $out = ">" . shift;
 7  open(OUT,$out) || die "cannot open $out: $!";
 8  while (<>)
 9  { if (eof) { print OUT "$ARGV\n"; }
10    # \include{file}
11    if (m/^\\include\{(\w+)\}/)
12      { print "$1 included as TeX in $ARGV\n";
13        unshift(ARGV, $1.".tex");
14      }
15    # \input file
16    if (m/^\\input (\w+)/)
17      { print "$1 included via \input in $ARGV\n";
18        unshift(ARGV, $1.".tex");
19      }
20    # \listinginput{n}{file}
21    if (m/^\\listinginput\{\d+\}\{([\w\.]+)\}/)
22      { print OUT "$1\n";
23        print "$1 included in $ARGV\n";
24      }
25    # \includegraphics[opt]{file}
26    if (m/^\\.*\\includegraphics(\[.+\])*\{([\w\.]+)\}/)
27      { print "$2 included as graphics\n";
28        print OUT "$2\n";
29      }
30    # \showpage{file}
31    if (m/\\showpage\{([\w\.]+)\}/)
32      { print "$1 included as graphics in showpage\n";
33        print OUT "$1\n";
34      }
35    # \requirefile{file}
36    if (m/^%\\requirefile\{([\w\.]+)\}/)
37      { print OUT "$1\n";
38        print "$1 included in $ARGV (aux file)\n";
39      }
40  }
41  close(OUT);
```

8.1.3 DVIPS, ein PostScript-Treiber

Der häufig eingesetzte PostScript-Treiber DVIPS wurde schon mehrmals erwähnt bei der Aufgabe, ein komplettes Dokument in Post-

Script zu übersetzen. Mit speziellen Kommandozeilenoptionen kann der Treiber jedoch noch viel mehr!

Kommandozeilenoptionen

Mit einigen Optionen können Sie den selektiven Druck von Seitenbereichen steuern. Während mit der Zeile

```
dvips beispiel
```

die komplette Datei `beispiel.dvi` in eine PS-Datei `beispiel.ps` konvertiert wird, können Sie bestimmte Seitenbereiche unter Zuhilfenahme der Optionen `-p` (Startseite), `-l` (letzte Seite) und `-n` (Zahl der Seiten) drucken. Die Zeile

```
dvips -p 2 -l 5 beispiel
```

schreibt die Seiten 2–5 in die Ausgabedatei, während mit

```
dvips -p 2 -n 10 beispiel
```

die Seiten 2–11 (nämlich 10 Seiten) geschrieben werden.

Querdruck — Haben Sie mit der Klassenoption `landscape` ein Dokument im Querformat angelegt, müssen die Seitenbeschreibungen in der PS-Datei in der Regel noch gedreht werden, falls Sie nicht am Drucker Querdruck eingestellt haben. Sie können dies mit

```
dvips -t landscape beispiel
```

erreichen.

EPS erzeugen — Um aus einem (einseitigen) Dokument eine EPS-Datei anstatt einer PostScript-Ausgabedatei zu generieren, kann die Option `-E` eingesetzt werden:

```
dvips -E -o test.eps test
```

erzeugt die Datei `test.eps`, die den Bedingungen für das EPS-Format genügt und die übliche Endung `.eps` aufweist.

Fontpakete bei DVIPS

In einer Installation von DVIPS werden einige Pakete mitgeliefert, die die Benutzung der normalerweise im Drucker residenten PostScript-Fonts erlauben. Diese sind

```
avantgar.sty      times.sty        psfonts.sty
bookman.sty       palatino.sty     ncs.sty
```

Wenn Sie diese Pakete installieren, tritt ein Konflikt mit den gleichnamigen Paketen des PSNFSS-Paketes, das in Abschnitt 7.7 beschrieben wurde, auf. Sie sollten daher auf eine Installation verzichten und stattdessen die umfangreicheren Pakete aus der PSNFSS-Sammlung benutzen.

8.1.4 Ghostview, der PostScript-Previewer

Die Korrektur von Dokumenten, die PostScript-Schriften einsetzen oder EPS-Graphiken laden, wird vereinfacht, wenn die fertigen Druckdateien nicht jedesmal auf einem PostScript-fähigen Drucker kostspielig ausgegeben werden müssen, sondern – ähnlich wie die .dvi-Dateien – zunächst auf dem Bildschirm überprüft werden. Mittlerweile ist dies auch mit den normalen DVI-Previewern wie XDVI oder YAP möglich. Ein PostScript-Previewer ist Ghostview und kann von

CTAN/nonfree/support/ghostscript/rjl

geladen werden. Das Programm stellt eine benutzerfreundliche Oberfläche bereit und basiert auf dem PostScript-Interpreter Ghostscript. Dieser erlaubt einen interaktiven Dialog in PostScript, ist aber zum Betrachten oder Drucken von mehrseitigen Dokumenten nicht so gut geeignet. Er muß neben Ghostview installiert sein und kann von

CTAN/nonfree/support/ghostscript/aladdin

geladen werden.

Je nach Betriebssystem, kann nach der Installation von Ghostscript und Ghostview eine PostScript-Datei mit dem Aufruf

```
gv test.ps
```

oder durch Anklicken des Programm-Icons und Öffnen der Datei angesehen werden.

Sie können Ghostview dazu benutzen, PostScript-Dateien in andere Druckformate zu konvertieren, falls Sie zum Beispiel über einen Nadeldrucker verfügen. Im Drucker-Dialog des Programms finden Sie eine Liste aller unterstützten Drucker.

Auch wenn Sie ausschließlich mit Ghostscript arbeiten, können Sie PostScript-Dateien in druckerspezifische Formate konvertieren. Stellen Sie zunächst fest, ob die Version von Ghostscript Ihren Drucker unterstützt. Mit der Zeile

```
gs -h
```

erhalten Sie eine Liste aller verfügbaren Endformate. Wählen Sie das Format, das für Ihren Drucker geeignet ist. Für einen Epson FX-Drucker beispielsweise konvertieren Sie eine PostScript-Datei test.ps mit der Zeile

```
gs -sDEVICE=epson -sOutputFile=test.fx test.ps
```

in eine Druckerdatei test.fx. Diese müssen Sie dann binär zum Drucker kopieren. Auch hierbei variiert der Aufruf je nach Betriebssystem.

8.2 DIN A5-Broschüren

Das Schreiben von Dokumenten im DIN A5-Format wird von LaTeX durch eine entsprechende Formatoption a5paper unterstützt. Was allerdings Probleme bereiten kann, ist der Druck des fertigen Produktes. Sie haben hierbei mehrere Möglichkeiten:

- ❏ Sie haben Zugriff auf den Drucker und legen einfach DIN A5-Papier ein.

- ❏ Sie haben leider keinen direkten Zugriff auf Geräte und erhalten Ihre Ausgaben stets auf DIN A4-Papier.

Im zweiten Fall erhalten Sie zwar Ihren DIN A5-Ausdruck durchaus vollständig, aber mit einem unnötig großen Rand, den Sie zum Binden im A5-Format nicht brauchen können, so daß ein komplizierter Beschnitt aller vier Seiten erforderlich wird. Bequemer ist hier, das volle A4-Format auszunutzen und pro Blatt Papier zwei A5-Seiten zu drucken. Hierzu können Sie vorteilhaft das Programm PSTOPS und die Batchdateien verwenden, die in Abschnitt 8.1 vorgestellt wurden. Sie verkleinern jede Seite in der Breite und Höhe auf jeweils 70,7%, drehen die Seite um 90 Grad und setzen je zwei Seiten nebeneinander. Je nach eingesetztem Parametersatz können Sie nun die A4-Bögen in der Mitte auseinanderschneiden oder mittig falten und eine A5-Broschüre erhalten. Hierbei sind natürlich unter Umständen die Fähigkeiten Ihres Druckers zum doppelseitigen Druck von Nutzen. Zur detaillierten Erläuterung wird nun in zwei Schritten vorgegangen. Im ersten Schritt wird eine A4-Druckdatei erstellt, die im zweiten Schritt zu Papier gebracht wird.

Die Druckdatei

A5 auf A4 vergrößern

Im ersten Schritt können Sie Ihr Dokument als A4-Text mit der Option a4paper bearbeiten und in die Druckdatei schreiben. Beim anschließenden Verkleinern jeder Seite auf A5 werden sämtliche Elemente (Texte, Abbildungen, Tabellen) um einen Faktor 0,7 verkleinert, so daß im Endausdruck ein 10 pt-Text nur noch im Schriftgrad 7 pt erscheint. Wenn Sie diese Schriftgröße noch erkennen können und den Ausdruck nur als papiersparendes Korrekturexemplar betrachten, haben Sie den ersten Schritt erfolgreich beendet. Wünschen Sie jedoch einen richtigen A5-Ausdruck, müssen Sie Ihren Text mit der LaTeX-Option a5paper bearbeiten. Zur Vermeidung von Qualitäts- und Größenverlusten drucken Sie das Dokument zunächst vergrößert aus und verkleinern diesen Ausdruck dann entweder beim Herstellen einer Belichtungsvorlage photomechanisch im Belichtungsstudio

(Qualitätserhalt) oder beim Ausdruck von je zwei Seiten nebeneinander auf A4, wobei sich pro Blatt zwei A5-Seiten in Originalgröße ergeben. In LaTeX ist es möglich, eine TeX-Vorgabe für die gewünschte Vergrößerungsstufe zu nutzen, die den Bruchteil multipliziert mit 1000 (Vergrößerung in Prozent mal zehn) enthält. Hiervon werden die benutzten Fonts, Abstände, Freiräume und sämtliche Layoutparameter betroffen, Sie erhalten eine genaue Vergrößerung oder Verkleinerung Ihrer Datei. Durch das Verkleinern von A4 auf A5 erfährt der Text eine Schrumpfung auf $\approx 70{,}7\%$; um diese im ersten Schritt wettzumachen, muß das Dokument auf $1/_{70,7\%} \approx 141{,}4\%$ vergrößert werden. Schreiben Sie noch vor \documentclass die Zeile

\mag=1414

und bearbeiten Sie das Ergebnis. Es wird nun beim Druck die volle A4-Seite mit einer vergrößerten Version des Textes gefüllt sein. Bei der ersten Nutzung dieses Parameters werden Ihnen noch zahlreiche Zeichensätze der verlangten Größe fehlen, so daß METAFONT diese generieren muß.

Um einige bereits vorhandene Zeichensätze, die die größeren Schriftgrade enthalten, mitzubenutzen und somit etwas Speicherplatz einzusparen, kann mit einem geringen Verlust an Genauigkeit der Wert \mag=1440 eingesetzt werden.

Der Druckvorgang

Das Vorgehen beim Ausdrucken hängt von der geplanten Weiterverarbeitung ab: ist eine Klebebindung oder eine Fadenheftung gewünscht? Im ersten Fall kann durch ein einfaches Verfahren jede Seite doppelt nebeneinander auf daselbe A4-Blatt gedruckt werden. Es kommt so jede geradzahlige auf die Rückseite ihrer zugehörenden ungeradzahligen Seite zu liegen, so daß das Ergebnis einfach in der Mitte durchgeschnitten werden kann. Sie erhalten dann zwei identische Exemplare Ihrer Druckdatei im A5-Format. Führen Sie mit den Batchdateien aus Abschnitt 8.1 die folgenden Schritte aus:

```
dvips beispiel
dina5r2 beispiel.ps b.ps
```

Drucken Sie die Ergebnisdatei b.ps auf einem doppelseitig druckenden Ausgabegerät. Möchten Sie keine zwei Exemplare, können Sie sich für den Einsatz von PSTOPS eine Batchdatei schreiben, die keine Verdoppelung der Seiten vornimmt:

```
pstops 4:0L@0.7(21cm,0)+2L@0.7(21cm,14.85cm), ➟
    1R@0.7(0,29.7cm)+3R@0.7(0,14.85cm) %1 %2
```

Sie sollten darauf achten, daß Ihr Schnitt exakt mittig vorgenommen wird, da Sie die rechte und die linke Papierhälfte übereinander legen müssen.

Anhänger von faden- oder klammergehefteten Broschüren und Büchern benutzen das folgende Schema:

```
dvips beispiel
psbook -s12 beispiel.ps b.ps
dina5r b.ps
```

und drucken wiederum die Datei `b.ps` doppelseitig aus. Sie können das Ergebnis in der Mitte falzen und dann heften. Der Parameter, der bei `-s` anzugeben ist (hier 12), muß das nächsthöhere Vielfache von 4 sein, das größer oder gleich der Seitenanzahl ist. Bei 25 Seiten müssen Sie also 28 angeben, bei 32 wird 32 benutzt. Sie erhalten ein faltbares Druckexemplar.

Doppelseitiger Druck Was machen Sie aber, wenn kein Duplex- oder doppelseitiger Drucker zur Verfügung steht? In solchem Fall gehen Sie wie beschrieben vor, spalten aber die Ergebnisdatei `b.ps` mit dem Programm PSSELECT aus Abschnitt 8.1 in einen geradzahligen (`be.ps`) und einen ungeradzahligen (`bo.ps`) Teil:

```
psselect -o b.ps bo.ps
psselect -e b.ps be.ps
```

Drucken Sie zunächst die Datei `bo.ps`, die die ungeraden Seiten enthält. Nehmen Sie nun den bedruckten Stapel und legen ihn wieder in den Papierschacht ein, so daß der nächste Druckvorgang die noch leeren Rückseiten beschreiben kann. Achten Sie darauf, daß nunmehr die Unterkante wird, was früher die Kopfseite war, und drehen Sie dann den Stapel um 180°. Drucken Sie nun den geradzahligen Teil `be.ps`.

8.3 Multilinguale Texte

babel Mit dem Paket `babel` können Sie ein Dokument nach den Satzregeln der verschiedensten Sprachen setzen. Hierbei werden automatisch die Kapitelüberschriften und andere feste Begriffe mit den entsprechenden fremdsprachigen Bezeichnungen (Kapitel, Chapter, Chapitre ...) belegt, das Format des Datums angepaßt (3. Januar, 5. Jänner, July 7th) sowie fremde Trenn- und Satzregeln berücksichtigt. Schließlich werden Befehle für spezifische Akzente und Sonderzeichen bereitgestellt.

Die Optionen des Paketes spiegeln die Sprachen wider, die im Dokument verwendet werden sollen, die zuletzt aufgeführte Sprache stellt die Grundsprache dar. Die Zeile

```
\usepackage[german,french]{babel}
```

legt Französisch als Grundsprache fest, zusätzlich können Sie deutschsprachige Textpassagen nutzen. Zwischen diesen Sprachen kann mit `\selectlanguage{french}` umgeschaltet werden, bei Bedarf mehrmals. Kürzere anderssprachige Passagen können auch in eine Umgebung eingeschachtelt werden: `\selectlanguage`

```
\begin{otherlanguage}{german}
  <deutscher Text>
\end{otherlanguage}
```
    otherlanguage

Weitere Informationen sind in der Bedienungsanleitung `user.dvi` zu finden, die auch die implementierten Besonderheiten der einzelnen Sprachen erklärt. Die Anwendung für griechische und kyrillische Texte wurde bereits in den Abschnitten 7.6.4 und 7.6.5 kurz umrissen.

8.4 Eine neue report-Klasse

Mit den Klassendateien `thesis.cls` und `thema.cls` aus dem Paket `thesis` liegen Modifikationen der report-Klasse vor, die offener gegenüber eigenen Layoutgestaltungen sind und eine Vielzahl von Erweiterungen, wie beispielsweise eine verallgemeinerte Titelei, enthalten. Die Klassen können zum ein- und doppelseitigen Druck von Berichten und Büchern dienen, wobei `thema` zusätzlich noch einige Befehle zur Erzeugung von Sammelwerken enthält. Die in Tabelle 8.1 auf der nächsten Seite aufgeführten Optionen legen Details des Layouts fest. Für die erweiterte Titelei können die folgenden Befehle eingesetzt werden: `thesis, thema`

```
\documentclass[12pt,nocenter]{thesis}
\usepackage{german}
\usepackage[latin1]{inputenc}
\begin{document}

\title{Erstellung von Büchern mit \LaTeX}
\subtitle{Die Klasse \texttt{thesis}}
\translator{Einführung}
\author{Ingo Klöckl}
\institution{Wissen-Verlag}
\maketitle
...
\end{document}
```

Der Befehl `\dedication{<Text>}` erzeugt eine eigene Seite mit Widmung. Bei zweiseitigem Druck werden aus den Titelangaben zusätzlich noch eine Umschlagseite und ein Schmutztitel generiert. Alle weiteren bekannten Befehle sind unverändert übernommen oder derart   `\dedication`

Tabelle 8.1
Zusätzliche Klassenoptionen von thesis *und* thema

Option	Bedeutung
indent	Einzug am Absatz- und Fußnotenbeginn (Voreinstellung)
noindent	Kein Einzug
noitemization	Keine Hervorhebung der einzelnen Punkte durch ein Symbol in itemize-Umgebungen (Voreinstellung)
itemization	Die einzelnen Punkte in itemize-Umgebungen werden durch Symbole wie im LaTeX-Standard hervorgehoben
headline	Unterstrichene Kopfzeilen (Voreinstellung)
noheadline	Keine Unterstreichung der Kopfzeilen
headcount	Kapitel- und Abschnittsnumerierungen werden in Kopfzeilen ausgegeben
noheadcount	Die Kapitelnumerierung wird nicht in Kopfzeilen ausgedruckt (Voreinstellung)
center	Überschriften und Kopfzeilen zentriert drucken (Voreinstellung)
nocenter	Überschriften linksbündig anordnen
upper	Kapitelüberschriften in Großbuchstaben (Voreinstellung)
noupper	Keine Umwandlung der Kapitelüberschrift in Großbuchstaben
slanted	Größere und geneigte Typen in Überschriften, Listen und Titelei (Voreinstellung)
bold	Größere und fette Typen
sfbold	Größere, fette und serifenlose Typen in Überschriften und Listen

modifiziert worden, daß sie die mit den folgenden Kommandos einstellbaren Zeichensatzdefinitionen berücksichtigen:

\partfont{<Font>}, \chapterfont{<Font>},
\sectionfont{<Font>}, ..., \subparagraphfont{<Font>}

\titlefont{<Font>}, \subtitlefont{<Font>},
\authorfont{<Font>}, \translatorfont{<Font>},
\institutionfont{<Font>}

\theorembodyfont{<Font>}, \itemfont{<Font>},
\pagenumberfont{<Font>}

```
\captionheaderfont{<Font>}, \captionbodyfont{<Font>}

\figurefont{<Font>}, \tablefont{<Font>}
```

Möchten Sie Sammelwerke erstellen, in denen jedes Kapitel von einem anderen Autor stammt, können Sie die Befehle

```
\chapterauthor{<Autor>}
\shortauthor{<Autor>}
\chapter{...}
```

für den Satz der Autorenangabe einsetzen. `\shortauthor` ist erforderlich, falls der Autorenname in das Inhaltsverzeichnis übernommen werden soll. Beachten Sie, daß beide Befehle vor dem zugehörigen `\chapter`-Kommando erteilt werden müssen. Die neue Umgebung `chapterabstract` erlaubt eine Kurzübersicht über den Inhalt des Kapitels.

Für weitere Informationen lesen Sie bitte die im Paket-Verzeichnis enthaltene Originaldokumentation des Autors.

8.5 LaTeX europäisch – Koma-Script

An Typographie Interessierte bemängeln zuweilen, daß LaTeX zu sehr an amerikanischen Gestaltungsvorstellungen orientiert sei. Um dem europäischen Geschmack Rechnung zu tragen, haben F. Neukam und M. Kohm im Paket `koma-script` einen kompletten Satz von Klassendateien erstellt, die die Originalklassen von LaTeX ersetzen und heimische Papierformate und Layoutvorschläge zugrunde legen. Durch eine umfassende Berechnung des Satzspiegels können Nicht-DIN-Papierformate ebenfalls genutzt werden; auch kann durch eine größere Anzahl an Schnittstellen das Aussehen des Schriftstückes in großem Umfang modifiziert werden. Die Datei `scrguide.dvi` enthält die umfangreiche Dokumentation der Autoren.

koma-script

Wie erwähnt, benutzt `koma-script` eigene Klassendateien, die anstelle der normalen Klassen eingesetzt werden. Eine Ersetzungsliste finden Sie in Tabelle 8.2 auf der nächsten Seite; wenn Sie also ein Buch schreiben möchten, verwenden Sie die `scrbook`-Klasse anstelle von `book`. Sie haben gemäß der Tabelle 8.3 weitere Optionen zur Verfügung, die im folgenden Text näher erläutert werden.

Koma-Klassen ersetzen LaTeX-Klassen

Diese Klassendateien implementieren alle in den Standarddateien vorhandenen Befehle, so daß praktisch jedes Dokument auch mit den Koma-Klassen verwendet werden kann. Es werden jedoch andere Schriftarten für Überschriften eingesetzt, das Wort »Kapitel« entfällt,

Satzspiegel berechnen

Tabelle 8.2
LaTeX-Klassen und ihre Ersetzungsdatei im koma-script-Paket

Standardklasse	Koma-Klasse
article	scrartcl
report	scrreprt
book	scrbook
letter	scrlettr

Tabelle 8.3
Optionen der Koma-Klassen

Option	Wirkung
headinclude	Berücksichtigt die Kopfzeile bei der Berechnung des Satzspiegels.
footinclude	Berücksichtigt die Fußzeilen bei der Satzspiegelberechnung.
DIV<n>	Setzt den Teilungsparameter <n> auf den angegebenen Wert.
BCOR<b>	Berücksichtigt eine Bundkorrektur der Größe <b> am inneren Rand.
head[no]sepline	Erzeugt eine (keine) Trennlinie unter der Kopfzeile (impliziert gegebenenfalls die Option `headinclude`).
foot[no]sepline	Erzeugt eine (keine) Trennlinie oberhalb der Fußzeile und impliziert dadurch die Option `footinclude`.
abstractoff, abstracton	Druckt keine (eine) Überschrift »Zusammenfassung« über die Zusammenfassung des Inhalts. Voreinstellung ist `abstractoff`.
liststotoc	Fügt die Abbildungs- und Tabellenverzeichnisse im Inhaltsverzeichnis ein.
bibtotoc, bibtotocnumbered	Nimmt die Bibliographie in das Inhaltsverzeichnis auf, gegebenenfalls als numerierter Abschnitt.
idxtotoc	Führt den Index im Inhaltsverzeichnis auf.
a4paper, a5paper	Papierformat wie bei den Standardklassen, jedoch jeweils Berechnung des Satzspiegels.

die Numerierung führt direkt die Überschrift an. Das für die Berechnung des Satzspiegels benutzte Konstruktionsschema sowie das Paket `typearea`, das Bestandteil von `koma-script` ist, wurde bereits auf Seite 78 besprochen. Da die `koma-script`-Klassen auf `typearea` aufbauen, ist es möglich, die Vorgaben zur Satzspiegelberechnung (Wert

8.5 LaTeX europäisch – Koma-Script

n für die Anzahl der Teilungen sowie die Breite b des Beschnitts) über Klassenoptionen festzulegen:

`\documentclass[DIV<n>, BCOR<b>, ...]{scr...}`

beispielsweise

`\documentclass[DIV11, BCOR8mm]{scrbook}`

In einigen Fällen sollen die Kopf- oder Fußzeilen für die Satzspiegelberechnung in den Textblock einbezogen werden, wenn sie durch Linien oder andere Elemente optisch als zum Textblock gehörend empfunden werden. Sie erreichen dies mit den Optionen `headinclude` und `footinclude`. Zur Steuerung des Seitenstils können die Seitenstile `plain`, `empty` und `headings` eingesetzt werden. In Seitenlayouts, die einen Kolumnentitel bereitstellen, können mittels der Optionen `headsepline`, `footsepline` und ihren Gegenspielern `headnosepline` und `footnosepline` Trennlinien unter der Kopfzeile oder über der Fußzeile eingeschaltet werden. Die Optionen `abstractoff` (Voreinstellung) und `abstracton` unterdrücken beziehungsweise gestatten den Druck einer Überschrift der Zusammenfassung.

Der `\maketitle`-Befehl kann nun einen separaten Schmutztitel erzeugen (dies war in Zeiten, da der Buchblock nicht durch einen Einband geschützt war, die erste Seite des Buches, auf der der Kurztitel stand; die eigentliche Titelseite befand sich auf der nächsten Seite). Schreiben Sie `\extratitle{<Schmutz>}`. Die Gestaltung dieses Schmutztitels bleibt vollkommen Ihnen überlassen; sehen Sie also entsprechende Formatierungsbefehle vor. `\titlehead{<Zusatz>}` setzt in den Kopfteil der Titelseite einen zusätzlichen Text (z. B. eine Institutsadresse), während der Befehl `\subject{<Zusatz>}` oberhalb des Titels Zusätze wie »Diplomarbeit« oder »Dissertation« ermöglicht. `\publishers{<Verlag>}` verarbeitet die Mitteilung eines Verlages, `\dedication{<Widmung>}` erzeugt eine separate Seite mit einer Widmung. Schließlich können mit

\extratitle

\titlehead
\subject

\publishers
\dedication

`\uppertitleback{<Text>}`
`\lowertitleback{<Text>}`

\uppertitleback
\lowertitleback

an den oberen oder unteren Rand der Titelrückseite ergänzende Mitteilungen geschrieben werden (für begleitende Software, Copyright-Vermerke, ISBN-Angaben oder Haftungsausschluß).

Einige Optionen steuern die Aufnahme der Abbildungs- und Tabellenverzeichnisse, des Literatur- und des Stichwortverzeichnisses in das Inhaltsverzeichnis. Normalerweise wird keines der genannten Verzeichnisse im Inhaltsverzeichnis aufgeführt, Sie können dies jedoch erzwingen, um zum Beispiel den Leser darauf aufmerksam zu machen, daß ein Stichwort- oder ein Literaturverzeichnis existiert.

Literaturverzeichnis im Inhaltsverzeichnis

bibtotocnumbered legt das Literaturverzeichnis darüber hinaus als numerierten Abschnitt an.

Die neuen Gliederungskommandos

\minisec   `\minisec{<Überschrift>}`
\addchap   `\addchap[<TOC>]{<Überschrift>}`
\addsec   `\addsec[<TOC>]{<Überschrift>}`

erzeugen eine kleine Überschrift, die eng mit dem folgenden Text zusammenhängt und sich nur wenig von diesem abhebt, während `\addchap` und `\addsec` bis auf die fehlende Numerierung wie `\chapter` und `\section` agieren. Im Gegensatz zu `\chapter*` und `\section*` erzeugen die Kommandos `\addchap` und `\addsec` jedoch Einträge in Kopfzeilen und Verzeichnissen und können somit in Fällen eingesetzt werden, in denen die Einträge in den Kopfzeilen variabel gehalten werden müssen, damit z. B. nicht nach einigen `\chapter*`-Abschnitten veraltete Kopfzeilen wieder auftauchen (ein gängiges Beispiel ist eine zweiseitige Danksagung, die nach dem Inhaltsverzeichnis mit `\chapter*` erzeugt wurde und in deren Kopfzeile stets die irreführende Mitteilung »INHALTSVERZEICHNIS« erscheint). Die Varianten

`\addchap*[<TOC>]{<Überschrift>}`
`\addsec*[<TOC>]{<Überschrift>}`

verhalten sich bis auf den erwähnten Unterschied analog zu `\chapter*` und `\section*`. Schließlich wird die `labeling`-Umgebung zum Erstellen eines Stichwortverzeichnisses neu aufgenommen:

labeling   `\begin{labeling}[<Trenn>]{<Lang>}`
              `\item[<Stichwort>] ...`
              `\end{labeling}`

Sie verhält sich wie die `description`-Umgebung, nur kann ihr mit <Lang> der längste Eintrag vorgegeben werden, um den Beginn der eigentlichen Textblöcke anschließend an die Stichwörter bündig zu gestalten. <Trenn> stellt ein optionales Zeichen dar, das jeden Stichworteintrag nach `\item` abschließt. Als Beispiel sei ein mathematischer Beweis mit Voraussetzung, Behauptung und Beweis gegeben:

```
\begin{labeling}[: ]{Behauptung}
  \item[Vorauss.] Sei...
  \item[Behauptung] Es gilt...
  \item[Beweis] ...
\end{labeling}
```

Vorauss.   : Sei...
Behauptung: Es gilt...
Beweis   : ...

Die Briefklasse `scrlettr` unterstützt den Briefeschreiber neben den bereits aus der `letter`-Klasse bekannten Befehlen nun mit dem Kommando \backaddress{<Rückadresse>} zur Angabe einer Rücksendeadresse für Fensterkuverts sowie \specialmail{<Versandart>} zur Kenntlichmachung einer besonderen Versandart. Namen von Sachbearbeitern, vorangegangene Korrespondenzen und andere Geschäftsangaben können in einer Referenzzeile mit den Kommandos

Briefe

`\backaddress`
`\specialmail`

```
\yourref{<IhrZeichen>}
\yourmail{<IhrSchreiben>}
\myref{<MeinZeichen>}
\customer{<Kundennummer>}
\invoice{<Rechnungsnummer>}
\refitemi{<EigenesFeld1>}
\refitemii{<EigenesFeld2>}
\refitemiii{<EigenesFeld3>}
```

`\yourref`
`\yourmail`
`\myref`
`\customer`
`\invoicde`
`\refitem...`

ausgegeben werden. Die Beschriftungen der drei letztgenannten freien Felder können mit

```
\refitemnamei{<Feld1>}
\refitemnameii{<Feld2>}
\refitemnameiii{<Feld3>}
```

`\refitemname...`

bestimmt werden. Ein »Betreff:«-Feld wird mit \subject{<Betreff>} gesetzt.

`\subject`

Praktisch ist die Möglichkeit, Adreßdateien zu verwenden, um nicht jedesmal erneut die selben Adressen schreiben zu müssen. Sie können diese Dateien zur Erzeugung von Serienbriefen nutzen; lesen Sie für Einzelheiten bitte die Dokumentation `scrguide.dvi`. In dieser erfahren Sie mehr zu drei kleinen Paketen: `scrpage` zur Erzeugung eigener Seitenstile, `scrtime` und `scrdate` zur komfortablen Nutzung von Zeit- und Datumsangaben.

8.6 Chemie und LaTeX

Mit LaTeX kann man wunderschöne Bücher verfassen – aber haben Sie als Chemiker nicht oft die Mathematiker beneidet, die in den Genuß eines exquisiten LaTeX-Formelsatzes kommen? Je nach Anspruch an das Ergebnis können für den chemischen Formelsatz verschiedene Pakete eingesetzt werden, die nachfolgend beschrieben werden.

8.6.1 Einfache Textformeln

Das Paket `chemsym` erlaubt eine einfache Eingabe von Textformeln wie zum Beispiel Ethanol $CH_3 \cdot CH_2OH$ oder dem Komplexion

chemsym

$\mathrm{Fe^{III}(CN)_6^{3-}}$. Hierzu stellt es für die Elementsymbole Befehle bereit, die unabhängig vom mathematischen oder Textmodus die korrekte Schrift einstellen und die Abstände vor und nach den Symbolen anpassen. Da in chemischen Formeln häufig Indizes und Exponenten auftreten, weisen die Zeichen ^ und _ auch im Textmodus ihre aus den mathematischen Umgebungen bekannte Sonderbedeutung auf (sollten Kollisionen mit anderen Paketen auftreten, können mit der Paketoption `collision` die Funktionen dieser Zeichen auf den mathematischen Modus begrenzt werden). Die dargestellten Formeln wurden im mathematischen Modus mit den folgenden Zeilen gesetzt:

```
$\CH _3\cdot \CH _2\OH $                   CH₃·CH₂OH
$\Fe ^{\mathrm {III}}(\C \N )_6^{3-}$      Feᴵᴵᴵ(CN)₆³⁻
```

Elektronen-Konfiguration

Mit Hilfe der Box-Befehle und der `picture`-Umgebung des Paketes `echem.sty` können Sie verschiedene Probleme des chemischen Formelsatzes bewältigen. So können Elektronenkonfigurationen von Hauptgruppenelementen dargestellt werden, um z. B. zu demonstrieren, wie kovalente Bindungen im Sauerstoff $\overline{\mathrm{O}}\!:\!\overline{\mathrm{O}}$ zustandekommen:

`echem.tex`

```
... im Sauerstoff
\mbox{\hdl[\echhbar]{O}\hdu[\echhbar]{O}O\vdd{O}
     \vdd{O}\hdl[\echhbar]{O}\hdu[\echhbar]{O}O}
zustandekommen:
```

Weitere Beispiele sind in Tabelle 8.4 enthalten, die mit den folgenden Kommandos gesetzt wurden:

`echem1.tex`

```
\begin{tabular}{llll}\toprule    % aus booktabs.sty
Element & Konfiguration & Element & Konfiguration\\
\midrule                          % aus booktabs.sty
Lithium     & Li\vd{Li}          &
  Stickstoff & \vdd{N}\hdu{N}N\vdd{N} \\
\addlinespace                     % aus booktabs.sty
Beryllium   & Be\vdd{Be}         &
  Sauerstoff & \vdd{O}\hddu{O}O\vdd{O} \\
\addlinespace
Bor         & \vd{B}B\vdd{B}     &
  Fluor     & \vdd{F}\hddu{F}\hdl{F}F\vdd{F} \\
\addlinespace
Kohlenstoff & \vdd{C}C\vdd{C} &
  Neon      & \vdd{Ne}\hddu{Ne}\hddl{Ne}Ne\vdd{Ne} \\
\bottomrule                       % aus booktabs.sty
\end{tabular}
```

Sie können daraus erkennen, daß Makros für ein und zwei Elektronen sowie für liegende und übereinanderstehende Elektronenpaare vorhanden sind. Ein optionaler Parameter erlaubt die Darstellung von Strichen für Elektronenpaare.

Element	Konfiguration	Element	Konfiguration
Lithium	Li•	Stickstoff	:N̈·
Beryllium	Be:	Sauerstoff	:Ö:
Bor	•B:	Fluor	:F̈:
Kohlenstoff	:C:	Neon	:N̈ë:

Tabelle 8.4
Konfigurationen der Elektronen einiger Elemente

Zur Erleichterung der Eingabe von organischen Formeln sind für die beiden wichtigsten Indizes $_2$ und $_3$ die Makros \2 und \3 sowie für Einfach- und Doppelbindungen die Makros \sbond und \dbond enthalten: $H_2C = N \cdot OH$. (Mit der deutschen Sprachanpassung wurde \3 bereits als Alternative zu "s definiert, diese Bedeutung wird durch das Paket jedoch aufgehoben!) Ein Makro \atomconnect erlaubt den Satz von Ringen als Textformel, wie zum Beispiel das 1,2-Dimethylcyclopropan $CH_3 \cdot \underline{CH_2 \cdot CH_2 \cdot CH} \cdot CH_3$ oder das Cyclopropanon $\underline{CH_2 \cdot CH_2 \cdot C} = O$. Da die seitlichen Begrenzungen der Klammer meist nicht unmittelbar an den äußeren Rändern der eingeschlossenen Formelgruppe liegen sollen, erhält das Makro drei Argumente: den linken äußeren Text, unter dessen Mitte die Klammer beginnt, den Mittelteil sowie den rechten äußeren Text, unter dessen Mitte die Klammer endet. Die Beispiele werden wie folgt eingegeben:

```
H\2C\dbond N\sbond OH
```

`echem2.tex`

```
CH\3\sbond\atomconnect{C}{%
    H\2\sbond CH\2\sbond}{C}H\sbond CH\3

\atomconnect{C}{H\2\sbond CH\2\sbond}{C}\dbond O
```

Die genannten Makros sind im Paket `echem.sty` enthalten:

```
1 % ECHEM.STY
2 \RequirePackage{calc}
3
4 \newsavebox{\cbox}
5
6 % Symbol für einzelnes Elektron
7 \newcommand{\echdot}
```

`echem.sty`

```
 8   {{\unitlength=.08\baselineskip%
 9     \begin{picture}(0,0)
10       \put(0,0){\circle*{2}}
11     \end{picture}}}
12   % liegender Balken für Elektronenpaar
13   \newcommand{\echhbar}
14   {{\unitlength=.08\baselineskip%
15     \linethickness{0.8\unitlength}%
16     \begin{picture}(0,0)
17       \put(-3,0){\line(1,0){6}}
18     \end{picture}}}
19   % aufrechter Balken für Elektronenpaar
20   \newcommand{\echvbar}
21   {{\unitlength=.08\baselineskip%
22     \linethickness{0.8\unitlength}%
23     \begin{picture}(2,0)(-1,0)
24       \put(0,-3){\line(0,1){6}}
25     \end{picture}}}
26
27   % die horizontalen Symbole (upper und lower)
28   \newcommand{\hdu}[2][\echdot]
29   {\sbox{\cbox}{#2}%
30     \makebox[0pt][l]{\raisebox{1.3\ht\cbox}
31       {\makebox[\wd\cbox]{#1}}}%
32   }
33   \newcommand{\hddu}[1]
34   {\sbox{\cbox}{#1}%
35     \makebox[0pt][l]{\raisebox{1.3\ht\cbox}
36       {\makebox[\wd\cbox]
37         {\echdot\hspace*{0.6\ht\cbox}\echdot}}}%
38   }
39   \newcommand{\hdl}[2][\echdot]
40   {\sbox{\cbox}{#2}%
41     \makebox[0pt][l]{\raisebox{-\dp\cbox-0.3\ht\cbox}
42       {\makebox[\wd\cbox]{#1}}}%
43   }
44   \newcommand{\hddl}[1]
45   {\sbox{\cbox}{#1}%
46     \makebox[0pt][l]{\raisebox{-\dp\cbox-0.3\ht\cbox}
47       {\makebox[\wd\cbox]
48         {\echdot\hspace*{0.6\ht\cbox}\echdot}}}%
49   }
50
51   % die vertikalen Symbole
```

```
52  \newcommand{\vd}[2][\echdot]
53    {\sbox{\cbox}{#2}\hspace*{0.1\ht\cbox}%
54    \raisebox{0.5\ht\cbox}{#1}%
55    \hspace*{0.1\ht\cbox}%
56    }
57  \newcommand{\vdd}[1]
58    {\sbox{\cbox}{#1}\hspace*{0.1\ht\cbox}%
59    \makebox[0pt][l]{\raisebox{0.2\ht\cbox}{\echdot}}%
60    \raisebox{0.8\ht\cbox}{\echdot}%
61    \hspace*{0.1\ht\cbox}%
62    }
63
64  % liegende eckige Klammer unten
65  \newcommand{\atomconnect}[3]
66    {\sbox{\cbox}{#1#2#3}%
67    \makebox[0pt][l]%
68    {\raisebox{-\dp\cbox-.5em}[0pt][1em]%
69      {\makebox[\wd\cbox][l]{%
70        \sbox{\cbox}{#1}\hspace{.5\wd\cbox}%
71        \rule{0.5pt}{0.5em}\hrulefill\rule{0.5pt}{0.5em}%
72        \sbox{\cbox}{#3}\hspace{.5\wd\cbox}}%
73      }}%
74    #1#2#3}
75
76  % einige hilfreiche Abkürzungen
77  \newcommand{\2}{\ensuremath{_2}}
78  \renewcommand{\3}{\ensuremath{_3}}
79  \newcommand{\sbond}{\,\ensuremath{\cdot}\,}
80  \newcommand{\dbond}{\,=\,}
```

Wie Sie sehen, werden die gestaltenden Elemente Punkt und Balken mit Hilfe einer `picture`-Umgebung gezeichnet, da so die Größe und Ausrichtung der Symbole in hohem Maße kontrollierbar sind. Einige Boxbefehle sorgen für geeigneten Abstand der Elektronen zum Elementsymbol. Ebenfalls mit Boxbefehlen werden die drei Balkenstücke der eckigen, liegenden Klammer positioniert, wobei das Makro `\phantom` freien Raum gemäß seinem Argument einfügt.

8.6.2 Strukturformeln

`chemtex.sty` ist eine LaTeX-Erweiterung, die eingesetzt wird, um mit der `picture`-Umgebung erstellte Teilbilder zu größeren Einheiten zusammenzusetzen. Das Paket enthält Definitionen für einige Struktureinheiten, mit denen viele organische Strichformeln gezeichnet werden können. Das Paket nutzt die `picture`-Umgebung zum Zeichnen

chemtex.sty

8 Weitere Hilfsprogramme und Pakete

X̶Y̶MTEX

der Strukturformeln und erzielt damit eine problemlose Integration der Formeln in das LaTeX-System.

X̶Y̶MTEX (siehe Seite 439) baut ebenfalls auf der LaTeX-picture-Umgebung auf. Durch seine einfache Handhabung und große Makrobibliothek können auf Anhieb zahlreiche Formeln erzeugt werden. Die Erstellung von kombinierten komplexeren Strukturen und Reaktionsschemata wird jedoch weniger unterstützt, das heißt, Sie müssen selbst zu Papier und Bleistift greifen und durch Berechnung von Anschlußkoordinaten die richtige Plazierung für die Teilformeln errechnen, was bei komplexen Systemen mühsam ist. Der Autor des Paketes gibt Ihnen mit seiner guten Dokumentation jedoch kräftige Unterstützung auf den Weg, so daß doch publikationsreife Druckerzeugnisse erzeugt werden können.

OCHEM

Mit den genannten Paketen genießen Sie alle Vorzüge einer vollständigen Integration der Formeln in das LaTeX-System. Für die Erzeugung von Strukturen, die mit den genannten Paketen nicht realisierbar sind, und vor allem zum Satz von Reaktionsschemata eignen sich beide Lösungen leider weniger, daher habe ich ein Paket OCHEM bereitgestellt, mit dem in der höchsten Qualität direkt PostScript-Ausgaben erzeugt werden können. Reine LaTeX-Ausgaben können jedoch nur mit den Einschränkungen der `picture`-Umgebung erzielt werden.

In den Abbildungen 8.2 bis 8.4 sehen Sie im Vergleich einige Formeln, die mit den einzelnen Paketen erzeugt wurden.

Das Paket chemtex

Das Paket `chemtex` stellt umfangreiche Makros für häufig benutzte organische Strukturen, wie Atomzentren mit drei oder vier davon ausgehenden Bindungen, die achsenparallel oder diagonal verlaufen, zur Verwendung in einer `picture`-Umgebung bereit. An jedem Endpunkt und am Zentralatom können beliebige Atomsymbole eingetragen werden, außerdem haben Sie die Wahl zwischen einfachen und Doppelbindungen. Die Formeln der Abbildung 8.2 wurden wie folgt erzeugt:

`chemtex.tex`

```
\initial   % muß vor erster Formel stehen!

\begin{figure}[h]\centering
\parbox{.3\textwidth}{\ethene{H}{H$_3$C}{CH$_3$}{Br}}
\hfil
\parbox{.3\textwidth}{\cbranch{H}{S}{H}{S}{C}{S}{}{S}{H}
  \xi=-200 \cright{}{Q}{C}{D}{O}{S}{OH}}
\hfil
```

```
\parbox{.3\textwidth}{\hetisix{Q}{Q}{Q}{Q}{Q}{Q}{O}{Q}{O}
  \xi=-171 \fuseup{Q}{Q}{Q}{Q}{D}{Q}{D}{Q}{D}}
\end{figure}
```

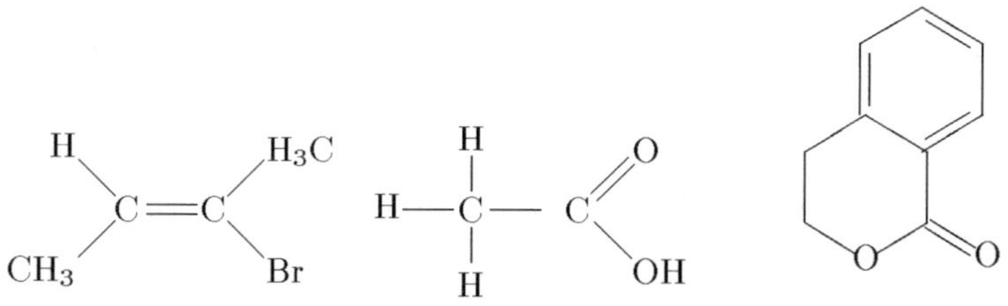

Abbildung 8.2
Organische Formeln mit chemtex.tex *erzeugt*

Die LaTeX-Arbeit erfordert die Datei chemtex.sty; vor Benutzung des ersten Formelbefehls muß das Kommando \initial ausgeführt werden. Für eine vollständige Übersicht über die verfügbaren Makros sei auf die mitgelieferte Dokumentation verwiesen; sollten Sie weitere Strukturen benötigen, können Sie Ihre eigenen Makros einsetzen oder Modifikationen vornehmen. Die umfangreiche Dokumentation wird Ihnen dabei behilflich sein.

X̂IMTEX

Mit dem Paket X̂IMTEX steht eine Möglichkeit bereit, mit den Mitteln der picture-Umgebung qualitativ hochwertige organische Strukturformeln zu erzeugen. Da picture nicht alle Fähigkeiten unterstützt (zum Beispiel gestrichelte Linien zum Zeichnen von hinter der Formelebene liegenden Bindungen), wird zusätzlich das Paket epic benötigt. Durch den Einsatz der picture-Umgebung sind die erzeugten Formeln voll in das LaTeX-System integriert (Abbildung 8.3). Je nach Substanzklasse, die dargestellt werden soll, müssen Sie mit \usepackage die im Handbuch [38, S. 9] genannten Pakete in das Dokument einbinden. Die Abbildung wurde mit den folgenden Zeilen erstellt:

```
\usepackage{epic,carom,ccycle,hetarom}

\cyclohexanev{1D==O; 3==Cl; 5==OH}
\cyclohexanev{1SA==; 1SB==}
\decaheterov[aegi]{4==O}{3D==O}
```

Wie Sie sehen, müssen Sie zur Anwendung des Paketes die benötigten Teilpakete, in denen Ihre Struktureinheiten definiert sind, sowie die picture-Umgebungserweiterung epic laden. Die Zeile

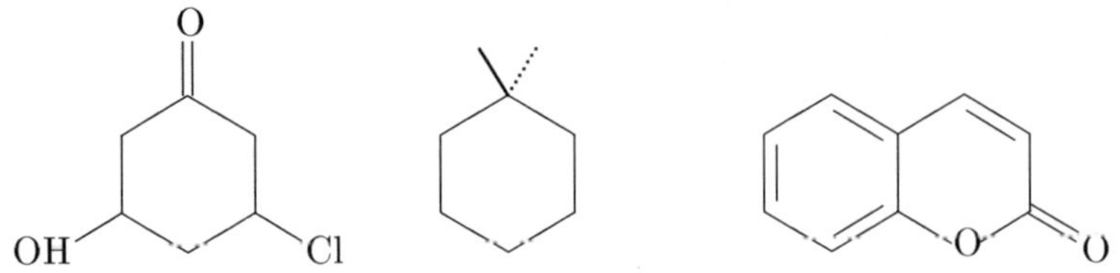

Abbildung 8.3
Mit X̃ΥMTEX erstellte Formeln

`\usepackage{carom}`

stellt Strukturen für heterozyklische Substanzen bereit. Weitere Teilpakete werden im Handbuch aufgeführt. Die Formeln können direkt in den Fließtext eingefügt oder in separaten Gleitobjekten untergebracht werden. Jedes Makro stellt eine `picture`-Einheit dar, deren Größe jedoch nicht dem später sichtbaren Bereich entspricht, da Substituenten nicht berücksichtigt werden und die Einheit auch nicht die Bounding Box der Formel darstellt. Anhand der Längen der stets wiederkehrenden Strukturen (horizontale und vertikale sowie diagonale Linien) kann die Größe der Formel errechnet werden. Horizontale Bindungen von Ringen erreichen eine Länge von 200 Einheiten, die Projektion der schrägen Ringkante eines liegenden Sechsringes auf die x-Achse ist 103 Einheiten lang, diejenige auf die y-Achse 171 Einheiten. Exozyklische Einfachbindungen werden durch 140 Einheiten lange Striche dargestellt. Sie packen am besten die Formel in eine eigene `picture`-Umgebung, um eine korrekte Positionierung zu gewährleisten. Da die Berechnung dieser Box elementare Fertigkeiten für den späteren Aufbau komplexer Systeme und Schemata fordert, sei dies schrittweise dargestellt. Das Paket unterstützt nicht die Erstellung selbst einfacher Reaktionsschemata; mit den Mitteln von LaTeX (Pfeilsymbole, Linien) und der `picture`-Umgebung können solche Schemata jedoch mit größerem Aufwand erzeugt werden.

Es soll eine Formel von Zyklohexan (stehend oder vertikal orientiert) eingerahmt werden. Der Versuch, einfach

`laufende Zeile: \box{\cyclohexanev{}} ...`

zu schreiben, erzeugt einen völlig fehlpositionierten Rahmen. Ein Blick in das Handbuch offenbart, daß das Atom C[4] (untere Spitze) am Punkt (400,240) liegt, wenn das Makro mit

`\put(0,0){\cyclohexanev{}}`

in eine `picture`-Umgebung geschrieben wird. Da die Breite des Ringes aber nur 342 Einheiten beträgt, ist dieser Wert viel zu groß. Ein erster Korrekturschritt berücksichtigt die berechnete Formelgröße:

```
laufende Zeile: \fbox{\begin{picture}(342,406)
                \put(0,0){\cyclohexanev{}}
                \end{picture}} ...
```

Die Zahlen 342 und 406 entsprechen dabei der doppelten Breite einer schrägen Ringbindung (2×171) und der Gesamthöhe (eine Ringkante á 200 zuzüglich zweier Projektionen á $103 = 200 + 103 + 103 = 406$). Die Rahmengröße scheint nun mit der Formelgröße übereinzustimmen, jedoch die Lage ist noch falsch. Wenn nun das unterste C-Atom schon eine y-Koordinate von 240 hat (aus dem Handbuch bei der Vorstellung des Makros zu erfahren), beginnt der Rahmen offenbar zu niedrig. Daher muß die ganze `picture`-Umgebung um diesen Wert nach unten verschoben werden. Die Verschiebung in x-Richtung ist komplizierter zu berechnen: von der Startkoordinate 400 muß die Breite des halben Ringes, also 171 subtrahiert werden, womit ein Wert von 229 resultiert. Die korrekte Plazierung lautet also

```
laufende Zeile: \fbox{\begin{picture}(342,406)(229,240)
                \put(0,0){\cyclohexanev{}}
                \end{picture}} ...
```

Beachten Sie die Wichtigkeit des zweiten Koordinatenpaares der `picture`-Umgebung! Führen Sie am besten einige Experimente durch, um ein Gefühl für diese Problematik zu bekommen.

Nun soll jedoch wieder vertrauter Boden, das heißt chemisches Gebiet, betreten werden! Die verschiedenen Möglichkeiten für die Angabe von Substituenten seien anhand verschiedener Zyklohexanderivate erläutert. Das Grundgerüst selbst wird durch das Makro `\cyclohexanev` erzeugt. Das Handbuch sieht folgende Syntax vor:

`\cyclohexanev[<Bond>]{<Subslist>}`

Diese Struktur treffen Sie bei allen Makros an. Sie enthält in `<Bond>` Informationen über die Lage eventueller Doppelbindungen im Gerüst selbst, deren Lage in bei kondensierten Ringen üblicher Weise durch Kleinbuchstaben definiert wird, wobei a die Bindung C^1–C^2 bedeutet, b die Bindung C^2–C^3 und so fort. Mehrere Doppelbindungen werden durch aufeinanderfolgende Buchstaben repräsentiert. Das 1,3-Zyklohexadien wird wie folgt formuliert:

`\cyclohexanev[ac]{}`

Substituenten

Substituenten am Ring werden innerhalb der Liste `<Subslist>` aufgezählt, jeweils durch Semikolon getrennt. Diese Liste besteht aus Paaren der Form `<n>==<Subs>`, wobei die ganze Zahl `<n>` das betreffende Atom symbolisiert und `<Subs>` LaTeX-Text enthält, der den Substituenten beschreibt. Im Zyklohexan sind sinnvolle Werte für `<n>`

also die Zahlen von 1 bis 6. Die Syntax erzeugt radial nach außen laufende Einfachbindungen; durch den Zusatz D (großgeschrieben!) nach der Atomnummer werden dagegen Doppelbindungen erzeugt. Das 3-Chlor-5-hydroxy-zyklohexanon aus Abbildung 8.3 kann folgendermaßen beschrieben werden:

`\cyclohexanev{1D==O; 3==Cl; 5==OH}`

Sollen an einem Atom zwei Einfachbindungen beginnen, werden diese durch den Zusatz S nach der Atomnummer gekennzeichnet. Da jedes Ringatom bis zu zwei Einfachbindungen ausbilden kann, müssen Sie durch weiteres Anhängen eines der Buchstaben a oder b (kleingeschrieben!) entscheiden, welche Sie meinen. Ein Beispiel ist das 1,1-Dimethylzyklohexan:

`\cyclohexanev{1Sa==; 1Sb==}`

Wenn nach den ==-Zeichen keine Atomsymbole folgen, werden einfache Strichbindungen erzeugt. Einfachbindungen der genannten Art sind in Wirklichkeit tetraedrisch um das zentrale C-Atom angeordnet. Sie erzeugen α- (hinter der Papierebene) und β-Bindungen (vor der Papierebene), indem Sie ein großgeschriebenes A oder B anhängen. Ein Beispiel ist wiederum das 1,1-Dimethylzyklohexan aus Abbildung 8.3:

`\cyclohexanev{1SA==; 1SB==}`

Zur Erzeugung komplexerer Strukturen werden neben dem Zyklohexan zahlreiche weitere aliphatische sowie fünf- und sechsgliedrige carbo- und heterozyklische Grundeinheiten bereitgestellt, als Beispiel die Sesseldarstellung eines Zyklohexanons und des Cumarsäurelaktons:

`\decaheterov[aegi]{4==O}{3D==O}`
`\chair{1D==O; 4Sa==; 4Se==OH}`

Das Handbuch erläutert zunächst ausführlich alle Makros sowie in zwei anschließenden Kapiteln, wie Sie einfache Grundeinheiten zusammensetzen, um komplexe Strukturen zu kombinieren.

Abschließend soll noch ein einfaches Reaktionsschema erzeugt werden, das die Reaktion Anilin → Phenol illustriert:

```
\setlength{unitlength}{.1pt}   % von XymTeX gemacht
\begin{picture}(1300,700)
  \put(0,0){\cyclohexanev{1==NH$_2$}}
  \put(600,443){\vector(1,0){200}}
  \put(600,0){\cyclohexanev{1==OH}}
\end{picture}
```

Nach Darstellen des Anilins ab Punkt (0,0) wird mit dem normalen `\vector`-Befehl der `picture`-Umgebung ein Reaktionspfeil von 200 Einheiten Länge gezeichnet. Dessen Startpunkt ergibt sich aus der Tatsache, daß das Zyklohexangerüst rechts bei $x = 571$ endet (das zentrale C-Atom liegt bei $x = 400$ plus der halben Ringbreite, also 171) und dessen Mittellinie bei $y = 443$ liegt (die untere Spitze liegt bei $y = 240$ plus halbe Kantenlänge von 200/2 Einheiten plus Länge der schrägen Bindung von 103). Der Reaktionspfeil beginnt damit um $600 - 571 = 29$ Einheiten nach rechts verschoben. Damit dieser Zwischenraum auch nach dem Pfeil auftritt, muß das Phenol bei $600 + 200 + 29 = x + 400 - 171$, also $x = 600$ beginnen ... (Seien Sie ehrlich – die quantenmechanische Beschreibung dieses Systems wäre noch komplizierter! Aber nach einigen Schemata haben Sie das Prinzip verinnerlicht und kennen die wichtigsten Konstanten auswendig.)

OCHEM

Das Paket OCHEM bietet die allgemeinsten Möglichkeiten, chemische Formeln in LaTeX-Dokumenten zu bearbeiten: Neben einzelnen Formeln können Sie komplexe Reaktionsschemata erstellen, die zum größten Teil automatisch formatiert werden. Die darstellbaren Formeln reichen von einfachen Substanzen bis zu mehrkernigen ausgedehnten Systemen mit beliebigen Ringsystemen. Die automatische Positionierung umfaßt das Anordnen von Formeln in mehreren Zeilen, die sich verzweigen oder vereinigen können. Das Hauptaugenmerk liegt neben den Formeln an sich auf der Unterstützung des Satzes von Reaktionsverläufen.

Die Formeln und Reaktionsschemata werden in einer speziellen Programmiersprache nach geometrischen Gesichtspunkten beschrieben, das heißt, Sie geben Winkel und Art einer Bindung an, um Ketten aufzubauen. Befehle für grundlegende Strukturen wie Ringgerüste und Atomsymbole erleichtern die Konstruktion komplexer Moleküle. Texte werden von LaTeX bearbeitet, so daß Ihnen alle gewohnten Mittel wie mathematische Zeichen oder griechische Buchstaben sowie Indizes zur Verfügung stehen. Um einen Eindruck von der Eingabesprache zu erhalten, seien als Beispiel die in Abbildung 8.4 gezeigten

8 Weitere Hilfsprogramme und Pakete

Formeln mit OCHEM dargestellt. Formeln und Schemata werden mit der Umgebung

```
\begin{chemistry}[<ID>]
  <Formel>
\end{chemistry}
```

in das Dokument eingefügt. Sie werden intern in einer `picture`-Umgebung dargestellt, so daß sie in LaTeX-Sicht normalen Boxen entsprechen, die relativ zu anderen Elementen positioniert werden können. Da die Formeln zunächst in einer Hilfsdatei gespeichert werden, die Sie mit einem Formelcompiler bearbeiten müssen, um die Zeichnung zu erhalten, kann eine optionale Zeichenfolge `<ID>` benutzt werden, um eine Formel individuell zu kennzeichnen. Dies kann nützlich sein, wenn Ihre Formelbeschreibung fehlerhaft ist und vom Compiler bemängelt wird.

Abbildung 8.4
Einfache Beispiele für die Formelausgabe mit OCHEM

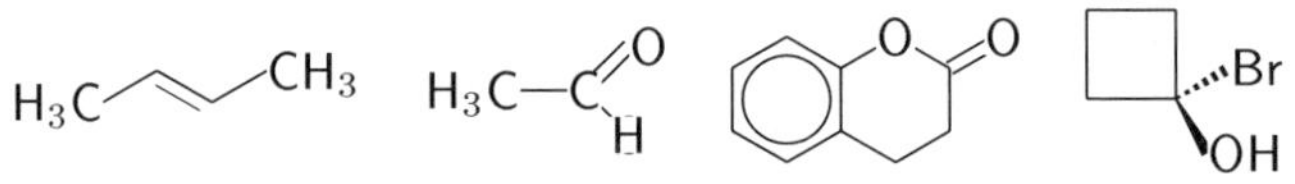

(E)-Buten-2   Essigsäure   Cumarin

Die Beispielformeln werden folgendermaßen beschrieben:

`ochem1.tex`
```
\begin{chemistry}[formeln]
multiline(1,L)
{ formula(L,R,"(E)-Buten-2")
  { atom("H$_3$C",R,R)
    bond(30; -30,=; 30) atom("CH$_3$",L)
  }
  space(R)
  formula(L,R,"Essigs""aure")
  { atom("H$_3$C",R,R) bond(0)
    branch{ bond(45,=C) atom("O",L);
            bond(-45) atom("O",C,R) atom("H",L);
            atom("C");}
  }
  space(R)
  formula(L,R,"Cumarin")
  { ring(){ 5: ring(,1,H)
            { 3: atom("O");
              4: bond(30,=C) atom("O");};}
  }
```

```
   space(R)
   formula(L,R)
   { ring(,,H,,4,-45)
     { 0: bond(30,<.) atom("Br",L);
       0: bond(-60,<<) atom("OH",L);}
   };
 }
 \end{chemistry}
```

Wie Sie an der Essigsäure sehen, werden Umlaute und andere Sonderzeichen in der normalen 7 bit-Notation von LaTeX wiedergegeben, ohne eine eventuell eingestellte Eingabekodierung wie ISO Latin 1 zu berücksichtigen. Die hierbei auftretenden Anführungszeichen werden, wie bei vielen Programmiersprachen üblich, durch Verdoppelung von der Begrenzung der Zeichenkette unterschieden.

Die einzelnen Formeln können mit Reaktionspfeilen zu Ketten und Bäumen angeordnet werden, wobei die Positionierung der Formeln selbständig erfolgt. Ein Beispiel für ein solches komplexes Schema ist in Abbildung 8.5 auf der nächsten Seite zu finden. In diesem Beispiel wurden zwei vertikale Reaktionsabläufe mit `joinv` zu einem einzigen verbunden:

```
joinv(2,B)                                              ochem2.tex
{                       % Kette links
  formula(T,B){...}     % obere Formel
  arrow(-90)            % Pfeil nach unten
  formula(T,B){...}     % untere Formel

  formula(T,B){...}     % Kette rechts
  arrow(-90)
  formula(T,B){...}
}
                        % gemeinsame Kette
arrow(-90)              % Pfeil nach unten
formula(T,B){...}       % Endprodukt
```

Analog zu `joinv`, verbinden Sie mit `joinh` horizontale Ketten, während `multiline` mehrzeilige Schemata setzt.

Reaktionsschemata

Möchten Sie die Formeln nicht als Abbildung, sondern als gleitfähiges und numeriertes Reaktionsschema plazieren, können Sie die `chemistry`-Umgebung in die neue `schema`-Umgebung einbetten:

```
\begin{schema}
  \begin{chemistry}} <Formel> \end{chemistry}
  \caption{Die Phenolsynthese\label{phenol}}
\end{schema}
```

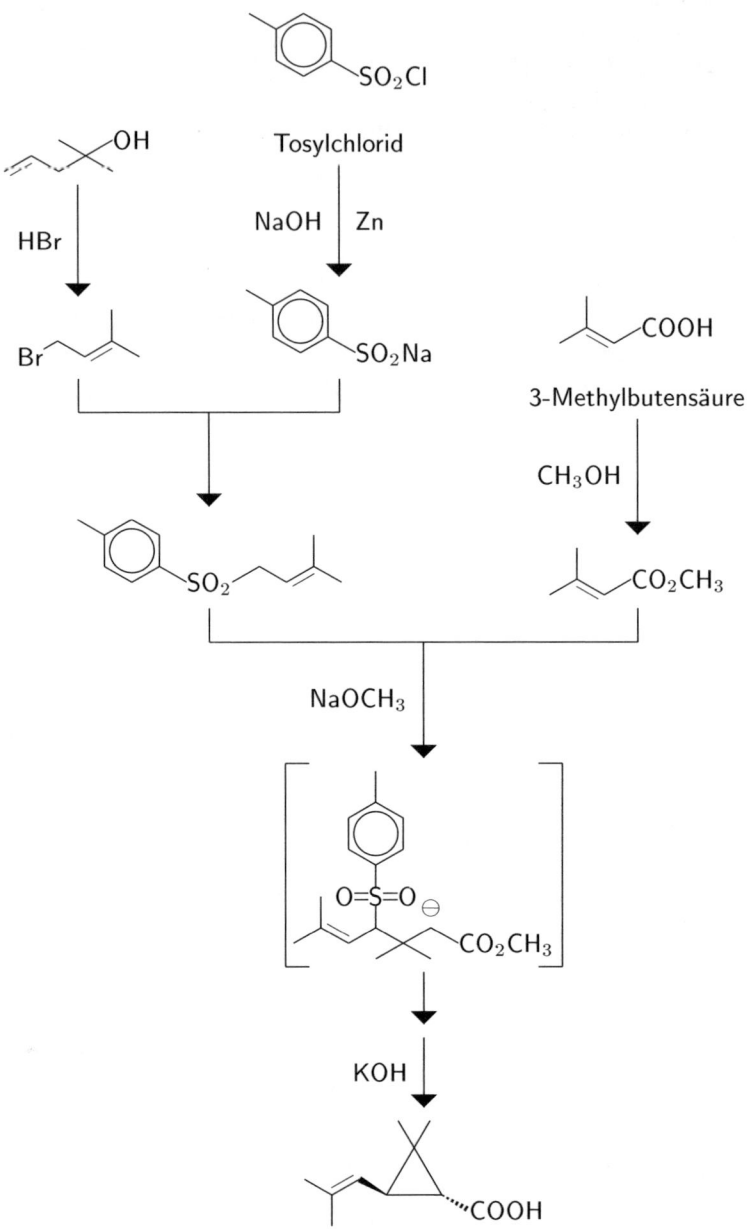

Abbildung 8.5
Synthese der Chrysanthemumsäure, gesetzt mit OCHEM

Syntax und Verhalten der Umgebung entsprechen der `figure`-Umgebung; Sie können also mit \caption Bildunterschriften setzen oder mit der Sternform `schema*` im zweispaltigen Satzmodus ein Reaktionsschema über beide Spalten reichen lassen. Jede Umgebung wird mit einer laufenden Nummer versehen, die im `report`- und `book`-Stil mit jedem Kapitel bei Eins beginnt und die Kapitelnummer einschließt: »Schema 1–3«, »Schema 1–4« ...

Sie benötigen zur Arbeit mit Formeln zunächst das Paket OCHEM, weiterhin einige Perl-Skripte, die den eigentlichen Formelsatz durchführen. Diese erwarten eine Eingabedatei, die im wesentlichen aus den Inhalten der einzelnen `chemistry`-Umgebungen besteht, ergänzt um die Zeichensatzinformationen. Diese Datei wird mit `chemie.pl` bearbeitet und liefert für jede `chemistry`-Umgebung eine TeX-Datei mit der graphischen Formeldarstellung, die in einem zweiten LaTeX-Durchlauf eingelesen wird:

Perl

```
latex beispiel         % liefert beispiel.chm
chemie.pl beispiel.chm % liefert .ctx = .tex-Dateien
latex beispiel         % füge diese ein
dvips beispiel         % PS-Ausgabedatei erzeugen
```

Wie bereits erwähnt, werden die Formeln zur Erreichung maximaler Qualität in PostScript-Form wiedergegeben, so daß das Nachbearbeiten mit einem PostScript-Treiber und -Previewer sinnvoll ist. Um die Formeln einzeln in Form von EPS- oder PNG-Graphiken zu erhalten (um sie anschließend in Papier- oder WWW-Dokumente einzusetzen), verwenden Sie die Option `separate` des OCHEM-Pakets und konvertieren das Dokument in das gewünschte Format:

```
makePics.pl -name -format=png beispiel
```

Sie erhalten die Dateien `formeln.eps` und `formeln.png` sowie `synthese.eps` und `synthese.png`, die Sie in ein LaTeX-Dokument oder – als PNG-Graphik – in WWW-Seiten einsetzen können.

8.7 Faltblätter

Damit niemand sagen kann, mit LaTeX könne man nur nette Mathematikbücher schreiben, sei hier vorgestellt, wie mit Hilfe der Klasse `faltblat.cls` ein doppelseitiges Faltblatt gesetzt werden kann. Es wird auf DIN A4 quer gedruckt und kann anschließend gedrittelt werden. Der Text des Dokumentes wird so auf die bis zu sechs Textspalten verteilt, so daß das Faltblatt nach innen geknickt werden kann, wobei die Titelspalte sichtbar ist. Die Abbildungen 8.6 und 8.7 auf den folgenden Seiten zeigen ein Beispiel. Wenn man die Spalten des Textes numeriert, ergibt sich für die erste Seite (Vorderseite) die Reihenfolge 5–6–1, für die Rückseite 2–3–4.

Ihr Dokument lädt die Faltblattklasse und darf alle Befehle der zugrundeliegenden `article`-Klasse enthalten:

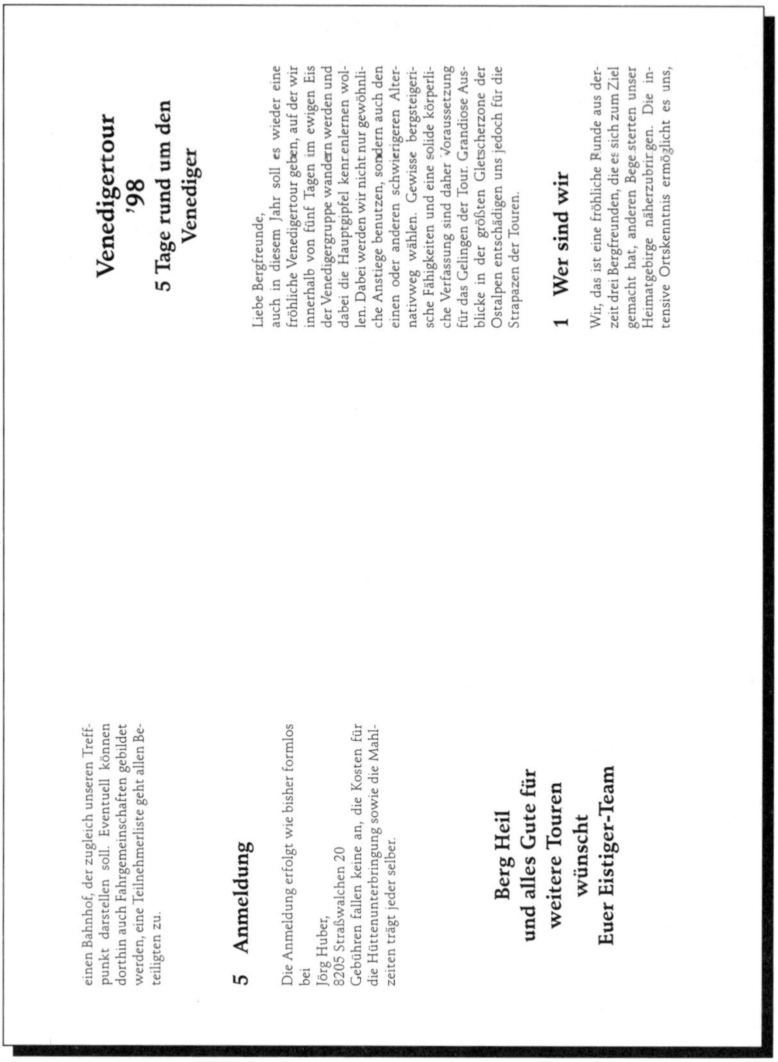

einen Bahnhof, der zugleich unseren Treffpunkt darstellen soll. Eventuell können dorthin auch Fahrgemeinschaften gebildet werden, eine Teilnehmerliste geht allen Beteiligten zu.

5 Anmeldung

Die Anmeldung erfolgt wie bisher formlos bei
Jörg Huber,
8205 Straßwalchen 20
Gebühren fallen keine an, die Kosten für die Hüttenunterbringung sowie die Mahlzeiten trägt jeder selber.

Berg Heil
und alles Gute für
weitere Touren
wünscht
Euer Eistiger-Team

Venedigertour '98

5 Tage rund um den Venediger

Liebe Bergfreunde,
auch in diesem Jahr soll es wieder eine fröhliche Venedigertour geben, auf der wir innerhalb von fünf Tagen im ewigen Eis der Venedigergruppe wandern werden und dabei die Hauptgipfel kennenlernen wollen. Dabei werden wir nicht nur gewöhnliche Anstiege benutzen, sondern auch den einen oder anderen schwierigeren Alternativweg wählen. Gewisse bergsteigerische Fähigkeiten und eine solide körperliche Verfassung sind daher Voraussetzung für das Gelingen der Tour. Grandiose Ausblicke in der größten Gletscherzone der Ostalpen entschädigen uns jedoch für die Strapazen der Touren.

1 Wer sind wir

Wir, das ist eine fröhliche Runde aus derzeit drei Bergfreunden, die es sich zum Ziel gemacht hat, anderen Begeisterten unser Heimatgebirge näherzubringen. Die intensive Ortskenntnis ermöglicht es uns,

Abbildung 8.6
Die Vorderseite eines Faltblattes mit der Ankündigung einer Bergtourenwoche

`faltblat.tex`

```
\documentclass{faltblat}
\begin{document}
  <Text>
\end{document}
```

Querdruck

Da das Faltblatt im Querdruck erstellt wird, müssen Sie entweder hinterher Ihren Drucker in den Querdruckmodus schalten oder die Ausgabedatei um 90° gedreht erzeugen:

```
dvips -t landscape text
```

8.7 Faltblätter

Abbildung 8.7
Die Rückseite des Faltblattes

Euch nicht nur die bekannten Normalwege zu zeigen, sondern auch abgelegene, verschwiegene Zuckerl über steile Grate und eisige Flanken. Nicht das möglichst lückenlose Abhaken aller Gipfel soll dabei im Vordergrund stehen, sondern das intensive Erlebnis des Bergsteigens. An jedem Tag werden wir einen Hauptgipfel über einen ungewöhnlichen Weg erklimmen und dabei zahlreiche, den meisten allenfalls namentlich bekannte Nebengipfel streifen oder überschreiten.

2 Route

Geplant ist folgende Route, wobei der genaue Verlauf in Absprache mit den Teilnehmern je nach deren Fähigkeiten auch abgeändert werden kann.

SO Anreise bis Neukirchen/Venediger, gemeinsame Fahrt zur Kampriesen-Alm 1415 m. Fußweg zur Kürsingerhütte 2549 m.

MO Eingehtour zum Kleinvenediger 3477 m und zurück.

DI Auf den Spuren der Besteigung Erzherzog Johanns von Österreich über das Obersulzbachkees und die NW.-Flanke auf den Großvenediger 3674 m. Weiter über das Hohe Aderl 3504 m zur Defreggerhütte 2962 m.

MI Rundtour Kristallwand 3329 m – Hoher Zaun 3467 m – Schwarze Wand 3511 m – Rainerhorn 3560 m, wobei wir wiederum auf kaiserlichen Spuren wandern, diesmal auf denen des Bruders Rudolph.

DO Wechsel zur Essen-Rostocker Hütte 2208 m. Anstelle des Höhenweges nehmen wir den Weg über den Großen Geiger, 3360 m.

FR Je nach Lust und Laune stehen uns die Malhamspitzen 3373 m oder die Simonyspitze 3488 m zur Auswahl.

SA Über die Dreiherrenspitze 3499 m zur Warnsdorfer Hütte 2334 m und weiter zur Kürsingerhütte.

SO Abstieg nach Neukirchen und Abreise.

3 Ausrüstung

Die Teilnehmer sollen folgende Ausrüstungsgegenstände mitbringen:

- Steigeisen,
- Eispickel, eventuell auch Steileisgerät,
- Klettergurt, bestehend aus Brust- und Sitzgurt,
- zwei Reepschnüre ⊘ 6 mm, 5 m Länge,
- eine Reepschnur ⊘ 6 mm, 1 m Länge,
- zwei HMS-Karabiner,
- zwei Normalkarabiner,
- mindestens zwei Eisschrauben (zum Beispiel Stubai Eisteufel),
- ein oder zwei Schlauchbänder, 2 m Länge.

Seile können gestellt werden, ebenso einige Eis- und Felshaken. Darüberhinaus verstehen sich die üblichen Gegenstände, wie Gletscherbrillen und warme Kleidung von selbst.

Gute Kenntnisse der Anwendung der technischen Hilfsmittel sind selbstverständlich für das Gelingen der zuweilen nicht zu unterschätzenden Anstiege, die teilweise über Normalwege, teils aber auch über Eisflanken und Felsgrate erfolgen (im Eis bis 55°, im Fels III+ bis IV).

4 Anreise

Die Anreise kann mit eigenem PKW oder öffentlichen Verkehrsmitteln bis Neukirchen erfolgen. Von dort aus benutzen wir ein gemeinsames Fahrzeug bis zum letzten, mit PKW erreichbaren Punkt im Talschluß. Am Ende der Tour werden wir ebenfalls in Neukirchen anlangen.

Aus Gründen der umweltfreundlichen Anreise soll die Benutzung der Eisenbahnen nahegelegt werden, Neukirchen besitzt

Die Implementierung

Die meisten Befehle werden von der zugrundeliegenden `article`-Klasse implementiert. Die Faltblattklasse selbst bedient sich einer Reihe von TeX-Befehlen, die in [1, 2] detailliert erklärt werden. Die Zeilenbreite wird auf auf 7,9 cm eingestellt, so daß jede Spalte mit 1 cm Abstand zum jeweils linken Spaltenrand gesetzt wird. Mit 1,5 cm Kopf- und 2 cm Fußsteg ergibt sich eine Texthöhe von 17,5 cm. Die Option `landscape` vertauscht die Rolle von horizontalen und vertikalen Maßen. Die Klasse muß nun zunächst den gesamten Text in

Gesamten Text einlesen

eine Box einlesen, wobei diese Box vor Beginn des Textes an der Einsprungstelle \AtBeginDocument geöffnet und nach dem Text an der Stelle \AtEndDocument geschlossen wird. Die Box weist bereits die richtige Spaltenbreite für dreispaltigen Satz auf. Sie wird anschließend mittels des TeX-Befehls \vsplit in sechs Boxen für die Spalten zerteilt, die jeweils Texthöhe aufweisen und in der gewünschten Reihenfolge ausgegeben werden können. Für die Vorderseite muß beachtet werden, daß die Spalte 1 nach links verrutschen würde, wenn die Spalten 5 oder 6 leer sein sollten. In einem solchen Falle werden die entsprechenden Spaltenboxen mit einem unsichtbaren »Zeichen« mit jeweils einer Spaltenbreite gefüllt.

In 6 Spalten ausgeben

`faltblat.cls`

```
1  \NeedsTeXFormat{LaTeX2e}
2  \ProvidesClass{faltblat}
3
4  \DeclareOption*{%
5    \PassOptionsToClass{\CurrentOption}{article}}
6  \ProcessOptions
7
8  \LoadClass[a4paper,12pt,landscape]{article}
9  \RequirePackage{german}
10
11 \setlength{\parindent}{0cm}
12 \setlength{\hoffset}{-2.54cm}
13 \setlength{\voffset}{-2.54cm}
14
15 % 1,5cm Fusssteg, 1 cm Kopfsteg
16 \setlength{\textheight}{17.5cm}
17 \setlength{\headheight}{0pt}
18 \setlength{\headsep}{0pt}
19 \setlength{\topmargin}{1.5cm}
20 % 1 cm vom linken Rand
21 \setlength{\textwidth}{7.9cm}
22 \setlength{\oddsidemargin}{1cm}
23 \setlength{\evensidemargin}{1cm}
24 \emergencystretch=10pt
25
26 \pagestyle{empty}
27
28 % Boxen für Gesamttext und sechs Spalten
29 \newsavebox\falt
30 \newbox\ba \newbox\bb \newbox\bc
31 \newbox\bd \newbox\be \newbox\bf
32 % Der gesamte Dokumentinhalt soll in die Hauptbox
```

```
33  % gesteckt werden
34  \AtBeginDocument{\setbox\falt=\vbox\bgroup}
35  % Spalte Haupttext dann in 6 Spalten auf
36  \AtEndDocument{\egroup
37  \setbox\ba=\vsplit\falt to \textheight
38  \setbox\bb=\vsplit\falt to \textheight
39  \setbox\bc=\vsplit\falt to \textheight
40  \setbox\bd=\vsplit\falt to \textheight
41  \setbox\be=\vsplit\falt to \textheight
42  \setbox\bf=\vsplit\falt to \textheight
43
44  % Vorderseite enthält Spalten 5, 6, 1
45  \hbox{\ifvoid\be\vbox{\strut}\else\box\be\fi
46     \hspace{2cm}\ifvoid\bf\vbox{\strut}\else\box\bf\fi
47     \hspace{2cm}\box\ba
48     }
49  % Rückseite mit Spalten 2, 3, 4
50  \newpage
51  \hbox{\box\bb
52     \hspace{2cm}\box\bc
53     \hspace{2cm}\box\bd
54     }
55  }
```

Wünschen Sie eine andere Reihenfolge Ihrer Textspalten, etwa für eine andere Faltung, ändern Sie einfach in den Zeilen 51, 55, 56, 57, 49 und 50 die Reihenfolge, in der die Teilboxen \ba bis \bf ausgedruckt werden!

8.8 Erstellen von Zeitschriften

Neben Büchern können Sie mit LaTeX auch Zeitschriften setzen. Im folgenden wird die Implementierung einiger typischer Elemente gezeigt. Sie stützen sich dabei auf die in Kapitel 3 gewonnenen Kenntnisse, um die Titelseite zu gestalten und Befehle bereitzustellen, die bei der Erstellung der einzelnen Beiträge sinnvoll erscheinen. Als Einstieg sei in Abbildung 8.8 auf der nächsten Seite zunächst die Titelseite der bemerkenswerten Zeitschrift gezeigt.

Diese Titelseite zeigt bereits einige wichtige Fähigkeiten, die ein Zeitschriftenstil bieten könnte: neben der Erzeugung des Gerüstes (Linien, Feldaufteilung, Titel) müssen die variablen Daten wie die Ausgabennummer und das Impressum für jede Ausgabe angegeben werden. Die Abbildung auf der Titelseite muß flexibel sein und sich stets auf die verfügbare Größe beschränken. Wichtig ist das verkürz-

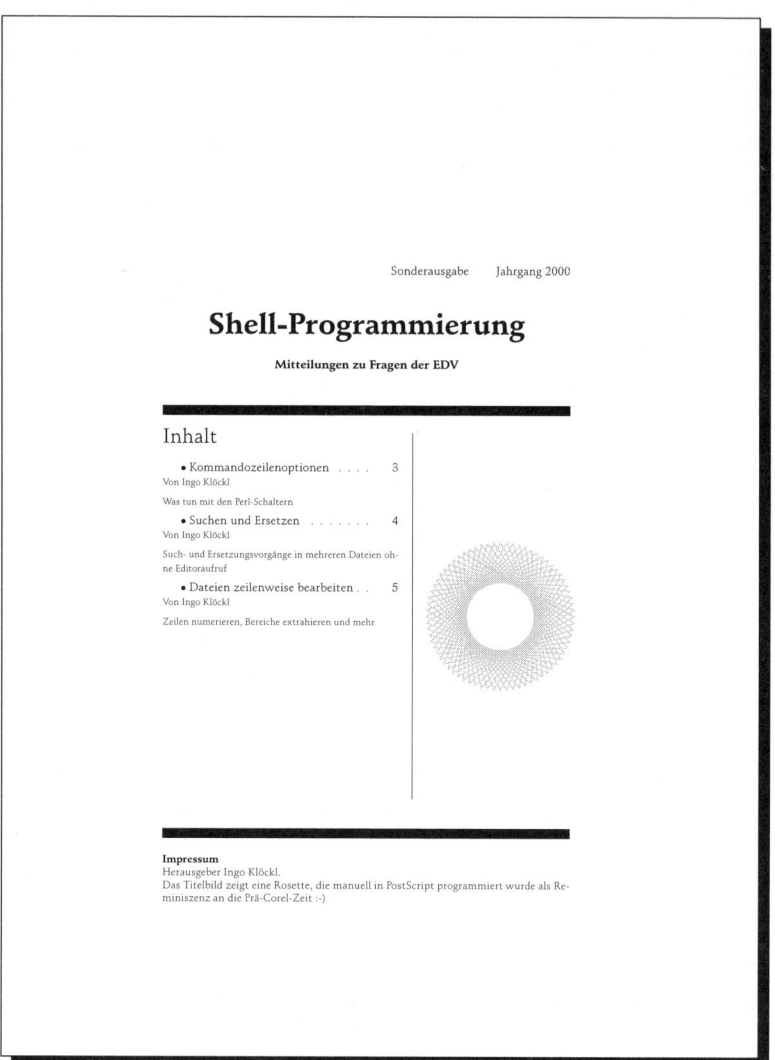

Abbildung 8.8
Die Titelseite der selbst erstellten Zeitschrift

Kurzinhalt weckt Interesse

te Inhaltsverzeichnis für die Titelseite, das die Stichworte mit einer kurzen Beschreibung enthält und damit das Interesse des neugierigen Lesers gleich weckt, ohne daß dieser die Zeitschrift aus dem Regal nehmen muß. Dieses Inhaltsverzeichnis entspricht nicht dem normalen, ausführlichen, das auf der zweiten Seite nach einem Vorwort des Herausgebers folgt. Der Befehl, der die Zeitschrift in einzelne Beiträge gliedert, muß also neben einem Eintrag in das normale Inhaltsverzeichnis auch die Kurzformen in einer Form bereitstellen, die später zum Erzeugen einer solchen Kurzliste herangezogen werden kann.

Als Grundlage für die Klasse `minijour` verwenden Sie am besten die Klasse `report`, in der das Papierformat auf DIN A4 automatisch eingestellt und die Pakete `german` und `graphics` geladen werden.

Die Titelseite mit Inhaltsverzeichnis auf der folgenden Seite soll mit `\maketitle` automatisch erstellt werden. Sie müssen zur Vervollständigung dieser Seiten nur mit `\ausgabe{<Nummer>}` die Ausgabenummer der Zeitung bestimmen. Der Parameter dieses Befehls muß keine ganze Zahl sein, Sie können beliebige Zeichen zur Kennzeichnung der einzelnen Ausgaben benutzen. Die Jahreszahl wird automatisch hinzugefügt, kann aber mit dem Befehl `\jahrgang{<Jahr>}` festgelegt werden, was z. B. bei der Vorbereitung der Januarausgabe im Dezember des Vorjahres notwendig ist. Auch der Begriff »Ausgabe« erscheint automatisch vor der Ausgabenummer. Soll in speziellen Fällen ein anderer Begriff ohne Ausgabennummer verwendet werden, etwa »Sonderausgabe«, so können Sie das Makro `\ausgabename` mit dem entsprechenden Begriff belegen:

```
\renewcommand{\ausgabename}
  {Sonderausgabe zum 5. Jahrestag}
```

Damit auch bei der Festlegung eines anderen Begriffes die Ausgabennummer hinzugefügt wird, müssen Sie das Makro `\@ausgabe`, das die aktuelle Nummer enthält, in die Definition aufnehmen:

```
\makeatletter
\renewcommand{\ausgabename}{Sonderausgabe~\@ausgabe}
\makeatother
```

Weiterhin können Sie mit Hilfe von `\impressum` einen Text für das Impressum angeben. Titel und Untertitel weisen die in der Abbildung gezeigten Voreinstellungen auf, können aber mit den Befehlen `\maintitle` und `\subtitle` geändert werden. Die Eingabe für die gezeigte Titelseite lautet:

`minijour.tex`

```
\documentclass[12pt]{minijour}
\begin{document}

\ausgabe{1}    % dies ist die Ausgabe 1/1999
\maintitle{Shell-Programmierung}
%\subtitle{Anderer Untertitel}
\renewcommand{\ausgabename}{Sonderausgabe}
\impressum{Herausgeber Ingo Klöckl.\protect\\
  Das Titelbild zeigt eine Rosette, die manuell
  in PostScript programmiert wurde als Reminiszenz
  an die Prä-Corel-Zeit :-)}
\maketitle
```

```
Vorwort ...

\author{Ingo Klöckl}
\article{Die Kommandozeilenoptionen}
 {Kommandozeilenoptionen}
 {Was tun mit den Perl-Schaltern}
 {Perl gestattet es, über Kommandozeilenoptionen sein
  Verhalten bis zum einzeiligen Aufruf hin zu
  variieren. Hier lernen Sie, wie's geht.} ...

\author{Ingo Klöckl}
\article{Dateien zeilenweise bearbeiten}
 {Dateien zeilenweise bearbeiten}
 {Zeilen numerieren, Bereiche extrahieren und mehr}
 {Hier erfahren Sie, wie Sie Dateien zeilenweise
  bearbeiten können.} ...
\end{document}
```

So geht's

Zunächst wird der Quelltext der Klasse gezeigt, der anschließend in einigen Punkten besprochen wird.

`minijour.cls`

```
 1  \LoadClass[a4paper,twoside]{report}
 2  \RequirePackage[dvips]{graphics}
 3  \RequirePackage{german,ifthen,calc}
 4
 5  % interne Platzhalter
 6  \newcommand{\@jahrgang}{\the\year}
 7  \newcommand{\@ausgabe}{}
 8  \newcommand{\ausgabename}{Ausgabe~\@ausgabe}
 9  \newcommand{\@autor}{}
10  \newcommand{\@impressum}{}
11  \newcommand{\@maintitle}{Programmieren wie einst}
12  \newcommand{\@subtitle}{Mitteilungen zu Fragen der EDV}
13
14  % Benutzerkommandos
15  \newcommand{\maintitle}[1]
16    {\renewcommand{\@maintitle}{#1}}
17  \newcommand{\subtitle}[1]
18    {\renewcommand{\@subtitle}{#1}}
19  \renewcommand{\author}[1]
20    {\renewcommand{\@autor}{Von #1}}
21  \newcommand{\ausgabe}[1]
```

8.8 Erstellen von Zeitschriften

```
22      {\renewcommand{\@ausgabe}{#1}}
23   \newcommand{\impressum}[1]
24      {\renewcommand{\@impressum}{#1}}
25   \newcommand{\jahrgang}[1]
26      {\renewcommand{\@jahrgang}{#1}}
27
28   %Titelseite
29   \renewcommand{\maketitle}
30    { \thispagestyle{empty}
31      \begin{minipage}{\textwidth}
32        \parbox[c][5cm][s]{\textwidth}
33          {\vspace{0pt plus.5fil}
34           \rightline{%
35              \ausgabename \hspace{2em}
36                Jahrgang~\@jahrgang}
37           \vfil
38           \centerline{%
39              \Huge\bfseries\@maintitle}
40           \vspace{0pt plus.5fil}
41           \centerline{\bfseries\@subtitle}
42           \vfil
43           \rule{\textwidth}{3mm}
44          }
45
46        \hbox to \textwidth
47          {\parbox[c][12cm][t]{7cm}
48             {\vspace{1em}
49              {\LARGE Inhalt}\\\@starttoc{loe}
50             }
51           \parbox[c][12cm][c]{2em}
52             {\hfil\rule{0.2mm}{11cm}\hfil}
53           \parbox[c][12cm][c]{\textwidth-7cm-2em}
54             {\resizebox*{\textwidth-7cm-2em}{!}
55                {\includegraphics{rgray.eps}}
56             }
57          }
58
59        \vspace{1em}\rule{\textwidth}{3mm}\vspace{1em}
60
61        \ifthenelse{\equal{\@impressum}{}}
62          {}{\small\textbf{Impressum}\\\@impressum}
63
64      \end{minipage}
65      \newpage\thispagestyle{empty} \tableofcontents
```

8 Weitere Hilfsprogramme und Pakete

```
66     \par\bigskip
67  }
68
69  \newcommand{\article}
70    {\@ifstar{\@@articles}{\@@article}}
71  \newcommand{\@article}
72    {\@startsection{chapter}{1}{0pt}
73     {-3.5ex plus -1ex minus -.2ex}
74     {2.3ex plus .2ex}{\normalfont\Large\bfseries}}
75  \newcommand{\@@articles}[1]{\@article*{#1}
76     \centerline{\@autor} }
77  \newcommand{\@@article}[4]
78    {\twocolumn[\@article{#1}
79     \centerline{\@autor}\vspace*{0.5em}
80     \addcontentsline{loe}{section}
81       {$\bullet$ #2}
82     \addtocontents{loe}
83       {\protect\mjbcom{}\@autor\protect\mjecom}
84     \addtocontents{loe}
85       {\protect\mjbcom{}#3\protect\mjecom}
86     \ifx#4\empty\else\begin{quote} #4 \end{quote}\fi
87     ]
88     \markright{#2}
89  }
90
91  \newcommand{\mjbcom}{\noindent\bgroup\footnotesize}
92  \newcommand{\mjecom}{\egroup\par\vspace{1ex}}
```

Allerhand Boxen

Die Titelseite wird mit dem \maketitle-Befehl automatisch erzeugt, wobei die aktuellen Texte für Ausgabennummer und Impressum verwendet werden. Die Seite selbst wird aus mehreren Teilblöcken oder Boxen aufgebaut: zuoberst eine 5 cm hohe Parbox, die die Ausgabennummer und den Zeitschriftentitel enthält. Unterhalb folgt nach einer Trennlinie eine LR-Box, die aus drei nebeneinander plazierten Komponenten besteht. In eine 13 cm hohe Parbox der Breite 8 cm wird das Kurzinhaltsverzeichnis eingelesen, was mit dem einzigen Befehl \@starttoc möglich ist (lesen Sie ab Seite 175 mehr darüber). Es folgt eine vertikale Linie, die dieses Verzeichnis vom Titelbild trennt. Das Titelbild ist die dritte Komponente und wird in einer ebenfalls 13 cm hohen Parbox vertikal zentriert. Es folgt wiederum eine Trennlinie und das Impressum. Auf der zweiten Seite erscheint das normale Inhaltsverzeichnis.

\article

Zur Kennzeichnung der einzelnen Beiträge können Sie den Befehl \article vorsehen, der vier Parameter bekommt: die normale Überschrift für den Beitrag, die im Inhaltsverzeichnis und am Beginn des Artikels erscheint, eine Kurzform des Titels, die im schmalen Inhalts-Kasten auf der Titelseite plaziert wird und eher schlagwortartig gehalten ist (mit einem Punkt als optischen Abtrenner und Blickfang) sowie als dritte Angabe eine kurze Zusammenfassung des Artikels, die ebenfalls auf der Titelseite erscheint. Die Einordnung von Beiträgen erfolgt auf der \chapter-Stufe, wobei alle Elemente dieses Befehls mitbenutzt werden – die Mischung von \article- und \chapter-Befehlen erzeugt beispielsweise eine fortlaufende Nummer über beide Arten von Gliederungen. Am Artikelkopf erscheint nun zweckmäßigerweise eine kurze Zusammenfassung, die ausführlicher als die auf der Titelseite ist und den Inhalt des Artikels zusammenfaßt, damit der Leser rasch entscheiden kann, ob er diesen Artikel vollständig lesen möchte. Sie tritt als vierter Parameter auf, der automatisch in der quote-Umgebung gesetzt wird, also beidseitig eingerückt und durch vertikalen Zwischenraum von führendem und folgendem Text abgetrennt ist. Dieser Parameter kann wie der zweite leer sein: {}, wenn Sie keine Zusammenfassung möchten. Zusammenfassend beginnen Sie Artikel mit der Sequenz

```
\article{<Überschrift>}{<Kurzüberschrift>}
  {<Kurzdarstellung>}{<ausführliche Zusammenfassung>}
```
\article

Der \article-Befehl beginnt eine neue Seite. Möchten Sie dies vermeiden, etwa für Kurzbeiträge, von denen zwei oder mehr auf einer Seite erscheinen sollen und bei denen ein automatischer Seitenwechsel somit nicht angebracht wäre, benutzen Sie die Sternform des \article-Befehls \article*{<Überschrift>}. Solche Kurzartikel beginnen weder mit eigener Seite noch erhalten sie einen Eintrag in eines der Inhaltsverzeichnisse. Daher können die drei letzten Parameter entfallen. Diese Form des Befehls werden Sie wählen, wenn Sie eine wenige Zeilen umfassende Mitteilung plazieren wollen.

\article*

In den meisten Fällen werden Zeitungen mehrspaltig formatiert, daher wird bei jedem \article-Befehl mit \twocolumn der zweispaltige Satzmechanismus aktiviert. Damit wird einerseits eine neue Seite begonnen und die Überschrift und Zusammenfassung über beide Spalten gesetzt und andererseits Ihr Artikeltext zweispaltig bearbeitet. Mit der Umschaltung \onecolumn können Sie einspaltig weiterarbeiten, wobei aber ein Seitenumbruch durchgeführt wird. Möchten Sie mit anderen Methoden (multicol.sty von F. Mittelbach) mehrspaltig setzen, so müssen Sie den \twocolumn-Befehl streichen und stattdessen den entsprechenden Befehl zur Aktivierung des mehrspaltigen Modus einsetzen oder diese Aktivierung im Dokument selbst vornehmen. In der Definition von \article* findet im Gegensatz zu \article keine Umschaltung auf zweispaltigen Satz

multicol

(und damit auch kein Seitenumbruch) statt. Es wird davon ausgegangen, daß solche Kurzmitteilungen sich in das auf der aktuellen Seite aktive Seitenlayout einfügen.

Implementierung von `\article`
Der Befehl `\article` ist mit `\chapter` vergleichbar und wird ebenfalls durch zwei Makros realisiert, `\@@article` für die normale sowie `\@@articles` für die Sternform. Jedes dieser beiden Makros ruft zu Beginn das Hilfsmakro `\@article` auf, das den `\@startsection`-Befehl (Abschnitt 3.1.1) benutzt, um eine neue Gliederungsebene auf `\chapter`-Ebene zu starten. Das heißt, daß `\article` und `\chapter` sich dieselben Zähler und Formatierungen (`\l@chapter`) teilen.

`\@@articles` setzt lediglich den Autorennamen nach der Überschrift. Die eigentliche Arbeit wird von `\@@article` geleistet, das die Verwaltung des Stichwortverzeichnisses der Titelseite übernimmt. Es schreibt die beiden letzten Parameter (die Kurzüberschrift und die kurze Zusammenfassung des Artikels) mit Hilfe von `\addtocontents` in eine Hilfsdatei `\jobname.loe`. Diese Hilfsdatei wird mit `\@startsection` bei der Zusammenstellung der Titelseite gelesen. Die Kurzüberschrift wird durch einen Punkt ausgezeichnet, die kurze Zusammenfassung mit Hilfe der Makros `\bcom` und `\ecom` formatiert. Diese beiden Makros müssen beim Schreiben in die Datei mit `\protect` vor der vorzeitigen Auswertung geschützt werden. Im vorliegenden Fall beschränkt sich die Formatierung auf eine Verkleinerung des Schriftgrades.

Was bedeutet dabei das Makro `\@autor`? Die Beiträge in einer Zeitschrift werden in der Regel von verschiedenen Autoren zusammengetragen. Damit Sie diese kenntlich machen können, steht Ihnen der `\author`-Befehl zur Verfügung. Sie kennzeichnen damit einen Autorennamen, der bei jedem Beitrag ausgedruckt wird und solange Gültigkeit besitzt, bis Sie ihn durch einen weiteren `\author`-Befehl ändern.

Welche weiteren Hilfsmittel können Sie nun zur Gestaltung Ihrer Zeitschrift verwenden? Die Antwort hierauf lautet alle, die in diesem Buch beschrieben worden sind, speziell Abbildungen über eine und beide Spaltenbreiten (`figure`- und `figure*`-Umgebung) und Textkästen für weitere Informationen (lesen Sie hierzu Abschnitt 3.5.5). Sie können das Paket `multicol.sty` (Abschnitt 2.13.1) einsetzen, um mehr als zwei Spalten zu setzen.

8.9 Frage- und Antwortkataloge

Frage- und Antwortkataloge werden in den unterschiedlichsten Disziplinen eingesetzt. Hierfür wird eine Struktur benötigt, die es erlaubt, einen Fragebogen zu setzen und die zugehörigen Antworten in einem separaten Teil oder Katalog auszugeben. Fragen und Antworten sollen im Dokument aber zusammenhängend formuliert werden können.

Eine Lösung liefert das Paket **answers**. Es erlaubt, mehrere Umgebungen zu konfigurieren, in denen Fragen, Antworten und weiterführende Hinweise formuliert werden können. Diese werden in externen Hilfsdateien gesammelt, die an gewünschter Stelle eingelesen werden können.

answers

Die hier gezeigte Lösung ist einfacher und entsprechend nicht so leistungsfähig. Alle Fragen werden mit einer neuen Umgebung formatiert, die Antworten ebenfalls innerhalb einer Umgebung geschrieben und in einer Box gesammelt. An gewünschter Stelle wird der Inhalt dieser Box ausgegeben, etwa am Ende des Kapitels oder im Anhang des Lehrbuches. Es folgt eine praktische Anwendung von question.sty:

Einfaches Beispiel

```
\begin{question}\label{erstefrage}
   In welche analytischen Gruppen kann man die
   Elementkationen einteilen?
\end{question}
\begin{answer}
   In die lösliche, HCl-, Schwefelwasserstoff-,
   Urotropin-, Ammoniumkarbonat- und andere Gruppen.
\end{answer}

\begin{question}[Elementwissen]
   Welche Elemente gehören zur
   \begin{itemize}
     \item HCl-Gruppe, \item H$_2$S-Gruppe?
   \end{itemize}
\end{question}
\begin{answer}[Elementwissen]
   \begin{itemize}
     \item Silber, Blei, Quecksilber(I)
     \item Quecksilber(II), Blei, Bismut, Cadmium,
     Kupfer, Molybdän, Zinn, Arsen, Antimon, Germanium
   \end{itemize}
\end{answer}

\begin{question}\label{letztefrage}
   Geben Sie einige Nachweise und typische Reaktionen für
   das Kaliumkation an!
\end{question}
\begin{answer}
   Violette Flammenfärbung, Fällung als Perchlorat sowie
```

`question.tex`

```
           Fällung als Dinatriumkalium-hexanitrokobaltat(III)
\end{answer}
\begin{answer*}[Weitere Informationen]
  Auch instrumentelle Methoden sind möglich.
\end{answer*}
Auf der nächsten Seite folgen die Auflösungen
der Rätsel!

\printanswers[Beispiel-Antworten]
```

\question

Neue
Gliederungsbefehle

answer

Die Fragen 8-1 bis 8-3 werden durch die Umgebung `question` gesetzt, die selbständig »Frage« nebst Nummer (kapitelweise mit Kapitel- und laufender Zahl durchnumeriert, falls eine Kapiteleinteilung im Dokument vorhanden ist, anderenfalls lediglich mit einer fortlaufenden Zahl) erzeugt und mit Hilfe eines optionalen Arguments weiteren Text setzt. Label und Verweise darauf sind mit den gewohnten Mitteln möglich. Die zugehörigen Antworten werden durch die `answer`-Umgebung gesetzt. Diese Umgebung besitzt ebenfalls einen optionalen Parameter, mit dem ein Titel übergeben werden kann. Die Sternform der Umgebung unterdrückt die Ausgabe von »Antwort« und der Nummer. Das Resultat der obigen Eingabe ist der nachfolgende Fragenkatalog:

▷ **Frage 8-1** In welche analytischen Gruppen kann man die Elementkationen einteilen?

▷ **Frage 8-2 (Elementwissen)** Welche Elemente gehören zur

❑ HCl-Gruppe,

❑ H_2S-Gruppe?

▷ **Frage 8-3** Geben Sie einige Nachweise und typische Reaktionen für das Kaliumkation an!

\printanswers
Ausgabe der Lösungen

Die gesammelten Antworten werden auf einer eigenen Seite mit `\printanswers[<Titel>]` ausgegeben, wobei Sie als optionalen Parameter `<Titel>` eine eigene Überschrift einsetzen können. Die Voreinstellung ist der Text »Antworten zu den Fragen«. Der Ausgabebefehl ist flexibel gehalten, um Änderungen zu erleichtern. Soll die Voreinstellung »Antworten zu den Fragen« geändert werden, modifizieren Sie das Makro `\qheadtitle`:

```
\renewcommand{\qheadtitle}{Beispiel-Antworten}
```

Soll die Lösung nicht als eigenes Kapitel, sondern wie im Beispiel als numerierter Abschnitt erscheinen, ist `\questionhead` anders zu definieren:

```
\renewcommand{\questionhead}[1]{\section*{#1}}
```

Der Parameter #1 enthält die jeweils übergebene Überschrift.

Beispiel-Antworten

▷ **Antwort 8-1** In die lösliche, HCl-, Schwefelwasserstoff-, Urotropin-, Ammoniumkarbonat- und andere Gruppen.

▷ **Antwort 8-2 (Elementwissen)**

❏ Silber, Blei, Quecksilber(I)

❏ Quecksilber(II), Blei, Bismut, Cadmium, Kupfer, Molybdän, Zinn, Arsen, Antimon, Germanium

▷ **Antwort 8-3** Violette Flammenfärbung, Fällung als Perchlorat sowie Fällung als Dinatriumkalium-hexanitrokobaltat(III)

▷ **(Weitere Informationen)** Auch instrumentelle Methoden sind möglich.

Nach der Ausgabe der Antworten wird eine neue Sammlung eingeleitet, so daß Sie die Antworten zu jedem Kapitel an dessen Ende stellen können.

Implementierung

Zur Realisierung wird im Kern auf Boxbefehle von LaTeX zurückgegriffen. Die Frage wird durch einen neuen Gliederungsbefehl formatiert, der mit den bekannten Mitteln aus Abschnitt 3.1.1 implementiert ist. Die Formatierung der Antwort wird ebenfalls durch einen Gliederungsbefehl realisiert. Die Antwortumgebung sammelt alle Antworten in einer Box `\collect`, wobei in jeder Umgebung diese Box geöffnet und unmittelbar anschließend ihr alter Inhalt ausgegeben wird. Es folgt die Antwort, mit Abschluß der Umgebung wird die Sammelbox geschlossen. Sie enthält also stets ihren früheren Inhalt um die Antworten erweitert.

`question.sty`

```
1  \RequirePackage{ifthen}
2  \newsavebox{\collect}
3
4  \@ifundefined{chapter}
5    {\newcounter{question}
6      \renewcommand{\thequestion}
7        {\arabic{question}}}
8    {\newcounter{question}[chapter]
```

```
 9  \renewcommand{\thequestion}
10    {\thechapter-\arabic{question}}
11  \newcommand{\p@questioncnt}
12    {\thechapter-}
13
14  % Sammelt die Antworten, die zunächst in Box \tmp
15  % erstellt werden, in \collect zum Drucken.
16  % Umgebung für die Fragen
17  \newenvironment{question}[1][]
18  {\begin{trivlist}\item[]\refstepcounter{question}
19    \makebox{\bfseries $\triangleright~$%
20      Frage~\thequestion%
21      \ifthenelse{\equal{#1}{}}%
22      {}{~(#1)}\hspace{0,5em}}
23  }
24  {\end{trivlist}}
25
26  % Umgebung für die Lösungen
27  \newenvironment{answer}[1][]
28  {\global\setbox\collect=\vbox\bgroup
29    \unvbox\collect
30    \begin{trivlist}\item[]
31    \makebox{\bfseries $\triangleright~$%
32      Antwort~\thequestion%
33      \ifthenelse{\equal{#1}{}}{}{~(#1)}\hspace{0,5em}}
34  }
35  {\end{trivlist}\egroup}
36
37  \newenvironment{answer*}[1][]
38  {\global\setbox\collect=\vbox\bgroup
39    \unvbox\collect
40    \begin{trivlist}\item[]
41    \makebox{\bfseries $\triangleright$~%
42      \ifthenelse{\equal{#1}{}}{Antwort}{#1}\hspace{0,5em}}
43  }
44  {\end{trivlist}\egroup}
45
46  % chapter* als Gliederung der Lösungen sowie
47  % Text der Standardüberschrift
48  \@ifundefined{chapter}
49   {\newcommand{\questionhead}[1]{\section*{#1}}}
50   {\newcommand{\questionhead}[1]{\chapter*{#1}}}
51  \newcommand{\qheadtitle}{Antworten zu den Fragen}
52
```

```
53  % drucke die Antwortenbox
54  \newcommand{\printanswers}[1][\qheadtitle]
55    {\questionhead{#1}
56     \unvbox\collect}
```

Die Ausgaberoutine `\printanswers` ab Zeile 50 kann sich darauf beschränken, den Inhalt der Sammelbox als eigenen Abschnitt (Voreinstellung: `\chapter*`) auszugeben, wobei der TeX-Befehl `\unvbox` verwendet werden muß, damit keine Box überbleibt, innerhalb der kein Seitenumbruch möglich wäre (was spätestens bei Antwortkatalogen von mehr als einer Seite Länge auffallen würde).

8.10 Zweispaltige (synoptische) Texte

Ein Dokument kann mit der Stiloption `twocolumn` zweispaltig gesetzt werden. Der Textfluß verläuft dabei jedoch durchgehend, das heißt, der Text füllt zunächst die erste und dann die zweite Spalte. Hierdurch ist es nicht möglich, den Text der linken Spalte in eine Beziehung zu dem der rechten Spalte zu setzen. Dies wäre bei einem synoptischen Vergleich der Fall, bei dem inhaltlich gleiche Absätze und Passagen optisch nebeneinander erscheinen sollen. Wenn die beiden Absätze nicht gleich lang sind, wird das Auffüllen mit Leerraum erforderlich. Auch Operntexte können eine Gegenüberstellung von Gesangstext und Kommentar oder Gesangstext und dessen Übersetzung erfordern.

Eine Lösung für den einfachen Fall einer Anordnung von mehreren Absätzen nebeneinander bietet das Paket `multicolpar` an. Die Umgebung *multicolpar*

```
\begin{multicolpar}{<n>}
<Absatz1>

<Absatz2>

<Absatzn>
\end{multicolpar}
```
multicolpar

verteilt die Absätze auf `<n>` Spalten, und zwar den ersten Absatz auf die linke, den zweiten auf die mittlere usw. Sind alle Spalten mit einem Absatz gefüllt, so wird der nächste Absatz wieder in die erste Spalte geschrieben. Je `<n>` Absätze werden nebeneinander gestellt, wie ein Sonett von Petrarca zeigt (Abbildung 8.9). Es wurde mit den folgenden Zeilen erzeugt:

```
\begin{multicolpar}{2}
Sì traviato è'l folle mio desio\\
```
`multicp.tex`

```
A seguitar costei, che'n fuga è volta,\\
E de' lacci d'Amor leggiera e sciolta\\
Vola dinanzi al lento correr mio;

So schwebst du leicht und heiter vor mir her,\\
Geliebte, stolz, von Liebe nichts zu wissen.\\
Ich folge dir, von Sehnsucht hingerissen.\\
--- Ach, das Verlangen macht die Umkehr schwer!

Che, quanto richiamandopiù l'invio\\
Per la secura strada, men m'ascolta:\\
Nè mi vale spronarlo, o darli volta;\\
Ch''Amor per sua natura il fá restio.

Versklavt, gebrochen, ohne Gegenwehr,\\
Verrät den Schwachen treulos das Gewissen.\\
Ich mühe mich in tausend Finsternissen,\\
Ich find die rechte Straße nimmermehr.
\end{multicolpar}
```

Abbildung 8.9
Ein Sonett von Petrarca zeigt den Einsatz des Pakets `multicolpar`

Sì traviato è'l folle mio desio
A seguitar costei, che'n fuga è volta,
E de' lacci d'Amor leggiera e sciolta
Vola dinanzi al lento correr mio;

So schwebst du leicht und heiter vor mir her,
Geliebte, stolz, von Liebe nichts zu wissen.
Ich folge dir, von Sehnsucht hingerissen.
– Ach, das Verlangen macht die Umkehr schwer!

Che, quanto richiamandopiù l'invio
Per la secura strada, men m'ascolta:
Nè mi vale spronarlo, o darli volta;
Ch''Amor per sua natura il fá restio.

Versklavt, gebrochen, ohne Gegenwehr,
Verrät den Schwachen treulos das Gewissen.
Ich mühe mich in tausend Finsternissen,
Ich find die rechte Straße nimmermehr.

8.10.1 Erweiterte Möglichkeiten

Ein Paket für alles

parallel

Ausgehend von diesem einfachen Fall sollen nun einige komplizierte und dabei praktische Anwendungen diskutiert werden. Allen liegt das `synopsis`-Paket zugrunde, das bei den einzelnen Anwendungen erläutert wird. Ein Paket für ähnliche Zwecke ist `parallel`.

8.10 Zweispaltige (synoptische) Texte

synopsis.sty

```
1  \RequirePackage{ifthen,graphicx}
2
3  % ---- stuff for numbered lists ------------------
4  % circled (default) or framed track numbers,
5  % choosable by option "squaretracks"
6  \newboolean{square} \setboolean{square}{false}
7  \DeclareOption{squaretracks}{\setboolean{square}{true}}
8  \ProcessOptions\relax
9
10 % define counter output macro (style circle/framed)
11 \ifthenelse{\boolean{square}}
12 {\newsavebox{\numberbox}\sbox{\numberbox}{\small 99}
13   \newcommand{\tracknum}[1]{%
14     \fbox{\small\makebox[\wd\numberbox]{\arabic{#1}}}}
15 }
16 {\DeclareFontFamily{U}{gosym}{}
17  \DeclareFontShape{U}{gosym}{m}{n}{<-> go1whi10}{}
18  \DeclareFontShape{U}{gosym}{m}{b}{<-> go1bla10}{}
19  \newcommand{\tracknum}[1]
20    {{\fontencoding{U}\fontfamily{gosym}\selectfont%
21      \symbol{\value{#1}}}}
22 }
23
24 %  numbered track list, continuation possible
25 \newenvironment{track}
26   {\small
27    \begin{list}
28       {\tracknum{enumiv}}
29       {\usecounter{enumiv}
30        \setlength{\labelwidth}{5mm}
31        \setlength{\leftmargin}{7mm}
32        \setlength{\labelsep}{2mm}
33        \setlength{\itemsep}{0mm}}}
34   {\end{list}}
35 \newenvironment{trackcont}
36   {\renewcommand{\usecounter}[1]{%
37      \@nmbrlisttrue\def\@listctr{##1}}
38    \track}
39   {\end{list}}
40 \newenvironment{satz}
41   {\small
42    \begin{list}{\arabic{enumiv}. }
43       {\usecounter{enumiv}
44        \setlength{\labelwidth}{5mm}
```

```
45      \setlength{\leftmargin}{7mm}
46      \setlength{\labelsep}{2mm}
47      \setlength{\itemsep}{0mm}}}
48   {\end{list}}
49
50 % ---- stuff for two-column mode -----------------
51 \newboolean{right} \setboolean{right}{false}
52 \newboolean{first} \setboolean{first}{true}
53
54 % 50% of text width for comments, 40% for text
55 \newlength{\leftwidth}
56 \setlength{\leftwidth}{0.5\textwidth}
57 \newlength{\rightwidth}
58 \setlength{\rightwidth}{0.4\textwidth}
59
60 % space above/below two-column passages
61 \newlength{\lrskip}\setlength{\lrskip}{2ex}
62 \newcommand{\lrpar}{\vspace{\lrskip}}
63
64 \newcommand{\leftcol}[1][c]
65  {\ifthenelse{\boolean{first}}
66     {\lrpar
67      \setboolean{first}{false}}
68     {\end{minipage}\par}
69   \noindent\begin{minipage}[#1]{\leftwidth}
70   \setboolean{right}{false}
71  }
72
73 \newcommand{\rightcol}[1][c]
74  {\ifthenelse{\boolean{right}}
75     {\end{minipage}
76      \par\noindent\hspace*{\leftwidth}\hfill}
77     {\ifthenelse{\boolean{first}}
78       {\lrpar
79        \setboolean{first}{false}}
80       {\end{minipage}\hfill}
81     }
82   \begin{minipage}[#1]{\rightwidth}
83   \setboolean{right}{true}
84  }
85
86 \newcommand{\normalcol}
87  {\end{minipage}\lrpar
88   \setboolean{first}{true}
```

8.10 Zweispaltige (synoptische) Texte

```
89     \setboolean{right}{false}
90   }
91
92  % ------ stuff for formating --------------------
93  % Mit \bracetext ... \endbracetext geklammerte
94  % Teile werden mit Klammer [ umschlossen.
95  \def\bracetext#1\endbracetext{$$\left[
96     \matrix{\vbox{#1}\cr}\right.$$}
97
98  %   entry in both columns, e.g. for vocabularies
99  \newcommand{\word}[2]
100    {\lrpar
101     \begin{minipage}[t]{\leftwidth} #1\end{minipage}
102     \hfill
103     \begin{minipage}[t]{\rightwidth} #2\end{minipage}
104     \par
105    }
106
107 %   separated environment with centered caption
108 \newenvironment{vocabulary}[1]
109    {\begin{trivlist}
110     \setlength{\parindent}{0pt}
111     \item[]
112     \centerline{\itshape #1}}
113    {\end{trivlist}}
114
115 %   Zur Darstellung von Titel, Aktueberschriften etc.
116 %   Zweiter Parameter ist die Einrueckungsstufe des
117 %   Textes, der ins Inhaltsverzeichnis uebernommen
118 %   wird. Der Text selbst ist der dritte Parameter.
119 \newcommand{\acttitle}[3]
120    {\addcontentsline{toc}{#2}{#3}
121     \lrpar\centerline{\bfseries #1}\nopagebreak}
122
123 %   Zur Einstreuung von Regieanweisung und
124 %   Kommentaren, die ueber die Seite reichen sollen
125 \newenvironment{scenecomment}
126    {\lrpar\begin{center}\small\itshape}
127    {\end{center}}
128 %   version for single-line comments
129 \newcommand{\commentline}[1]
130    {\lrpar\centerline{\itshape #1}\nopagebreak}
131
132 % separating line
```

```
133  \newcommand{\sepline}{\lrpar\hrule\lrpar}
134
135  % creates entry with bold-faced composer
136  \newcommand{\oeuvre}[2]
137   {\begin{flushleft}
138    \textbf{#1}\\\sepline #2
139   \end{flushleft}}
140
141  % ---- stuff for cassette covers ---------
142  % line drawing for cassette cover inlets
143  \newenvironment{drawlabel}[1]
144   {\newpage\thispagestyle{empty}\vspace*{4cm}
145    \begin{minipage}{93mm}
146    \setlength{\parindent}{0pt}
147    \setlength{\leftwidth}{0.48\textwidth}
148    \setlength{\rightwidth}{0.48\textwidth}
149    \setlength{\unitlength}{1cm}
150    \begin{picture}(0,0)
151       \put(-0.5,2.8){\framebox(10.3,1.2){}}
152       \put(-0.5,1){\framebox(10.3,1.8){\bfseries\Large#1}}
153       \put(-0.5,-12){\framebox(10.3,13){}}
154    \end{picture}
155   }
156   {\end{minipage}}
157
158  % ---- stuff for CD covers ---------------
159  %   back-cover for CDs, #1 is title for both sides
160  \newenvironment{drawcdlabel}[1]
161   {\newpage\thispagestyle{empty}
162    \begin{minipage}{128mm}
163    \setlength{\parindent}{0pt}
164    \setlength{\leftwidth}{0.48\textwidth}
165    \setlength{\rightwidth}{0.48\textwidth}
166    \setlength{\unitlength}{1cm}
167    \begin{picture}(0,0)(0.5,0.5)
168       \put(-0.65,-11){\framebox(0.65,11.8){%
169                       \rotatebox{-90}{#1}}}
170       \put(0,-11){\framebox(13.8,11.8){}}
171       \put(13.8,-11){\framebox(0.65,11.8){%
172                       \rotatebox{-90}{#1}}}
173    \end{picture}
174   }
175   {\end{minipage}}
176
```

8.10 Zweispaltige (synoptische) Texte

```
177  %  the CD cover sheet
178  \newenvironment{drawcdcover}
179   {\newpage\thispagestyle{empty}
180    \begin{minipage}{111mm}
181    \setlength{\unitlength}{1cm}
182    \begin{picture}(0,0)(0.5,0.5)
183      \put(0,-11){\framebox(12.1,12){}}
184    \end{picture}
185   }
186   {\end{minipage}}
187
188  % ----- stuff for musical examples --------
189  % new counter for short score inserts
190  \newcounter{musiccnt}
191  \newcommand{\themusic}{\arabic{musiccnt}}
192  \newcommand{\musicname}{Notenbeispiel}
193
194  % main command
195  \newcommand{\music}[2]
196   {\refstepcounter{musiccnt} \par
197    \addcontentsline{lom}{music}
198      {\musicname~\themusiccnt: #1}
199    \textbf{\musicname~\themusiccnt} #1\\*[#2]\par}
200
201  % format the TOC entry
202  \newcommand{\l@music}[2]{#1\dotfill#2\\}
203
204  % list of score examples
205  \newcommand{\lomname}{Die Musikbeispiele}
206  \newcommand{\tableofmusic}
207   {\@restonecolfalse
208    \if@twocolumn\@restonecoltrue\onecolumn\fi
209    \chapter*{\lomname\@mkboth{\lomname}{\lomname}}
210    {\parindent\z@\@starttoc{lom}}
211    \if@restonecol\twocolumn\fi
212   }
```

8.10.2 Vokabularien als einfaches Beispiel

Der einfache Fall von einander paarweise zugeordneten Einträgen kann mit einem Paar von nebeneinander angeordneten Minipages (Abschnitt 2.10.3) realisiert werden, wie ein einfaches Vokabular mit der Umgebung vocabulary und dem Makro \word (Abbildung 8.10 auf der nächsten Seite) zeigt:

vocabulary
\word

8 Weitere Hilfsprogramme und Pakete

`vokabel.tex`

```
\setlength{\lrskip}{0,5ex}
\setlength{\rightwidth}{.5\textwidth}
\begin{vocabulary}{Verben}
\word{concidere, c\'oncid\=o, c\'oncid\=\i}
   {\raggedright zusammenfallen, zusammenstürzen}
\word{aestim\=are}{schätzen}
\word{rescindere}{abbrechen}
\word{cond\=\i re}{würzen}
\word{\'obsequi, \'obsequor, obsec\=utus sum}
   {willfahren, gehorchen}
\end{vocabulary}

\begin{vocabulary}{Substantive}
\word{p\=ons, pontis m.}{Brücke}
\word{epulae, epul\=arum}{Speisen, Mahlzeit}
\word{sepulcrum}{Grabmal}
\word{v\=en\=atus, -\=us}{Jagd}
\end{vocabulary}
```

Abbildung 8.10
Ein Vokabelheft weckt Erinnerungen an »de bello gallico« ...

Verben

concidere, cóncidō, cóncidī	zusammenfallen, zusammenstürzen
aestimāre	schätzen
rescindere	abbrechen
condīre	würzen
óbsequi, óbsequor, obsecūtus sum	willfahren, gehorchen

Substantive

pōns, pontis m.	Brücke
epulae, epulārum	Speisen, Mahlzeit
sepulcrum	Grabmal
vēnātus, -ūs	Jagd

8.10.3 Kommentierte Operntexte

In manchen Fällen ist es nicht möglich, zu jedem linken einen passenden rechtsseitigen Eintrag zu finden. Denken Sie etwa an einen Opernfreund, der kommentierte Operntexte erstellen möchte: in der linken Spalte stehen die Erläuterungen zum Geschehen, in der rechten der Gesangstext. Nun kann es vorkommen, daß einige Textpassagen nicht erläutert werden sollen, der Textfluß also zwei rechte Textblöcke durchläuft. Mit Hilfe von Minipages und neuen `if`-Kommandos kön-

8.10 Zweispaltige (synoptische) Texte

nen Sie jedoch zwischen linken und rechten Blöcken hin- und herwechseln.

> Während das Rheingold-Motiv langsam erlischt, nimmt aus dem dunklen Wogen des Orchesters ein neues, stolzes Motiv Gestalt an: das Walhalls, der Götterburg. Es begleitet das Erwachen des Götterpaares.
>
> **Fricka** Wotan, Gemahl! Erwache!
>
> **Wotan** (fortträumend) Der Wonne seligen Saal bewachen mir Tür und Tor:
> Mannes Ehre, ewige Macht ragen zu endlosem Ruhme!
>
> Das Walhall-Motiv begleitet Wotans Fortträumen
>
> **Fricka** (rüttelt ihn) Auf, aus der Träume wonnigem Trug! Erwache, Mann, und erwäge!
>
> **Wotan** (erwacht und erhebt sich ein wenig) Vollendet das ewige Werk: auf Berges Gipfel die Götterburg, prächtig prahlt der prangende Bau!
> Wie im Traume ich ihn trug,
> wie mein Wille ihn wies,
> stark und schön
> steht er zur Schau;
> hehrer, herrlicher Bau!
>
> Wotans Blick fällt auf die Burg; leise wird dies durch das stolze Walhall-Motiv musikalisch erfaßt.
>
> Zu Beginn dieser zweiten Szene erklingt das im gesamten Ring höchst bedeutungsschwere Motiv der Götterburg, das uns in vielerlei Gestalt wiederbegegnen wird:

Abbildung 8.11
Ein zweispaltiger, kommentierter Gesangstext

Das eigentliche zweispaltige Setzen der kommentierten Gesänge erfolgt dabei mit insgesamt drei Befehlen (Abbildung 8.11):

```
\leftcol
Während das Rheingold-Motiv langsam erlischt, nimmt aus
dem dunklen Wogen des Orchesters ein neues, stolzes
Motiv Gestalt an: das Walhalls, der Götterburg. Es
begleitet das Erwachen des Götterpaares.
```

`rheingol.tex`

8 Weitere Hilfsprogramme und Pakete

```
\leftcol
Das Walhall-Motiv begleitet Wotans Forttraümen
\rightcol
\begin{description}
\item[Fricka] Wotan, Gemahl! Erwache!
\item[Wotan] (fortträumend) Der Wonne seligen Saal\\
  bewachen mir Tür und Tor:\\
  Mannes Ehre,\\ewige Macht\\ragen zu endlosem Ruhme!
\item[Fricka] (rüttelt ihn) Auf, aus der Träume\\
  wonnigem Trug!\\Erwache, Mann, und erwäge!
\end{description}

\leftcol
Wotans Blick fällt auf die Burg; leise wird dies durch
das stolze Walhall-Motiv musikalisch erfaßt.
\rightcol
\begin{description}
\item[Wotan] (erwacht und erhebt sich ein wenig)
  Vollendet das ewige Werk:\\
  auf Berges Gipfel\\die Götterburg,\\
  ...
  hehrer, herrlicher Bau!
\end{description}

\normalcol\noindent
Zu Beginn dieser zweiten Szene erklingt das im gesamten
Ring höchst bedeutungsschwere Motiv der Götterburg,
das uns in vielerlei Gestalt wiederbegegnen wird:
```

`\leftcol`, `\rightcol`, `\normalcol` — Der Befehl `\leftcol` startet einen linken Kommentarblock, der bis zum `\rightcol`-Befehl oder zum nächsten `\leftcol`-Befehl reicht. Ab dem `\rightcol`-Befehl beginnt der rechte Gesangstext (dies kann auch ein anderer Text sein). Im Fall von Gesang bietet sich die description-Umgebung an, um die Namen der Akteure und ihren Text zu formatieren. Der Gesangsblock reicht bis zum nächsten `\leftcol`-, `\rightcol`- oder bis zum `\normalcol`-Befehl. Beide Blöcke, der linke und der korrespondierende rechte, werden vertikal zueinander zentriert. Anschließend können Sie weitere Blockpaare mit `\leftcol ... \rightcol` schreiben oder – wenn Sie wieder normalen Text einfügen wollen – mit `\normalcol` den zweispaltigen Mechanismus beenden.

Bedenken Sie, daß jedes `\rightcol` ein `\leftcol` abschließt und Sie damit ein Paar von Textblöcken bilden, das nebeneinander gesetzt wird. Folgt `\leftcol` ein weiterer `\leftcol`-Befehl oder einem

8.10 Zweispaltige (synoptische) Texte

\rightcol- ein weiterer \rightcol-Befehl, können damit keine zwei nebeneinander stehende Paare gebildet werden, der rechte oder linke Block bleibt dann leer, was auch Ihrer Intention nahekommen dürfte.

Zwar nicht mit synoptischem Textsatz verwandt, aber für Opernlibrettisten dennoch brauchbar ist die Möglichkeit, Passagen mit mehreren gleichzeitig singenden Stimmen durch eine Klammer auf einer Seite des Textes zu kennzeichnen. Verwenden Sie das oben genannte Makro

Klammerung

\bracetext <Text> \endbracetext

bracetext

das den Text zwischen den Befehlen \bracetext und \endbracetext gemäß seiner vertikalen Ausdehnung auf der linken Seite mit einer eckigen Klammer versieht. Was das in der Praxis bedeutet, sehen Sie in der Abbildung 8.12 auf Seite 475. Es handelt sich um das Finale von »Hoffmanns Erzählungen« und demonstriert, wie zweisprachige Textbücher gesetzt werden können. Die Eingabedatei besteht aus den folgenden Zeilen:

```
\leftcol
\begin{description}
\item[Die Muse] \textit{(zu Hoffmann)}
  Aus der Asche in deinem Herzen\\
  laß dein Genie wieder auf"|lodern,\\
  in innerem Frieden\\belächle deine Schmerzen!
\end{description}
\textit{(Hoffmann kommt langsam zu sich)}
\bracetext
\begin{description}
\item[Chor unsichtbarer Geister]
  Man wird groß durch die Liebe,\\
  größer noch durch Tränen.
\end{description}
\textit{(Hoffmann hat sich aufgerichtet und lauscht)}
\begin{description}
\item[Stella, Lindorf, die Muse, Hoffmann]
  Aus der Asche in deinem Herzen\\
  laß dein Genie wieder auf"|lodern, \textit{usw.}
\end{description}
\endbracetext
\textsc{ENDE DER OPER}

\rightcol
\begin{description}
\item[La Muse] \textit{(à Hoffmann)}
```

hoffmann.tex

```
            Des cendres te ton c{\oe}ur\\
            Réchauffe ton génie,\\
            Dans la sérénité \\Souris à tes douleurs!
\end{description}
\textit{(Hoffmann sort de son immobilité)}
\bracetext
\begin{description}
\item[Ch{\oe}ur des esprits invisibles]
   On est grand par l'amour\\
   Et plus grand par les pleurs.
\end{description}
\textit{(Hoffmann s'est redressé et écoute)}
\begin{description}
\item[Stella, Lindorf, la Muse, Hoffmann]
   Des cendres te ton c{\oe}ur\\
   Réchauffe ton génie, \textit{et cetera}\\
\end{description}
\endbracetext
\textsc{FIN DE L'OPERA}

\normalcol
```

Es muß noch erwähnt werden, daß die linken und rechten Textblöcke wie auch die geklammerten Blöcke nicht mehr als eine Seite einnehmen dürfen, da innerhalb dieser Blöcke kein Seitenumbruch stattfinden kann. Fügen Sie daher bei langen Passagen gelegentlich `\rightcol`- oder `\leftcol`-Befehle ein.

8.10.4 Beschriften von Kassetten

Mit der Erweiterung durch die Umgebung `\drawlabel` können Sie den zweispaltigen Satzmechanismus verwenden, um beispielsweise für Kassetten ein Verzeichnis der aufgenommenen Stücke zu erstellen. Das Paket `synopsis.sty` setzt aus den angegebenen Informationen eine Einlage im Kassettenformat, die Sie ausschneiden, falzen und dann in die Kassettenhülle einlegen können.

drawlabel Zum Zeichnen des Liniengerüstes, das Ihnen später beim Ausschneiden und Falzen der Einlagen wertvolle Dienste leisten wird, existiert die Umgebung `drawlabel{<Titel>}`. Sie erzeugt den Titel, der später auf der Schmalseite der Kassette zu lesen sein wird. Diese Umgebung kann mehrfach auftreten, wenn in einem Zuge gleich mehrere Kassettenhüllen erzeugt werden sollen. Die einzelnen Einlagen müssen durch `\newpage`-Befehle auf neuen Seiten plaziert werden. Die nachfolgenden Befehle stehen jeweils innerhalb einer `drawlabel`-Umgebung.

8.10 Zweispaltige (synoptische) Texte

> (Während die Geister sich tanzend entfernen, nimmt die Muse wieder ihre volle Gestalt an. Hoffmann abseits, regungslos, der Raum ist leer und nur von einem Mondstrahl beleuchtet)
>
> **Die Muse** *(zu Hoffmann)* Aus der Asche in deinem Herzen laß dein Genie wieder auflodern, in innerem Frieden belächle deine Schmerzen!
>
> *(Hoffmann kommt langsam zu sich)*
>
> **Chor unsichtbarer Geister** Man wird groß durch die Liebe, größer noch durch Tränen.
>
> *(Hoffmann hat sich aufgerichtet und lauscht)*
>
> **Stella, Lindorf, die Muse, Hoffmann** Aus der Asche in deinem Herzen laß dein Genie wieder auflodern, *usw.*
>
> ENDE DER OPER

> **La Muse** *(à Hoffmann)* Des cendres de ton cœur Réchauffe ton génie, Dans la sérénité Souris à tes douleurs!
>
> *(Hoffmann sort de son immobilité)*
>
> **Chœur des esprits invisibles** On est grand par l'amour Et plus grand par les pleurs.
>
> *(Hoffmann s'est redressé et écoute)*
>
> **Stella, Lindorf, la Muse, Hoffmann** Des cendres de ton cœur Réchauffe ton génie, *et cetera*
>
> FIN DE L'OPERA

Abbildung 8.12
Mit einer Klammer zusammengefaßte Einzelstimmen, ein Ensemble bildend

Komponist und Werktitel geben Sie mit \oeuvre bekannt, wobei der Komponist fett gedruckt wird. Vor und nach diesen Angaben wird ein kleiner vertikaler Zwischenraum erzeugt.

\oeuvre

Nun haben Sie die Möglichkeit, für die einzelnen Werkbeschreibungen zweispaltigen Satz zu wählen, etwa für die Beschreibung von A- und B-Seite der Kassette. Wie bereits bei den synoptischen Texten benutzen Sie die Befehle \leftcol, \rightcol und \normalcol, um den Text auf die beiden Spalten zu verteilen. Da bei Kassettenhüllen die Inhalte beider Spalten voneinander unabhängig sind, wird in der Regel in jeder Spalte nur ein Textblock auftreten, der den gesamten Text dieser Spalte enthält. Es ist dann schöner, beide Textblöcke nicht zueinander vertikal zentriert anzuordnen, sondern beide Blöcke in gleicher Höhe beginnen zu lassen. Sie erreichen dies mit der Option [t], wie das folgende Beispiel zeigt. Für einspaltige Hüllen entfallen die genannten Befehle.

Eine fortlaufende Numerierung für die Gliederung in einzelne Sätze kann durch die satz-Umgebung ähnlich der enumerate-Umgebung erzeugt werden, wobei jedoch weniger vertikaler Zwischenraum gesetzt wird, um den knappen Platz auf der Hülle besser zu nutzen.

satz

8 Weitere Hilfsprogramme und Pakete

\sepline
Der Text der \item-Einträge (»Allegro«) wird in kleiner Schrift gesetzt. Schließlich können Sie mit \sepline eine horizontale, je nach Modus über eine oder beide Spalten reichende Trennlinie erzeugen. Die Abbildung 8.13 auf der nächsten Seite zeigt ein Beispiel.

ariadne.tex

```
\documentclass[a4paper,11pt]{report}
\usepackage{german,synopsis,tabularx}
\begin{document}
\begin{drawlabel}{Strauss --- Ariadne I}

\oeuvre{Richard Strauss (1864--1949)}{Ariadne auf Naxos}
Oper in einem Akt mit Prolog.
Libretto von Hugo von Hoffmansthal.

\leftcol[t] \sepline Prolog \sepline
\rightcol[t] \sepline Oper (erster Teil) \sepline

\normalcol
\begin{tabularx}{\textwidth}{XX}
Primadonna/Ariadne & Elisabeth Schwarzkopf\\
Zerbinetta      & Rita Streich\\
Komponist       & Irmgard Seefried\\
Tenor/Bacchus   & Rudolf Schock\\
Haushofmeister & Alfred Neugebauer\\
\end{tabularx}
Philharmonia Orchestra, Dir. Herbert von Karajan
\end{drawlabel}

% -----------------------
\begin{drawlabel}{Beethoven -- Klavierkonzerte}

\leftcol[t]
\oeuvre{L. v. Beethoven}{Klavierkonzert Nr. 5\\E-Dur
   op.73 "`Kaiserkonzert"'}
\begin{satz} \item Allegro
   \item Adagio un poco mosso \item Rondo: Allegro
\end{satz}
\sepline
Arthur Rubinstein, Klavier\\
London Philharmonic Orchestra, D.~Barenboim
\sepline

\rightcol[t]
\oeuvre{L. v. Beethoven}{Klavierkonzert Nr. 3\\c-moll op. 37}
```

8.10 Zweispaltige (synoptische) Texte

```
\begin{satz} \item Allegro con brio
  \item Largo \item Rondo: Allegro
\end{satz}
\sepline
Svjatoslav Richter, Klavier\\
Wiener Symphoniker, K.~Sanderling
\sepline\normalcol
\end{drawlabel}
\end{document}
```

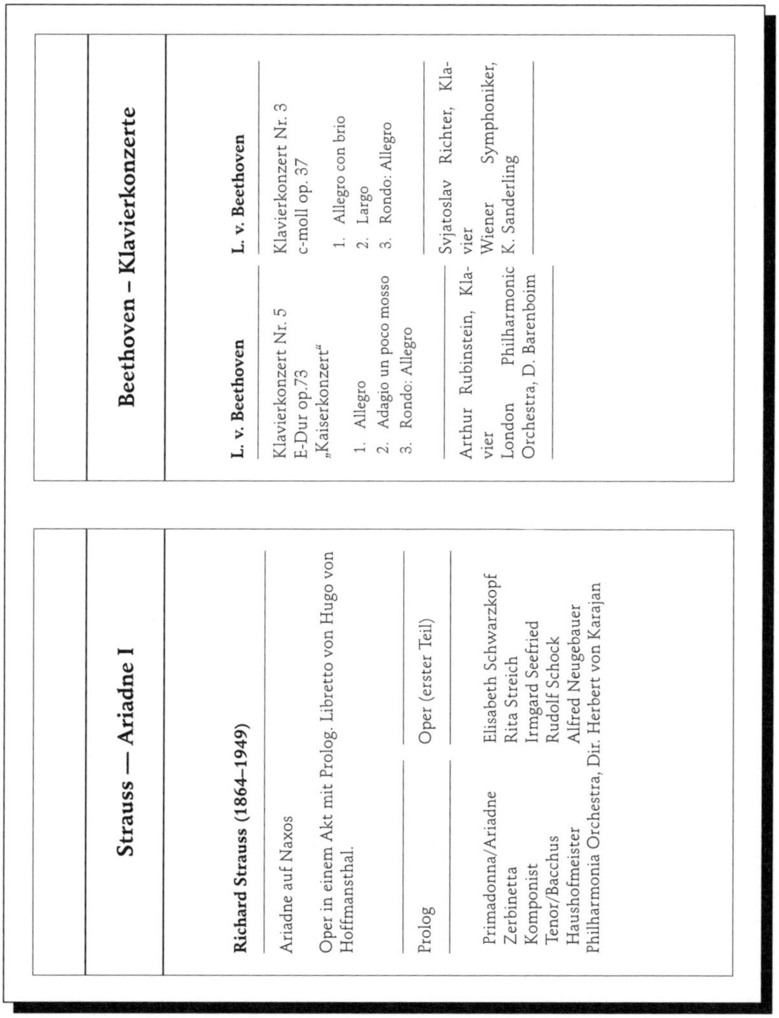

Abbildung 8.13
Nie mehr Unordnung in der Kassettensammlung mit diesen Einlagen!

Beethoven – Klavierkonzerte

L. v. Beethoven

Klavierkonzert Nr. 5
E-Dur op.73
„Kaiserkonzert"

1. Allegro
2. Adagio un poco mosso
3. Rondo: Allegro

Arthur Rubinstein, Klavier
London Philharmonic Orchestra, D. Barenboim

L. v. Beethoven

Klavierkonzert Nr. 3
c-moll op. 37

1. Allegro con brio
2. Largo
3. Rondo: Allegro

Svjatoslav Richter, Klavier
Wiener Symphoniker, K. Sanderling

Strauss — Ariadne I

Richard Strauss (1864–1949)

Ariadne auf Naxos

Oper in einem Akt mit Prolog. Libretto von Hugo von Hoffmansthal.

Prolog	Oper (erster Teil)
Primadonna/Ariadne	Elisabeth Schwarzkopf
Zerbinetta	Rita Streich
Komponist	Irmgard Seefried
Tenor/Bacchus	Rudolf Schock
Haushofmeister	Alfred Neugebauer

Philharmonia Orchestra, Dir. Herbert von Karajan

8.10.5 Beschriften von CD-Hüllen

cd-cover

Während sich im letzten Abschnitt alles um die ordentliche Beschriftung von Kassetten drehte, soll hier gezeigt werden, wie mit ähnlichen Mechanismen auch Hüllen für das modernere Medium CD erzeugt werden können. Das Paket `cd-cover` erlaubt den Satz auch mehrseitiger Beihefte, die hier vorgestellte einfache Variante hilft Ihnen beim Erzeugung eines Covers. Abbildung 8.14 zeigt ein Beispiel für die Vorder- und Rückseite der Hülle, die mit dem folgenden Eingabetext erzeugt wurden:

`liszt.tex`

```
1  \documentclass[11pt]{report}
2  \usepackage{german,textcomp}
3  \usepackage[squaretracks]{synopsis}
4  \begin{document}
5  \begin{drawcdlabel}{Liszt --
6    Ann\'{e}es de p\`{e}lerinage I}
7  \oeuvre{Franz Liszt (1811--1886)}
8    {Ann\'{e}es de p\`{e}lerinage\\
9    Premi\`ere ann\'ee: Suisse}
10
11 \leftcol[t]
12 \begin{track}
13   \item Chapelle de Guillaume Tell (5'47'')
14   \item Au lac de Wallenstadt (3'27'')
15   \item Pastorale (1'39'')
16   \item Au bord d'une source (3'51'')
17   \item Orage (4'19'')
18 \end{track}
19
20 \rightcol[t]
21 \begin{trackcont}
22   \item Vall\'ee d'Obermann (12'45'')
23   \item Eglogue (3'09'')
24   \item Le mal du pays (6'02'')
25   \item Les cloches de Gen\`eve (6'11'')
26 \end{trackcont}
27
28 \begin{trackcont}
29   \item Isoldens Liebestod aus\newline
30   \frqq Tristan und Isolde\flqq{} von\newline
31   Richard Wagner (6'32'')
32 \end{trackcont}
33
34 \normalcol
```

```
35  \sepline
36  \textsc{Alfred Brendel}, Klavier\\[10mm]
37
38  {\small
39    Aufnahmen: London, 10/1986 (Ann\'ees);
40    3/1986 (Isoldens Liebestod)\\
41    Gesamtspielzeit: 54'00''\\
42    Covergem"alde: Ingo Kl"ockl (\textborn{} 1968)
43    \frqq Regenverhangene Landschaft mit Teich\flqq
44  }
45  \end{drawcdlabel}
46
47  \begin{drawcdcover}
48  \begin{center}
49    \textbf{\scshape Franz Liszt}\\[5mm]
50    {\Large Ann\'{e}es de p\`{e}lerinage}\\
51    Premi\`ere ann\'ee: Suisse\\[5mm]
52    \textsc{Alfred Brendel}, Klavier\\[10mm]
53    \includegraphics[keepaspectratio,width=9cm]{teich1_sw.eps}
54  \end{center}
55  \end{drawcdcover}
56
57  \end{document}
```

Die einzelnen Tracks werden mit Hilfe der abgewandelten numerierten Aufzählung `track` numeriert, wobei die Option `squaretracks` die Track-Nummern in rechteckige Kästchen setzt, während die Defaulteinstellung die Zahlen in Kreise einschließt. Die `trackcont`-Umgebung erlaubt es, mehrere numerierte Aufzählungen zu verwenden, wobei der Zählerstand jeweils erhalten bleibt. Anstelle der `drawlabel`-Umgebung wird die `drawcdlabel`-Umgebung benutzt, die die anderen Abmessungen der CD-Hülle berücksichtigt. Ebenfalls CD-spezifisch ist die `drawcdcover`-Umgebung, mit der die Vorderseite der Hülle gestaltet wird, ebenfalls im passenden Format.

track

trackcont

drawcdlabel

drawcdcover

8.10.6 So geht's

Die in den letzten Abschnitten vorgestellten Anwendungen lassen sich auf das Nebeneinandersetzen von zwei Textblöcken zurückführen, die – jeder für sich – in zwei nebeneinanderstehenden Minipages enthalten sind. Anhand des Positionierungsparameters kann man beide Blöcke zueinander zentrieren oder auf ihre Kopfzeilen ausrichten. Besonders deutlich wird das Verfahren beim Makro zum Eintragen von Vokabeln, wo beide Textblöcke mit ihren Kopfzeilen aufeinander ausgerichtet werden müssen (Zeilen 76–84 des Listings auf Seite 467).

Abbildung 8.14
Ein mit `synopsis.sty` *erstelltes CD-Cover*

Franz Liszt

Années de pèlerinage
Première année: Suisse

ALFRED BRENDEL, Klavier

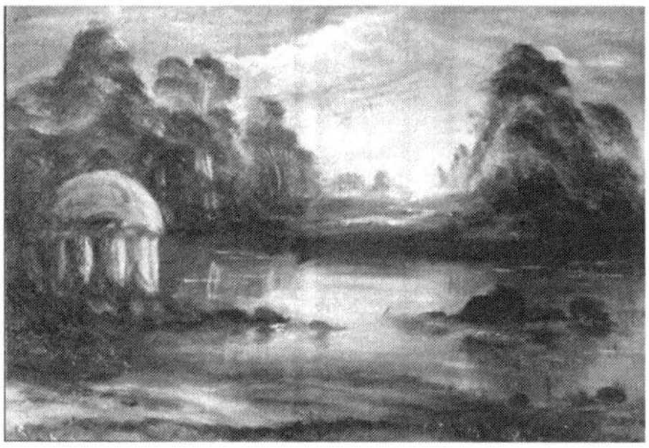

Liszt – Années de pèlerinage I

Franz Liszt (1811–1886)

Années de pèlerinage
Première année: Suisse

1 Chapelle de Guillaume Tell (5'47")	6 Vallée d'Obermann (12'45")
2 Au lac de Wallenstadt (3'27")	7 Eglogue (3'09")
3 Pastorale (1'39")	8 Le mal du pays (6'02")
4 Au bord d'une source (3'51")	9 Les cloches de Genève (6'11")
5 Orage (4'19")	10 Isoldens Liebestod aus »Tristan und Isolde« von Richard Wagner (6'32")

ALFRED BRENDEL, Klavier

Aufnahmen: London, 10/1986 (Années); 3/1986 (Isoldens Liebestod)
Gesamtspielzeit: 54'00"
Covergemälde: Ingo Klöckl (⋆ 1968) »Regenverhangene Landschaft mit Teich«

Liszt – Années de pèlerinage I

Komplizierter liegt der Fall beim zweispaltigen Satz mit `\leftcol`-`\rightcol`-Paaren, die nebeneinander stehen. Es muß festgestellt werden, ob gerade in der linken oder der rechten Spalte gesetzt wird und ob durch einen folgenden Spaltenumschaltbefehl ein Block in derselben oder der anderen Spalte begonnen wird. Dies wird durch die Zeilen 48–74 des Listings (Seite 466) realisiert.

Die Erzeugung der Klammer um die Texte der Stimmen, die gleichzeitig singen, erfolgt in Zeile 45 im mathematischen Modus. Der Textblock, in eine Absatzbox eingeschlossen, wird als (1,1)-Matrix aufgefaßt, damit durch `\left[` und `\right.` automatisch eine Klammer mit korrekter Größe erzeugt wird. Anstelle der LaTeX-Umgebung `array` wird hier jedoch die TeX-Struktur `\matrix{ ... }` eingesetzt, damit innerhalb des Textblockes der Zeilenumbruch wie gewohnt mit `\\` erfolgen kann, ohne die Tabellenstruktur zu zerstören (der `\\`-Befehl markiert in der `array`-Umgebung das Ende einer Matrixzeile).

Bei der Implementierung verschiedener Varianten der `drawlabel`-Umgebung wird jeweils eine `picture`-Umgebung der Abmessung (0,0) benutzt, um vor dem Druck der ersten Textzeilen das jeweilige Gerüst der Hilfslinien zum Ausssschneiden zu zeichnen.

Die numerierten Listenstrukturen für die Zählung der einzelnen Tracks werden wie in Abschnitt 3.7.7 geschildert definiert.

8.11 Farbseparation mit `aurora`

Das Paket `aurora` gestattet es, ein LaTeX-Dokument, das farbige Elemente enthält, für den Vierfarbdruck oder sogar den Druck mit Schmuckfarben aufzubereiten. Hierzu ist es erforderlich, für jede Druckfarbe einen sogenannten *Farbauszug* herzustellen, der den Anteil der betreffenden Farbe enthält. Die einzelnen Grundfarben werden dann in aufeinanderfolgenden Druckvorgängen je nach den Anteilen im betreffenden Auszug übereinandergedruckt, so daß sich eine optische Mischung ergibt, die die eigentliche Farbe darstellt. Die Auszüge selber sind nicht farbig, sondern schwarz-weiß, da sie nur den Anteil der Druckfarbe an der Gesamtfarbe (die Bedeckung) angeben. Je schwärzer ein Auszug an einer Stelle ist, umso mehr wird von der Grundfarbe gedruckt und umso »bunter« wird das Papier an dieser Stelle.

Das Verfahren, auf dem das `aurora`-Paket basiert, sieht vor, die PostScript-Befehle, die die Farbe der graphischen Elemente behandeln, so umzudefinieren, daß sie die gewünschten Auszüge herstellen. Das Paket setzt dies für den PostScript-Sprachstandard Level 1 um. Eine ausführliche Besprechung der Problematik erfolgt in der Dokumentation ([21]).

Nehmen wir als Beispiel die folgende Datei, die normalen schwarzen Text, einige Textpassagen in einer selber definierten Schmuckfarbe (Violett) sowie eine farbige Abbildung enthält:

```
\documentclass{article}
\usepackage{german}
\usepackage[dvips]{graphicx}
```

8 Weitere Hilfsprogramme und Pakete

```
\usepackage{color}

\definecolor{Purple}{cmyk}{0.1,1.0,0.5,0.0}
\begin{document}
\pagestyle{empty}

\section{\textcolor{Purple}{Einf"uhrung}}
Dies ist ein Blindtext. Dies ist ein Blindtext ...

\textcolor{Purple}{Dies ist Blindtext in einer
Schmuckfarbe ...}

Dies ist ein Blindtext. Dies ist ein Blindtext ...

\begin{trivlist}\item[]
\centerline{\includegraphics{addmix.eps}}
\end{trivlist}

\end{document}
```

Um dieses Dokument im Vierfarbdruck zu drucken, benötigen Sie für jede der vier Grundfarben einen Farbauszug, den Sie mit dem Paket **aurora** auf einfache Weise herstellen können:

```
dvips -o normal.ps dok
dvips -o dokcyan.ps -h aurora.pro -h cyan.pro dok
dvips -o dokmagenta.ps -h aurora.pro -h magenta.pro dok
dvips -o dokyellow.ps -h aurora.pro -h yellow.pro dok
dvips -o dokblack.ps -h aurora.pro -h black.pro dok
```

Sie haben nun die Möglichkeit, für die Grundfarben des Vierfarbdrucks (CMYK-System) Farbauszüge zu erzeugen. Was aber ist, wenn Sie darüberhinaus noch einen Auszug für die Schmuckfarbe, hier Violett, benötigen? Da Sie diesen Farbton selber definiert haben, müssen Sie eine auf diesen Ton abgestimmte Header-Datei schreiben:

`purple.pro`   1 _c+stat begin /this [0.1 1.0 0.5 0.0] def end

Beachten Sie dabei, daß die vier Zahlen, die den Farbton im CMYK-System beschreiben, genauso als Komponenten eines PostScript-Arrays erscheinen, allerdings in eckige Klammern eingefaßt. Sie setzen diese Header-Datei wie folgt ein, um einen Farbauszug für die Schmuckfarbe zu erzeugen:

```
dvips -o dokpurple.ps -h aurora.pro -h purple.pro dok
```

A Das (LA)TEX-Grundsystem

LaTeX ist nichts anderes als ein Makropaket, das auf TeX aufsetzt. Neben LaTeX existieren weitere derartige Pakete wie zum Beispiel `Blue`, ConTeXt oder `lollipop`. Ebenso existieren neben TeX weitere Versionen des grundlegenden Satzsystems mit erweitertem Funktionsumfang. Ein Beispiel hierzu ist ε-TeX, ein TeX-Nachfolger, der im Kompatibilitätsmodus identische Ergebnisse erzeugt, aber mehr Fähigkeiten aufweist. Für Hilfsaufgaben existieren neben dem eigentlichen Satzsystem weitere Bestandteile wie Previewer, Druckertreiber oder METAFONT.

Damit Sie einen Überblick über die zahllosen verschiedenen Dateien und Verzeichnisse, die sich nach einiger Zeit in einem typischen LaTeX-Grundsystem angesammelt haben, erhalten, erläutern die nachfolgenden Abschnitte, welche Arten von Dateien es gibt und wo sie typischerweise abgelegt werden. Sie erfahren damit auch, wo nach welchen Dateien mit Erfolg gesucht werden kann und wohin Sie die Dateien für neu hinzukommende Pakete oder Fontdateien kopieren müssen.

A.1 Die Dateien des (LA)TEX-Grundsystems

Nach einigen Bearbeitungsläufen mit LaTeX und Hilfsprogrammen wie Stichwortgeneratoren haben sich in Ihrem Verzeichnis eine größere Zahl von Dateien ein Stelldichein gegeben, die anhand ihres gleichen Namens, aber anderer Endung große Verwandtschaft mit Ihrer Eingabedatei `.tex` bekunden. Um die Übersicht zu vereinfachen, sollen die Tabellen A.1 bis A.3 einen kleinen Überblick über die typischerweise in einem Basis-LaTeX-System vorhandenen Dateien geben. In dieser Tabelle bedeutet `<Stil>` einen konkreten Layoutstil, den Sie in der Regel im Dokument spezifizieren mußten. `<Datei>` ist ein Dateiname, der keiner besonderen Einschränkung oder Konvention folgt. `<font>` steht für einen Zeichensatznamen. Manche der in der Tabelle enthaltenen Dateien werden Sie möglicherweise nicht in Ihrem Arbeitsverzeichnis sehen (wie die Fontdateien, -metriken und -quellen oder die Paketdateien), andere wie die Logdatei und Hilfsdateien werden mit jedem Bearbeitungslauf erneut mit jeweils aktuellen Informationen generiert. Wichtig ist bei Anfällen von Aufräumwut, daß Sie Ihre `.tex`-Datei behalten sowie eventuell die fertige `.dvi`-Datei, da aus dieser die druckfertige Datei generiert werden kann. Die jeweiligen Hilfsdateien lassen sich erneut erzeugen.

Tabelle A.1
Dateien, die zur Bearbeitung von Texten mit LaTeX, BibTeX und MakeIndex erforderlich sind oder erzeugt werden

Endung	Beschreibung
`.aux`	Hilfsdatei, die LaTeX im ersten Lauf anlegt und in den folgenden Durchläufen ausliest. In ihr sind Informationen über die Kapitelgliederung, die Label und die Referenzen enthalten.
`.bbl`	Datei, die nach einem Lauf von →BibTeX die fertige Bibliographie enthält, die im anschließenden LaTeX-Bearbeitungslauf eingelesen werden kann.
`.dvi`	Die nach einem LaTeX-Lauf resultierende Datei, die das fertig gesetzte Dokument geräteunabhängig enthält. Kann mit einem Previewer angesehen oder mit einem Druckertreiber in eine Ausgabedatei konvertiert werden.
`.idx`	Enthält die ungeordneten Stichworteinträge, die aus einem LaTeX-Lauf stammen und mit →MakeIndex sortiert werden.
`.ilg`	Datei, die die Fehlermeldungen des →MakeIndex-Programms enthält. Die Zeilennummern beziehen sich auf die Einträge in der `.idx`-Datei!
`.ind`	Enthält nach einem Lauf von →MakeIndex eine komplette sortierte `index`-Umgebung, die beim nächsten LaTeX-Lauf in das Dokument eingefügt werden kann.
`.lof`	Datei, die die Einträge für ein Abbildungsverzeichnis enthält (»list of figures«).
`.log`	Die Log-Datei, in der LaTeX alle Meldungen festhält. Hier können Sie genau ersehen, welche Fehler an welcher Stelle auftraten. Auf manchen Rechnern `.lis` genannt.
`.lot`	Datei mit den Einträgen des Tabellenverzeichnisses
`.tex`	Ihre Eingabedatei mit dem LaTeX-Text
`.toc`	Die »table of contents«-Datei enthält das geordnete Inhaltsverzeichnis, das im nächsten LaTeX-Lauf eingelesen wird.

A.2 Der Dateibaum

Die angesprochenen Dateien müssen irgendwo in den Verzeichnissen des Rechners abgelegt werden, was dann für Sie von Interesse ist,

Datei	Beschreibung
`<Stil>.bst`	Stildatei, in der das Layout der mit →BibTeX generierten Bibliographie programmiert wird. Sie können hier Ihre Vorstellungen von Literaturverzeichnissen umsetzen (»BibTeX style«).
`<Name>.dtx`	LaTeX-Paket im »Docstrip«-Format, das neben der Dokumentation den Programmcode enthält, der mit Hilfe einer `.ins`-Datei extrahiert wird. Übersetzung mit LaTeX liefert die Dokumentation.
`<Name>.ins`	Eine Installationsdatei für ein Paket im »Docstrip«-Format (`.dtx`-Datei). Sie enthält Angaben, wie Programmcode und Dokumentation zu trennen sind und liefert nach einem LaTeX-Bearbeitungslauf die enthaltenen Paketdateien.
`<Name>.sty`	Stildatei, die nach der Installation mit Hilfe von `<Name>.ins` aus `<Name>.dtx` erzeugt wird.
`<Stil>.ist`	Datei »index style«, die das Format der Ein- und Ausgabedateien für →MakeIndex (`.idx`- und `.ind`-Datei) festlegt. Eine Änderung der Parameter in diesen Dateien beeinflußt das Layout des Stichwortverzeichnisses.
`<Datei>.mp`	In der Regel eine Eingabedatei für →METAPOST, die die geometrische Beschreibung von Abbildungen enthält.
`<Datei>.mpx`	Datei, in der →METAPOST TeX-Textstücke ablegt, die es selbst nicht in Graphik konvertiert.

Tabelle A.2
Dateien, die das Layout für LaTeX und seine Hilfsprogramme beschreiben

wenn Sie ein System installieren und die Dateien in der Distribution nicht in Verzeichnissen geordnet sind. Das Problem kann jedoch jeden treffen, der nur einige wenige Stil- oder Zeichensatzdateien kopieren möchte, um ein ansonsten fertig aufgebautes (LA)TeX-System zu erweitern.

Für die verschiedenen Rechnerplattformen sind unterschiedliche Distributionen vorhanden, in denen meistens ein lauffähiges (LA)TeX-System enthalten ist. Die Aufteilung der Dateien im (LA)TeX-Verzeichnisbaum vor allem der älteren Distributionen kann dabei variieren, so unterscheidet sich der alte Dateibaum von emTeX erheblich von dem der `tetex`-Distribution. In [17] wird eine allgemein verwendbare Baumstruktur (TDS, *TeX directory structure*) diskutiert, die es erlaubt, neben dem Satzsystem weitere Komponenten (Stichwort- und Bibliographiegeneratoren, Treiber usw.) in diese Struktur einzubinden. Mehrere Versionen von TeX, LaTeX und de-

Tabelle A.3
Dateien, die mit Zeichensätzen in Zusammenhang stehen

Datei	Beschreibung
`<Font>.fd`	Definitionsdatei, die den Zusammenhang zwischen Schriftschnitten und Zeichensatzdateien herstellt.
`<Font>.gf`	Zeichensätze (Pixeldaten).
`<Font>.mf`	Quellcode, aus dem METAFONT einen Zeichensatz generiert.
`<Font>.pk`	Zeichensätze (Pixeldaten) in gepackter Form.
`<Font>.pl`	Datei mit einer »property list«, in der Eigenschaften eines Fonts in lesbarer Form enthalten sind (Information über Ligaturen und Zusammensetzungen von Sonderzeichen aus einfachen Elementen).
`<Font>.tfm`	Metrikdaten (Informationen über die Abmessungen der einzelnen Zeichen) für einen Zeichensatz (»TeX font metrik«).
`<Font>.vf`	Enthält die Daten eines virtuellen Fonts, der keine eigenen Zeichen enthält, sondern Querverweise auf weitere »echte« Fonts. Ein virtueller Font kann Zeichen verschiedener Fonts enthalten.
`<Font>.vpl`	Enthält eine »property list« ($\rightarrow$ `.pl`-Datei) eines virtuellen Fonts in lesbarer Form.

ren Erweiterungen, sogar die ausführbaren Dateien verschiedener Distributionen können parallel gehalten werden. Die TDS-Struktur soll über alle Systeme hinweg gleich bleiben und so Anwendern und Systemadministratoren langwierige Suchaktionen nach Paketen oder anderen Dateien ersparen, da sich bei einem Wechsel der Distribution nicht viel ändert. Sie findet bereits bei zahlreichen (LA)TeX-Distributionen für verschiedene wichtige Plattformen (teTeX für alle UNIX-Systeme, MikTeX und fpTeX für Windows 9x/NT und DecusTeX für OpenVMS) Anwendung.

In einem TDS-konformen Verzeichnisbaum können alle zum LaTeX-Gesamtsystem gehörenden Dateien und Programme unter einem einzigen Wurzelverzeichnis gesammelt werden, das häufig `texmf` genannt wird. Unter diesem Hauptverzeichnis bilden die folgenden Verzeichnisse die erste Ebene:

`bibtex/`	BibTeX-System
`doc/`	Dokumentation
`dvips/`	Dateien für DVIPS
`etex/`	ε-TeX
`fonts/`	Dateien für Zeichensätze
`<Implementation>/`	Dateien einer Implementierung

A.2 Der Dateibaum

`local/`	Nur lokal genutzte Dateien
`metafont/`	METAFONT-Dateien
`metapost/`	METAPOST-Dateien
`pdftex/`	pdfTeX
`<Programm>/`	Weitere Programme
`source/`	Programmdateien
`tex/`	TeX

Einige der Verzeichnisse enthalten ähnliche Komponten, zum Beispiel `etex` und `tex`, die so sauber voneinander getrennt sind. Unter `<Implementation>` sind Dateien enthalten, die eine bestimmte Implementierung zum Ablauf benötigt. MikTeX legt beispielsweise ein Verzeichnis `miktex` an, in dem die ausführbaren und Konfigurationsdateien gespeichert sind. Unter `<Programm>` können Bestandteile weiterer Komponenten oder Programmpakete abgelegt werden. Jedes dieser Verzeichnisse ist weiter unterteilt:

`bibtex/`	
`bib/`	BibTeX-Datenbanken
`base/`	Basisdistribution (z. B. `xampl.bib`)
`bst/`	Bibliographielayouts
`base/`	Basisdistribution (z. B. `plain.bst`)
`doc/`	
`fonts/`	
`general/`	
`latex/`	
`dvips/`	
`base/`	Basisdistribution (z. B. `8r.enc`)
`config/`	
`local/`	Konfigurationsdateien (z. B. `config.ps`)
`<Paket>`	Spezifische Mapping- und Header-Dateien
`etex/`	Analog zu TeX-Pfad
`fonts/`	Dateien für Zeichensätze
`afm/`	Type 1-Metriken
`pk/`	Rasterdaten
`<mode>/`	Druckermodus (z. B. `ljfour`)
`<supplier>/`	Zeichensatzproduzent (z. B. `public`)
`<family>/`	Schriftfamilie (z. B. `misc`)
`dpi<res>/`	Auflösung
`source/`	METAFONT-Zeichensatzdateien
`<supplier>/`	Zeichensatzproduzent (z. B. `public`)
`<family>/`	Schriftfamilie (z. B. `misc`)
`tfm/`	Metrikdateien
...	Wie `source`
`type1/`	Type 1-Zeichensatzdateien

...	Wie source
`vf/`	`.vf`-Dateien
...	Wie source
`<Implementation>/`	Dateien einer Implementierung
`base/`	Basisdistribution
`bin/`	Ausführbare Dateien
`config/`	Konfigurationsdateien
`local/`	Nur lokal genutzte Dateien
`metafont/`	METAFONT-Dateien
`base/`	Basisdistribution (z. B. `plain.mf`)
`misc/`	Einzelne Dateien (z. B. `modes.mf`)
`metapost/`	METAPOST-Dateien
`base/`	Basisdistribution (z. B. `plain.mp`)
`misc/`	Einzelne Dateien (z. B. `null.mp`)
`pdftex/`	Analog TEX
`<Programm>/`	Weitere Programme
`source/`	Programmdateien
`tex/`	TEX
`<Format>/`	z. B. `plain`, `latex`
`base/`	Basisdistribution (z. B. `latex.ltx`)
`local/`	Lokale Ergänzungen, Konfigurationen
`misc/`	Verschiedene einzelne Dateien
`<Paket>/`	Paketname (z. B. `graphics`)
`generic/`	Formatunabhängige Dateien
`hyphen/`	Trennmuster
`<Paket>/`	Paketname (z. B. `babel`)

A.3 Was gehört wohin?

Auf der Grundlage der beiden vorherigen Abschnitte kann die wichtige Frage geklärt werden, welche Dateien einer Paket-Distribution wohin kopiert werden müssen. Die Zuordnung für die wichtigsten Dateiarten ist in Tabelle A.4 auf der nächsten Seite gegeben.

Sie können die Dateien direkt in die genannten Verzeichnisse kopieren, es empfiehlt sich aber, für jedes Paket ein weiteres Unterverzeichnis anzulegen, da auf diese Weise die Übersicht erhöht wird und es einfacher wird, Dateien bestimmter Pakete wieder zu löschen oder zu aktualisieren.

Nehmen Sie an, Sie haben ein Paket `wetter` erhalten, das aus der Paketdatei `wetter.sty` sowie dem Zeichensatz `wetter10.mf` besteht. Nach Erzeugung der Metrik und der Rasterdaten für den 10 pt-Zeichensatz (als Drucker soll ein Laserjet 4 verwendet werden) werden die Dateien in die folgenden Verzeichnisse kopiert:

Dateiart	Zielverzeichnis
.sty	/texmf/tex/latex/<Paket>
.fd	/texmf/tex/latex/<Paket>
.mf	/texmf/fonts/source/<publisher>/<family>
.tfm	/texmf/fonts/tfm/<supplier>/<family>
.pk	/texmf/fonts/pk/<mode>/<supplier>/<family>
.vf	/texmf/fonts/vf/<supplier>/<family>
.pro	/texmf/dvips/<Paket>
.ist	/texmf/tex/latex/<Paket> oder /texmf/makeindex/<Paket> oder /texmf/makeindex/base
.bib	/texmf/bibtex/bib/<Paket>
.bst	/texmf/bibtex/bst/<Paket>

Tabelle A.4
Zuordnung einzelner Dateiarten eines (LA)TEX-Systems zu den Verzeichnissen einer Installation nach den Richtlinien von [17]

```
fonts/
  pk/                           Rasterdaten
    ljfour/                     Druckermodus
      public/                   Frei verteilter Zeichensatz
        misc/                   Keine besondere Familie
          dpi600/               Auflösung
            wetter10.pk
  source/                       METAFONT-Zeichensatzdateien
    public/                     Frei verteilter Zeichensatz
      misc/                     Keine besondere Familie
        wetter10.mf
  tfm/                          Metrikdateien
    public/                     Frei verteilter Zeichensatz
      misc/                     Keine besondere Familie
        wetter10.tfm
tex/                            TEX
  latex/                        LATEX-Paket
    wetter/                     Paket
      wetter.sty                Stildatei
```

A.4 .dtx- und .ins-Dateien

In der Tabelle tauchen zwei Dateiformen auf, die in zunehmendem Maße für die Verteilung von LATEX-Paketen wichtig werden: die .ins- und die .dtx-Datei. Viele neue Pakete erhalten Sie nur noch in Form dieser beiden Dateien. Was steckt aber dahinter? Die Antwort ist einfach und löst ein seit langem existierendes Problem: Die Dokumentation sollte so dicht wie möglich am Programmtext selbst stehen, um so bei Änderungen des Quelltextes dies gleich dokumentieren zu können und ferner seine Verständlichkeit zu erhöhen. Pakete und Klassendateien mit vielen Kommentaren sind jedoch länger und verlängern die Ladezeit. Eine .dtx-Datei enthält nun den Quelltext eines Paketes und gleichzeitig – als Kommentarzeilen – die Dokumentation im LaTeX-Format. Wenn Sie die .dtx-Dateien mit LaTeX übersetzen, erhalten Sie .dvi-Dateien, die die *Dokumentation* enthalten:

```
latex paket.dtx     % für Doku
```

Zur Extraktion des Paketes übersetzen Sie die .ins-Datei. Diese enthält alle Anweisungen, um alle zum Paket gehörenden Dateien aus der .dtx-Datei zu extrahieren. Nette Installationsdateien teilen Ihnen am Ende mit, welche Dateien erzeugt wurden und was Sie mit diesen anfangen sollen (entstandene .sty-Dateien und .fd-Fontdefinitionen werden meist in den Suchpfad für LaTeX kopiert).

```
latex paket.ins     % für die Pakete
```

B METAFONT-Zeichensätze

Dieser Anhang soll mit seinen Zeichensatztabellen einen Eindruck über die große Zahl von verfügbaren METAFONT-Zeichensätzen geben. Nicht in der Aufstellung enthalten sind True Type- oder Type 1-Zeichensätze, die durch Konversion in das METAFONT-Format entstanden sind.

Leider ist es im Rahmen dieses Buches nicht möglich, alle Zeichensätze darzustellen, deshalb wurde eine Auswahl getroffen und nur die Grundschrift aufgenommen. Bei vielen Zeichensätzen wird auf weitere Schriftschnitte verwiesen. Die Beispiele sind in 8 pt Größe gezeigt, häufig existieren aber noch weitere Größen.

Eine umfangreichere Darstellung von METAFONT-Zeichensätzen kann vom Web-Server des dpunkt-Verlages als PostScript-Datei heruntergeladen werden. Unter der Adresse

http://www.dpunkt.de/produkte/latex/fonts

finden Sie für eine Vielzahl von zusätzlichen Schriften und Schriftschnitten die Dateien tab<font>.pdf, die den Zeichensatz in tabellarischer Form darstellen.

B.1 Referenz

Die Suche nach Zeichensätzen ist auf drei Arten möglich. In diesem Abschnitt finden Sie die Zeichensätze thematisch nach Alphabeten und Symbolen geordnet. Die Zeichensatztabellen des Abschnitts B.2 zeigen den Fundort auf dem CTAN-Server in alphabetischer Folge. Im Stichwortverzeichnis sind die Namen der Zeichensätze zu finden.

Afrikanische Alphabete

fc... (S. 527); ethb... (S. 551)

Arabische Alphabete

nash..., xnsh... (S. 559)

B METAFONT-Zeichensätze

Lateinische Alphabete

cmbsy9, cmcsc9, cmmib9 (S. 494); augie (S. 499); auncl10, huncl10, imaj10, rust10, uncl10 (S. 501); callig15 (S. 503); cmbug, cmgray, d7seg, deseg, flyspec, necker, simfon (S. 503); ocm... (S. 506); cmbr..., eb.., tb... (S. 508); cmoe... (S. 509); cmpica... (S. 509); xcc... (S. 510); cc... (S. 512); cd... (S. 515); schwell, suet14 (S. 520); yfrak, ygoth, yinitas, yswab (S. 520); la14, lla14 (S. 528); ma... (S. 530); ocra10 (S. 536); ocr10 (S. 536); pn... (S. 537); antpr, anttr (S. 538); punk10, punkbx20, punksl20 (S. 540); script10, scriptb10 (S. 541); trjnr10, trjnsl10 (S. 545); twcal14 (S. 545); va14 (S. 546)

Griechische Alphabete

givbc10, gvibc10 (S. 497); gl..., go..., gr..., gs..., gt... (S. 521); kd... (S. 523); grbld10, grreg10, grtt10 (S. 524); grverb (S. 524); mrgr..., rgr... (S. 525)

Phonetische Alphabete

cmph... (S. 539); tipa..., xipa... (S. 544); tsipa10 (S. 543)

Fernöstliche/asiatische Alphabete

dvpn10 (S. 541); usl-thai (S. 543); dvng10, dvpn10 (S. 551); skt... (S. 555); kan12, bnr10, wntml10 (S. 553); bnr10, bnsl10 (S. 547); mm10 (S. 554); pun10 (S. 552); grmk10 (S. 552); soyombo, soyombot (S. 555); wntml10 (S. 555); tel10 (S. 556); gtib, gtibsp (S. 556); vmr10 (S. 557); km... (S. 560)

Süd-/Osteuropa, kyrillische Alphabete

wncy... (S. 493); jkbash10 (S. 513); cmc... (S. 513); izhitsa (S. 514); cm...z..., cz... (S. 514); georgian, mxed..., xuc10 (S. 518); vnr10 (S. 546); wnrir10 (S. 548); ar... (S. 548); copte (S. 549); bass10, cal10, gg10, obl10, ugl10, lom, kur, hcyr (S. 549); wtkr10, wtkti10 (S. 557)

Hebräische Alphabete

redis10, redisbx10, rediss10 (S. 540); fr, frbx, frsl (S. 552); jerus10, deads10, oldjaf10, telav10, crml10, hclassic, shold10, shscr10, shstk10 (S. 552)

Runen

fut10 (S. 498); futhol10 (S. 517); futhor10 (S. 517); ogham (S. 536); rune (S. 541); srune (S. 542)

Weitere Alphabete

etr10 (S. 496); cypr10 (S. 496); proto10 (S. 498); copsn10 (S. 497); linb10 (S. 497); phnc10 (S. 498); cugar10 (S. 498); cun (S. 512); cypriote (S. 513); teng10 (S. 516); engwar (S. 516); ugaritic (S. 547)

Mathematische Symbole

cmex9 (S. 494); eu... (S. 493); msam10, msbm10 (S. 495); bbold10 (S. 501); blackletter (S. 501); bbm... (S. 505); dsrom10, dsss10 (S. 515); rsfs10 (S. 540); stmary10 (S. 542); trsy10 (S. 543)

Verschiedene Symbole

cmapl10 (S. 496); astrosym (S. 499); barcodes, wlc39, wlean (S. 500); chess... (S. 505); cmastro10 (S. 507); cryst (S. 512); ark10, dingbat (S. 514); fey... (S. 517); drgen10 (S. 517); go... (S. 518); ifblk10, ifclk10, ifgeo10, ifsym10, ifwea10 (S. 525); hands (S. 525); karta15 (S. 528); knot... (S. 527); lasy..., lcircle10, lcirclew10, lcmss..., line10, linew10 (S. 529); milstd (S. 529); moonphase (S. 535); morse (S. 536); recycle (S. 539); smfr10 (S. 542); wasy10, wasyb10 (S. 547)

B.2 Zeichensatztabellen

fonts/amsfonts/sources/cyrillic

	0	1	2	3	4	5	6	7	8	9	A	B	C	D	E	F	
0	Њ	Љ	Џ	Э	I	Є	Ђ	Ћ	њ	љ	џ	э	i	є	ђ	ћ	0
1	Ю	Ж	Й	Ё	V	Ѳ	S	Я	ю	ж	й	ё	v	ѳ	s	я	1
2	̆	!	"	Ђ	̆	%	ʹ	ʼ	(	)	*	Ђ	,	-	.	/	2
3	0	1	2	3	4	5	6	7	8	9	:	;	«	1	»	?	3
4	̆	А	Б	Ц	Д	Е	Ф	Г	Х	И	J	К	Л	М	Н	О	4
5	П	Ч	Р	С	Т	У	В	Ш	Ы	З	[	"	]	Ь	Ъ	5
6	ʻ	а	б	ц	д	е	ф	г	х	и	j	к	л	м	н	о	6
7	п	ч	р	с	т	у	в	щ	ш	ы	з	—	№	ь	ъ	7
	0	1	2	3	4	5	6	7	8	9	A	B	C	D	E	F	

wncyr10

Weitere Schnitte sind wncyb10, wncyi10, wncysc10 und wncyss10.

fonts/amsfonts/sources/euler

	0	1	2	3	4	5	6	7	8	9	A	B	C	D	E	F	
2																	2
3										¬			ℜ	ℑ			3
4	ℵ	𝒜	ℬ	𝒞	𝒟	ℰ	ℱ	𝒢	ℋ	ℐ	𝒥	𝒦	ℒ	ℳ	𝒩	𝒪	4
5	𝒫	𝒬	ℛ	𝒯	𝒰	𝒱	𝒲	𝒳	𝒴	𝒵			∧	∨			5
6					{	}			|								6
7									§								7
	0	1	2	3	4	5	6	7	8	9	A	B	C	D	E	F	

eusm10

B METAFONT-Zeichensätze

euex10

	0	1	2	3	4	5	6	7	8	9	A	B	C	D	E	F	
0									{	}	{	}	{	}	{	}	0
1									⌐	¬	⌐	¬					1
2	←	→	↑	↓	↔	↗	↘		⇐	⇒	⇑	⇓	⇔	↖	↙		2
3		∞							⌠	⌡	⌠	⌡	{	}	·		3
4									∮	∮							4
5	∑	∏	∫						∑	∏	∫						5
6	⊔	⊔											↕	⇕			6
7											⌣	⌢	⌣	⌢			7
	0	1	2	3	4	5	6	7	8	9	A	B	C	D	E	F	

eufm10

	0	1	2	3	4	5	6	7	8	9	A	B	C	D	E	F	
0	ð	ð	f	f	g	ł	t	u									0
1				'	'												1
2		!					&	'	(	)	"	+	,	−	.	/	2
3	0	1	2	3	4	5	6	7	8	9	:	;		=		?	3
4		𝔄	𝔅	ℭ	𝔇	𝔈	𝔉	𝔊	ℌ	ℑ	𝔍	𝔎	𝔏	𝔐	𝔑	𝔒	4
5	𝔓	𝔔	ℜ	𝔖	𝔗	𝔘	𝔙	𝔚	𝔛	𝔜	ℨ	[		]	^		5
6		𝔞	𝔟	𝔠	𝔡	𝔢	𝔣	𝔤	𝔥	𝔦	𝔧	𝔨	𝔩	𝔪	𝔫	𝔬	6
7	𝔭	𝔮	𝔯	𝔰	𝔱	𝔲	𝔳	𝔴	𝔵	𝔶	𝔷			"		1	7
	0	1	2	3	4	5	6	7	8	9	A	B	C	D	E	F	

eurm10

	0	1	2	3	4	5	6	7	8	9	A	B	C	D	E	F	
0	Γ	Δ	Θ	Λ	Ξ	Π	Σ	Υ	Φ	Ψ	Ω	α	β	γ	δ	ε	0
1	ζ	η	θ	ι	κ	λ	μ	ν	ξ	π	ρ	σ	τ	υ	φ	χ	1
2	ψ	ω	ε	ϑ	ϖ			φ									2
3	0	1	2	3	4	5	6	7	8	9	.	,	<	/	>		3
4	∂	A	B	C	D	E	F	G	H	I	J	K	L	M	N	O	4
5	P	Q	R	S	T	U	V	W	X	Y	Z						5
6	ℓ	a	b	c	d	e	f	g	h	i	j	k	l	m	n	o	6
7	p	q	r	s	t	u	v	w	x	y	z	ι	ȷ	℘			7
	0	1	2	3	4	5	6	7	8	9	A	B	C	D	E	F	

fonts/amsfonts/sources/extracm

cmcsc9

	0	1	2	3	4	5	6	7	8	9	A	B	C	D	E	F	
0	Γ	Δ	Θ	Λ	Ξ	Π	Σ	Υ	Φ	Ψ	Ω	↑	↓	'	¡	¿	0
1	I	J	`	´	ˇ	˘	¯	˚	¸	SS	Æ	Œ	Ø	Æ	Œ	Ø	1
2	-	!	"	#	$	%	&	'	(	)	*	+	,	-	.	/	2
3	0	1	2	3	4	5	6	7	8	9	:	;	<	=	>	?	3
4	@	A	B	C	D	E	F	G	H	I	J	K	L	M	N	O	4
5	P	Q	R	S	T	U	V	W	X	Y	Z	[	"	]	ˆ	·	5
6	'	A	B	C	D	E	F	G	H	I	J	K	L	M	N	O	6
7	P	Q	R	S	T	U	V	W	X	Y	Z	−	—	"	˜	¨	7
	0	1	2	3	4	5	6	7	8	9	A	B	C	D	E	F	

B.2 Zeichensatztabellen

cmex9

cmbsy9

cmmib9

fonts/amsfonts/sources/symbols

msam10

B METAFONT-Zeichensätze

msbm10

	0	1	2	3	4	5	6	7	8	9	A	B	C	D	E	F	
0	≨	≩	≰	≱	≮	≯	≴	≵	⋨	⋩	⋦	⋧	≦	≧	≨	≩	0
1	⋨	⋩	⋦	⋧	⋠	⋡	⋨	⋩	⋨	⋩	⋨	⋩	∼	≇	/	\	1
2	⊊	⊋	⊈	⊉	⊊	⊋	⊊	⊋	⊊	⊋	⊄	⊅	⊬	⊥	⊩	⊫	2
3	⊭	⊮	⊯	⊰	↚	↛	↮	↯	↤	↦	⇎	⇏	⊕	↔	※	∅	3
4	∄	A	B	C	D	E	F	G	H	I	J	K	L	M	N	O	4
5	P	Q	R	S	T	U	V	W	X	Y	Z		⌢	⌣			5
6	⊣	G					℧	ð	≈	⊐	⌐	⌐	⊲	⊳	⋉	⋊	6
7	ı	ıı	\	∼	≈	≊	≋	≋	⌢	⌣	Ⅎ	ϰ	⊼	ℏ	ℏ	∂	7
	0	1	2	3	4	5	6	7	8	9	A	B	C	D	E	F	

fonts/apl

cmapl10

	0	1	2	3	4	5	6	7	8	9	A	B	C	D	E	F	
0		□	∇	∆	α	ω	∈	..	∨	◇	≤	≥	ρ	ι	∘	∘	0
1		∪	∩	⊂	⊃	_	⁻	∼	≠	⊤	⊥	⊣	⊢	⌊	⌈	→	↓	1
2		!	A	×	$	÷	∧	'	(	)	*	+	,	-	.	/	2
3	0	1	2	3	4	5	6	7	8	9	:	;	<	=	>	?	3
4		A	B	C	D	E	F	G	H	I	J	K	L	M	N	O	4
5	P	Q	R	S	T	U	V	W	X	Y	Z	[	\	]	↑	←	5
6		a	b	c	d	e	f	g	h	i	j	k	l	m	n	o	6
7	p	q	r	s	t	u	v	w	x	y	z	{			}			7
	0	1	2	3	4	5	6	7	8	9	A	B	C	D	E	F	

fonts/archaic/cypriot

cypr10

	0	1	2	3	4	5	6	7	8	9	A	B	C	D	E	F	
2													'			'	2
3		⋛	⊁	↑	F	Fıı	Ӿ	↑		Ӿ	·						3
4		Φ	⋉	⊻		∥	)(	⋎	ʃ	⋎		⋋	8	⋉	Ӿ	⋎	4
5	ʃ		↥	⊢	↓	𝛘	)(	I	(H	⊥							5
6		Ӿ	W	Ϋ	≦	Ӿ	+	)Ӿ	⋂	Ӿ	0	↑	V	⋉	T	⋎	6
7	ǂ	⋂	⋂		⊢	Ϋ	Ӿ	)Ӿ	)(	V							7
	0	1	2	3	4	5	6	7	8	9	A	B	C	D	E	F	

fonts/archaic/etruscan

etr10

	0	1	2	3	4	5	6	7	8	9	A	B	C	D	E	F	
0			⊗			⊟				ⴲ	Υ						0
3										8							3
4		A	B		D	E	F	⌐	ⴲ	I		K	L	⋀	⋀	O	4
5	⌐	φ	↑	≴	T	Υ		M	X		I						5
6		A	B		D	Ǝ	Ⅎ	7	ⴲ	I		X	↓	⋀	Υ	O	6
7	↑	φ	4	≴	T	Υ			X		I						7
	0	1	2	3	4	5	6	7	8	9	A	B	C	D	E	F	

B.2 Zeichensatztabellen

fonts/archaic/greek4cbc

givbc10

fonts/archaic/greek6cbc

gvibc10

fonts/archaic/linearb

linb10

fonts/archaic/oldprsn

copsn10

fonts/archaic/phoenician

phnc10	0	1	2	3	4	5	6	7	8	9	A	B	C	D	E	F	
0			⊗		⟊												0
4		⪢	℘		△	⊨	F	⊤	⊟	∣		⩱	L	⌢	⌐	○	4
5	⌈	φ	⊩	W	†		Y	⫯		I							5
6		⩤	⪧		△	∃	⊣	⊤	⊟	∣		⁊	⌐	⌢	⩋	○	6
7	⫯	φ	4	W	†		Y	⌐		I							7
	0	1	2	3	4	5	6	7	8	9	A	B	C	D	E	F	

fonts/archaic/protosem

proto10	0	1	2	3	4	5	6	7	8	9	A	B	C	D	E	F	
5		⍛	⌂		⍜	⍦			⊟			⍟	⍑			○	5
6		8	⍭			⌒	Y		⍙	⪢							6
7		⪴	□		⍈	⍥		⌐	☰	⍨		⍟	℘	∿	⌐	⊙	7
8	◇	∞	⍰	ω	+	⌐	⍷	?	⍙	⍥	=						8
	0	1	2	3	4	5	6	7	8	9	A	B	C	D	E	F	

fonts/archaic/runic

fut10	0	1	2	3	4	5	6	7	8	9	A	B	C	D	E	F	
0			ᚦ						ᚷ								0
3										⁝							3
4		ᛗ	ᛒ		ᚺ	ᛖ	ᚠ	ᚷ	ᚺ	ᛁ	♦	ᛚ	ᚱ	ᛗ	†	ᛯ	4
5	ᚴ		ᚱ	ᚻ	ᛏ	ᚢ		ᛈ	ᛉ	ᛋ							5
6																	6
7																	7
	0	1	2	3	4	5	6	7	8	9	A	B	C	D	E	F	

fonts/archaic/ugarite

cugar10	0	1	2	3	4	5	6	7	8	9	A	B	C	D	E	F	
3										⊤							3
4					⟨⫯		⪲		⫯	⫯⫯	⫯⫯						4
5				⟨⟩	⫯				⫱⫱		⫯⫱						5
6		⟨	⊢	⫯⫯		⫯⫯⫯		⫯	⊨	⫯⫯		▷	⫯⫯⫯	⊣	⊶		6
7		⊨	⊢⊣	⫯⫯	⫯	⊢	⫯⫯⫯	▷	⫯⫯	⫯⫯	⫯						7
	0	1	2	3	4	5	6	7	8	9	A	B	C	D	E	F	

fonts/armenian/v2.0

s. Zeichensätze in CTAN/language/armtex/v2.0 auf Seite 548

B.2 Zeichensatztabellen

fonts/astro

astrosym

fonts/augie

augie

Type 1-Zeichensatz, die Fontfamilie heißt `augie`, mögliche Encodings sind T1 und OT1.

fonts/barcodes/vulis

fonts/barcodes/willadt

Ein weiterer Zeichensatz ist `wlean.mf`.

fonts/bard

B.2 Zeichensatztabellen

fonts/bbding

bbding10

fonts/bbold

bbold10

fonts/blackletter

blackletter

fonts/bookhands/auncial

auncl10

fonts/bookhands/huncial

huncl10

	0	1	2	3	4	5	6	7	8	9	A	B	C	D	E	F	
0													fi				0
1																	1
2			″				₠	′					′	-	·		2
3	0	1	2	3	4	5	6	7	8	9	:	;					3
4		a	b	c	d	e	f	ʒ	h	ı	ɉ	k	l	m	n	o	4
5	p	q	r	ſ	τ	u	υ	w	x	ẏ	z		`				5
6	`	a	b	c	d	e	f	ʒ	h	ı	ɉ	k	l	m	n	o	6
7	p	q	r	ſ	τ	u	υ	w	x	ẏ	z	-	—				7
	0	1	2	3	4	5	6	7	8	9	A	B	C	D	E	F	

fonts/bookhands/inslrmaj

imaj10

	0	1	2	3	4	5	6	7	8	9	A	B	C	D	E	F	
2		!	″				₠	′					′	-	·		2
3	0	1	2	3	4	5	6	7	8	9	:	;				?	3
4		α	b	c	ȯ	e	F	ʒ	h	ı	J	F	l	m	H	O	4
5	p	q	R	ſ	τ	u	υ	w	X	ẏ	z		`				5
6	`	α	b	c	ȯ	e	F	ʒ	h	ı	J	F	l	m	H	O	6
7	p	q	R	ſ	τ	u	υ	w	X	ẏ	z	-	—				7
	0	1	2	3	4	5	6	7	8	9	A	B	C	D	E	F	

fonts/bookhands/rustic

rust10

	0	1	2	3	4	5	6	7	8	9	A	B	C	D	E	F	
2			″					′					′	-	·		2
3	0	1	2	3	4	5	6	7	8	9	:	;					3
4		A	B	C	D	E	F	G	H	I	J	K	L	M	N	O	4
5	P	Q	R	S	T	U	V	W	X	Y	Z		`				5
6	`	A	B	C	D	E	F	G	H	I	J	K	L	M	N	O	6
7	P	Q	R	S	T	U	V	W	X	Y	Z	-	—				7
	0	1	2	3	4	5	6	7	8	9	A	B	C	D	E	F	

fonts/bookhands/uncial

uncl10

	0	1	2	3	4	5	6	7	8	9	A	B	C	D	E	F	
2			″					′					′	-	·		2
3	0	1	2	3	4	5	6	7	8	9	:	;					3
4		a	b	c	ð	ϵ	ꝼ	ꞡ	h	ı	J	k	l	m	ɴ	o	4
5	p	ꝗ	ʀ	s	τ	u	ʋ	ω	x	ẏ	z		`				5
6	`	a	b	c	ð	ϵ	ꝼ	ꞡ	h	ı	J	k	l	m	ɴ	o	6
7	p	ꝗ	ʀ	s	τ	u	ʋ	ω	x	ẏ	z	-	—				7
	0	1	2	3	4	5	6	7	8	9	A	B	C	D	E	F	

fonts/calligra

callig15

fonts/capbas

cmgray

d7seg

B METAFONT-Zeichensätze

deseg

	0	1	2	3	4	5	6	7	8	9	A	B	C	D	E	F	
2		!	"	#	$	%	&	'	(	)	*	+	,	-	.	/	2
3	0	1	2	3	4	5	6	7	8	9	:	;	<	=	>	?	3
4	@	A	B	C	D	E	F	G	H	I	J	K	L	M	N	O	4
5	P	Q	R	S	T	U	V	W	X	Y	Z	[	\	]	^	_	5
6	`	a	b	c	d	e	f	g	h	i	j	k	l	m	n	o	6
7	p	q	r	s	t	u	v	w	x	y	z	{	|	}	~		7
	0	1	2	3	4	5	6	7	8	9	A	B	C	D	E	F	

flyspec

	0	1	2	3	4	5	6	7	8	9	A	B	C	D	E	F	
2		!	"	#	$	%	&	'	(	)	*	+	,	-	.	/	2
3	0	1	2	3	4	5	6	7	8	9	:	;	<	=	>	?	3
4	@	A	B	C	D	E	F	G	H	I	J	K	L	M	N	O	4
5	P	Q	R	S	T	U	V	W	X	Y	Z	[	\	]	^	_	5
6	`	a	b	c	d	e	f	g	h	i	j	k	l	m	n	o	6
7	p	q	r	s	t	u	v	w	x	y	z	{	|	}	~		7
	0	1	2	3	4	5	6	7	8	9	A	B	C	D	E	F	

necker

	0	1	2	3	4	5	6	7	8	9	A	B	C	D	E	F	
2		!	"	#	$	%	&	'	(	)	*	+	,	-	.	/	2
3	0	1	2	3	4	5	6	7	8	9	:	;	<	=	>	?	3
4	@	A	B	C	D	E	F	G	H	I	J	K	L	M	N	O	4
5	P	Q	R	S	T	U	V	W	X	Y	Z	[	\	]	^	_	5
6	`	a	b	c	d	e	f	g	h	i	j	k	l	m	n	o	6
7	p	q	r	s	t	u	v	w	x	y	z	{	|	}	~		7
	0	1	2	3	4	5	6	7	8	9	A	B	C	D	E	F	

simfon

	0	1	2	3	4	5	6	7	8	9	A	B	C	D	E	F	
2																	2
3	0	1	2	3	4	5	6	7	8	9							3
4		A	B	C	D	E	F	G	H	I	J	K	L	M	N	O	4
5	P	Q	R	S	T	U	V	W	X	Y	Z						5
6		A	B	C	D	E	F	G	H	I	J	K	L	M	N	O	6
7	P	Q	R	S	T	U	V	W	X	Y	Z						7
	0	1	2	3	4	5	6	7	8	9	A	B	C	D	E	F	

fonts/cherokee

cherokee

	0	1	2	3	4	5	6	7	8	9	A	B	C	D	E	F	
2							Ꭲ	Ꮽ	Ꮿ	Ꮾ	Ꮸ	Ꮎ	Ꭲ	Ꮈ	Ꮣ	Ꭺ	2
3	Ꭿ	Ꭼ	Ꭴ	Ꭵ	Ꮈ	Ꭷ	Ꭻ	Ꮃ	Ꭿ	Ꮉ	Ꮄ	Ꮞ	Ꮈ	Ꭵ	Ꮍ	Ꮰ	3
4	Ꮭ	Ꮿ	Ꮑ	Ꮲ	Ꮶ	Ꮓ	Ꮩ	Ꮝ	Ꮷ	Ꮐ	Ꮳ	Ꮄ	Ꭾ	Ꮒ	Ꭸ	Ꮝ	4
5	Ꮆ	Ꮓ	Ꮓ	Ꮵ	Ꮾ	Ꮸ	Ꮗ	Ꮶ	Ꮴ	Ꮢ	Ꮕ	Ꮿ	Ꮁ	Ꮇ	Ꮴ	Ꭴ	5
6	Ꮤ	Ꮹ	Ꮞ	Ꮐ	Ꮰ	Ꮢ	Ꮡ	Ꮡ	Ꭱ	Ꮏ	Ꮚ	Ꭹ	Ꭼ	Ꮢ	Ꮼ	Ꮈ	6
7	Ꮳ	Ꮰ	Ꮞ	Ꮼ	Ꮨ	Ꭵ	Ꮹ	Ꮙ	Ꮀ	Ꮁ	Ꮒ						7
	0	1	2	3	4	5	6	7	8	9	A	B	C	D	E	F	

fonts/chess/bdfchess

chess15

fonts/chess/fonts

chess10

fonts/cirth

cirth

fonts/cm/bbm

bbm10

Weitere Schnitte sind bbmb10, bbmbx10, bbmbxsl10, bbmdunh10, bbmfib8, bbmsl10, bbmsltt10, bbmss10, bbssbx10, bbmssdc10, bbmssi10, bbmssq8, bbmssqi8, bbmtt10 und bbmvtt10.

fonts/cm/cmoutlines

ocmr10

	0	1	2	3	4	5	6	7	8	9	A	B	C	D	E	F	
0	Γ	Δ	Θ	Λ	Ξ	Π	Σ	Υ	Φ	Ψ	Ω		ff	fi	fl	ffi	ffl	0
1	ı	ȷ	`	´	ˇ	˘	¯	˚	¸	ß	æ	œ	ø	Æ	Œ	Ø	1
2	-	!	"	#	$	%	&	'	(	)	*	+	,	-	.	/	2
3	0	1	2	3	4	5	6	7	8	9	:	;	¡	=	¿	?	3
4	@	A	B	C	D	E	F	G	H	I	J	K	L	M	N	O	4
5	P	Q	R	S	T	U	V	W	X	Y	Z	[	"	]	^	·	5
6	'	a	b	c	d	e	f	g	h	i	j	k	l	m	n	o	6
7	p	q	r	s	t	u	v	w	x	y	z	-	—	"	~	¨	7
	0	1	2	3	4	5	6	7	8	9	A	B	C	D	E	F	

Weitere Schnitte sind `ocmbx12`, `ocmsdc10`, `ocmsl12`, `ocmss10`, `ocmti12` und `ocmtt10`.

fonts/cm/xcmr

xcmr12

	0	1	2	3	4	5	6	7	8	9	A	B	C	D	E	F	
0	Γ	Δ	Θ	Λ	Ξ	Π	Σ	Υ	Φ	Ψ	Ω	ff	fi	fl	ffi	ffl	0
1	ı	ȷ	`	´	ˇ	˘	¯	˚	¸	ß	æ	œ	ø	Æ	Œ	Ø	1
2	-	!	"	#	$	%	&	'	(	)	*	+	,	-	.	/	2
3	0	1	2	3	4	5	6	7	8	9	:	;	«	=	»	?	3
4	@	A	B	C	D	E	F	G	H	I	J	K	L	M	N	O	4
5	P	Q	R	S	T	U	V	W	X	Y	Z	[	"	]	^	·	5
6	'	a	b	c	d	e	f	g	h	i	j	k	l	m	n	o	6
7	p	q	r	s	t	u	v	w	x	y	z	-	—	"	~	¨	7
	0	1	2	3	4	5	6	7	8	9	A	B	C	D	E	F	

fonts/cm/mf-extra/bold

cmbcsc10

	0	1	2	3	4	5	6	7	8	9	A	B	C	D	E	F	
0	Γ	Δ	Θ	Λ	Ξ	Π	Σ	Υ	Φ	Ψ	Ω	↑	↓	'	¡	¿	0
1	I	J	`	´	ˇ	˘	¯	˚	¸	SS	Æ	Œ	ø	Æ	Œ	Ø	1
2	-	!	"	#	$	%	&	'	(	)	*	+	,	-	.	/	2
3	0	1	2	3	4	5	6	7	8	9	:	;	<	=	>	?	3
4	@	A	B	C	D	E	F	G	H	I	J	K	L	M	N	O	4
5	P	Q	R	S	T	U	V	W	X	Y	Z	[	"	]	^	·	5
6	'	A	B	C	D	E	F	G	H	I	J	K	L	M	N	O	6
7	P	Q	R	S	T	U	V	W	X	Y	Z	-	—	"	~	¨	7
	0	1	2	3	4	5	6	7	8	9	A	B	C	D	E	F	

B.2 Zeichensatztabellen

cmexb10

cmbtex10

cmttb10

fonts/cmastro

cmastro10

B METAFONT-Zeichensätze

fonts/cmbright

cmr10

	0	1	2	3	4	5	6	7	8	9	A	B	C	D	E	F	
0	Γ	Δ	Θ	Λ	Ξ	Π	Σ	Υ	Φ	Ψ	Ω	ff	fi	fl	ffi	ffl	0
1	ı	ȷ	`	´	ˇ	˘	¯	˚	¸	ß	æ	œ	ø	Æ	Œ	Ø	1
2	-	!	"	#	$	%	&	'	(	)	*	+	,	-	.	/	2
3	0	1	2	3	4	5	6	7	8	9	:	;	¡	=	¿	?	3
4	@	A	B	C	D	E	F	G	H	I	J	K	L	M	N	O	4
5	P	Q	R	S	T	U	V	W	X	Y	Z	[	"	]	^	˙	5
6	'	a	b	c	d	e	f	g	h	i	j	k	l	m	n	o	6
7	p	q	r	s	t	u	v	w	x	y	z	–	—	˝	~	¨	7
	0	1	2	3	4	5	6	7	8	9	A	B	C	D	E	F	

ebmr10

	0	1	2	3	4	5	6	7	8	9	A	B	C	D	E	F	
0	`	´	^	~	¨	˝	˚	ˇ	˘	¯		˙	¸	'	‹	›	0
1	"	"	„	«	»	–	—		°	ı	ȷ	ff	fi	fl	ffi	ffl	1
2	␣	!	"	#	$	%	&	'	(	)	*	+	,	-	.	/	2
3	0	1	2	3	4	5	6	7	8	9	:	;	<	=	>	?	3
4	@	A	B	C	D	E	F	G	H	I	J	K	L	M	N	O	4
5	P	Q	R	S	T	U	V	W	X	Y	Z	[	\	]	^	_	5
6	'	a	b	c	d	e	f	g	h	i	j	k	l	m	n	o	6
7	p	q	r	s	t	u	v	w	x	y	z	{			}	~	-	7
	0	1	2	3	4	5	6	7	8	9	A	B	C	D	E	F	

Weitere Schnitte sind: `cmbrbx10`, `cmbrmb10`, `cmbrmi10`, `cmbrsl10`, `cmsltl10`, `cmtl10`, `ebbx10`, `ebmo10`, `ebso10`, `ebsr10`, `ebtl10`, `ebto10`.

cmbras10

	0	1	2	3	4	5	6	7	8	9	A	B	C	D	E	F	
0	⊡	⊞	⊠	□	■	.	◇	◆	↻	↺	⇌	⇋	⊟	⊩	⊪	⊢	0
1	→	←	↢	⇒	⇑	⇓	↑	↓	↥	↧	↪	↩	⇆	⇄	↱	↰	1
2	↝	↭	↫	↬	≜	≿	≳	≷	⊸	∴	∵	≑	≘	≾	≲	≶	2
3	≼	≽	⋞	⋟	⊰	⊴	⋜	⋝	∖	-	≡	≣	⊵	≥	≧	≧	3
4	⊏	⊐	▷	◁	▽	◁	★	◊	▼	▶	◀	→	⇇	△	▲	▽	4
5	⋕	⫋	⫌	⫋	¥	⇒	⇐	✓	∨	⊼	⊼	∠	∡	⊲	α	5
6	⌣	⌢	∈	∋	⋓	⋒	⋋	⋌	⋋	⋌	⊆	⊇	≃	≎	⋘	⋙	6
7	⌜	⌝	®	Ⓢ	⋔	∔	⋎	⋍	⌞	⌟	✠	⊂	⊤	⊙	⊛	⊖	7
	0	1	2	3	4	5	6	7	8	9	A	B	C	D	E	F	

cmbrbs10

	0	1	2	3	4	5	6	7	8	9	A	B	C	D	E	F	
0	≨	≩	⋨	⋩	⋠	⋡	⋨	⋩	≨	≩	⋦	⋧	⪇	⪈	⪉	⪊	0
1	⋨	⋩	⋨	⋩	≠	≢	≢	⋨	⋩	⋦	⋧	≁	≇	/	\	1
2	⊊	⊋	⊈	⊉	⊊	⊋	⊊	⊋	⊊	⊋	⊄	⊅	∦	∤	↯	⋈	2
3	⊬	⊭	⊮	⊯	⊬	⊭	⊮	↚	↛	⇍	⇏	↮	↭	✻	∅	3
4	∄	𝔸	𝔹	ℂ	𝔻	𝔼	𝔽	𝔾	ℍ	𝕀	𝕁	𝕂	𝕃	𝕄	ℕ	𝕆	4
5	ℙ	ℚ	ℝ	𝕊	𝕋	𝕌	𝕍	𝕎	𝕏	𝕐	ℤ	⌢	⌣		5
6	⊣	𝒢			⋃	ð	≈	⊐	⊐	<	>	⋉	⋊	6
7	ı	‖	\	~	≈	≈	≋	≋	⌢	⌣	F	ϰ	k	ℏ	ℏ	∍	7
	0	1	2	3	4	5	6	7	8	9	A	B	C	D	E	F	

B.2 Zeichensatztabellen

cmbrsy10

	0	1	2	3	4	5	6	7	8	9	A	B	C	D	E	F	
0	−	·	×	∗	÷	⋄	±	∓	⊕	⊖	⊗	⊘	⊙	○	∘	•	0
1	≍	≡	⊆	⊇	≤	≥	≺	≻	∼	≈	⊂	⊃	≪	≫	≺	≻	1
2	←	→	↑	↓	↔	↗	↘	≃	⇐	⇒	⇑	⇓	⇔	↖	↙	∝	2
3	′	∞	∈	∋	△	▽	/		∀	∃	¬	∅	ℜ	ℑ	⊤	⊥	3
4	ℵ	𝒜	ℬ	𝒞	𝒟	ℰ	ℱ	𝒢	ℋ	ℐ	𝒥	𝒦	ℒ	ℳ	𝒩	𝒪	4
5	𝒫	𝒬	ℛ	𝒮	𝒯	𝒰	𝒱	𝒲	𝒳	𝒴	𝒵	∪	∩	⊎	∧	∨	5
6	⊢	⊣	⌊	⌋	⌈	⌉	{	}	⟨	⟩	|	‖	↕	⇕	\	≀	6
7	√	∐	∇	∫	⊔	⊓	⊑	⊒	§	†	‡	¶	♣	♦	♥	♠	7
	0	1	2	3	4	5	6	7	8	9	A	B	C	D	E	F	

tbmr10

	0	1	2	3	4	5	6	7	8	9	A	B	C	D	E	F	
0	ˋ	´	ˆ	˜	¨	˝	˚	ˇ	˘	¯	·	¸	˛	‚	‹	›	0
1			"		—	—			←	→	ˆ	⌢					1
2	ƀ				$			'			∗		,	=	.	/	2
3	0	1	2	3	4	5	6	7	8	9			⟨	−	⟩		3
4													↶			◯	4
5						Ω			⟦				⟧	↑	↓		5
6	ˋ		★	⊙	†								✉	∞	♪		6
7															~	=	7
	0	1	2	3	4	5	6	7	8	9	A	B	C	D	E	F	

Weitere Schnitte: `tbbx10`, `tbmo10`, `tbso10`, `tbsr10`, `tbtl10` und `tbto10`.

fonts/cmoefont

cmoer10

	0	1	2	3	4	5	6	7	8	9	A	B	C	D	E	F	
4					Ð			Ʒ									4
5					Þ												5
6					ð			ʒ							˛		6
7					þ	þ											7
	0	1	2	3	4	5	6	7	8	9	A	B	C	D	E	F	

Weitere Schnitte: `cmoebx10`, `cmoesc10`, `cmoesl10`, `cmoeti10`, `cmoett10`.

fonts/cmpica

cmpica

	0	1	2	3	4	5	6	7	8	9	A	B	C	D	E	F	
0	Γ	Δ	Θ	Λ	Ξ	Π	Σ	Υ	Φ	Ψ	Ω	↑	↓	'	¡	¿	0
1	ı	ȷ	`	´	ˇ	˘	ˉ	˚	¸	ß	æ	œ	ø	Æ	Œ	Ø	1
2	−	!	"	#	$	%	&	'	(	)	*	+	,	-	.	/	2
3	0	1	2	3	4	5	6	7	8	9	:	;	<	=	>	?	3
4	@	A	B	C	D	E	F	G	H	I	J	K	L	M	N	O	4
5	P	Q	R	S	T	U	V	W	X	Y	Z	[	\	]	^	_	5
6	'	a	b	c	d	e	f	g	h	i	j	k	l	m	n	o	6
7	p	q	r	s	t	u	v	w	x	y	z	{	|	}	~	¨	7
	0	1	2	3	4	5	6	7	8	9	A	B	C	D	E	F	

B METAFONT-Zeichensätze

fonts/concmath

B.2 Zeichensatztabellen

xccsy10

	0	1	2	3	4	5	6	7	8	9	A	B	C	D	E	F
0	$-$	$\cdot$	$\times$	$*$	$\div$	$\diamond$	$\pm$	$\mp$	$\oplus$	$\ominus$	$\otimes$	$\oslash$	$\odot$	$\bigcirc$	$\circ$	$\bullet$
1	$\asymp$	$\equiv$	$\subseteq$	$\supseteq$	$\leq$	$\geq$	$\preceq$	$\succeq$	$\sim$	$\approx$	$\subset$	$\supset$	$\ll$	$\gg$	$\prec$	$\succ$
2	$\leftarrow$	$\rightarrow$	$\uparrow$	$\downarrow$	$\leftrightarrow$	$\nearrow$	$\searrow$	$\simeq$	$\Leftarrow$	$\Rightarrow$	$\Uparrow$	$\Downarrow$	$\Leftrightarrow$	$\nwarrow$	$\swarrow$	$\propto$
3	$\prime$	∞	$\in$	$\ni$	$\triangle$	∇	$/$	$\mid$	$\forall$	$\exists$	$\neg$	$\emptyset$	$\Re$	$\Im$	$\top$	$\bot$
4	$\aleph$	$\mathcal{A}$	$\mathcal{B}$	$\mathcal{C}$	$\mathcal{D}$	$\mathcal{E}$	$\mathcal{F}$	$\mathcal{G}$	$\mathcal{H}$	$\mathcal{I}$	$\mathcal{J}$	$\mathcal{K}$	$\mathcal{L}$	$\mathcal{M}$	$\mathcal{N}$	$\mathcal{O}$
5	$\mathcal{P}$	$\mathcal{Q}$	$\mathcal{R}$	$\mathcal{S}$	$\mathcal{T}$	$\mathcal{U}$	$\mathcal{V}$	$\mathcal{W}$	$\mathcal{X}$	$\mathcal{Y}$	$\mathcal{Z}$	$\cup$	$\cap$	$\uplus$	$\wedge$	$\vee$
6	$\vdash$	$\dashv$	$\lfloor$	$\rfloor$	$\lceil$	$\rceil$	$\{$	$\}$	$\langle$	$\rangle$	$\mid$	$\parallel$	$\updownarrow$	$\Updownarrow$	$\setminus$	$\wr$
7	$\sqrt{}$	$\amalg$	∇	$\int$	$\sqcup$	$\sqcap$	$\sqsubseteq$	$\sqsupseteq$	$\S$	$\dagger$	$\ddagger$	$\P$	$\clubsuit$	$\diamondsuit$	$\heartsuit$	$\spadesuit$

xccmi10

	0	1	2	3	4	5	6	7	8	9	A	B	C	D	E	F
0	Γ	Δ	Θ	Λ	Ξ	Π	Σ	Υ	Φ	Ψ	Ω	α	β	γ	δ	ϵ
1	ζ	η	θ	ι	κ	λ	μ	ν	ξ	π	ρ	σ	τ	υ	ϕ	χ
2	ψ	ω	ε	ϑ	ϖ	ϱ	ς	φ	$\leftharpoonup$	$\leftharpoondown$	$\rightharpoonup$	$\rightharpoondown$	$`$	$'$	$\triangleright$	$\triangleleft$
3	0	1	2	3	4	5	6	7	8	9	$.$	$,$	$<$	$/$	$>$	$\star$
4	∂	A	B	C	D	E	F	G	H	I	J	K	L	M	N	O
5	P	Q	R	S	T	U	V	W	X	Y	Z	$\flat$	$\natural$	$\sharp$	$\smile$	$\frown$
6	ℓ	a	b	c	d	e	f	g	h	i	j	k	l	m	n	o
7	p	q	r	s	t	u	v	w	x	y	z	$\imath$	$\jmath$	$\wp$	$\vec{}$	$\frown$

xccex10

	0	1	2	3	4	5	6	7	8	9	A	B	C	D	E	F
0	$($	$)$	$[$	$]$	$\lfloor$	$\rfloor$	$\lceil$	$\rceil$	$\{$	$\}$	$\langle$	$\rangle$	$\mid$	$\parallel$	$/$	$\backslash$
1	$($	$)$	$($	$)$	$[$	$]$	$[$	$]$	$\{$	$\}$	$\{$	$\}$	$\langle$	$\rangle$	$/$	$\backslash$
2	$($	$)$	$[$	$]$	$[$	$]$	$[$	$]$	$\{$	$\}$	$\{$	$\}$	$\langle$	$\rangle$	$/$	$\backslash$
3	$($	$)$	$[$	$]$	$\mid$	$\mid$	$($	$)$	$($	$)$	$\{$	$\}$	$\cdot$	$\mid$		
4	$\backslash$	$/$	$\mid$	$\mid$	$\langle$	$\rangle$	$\sqcup$	$\sqcup$	$\oint$	$\oint$	$\odot$	$\odot$	$\oplus$	$\oplus$	$\otimes$	$\otimes$
5	$\sum$	$\prod$	$\int$	$\cap$	$\uplus$	$\wedge$	$\vee$	$\sum$	$\prod$	$\int$	$\cup$	$\cap$	$\uplus$	$\wedge$	$\vee$	
6	$\sqcup$	$\sqcup$	$\hat{}$	$\hat{}$	$\tilde{}$	$\tilde{}$	$[$	$]$	$[$	$]$	$\{$	$\}$				
7	$\sqrt{}$	$\sqrt{}$	$\sqrt{}$	$\sqrt{}$	$\sqrt{}$	$\mid$	$\lceil$	$\parallel$	$\uparrow$	$\downarrow$	$\frown$	$\frown$	$\smile$	$\smile$	$\Uparrow$	$\Downarrow$

fonts/concrete

ccr10

	0	1	2	3	4	5	6	7	8	9	A	B	C	D	E	F	
0	Γ	Δ	Θ	Λ	Ξ	Π	Σ	Υ	Φ	Ψ	Ω	ff	fi	fl	ffi	ffl	0
1	ı	ȷ	`	´	ˇ	˘	¯	˚	¸	ß	æ	œ	ø	Æ	Œ	Ø	1
2	-	!	"	#	$	%	&	'	(	)	*	+	,	-	.	/	2
3	0	1	2	3	4	5	6	7	8	9	:	;	¡	=	¿	?	3
4	@	A	B	C	D	E	F	G	H	I	J	K	L	M	N	O	4
5	P	Q	R	S	T	U	V	W	X	Y	Z	[	"	]	^	˙	5
6	'	a	b	c	d	e	f	g	h	i	j	k	l	m	n	o	6
7	p	q	r	s	t	u	v	w	x	y	z	-	—	"	~	¨	7
	0	1	2	3	4	5	6	7	8	9	A	B	C	D	E	F	

Weitere Schnitte sind `cccsc10`, `ccmi10`, `ccsl10`, `ccslc9` und `ccti10`.

fonts/cun

cun

	0	1	2	3	4	5	6	7	8	9	A	B	C	D	E	F	
0																	0
4																	4
5																	5
6																	6
7																	7
	0	1	2	3	4	5	6	7	8	9	A	B	C	D	E	F	

fonts/cryst

cryst

	0	1	2	3	4	5	6	7	8	9	A	B	C	D	E	F	
0																	0
1																	1
2																	2
3																	3
4																	4
5																	5
6																	6
7																	7
8																	8
9																	9
A																	A
B																	B
C																	C
D																	D
E																	E
F																	F
	0	1	2	3	4	5	6	7	8	9	A	B	C	D	E	F	

fonts/cypriote

	0	1	2	3	4	5	6	7	8	9	A	B	C	D	E	F	
2																	2
3		✕	✧	≤	✯	✱	✵	↑	✦	⇧							3
4		I	✿	8	X	∅	5	⊥	✓	⊢	⟨	∧	+	Φ	⊤		4
5	ʃ		Ջ	⅄	F			↑		_	§§						5
6		✹	X	Ω	M	✳	⋊	⨀	ᚕ	X	✱	⊥	⩘	X	⊤	⨯	6
7	✚	⪢	Ω	V	⊢	⊤		✘	⋊	○	✗						7
	0	1	2	3	4	5	6	7	8	9	A	B	C	D	E	F	

cypriote

fonts/cyrillic/bashkirian

	0	1	2	3	4	5	6	7	8	9	A	B	C	D	E	F	
0	Њ	Љ	Џ	Э	I	Є	Ђ	Ћ	њ	љ	џ	э	і	є	ђ	ћ	0
1	Ю	Ж	Й	Ё	V	Ѳ	S	Я	ю	ж	й	ё	v	ѳ	s	я	1
2	˝	!	"	Ѣ	˘	%	'	'	(	)	*	ѣ	,	-	.	/	2
3	0	1	2	3	4	5	6	7	8	9	:	;	«	ı	»	?	3
4	˘	А	Б	Ц	Д	Е	Ф	Г	Х	И	J	К	Л	М	Н	О	4
5	П	Ч	Р	С	Т	У	В	Щ	Ш	Ы	З	[	"	]	Ь	Ъ	5
6	'	а	б	ц	д	е	ф	г	х	и	j	к	л	м	н	о	6
7	п	ч	р	с	т	у	в	щ	ш	ы	з	–	—	№	ь	ъ	7
8	F	Ҡ	Ң	Ө	Ү	һ	Ә		f	ҡ	ң	ө	ү	h	ә		8
	0	1	2	3	4	5	6	7	8	9	A	B	C	D	E	F	

jkbash10

fonts/cyrillic/cmcyr

	0	1	2	3	4	5	6	7	8	9	A	B	C	D	E	F	
1										Ж							1
4	@	А	Б	Ц	Д	Е	Ф	Г	Х	И		К	Л	М	Н	О	4
5	П	Ч	Р	С	Т	У	В	Щ	Ш	Ы	З	[	"	]	Ь	Ъ	5
6	'	а	б	ц	д	е	ф	г	х	и		к	л	м	н	о	6
7	п	ч	р	с	т	у	в	щ	ш	ы	з	–	—		ь	ъ	7
	0	1	2	3	4	5	6	7	8	9	A	B	C	D	E	F	

cmcyr10

Der Zeichensatz ist auch im Type 1-Format verfügbar, weitere Schnitte sind `cmcb10`, `cmcbx10`, `cmcbxsl10`, `cmcbxti10`, `cmccsc10`, `cmcitt10`, `cmcsl10`, `cmcsltt10`, `cmcss10`, `cmcssbx10`, `cmcssdc10`, `cmcssi10`, `cmcssq8`, `cmcti10`, `cmctt10` und `cmcu10`.

fonts/cyrillic/old_slavonic/izhitsa

izhitsa

	0	1	2	3	4	5	6	7	8	9	A	B	C	D	E	F	
0	ħ	ҟ	Ѥ	ĸ	Ж	ж			Ѩ	ѩ	Ѭ	ѭ	Ѫ	ж	△	ౖ	0
1	'	ʺ	`	´	ˬ	˯	ˆ	˜	˘	˘	ˇ	ˇ	ˑ	.	⌒	ˆ	1
2	¶	!	Э	э	$	%	˜	'	(	)	*	+	,	-	.	/	2
3	0	1	2	3	4	5	6	7	8	9	:	;		−		?	3
4		Ꙉ	В	С	Д	Є	Ѳ	Ѿ	Н	І	Ѱ	Ꙁ	Ї	Щ	ѓ	О	4
5	Р	Оу	Ы	Ѕ	Т	ү	V	W	Х	Ү	Z	[	Г	]	ı	·	5
6		а	в	с	д	є	ѳ	ѿ	ѣ	і	ѱ	ꙁ	ї	щ	ѓ	о	6
7	р	оу	ы	ѕ	ъі	ү	v	w	х	ү	z	△	—		̀	˜	7
8	А	Б	В	Г	Д	Е	Ж	З	И	Й	К	Л	М	Н	О	П	8
9	Р	С	Т	У	Ф	Х	Ц	Ч	Ш	Щ	Ъ	Ы	Ь	Ѣ	Ю	Ѧ	9
A	а	б	в	г	д	е	ж	з	и	й	к	л	м	н	о	п	A
B																	B
C																	C
D																	D
E	р	с	т	у	ф	х	ц	ч	ш	щ	ъ	ы	ь	ѣ	ю	ѧ	E
F	ё	ë															F
	0	1	2	3	4	5	6	7	8	9	A	B	C	D	E	F	

fonts/cyrillic/scyrillic

cmrz10

	0	1	2	3	4	5	6	7	8	9	A	B	C	D	E	F	
0																	0
1											№						1
2																	2
3																	3
4	ю	а	б	ц	д	е	ф	г	х	и		к	л	м	н	о	4
5	п	я	р	с	т	у	ж	в	ь	ы	з	ш	э	щ	ч	ъ	5
6	Ю	А	Б	Ц	Д	Е	Ф	Г	Х	И		К	Л	М	Н	О	6
7	П	Я	Р	С	Т	У	Ж	В	Ь	Ы	З	Ш	Э		Ч	Ъ	7
	0	1	2	3	4	5	6	7	8	9	A	B	C	D	E	F	

Weitere Schnitte sind `cmbizx10`, `cmbozx10`, `cmbszx10`, `cmbz10`, `czssq8`, `czssqi8`, `cmrcz10`, `cmrisz10`, `cmritz10`, `cmriz10`, `cmrotz10`, `cmroz10`, `cmrsz10`, `cmrtz10` und `cmruz10`.

fonts/dingbat

ark10

	0	1	2	3	4	5	6	7	8	9	A	B	C	D	E	F	
4					✄	✌	👎	👁	✏				☞				4
5		✎				☞	👍	✏									5
6							👎										6
7							👍										7
	0	1	2	3	4	5	6	7	8	9	A	B	C	D	E	F	

B.2 Zeichensatztabellen

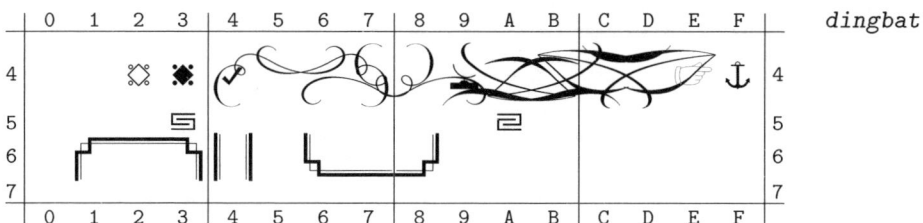

dingbat

fonts/doublestroke

dsrom10

dsss10

fonts/duerer

cdr10

Weitere Schnitte sind cdb10, cdi10, cdsl10, cdss10 und cdtt10.

fonts/ecc

eorm10

B METAFONT-Zeichensätze

`torm10`

Weitere Schnitte sind `eosl10`, `eocc10`, `eoti10`, `tosl10` und `toti10`.

fonts/elvish

`teng10`

fonts/engwar

`engwar`

Weitere Schnitte sind `feybr10`, `feybl10`, `feybo10`, `feyml10` und `feymo10`.

fonts/eurosym

	0	1	2	3	4	5	6	7	8	9	A	B	C	D	E	F	
4		=	=	=													4
5																	5
6				€													6
7																	7
	0	1	2	3	4	5	6	7	8	9	A	B	C	D	E	F	

feymr10

fonts/futhark

	0	1	2	3	4	5	6	7	8	9	A	B	C	D	E	F	
4		ᚠ	ᛒ		ᛗ	ᛘ	ᚠ	ᚷ	ᚺ	ᛁ	ᛇ	ᛉ	ᛚ	ᛗ	ᛏ	ᛟ	4
5	ᚴ	ᚢ	ᚱ	ᛊ	↑	ᚢ		ᚦ	ᚦ	ᛋ	ᛉ						5
	0	1	2	3	4	5	6	7	8	9	A	B	C	D	E	F	

futhol10

fonts/futhorc

	0	1	2	3	4	5	6	7	8	9	A	B	C	D	E	F	
4		ᚠ	ᛒ	ᚻ	ᛗ	ᛘ	ᚠ	ᚷ	ᚺ	ᛁ			ᛚ	ᛗ	ᛏ	ᛟ	4
5	ᚴ	ᛟ	ᚱ	ᚻ	↑	ᚢ		ᚦ	ᛇ	ᛡ							5
6		ᚠ				ᛉ		ᛉ		ᛣ				ᛉ	ᛋ		6
7			ᛝ	ᛗ	ᚦ					ᚻ							7
	0	1	2	3	4	5	6	7	8	9	A	B	C	D	E	F	

futhor10

fonts/genealogy

	0	1	2	3	4	5	6	7	8	9	A	B	C	D	E	F	
1										♀	♂						1
1		o|o															1
1			★		†									⚭			1
	0	1	2	3	4	5	6	7	8	9	A	B	C	D	E	F	

drgen10

fonts/georgian/mxedruli

	0	1	2	3	4	5	6	7	8	9	A	B	C	D	E	F	
0	ჶ	ჰ	ჲ	ჳ	ჴ	ჵ	ჶ	ჷ	ჸ	ჹ	ჺ	჻	ჼ	ჽ	ჾ		0
1	ჸ	ჹ				-											1
2		!						'	(	)		+	,	-	.	/	2
3	0	1	2	3	4	5	6	7	8	9	:	;		=		?	3
4																	4
5									[		]	^					5
6		ა	ბ	გ	დ	ე	ვ	ზ	თ	ი	კ	ლ	მ	ნ	ო	პ	6
7	ჟ	რ	ს	ტ	უ	ფ	ქ	ღ	ყ	-	-			¨			7
	0	1	2	3	4	5	6	7	8	9	A	B	C	D	E	F	

mxed10

B METAFONT-Zeichensätze

xuc10

	0	1	2	3	4	5	6	7	8	9	A	B	C	D	E	F	
0	Ҏ	ӄ	Ո	Կ	Ʋ	Ꮍ	Ҏ	Ꮡ	Ꭾ	Ꮉ	Ⴢ		Ⴆ	Ꮍ	Ӄ		0
1	ɱ	ҟ	ʍ	կ	ʋ	y	ҏ	ꭷ	ӿ		ʊ		y	ɥ	ƙ		1
2		!						'	(	)		+	,	-	.	/	2
3	0	1	2	3	4	5	6	7	8	9	:	;		=		?	3
4		Ⴚ	Ⴙ	Ⴚ	Ծ	Ⴇ		Ⴍ	Ⴀ	Ⴁ	ცჰ	✝	Ⴀ	ერ	Ⴊ	Ⴍ	4
5	Ꭴ	Ⴁ	Ⴑ	Ⴒ	Ⴓ	Ⴍ	Ꭷ	Ⴁ	Ⴑ		ь	[	\	]			5
6		ᴛ	ყ	ԑ	Ⴟ	ꭲ		ᴙ	ɯ	ɼ	ժ	ɥ	ɯ	ɔ	ƙ	ɯ	6
7	ŋ	ч	ih	ʁ	m	щ	ŋ	ʗ	ʑ		h	-	-				7
	0	1	2	3	4	5	6	7	8	9	A	B	C	D	E	F	

Weitere Schnitte sind mxedbf10 und mxedi10.

fonts/georgian

georgian

	0	1	2	3	4	5	6	7	8	9	A	B	C	D	E	F	
4		ა	ბ	გ	ე	ვ	ზ	ჱ	თ	ი	კ		ლ	მ	ნ	ჲ	4
5	ო	პ	ჟ	ბ	ს	ტ	ჳ	ჯ	ც	უ	ფ	ქ	ღ	ყ	შ	ჩ	5
6	ჩ	ც	ძ														6
7																	7
	0	1	2	3	4	5	6	7	8	9	A	B	C	D	E	F	

fonts/go

go1bla10

	0	1	2	3	4	5	6	7	8	9	A	B	C	D	E	F	
0	●	❶	❷	❸	❹	❺	❻	❼	❽	❾	❿	⓫	⓬	⓭	⓮	⓯	0
1	⓰	⓱	⓲	⓳	⓴	㉑	㉒	㉓	㉔	㉕	㉖	㉗	㉘	㉙	㉚	㉛	1
2	㉜	㉝	㉞	㉟	㊱	㊲	㊳	㊴	㊵	㊶	㊷	㊸	㊹	㊺	㊻	㊼	2
3	㊽	㊾	㊿	51	52	53	54	55	56	57	58	59	60	61	62	63	3
4	64	65	66	67	68	69	70	71	72	73	74	75	76	77	78	79	4
5	80	81	82	83	84	85	86	87	88	89	90	91	92	93	94	95	5
6	96	97	98	99	100	101	102	103	104	105	106	107	108	109	110	111	6
7	112	113	114	115	116	117	118	119	120	121	122	123	124	125	126	127	7
	0	1	2	3	4	5	6	7	8	9	A	B	C	D	E	F	

go1whi10

	0	1	2	3	4	5	6	7	8	9	A	B	C	D	E	F	
0	○	①	②	③	④	⑤	⑥	⑦	⑧	⑨	⑩	⑪	⑫	⑬	⑭	⑮	0
1	⑯	⑰	⑱	⑲	⑳	㉑	㉒	㉓	㉔	㉕	㉖	㉗	㉘	㉙	㉚	㉛	1
2	㉜	㉝	㉞	㉟	㊱	㊲	㊳	㊴	㊵	㊶	㊷	㊸	㊹	㊺	㊻	㊼	2
3	㊽	㊾	㊿	51	52	53	54	55	56	57	58	59	60	61	62	63	3
4	64	65	66	67	68	69	70	71	72	73	74	75	76	77	78	79	4
5	80	81	82	83	84	85	86	87	88	89	90	91	92	93	94	95	5
6	96	97	98	99	100	101	102	103	104	105	106	107	108	109	110	111	6
7	112	113	114	115	116	117	118	119	120	121	122	123	124	125	126	127	7
	0	1	2	3	4	5	6	7	8	9	A	B	C	D	E	F	

B.2 Zeichensatztabellen

go2bla10

go2whi10

go10

fonts/goblin

goblin

B METAFONT-Zeichensätze

fonts/gothic/sueterlin

schwell

	0	1	2	3	4	5	6	7	8	9	A	B	C	D	E	F	
0																	0
1			,	"									½	ß	ℐ	~	1
2			!						(	)	*	+	,	-	.	/	2
3		0	1	2	3	4	5	6	7	8	9	:	;		=		?	3
4			A	B	L	D	E	F	G	H	I	J	K	L	M	N	O	4
5		P	Q	R	S	T	U	V	W	X	Y	Z					5
6			a	b	c	d	e	f	g	h	i	j	k	l	m	n	o	6
7		p	q	r	s	t	u	v	w	x	y	z					7
	0	1	2	3	4	5	6	7	8	9	A	B	C	D	E	F	

suet14

	0	1	2	3	4	5	6	7	8	9	A	B	C	D	E	F	
0																	0
1			,	"									½	ß	ℐ	~	1
2			!						(	)	*	+	,	-	.	/	2
3		0	1	2	3	4	5	6	7	8	9	:	;		=		?	3
4			A	B	L	D	E	F	G	H	I	J	K	L	M	N	O	4
5		P	Q	R	S	T	U	V	W	X	Y	Z					5
6			a	b	c	d	e	f	g	h	i	j	k	l	m	n	o	6
7		p	q	r	s	t	u	v	w	x	y	z					7
	0	1	2	3	4	5	6	7	8	9	A	B	C	D	E	F	

fonts/gothic/yfrak

yfrak

	0	1	2	3	4	5	6	7	8	9	A	B	C	D	E	F	
0																	0
1		ı	ı	`	´	˘	ˇ	ˉ	˚	˛	ß	ß					1
2		!	"	#	$	%	&	'	(	)	*	+	,	-	.	/	2
3		0	1	2	3	4	5	6	7	8	9	:	;	§	=		?	3
4			A	B	C	D	E	F	G	H	J	I	K	L	M	N	O	4
5		P	Q	R	S	T	U	V	W	X	Y	Z	[	"	]	^	.	5
6		'	a	b	c	d	e	f	g	h	i	j	k	l	m	n	o	6
7		p	q	r	ſ	t	u	v	w	x	y	z	—	"	~		7
	0	1	2	3	4	5	6	7	8	9	A	B	C	D	E	F	

fonts/gothic/ygoth

ygoth

	0	1	2	3	4	5	6	7	8	9	A	B	C	D	E	F	
0		ff	fi	fl	ffi	ffl	ft	ft	ft	ft	ft	ti	fl	ffi	ffl	0
1		ı	J	ʻ	ʼ	ˇ	˘	ß	ʼ	ʼ	æ	œ	ø	Æ	Œ	Ø	1
2		!	"	#	$	ß	'	(	)	ʻ	ffi		,	.	.	ß	2
3		0	1	2	3	4	5	6	7	8	9	:	;	ft	ft	ß	?	3
4			A	B	C	D	E	F	G	H	J	I	K	L	M	N	O	4
5		P	Q	R	S	T	U	V	W	X	Y	Z	ä	ö	ü	"	5
6		ß	a	b	c	d	e	f	g	h	i	j	k	l	m	n	o	6
7		p	q	r	ſ	t	u	v	w	x	y	z	—				7
	0	1	2	3	4	5	6	7	8	9	A	B	C	D	E	F	

fonts/gothic/yinit

yinitas

fonts/gothic/yswab

	0	1	2	3	4	5	6	7	8	9	A	B	C	D	E	F	
0																	0
1	ı	ȷ	`	´	˘	ˉ	˚	ˇ				ß					1
2		!	"	#		%		'	(	)	*	+	,	-	.	/	2
3	0	1	2	3	4	5	6	7	8	9	:		$	=		?	3
4		A	B	C	D	E	F	G	H	I	J	K	L	M	N	O	4
5	P	Q	R	S	T	U	V	W	X	Y	Z	[	„	]	ˆ	˙	5
6	'	a	b	c	d	e	f	g	h	i	j	k	l	m	n	o	6
7	p	q	r	s	t	u	v	w	x	y	z	–	"	~			7
	0	1	2	3	4	5	6	7	8	9	A	B	C	D	E	F	

yswab

fonts/greek/cb/driver

	0	1	2	3	4	5	6	7	8	9	A	B	C	D	E	F	
0	–		Δ	Η	⊠	Μ	ϛ	ϟ					'			–	0
1			ϟ	ϙ					€	‰	↗		'	˘	ˉ	–	1
2	ˆ	!	'	ˆ	ˆ	%	.	'	(	)	*	+	,	-	.	/	2
3	0	1	2	3	4	5	6	7	8	9	:	·	'	=	˙	;	3
4	˜	A	B	`	Δ	E	Φ	Γ	H	I	Θ	K	Λ	M	N	O	4
5	Π	X	P	Σ	T	Υ	ˊ	Ω	Ξ	Ψ	Z	[	ˆ	]	¨	˜	5
6	`	α	β	ς	δ	ε	φ	γ	η	ι	ϑ	κ	λ	μ	ν	ο	6
7	π	χ	ρ	ς	τ	υ		ω	ξ	ψ	ζ	«	,	»	˜	—	7
8	ά	ά	ά	ά	ά	ά	ά	ά	ά	ά	ά	ά	ά	ά	ά	ά	8
9	ᾶ	ᾶ	ᾶ	F	ᾶ	ᾶ	ᾶ		ή	ή	ή	ή	ή	ή	ή	ή	9
A	ή	ή	ή	ή	ή	ή	ή	ή	ῆ	ῆ	ῆ	ῆ	ῆ	ῆ	ῆ	ῆ	A
B	ώ	ώ	ώ	ώ	ώ	ώ	ώ	ώ	ώ	ώ	ώ	ώ	ώ	ώ	ώ	ώ	B
C	ῶ	ῶ	ῶ	F	ῶ	ῶ	ῶ		ί	ί	ί	ί	ύ	ύ	ύ	ύ	C
D	ί	ί	ί	ί	ύ	ύ	ύ	ϊ	ῦ	ῦ	ῦ	ϒ	D
E	έ	έ	έ	έ	ό	ό	ό	ό	ό	ό	ό	ό	ό	ό	ˊ	ˎ	E
F	ϊ	ῖ	ῖ	ῖ	ϋ	ϋ	ϋ	ϋ	ά	ή	ώ	ῥ					F
	0	1	2	3	4	5	6	7	8	9	A	B	C	D	E	F	

glmn1000

B METAFONT-Zeichensätze

Zu jeder Gruppe gl..., gr..., gs... existieren Schnitte mit den Kennbuchstaben c, i, n, o und u. Die folgenden Zeichensätze sind Beispiele für die Gruppe gl...:

glmc1000

	0	1	2	3	4	5	6	7	8	9	A	B	C	D	E	F	
0	–		△	H	⊠	M	ʵ	ϛ									0
1			ʴ	ϙ					€	‰	↗		ʹ		˜	–	1
2	˘	!	ʼ	ˬ	ˉ	%	·	ʽ	(	)	*	+	,	-	.	/	2
3	0	1	2	3	4	5	6	7	8	9	:	·	ʻ	=	'	;	3
4	ˆ	A	B	ˮ	Δ	E	Φ	Γ	H	I	Θ	K	Λ	M	N	O	4
5	Π	X	P	Σ	T	Υ	˘	Ω	Ξ	Ψ	Z	[	ˆ	]	˝	ˮ	5
6	ˋ	A	B	Σ	Δ	E	Φ	Γ	H	I	Θ	K	Λ	M	N	O	6
7	Π	X	P	Σ	T	Υ		Ω	Ξ	Ψ	Z	«	,	»	ˆ	—	7
8	A	A	A	A	A	A	A	A	A	A	A	A	A	A	A	A	8
9	A	A	A	F	A	A	A		H	H	H		H	H	H		9
A	H	H	H	H	H	H	H	H	H	H	H		H	H	H	H	A
B	Ω	Ω	Ω	Ω	Ω	Ω	Ω	Ω	Ω	Ω	Ω	Ω	Ω	Ω	Ω	Ω	B
C	Ω	Ω	Ω	F	Ω	Ω	Ω		Ι	Ι	Ι	Ι	Υ	Υ	Υ	Υ	C
D	Ι	Ι	Ι	Ι	Υ	Υ	Υ	Υ	Ι	Ι	Ι	Ϊ	Υ	Υ	Υ	Ϋ	D
E	E	E	E	E	O	O	O	O	E	E	E	E	O	O	O	O	E
F	ῑ	ῑ	ῑ	ῑ	ῡ	ῡ	ῡ	ῡ	A	H	Ω	P	P		ʼ		F
	0	1	2	3	4	5	6	7	8	9	A	B	C	D	E	F	

glmi1000

	0	1	2	3	4	5	6	7	8	9	A	B	C	D	E	F	
0	–		△	H	⊠	M	ʳ	ϛ									0
1			ʴ	ϙ					€	‰	↗		ʹ		˜	–	1
2	˘	!	ʼ	ˬ	ˉ	%	·	ʽ	(	)	*	+	,	-	.	/	2
3	0	1	2	3	4	5	6	7	8	9	:	·	ʻ	=	'	;	3
4	ˆ	A	B	ˮ	Δ	E	Φ	Γ	H	I	Θ	K	Λ	M	N	O	4
5	Π	X	P	Σ	T	Υ	˘	Ω	Ξ	Ψ	Z	[	ˆ	]	˝	ˮ	5
6	ˋ	α	β	ς	δ	ε	φ	γ	η	ι	ϑ	κ	λ	μ	ν	o	6
7	π	χ	ρ	ς	τ	υ		ω	ζ	ψ	ζ	«	,	»	ˆ	—	7
8	ȧ	ȧ	ȧ	ȧ	ȧ	ȧ	ȧ	ȧ	ά	ᾰ	ᾱ	ᾶ	ᾳ	ᾴ	ᾲ	ᾷ	8
9	ᾱ	ᾱ	ᾱ	F	ᾳ	ᾳ	ᾳ		ή	ή	ή		ῃ	ῄ	ῂ		9
A	ή	ή	ή	ή	ῃ	ῃ	ῃ		ῆ	ῆ	ῆ		ῇ	ῇ	ῇ	ῇ	A
B	ώ	ώ	ώ	ώ	ῳ	ῳ	ῳ		ώ	ώ	ώ		ῳ	ῳ	ῳ	ῳ	B
C	ῶ	ῶ	ῶ	F	ῷ	ῷ	ῷ		ί	ί	ί	ί	ύ	ύ	ύ	ύ	C
D	ι	ι	ι	ι	ύ	ῠ	ῡ	ῦ	ῖ	ῖ	ῖ	ϊ	ῦ	ῦ	ῦ	ῧ	D
E	ἐ	ἐ	ἐ	ἐ	ὀ	ὀ	ὀ	ὀ	έ	ἐ	ἐ	ἐ	ό	ὀ	ὀ	ὀ	E
F	ῐ	ῑ	ῑ	ῑ	ῠ	ῠ	ῡ	ῡ	ᾳ	ῃ	ῳ	ρ	ρ		ʼ		F
	0	1	2	3	4	5	6	7	8	9	A	B	C	D	E	F	

B.2 Zeichensatztabellen

glmu1000

	0	1	2	3	4	5	6	7	8	9	A	B	C	D	E	F	
0	–		⚠	H	⊠	M̄	ϛ	Ϛ					`	'	˜	¯	0
1			Ϥ	Ϙ					€	‰	⋋		'	'	˘	‾	1
2	˝	!	'	ˆ	˜	%		'	(	)	*	+	,	-	.	/	2
3	0	1	2	3	4	5	6	7	8	9	:	·	¸	=	˙	;	3
4	ˆ	A	B	ˋ	Δ	E	Φ	Γ	H	I	Θ	K	Λ	M	N	O	4
5	Π	X	P	Σ	T	Υ	˝	Ω	Ξ	Ψ	Z	[	ˆ	]	ˇ	˜	5
6	`	α	β	ς	δ	ϵ	φ	γ	η	ι	ϑ	κ	λ	μ	ν	o	6
7	π	χ	ρ	ϛ	τ	υ		ω	ζ	ψ	ζ	«	.	»	˜	—	7
8	ȧ	ȧ	ȧ	ȧ	ȧ	ȧ	ȧ	ȧ	ã	ã	ã	ã	ã	ã	ã	ã	8
9	ã	ã	ã	F	ã	ã	ã		ή	ή	ή		ή	ή	ή		9
A	ή	ή	ή	ή	ή	ή	ή	ή	η̃	η̃	η̃	η̃	η̃	η̃	η̃	η̃	A
B	ώ	ώ	ώ	ώ	ώ	ώ	ώ	ώ	ώ	ώ	ώ	ώ	ώ	ώ	ώ	ώ	B
C	ῶ	ῶ	ῶ	F	ῶ	ῶ	ῶ		ί	ί	ί	ί	ύ	ύ	ύ	ύ	C
D	ί	ί	ί	ί	ύ	ύ	ύ	ύ	ῖ	ῖ	ῖ	Ï	ῦ	ῦ	ῦ	Ϋ̈	D
E	ἐ	έ	έ	ἒ	ὀ	ὀ	ὀ	ὀ	ἐ	ἔ	ἔ	ἒ	ὁ	ὅ	ὅ	ὂ	E
F	ῑ	ῐ	ῐ	ῐ	ῡ	ῠ	ῠ	ῡ	ᾳ	η	ω	ῤ	ῥ		'	,	F
	0	1	2	3	4	5	6	7	8	9	A	B	C	D	E	F	

fonts/greek/kd

kdgr10

	0	1	2	3	4	5	6	7	8	9	A	B	C	D	E	F	
0	–		ˆ	˜					ί	ί	ί	ί̃	ΰ	ΰ	ΰ	ΰ	0
1													'	'	˘	¯	1
2	˘	!	¨	ˏ	˛	%		'	(	)	*	+	,	-	.	/	2
3	0	1	2	3	4	5	6	7	8	9	:	·	¸	=	'	;	3
4	˜	A	B	ˋ	Δ	E	Φ	Γ	H	I	Θ	K	Λ	M	N	O	4
5	Π	X	P	Σ	T	Υ	˝	Ω	Ξ	Ψ	Z	[	˜	]	˝	˜	5
6	`	α	β	ς	δ	ε	φ	γ	η	ι	θ	χ	λ	μ	ν	o	6
7	π	χ	ρ	σ	τ	υ		ω	ξ	ψ	ζ	«	.	»	˜	—	7
8	ά	έ	ή	ό	ώ	ί	ύ	ᾶ	ὰ	ὲ	ὴ	ὸ	ὼ	ὶ	ὺ	ῆ	8
9	ά	έ	ή	ό	ώ	ί	ύ	ῶ	ᾰ	ῐ	ῐ	ὄ	ῶ	ῐ	ῠ	ῑ	9
A	ἄ	ἔ	ἤ	ὄ	ὤ	ἴ	ὔ	ῡ	ἂ	ἒ	ἢ	ὂ	ὢ	ἲ	ὒ		A
B	ἆ	ἒ	ἦ	ὄ	ὦ	ἶ	ὖ		ἂ	ἒ	ἢ	ὂ	ὢ	ἲ	ὒ		B
C	ᾱ	ᾱ	ἡ	ἡ	ὡ	ἱ	ὑ		ἃ	ἃ	ἣ	ἣ	ὣ	ἳ	ὓ		C
D	ᾳ	ᾰ	η	ή	ω	ώ	ῳ		ᾳ	ᾱ	ᾑ	ῆ	ᾠ	ᾦ	ῳ		D
E	ᾳ	ᾰ	η	ή	ῳ	ῴ	ῥ		ᾳ	ᾰ	ᾑ	ᾗ	ᾠ	ᾧ	ῥ		E
F	ᾳ	ᾳ	ῇ	ῇ	ᾦ	ᾦ											F
	0	1	2	3	4	5	6	7	8	9	A	B	C	D	E	F	

Weitere Schnitte sind `kdbf10`, `kdsl10`, `kdti10` und `kdtt10`.

fonts/greek/levy

grreg10

	0	1	2	3	4	5	6	7	8	9	A	B	C	D	E	F	
0	–	σα	σβ	σ'	σδ	σε	σφ	σγ	ση	σι	σθ	σκ	σλ	σμ	σν	σο	0
1	σπ	σχ	σρ	σσ	στ	συ		σω	σξ	σψ	σζ		'	,	˘	–	1
2	˜	!	¨	.	˒	%		´	(	)	*	+	,	-	.	/	2
3	0	1	2	3	4	5	6	7	8	9	:	·	‛	=	˒	;	3
4	῀	A	B	᾿	Δ	E	Φ	Γ	H	I	Θ	K	Λ	M	N	O	4
5	Π	X	P	Σ	T	Υ	῞	Ω	Ξ	Ψ	Z	[	῍	]	῎	῏	5
6	`	α	β	σ	δ	ε	φ	γ	η	ι	θ	κ	λ	μ	ν	ο	6
7	π	χ	ρ	ς	τ	υ		ω	ξ	ψ	ζ	«	,	»	~	—	7
8	ἀ	ἁ	ἂ	σἀ	ᾀ	ᾁ	ᾂ	σᾀ	ά	ἄ	ἅ	σά	ᾴ	ᾄ	ᾅ	σᾴ	8
9	ᾶ	ἆ	ἇ	σᾶ	ᾆ	ᾇ	ᾇ	σᾶ	ἠ	ἡ	ἢ	σή	ᾐ	ᾑ	ᾒ	ση	9
A	ή	ἤ	ἥ	σή	ᾔ	ᾕ	ᾕ	σή	ῆ	ἦ	ἧ	σῆ	ᾖ	ᾗ	ᾗ	σῆ	A
B	ὠ	ὡ	ὢ	σὠ	ᾠ	ᾡ	ᾢ	σω	ώ	ὤ	ὥ	σώ	ᾤ	ᾥ	ᾥ	σῴ	B
C	ῶ	ὦ	ὧ	σῶ	ᾦ	ᾧ	ᾧ	σῶ	ἰ	ἱ	ἲ	σἰ	ὐ	ὑ	ὒ	σὐ	C
D	ί	ῐ	ῑ	σί	ύ	ῠ	ῡ	σύ	ῖ	ῒ	ῗ	σῖ	ῦ	ῢ	ῧ	σῦ	D
E	ἐ	ἑ	ἒ	σὲ	ὀ	ὁ	ὂ	σὀ	έ	ἔ	ἕ	σέ	ό	ὄ	ὅ	σό	E
F	ῒ	ΐ	ΐ	ῗ	ΰ	ΰ	ΰ	ΰ	ᾳ	ῃ	ῳ	ῥ	ῤ	σ`	σ'	σ˜	F
	0	1	2	3	4	5	6	7	8	9	A	B	C	D	E	F	

Weitere Schnitte sind `grbld10` und `grtt10`.

fonts/greek/package-babel/grverb

grverb

	0	1	2	3	4	5	6	7	8	9	A	B	C	D	E	F	
0					/								–				0
1														`	'		1
2		!	"	#	$	%	&	'	(	)	*	+	,	-	.	/	2
3	0	1	2	3	4	5	6	7	8	9	:	;	<	=	>	?	3
4	@	A	B	C	D	E	F	G	H	I	J	K	L	M	N	O	4
5	P	Q	R	S	T	U	V	W	X	Y	Z	[	\	]	^	—	5
6	'	a	b	c	d	e	f	g	h	i	j	k	l	m	n	o	6
7	p	q	r	s	t	u	v	w	x	y	z	{	|	}	~		7
8									ˆ				<				8
9					\\	//	–	–	~		>				•	9
A		˘	Á	£	¤	¥	|	§	¨	©	ª	«	¬	-	®		A
B	°	±	²	³	º	μ	Á	·	É	Ή	Í	»	Ó	½	Ý	Ǫ	B
C	ῖ	A	B	Γ	Δ	E	Z	H	Θ	I	K	Λ	M	N	Ξ	O	C
D	Π	P	·	Σ	T	Y	Φ	X	Ψ	Ω	Ϊ	Ϋ	ά	έ	ή	ί	D
E	ϋ	α	β	γ	δ	ε	ζ	η	ϑ	ι	κ	λ	μ	ν	ξ	o	E
F	π	ρ	ς	σ	τ	υ	ψ	χ	ψ	ω	ϊ	ϋ	ό	ύ	ώ	•	F
	0	1	2	3	4	5	6	7	8	9	A	B	C	D	E	F	

Das Paket `grverb` gestattet den Einsatz des Zeichensatzes.

fonts/greek/yannis

	0	1	2	3	4	5	6	7	8	9	A	B	C	D	E	F	
0	–	ά	ά	ά	ᾰ	ᾱ	ᾶ	ή	ῆ	ή	ἥ	ἥ	ῆ	ώ	ὠ	ώ	0
1	ὥ	ὥ	ὣ	ἰ	ἰ	ἰ	ῖ	ῖ	ῖ	ὐ	ὐ	ὐ	ῦ	'	ῡ	ἐ	1
2	ἐ	!	˝	᾿	ε	%	ξ	'	(	)	*	+	,	-	.	/	2
3	0	1	2	3	4	5	6	7	8	9	:	·	᾿	=	᾿	;	3
4	῀	A	B	ό	Δ	E	Φ	Γ	H	I	Θ	K	Λ	M	N	O	4
5	Π	X	P	Σ	T	Y	῀	Ω	Ξ	Ψ	Z	ὅ	῀	ὅ	῀	ὀ	5
6	ὁ	α	β	ς	δ	ε	φ	γ	η	ι	θ	χ	λ	μ	ν	o	6
7	π	χ	ρ	σ	τ	υ	ὔ	ω	ξ	ψ	ζ	«	.	»	˜	ξ	7
	0	1	2	3	4	5	6	7	8	9	A	B	C	D	E	F	

rgrrg10

Weitere Schnitte sind `mrgrbf10`, `mrgrsl10`, `mrgrti10`, `rgrbf10`, `rgrsl10` und `rgrti10`.

fonts/hands

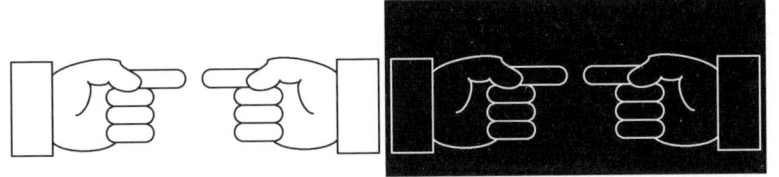

hands

fonts/hge

	0	1	2	3	4	5	6	7	8	9	A	B	C	D	E	F	
0										'							0
1							°										1
2		!	"	#	$	%	&	'	(	)	*	+	,	–	.	/	2
3	0	1	2	3	4	5	6	7	8	9	:	;	<	=	>	?	3
4	@	𝔄	𝔅	ℭ	𝔇	𝔈	𝔉	𝔊	ℌ	ℑ	𝔍	𝔎	𝔏	𝔐	𝔑	𝔒	4
5	𝔓	𝔔	ℜ	𝔖	𝔗	𝔘	𝔙	𝔚	𝔛	𝔜	ℨ	[		]	^		5
6	'	𝔞	𝔟	𝔠	𝔡	𝔢	𝔣	𝔤	𝔥	𝔦	𝔧	𝔨	𝔩	𝔪	𝔫	𝔬	6
7	𝔭	𝔮	𝔯	𝔰	𝔱	𝔲	𝔳	𝔴	𝔵	𝔶	𝔷	{	|	}	~		7
	0	1	2	3	4	5	6	7	8	9	A	B	C	D	E	F	

hge

fonts/ifsym

Das Paket `ifsym` (Seite 389) erlaubt einen einfachen Einsatz der Zeichen.

Paket ifsym

	0	1	2	3	4	5	6	7	8	9	A	B	C	D	E	F	
3		■		■	■	■	■		■	■							3
4		■	■	■	■	■	■										4
	0	1	2	3	4	5	6	7	8	9	A	B	C	D	E	F	

ifblk10

B METAFONT-Zeichensätze

fonts/jknappen/fc

	0	1	2	3	4	5	6	7	8	9	A	B	C	D	E	F	
0	`	´	ˆ	˜	¨	˝	˚	ˇ				ˏ	ˌ	'	‹	›	0
1	"	"	„	«	»	–	—		0	1	ȷ	ff	fi	fl	ffi	ffl	1
2	␣	!	"	#	$	%	&	'	(	)	*	+	,	-	.	/	2
3	0	1	2	3	4	5	6	7	8	9	:	;	<	=	>	?	3
4	@	A	B	C	D	E	F	G	H	I	J	K	L	M	N	O	4
5	P	Q	R	S	T	U	V	W	X	Y	Z	[	\	]	^	_	5
6	'	a	b	c	d	e	f	g	h	i	j	k	l	m	n	o	6
7	p	q	r	s	t	u	v	w	x	y	z	{	|	}	~	-	7
8	Ƃ	Đ	Ɛ	Ǝ	Ƒ	Ě	Ƴ	Ħ	Ƙ	Ɲ	Ɔ	Ń	ʃ	Ɖ	Ʊ	Y̆	8
9	Č	Ƥ	Š	Ṅ	N̲	Ş	Ʒ	Ţ	Ė	Ẹ	Ť	Ț	ʧ	ʩ	đ	"	9
A	ɓ	ɗ	ɛ	ə	ƒ	ě	ɣ	ħ	ƙ	ɲ	ɔ	ń	ʃ	ŋ	ʊ	y̆	A
B	č	ƥ	š	ṅ	n̲	ṣ	ʒ	ţ	ė	ẹ	ť	ţ	¨	ɟ	¿	·	B
C	Ƚ	Į	Ẽ	Ã	Ḿ	Õ	Æ	Ç	È	É	Ê	Ë	Ę	Ē	Ĕ	Ĭ	C
D	Đ	Ñ	Ò	Ó	Ô	Ō	Ö	Œ	Ø	Ǫ	Ô	Ō	Ǒ	Ų	Ũ	˗	D
E	ɩ	į	ẽ	ã	ḿ	õ	æ	ç	è	é	ê	ë	ę	ē	ĕ	ĭ	E
F	ḑ	ñ	ò	ó	ô	ō	ö	œ	ø	ǫ	ô	ō	ǒ	ų	ũ	ß	F
	0	1	2	3	4	5	6	7	8	9	A	B	C	D	E	F	

`fcr10`

Weitere Schnitte sind `fcbx10`, `fcbxi10`, `fcbxsl10`, `fcbxu10`, `fccsc10`, `fci10`, `fcsl10`, `fcss10`, `fcssi10`, `fctt10` und `fcu10`.

fonts/knot

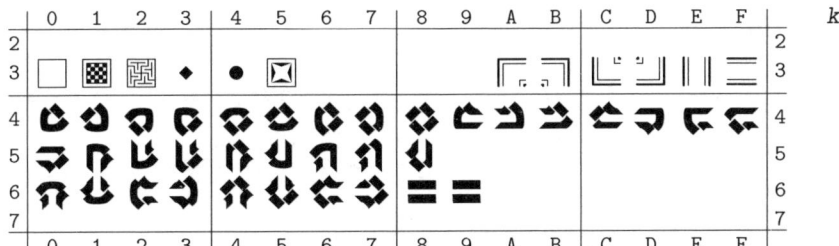

`knot1`

Die Zeichensätze `knot2` bis `knot7` enthalten weitere Symbole.

B METAFONT-Zeichensätze

fonts/karta

karta15 — character table

fonts/la

la14 — character table

B.2 Zeichensatztabellen

lla14

(character table showing handwritten cursive script with digits, uppercase and lowercase letters, and German umlauts Ä, Ö, Ü, ä, ö, ü, ß)

fonts/logic

milstd

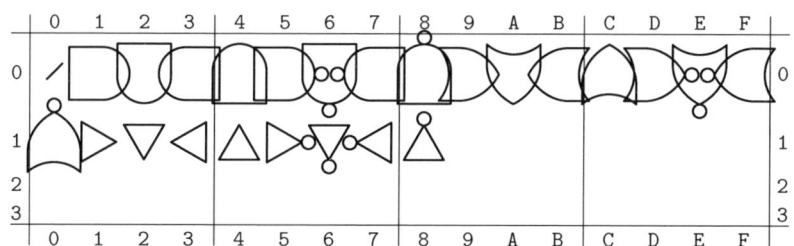

fonts/latex

lcmss8

	0	1	2	3	4	5	6	7	8	9	A	B	C	D	E	F	
0	Γ	Δ	Θ	Λ	Ξ	Π	Σ	Υ	Φ	Ψ	Ω	ff	fi	fl	ffi	ffl	0
1	ı	ȷ	`	´	ˇ	˘	¯	˚	¸	ß	æ	œ	ø	Æ	Œ	Ø	1
2	-	!	"	#	$	%	&	'	(	)	*	+	,	-	.	/	2
3	0	1	2	3	4	5	6	7	8	9	:	;	¡	=	¿	?	3
4	@	A	B	C	D	E	F	G	H	I	J	K	L	M	N	O	4
5	P	Q	R	S	T	U	V	W	X	Y	Z	[	"	]	ˆ	˙	5
6	`	a	b	c	d	e	f	g	h	i	j	k	l	m	n	o	6
7	p	q	r	s	t	u	v	w	x	y	z	–	—	˝	~	¨	7
	0	1	2	3	4	5	6	7	8	9	A	B	C	D	E	F	

B METAFONT-Zeichensätze

lasy10

	0	1	2	3	4	5	6	7	8	9	A	B	C	D	E	F	
0		◁	◁	▷	▷												0
1																	1
2									⟨	⟩	∧	∨					2
3	℧	⋈	□	◇							∼	⤳	⊏	⊐			3
	0	1	2	3	4	5	6	7	8	9	A	B	C	D	E	F	

lcmssb8

	0	1	2	3	4	5	6	7	8	9	A	B	C	D	E	F	
0	Γ	Δ	Θ	Λ	Ξ	Π	Σ	Υ	Φ	Ψ	Ω	ff	fi	fl	ffi	ffl	0
1	ı	ȷ	`	´	ˇ	˘	¯	˚	¸	ß	æ	œ	ø	Æ	Œ	Ø	1
2	-	!	"	#	$	%	&	'	(	)	*	+	,	-	.	/	2
3	0	1	2	3	4	5	6	7	8	9	:	;	¡	=	¿	?	3
4	@	A	B	C	D	E	F	G	H	I	J	K	L	M	N	O	4
5	P	Q	R	S	T	U	V	W	X	Y	Z	[	"	]	ˆ	˙	5
6	'	a	b	c	d	e	f	g	h	i	j	k	l	m	n	o	6
7	p	q	r	s	t	u	v	w	x	y	z	–	—	˝	˜	¨	7
	0	1	2	3	4	5	6	7	8	9	A	B	C	D	E	F	

lcmssi8

	0	1	2	3	4	5	6	7	8	9	A	B	C	D	E	F	
0	Γ	Δ	Θ	Λ	Ξ	Π	Σ	Υ	Φ	Ψ	Ω	ff	fi	fl	ffi	ffl	0
1	ı	ȷ	`	´	ˇ	˘	¯	˚	¸	ß	æ	œ	ø	Æ	Œ	Ø	1
2	-	!	"	#	$	%	&	'	(	)	*	+	,	-	.	/	2
3	0	1	2	3	4	5	6	7	8	9	:	;	¡	=	¿	?	3
4	@	A	B	C	D	E	F	G	H	I	J	K	L	M	N	O	4
5	P	Q	R	S	T	U	V	W	X	Y	Z	[	"	]	ˆ	˙	5
6	'	a	b	c	d	e	f	g	h	i	j	k	l	m	n	o	6
7	p	q	r	s	t	u	v	w	x	y	z	–	—	˝	˜	¨	7
	0	1	2	3	4	5	6	7	8	9	A	B	C	D	E	F	

fonts/malvern

ma55a10

	0	1	2	3	4	5	6	7	8	9	A	B	C	D	E	F	
0	Þ	Ą	Ŋ	Ł	Đ	Ę	ʼ	ʻ	´	`	ˆ	˜	˙	˘	ˇ	˝	0
1	þ	ą	ŋ	ł	đ	ę	·	··	ß	ı	ȷ	ff	fi	fl	ffi	ffl	1
2	•	!	™	#	$	‰	&	'	(	)	*	+	,	-	.	/	2
3	0	1	2	3	4	5	6	7	8	9	:	;	⟨	=	⟩	?	3
4	@	A	B	C	D	E	F	G	H	I	J	K	L	M	N	O	4
5	P	Q	R	S	T	U	V	W	X	Y	Z	[	Ø	]	Æ	Œ	5
6	'	a	b	c	d	e	f	g	h	i	j	k	l	m	n	o	6
7	p	q	r	s	t	u	v	w	x	y	z	{	ø	}	æ	œ	7
8	Þ	Ą	Ŋ	Ł	Đ	Ę	ʼ	ʻ	´	`	ˆ	˜	˙	˘	ˇ	˝	8
9	Þ	Ą	Ŋ	Ł	Đ	Ę	-	-	ª	º	⅜	ç	ɖ	ɬ	ħ	ɭ	9
A	□	¡	¢	£	¤	‰	×	"	¥	ƒ	†	‡	„	-	·	-	A
B	0	1	2	3	4	5	6	7	8	9	§	¶	«	—	»	¿	B
C	°	A	B	C	D	E	F	G	H	I	J	K	L	M	N	O	C
D	P	Q	R	S	T	U	V	W	X	Y	Z	⟨	Ø	⟩	Æ	Œ	D
E	"	A	B	C	D	E	F	G	H	I	J	K	L	M	N	O	E
F	P	Q	R	S	T	U	V	W	X	Y	Z	©	Ø	®	Æ	Œ	F
	0	1	2	3	4	5	6	7	8	9	A	B	C	D	E	F	

B.2 Zeichensatztabellen

ma55az10

	0	1	2	3	4	5	6	7	8	9	A	B	C	D	E	F	
0	Γ	Δ	Θ	Λ	Ξ	Π	Σ	Υ	Φ	Ψ	Ω	ff	fi	fl	ffi	ffl	0
1	ı	ȷ	`	´	ˇ	˘	¯	˚			ß	æ	œ	ø	Æ	Œ	Ø	1
2	-	!	"	#	$	%	&	'	(	)	*	+	,	-	.	/	2
3	0	1	2	3	4	5	6	7	8	9	:	;	¡	=	¿	?	3
4	@	A	B	C	D	E	F	G	H	I	J	K	L	M	N	O	4
5	P	Q	R	S	T	U	V	W	X	Y	Z	[	"	]	ˆ	˙	5
6	'	a	b	c	d	e	f	g	h	i	j	k	l	m	n	o	6
7	p	q	r	s	t	u	v	w	x	y	z	–	—	˝	~	¨	7
	0	1	2	3	4	5	6	7	8	9	A	B	C	D	E	F	

ma56a10

	0	1	2	3	4	5	6	7	8	9	A	B	C	D	E	F	
0	Ƥ	Ą	Ŋ	Ł	Đ	Ę	,	"	´	`	ˆ	˜	˙	ˇ	˘	˝	0
1	þ	ą	ŋ	ł	đ	ę	.	..	ß	ı	ȷ	ff	fi	fl	ffi	ffl	1
2	·	!	™	#	$	%	&	'	(	)	*	+	,	-	.	/	2
3	0	1	2	3	4	5	6	7	8	9	:	;	⟨	=	⟩	?	3
4	@	A	B	C	D	E	F	G	H	I	J	K	L	M	N	O	4
5	P	Q	R	S	T	U	V	W	X	Y	Z	[	Ø	]	Æ	Œ	5
6	'	a	b	c	d	e	f	g	h	i	j	k	l	m	n	o	6
7	p	q	r	s	t	u	v	w	x	y	z	{	ø	}	æ	œ	7
8	Ƥ	Ą	Ŋ	Ł	Đ	Ę	,	"	´	`	ˆ	˜	˙	ˇ	˘	˝	8
9	Ƥ	Ą	Ŋ	Ł	Đ	Ę	ə	̊	̧	̨	ď	ľ	ħ	ł	9
A	□	¡	¢	£	¤	‰	×	"	¥	ƒ	†	‡	"	–	·	–	A
B	0	1	2	3	4	5	6	7	8	9	§	¶	«	—	»	¿	B
C	°	A	B	C	D	E	F	G	H	I	J	K	L	M	N	O	C
D	P	Q	R	S	T	U	V	W	X	Y	Z	⟨	Ø	⟩	Æ	Œ	D
E	"	A	B	C	D	E	F	G	H	I	J	K	L	M	N	O	E
F	P	Q	R	S	T	U	V	W	X	Y	Z	©	Ø	®	Æ	Œ	F
	0	1	2	3	4	5	6	7	8	9	A	B	C	D	E	F	

ma55g10

	0	1	2	3	4	5	6	7	8	9	A	B	C	D	E	F	
0	'	–	—	'		"	"	˙	˘	̑	¨	̈́	̈.	̈:	̑	̈:	0
1		α	η	ω	ρ́	ρ̀							ά	ά	ά	ά	1
2		!	̈			%		'	(	)	*	+	,	-	.	/	2
3	0	1	2	3	4	5	6	7	8	9	:	·	̓	=	'	;	3
4		A	B	C	Δ	E	Φ	Γ	H	I	Θ	K	Λ	M	N	O	4
5	Π	X	P	Σ	T	Y	F	Ω	Ξ	Ψ	Z	[	φ	]			5
6	'	α	β	ς	δ	ε	φ	γ	η	ι	θ	ϰ	λ	μ	ν	o	6
7	π	χ	ρ	ς	τ	υ	F	ω	ξ	ψ	ζ	«	,	»	~	ς	7
8	ᾱ	ά	ᾱ	ᾰ	ά	ᾰ	ᾶ	ά	ά	ά	ά	ά	ά	ά	8
9	ά	ά	ᾰ	ᾰ	έ	έ	έ	ê	έ	ê	ê	ê	ê	ê	ê	ê	9
A	ē	ή	ή	ή	ή	ή	ή	ή	ή	ή	ή	ή	ή	ή	ή	ή	A
B	η̑	η̑	η̑	η̑	η̑	η̑	η̑	ı	ί	ì	î	í	ĩ	î	B
C	ī	ì	ĭ	ĩ	ī	ó	ó	ò	ô	ó	ŏ	ô	ó	ò	ŏ	õ	C
D	ð	ú	ú	ú	ū	ú	ŭ	û	ú	ù	ŭ	ú	ú	ù	ŭ	ú	D
E	ω	ώ	ω̃	ω̆	ω̄	ὼ	ω̃	ω̂	ώ	ώ	ώ	ώ	ώ	ώ	ώ	ώ	E
F	ω̣	ω̣	ω̣	ω̣	ϊ	ϊ	ϋ	ϋ	ϋ	ϋ	ϋ	ϋ	F
	0	1	2	3	4	5	6	7	8	9	A	B	C	D	E	F	

B METAFONT-Zeichensätze

ma55b10

	0	1	2	3	4	5	6	7	8	9	A	B	C	D	E	F	
0	←	→	↑	↓	↔	↕	–	ı									0
1																	1
2			ʺ			˚		´							/		2
3	0	1	2	3	4	5	6	7	8	9	÷		,	<	>		3
4																	4
5													\		∧		5
6	`		ǒ				ch	ck			ij		⌈		⌈⌈	ß	6
7					ə	ɬ	[	ɫ	ł				∣		~		7
8																	8
9																	9
A	▽				¬	μ											A
B	0	1	2	3	4	5	6	7	8	9							B
	0	1	2	3	4	5	6	7	8	9	A	B	C	D	E	F	

ma56az10

	0	1	2	3	4	5	6	7	8	9	A	B	C	D	E	F	
0	Γ	Δ	Θ	Λ	Ξ	Π	Σ	Υ	Φ	Ψ	Ω	ff	fi	fl	ffi	ffl	0
1	ı	ȷ	`	´	ˇ	˘	¯	˚		ß	æ	œ	ø	Æ	Œ	Ø	1
2	-	!	"	#	$	%	&	'	(	)	*	+	,	-	.	/	2
3	0	1	2	3	4	5	6	7	8	9	:	;	¡	=	¿	?	3
4	@	A	B	C	D	E	F	G	H	I	J	K	L	M	N	O	4
5	P	Q	R	S	T	U	V	W	X	Y	Z	[	"	]	^	˙	5
6	'	a	b	c	d	e	f	g	h	i	j	k	l	m	n	o	6
7	p	q	r	s	t	u	v	w	x	y	z	–	—	˝	~	¨	7
	0	1	2	3	4	5	6	7	8	9	A	B	C	D	E	F	

ma55c12

	0	1	2	3	4	5	6	7	8	9	A	B	C	D	E	F	
0	Ђ		Џ		I	Є			Ђ		Џ		і	є			0
1												ё					1
2	˙˙	!	"		˘	%	´	'	(	)	*		,	-	.	/	2
3	0	1	2	3	4	5	6	7	8	9	:	;	«	ı	»	?	3
4		А	Б	Ц	Д	Е	Ф	Г	Х	И		К	Л	М	Н	О	4
5	П	Ч	Р		Т		В	Щ	Ш	Ы	З	[	"	]	Ь	Ъ	5
6	'	а	б	ц	д	е	ф	г	х	и		j	л	м	н	о	6
7	п	ч	р	с	т			щ	ш	ы	з				ь	ъ	7
	0	1	2	3	4	5	6	7	8	9	A	B	C	D	E	F	

ma55s10

	0	1	2	3	4	5	6	7	8	9	A	B	C	D	E	F	
0	Γ	Δ	Θ	Λ	Ξ	Π	Σ	Υ	Φ	Ψ	Ω	ff	fi	fl	ffi	ffl	0
1	ı	ȷ	`	´	ˇ	˘	¯	˚		ß	æ	œ	ø	Æ	Œ	Ø	1
2	-	!	"	#	$	%	&	'	(	)	*	+	,	-	.	/	2
3	0	1	2	3	4	5	6	7	8	9	:	;	¡	=	¿	?	3
4	@	A	B	C	D	E	F	G	H	I	J	K	L	M	N	O	4
5	P	Q	R	S	T	U	V	W	X	Y	Z	[	"	]	^	˙	5
6	'	a	b	c	d	e	f	g	h	i	j	k	l	m	n	o	6
7	p	q	r	s	t	u	v	w	x	y	z	–	—	˝	~	¨	7
	0	1	2	3	4	5	6	7	8	9	A	B	C	D	E	F	

B.2 Zeichensatztabellen

	0	1	2	3	4	5	6	7	8	9	A	B	C	D	E	F	
0	←	→	↑	↓	↔	↕	–	∣									0
1																	1
2			ʺ			∘		′					ˏ		∕		2
3	0	1	2	3	4	5	6	7	8	9	÷		<	>			3
4																	4
5													\		^	¯	5
6	`		ǒ				ch	ck			ij		⌈		⌈	ß	6
7						⌊	⌊	⌊	⌊				∣		~		7
8																	8
9																	9
A	ˇ				¬	μ											A
B	0	1	2	3	4	5	6	7	8	9							B
	0	1	2	3	4	5	6	7	8	9	A	B	C	D	E	F	

ma56b10

	0	1	2	3	4	5	6	7	8	9	A	B	C	D	E	F	
0	Þ	Ą	Ŋ	Ł	Đ	Ę	ˌ	ˏ	´	`	^	~	˙	ˇ	˘	˝	0
1	þ	ą	ŋ	ł	ð	ę	·	··	ß	ı	ȷ	ff	fi	fl	ffi	ffl	1
2	·	!	™	#	$	%	&	'	(	)	*	+	,	-	.	/	2
3	0	1	2	3	4	5	6	7	8	9	:	;	<	=	>	?	3
4	@	A	B	C	D	E	F	G	H	I	J	K	L	M	N	O	4
5	P	Q	R	S	T	U	V	W	X	Y	Z	[	Ø	]	Æ	Œ	5
6	'	a	b	c	d	e	f	g	h	i	j	k	l	m	n	o	6
7	p	q	r	s	t	u	v	w	x	y	z	{	ø	}	æ	œ	7
8	Þ	Ą	Ŋ	Ł	Đ	Ę	ˌ	ˏ	´	`	^	~	˙	ˇ	˘	˝	8
9	Þ	Ą	Ŋ	Ł	Đ	Ę	-	-	ª	º	¿	¸	ď	ť	ň	ľ	9
A	□	¡	¢	£	¤	‰	×	ʺ	¥	f	†	‡	„	-	·	-	A
B	0	1	2	3	4	5	6	7	8	9	§	¶	«	—	»	¿	B
C	˚	A	B	C	D	E	F	G	H	I	J	K	L	M	N	O	C
D	P	Q	R	S	T	U	V	W	X	Y	Z	<	Ø	>	Æ	Œ	D
E	"	A	B	C	D	E	F	G	H	I	J	K	L	M	N	O	E
F	P	Q	R	S	T	U	V	W	X	Y	Z	©	Ø	®	Æ	Œ	F
	0	1	2	3	4	5	6	7	8	9	A	B	C	D	E	F	

ma76a10

	0	1	2	3	4	5	6	7	8	9	A	B	C	D	E	F	
0	Þ	Ą	Ŋ	Ł	Đ	Ę	ˌ	ˏ	´	`	^	~	˙	ˇ	˘	˝	0
1	þ	ą	ŋ	ł	ð	ę	·	··	ß	ı	ȷ	ff	fi	fl	ffi	ffl	1
2	·	!	™	#	$	%	&	'	(	)	*	+	,	-	.	/	2
3	0	1	2	3	4	5	6	7	8	9	:	;	<	=	>	?	3
4	@	A	B	C	D	E	F	G	H	I	J	K	L	M	N	O	4
5	P	Q	R	S	T	U	V	W	X	Y	Z	[	Ø	]	Æ	Œ	5
6	'	a	b	c	d	e	f	g	h	i	j	k	l	m	n	o	6
7	p	q	r	s	t	u	v	w	x	y	z	{	ø	}	æ	œ	7
8	Þ	Ą	Ŋ	Ł	Đ	Ę	ˌ	ˏ	´	`	^	~	˙	ˇ	˘	˝	8
9	Þ	Ą	Ŋ	Ł	Đ	Ę	-	-	ª	º	¿	¸	ď	ť	ň	ľ	9
A	□	¡	¢	£	¤	‰	×	ʺ	¥	f	†	‡	„	-	·	-	A
B	0	1	2	3	4	5	6	7	8	9	§	¶	«	—	»	¿	B
C	˚	A	B	C	D	E	F	G	H	I	J	K	L	M	N	O	C
D	P	Q	R	S	T	U	V	W	X	Y	Z	<	Ø	>	Æ	Œ	D
E	"	A	B	C	D	E	F	G	H	I	J	K	L	M	N	O	E
F	P	Q	R	S	T	U	V	W	X	Y	Z	©	Ø	®	Æ	Œ	F
	0	1	2	3	4	5	6	7	8	9	A	B	C	D	E	F	

ma75a10

ma75az10

	0	1	2	3	4	5	6	7	8	9	A	B	C	D	E	F	
0	Γ	Δ	Θ	Λ	Ξ	Π	Σ	Υ	Φ	Ψ	Ω	ff	fi	fl	ffi	ffl	0
1	ı	ȷ	`	´	ˇ	˘	¯	˚		ß	æ	œ	ø	Æ	Œ	Ø	1
2	-	!	"	#	$	%	&	'	(	)	*	+	,	-	.	/	2
3	0	1	2	3	4	5	6	7	8	9	:	;	¡	=	¿	?	3
4	@	A	B	C	D	E	F	G	H	I	J	K	L	M	N	O	4
5	P	Q	R	S	T	U	V	W	X	Y	Z	[	"	]	^	·	5
6	`	a	b	c	d	e	f	g	h	i	j	k	l	m	n	o	6
7	p	q	r	s	t	u	v	w	x	y	z	-	—	˝	~	¨	7
	0	1	2	3	4	5	6	7	8	9	A	B	C	D	E	F	

ma56s10

	0	1	2	3	4	5	6	7	8	9	A	B	C	D	E	F	
0	Γ	Δ	Θ	Λ	Ξ	Π	Σ	Υ	Φ	Ψ	Ω	ff	fi	fl	ffi	ffl	0
1	ı	ȷ	`	´	ˇ	˘	¯	˚		ß	æ	œ	ø	Æ	Œ	Ø	1
2	-	!	"	#	$	%	&	'	(	)	*	+	,	-	.	/	2
3	0	1	2	3	4	5	6	7	8	9	:	;	¡	=	¿	?	3
4	@	A	B	C	D	E	F	G	H	I	J	K	L	M	N	O	4
5	P	Q	R	S	T	U	V	W	X	Y	Z	[	"	]	^	·	5
6	`	a	b	c	d	e	f	g	h	i	j	k	l	m	n	o	6
7	p	q	r	s	t	u	v	w	x	y	z	-	—	˝	~	¨	7
	0	1	2	3	4	5	6	7	8	9	A	B	C	D	E	F	

ma75b10

	0	1	2	3	4	5	6	7	8	9	A	B	C	D	E	F	
0	←	→	↑	↓	↔	↕	-	ı									0
1																	1
2			˝			˚		´					,		/		2
3	0	1	2	3	4	5	6	7	8	9	÷		<	>			3
4																	4
5													\		^	-	5
6	`		ð				ch	ck			ij		ɼ		ʄ	ß	6
7					ə	ɭ	ɩ	ɽ	ɫ				l		~		7
8																	8
9																	9
A	▾					¬	μ										A
B	0	1	2	3	4	5	6	7	8	9							B
	0	1	2	3	4	5	6	7	8	9	A	B	C	D	E	F	

ma75s10

	0	1	2	3	4	5	6	7	8	9	A	B	C	D	E	F	
0	Γ	Δ	Θ	Λ	Ξ	Π	Σ	Υ	Φ	Ψ	Ω	ff	fi	fl	ffi	ffl	0
1	ı	ȷ	`	´	ˇ	˘	¯	˚		ß	æ	œ	ø	Æ	Œ	Ø	1
2	-	!	"	#	$	%	&	'	(	)	*	+	,	-	.	/	2
3	0	1	2	3	4	5	6	7	8	9	:	;	¡	=	¿	?	3
4	@	A	B	C	D	E	F	G	H	I	J	K	L	M	N	O	4
5	P	Q	R	S	T	U	V	W	X	Y	Z	[	"	]	^	·	5
6	`	a	b	c	d	e	f	g	h	i	j	k	l	m	n	o	6
7	p	q	r	s	t	u	v	w	x	y	z	-	—	˝	~	¨	7
	0	1	2	3	4	5	6	7	8	9	A	B	C	D	E	F	

B.2 Zeichensatztabellen

	0	1	2	3	4	5	6	7	8	9	A	B	C	D	E	F	
0	Γ	Δ	Θ	Λ	Ξ	Π	Σ	Υ	Φ	Ψ	Ω	ff	fi	fl	ffi	ffl	0
1	ı	ȷ	`	´	ˇ	˘	¯	˚	¸	ß	æ	œ	ø	Æ	Œ	Ø	1
2	-	!	"	#	$	%	&	'	(	)	*	+	,	-	.	/	2
3	0	1	2	3	4	5	6	7	8	9	:	;	¡	=	¿	?	3
4	@	A	B	C	D	E	F	G	H	I	J	K	L	M	N	O	4
5	P	Q	R	S	T	U	V	W	X	Y	Z	[	"	]	ˆ	˙	5
6	'	a	b	c	d	e	f	g	h	i	j	k	l	m	n	o	6
7	p	q	r	s	t	u	v	w	x	y	z	-	—	˝	~	¨	7
	0	1	2	3	4	5	6	7	8	9	A	B	C	D	E	F	

ma76az10

	0	1	2	3	4	5	6	7	8	9	A	B	C	D	E	F	
0	←	→	↑	↓	↔	↕	-	ı									0
1																	1
2			˝			˚	´						‚			/	2
3	0	1	2	3	4	5	6	7	8	9	÷		<		>		3
4																	4
5													\		^	-	5
6	`		ð				ch	ck			ij		ʃ		∫	ß	6
7					l	[	ɭ		ŧ				ɭ		~		7
8																	8
9																	9
A	▾				¬	μ											A
B	0	1	2	3	4	5	6	7	8	9							B
	0	1	2	3	4	5	6	7	8	9	A	B	C	D	E	F	

ma76b10

	0	1	2	3	4	5	6	7	8	9	A	B	C	D	E	F	
0	Γ	Δ	Θ	Λ	Ξ	Π	Σ	Υ	Φ	Ψ	Ω	ff	fi	fl	ffi	ffl	0
1	ı	ȷ	`	´	ˇ	˘	¯	˚	¸	ß	æ	œ	ø	Æ	Œ	Ø	1
2	-	!	"	#	$	%	&	'	(	)	*	+	,	-	.	/	2
3	0	1	2	3	4	5	6	7	8	9	:	;	¡	=	¿	?	3
4	@	A	B	C	D	E	F	G	H	I	J	K	L	M	N	O	4
5	P	Q	R	S	T	U	V	W	X	Y	Z	[	"	]	ˆ	˙	5
6	'	a	b	c	d	e	f	g	h	i	j	k	l	m	n	o	6
7	p	q	r	s	t	u	v	w	x	y	z	-	—	˝	~	¨	7
	0	1	2	3	4	5	6	7	8	9	A	B	C	D	E	F	

ma76s10

fonts/mflogo

	0	1	2	3	4	5	6	7	8	9	A	B	C	D	E	F	
4		A				E	F							M	N	O	4
5	P			S	T												5
	0	1	2	3	4	5	6	7	8	9	A	B	C	D	E	F	

logosl8

fonts/moonphase

	0	1	2	3	4	5	6	7	8	9	A	B	C	D	E	F	
0	🌑	🌒	🌓	🌔													0
	0	1	2	3	4	5	6	7	8	9	A	B	C	D	E	F	

moonphase

B METAFONT-Zeichensätze

fonts/morse

morse10

	0	1	2	3	4	5	6	7	8	9	A	B	C	D	E	F	
2							·———·						—·—·	·····——		2
3	·————	··———	···——	····—	·····	—····	——···	———··	————·	————					··——··	3
4			·—	—···	—·—·	—··	·	··—·	——·	····	··	·———	—·—	·—··	——	—·	4
5	———	·——·	——·—	·—·	···	—	··—	···—	·——	—··—	—·——	——··					5
6		·—	—···	—·—·	—··	·	··—·	——·	····	··	·———	—·—	·—··	——	—·	———	6
7	·——·	——·—	·—·	···	—	··—	···—	·——	—··—	—·——	——··						7
	0	1	2	3	4	5	6	7	8	9	A	B	C	D	E	F	

fonts/oca

ocra10

	0	1	2	3	4	5	6	7	8	9	A	B	C	D	E	F	
0													·	˥			0
1		?	'	-	♪	⊦	⊣	|	Я	Ä	Æ	Ñ	Ø	Ö	Ü	£	¥	1
2		!	"	#	⧺	%	&	'	(	)	*	+	˥	-	.	/	2
3	0	1	2	3	4	5	6	7	8	9	:	;	<	=	>	?	3
4	ⓐ	A	B	C	D	E	F	G	H	I	J	K	L	M	N	O	4
5	P	Q	R	S	T	U	V	W	X	Y	Z	⟦	\	⟧	∧	_	5
6	`	a	b	c	d	e	f	g	h	i	j	k	l	m	n	o	6
7	p	q	r	s	t	u	v	w	x	y	z	{	¦	}	~	■	7
	0	1	2	3	4	5	6	7	8	9	A	B	C	D	E	F	

fonts/ocr-a

ocr10

	0	1	2	3	4	5	6	7	8	9	A	B	C	D	E	F	
0													·	˥			0
1		?	'	-	♪	⊦	⊣	|	Я	Ä	Æ	Ñ	Ø	Ö	Ü	£	¥	1
2		!	"	#	⧺	%	&	'	(	)	*	+	˥	-	.	/	2
3	0	1	2	3	4	5	6	7	8	9	:	;	<	=	>	?	3
4	ⓐ	A	B	C	D	E	F	G	H	I	J	K	L	M	N	O	4
5	P	Q	R	S	T	U	V	W	X	Y	Z	⟦	\	⟧	∧	_	5
6	`	a	b	c	d	e	f	g	h	i	j	k	l	m	n	o	6
7	p	q	r	s	t	u	v	w	x	y	z	{	¦	}	~	■	7
	0	1	2	3	4	5	6	7	8	9	A	B	C	D	E	F	

fonts/ogham

ogham

	0	1	2	3	4	5	6	7	8	9	A	B	C	D	E	F	
4					⊢	⊢	⊢	⊢	⊢	⊢	⊢		⊤	⊤	⊤	⊤	4
5					⊥	⊥	⊥	⊥	⊥	⊥	⊥						5
6					⊥	⊥	⊥	⊥	⊥	⊥	⊥		⊢	⊢	⊢	⊢	6
7					⊣	⊢	⊣	⊢	⊣								7
	0	1	2	3	4	5	6	7	8	9	A	B	C	D	E	F	

fonts/okuda

pIq

fonts/pacioli

	0	1	2	3	4	5	6	7	8	9	A	B	C	D	E	F	
2		!	"			&		'	(	)			,	-	.	/	2
3											:	;				?	3
4		A	B	C	D	E	F	G	H	I	J	K	L	M	N	O	4
5	P	Q	R	S	T	U	V	W	X	Y	Z	[	"	]			5
6	'			C			G									O	6
7		Q									-	—					7
	0	1	2	3	4	5	6	7	8	9	A	B	C	D	E	F	

cpcr10

	0	1	2	3	4	5	6	7	8	9	A	B	C	D	E	F	
2		*!*	*"*			*&*		*'*	*(*	*)*			*,*	*-*	*.*	*/*	2
3											*:*	*;*				*?*	3
4		*A*	*B*	*C*	*D*	*E*	*F*	*G*	*H*	*I*	*J*	*K*	*L*	*M*	*N*	*O*	4
5	*P*	*Q*	*R*	*S*	*T*	*U*	*V*	*W*	*X*	*Y*	*Z*	*[*	*"*	*]*			5
6	*'*			*C*			*G*									*O*	6
7		*Q*									*-*	*—*					7
	0	1	2	3	4	5	6	7	8	9	A	B	C	D	E	F	

cpcsl10

fonts/pandora

	0	1	2	3	4	5	6	7	8	9	A	B	C	D	E	F	
0	Γ	Δ	Θ	Λ	Ξ	Π	Σ	Υ	Φ	Ψ	Ω	ff	fi	fl	ffi	ffl	0
1	ı	ȷ	`	´	ˇ	˘	¯	˚	¸	ß	æ	œ	ø	Æ	Œ	Ø	1
2	-	!	"	#	$	%	&	'	(	)	*	+	,	-	.	/	2
3	0	1	2	3	4	5	6	7	8	9	:	;	¡	=	¿	?	3
4	@	A	B	C	D	E	F	G	H	I	J	K	L	M	N	O	4
5	P	Q	R	S	T	U	V	W	X	Y	Z	[	"	]	^	·	5
6	'	a	b	c	d	e	f	g	h	i	j	k	l	m	n	o	6
7	p	q	r	s	t	u	v	w	x	y	z	-	—	"	~	¨	7
	0	1	2	3	4	5	6	7	8	9	A	B	C	D	E	F	

pnr10

Weitere Schnitte sind `pnb10`, `pns10`, `pnss10`, `pnssb10` und `pnssi10`.

fonts/osmanian

osmanian

	0	1	2	3	4	5	6	7	8	9	A	B	C	D	E	F	
4	𐒀	𐒁	𐒂	𐒃	𐒄	𐒅	𐒆	𐒇	𐒈	𐒉	𐒊	𐒋	𐒌	𐒍	𐒎	𐒏	4
5	𐒐	𐒑	𐒒	𐒓	𐒔	𐒕	𐒖	𐒗	𐒘	𐒙	𐒚						5
	0	1	2	3	4	5	6	7	8	9	A	B	C	D	E	F	

fonts/psfonts/polish/antp

antpr

	0	1	2	3	4	5	6	7	8	9	A	B	C	D	E	F	
0									…	fk		ff	fi	fl	ffi	ffl	0
1	ı	ȷ	`	´	ˇ	˘	¯	˚	˛	ß	æ	œ	ø	Æ	Œ	Ø	1
2		!	"	#	$	%	&	'	(	)	*	+	,	-	.	/	2
3	0	1	2	3	4	5	6	7	8	9	:	;	¡	=	¿	?	3
4	@	A	B	C	D	E	F	G	H	I	J	K	L	M	N	O	4
5	P	Q	R	S	T	U	V	W	X	Y	Z	[	"	]	^	.	5
6	'	a	b	c	d	e	f	g	h	i	j	k	l	m	n	o	6
7	p	q	r	s	t	u	v	w	x	y	z	-	—	"	~	˙˙	7
8		Ą	Ć	>	≥		Ę	Į	<	≤	Ł	Ń	~	^	†		8
9	‡	Ś	Š	Ş	°	Ţ	˛	Ų	Ÿ	Ź	Ž	Ż		{	}	§	9
A		ą	ć	®	©	÷	ę	į	–	×	ł	ń	±		«	»	A
B	¶	ś	š	ş	•	ţ		ų	ÿ	ź	ž	ż		.	"	'	B
C	À	Á	Â	Ã	Ä	Å	\	Ç	È	É	Ê	Ë	Ì	Í	Î	Ï	C
D	Đ	Ñ	Ò	Ó	Ô	Õ	Ö	¤	‰	Ù	Ú	Û	Ü	Ý	Þ			D
E	à	á	â	ã	ä	å	_	ç	è	é	ê	ë	ì	í	î	ï	E
F	ð	ñ	ò	ó	ô	õ	ö	◁	∅	ù	ú	û	ü	ý	þ	„	F
	0	1	2	3	4	5	6	7	8	9	A	B	C	D	E	F	

Type 1-Zeichensatz, der durch das Paket `antpolt` eingebunden wird. Weitere Schnitte sind `antpri`, `antpb` und `antpbi`.

fonts/psfonts/polish/antyktor

anttr

	0	1	2	3	4	5	6	7	8	9	A	B	C	D	E	F	
0								μ	…	fk		ff	fi	fl	ffi	ffl	0
1	ı	ȷ	`	´	ˇ	˘	¯	˚	˛	ß	æ	œ	ø	Æ	Œ	Ø	1
2		!	"	#	$	%	&	'	(	)	*	+	,	-	.	/	2
3	0	1	2	3	4	5	6	7	8	9	:	;	¡	=	¿	?	3
4	@	A	B	C	D	E	F	G	H	I	J	K	L	M	N	O	4
5	P	Q	R	S	T	U	V	W	X	Y	Z	[	"	]	^	.	5
6	'	a	b	c	d	e	f	g	h	i	j	k	l	m	n	o	6
7	p	q	r	s	t	u	v	w	x	y	z	-	—	"	~	˙˙	7
8		Ą	Ć	>			Ę	Į	<		Ł	Ń	~		ℓ	†	8
9	‡	Ś	Š	Ş	°	Ţ	˛	Ų	Ÿ	Ź	Ž	Ż		{	}	§	9
A		ą	ć	®	©	÷	ę	į	–	×	ł	ń	±		«	»	A
B	¶	ś	š	ş	•	ţ		ų	ÿ	ź	ž	ż		.	"	'	B
C	À	Á	Â	Ã	Ä	Å	\	Ç	È	É	Ê	Ë	Ì	Í	Î	Ï	C
D	Đ	Ñ	Ò	Ó	Ô	Õ	Ö	¤	‰	Ù	Ú	Û	Ü	Ý				D
E	à	á	â	ã	ä	å		ç	è	é	ê	ë	ì	í	î	ï	E
F	ð	ñ	ò	ó	ô	õ	ö			ù	ú	û	ü	ý		„	F
	0	1	2	3	4	5	6	7	8	9	A	B	C	D	E	F	

B.2 Zeichensatztabellen

Type 1-Zeichensatz, der durch das Paket `antyktor` eingebunden wird. Weitere Schnitte sind `anttri` und `anttb`.

fonts/psfonts/polish/qfonts/qxcm

	0	1	2	3	4	5	6	7	8	9	A	B	C	D	E	F	
0	α	Δ	β	δ	π	Π	Σ	μ		…	fk	Ω	ff	fi	fl	ffi	ffl	0
1	ı	ȷ	`	´	˘	ˉ	˚	˛	ß	æ	œ	ø	Æ	Œ	Ø	1
2	!	"	#	$	%	&	'	(	)	*	+	,	-	.	/	2
3	0	1	2	3	4	5	6	7	8	9	:	;	¡	=	¿	?	3
4	@	A	B	C	D	E	F	G	H	I	J	K	L	M	N	O	4
5	P	Q	R	S	T	U	V	W	X	Y	Z	[	"	]	^	˙	5
6	`	a	b	c	d	e	f	g	h	i	j	k	l	m	n	o	6
7	p	q	r	s	t	u	v	w	x	y	z	-	—	"	˜	¨	7
8		Ą	Ć	>	≥	≈	Ę	Į	<	≤	Ł	Ń	~	^	ℓ	†	8
9	‡	Ś	Š	Ş	°	Ţ	˛	Ų	Ÿ	Ź	Ž	Ż	±	{	}	§	9
A		ą	ć	®	©	÷	ę	į	–	×	ł	ń	∞	«	»	A
B	¶	ś	š	ş	•	ţ		ų	ÿ	ź	ž	ż	·	"	'	B
C	À	Á	Â	Ã	Ä	Å	\	Ç	È	É	Ê	Ë	Ì	Í	Î	Ï	C
D	Đ	Ñ	Ò	Ó	Ô	Õ	Ö	¤	‰	Ù	Ú	Û	Ü	Ý	Þ	|	D
E	à	á	â	ã	ä	å	_	ç	è	é	ê	ë	ì	í	î	ï	E
F	ð	ñ	ò	ó	ô	õ	ö	⌫	Ø	ù	ú	û	ü	ý	þ	„	F
	0	1	2	3	4	5	6	7	8	9	A	B	C	D	E	F	

qxcm

Type 1-Zeichensatz; weitere Schnitte sind `qcmrri`, `qcmrb` und `qcmrbi`.

fonts/recycle

recycle

fonts/phonetic

	0	1	2	3	4	5	6	7	8	9	A	B	C	D	E	F	
0	ɂ	ʎ	ᴅ						ω	˛	υ	α	β	γ	δ	ε	0
1	ζ	η	θ	ι	κ	λ	μ	ν	ξ	π	ρ	σ	τ	υ	φ	χ	1
2	ψ	ω	ε	ϑ	ϖ	ϱ	ς	φ									2
3																ʔ	3
4		ᴅ	ʙ	ɔ	ɟ	ə	fj	g			ɖ	ᴋ		ɱ	ɲ		4
5			ʁ		ᴅ	ʌ											5
6		ɑ	ɓ	ɔ	ð	ə	ɾ	ɓ	fi	ɩ	ɟ	ƙ		ɯ	ŋ		6
7	þ		ɹ	ʃ		ɥ		ʍ	ɜ	ʎ	↑	ˆ	ˇ	■	∶		7
	0	1	2	3	4	5	6	7	8	9	A	B	C	D	E	F	

cmph10

fonts/punk

punk10

	0	1	2	3	4	5	6	7	8	9	A	B	C	D	E	F	
0	ʃ	Δ	∂	Λ	Ξ	Π	Σ	Υ	Φ	Ψ	Ω	↑	↓	ı	ȷ	ˋ	0
1	ı	ȷ	`	´	ˇ	˘	¯	˙	¸	ß	Æ	Œ	Ø	Æ	Œ	Ø	1
2	,	!	,	#	$	%	&	'	(	)	*	+	,	-	.	/	2
3	0	1	2	3	4	5	6	7	8	9	:	;	⟨	=	⟩	?	3
4	@	A	B	C	D	E	F	G	H	I	J	K	L	M	N	O	4
5	P	Q	R	S	T	U	V	W	X	Y	Z	[	ˏ	]	ˆ	˙	5
6	`	a	b	c	d	e	f	g	h	i	j	k	l	m	n	o	6
7	p	q	r	s	t	u	v	w	x	y	z	-	—	˝	˜	¨	7
	0	1	2	3	4	5	6	7	8	9	A	B	C	D	E	F	

Weitere Schnitte sind punkbx20 und punksl20.

fonts/redis

redis10

	0	1	2	3	4	5	6	7	8	9	A	B	C	D	E	F	
2		!		#		%		'	(	)	*	+	,		.	/	2
3											:	;		=			3
4	@																4
5												[		]			5
6	א	ב	ג	ד	ה	ו	ז	ח	ט	י	ך	כ	ל	ם	מ	ן	6
7	נ	ס	ע	ף	פ	ץ	צ	ק	ר	ש	ת						7
	0	1	2	3	4	5	6	7	8	9	A	B	C	D	E	F	

redisbx10

	0	1	2	3	4	5	6	7	8	9	A	B	C	D	E	F	
2		!		#		%		'	(	)	*	+	,		.	/	2
3											:	;		=			3
4	@																4
5												[		]			5
6	א	ב	ג	ד	ה	ו	ז	ח	ט	י	ך	כ	ל	ם	מ	ן	6
7	נ	ס	ע	ף	פ	ץ	צ	ק	ר	ש	ת						7
	0	1	2	3	4	5	6	7	8	9	A	B	C	D	E	F	

rediss10

	0	1	2	3	4	5	6	7	8	9	A	B	C	D	E	F	
2		!		#		%		'	(	)	*	+	,		.	/	2
3											:	;		=			3
4	@																4
5												[		]			5
6	א	ב	ג	ד	ה	ו	ז	ח	ט	י	ך	כ	ל	ם	מ	ן	6
7	נ	ס	ע	ף	פ	ץ	צ	ק	ר	ש	ת						7
	0	1	2	3	4	5	6	7	8	9	A	B	C	D	E	F	

fonts/rsfs

rsfs10

	0	1	2	3	4	5	6	7	8	9	A	B	C	D	E	F	
4		$\mathscr{A}$	$\mathscr{B}$	$\mathscr{C}$	$\mathscr{D}$	$\mathscr{E}$	$\mathscr{F}$	$\mathscr{G}$	$\mathscr{H}$	$\mathscr{I}$	$\mathscr{J}$	$\mathscr{K}$	$\mathscr{L}$	$\mathscr{M}$	$\mathscr{N}$	$\mathscr{O}$	4
5	$\mathscr{P}$	$\mathscr{Q}$	$\mathscr{R}$	$\mathscr{S}$	$\mathscr{T}$	$\mathscr{U}$	$\mathscr{V}$	$\mathscr{W}$	$\mathscr{X}$	$\mathscr{Y}$	$\mathscr{Z}$						5
	0	1	2	3	4	5	6	7	8	9	A	B	C	D	E	F	

B.2 Zeichensatztabellen

fonts/sanskrit

dvpn10

fonts/rune

rune

fonts/script

script10

B METAFONT-Zeichensätze

fonts/semaphor

smfr10

	0	1	2	3	4	5	6	7	8	9	A	B	C	D	E	F
0																
1																
2																
3																
4																
5																
6																
7																
8																
9																
A																
B																
C																
D																
E																
F																

fonts/srune

srune

fonts/stmaryrd

stmary10

fonts/tengwar

tengwar

fonts/thai/usl

usl-thai

fonts/trsym

trsy10

Das Paket `trsym` erlaubt einen einfachen Einsatz der Zeichen.

Paket trsym

fonts/tsipa

tsipa10

B METAFONT-Zeichensätze

fonts/tipa/beta0624

tipa10

	0	1	2	3	4	5	6	7	8	9	A	B	C	D	E	F	
0	`	´	ˆ	˜	¨	″	˚	ˇ	˘	¯	˙	ˌ	‹	"	`	´	0
1	ˆ	⌐	⌣	▫	›	‹	ω	˷	×	ı	ȷ	+	⊥	⊤	⊣	⊢	1
2	´	!	'	'	ˌ	ˏ	~	?	(	)	*	+	,	-	.	/	2
3	ʉ	ɨ	ʌ	ɜ	ɥ	ʍ	ɒ	ɣ	θ	ə	:	˙	‿	=	⌢	?	3
4	ə	ɑ	β	ç	ð	ε	φ	γ	ﬁ	ɪ	j	ʁ	ʎ	ɱ	ŋ	ɔ	4
5	ʔ	ʕ	ɾ	ʃ	θ	ʊ	ʋ	ɯ	χ	ʏ	ʒ	[	ʢ	]	˥	˞	5
6	'	a	b	c	d	e	f	g	h	i	j	k	l	m	n	o	6
7	p	q	r	s	t	u	v	w	x	y	z	‖	ǀ	ǂ	˷	¸	7
8	_	ˋ	ˎ	ˏ	ˍ	ˏ	ˊ	ˋ	ˊ	ˎ	ˋ	ˏ	ˋ	ˎ	ˏ	ˊ	8
9	ˊ	ˊ	ǀ	‖	↓	↑	↗	↘	˘	˘	˷	˜	ˈ	ˈ	ˇ	ˇ	9
A	ɓ	ɗ	ɖ	E	g	ɿ	ɿ	ɿ	ɟ	ʞ	ɫ	λ	ɧ	ɳ	ɲ	æ	A
B	ω	Ω	ɋ	ʄ	ʈ	ʈ	ts	ɥ	ʒ	ɛ	ʙ	ʙ	?	‹	›	◻	B
C	A	Ć	Ĉ	ʥ	ɚ	ᴈ	ɞ	ɝ	ɤ	Ǵ	ɧ	H	ʅ	ɭ	ƙ	L	C
D	ʖ	ɷ	ƥ	ɗ	ɾ	Ɩ	ʈ	Œ	ɿ	ʧ	U	ʓ	ʔ	ʕ	z̧	p	D
E	B	ɓ	ɗ	ɖ	ɟ	G	æ	ç	ħ	ɟ	ʃ	ʈ	ɫ	ɭ	ɰ	ɲ	E
F	N	ɲ	⊙	ɾ	ɹ	ɺ	R	œ	ø	ʂ	t	ʍ	z̩	z	þ	ʪ	F
	0	1	2	3	4	5	6	7	8	9	A	B	C	D	E	F	

Weitere Schnitte sind `tipab10`, `tipabx10`, `tipasl10` und `tipass10`.

xipa10

	0	1	2	3	4	5	6	7	8	9	A	B	C	D	E	F	
0	`	´	ˆ	˜	¨	″	˚	ˇ	˘	¯	˙	ˌ	‹	"	`	´	0
1	ˆ	⌐	⌣	▫	›	‹	ω	˷	×	ı	ȷ	+	⊥	⊤	⊣	⊢	1
2	´	!	'	'	ˌ	ˏ	~	?	(	)	*	+	,	-	.	/	2
3	ʉ	ɨ	ʌ	ɜ	ɥ	ʍ	ɒ	ɣ	θ	ə	:	˙	‿	=	⌢	?	3
4	ə	ɑ	β	ç	ð	ε	φ	γ	ﬁ	ɪ	j	ʁ	ʎ	ɱ	ŋ	ɔ	4
5	ʔ	ʕ	ɾ	ʃ	θ	ʊ	ʋ	ɯ	χ	ʏ	ʒ	[	ʢ	]	˥	˞	5
6	'	a	b	c	d	e	f	g	h	i	j	k	l	m	n	o	6
7	p	q	r	s	t	u	v	w	x	y	z	‖	ǀ	ǂ	˷	¸	7
8	_	ˋ	ˎ	ˏ	ˍ	ˏ	ˊ	ˋ	ˊ	ˎ	ˋ	ˏ	ˋ	ˎ	ˏ	ˊ	8
9	ˊ	ˊ	ǀ	‖	↓	↑	↗	↘	˘	˘	˷	˜	ˈ	ˈ	ˇ	ˇ	9
A	ɓ	ɗ	ɖ	E	g	ɿ	ɿ	ɿ	ɟ	ʞ	ɫ	λ	ɧ	ɳ	ɲ	æ	A
B	ω	Ω	ɋ	ʄ	ʈ	ʈ	ts	ɥ	ʒ	ɛ	ʙ	ʙ	?	‹	›	◻	B
C	A	Ć	Ĉ	ʥ	ɚ	ᴈ	ɞ	ɝ	ɤ	Ǵ	ɧ	H	ʅ	ɭ	ƙ	L	C
D	ʖ	ɷ	ƥ	ɗ	ɾ	Ɩ	ʈ	Œ	ɿ	ʧ	U	ʓ	ʔ	ʕ	z̧	p	D
E	B	ɓ	ɗ	ɖ	ɟ	G	æ	ç	ħ	ɟ	ʃ	ʈ	ɫ	ɭ	ɰ	ɲ	E
F	N	ɲ	⊙	ɾ	ɹ	ɺ	R	œ	ø	ʂ	t	ʍ	z̩	z	þ	ʪ	F
	0	1	2	3	4	5	6	7	8	9	A	B	C	D	E	F	

Weitere Schnitte sind `xipab10`, `xipabx10`, `xipasl10` und `xipass10`.

B.2 Zeichensatztabellen

fonts/twcal

twcal14

(character table with handwritten cursive glyphs for twcal14 font)

fonts/trajan

trjnr10

	0	1	2	3	4	5	6	7	8	9	A	B	C	D	E	F	
2		!	"				&	'	(	)			,	-	.	/	2
3											:	;				?	3
4		A	B	C	D	E	F	G	H	I	J	K	L	M	N	O	4
5	P	Q	R	S	T	U	V	W	X	Y	Z	[		"	]		5
6	'																6
7							_	—									7
	0	1	2	3	4	5	6	7	8	9	A	B	C	D	E	F	

trjnsl10

	0	1	2	3	4	5	6	7	8	9	A	B	C	D	E	F	
2		!	"				&	'	(	)			,	-	.	/	2
3											:	;				?	3
4		A	B	C	D	E	F	G	H	I	J	K	L	M	N	O	4
5	P	Q	R	S	T	U	V	W	X	Y	Z	[		"	]		5
6	'																6
7							_	—									7
	0	1	2	3	4	5	6	7	8	9	A	B	C	D	E	F	

fonts/va

va14

	0	1	2	3	4	5	6	7	8	9	A	B	C	D	E	F	
0	`	´			¨												0
1	"	"	„		–	—					‚	'	‚	ß			1
2	!	"						'	(	)	*	+	,	-	.	/	2
3	0	1	2	3	4	5	6	7	8	9	:	;	<	=	>	?	3
4		A	B	C	D	E	F	G	H	I	J	K	L	M	N	O	4
5	P	Q	R	S	T	U	V	W	X	Y	Z						5
6	'	a	b	c	d	e	f	g	h	i	j	k	l	m	n	o	6
7	p	q	r	s	t	u	v	w	x	y	z						7
C					Ä												C
D							Ö						Ü				D
E					ä												E
F							ö						ü			ß	F
	0	1	2	3	4	5	6	7	8	9	A	B	C	D	E	F	

fonts/vietnamese

vnr10

	0	1	2	3	4	5	6	7	8	9	A	B	C	D	E	F	
0	`	´	ˆ	˜	¨	.	°	˘	ˇ	¯	.	¸	°	,	‹	›	0
1	"	"	„	«	»	–	—		ₒ	ı	Ỷ	ỷ	Ỳ	ỵ	Đ	đ	1
2	̣	!	"	#	$	%	&	'	(	)	*	+	,	-	.	/	2
3	0	1	2	3	4	5	6	7	8	9	:	;	<	=	>	?	3
4	@	A	B	C	D	E	F	G	H	I	J	K	L	M	N	O	4
5	P	Q	R	S	T	U	V	W	X	Y	Z	[	\	]	^	_	5
6	'	a	b	c	d	e	f	g	h	i	j	k	l	m	n	o	6
7	p	q	r	s	t	u	v	w	x	y	z	{			}	~	-	7
8	À	Á	Ã	Ả	Ạ	Â	Ầ	Ấ	Ẫ	Ẩ	Ậ	Ă	Ằ	Ắ	Ẵ	Ẳ	8
9	Ặ	È	É	Ē	Ẻ	Ẹ	Ê	Ề	Ế	Ễ	Ể	Ê	Ì	Í	Ĩ	Ỉ	9
A	à	á	ã	ả	ạ	â	ầ	ấ	ã	ẩ	ậ	ă	ằ	ắ	ẵ	ẳ	A
B	ặ	è	é	ē	ẻ	ẹ	ê	ề	ế	ễ	ể	ệ	ì	í	ĩ	ỉ	B
C	Ị	Ò	Ó	Ō	Ỏ	Ọ	Ô	Ồ	Ố	Ỗ	Ổ	Ộ	Ơ	Ờ	Ớ	Ỡ	C
D	Ở	Ợ	Ù	Ú	Ũ	Ủ	Ụ	Ư	Ừ	Ứ	Ữ	Ử	Ự	Ỳ	Ý	Ỹ	D
E	ị	ò	ó	ō	ỏ	ọ	ô	ồ	ố	ỗ	ổ	ộ	ơ	ờ	ớ	ỡ	E
F	ở	ợ	ù	ú	ũ	ủ	ụ	ư	ừ	ứ	ữ	ử	ự	ỳ	ý	ỹ	F
	0	1	2	3	4	5	6	7	8	9	A	B	C	D	E	F	

fonts/ugaritic

(ugaritic character table)

fonts/wasy2

(wasy10 character table)

Das Paket `wasysym` (Seite 389) stellt Befehle zur einfachen Verwendung des Zeichensatzes bereit.

fonts/wsuipa

(wsuipa10 character table)

language/bengali/pandey

Siehe `bnr10`, Seite 553. Weiterer Schnitt: `bnsl10`.

fonts/wnri

wnrir10

	0	1	2	3	4	5	6	7	8	9	A	B	C	D	E	F	
0	Γ	Δ	Θ	Λ	Ξ	Π	Σ	Υ	Φ	Ψ	Ω	ff	fi	fl	ffi	ffl	0
1	ı	ȷ	`	´	ˇ	˘	¯	˚	¸	ß	æ	œ	ø	Æ	Œ	Ø	1
2	˗	!	"	#	$	%	&	'	(	)	*	+	,	-	.	/	2
3	0	1	2	3	4	5	6	7	8	9	:	;	¡	=	¿	?	3
4	@	A	B	C	D	E	F	G	H	I	J	K	L	M	N	O	4
5	P	Q	R	S	T	U	V	W	X	Y	Z	[	"	]	^	·	5
6	'	a	b	c	d	e	f	g	h	i	j	k	l	m	n	o	6
7	p	q	r	s	t	u	v	w	x	y	z	–	—	"	˜	¨	7
8	Ç	ü	é	ķ	ä	à	ġ	ç	ḥ	ë	è	ï	Ḷ	ì	Ä	Ġ	8
9	É	æ	Æ	Ķ	ö	ò	Å	ù	Ř	Ö	Ü	ē	Ē	ō	Ō	ṛ	9
A	á	í	ó	ú	ñ	Ñ	Ī	ṁ	ă	ĭ	ŭ	ž	Ž	ṇ	ķ	Ķ	A
B	č	Č	š	ṛ	ṭ	á	à	í	ì	Ḍ	Ṣ	Ṭ	Ẓ	ú	ù	ṁ	B
C	ĕ	ŏ	γ	Ḥ	ḍ	ḷ	ŕ	ř	Ẏ	ẓ	ṣ	Ṇ	Ḷ	ẏ	Ṛ	ř	C
D	ã	ĩ	ũ	ẽ	õ	ĕ	ŏ	ḷ	Ỵ	ạ	ẓ	Š	ǰ	Ẓ	ḥ	J̌	D
E	ā	ß	Ā	ī	Ī	ū	Ū	ṛ	R̥	r̥	R̥̄	ḷ	Ḹ	Ị̄	Ḷ	ṅ	E
F	Ṅ	ṭ	Ṭ	ḍ	Ḍ	ṇ	Ṇ	ś	Ś	ṣ	Ṣ	√	ṃ	Ṃ	ḥ	Ḥ	F
	0	1	2	3	4	5	6	7	8	9	A	B	C	D	E	F	

language/armtex/v2.0

arssr10

	0	1	2	3	4	5	6	7	8	9	A	B	C	D	E	F	
0			Ձ	Գ	Ճ	Ե	Ը	Թ	Ժ	Ձ	Ո	Ւ	Փ	O	0
1			ծ	ղ	ձ	է	ը	թ	ժ	2	²	ռ	ծ	փ	o	1
2	ս	՝	"	#	$	%	&	'	(	)	*	+	,	-	.	/	2
3	0	1	2	3	4	5	6	7	8	9	:	;	«	=	»	˝	3
4	@	Ա	Բ	Ց	Դ	Ե	Ֆ	Գ	Հ	Ի	Ջ	Կ	Լ	Մ	Ն	Ո	4
5	Պ	Ք	Ր	Ս	Տ	Ու	Վ	Ւ	Խ	Յ	Զ	[	"	]	{	}	5
6	`	ա	բ	g	դ	ե	ֆ	q	h	ի	ջ	կ	լ	մ	ն	ո	6
7	պ	ք	ր	ու	փ	ու	վ	ւ	խ	յ	զ	-	—	'	!	?	7
	0	1	2	3	4	5	6	7	8	9	A	B	C	D	E	F	

artmr10

	0	1	2	3	4	5	6	7	8	9	A	B	C	D	E	F	
0			Ձ	Գ	Ճ	Ե	Ը	Թ	Ժ	Ձ	Ո	Ւ	Փ	O	0
1			ծ	ղ	ձ	է	ը	թ	ժ	2	²	ռ	ծ	փ	o	1
2	ս	՝	"	#	$	%	&	'	(	)	*	+	,	-	.	/	2
3	0	1	2	3	4	5	6	7	8	9	:	;	«	=	»	˝	3
4	@	Ա	Բ	Ց	Դ	Ե	Ֆ	Գ	Հ	Ի	Ջ	Կ	Լ	Մ	Ն	Ո	4
5	Պ	Ք	Ր	Ս	Տ	Ու	Վ	Ւ	Խ	Յ	Զ	[	"	]	{	}	5
6	`	ա	բ	g	դ	ե	ֆ	q	h	ի	ջ	կ	լ	ú	û	n	6
7	պ	ք	ր	ու	փ	ու	վ	ւ	խ	յ	զ	-	—	'	!	?	7
	0	1	2	3	4	5	6	7	8	9	A	B	C	D	E	F	

Weitere Schnitte sind `arssb10`, `arssbs10`, `arsssl10`, `artmb10`, `artmbi10`, `artmbs10`, `artmi10` und `artmsl10`.

language/casyl

casyll10

language/coptic

copte

language/croatian

gg10

bass10

B METAFONT-Zeichensätze

language/devanagari/distrib

dvpn10

(character set table)

language/ethiopia/ethiop

ethb10

(character set table)

Weitere Schnitte sind `ethab10`, `ethas10`, `ethasb10`, `ethatt10`, `ethbb10`, `ethbs10`, `ethbsb10` und `ethbtt10`.

language/gurmukhi/pandey

pun10 — character table (codes 0–F × 0–7)

language/gurmukhi/singh

grmk10 — character table (codes 0–F × 0–7)

language/hebrew/fonts/newcode

fr — character table (codes 0–F × 2–7)

Weitere Schnitte sind `frbx` und `frsl`.

language/hebrew/fonts/oldcode

jerus10 — character table (codes 0–F × 2–7)

B.2 Zeichensatztabellen

oldjaf10

shold10

shstk10

language/indian/itrans-5.2

bnr10

B METAFONT-Zeichensätze

wntml10

	0	1	2	3	4	5	6	7	8	9	A	B	C	D	E	F	
0	அ	ஆ	இ	ஈ	உ	ஊ	எ	ஜ	க	கி	கீ	கி	கு	கூ	ஏ	ஐ	0
1	ங	ஙை	ஙி	ஙீ	ஙு	ஙூ	ஒ	ஓ	ச	சி	சீ	சி	சு	சூ			1
2	ஞ		ஞி	ஞீ	ஞு	ஞூ			ட	டி	டீ	டி	டு	டூ			2
3	ண	ணை	ணி	ணீ	ணு	ணூ	ணை		த	தி	தீ	தி	து	தூ			3
4	ந		நி	நீ	நு	நூ			ப	பி	பீ	பி	பு	பூ			4
5	ம		மி	மீ	மு	மூ			ய	யி	யீ	யி	யு	யூ			5
6	ர	ரா	ரி	ரீ	ரு	ரூ			ல	லி	லீ	லி	லு	லூ	லை		6
7	வ		வி	வீ	வு	வூ			ழ	ழி	ழீ	ழி	ழு	ழூ			7
8	ள		ளி	ளீ	ளு	ளூ	ளை		ற	றி	றீ	றி	று	றூ			8
9	ன		னி	னீ	னு	னூ	னை										9
A																	A
B	ஷ		ஷி	ஷீ					ஸ		ஸி	ஸீ					B
C	ஜ		ஜி	ஜீ					ஹ		ஹி	ஹீ					C
D	க்ஷ		க்ஷி	க்ஷீ													D
E																	E
F	॰	ॱ		௯													F
	0	1	2	3	4	5	6	7	8	9	A	B	C	D	E	F	

language/malayalam

mm10

	0	1	2	3	4	5	6	7	8	9	A	B	C	D	E	F	
0	○	□	○	ೃ	/	അ	ആ	ഇ	[	ഉ	]	ഋ	ണ	!	എ	ഏ	0
1	(	)	ഌ	'	'	ക	ഖ	ഗ	ഘ	ങ	ച	ഛ	ജ	ത	ഞ	ട	1
2	○	ഡ	ഢ	ണ	ത	ഥ	ദ	ധ	ന	?	പ	ഫ	ബ	ഭ	മ	യ	2
3	ര	റ	ല	ള	ഴ	വ	ശ	ഷ	സ	ഹ	,	.	;	:	ാ	ി	3
4	ീ	○	○	○	○	-	െ	േ	○	○	○	○	'	~	ൻ	ൻ	4
5	ർ	ൽ	○	○	○	○	○	○	○	○	○	○	○	ക്ക	യ	5
6	○	○	-	—		○	○	○	○	○	○	○	○	○	○	ൻ	6
7	○	○	○	○	○	○			○	○	○	○	○	○	○	○	7
8	ക	ഗ	ഘ	ജ	ണ	ത	ന	ര	ത	ശ	ഹ	ക	ത	ഛ	ജ	ണ	8
9	ഋ	ആ	ഭ	ത	ര	ഭ	ക	യ	ഗ	ദ	യ	ഗ	ട	ശ	സ	ഏ	9
A	ക്ക	ങ്ങ	ജ്ജ	ഞ്ഞ	ട	ത്ത	ദ	ന	ക്ക	ക്ക	ഇള	ഇള	ത്ത	ത്ത	ന്ന	ന്ദ	A
B	ക്ത	ദ	ശ്യ	സ	മ	ക	ക	ത	ണ്ണ	ഞ്ച	ഞ്ജ	ണ്ട	ഗ്ദ	ങ്ക	ത്മ	ത	B
C	ധ	ന്മ	ത	ന്ദ	യു	ശ്ല	ഴ	ഹ	ഗ	ഗ	ഗ	ജ	ട	ത	ട	ഡ	C
D	ര	ങ	ശ്ര	സ്യ	ഹ	ക്ക	ത്ര	ത്ര	ഗ്ര	സ	ഘ	ഡ	പ	സ	ത്ത	ത	D
E	ക്ര	ച	ജ്യ	ന്മ	ത	0	1	2	3	4	5	6	7	8	9	E
F	ഷ	ണ്ണ	പ്പ	ഴ	ശ്ശ	സ്സ	ച	ബ	ജ	വ	ക്ഷ	പ			✯	F
	0	1	2	3	4	5	6	7	8	9	A	B	C	D	E	F	

language/mongolian/soyombo

soyombo

language/sanskrit

skt10

Weitere Schnitte sind `sktb10`, `sktbs10`, `sktf10`, `sktfs10` und `skts10`.

language/tamil/wntamil

Siehe `wntml10`, Seite 553.

language/telugu

tel10

language/tibetan/sirlin

gtib

language/turkish

	0	1	2	3	4	5	6	7	8	9	A	B	C	D	E	F	
0	Γ	Δ	Θ	Λ	Ξ	Π	Σ	Υ	Φ	Ψ	Ω				ı	ȷ	0
1	`	´	ˇ	˘	ˉ	˚	¸	ß	æ	œ	ø	Æ	Œ	Ø	1
2	–	!	"	#	$	%	&	'	(	)	*	+	,	-	.	/	2
3	0	1	2	3	4	5	6	7	8	9	:	;		=		?	3
4	'	A	B	C	D	E	F	G	H	I	J	K	L	M	N	O	4
5	P	Q	R	S	T	U	V	W	X	Y	Z	[	"	]	^	·	5
6	'	a	b	c	d	e	f	g	h	ı	j	k	l	m	n	o	6
7	p	q	r	s	t	u	v	w	x	y	z	–	—	"	~	¨	7
8	Ḍ	Ġ	Ḥ	İ	Ķ	Ö	Ṣ	Ṭ	Ü	Ż	Ẓ	Ç	Ḓ	Ǧ	Ḫ	Ñ	8
9	ḍ	ġ	ḥ	i	ķ	ö	ṣ	ṭ	ü	ż	ẓ	ç	ḓ	ǧ	ḫ	ñ	9
A	ô		#	Â	Î	Û			Ş	ş							A
B													â	î	û		B
C	@																C
D														Ṣ	Ẓ		D
E																	E
F													·	ṣ	ẓ		F
	0	1	2	3	4	5	6	7	8	9	A	B	C	D	E	F	

`wtkr10`

language/vietnamese

	0	1	2	3	4	5	6	7	8	9	A	B	C	D	E	F	
0	Å	Ã	Ẫ	Ỷ	Ỹ	Ỵ	Σ	Υ	Φ	Ψ	Ω	ff	fi	fl	ffi	ffl	0
1	ı	ȷ	`	´	ˇ	˘	ˉ	˚	¸	ß	æ	œ	ø	Æ	Œ	Ø	1
2	–	!	"	#	$	%	&	'	(	)	*	+	,	-	.	/	2
3	0	1	2	3	4	5	6	7	8	9	:	;	¡	=	¿	?	3
4	@	A	B	C	D	E	F	G	H	I	J	K	L	M	N	O	4
5	P	Q	R	S	T	U	V	W	X	Y	Z	[	"	]	^	·	5
6	'	a	b	c	d	e	f	g	h	i	j	k	l	m	n	o	6
7	p	q	r	s	t	u	v	w	x	y	z	–	—	"	~	¨	7
8	Ạ	Ắ	Ằ	Ặ	Ấ	Ầ	Ẳ	Ậ	Ē	Ẹ	É	È	Ẻ	Ễ	Ệ	Ố	8
9	Ồ	Ổ	Ỗ	Ộ	Ợ	Ớ	Ờ	Ở	Ị	Ỏ	Ọ	Ỉ	Ủ	Ũ	Ụ	Ỳ	9
A	Ō	ắ	ằ	ặ	ấ	ầ	ẩ	ậ	ē	ẹ	é	è	ể	ễ	ệ	ố	A
B	ồ	ổ	ỗ	ỡ	ợ	ộ	ờ	ở	ị	ụ	ứ	ử	ữ	ơ	ớ	Ư	B
C	À	Á	Â	Ã	Å	Ä	å	ã	È	É	Ê	Ë	Ì	Í	Ĩ	ỳ	C
D	Đ	ứ	Ò	Ó	Ô	ạ	ỵ	ử	ử	Ù	Ú	ỹ	Ỵ	Ý	õ	ư	D
E	à	á	â	ã	å	ä	ữ	ã	è	é	ê	ë	ì	í	ĩ	î	E
F	đ	ự	ò	ó	ô	õ	ỏ	ọ	ụ	ù	ú	ũ	ủ	ý	ợ	Ữ	F
	0	1	2	3	4	5	6	7	8	9	A	B	C	D	E	F	

`vmr10`

macros/latex/contrib/supported/china2e

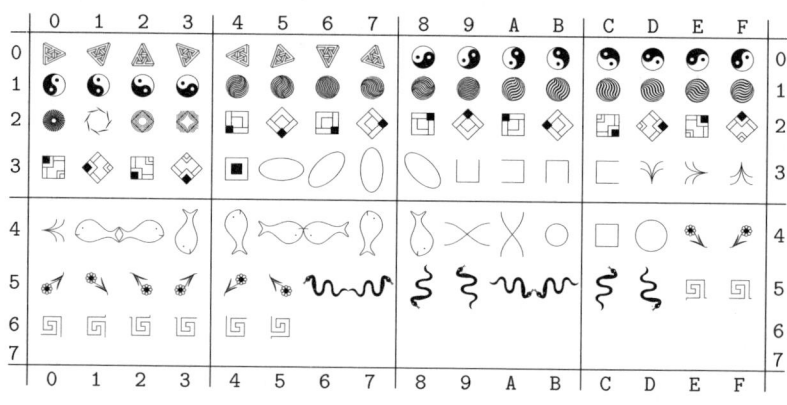

macros/latex/contrib/supported/niceframe

macros/latex/contrib/supported/ulsy

	0	1	2	3	4	5	6	7	8	9	A	B	C	D	E	F	
0									⊕	↯	↯	↯	↯	↯			0
	0	1	2	3	4	5	6	7	8	9	A	B	C	D	E	F	

ulsy10

nonfree/language/arabtex

nash14

xnsh14

Weitere Schnitte sind `nash14bf` und `xnsh14bf`.

nonfree/language/oriya

or10 — character table

Weitere Schnitte sind `orbf10`, `orbs10`, `orsk10`, `orsl10`, `orss10`, `orssbf10`, `orssbs10` und `orsssl10`.

nonfree/language/mongolian/montex

kmr10 — character table

Weitere Schnitte sind `kmb10`, `kmbx10`, `kmbxsl10`, `kmbxti10`, `kmcsc10`, `kmdunh10`, `kmff10`, `kmfi10`, `kmitt10`, `kmsl10`, `kmsltt10`, `kmss10`, `kmssbx10`, `kmssdc10`, `kmssi10`, `kmtcsc10`, `kmti10`, `kmtt10`, `kmu10`, `kmvtt10` und `kmvtti10`.

Die besprochenen Pakete

A

achemso Version 1.0 (M. Dahlgren) 179
CTAN/macros/latex/contrib/supported/achemso
Literaturzitate gemäß American Chemical Society

afm2tfm Version 5.36 (T. Rokicki) 412
CTAN/macros/latex209/contrib/pslatex/fonts/afm2tfm.c
Erzeugt TeX-Metrikdateien aus PostScript-Metriken

alltt Version 2.0g (L. Lamport und J. Braams) 108
CTAN/macros/latex/base
Benutzung und Ausführung von LaTeX-Befehlen innerhalb von verbatim-Umgebungen

amsfonts Version v2.2e (American Mathematical Society) 384
CTAN/fonts/amsfonts/latex
Stellt Umschaltbefehl für Blackboard-Zeichen bereit

amslatex Version 1.2a (American Mathematical Society) 322
CTAN/macros/latex/required/amslatex/math
Sammlung von Klassen zum verbesserten mathematischen Formelsatz

amssymb Version v2.2b (American Mathematical Society) 384
CTAN/fonts/amsfonts/latex
Befehle für neue mathematische Symbole der $\mathcal{AMS}$-Fonts

answers Version 2.10 (M. Piff) 459
CTAN/macros/latex/contrib/supported/answers
Ermöglicht die Erzeugung von Aufgabenblättern mit Lösungen

antpolt Version 0.51 (B. Jackowski, J. Nowacki, P. Strzelczyk) . 538
CTAN/fonts/psfonts/polish/antp/latex
Stellt Zeichensatz antp bereit

Paketverzeichnis

antyktor Version 0.51 (J. Nowacki) 539
CTAN/fonts/psfonts/anttvf/latex2e
Stellt Zeichensatz antp bereit

aplstyle Version 19-08-1987 (A. Hohti, O. Kanerva) 399
CTAN/fonts/apl
Stellt Befehle für APL-Symbole bereit

array Version v2.3m (F. Mittelbach) 230
CTAN/macros/latex/required/tools/array.dtx
Erweiterungen zum Tabellensatz

aurora Version 0.8 (T. G. Freeman) 481
CTAN/support/aurora
Herstellen von Farbauszügen

B

babel Version 3.6k (J. L. Braams) 426
CTAN/macros/latex/required/babel
Unterstützung für verschiedene Sprachräume, Anpassung der Trennungsregeln und Bereitstellung nationaler Sondersymbole, Belegung der Standardtextbausteine (Überschriften spezieller Kapitel) mit nationalen Begriffen

bitfield Version v1.19 (T. Reuben) 293
CTAN/macros/contrib/supported/bitfield
Darstellung von Bitfeldern, Register- und Speicherbelegungen

bytefield Version v1.00 (S. Pakin) 296
CTAN/macros/contrib/supported/bitfield
Darstellung von Bitfeldern, Register- und Speicherbelegungen

C

c Version 1.0 (U. Breymann) 107
CTAN/ltt
Satz von Java/C/C++-Programmen mit LATEX-Kommentaren

calc Version 4.1b (K. Thorup und F. Jensen) 50
CTAN/macros/latex/required/tools
Infix-Notation für Berechnungen von Längen und Zählerständen

calrsfs Version 1994/06/06 (V. Zhytnikov) 388
CTAN/macros/latex/contrib/other/calrsfs
Ersatz der mit \mathcal erzeugten kalligraphischen Buchstaben durch

Schreibschriftzeichen aus `CTAN/fonts/rsfs`

`caption` Version 1.4b (H. Sommerfeldt) 127
`CTAN/macros/latex/contrib/supported/caption`
Gestaltung der Bildunterschriften und Tabellenlegenden

`caption2` Version 2.0β (H. Sommerfeldt) 127
`CTAN/macros/latex/contrib/supported/caption`
Neue Version des `caption`-Paketes, verbesserte Zusammenarbeit mit anderen Paketen

`cd-cover` Version 1.0 (C. Holm) 478
`CTAN/macros/latex/contrib/other/cd-cover`
Druck eines CD-Begleitheftes und Coverblattes

`chapterbib` Version 1.8 (D. Arseneau) 178
`CTAN/macros/latex/contrib/supported/cite`
Darstellung der Literaturzitate ändern

`chemsym` Version 2.0a (M. Dahlgren) 433
`CTAN/macros/latex/contrib/supported/chemsym`
Vereinfachte Eingabe chemischer Textformeln

`chemtex` Version 1987 (R. Haas) 438
`CTAN/macros/latex209/contrib/chemtex`
Erzeugung chemischer Strukturformeln nach dem Baukastenprinzip

`china2e` Version 1.0 (U. Heyl) 390
`CTAN/macros/latex/contrib/supported/china2e`
Chinesische Kalendersymbole und EG-konformes Euro-Symbol

`cite` Version 3.8 (D. Arseneau) 178
`CTAN/macros/latex/contrib/supported/cite`
Darstellung der Literaturzitate ändern

`color` Version 1.0i (D. Carlisle) 247
`CTAN/macros/latex/required/graphics`
Einsatz von Farben für Text, Hintergrund und andere Objekte

`colortbl` Version 0.1i (D. Carlisle) 256
`CTAN/macros/latex/contrib/supported/carlisle`
Farbige Unterlegung von Tabellenzeilen und -spalten

comment Version 3.5 (V. Eijkhout) 50
CTAN/macros/latex/contrib/other/comment
Bedingte Bearbeitung von Textblöcken, wobei mehrere unabhängige Bedingungen erlaubt sind

D

deleq Version 4.41b (M. Dahlgren) 309
CTAN/macros/latex/contrib/supported/deleq
Erzeugung von Gleichungen und Unter-Gleichungen mit alphabetischer Numerierung

dinbrief Version 1.66 (K. D. Braune und R. Gussmann) 333
CTAN/macros/latex/contrib/supported/dinbrief
Geschäftsbriefe nach DIN-Norm

draftcopy Version 2.12 (J. Vollmer) 240
CTAN/macros/latex/contrib/supported/draftcopy
Druckt »Entwurf«(oder ein wählbares Wort) quer über die Seiten des Dokuments

drftcite Version 3.5 (D. Arseneau) 178
CTAN/macros/latex/contrib/supported/cite
Darstellung der Literaturzitate ändern

dropping Version 0.12a (M. Dahlgren) 223
CTAN/macros/latex/contrib/other/dropping
Erzeugung von Initialen

dsfont Version v0.1 (O. Kummer) 388
CTAN/fonts/doublestroke
Blackboard-Buchstaben

E

easyeqn Version 1.5 (E. Bertolazzi) 315
CTAN/macros/latex/contrib/supported/easy
Gleichungsnumerierung, diverse Symbole, Labeländerung

easymat Version 0.3 (E. Bertolazzi) 314
CTAN/macros/latex/contrib/supported/easy
Erstellen von Blockmatrizen

easyvector Version 0.9 (E. Bertolazzi) 318
CTAN/macros/latex/contrib/supported/easy
Einfache Darstellung von Vektoren

endnotes Version 1995-03-23 (J. Lavagnino) 145
CTAN/macros/latex/contrib/other/misc
Erzeugung von Anmerkungen, am Ende des Kapitels oder Dokumentes gesammelt

enumerate Version 3.00 (D. Carlisle) 154
CTAN/macros/latex/required/tools
Änderung der Numerierung von Aufzählungen

epigraph Version 1.5 (P. Wilson) 92
CTAN/macros/latex/contrib/supported/epigraph
Satz eines oder mehrerer Zitate (Epigraphe) an Kapitelanfänge

eucal Version v2.2c (American Mathematical Society) 385
CTAN/fonts/amsfonts/latex
Stellt Umschaltbefehl für die kalligraphischen Zeichen der $\mathcal{AMS}$-Zeichensätze bereit

eurosym Version 1.1 (H. Theiling) 390
CTAN/fonts/eurosym
EG-konformes Euro-Symbol

expdlist Version 2.3 (R. Hülse und W. Kaspar) 154
CTAN/macros/latex/contrib/supported/expdlist
Beeinflussen der Listenparameter und Unterbrechen von Aufzählungen durch Text

F
fancyhdr Version 1.99d (P. van Oostrum) 116
CTAN/macros/latex/contrib/supported/fancyhdr
Gestaltung von Kopf- und Fußzeilen mit lebenden Kolumnentiteln

fancyvrb Version 2.6 (T. van Zandt) 108
CTAN/macros/latex/contrib/supported/fancyvrb
Zahlreiche Verbesserungen und Erweiterungen der Möglichkeiten wörtlichen Satzes (verbatim)

flafter Version v1.2e (F. Mittelbach) 83
CTAN/macros/latex/unpacked
Setzt Gleitobjekte nach ihrer ersten Referenzierung

float Version 1.2d (A. Lingnau) 135
CTAN/macros/latex/contrib/supported/float
Erzeugung neuer Typen von Fließobjekten

`floatflt` Version 1.31a (M. Dahlgren) 220
CTAN/macros/latex/contrib/other/floatfig
Umfließen von Abbildungen mit Text

`fncychap` Version 1.11 (U. A. Lindgren) 89
CTAN/macros/latex/contrib/supported/fncychap
Umgestaltung des Überschriftenlayouts

`fontenc` Version v1.9v (LaTeX3 Projektteam) 350
CTAN/macros/latex/unpacked
Legt das Encoding des Zeichensatzes fest

`fontinst` Version 1.8 (A. Jeffrey, R. McDonnell) 407
CTAN/fonts/utilities/fontinst
Erzeugung aller relevanten Dateien zur Benutzung einer Familie von Type 1-PostScript-Fonts

`footbib` Version 2.0 (E. Domenjoud) 180
CTAN/macros/latex/contrib/supported/footbib
Bibliographische Angaben in Fußnoten

`footmisc` Version 3.3j (R. Fairbairns) 144
CTAN/macros/latex/contrib/supported/footmisc
Modifikationen der Erscheinungsbilder und der Zählung von Fußnoten

`fp` Version 0.8 (M. Mehlich) 51
CTAN/macros/latex/contrib/other/fp
Berechnungen mit reellen Zahlen und Funktionen

`ftnright` Version 1.1d (F. Mittelbach) 145
CTAN/macros/latex/required/tools
Sammlung von Fußnoten im zweispaltigen Satz in der rechten Spalte

G

`g-brief` Version 2.4 (M. Lenzen) 333
CTAN/macros/latex/contrib/supported/g-brief
Geschäftsbriefe nach deutscher Norm

`GaSTeX` Version 2.01 (P. Gastin) 303
http://www.liafa.jussieu.fr/ gastin/gastex/gastex.html
Darstellung von Netz- und anderen Diagrammen mit PostScript-Mitteln

geometry Version 2.0a (H. Umeki) 79
CTAN/macros/latex/contrib/supported/geometry
Einstellung des Satzspiegels über einfache Parameter

german Version 2.5e (B. Raichle und H. Partl) 7
CTAN/language/german
Anpassung an deutschsprachige Trennungsregeln sowie erleichterte
Eingabe nationaler Sonderzeichen wie Umlaute (altes Paket, neue
Version siehe ngerman)

graphics Version 1.01 (D. Carlisle und S. Rahtz) 247
CTAN/macros/latex/required/graphics
Unterstützung von Graphikeinbindung, Textrotation und -skalierung
durch entsprechende Befehlen

graphicx Version 1.0f (D. Carlisle und S. Rahtz) 247
CTAN/macros/latex/required/graphics
Unterstützung von Graphikeinbindung, Textrotation und -skalierung,
mit Schlüsselwort-Syntax

greek Version 3.1 (K. J. Dryllerakis) 395
CTAN/fonts/greek/kd/latex
Satz griechischer Dokumente mit neuen LaTeX-Klassen und -Formaten

grverb Version 1.0 (A. Syropoulos) 524
CTAN/fonts/greek/package-babel/grverb
Griechische verbatim-Umgebung.

H
hyphenat Version 2.3 (P. Wilson) 62
CTAN/macros/latex/contrib/supported/hyphenat
Umfangreiche Steuerung der Trennmöglichkeiten

I
ifsym Version 1.1 (I. Klöckl) 389
CTAN/macros/latex/contrib/supported/ifsym
Einsatz diverser Symbole aus dem elektronischen, alpinistischen und
geometrischen Bereich

ifthen Version 1.1a (D. Carlisle) 49
CTAN/macros/latex/base
Stellt Entscheidungsbefehle für Zeichenfolgen und numerische Werte
bereit und läßt die Erzeugung eigener Wahr-/Falsch-Befehle zu

Paketverzeichnis

inputenc Version 0.97 (A. Jeffrey und F. Mittelbach) 8
CTAN/macros/latex/base
Festlegung der Eingabekodierung des Dokumentes

K

koma-script Version 2.5e (F. Neukam, M. Kohm) 429
CTAN/macros/latex/supported/koma-script
An europäische Typographieregeln angepaßte Dokumentklassen

L

layout Version 1.2b (K. McPherson, J. Braams und H. Umeki) .. 70
CTAN/macros/latex/required/tools
Darstellung der aktuellen Layoutparameter

lgreek Version 1996-01-18 (S. Levy und T. Murphy) 396
CTAN/macros/latex/contrib/other/lgreek
Textsatz in griechischer Sprache, benötigt die griechischen Zeichensätze aus CTAN/fonts/greek/levy

listings Version 0.19 (C. Heinz) 107
CTAN/macros/latex/contrib/supported/listings
Satz verschiedener Programmiersprachen in deren Konventionen

M

makebst Version 3.2 (P. W. Daly) 191
CTAN/macros/latex/contrib/supported/custom-bib
Bibliographiestile menügesteuert erzeugen

marvosym Version 2.0 (T. Henlich) 404
CTAN/macros/latex/contrib/supported/marvosym
Symbole und Piktogramme, auch als Type 1-Zeichensatz

mathrsfs Version v1.0 (J. Knappen) 387
CTAN/macros/latex/contrib/supported/jknappen
Einbindung der mathematischen Schreibschrift aus CTAN/fonts/rsfs

metapost Version 0.632 (J. D. Hobby) 286
CTAN/graphics/metapost
LaTeX-unabhängige Erzeugung von Graphiken mit einer METAFONT-artigen Syntax

mfpic Version 0.2.10.6 α (G. Tobin) 261
CTAN/graphics/mfpic
Erzeugung von Abbildungen mit METAFONT

minitoc Version 27 (N. Ward, D. Jurafsky, J.-P. Drucbert) 106
CTAN/macros/latex/contrib/supported/minitoc
Erzeugt kapitel- oder abschnittsweise Inhaltsverzeichnisse

moreverb Version 2.2d2 (R. Fairbairns, A. Duggan, R. Schöpf und
V. Eijkhout) 107
CTAN/macros/latex/contrib/supported/moreverb
Erweitert die Fähigkeiten der verbatim-Umgebungen und ermöglicht deren zeilenweise Numerierung

multibox Version 1988-10-13 (B. H. Kelly) 232
CTAN/macros/latex209/contrib/misc
Druckt mehrere Texte in einem konstanten Raster, analog \multiput

multicol Version 1.5q (F. Mittelbach) 69
CTAN/macros/latex/required/tools
Mehrspaltiger Satz (drei und mehr Spalten)

multicolpar Version 1993-01-12 (M. Orlandini) 463
CTAN/macros/latex209/contrib/misc
Horizontal aufeinanderbezogene Absätze (synoptische Darstellung von Texten)

multind Version 1.1b (F. W. Long) 207
CTAN/macros/latex209/contrib/misc
Erstellung mehrerer Indizes mit den normalen Indexbefehlen

multirow Version v1.5 (J. Leichter, P. van Oostrum) 230
CTAN/macros/latex/contrib/supported/multirow
Erlaubt Einträge über mehrere Zeilen einer Tabelle

N

natbib Version 7.0c (P. W. Daly) 179
CTAN/macros/latex/contrib/supported/natbib
Literaturzitate in Textform, aus Autor und Jahresangabe gebildet

ngerman Version 2.5e (B. Raichle) 7
CTAN/languages/german
Anpassung an die neue deutsche Rechtschreibung (siehe german)

nomencl Version 2.7 (B. Schandl und B. Veytsman) 211
CTAN/macros/latex/contrib/supported/nomencl
Erzeugung von Symbol- und Abkürzungsverzeichnissen

O

ochem Version 4.0d (I. Klöckl) 443
CTAN/support/ochem
Umfangreicher chemischer Formelsatz, Beschreibung von Formeln und kompletten Reaktionsschemata

oldgerm Version 2.1j (F. Mittelbach) 386
CTAN/macros/latex/contrib/supported/mfnfss
Integration altdeutscher (Fraktur-)Zeichensätze

overcite Version 3.8 (D. Arseneau) 178
CTAN/macros/latex/contrib/supported/cite
Darstellung der Literaturzitate ändern

overpic Version 0.51 (R. Niepraschk) 257
CTAN/macros/latex/contrib/supported/overpic
Einbinden von EPS-Graphiken in LaTeX, Beschriftung der Graphiken mit LaTeX-formatierten Texten

P

parallel Version 2.0β (M. Eckermann) 464
CTAN/macros/latex/contrib/supported/parallel
Horizontal aufeinanderbezogene Absätze (synoptische Darstellung von Texten)

phonetic Version 1995/08/14 (E. Pease) 391
CTAN/fonts/phonetic
Umfassendes System phonetischer und lautlicher Symbole

picins Version 3.0 (J. Bleser und E. Lang) 217
CTAN/macros/latex209/contrib/picins
Umfließen von Abbildungen mit Text

pifont Version v7.2 (S. Rahtz) 401
CTAN/macros/latex/required/psnfss/psfonts.dtx
Nutzung verschiedener PostScript-Symbole

ps2pk Version 1.5 (P. Tutelaers) 403
CTAN/fonts/utilities/ps2pk
Erzeugung von METAFONT-Dateien aus Zeichensätzen im PostScript-Type 1-Format

`ps4mf` Version 1.1 (Unix), Version 2.8 (DOS) (M. Neteler) 404
`CTAN/systems/unix/ps4mf` oder `CTAN/systems/msdos/ps4mf`
Erzeugung von METAFONT-Dateien aus Zeichensätzen im PostScript-Type 1-Format

`psfrag` Version 3.04 (M. C. Grant, D. Carlisle, C. Barratt) 258
`CTAN/macros/latex/contrib/supported/psfrag`
Einbindung von EPS-Graphiken in LaTeX und Einsatz von LaTeX-formatierten Texten zur Beschriftung der Graphiken

`psnfss` Version v4.0 (S. Rahtz) 400
`CTAN/macros/latex/required/psnfss`
Einbindung von PostScript-Zeichensätzen

`pstricks` Version 97 patch 10 (T. van Zandt) 273
`CTAN/graphics/pstricks`
Erzeugung von Graphiken mit PostScript-Makros

`pxfonts` Version 1.0 (Y. Ryu) 404
`CTAN/macros/latex/contrib/supported/pxfonts`
Vollständige Adobe Palatino-Unterstützung auch mathematischer Zeichen

R
`realcalc` Version 1.0 (F. Buchholz) 51
`CTAN/macros/generic/realcalc`
Berechnungen mit reellen Zahlen

`remreset` Version 1997-09-28 (D. Carlisle) 45
`CTAN/macros/latex/contrib/supported/carlisle`
Entfernt einen Zähler aus der Rückstelliste eines anderen

`rotating` Version 2.13 (S. Rahtz und L. Barroca) 228
`CTAN/macros/latex/contrib/supported/rotating`
Drehung von Text und Objekten, PostScript-Schriften erforderlich

S
`setspace` Version 6.4 (G. Tobin) 64
`CTAN/macros/latex/contrib/supported/setspace`
Beeinflußung des Zeilenabstandes

`showframe` Version 14-10-1991 (H. Umeki) 81
`CTAN/macros/latex/contrib/supported/geometry`
Einrahmung des Satzspiegels

sidecap Version 1.4d (R. Niepraschk und H. Gäßlein) 127
CTAN/macros/latex/contrib/supported/sidecap
Anordnung von Bild- und Tabellenlegenden am Bund- oder Außenrand

stmaryrd Version v2.02 (A. Jeffrey) 388
CTAN/fonts/stmaryrd
Mathematische Sonderzeichen und Operatoren

subfigure Version 2.0 (D. Cochran) 224
CTAN/macros/latex/contrib/supported/subfigure
Teil-Legenden mit alphabetischer Numerierung zweiter Ordnung

T

texdraw Version 2.3 (P. Kabal) 281
CTAN/graphics/texdraw
Abbildungen mit PostScript-Makros erzeugen

textmerg Version 2.01 (M. Piff) 334
CTAN/macros/latex/contrib/supported/textmerg
Erzeugung von Serienbriefen in der letter-Umgebung

thesis Version 1.0g (W. Matiaske) 427
CTAN/macros/latex/contrib/supported/thesis
Modifizierte report-Klasse für Sammelwerke und Bücher

times Version v7.2 (S. Rahtz) 228
CTAN/macros/latex/required/psnfss/psfonts.dtx
Einbindung der PostScript-Schrift Times-Roman

timing Version 10.12.91 (L. May und J. Leilich) 300
CTAN/macros/latex/contrib/supported/timing
Satz von Timingdiagrammen und Signalverläufen

tipa Version 1.0 (F. Rei) 392
CTAN/fonts/tipa
Umfassendes System phonetischer und lautlicher Symbole

trfsigns Version 1.01 (K. Rascher) 332
CTAN/macros/latex/contrib/supported/trfsigns
Symbole für Laplace-, Fourier- und andere Transformationen

trsym Version 1.0 (J. Holfert) 332
CTAN/macros/latex/contrib/supported/trsym
Einsatz von Transformationssymbolen

txfonts Version 3.1 (Y. Ryu) 404
CTAN/macros/latex/contrib/supported/txfonts
Vollständige Adobe Times-Unterstützung auch mathematischer Zeichen

typearea Version 2.5e (M. Kohm) 78
/macros/latex/contrib/supported/koma-script
Einstellung des Satzspiegels über Algorithmus

U

ulem Version 1997-04-21 (D. Arseneau) 17
CTAN/macros/latex/contrib/other/misc
Ermöglicht das Unter- und Durchstreichen von Text mit Linien, Schlangenlinien oder Schrägstrichen

units Version 0.9b (A. Reichert) 57
CTAN/macros/latex/contrib/supported/units
Satz von Maßeinheiten

url Version 1.4 (D. Arseneau) 62
CTAN/macros/latex/contrib/other/misc
Erlaubt Trennungen innerhalb von URLs

V

vector Version 1.0 (N. Efford) 319
CTAN/macros/latex/contrib/supported/vector
Vereinfachter Satz von Vektoren

verbatim Version 1.5i (R. Schöpf, B. Raichle und C. Rowley) ... 107
CTAN/macros/latex/required/tools
Verbesserte verbatim-Fähigkeiten der Standardumgebungen

vmargin Version 2.2 (V. Kuhlmann) 79
CTAN/macros/latex/contrib/other/supported/vmargin
Einstellung des Satzspiegels über einfache Parameter

W

wasysym Version v1.0i (A. Kielhorn) 389
CTAN/macros/latex/contrib/supported/wasysym
Zahlreiche Symbole verschiedener Art

Paketverzeichnis

`wrapfig` Version 3.2 (D. Arseneau) 221
`CTAN/macros/latex/contrib/other/misc`
Umfließen von Abbildungen und Tabellen mit Text

X

`xindy` Version 2.0 (R. Kehr) 210
`CTAN/indexing/xindy`
Indexgenerator

`xr` Version 5.02 (D. Carlisle) 110
`CTAN/macros/latex/required/tools`
Querverweise in andere, unabhängige Dokumente

`xymtex` Version 1.0 (S. Fujita) 439
`CTAN/macros/latex/contrib/other/xymtex`
Umfangreicher chemischer Formelsatz (ohne Reaktionsschemata)

`xypic` Version 3.3 – 3.7 (K. H. Rose) 271
`CTAN/macros/generic/diagrams/xypic`
Darstellung matrixartiger Graphiken, Graphen und Ablaufdiagramme mit eigenen Zeichensätzen

Y

`yfonts` Version 1.2 (W. Schmidt) 387
`CTAN/macros/latex/contrib/supported/yfonts`
Integration der Frakturzeichensätze

`yhmath` Version 1.0 (Y. Haralambous) 321
`CTAN/macros/latex/contrib/supported/yhmath`
Neue weite mathematische Akzente

Autorenverzeichnis

A
Arseneau, D.
    chapterb.sty, 178
    cite.sty, 178
    drftcite.sty, 178
    overcite.sty, 178
    ulem.sty, 17
    url.sty, 62
    wrapfig.sty, 221

B
Barratt, C.
    psfrag.sty, 258
Barroca, L.
    rotating.sty, 228
Bertolazzi, E.
    easyeqn.sty, 315
    easymat.sty, 314
    easyvector.sty, 318
Bleser, J.
    picins.sty, 217
Braams, J.
    alltt.sty, 108
    babel.sty, 426
    layout.sty, 70
Braune, K. D.
    dinbrief.sty, 333
Breymann, U.
    c.sty, 107
Buchholz, F.
    realcalc.tex, 51

C
Carlisle, D.
    color.sty, 247, 254
    colortbl.sty, 256
    enumerate.sty, 154
    graphics.sty, 247
    graphicx.sty, 247
    ifthen.sty, 49
    psfrag.sty, 258
    remreset.sty, 45
    xr.sty, 110
Cochran, D.
    subfigure.sty, 224

D
Dahlgren, M.
    achemso.sty, 179
    chemsym.sty, 433
    deleq.sty, 309
    dropping.sty, 223
    floatflt.sty, 220
Daly, P. W.
    makebst.tex, 191
    natbib.sty, 179
Domenjoud, E.
    footbib.sty, 180
Drucbert, J.-P.
    minitoc.sty, 106
Dryllerakis, K. J.
    greek.sty, 395
Duggan, A.
    moreverb.sty, 107

E
Eckermann, M.
    parallel.sty, 464
Efford, N.
    vector.sty, 319
Eijkhout, V.
    comment.sty, 50
    moreverb.sty, 107

F
Fairbairns, R.
    footmisc.sty, 144
    moreverb.sty, 107
Freeman, T. G.
    aurora, 481

Fujita, S.
    xymtex.sty, 439

G
Gößlein, H.
    sidecap.sty, 127
Gastin, P.
    GaSTeX, 303
Grant, M. C.
    psfrag.sty, 258
Gussmann, R.
    dinbrief.sty, 333

H
Haas, R.
    chemtex.sty, 438
Haralambous, Y.
    yhmath.sty, 321
Heinz, C.
    listings.sty, 107
Henlich, T.
    marvosym.sty, 404
Heyl, U.
    china2e.sty, 390
Hobby, J. D.
    METAPOST, 286
Hohti, A.
    aplstyle.sty, 399
Holfert, J.
    trsym.sty, 332
Holm, C.
    cd-cover.sty, 478
Hülse, R.
    expdlist.sty, 154

J
Jeffrey, A.
    fontinst.sty, 407
    inputenc.sty, 8
    stmaryrd.sty, 388
Jensen, F.
    calc.sty, 50
Jurafsky, D.
    minitoc.sty, 106

K
Kabal, P.
    texdraw.sty, 281
Kanerva, O.
    aplstyle.sty, 399

Kaspar, W.
    expdlist.sty, 154
Kehr, R.
    Xindy, 210
Kelly, B. H.
    multibox.sty, 232
Kielhorn, A.
    wasysym.sty, 389
Kirsch, S.
    eco.sty, 347
Klöckl, I.
    ifsym.sty, 389
    ochem.sty, 443
Knappen, J.
    mathrsfs.sty, 387
Kohm, M.
    koma-script-Paket, 429
    typearea.sty, 78
Kuhlmann, V.
    vmargin.sty, 79
Kummer, O.
    dsfont.sty, 388

L
Lamport, L.
    alltt.sty, 108
Lang, E.
    picins.sty, 217
Lavagnino, J.
    endnotes.sty, 145
Leichter, J.
    multirow.sty, 230
Leilich, J.
    timing.sty, 300
Lenzen, M.
    g-brief.sty, 333
Levy, S.
    lgreek.sty, 396
Lindgren, U. A.
    fncychap.sty, 89
Lingnau, A.
    float.sty, 135
Long, F. W.
    multind.sty, 207

M
Matiaske, W.
    thesis.cls, 427

May, L.
    timing.sty, 300
McDonnell, R.
    fontinst.sty, 407
McPherson, K.
    layout.sty, 70
Mehlich, M.
    fp.sty, 51
Mittelbach, F.
    array.sty, 230
    flafter.sty, 83
    ftnright.sty, 145
    inputenc.sty, 8
    multicol.sty, 69
    oldgerm.sty, 386
Murphy, T.
    lgreek.sty, 396

N
Neteler, M.
    PS4MF, 404
Neukam, F.
    koma-script-Paket, 429
Niepraschk, R.
    overpic.sty, 257
    sidecap.sty, 127

O
van Oostrum, P.
    fancyhdr.sty, 116
Orlandini, M.
    multicolpar.sty, 463

P
Pakin, S.
    bytefield.sty, 296
Partl, H.
    german.sty, 7
Pease, E.
    phonetic.sty, 391
Piff, M.
    answers.sty, 459
    textmerg.sty, 334

R
Rahtz, S.
    graphics.sty, 247
    graphicx.sty, 247
    pifont.sty, 401
    psnfss, 400

    rotating.sty, 228
    times.sty, 228
Raichle, B.
    german.sty, 7
    ngerman.sty, 7
    verbatim.sty, 107
Rascher, K.
    trfsigns.sty, 332
Rei, F.
    tipa.sty, 392
Reichert, A.
    units.sty, 57
Reuben, T.
    bitfield.sty, 293
Rose, K. H.
    xypic.sty, 271
Rowley, C.
    verbatim.sty, 107
Ryu, Y.
    pxfonts.sty, 404
    txfonts.sty, 404

S
Schöpf, R.
    moreverb.sty, 107
    verbatim.sty, 107
Schandl, B.
    nomencl.sty, 211
Schmidt, W.
    yfonts.sty, 387
Sommerfeldt, H. A.
    caption.sty, 127
    caption2.sty, 127

T
Theiling, H.
    eurosym.sty, 390
Thorup, K.
    calc.sty, 50
Tobin, G.
    mfpic.sty, 261
    setspace.sty, 64
Tutelaers, P.
    PS2PK, 403

U
Umeki, H.
    geometry.sty, 79

```
        layout.sty, 70
        showframe.sty, 81
```

V
van Oostrum, P.
```
        multirow.sty, 230
```
Veytsman, B.
```
        nomencl.sty, 211
```
Vollmer, J.
```
        draftcopy.sty, 240
```

W
Ward, N.
```
        minitoc.sty, 106
```
Wilson, P.
```
        epigraph.sty, 92
        hyphenat.sty, 62
```

Z
van Zandt, T.
```
        fancyvrb.sty, 108
        pstricks.sty, 273
```
Zhytnikov, V.
```
        calrsfs.sty, 388
```

Literaturverzeichnis

Grundlagen zu TEX/METAFONT

[1] Knuth, D.E., *The TEXbook*, Addison-Wesley 1991, 12. Auflage, ISBN 0-201-13447-0

[2] Salomon, D., *The Advanced TEXbook*, Springer 1995, ISBN 0-387-94556-3

[3] Knuth, D.E., *The METAFONTbook*, Addison-Wesley 1990, ISBN 0-201-13444-6

[4] Eijkhout, V., *TEX by Topic: A TEXnician's Reference*, ISBN 0-201-56882-9

Einführende Literatur in LATEX

[5] Knappen, J., *Schnell ans Ziel mit LATEX 2_ε*, Oldenbourg 1997, ISBN 3-486-24199-0

[6] Kopka, H., Band 1, *LATEX, Einführung*, Addison-Wesley 1996, 2., überarbeitete Auflage, ISBN 3-8273-1025-3

[7] Kopka, H., Band 2, *LATEX, Ergänzungen*, Addison-Wesley 1997, 2., überarbeitete Auflage, ISBN 3-8273-1229-9

[8] Kopka, H., Band 3, *LATEX, Erweiterungen*, Addison-Wesley 1997, ISBN 3-89319-666-8

[9] *LATEX 2_ε for authors*, CTAN/macros/latex/base/usrguide.tex

[10] Lamport, L., *Das LATEX Handbuch*, Addison-Wesley 1995, ISBN 3-89319-826-1

[11] Lamport, L., *LATEX, A Document Preparation System. User's Guide and Reference Manual*, Addison-Wesley 1998, ISBN 0-201-52983-1

Weiterführende LATEX-Literatur

[12] Berry, K., *Fontname – Filenames for TEX fonts*, Version 2.3, March 1999, CTAN/info/fontname/fontname.dvi

[13] Braams, J., Carlisle, D. et al., *The LATEX 2_ε Sources*, dokumentierter LATEX 2_ε-Code in CTAN/macros/latex/base/source2e

[14] Goosens, M., Mittelbach, F., Samarin, A., *Der LaTeX-Begleiter*, Addison-Wesley, 1995, ISBN 3-89319-646-3

[15] *LaTeX 2_ε for class and package writers*, CTAN/macros/latex/base/clsguide.tex

[16] *LaTeX 2_ε font selection*, CTAN/macros/latex/base/fntguide.tex

[17] TUG Working Group, *A Directory Structure for TeX Files*, Version 0.9996, April 1999, CTAN/tds/draft-standard/tds-0.9996/tds.dvi

Dokumentation zu Erweiterungspaketen

[18] *AMS-LaTeX Version 1.2c User's Guide*, American Mathematical Society, November 1996, Version 1.2c, CTAN/macros/latex/required/amslatex/math/amsldoc.tex

[19] *User's Guide to AMSFonts Version 2.2d*, CTAN/fonts/amsfonts/doc/amsfndoc.tex, Mai 1997

[20] Carlisle, D. P., *Packages in the 'graphics' bundle*, Januar 1999, CTAN/macros/latex/required/graphics/grfguide.tex

[21] Freeman, T. G., *Aurora: Colour Separation with PostScript Devices*, 1994, CTAN/macros/latex/contrib/supported/aurora/aurora.ps

[22] Gibbons, J., Jeffrey, A., *The St Mary's Road symbol font*, version 2, März 1994, CTAN/fonts/stmaryrd/stmaryrd.dtx

[23] Grant, M. C., Carlisle, D., *The PSfrag system, version 3*, April 1998, CTAN/macros/latex/contrib/supported/psfrag/pfgguide.tex

[24] Kabal, P., *TeXdraw, PostScript Drawings from TeX*, Edition 2.0, Dezember 1995, CTAN/graphics/texdraw/manual/texdraw.ps

[25] Hobby, J. D., *Drawing Graphs with MetaPost*, CTAN/systems/msdos/metapost/doc/mpgraph.ps

[26] Hobby, J. D., *A User's Manual for MetaPost*, CTAN/msdoc/metapost/doc/mpman.ps

[27] Klöckl, I., *OCHEM User manual version 4.0d 2001-10-21*, CTAN/support/ochem/maneng.ps

[28] Knappen, J., *The European Computer Modern Fonts – Documentation*, Juni 1996, CTAN/fonts/ec/src/dcdoc.tex

[29] Kotz, D., *LaTeX and the GNUPLOT Plotting Program*, Juli 1991,
http://www.cs.dartmouth.edu/gnuplot/latextut/latextut.html

[30] Leathrum, T., *Pictures in TEX with METAFONT*, mfpic.tex version 0.2.10.8α, Mai 1996,
CTAN/graphics/mfpic/source/mfpicdoc.tex

[31] Mehlich, M., *Fixed point arithmetic for TeX*, 1996,
CTAN/macros/latex/contrib/other/fp/readme.fp

[32] Mittelbach, F., Duchier, D., Braams, J., Woliński, M., Wooding, M., *The DocStrip program, version 2.5b*, April 1998
CTAN/macros/latex/base/docstrip.dtx

[33] Mittelbach, F., *The Doc and shortvrb Packages*, Version 2.0h, März 1999 CTAN/macros/latex/base/doc.dtx

[34] Raichle, B., Hafner, T., Niepraschk, R., *Fragen und Antworten (FAQ) über das Textsatzsystem TEX und DANTE e. V.*, in zahlreichen Foren und Internetsites von TEX zu finden, zum Beispiel www.dante.de/faq/de-tex-faq

[35] Rokicki, T., *DVIPS: A TEX Driver*,
CTAN/dviware/dvips/dvips.ps.gz

[36] Rose, K., *XY-pic User's Guide*, Version 3.7, Februar 1999,
CTAN/macros/generic/diagrams/xypic/xy-3.7/doc/xyguide.ps

[37] Rose, K., Moore, R., *XY-pic Complete Sources with TEXnical Commentary*, Version 3.7, Februar 1999,
CTAN/macros/generic/diagrams/xypic/xy-3.7/doc/xyrefer.ps

[38] Shinsaku F., *X̂YMTEX: A Makro Package for Typesetting Chemical Structural Formulas*, Version 1.0, Dezember 1993,
CTAN/macros/latex/contrib/other/xymtex/xymtex-manual.ps

[39] Tobin, G., *A Review of METAFONT Programming*, Januar 1996,
CTAN/graphics/mfpic/source/mf-revu.tex

[40] Tobin, G., *METAFONT for Beginners*, third draft, Juli 1994,
CTAN/graphics/mfpic/misc/mfb.tex

[41] Tobin, G., **MFpic's graphbase.mf METAFONT macros**, Version 0.2.10.2α, Februar 1996,
CTAN/graphics/mfpic/source/grafdoc.tex

[42] William, T., Kelley, C., *GNUPLOT, An Interactive Plotting Program*, Version 3.7, Benutzerhandbuch,
gnuplot.ps in CTAN/graphics/gnuplot/gpdoc.zip

[43] Wilson, P., *The epigraph package*, 2000,
CTAN/macros/latex/contrib/supported/epigraph/
epigraph.dtx

[44] van Zandt, T., *PSTricks: PostScript macros for Generic T_EX*, User's Guide, März 1993, V.0.93a, Dateien pst-usr1.ps bis pst-usr4.ps sowie pst-quik.ps und pst-doc1.ps und pst.doc2.ps in CTAN/graphics/pstricks/obsolete/doc

Literatur zu speziellen Themen

[45] *PostScript Language Reference Manual*, Adobe Systems Inc., 13. Auflage 1995, ISBN 0-201-18127-4

[46] *PostScript Language Tutorial and Cookbook*, Adobe Systems Inc., 22. Auflage 1993, ISBN 0-201-10189-0

[47] *PostScript Language Program Design*, Adobe Systems Inc., 10. Auflage 1993, ISBN 0-201-14396-8

[48] Klöckl, I., *PostScript, Einführung – Workshop – Referenz*, Pardner Data & Media/Hanser-Verlag 1995, ISBN 3-446-18381-7

Weitere Literatur

- Faulmann, K., *Illustrierte Geschichte der Schrift*, Reprint nach der Ausgabe von 1880, Augustus-Verlag 1990, ISBN 3-8043-0143-6

- Faulmann, K., *Das Buch der SCHRIFT*, Reprint nach der Ausgabe von 1880, Eichborn-Verlag, ISBN 3-8218-1720-8

- Nakanishi, A., *Writing Systems of the World*, Charles E. Tuttle Company, 6. Auflage 1998, ISBN 0-8048-1654-9

- Gulbins, J., Kahrmann, C., *Mut zur Typographie*, Springer-Verlag 1993, ISBN 3-540-55708-3

- Simoneit, M., *Typographisches Gestalten*, Polygraph Verlag Frankfurt/Main, zweite Auflage 1989

- Tschichold, J., *Erfreuliche Drucksachen durch gute Typographie*, Maro-Verlag Augsburg 1988, ISBN 3-87512-403-0

- Tschichold, J., *Ausgewählte Aufsätze über Fragen der Gestalt des Buches und der Typographie*, Birkhäuser-Verlag Basel 1975, ISBN 3-7643-1946-1

- *type cosmic, digital type collection*, Band I: serif, Band II: sans serif, institute of typography engineering research, EVERGREEN/B. Taschen Verlag, ISBN 3-8228-9238-6 (Band I), ISBN 3-8228-9240-8 (Band II)

- Wilberg, H. P., Forssman, F., *Lesetypographie*, 1997, Verlag Hermann Schmidt, Mainz, ISBN 3-87439-375-5

Stichwortverzeichnis

"=, 7
##, 14
#, 12
"|, 7
"", 7
"~, 7

A

Abbildungen, 217–308
    Einbinden, 247
    Endlicher Automat, 272
    EPS, 247
    EPS-Graphik, 237
    Farbe, 245, 254
    GNUPLOT, 235
    Hintergrund, 233
    im Absatz, 217
    LaTeX
      Farbe, 245
      \multiframe
        (multibox.sty), 232
      \multimake
        (multibox.sty), 232
      special\, 238
    Legende
      seitlich, 127
    Matrix, 272
    mehrere, 223
    METAFONT, 261
    METAPOST, 286
    mit Programmen erzeugen, 235
    nebeneinander, 223
    PostScript, 239, 273, 281
      beschriften, 280
    PSTricks, 273
    Rotieren, 247
    Skalieren, 247
    TeXdraw, 281
    Unterschrift
      seitlich, 127
    xypic, 271
Abfragen
    der Formatierung, 19
    der Spaltenzahl, 19
Abgesetzter Text, 153
Abkürzungsverzeichnis, 211
\abs (easyeqn.sty), 315
Absatz, 68
    Layout, 68
    nebeneinander setzen, 61
    Rand einstellen, 68
    schmaler, 61
Absatzboxen, 60
Absatzumbruch, 67
Abstand, 47
    mathematischer, 327, 329
achemso (Paket), 179
\addcontentsline, 164, 174
\addtocontents, 164
\addtocounter, 40
\addtolength, 48
\@addtoreset, 43
\addvspace, 169
Adobe Palatino, 404
Adobe Times, 404
afm2tfm (Paket), 412
AFM2TFM (Programm), 411
Aktuelle Umgebung, 19
Akzent
    Bogen, 321
    mathematischer, 379
Akzente
    für Großbuchstaben, 352
align (Umgebung $\mathcal{AMS}$-LaTeX), 323

alltt (Paket), 108
\alph, 41
Alphabet
    mathematisches, 371
amatrix (Umgebung
    yhmath.sty), 321
$\mathcal{AMS}$-Fonts, 382
amsfonts (Paket), 384
amslatex (Paket), 322
amssymb (Paket), 384
\and (ifthen.sty), 49
Ändern, 216
    Bibliographie, 192
    Fußnoten, 144
    Fußzeilen, 114
    Gleichungsnummern, 312
    Grundschrift, 358
    Inhaltsverzeichnis, 165
    Kopfzeilen, 114
    LaTeX, 89
    Listen, 148
    Seitenlayout, 114
    Seitenzahlen, 42
    Überschriften (Layout), 89
    Überschriften (Text), 106
    von Legenden, 127
    von Referenzen, 152
Ankreuzfelder, 150
answers (Paket), 459
antpolt (Paket), 538
antpr (Font), 538
anttr (Font), 538
antyktor (Paket), 539
APL-Symbole, 399
aplstyle (Paket), 399
\arabic, 41
\arc, 265
Argumente
    von Befehlen, 12
    von Umgebungen, 15
ark10 (Font), 514
ARRAY (Umgebung easyeqn.sty), 316
array (Paket), 230
\arrlabel (deleq.sty), 310
\arrow (mfpic.sty), 267
arssr10 (Font), 548
artmr10 (Font), 548

Astronomie
    Symbole, 389
astrosym (Font), 499
\AtBeginDocument, 28
\AtEndDocument, 28
\AtEndOfClass, 28
\AtEndOfPackage, 28
Aufhebung von Ligaturen, 7
Auflösung
    METAFONT, 357
    Referenz, 114
augie (Font), 499
auncl10 (Font), 501
aurora (Paket), 481
Ausgabe
    auf Bildschirm, 86
    von Layoutparametern, 81
    von Zählern, 41
Auszeichnungen
    in Listen, 149
    neue, 361
    von Text, 344
\avec (texdraw.sty), 282
\axes (mfpic.sty), 269

B

babel (Paket), 426
\backpic (Befehl backpic.sty), 234
Balken
    zur Kapitelmarkierung, 125
Balkenbox, 59
barcodes (Font), 500
bard (Font), 500
\baselineskip, 63
bass10 (Font), 549
Baum, 279
bbding10 (Font), 501
bbm10 (Font), 505
bbold10 (Font), 501
\bclosed (mfpic.sty), 267
Bedingung, 49
    neue, 49
    setzen, 49
    verknüpfen, 49
Befehle
    am Dokumentenende, 28
    am Klassenende, 28

Stichwortverzeichnis

Argumente, 12
  Bedingungen, 49
  Defaultwert, 16
  definieren, 11
  definiert?, 18
  eigene, 11
  mit @ im Namen, 6
  Parameter, 12
    optionale, 20
  Text, 361
  umdefinieren, 11
  Voreinstellung, 16
  zerbrechliche, 22
  zusammenbauen, 209
Berechnungen
  komplexe, 50
  reelle, 51
Beschriftung
  ändern, 127
  drehen, 228, 249
  einfügen, 258
  ersetzen, 258
  von EPS-Abbildungen, 256, 257
Bezeichnung
  Mengen, 371
  Vektoren, 371
Bezugsquellen, 9
\bfdefault, 360
\@biblabel, 193
Bibliographie, 178
  chemische Zeitschrift, 179
  eigener Stil, 191
  mehrfache, 178
  Text, 191
  Zitat, 178
Bibliographiestil, 181
  ändern, 190
\bibliography, 180
\bibliographystyle, 180
BibTeX, 180–191
  Bibliographiestil, 181
  Bibliographiestil ändern, 190
  .bst-Datei, 190
  Eingabe von Namen, 188
  Felder, 183
  Objekttypen, 183
Bildschirm

Ausgaben, 86
Binärer Operator, 327
\bitbox (bytefield.sty), 296
Bitfelder, 293
bitfield (Paket), 293
bitfield (Umgebung bitfield.sty), 294
\bitheader (bytefield.sty), 296
\bits (bitfield.sty), 294
\bitstack (bitfield.sty), 294
\bitsubspaced (bitfield.sty), 294
Blackboard-Buchstaben, 373, 384, 388
blackletter (Font), 501
Blockmatrizen, 314
Blocksatz, 65
bnr10 (Font), 553
Bogen (mathematisches Zeichen), 321
bookman (PS-Fontpaket), 401
\boolean (ifthen.sty), 49
\botfigrule, 141
\bottomfraction (Zahl), 80
bottomnumber (Zähler), 81
Box
  volle Papierbreite, 84
Boxen
  Absatzboxen, 60
  Anwendung, 454
  Balken-, 59
  LaTeX, 54
  leere, 19
  LR-, 55
  Rule-Boxen, 59
  speichern von Text, 57
  vertikal verschieben, 56
Brief (Symbol), 401
Briefe, 333–342
  Eigene Stile, 335
  Koma-Script, 433
  nach DIN, 333
  Serien-, 334
Brüche im Text, 57
\btwnfcn (mfpic.sty), 270
Buchstaben
  APL, 399
  Blackboard-, 384, 388
  Fraktur-, 386

gothische, 386
griechische, 392
hohle, siehe Blackboard
kalligraphische, 384
kyrillische, 358, 382, 396
phonetische, 391
Schwabacher, 386
bytefield (Paket), 296
bytefield (Umgebung bytefield.sty), 296

C

c (Paket), 107
C/C++-Quelltext, 107
calc (Paket), 50
callig15 (Font), 503
calrsfs (Paket), 388
\capital..., 352
caption (Paket), 127
caption2 (Paket), 127
\@captype, 133
casyll10 (Font), 549
\cbclosed (mfpic.sty), 267
cbunit (chapterb.sty), 179
ccr10 (Font), 512
CD-Cover, 478
cd-cover (Paket), 478
cdr10 (Font), 515
\@chapapp, 121
\chapapp, 121
\@chapter, 90
chapterbib (Paket), 178
\chaptermark, 118
charlist (METAFONT), 381
Chemie, 433
    Elektronenkonfiguration, 434
    organische, 437
    Ringstrukturen, 435
    Strukturformeln, 437
    Textformeln, 433
chemsym (Paket), 433
chemtex (Paket), 438
cherokee (Font), 504
chess10 (Font), 505
chess15 (Font), 505
china10 (Font), 558
china2e (Paket), 390
\circle (mfpic.sty), 264

cirth (Font), 505
cite (Paket), 178
\@cite, 193
"ck, 7
\ClassError, 28
\ClassInfo, 28
\ClassWarning, 28
\cleartoevenpage (epigraph.sty), 92
\closed (mfpic.sty), 267
\closefile (m2verb.sty), 109
\closegraphsfile (mfpic.sty), 264
CM-Fonts, 343
cmapl10 (Font), 496
cmastro10 (Font), 507
cmbcsc10 (Font), 506
cmbr10 (Font), 508
cmbras10 (Font), 508
cmbrbs10 (Font), 508
cmbrsy10 (Font), 509
cmbsy9 (Font), 495
cmbtex10 (Font), 507
cmcsc9 (Font), 494
cmcyr10 (Font), 513
cmex9 (Font), 495
cmexb10 (Font), 507
cmgray (Font), 503
cmmib9 (Font), 495
cmoer10 (Font), 509
cmph10 (Font), 539
cmpica (Font), 509
cmpicab (Font), 510
cmpicati (Font), 510
cmrz10 (Font), 514
cmttb10 (Font), 507
color (Paket), 247
\color, 255
\colorbox, 255
colortbl (Paket), 256
\columnsep (Maß), 73, 81
\columnseprule (Maß), 81
comment (Paket), 50
connect (Umgebung mfpic.sty), 267
\contentsline, 165
copsn10 (Font), 497
copte (Font), 549

Cork-Encoding, 349
cpcr10 (Font), 537
cpcsl10 (Font), 537
cryst (Font), 512
\csname, 209
cugar10 (Font), 498
cun (Font), 512
\@currentlabel, 19
\CurrentOption, 25
\@currenvir, 19
\curve (mfpic.sty), 264
\cvec (vector.sty), 320
\cyclic (mfpic.sty), 264
cypr10 (Font), 496
cypriote (Font), 513

D
d7seg (Font), 503
Danksagungen, 115
Datei
    in Datei schreiben, 109
    laden (EPS), 238, 250
    nachladen, 24, 29
Dateihandle, 104
Datenfelder, 293
Datenkanal, 104
Daumenindex, 125
\dbits (bitfield.sty), 294
\dblfloatpagefraction (Zahl), 80
\dblfloatsep (Maß), 73
\dbltextfloatsep (Maß), 73
\dbltopfraction (Zahl), 80
dbltopnumber (Zähler), 81
ddeqar (Umgebung deleq.sty), 309
ddeqn (Umgebung deleq.sty), 309
\DeclareFontFamily, 363
\DeclareFontShape, 363
\DeclareGraphicsRule, 253
\DeclareMathAccent, 379
\DeclareMathDelimiter, 380
\DeclareMathSymbol, 379
\DeclareOption, 25
\DeclareSymbolFont, 372
\DeclareSymbolFontAlphabet, 373
\DeclareTextFontCommand, 361

\definecolor, 255
Definition
    Befehle, 16
        Defaultwert, 16
    eigene Befehle, 11
    eigene Umgebungen, 14
deleq (Paket), 309
deqarr (Umgebung deleq.sty), 309
deqn (Umgebung deleq.sty), 309
\descriptionlabel, 155
deseg (Font), 504
Deutsche Anpassung, 7
Diagramm, 278, 286
Dialog, 86
Digitalelektronik, siehe Elektronik
DIN A5-Broschüren, 424
DIN A5-Heft, 417
dinbrief (Paket), 333
dingbat (Font), 515
Docstrip, 489
Dokument
    externe Referenz, 110
    Gliederung
        eigene, 90
    interaktives, 86
    Kopfzeilen, 114
    mehrbändig, 110
    mehrspaltiges, 69
    mehrsprachiges, 426
    Optionen
        eigene, 25
    Seitenstil, 69
    Vergrößerung, 425
Dokumentation
    des Quelltextes, 489
Doppelseitig drucken, 416
\@dottedtocline, 94
\dp, 48
draftcopy (Paket), 240
\draw (mfpic.sty), 267
\drawcircle (gastex.sty), 308
\drawdim (texdraw.sty), 282
\drawedge (gastex.sty), 307
\drawline (gastex.sty), 308
\drawloop (gastex.sty), 307
\drawoval (gastex.sty), 308
\drawrect (gastex.sty), 308

Drehung
    Tabellenkopf, 228, 249
    von Tabellen, 228
    von Text, 248
drftcite (Paket), 178
drgen10 (Font), 517
dropping (Paket), 223
\dropping (dropping.sty), 223
Drucken
    bestimmte Seiten, 415
    doppelseitig, 416
    quer, 422
    Seitenbereich, 422
Druckformat, 237
dsfont (Paket), 388
dsrom10 (Font), 515
dsss10 (Font), 515
.dtx-Datei, 489
Durchmesser, 385
Durchstreichen, 17
DVIBOOK, 415
DVIPS, 238, 421
DVISELECT, 415
DVITODVI, 415
dvpn10 (Font), 541, 551

E

easyeqn (Paket), 315
easymat (Paket), 314
easyvector (Paket), 318
ebmr10 (Font), 508
eco (Paket), 347
Einbinden
    GIF, 253
    JPEG, 253
Einbinden von Abbildungen, 247
Einführung
    in LaTeX, 1
Eingabe, 86
    hexadezimal, 401
    oktal, 401
    von Tastatur, 86
Einrückung
    der Gliederung, 90
Eintrag
    in den Index, 198, 201
    ins Inhaltsverzeichnis, 164
Eintrag (Index), 198, 201

Elastische Maße, 46
    unendlich, 46
Elektronenkonfiguration, 434
Elektronik
    Bitfelder, 293
    Signalverlauf, 299
    Timing, 299
\ellipse (mfpic.sty), 264
\emergencystretch, 66
Encoding, 349, 363
    Cork, 349
    ISO 8859-7, 395
    ISO Greek, 395
    T1, 349
    TS1, 350
\encodingdefault, 360
\end@float, 140
Endnoten, 145
endnotes (Paket), 145
engwar (Font), 516
\ensuremath, 331
Entscheidungen, siehe Bedingung
entspricht (Relation), 332
enumcont (Umgebung
        enumcont.sty), 157
enumerate (Paket), 154
enumerate-Umgebung, Zählung
        fortführen, 157
eorm10 (Font), 515
epigraph (Paket), 92
\epigraph (epigraph.sty), 92
\epigraphhead (epigraph.sty),
        92
\epigraphrule (Länge
        epigraph.sty), 93
epigraphs (Umgebung
        epigraph.sty), 92
\epigraphsize (Länge
        epigraph.sty), 93
EPS
    -Datei beschriften, 256, 280
    -Datei erzeugen, 422
    -Graphik, 237
    Datei laden, 238, 250
EQ (Umgebung easyeqn.sty), 316
EQA (Umgebung easyeqn.sty), 316
\eqref (easyeqn.sty), 317
\equal (ifthen.sty), 49

Stichwortverzeichnis

Erstellen
    Gleitobjekte, 135
    Gliederung, 93
    Verzeichnisse, 171
ethb10 (Font), 551
etr10 (Font), 496
eucal (Paket), 385
euex10 (Font), 494
eufm10 (Font), 494
eurm10 (Font), 494
Euro-Symbol, 390
eurosym (Paket), 390
eusm10 (Font), 493
\@evenfoot, 119
\@evenhead, 119
\evensidemargin (Maß), 73
\ExecuteOptions, 26
expdlist (Paket), 154
extensible (METAFONT), 381

F

Fahrplan, 125
Faltblätter, 447
\familydefault, 360
fancyhdr (Paket), 116
fancyvrb (Paket), 108
Farbauszug, 481
Farbe, 245, 254
    Auszug, 481
    in Legenden, 34
    in Tabellen, 256
    Schmuck-, 481
    Separation, 481
    unterlegt, 255
    Vierfarbdruck, 481
Farbseparation, 481
\fbox, 55
\fcolorbox, 255
fcr10 (Font), 527
.fd-Datei, 362
Fehler, 28
Felder
    BibTeX, 183
    zum Ankreuzen, 150
feymr10 (Font), 517
"ff, 7
\Field (textmerg.sty), 334
\fil..., 47

File, *siehe* Datei
\fill (mfpic.sty), 267
flafter (Paket), 83
Fließobjekt, *siehe* Gleitobjekte
float (Paket), 135
\@float, 140
floatflt (Paket), 220
floatingfigure (Umgebung
    floatflt.sty), 220
floatingtable (Umgebung
    floatflt.sty), 220
\floatname (float.sty), 135
\floatpagefraction (Zahl), 80
\floatplacement (float.sty), 135
\floatsep (Maß), 73
\floatstyle (float.sty), 135
Flugzeug (Symbol), 401
Flußdiagramm, 278, 286, 291
flyspec (Font), 504
\fmark (gastex.sty), 305
fncychap (Paket), 89
fontenc (Paket), 350
\fontencoding, 361
\fontfamily, 361
fontinst (Paket), 407
Fonts, 343–413
    $\mathcal{AMS}$-Fonts, 382
    Attribute, 343
        teilweile ändern, 361
        Voreinstellung, 360
    aus Type 1 erzeugen, 403
    CM, 349
    Cork, 349
    EC, 349
    Familie
        Voreinstellung, 359
    .fd-Datei, 362
    griechische, 392
    Grundschrift ändern, 358
    kyrillisch, 358, 382
    LaTeX-Fonts, 343
    mathematische, 383
    mit METAFONT generieren, 354
    Nadeldrucker, 365
    neue, 382
    PostScript, 400
    Schriftfamilie, 343

Schriftschnitt, 344
TC, 350
TS1-Encoding, 350
Type 1
    im Previewer, 403
    Übersicht, 357
    Vergrößerung, 347
\fontseries, 361
\fontshape, 361
\fontsize, 361
footbib (Paket), 180
footmisc (Paket), 144
\footskip (Maß), 73
Formatierung
    abfragen, 19
    Bibliographie, 193
    Fußnoten, 144
    Fußzeilen, 114
    Gliederung, 89
    Index, 197
    Inhaltsverzeichnis
        Einträge, 166
    Kopfzeilen, 114
    Legende, 127
    Listen
        Marke, 149
    Überschriften, 89
    Zitat, 193
Formblatt, 121
Formular
    erzeugen, 58
    Liniengerüst, 481
fp (Paket), 51
\FPadd (Paket fp), 51
\FPdiv (Paket fp), 51
\FPmul (Paket fp), 51
\FPround (Paket fp), 52
\fps@..., 139
\FPset (Paket fp), 51
\FPsub (Paket fp), 51
\FPtrunc (Paket fp), 52
\FPupn (Paket fp), 52
fr (Font), 552
\frac (easyeqn.sty), 315
\frakfamily (oldgerm.sty), 387
Frakturschrift, 386
\framebox, 55
Freiraum, 55

gemäß Text, 48
ftnright (Paket), 145
\function (mfpic.sty), 270
Funktionskategorie
    mathematische, 327
Fußnoten
    am Ende, 145
    kurze, 144
    ohne Marke, 147
    rechts, 145
    seitenweise Zählung, 144
Fußzeilen
    eigene, 114
Fußzeilen
    fortlassen (leere Seite), 116
fut10 (Font), 498
futhol10 (Font), 517
futhor10 (Font), 517

G

g-brief (Paket), 333
Ganze Zahlen
    Rechnen, 51
\gasset (gastex.sty), 304
GaSTeX (Paket), 303
gather (Umgebung $\mathcal{AMS}$-LATEX), 323
Geboren (Symbol), 352
Gebrochene Zahlen
    Rechnen, 51
geometry (Paket), 79
georgian (Font), 518
Gepunktete Linien, 94
german (Paket), 7
Geschäftsbrief, 333
Geschieden (Symbol), 352
Gestorben (Symbol), 352
gg10 (Font), 549
GIF
    Einbinden, 253
givbc10 (Font), 497
Gleichungen
    numerieren, 315
    Numerierung, 309, 312
Gleitobjekte, 81
    Abtrennen durch Linien, 141
    eigene, 126, 135
    fixieren, 132

Layout ändern, 136
    mit Seitenumbruch, 132
    Parameter, 80
    Plazierung, 81
    Position
        Voreinstellungen, 141
\glentry (glossar.sty), 212
Gliederung
    Einrückung, 90
    mit Graphiken, 97
    neuer Befehl, 90
glmc1000 (Font), 522
glmi1000 (Font), 522
glmn1000 (Font), 521
glmu1000 (Font), 523
Glossar, 211
go10 (Font), 519
go1bla10 (Font), 518
go1whi10 (Font), 518
go2bla10 (Font), 519
go2whi10 (Font), 519
goblin (Font), 519
\gothfamily (oldgerm.sty), 387
Grad Celsius, 332, 352
Gradzeichen, 332, 352
graphics (Paket), 247
graphics (Paket), 247
graphicx (Paket), 247
graphicx (Paket), 247
Graphiken
    auf Kapitelstartseiten, 97
    einbinden, 250
    erzeugen, 235, 261, 271, 273, 281, 286
greek (Paket), 395
Griechisch, 392
grmk10 (Font), 552
Größe
    von math. Symbolen, 374
Größe (Symbole), 381
grreg10 (Font), 524
Grundschrift ändern, 358
grverb (Font), 524
grverb (Paket), 524
gtib (Font), 556
gvibc10 (Font), 497

H
Häkchen, 385, 401
Haken, 385, 401
Handelsname, 352
hands (Font), 525
\hatch (mfpic.sty), 267
\hbadness (Maß), 67
hcyr (Font), 550
\headheight (Maß), 73
\headsep (Maß), 73
Heisenberg-Darstellung von Klammern, 321
helvet (PS-Fontpaket), 401
\heqno (deleq.sty), 310
Hexadezimale Eingabe, 401
\hfil, 47
\hfilneg, 47
\hfuzz (Maß), 67
hge (Font), 525
Hilfsdatei, 173
Hintergrundbild, 233
Hintergrundtext, 239
\hoffset (Maß), 73
Hohle Buchstaben, siehe Blackboard
\hspace, 47
\hss, 47
\ht, 48
\htext (texdraw.sty), 283
huncl10 (Font), 502
hyphenat (Paket), 62

I
\icvec (vector.sty), 320
ifblk10 (Font), 525
ifclk10 (Font), 526
\IfFileExists, 29
ifgeo10 (Font), 526
\ifill (texdraw.sty), 283
\@ifnextchar, 20
\@ifstar, 21
ifsym (Paket), 389
ifsym10 (Font), 526
ifthen (Paket), 49
\ifthenelse (ifthen.sty), 49
\@ifundefined, 18
ifwea10 (Font), 526
imaj10 (Font), 502

\imark (gastex.sty), 305
\includegraphics, 250
Index, 195–211
    Begriff eintragen, 196
    Eintrag, 198, 201
    erstellen, 197, 210
    Layout
        ändern, 203
        Stildatei, 197
    mehrere, 207
    Umlaute, 198, 201
\index, 196, 198, 201
\indexentry, 196
\indexspace, 196, 205
Inhaltsverzeichnis
    manueller Eintrag, 164
    pro Kapitel, 100
Initialen, 223
inputenc (Paket), 8
\InputIfFileExists, 29
.ins-Datei, 489
Installieren
    von Paketen, 489
Interaktion, 86
\intertext ($\mathcal{A}\mathcal{M}\mathcal{S}$-LaTeX), 325
\intextsep (Maß), 73
\irvec (vector.sty), 320
\isodd (ifthen.sty), 49
.ist-Datei, 197
\itdefault, 360
\item (Index), 196
\itemindent (Maß), 149
\itemsep (Maß), 149
izhitsa (Font), 514

J

Java-Quelltext, 107
jerus10 (Font), 552
jkbash10 (Font), 513
JPEG
    Einbinden, 253

K

Kapitelweises Inhaltsverzeichnis, 100
karta15 (Font), 528
kasten.sty (Paket), 143
kdgr10 (Font), 523

Klammern
    eckige, 319
    größenabhängig, 374
    Heisenberg-Darstellung, 321
    mathematische, 327, 374
    runde, 321
    spitze, 321
Klasse
    aufsetzen, 29
    eigene
        Beispiel, 29, 338, 447, 451
    schreiben, 29
kmr10 (Font), 560
knot1 (Font), 527
Kodierung
    Eingabe, 8
    von Fonts, siehe Encoding
Koma-Script, 429
koma-script (Paket), 429
Kommunikation, 86
Kommutativdiagramm, 278, 286
Konstruierte Befehlsworte, 209
Konstruktionsvordrucke, 121
Konversion
    aus PS, 237
    Bildformat, 253
Kopfzeilen, 114
    eigene, 114
    fortlassen (leere Seite), 116
Kreuz (Symbol), 401
kur (Font), 550
Kyrillisch, 358, 382
    LaTeX, 396

L

\l@..., 166
la14 (Font), 528
\label, 269
Labels
    eigene, 19
\labelsep (Maß), 149
\labelwidth (Maß), 149
Laden
    von Dateien, 24, 29
    von Verzeichnissen, 175
Länge, 45
    ändern, 48
    eines Textes, 48

einrichten, 48
Zuweisen, 47
\LAPLA (easyeqn.sty), 316
lasy10 (Font), 530
LATEX
    "=, 7
    "|, 7
    ""', 7
    "~, 7
    \addcontentsline, 164, 174
    \addtocontents, 164
    \addtocounter, 40
    \addtolength, 48
    \@addtoreset, 43
    \addvspace, 169
    \alph, 41
    ändern, 11–216
    \arabic, 41
    \AtBeginDocument, 28
    \AtEndDocument, 28
    \AtEndOfClass, 28
    \AtEndOfPackage, 28
    \baselineskip, 63
    \bfdefault, 360
    \@biblabel, 193
    \bibliography, 180
    \bibliographystyle, 180
    \botfigrule, 141
    \bottomfraction (Zahl), 80
    bottomnumber (Zähler), 81
    \@captype, 133
    \@chapter, 90
    \@cite, 193
    "ck, 7
    \ClassError, 28
    \ClassInfo, 28
    \ClassWarning, 28
    \columnsep (Maß), 73, 81
    \columnseprule (Maß), 81
    \contentsline, 165
    \@currentlabel, 19
    \CurrentOption, 25
    \dblfloatpagefraction (Zahl), 80
    \dblfloatsep (Maß), 73

\dbltextfloatsep (Maß), 73
\dbltopfraction (Zahl), 80
dbltopnumber (Zähler), 81
\DeclareFontFamily, 363
\DeclareFontShape, 363
\DeclareMathAccent, 379
\DeclareMathDelimiter, 380
\DeclareMathSymbol, 379
\DeclareOption, 25
\DeclareSymbolFont, 372
\DeclareSymbolFontAlphabet, 373
\DeclareTextFontCommand, 361
\descriptionlabel, 155
\@dottedtocline, 94
Einführung, 1
\emergencystretch, 66
\encodingdefault, 360
\end@float, 140
\ensuremath, 331
europäisches, 429
\@evenfoot, 119
\@evenhead, 119
\evensidemargin (Maß), 73
\ExecuteOptions, 26
\familydefault, 360
\fbox, 55
"ff, 7
\@float, 140
\floatpagefraction (Zahl), 80
\floatsep (Maß), 73
\fontencoding, 361
\fontfamily, 361
\fontseries, 361
\fontshape, 361
\fontsize, 361
\footskip (Maß), 73
\fps@..., 139
\framebox, 55
\glentry (glossar.sty), 212
griechisch, 392
\headheight (Maß), 73

\headsep (Maß), 73
\hspace, 47
\IfFileExists, 29
\@ifnextchar, 20
\@ifstar, 21
\@ifundefined, 18
\index, 196, 198, 201
\indexentry, 196
\indexspace, 196, 205
\InputIfFileExists, 29
\intextsep (Maß), 73
\itdefault, 360
\item (Index), 196
\itemindent (Maß), 149
\itemsep (Maß), 149
kyrillisch, 396
\l@..., 166
\labelsep (Maß), 149
\labelwidth (Maß), 149
\linespread, 63
\listparindent (Maß), 149
"ll, 7
\LoadClass, 24
lrbox (Umgebung), 58
\makeatletter, 6
\makeatother, 6
\makebox, 55
\@makecaption, 127
\@makechapterhead, 90
\@makefnmark, 146
\@makefntext, 146
\makeindex, 196
\makelabel, 157
\marginparpush (Maß), 73
\marginparsep (Maß), 73
\maginparwidth (Maß), 73
\markboth, 118
\markright, 118
\mbox, 55
\mddefault, 360
minipage (Umgebung), 60
"mm, 7
\NeedsTeXFormat, 23
\newcommand, 11, 17
\newcounter, 39
\newenvironment, 14, 17
\newlength, 48

\newsavebox, 57
"nn, 7
\nocite, 181
\numberline, 166
\@oddfoot, 119
\@oddhead, 119
\oddsidemargin (Maß), 73
\oldstylenums, 346
\p@..., 43, 152
\PackageError, 28
\PackageInfo, 28
\PackageWarning, 28
\parbox, 60
\parsep (Maß), 149
\parskip (Maß), 149
\partopsep (Maß), 149
\PassOptions..., 25
PostScript, 239
"pp, 7
\ProcessOptions, 26
protect\, 23
\providecommand, 18
\ProvidesClass, 24
\ProvidesFile, 24
\ProvidesPackage, 24
\ps@..., 119
\raisebox, 56
\renewcommand, 11, 17
\renewenvironment, 14, 17
\RequirePackage, 24
\rmdefault, 359
\roman, 41
"rr, 7
\rule, 59
\savebox, 57
\sbox, 57
\scdefault, 360
\secdef, 102
\selectfont, 361
\seriesdefault, 360
\setcounter, 40
\setlength, 47
\SetSymbolFont, 379
\settodepth, 48
\settoheight, 48
settowidth\, 48
\sfdefault, 359
\shapedefault, 360

Stichwortverzeichnis

\sldefault, 360
\@startsection, 90
\@starttoc, 175
\stepcounter, 40
\stretch, 47
\subitem, 196, 205
\subsubitem, 196
\suppressfloats, 82
\textfloatsep (Maß), 73
\textfraction (Zahl), 80
\textheight (Maß), 73
\textwidth (Maß), 73
\the..., 41
\@theefnmark, 148
theindex (Umgebung), 196
\topfigrule, 141
\topfraction (Zahl), 80
\topmargin (Maß), 73
topnumber (Zähler), 81
\topsep (Maß), 149
totalnumber (Zähler), 81
trivlist (Umgebung), 153
"tt, 7
\ttdefault, 359
\typein, 86
\typeout, 86
\updefault, 360
\usebox, 57
\usefont, 361
\value, 43
\vspace, 47
LaTeX-Fonts, 343
Lautschrift, 391
Layout, 71
    Index, 203
    Liste, 148
    MakeIndex, 203
    Seite, 71
layout (Paket), 70
Layoutparameter
    Ausgabe, 81
lcmss8 (Font), 529
lcmssb8 (Font), 530
lcmssi8 (Font), 530
\leftmark, 118
\leftskip (Maß), 68
Legende
    ändern, 127

    farbig, 34
    seitlich, 127, 130
\lengthtest (ifthen.sty), 49
\lfill (texdraw.sty), 283
lgreek (Paket), 396
Ligaturtrennung, 7
linb10 (Font), 497
\lines (mfpic.sty), 264
\linespread, 63
\linewd (texdraw.sty), 283
Linie, 59
Linien
    -dicke (texdraw.sty), 283
    -muster(texdraw.sty), 283
    gepunktet, 94
    im Text, 59
    zur Abtrennung von
        Gleitobjekten, 141
Liste
    numerierte, 157
Listen, 148
    erweiterte, 154
    Markierung, 152
    Markierungen, 149
    mit Sondermarkierung, 402
    Parameter, 148
    Referenz auf Markierung,
        152
    runde Ziffern, 157
    triviale, 153
Listings
    Eingabe, 107
listings (Paket), 107
\listparindent (Maß), 149
Literaturzitate
    erweiterte, 178
    Textform, 179
"ll, 7
lla14 (Font), 529
\LoadClass, 24
Logischer Wert, 49
logosl8 (Font), 535
\lpatt (texdraw.sty), 283
LR-Box, 55
lrbox (Umgebung), 58
lstfloat.sty (Paket), 136
\lvec (texdraw.sty), 282

M

M-Box, 55
m2verb.sty (Paket), 109
ma55a10 (Font), 530
ma55az10 (Font), 531
ma55b10 (Font), 532
ma55c12 (Font), 532
ma55g10 (Font), 531
ma55s10 (Font), 532
ma56a10 (Font), 531
ma56az10 (Font), 532
ma56b10 (Font), 533
ma56s10 (Font), 534
ma75a10 (Font), 533
ma75az10 (Font), 534
ma75b10 (Font), 534
ma75s10 (Font), 534
ma76a10 (Font), 533
ma76az10 (Font), 535
ma76b10 (Font), 535
ma76s10 (Font), 535
\mag, 425
\maginparwidth (Maß), 73
magstep, 348
\makeatletter, 6
\makeatother, 6
\makebox, 55
makebst (Paket), 191
\@makecaption, 127
\@makechapterhead, 90
\@makefnmark, 146
\@makefntext, 146
MakeIndex, 197–207
    .ist-Datei, 197
    Layout
        ändern, 203
    Schlüsselworte, 199
    Stildatei, 197
\makeindex, 196
\makelabel, 157
Makro
    leeres, 19
    Parameter, 12
    verschachtelt, 14
Manuell eintragen
    Inhaltsverzeichnis, 164
\marginparpush (Maß), 73
\marginparsep (Maß), 73
\...mark, 118
\markboth, 118
Markierungen
    von Listen, 149
\markright, 118
marvosym (Paket), 404
Maße, 45
    elastische, 46
Maßzahlen
    Rechnen, 51
MAT (Umgebung easymat.sty), 314
\math..., 327
Mathematik, 309–332
    Abstand, 327, 329
    Akzent, 379
    Akzente, 321
    Alphabet, 371
    $\mathcal{AMS}$-LaTeX, 322
    Binärer Operator, 327
    Blackboard-Buchstaben, 384, 388
    Blockmatrizen, 314
    Bogen, 321
    Funktionskategorie, 327
    Gleichungen, 315
    hohle Buchstaben, siehe
        Blackboard, 388
    Indexfelder, 325
    Klammer, 327, 374
        eckige, 319
    Klammern (runde), 321
    Klammern (spitze), 321
    Matrix, 321
    Mengen
        Bezeichnung, 371
    Numerierung
        von Gleichungen, 309
    Operator, 327
        Definition, 329
    Relation, 327
    Symbole, 374, 383, 387
        Größe, 374
    TeX
        \math..., 327
    Text, 328
    Vektoren, 318, 319
        Bezeichnung, 371

Stichwortverzeichnis

Mathematischer Modus
    in Text, 331
mathrsfs (Paket), 387
\mathscr (mathrsfs.sty), 387
Matrix, 321
    Block-, 314
    unterteilt, 314
\mbox, 55
\mddefault, 360
Mediävalziffern, 345
Mehrspaltiger Satz, 69
Meldungen, 86
memory map, 293
Mengen
    Bezeichnung, 371
\Merge (textmerg.sty), 334
METAFONT
    für Abbildungen, 261
METAFONT
    charlist, 381
    extensible, 381
METAPOST, 286
metapost (Paket), 286
mfpic (Paket), 261
\mfpic (Umgebung mfpic.sty), 264
Mikroelektronik, 293
milstd (Font), 529
Minipage, 60
minipage (Umgebung), 60
minitoc (Paket), 106
minus, 46
"mm, 7
mm10 (Font), 554
Modifizieren, siehe Ändern
moonphase (Font), 535
moreverb (Paket), 107
morse10 (Font), 536
\move (texdraw.sty), 282
msam10 (Font), 495
msbm10 (Font), 496
multibox (Paket), 232
multicol (Paket), 69
multicolpar (Paket), 463
\multiframe (multibox.sty), 232
\multimake (multibox.sty), 232
multind (Paket), 207
\MultiRead (textmerg.sty), 334

multirow (Paket), 230
multline (Umgebung $\mathcal{A}\mathcal{M}\mathcal{S}$-LaTeX), 322
mxed10 (Font), 517
My, 352

N

Nadeldrucker-Zeichensatz, 365
Namen
    Eingabe in BibTeX, 188
nash14 (Font), 559
natbib (Paket), 179
necker (Font), 504
\NeedsTeXFormat, 23
\newboolean (ifthen.sty), 49
newcent (PS-Fontpaket), 401
\newcommand, 11, 17
\newcounter, 39
\newenvironment, 14, 17
\newfloat (float.sty), 135
\newlength, 48
\newsavebox, 57
\newtie, 352
\newvector (easyvector.sty), 318
\newwrite, 209
ngerman (Paket), 7
"nn, 7
\nocite, 181
\node (gastex.sty), 304
\nodelabel (gastex.sty), 307
nofloat.sty (Paket), 132
nomencl (Paket), 211
\norm (easyeqn.sty), 315
\normaleqno (eqno.sty), 313
\not (ifthen.sty), 49
\numberline, 166
Numerierung
    alphabetisch, 41
    arabisch, 41
    Gleichungen, 309, 312, 315
    römisch, 41
    von Listen
        eigene, 157
\nydeqno (deleq.sty), 310

O

Objekttypen
    BibTeX, 183

obl10 (Font), 550
ochem (Paket), 443
ocmr10 (Font), 506
ocr10 (Font), 536
ocra10 (Font), 536
\@oddfoot, 119
\@oddhead, 119
\oddsidemargin (Maß), 73
ogham (Font), 536
Oktale Eingabe, 401
oldgerm (Paket), 386
oldjaf10 (Font), 553
\oldstylenums, 346
\openfile (m2verb.sty), 109
\opengraphsfile (mfpic.sty), 264
\openout, 209
Operator, 327
    Definition, 329
Optionen
    Default, 25, 26
        eigene (Klasse), 25
        eigene (Makro), 16
\or (ifthen.sty), 49
or10 (Font), 560
Organigramm, 278, 286, 291
Organische Formeln, 437
osmanian (Font), 538
OT1-Encoding, 349
overcite (Paket), 178
overpic (Paket), 257

P

\p@..., 43, 152
\PackageError, 28
\PackageInfo, 28
\PackageWarning, 28
\pagecolor, 255
Paket
    achemso, 179
    afm2tfm, 412
    alltt, 108
    amsfonts, 384
    amslatex, 322
    amssymb, 384
    answers, 459
    antpolt, 538
    antyktor, 539

aplstyle, 399
array, 230
aurora, 481
babel, 426
bitfield, 293
bytefield, 296
c, 107
calc, 50
calrsfs, 388
caption, 127
caption2, 127
cd-cover, 478
chapterbib, 178
chemsym, 433
chemtex, 438
china2e, 390
cite, 178
color, 247
colortbl, 256
comment, 50
deleq, 309
dinbrief, 333
draftcopy, 240
drftcite, 178
dropping, 223
dsfont, 388
easyeqn, 315
easymat, 314
easyvector, 318
eco, 347
endnotes, 145
enumerate, 154
epigraph, 92
eucal, 385
eurosym, 390
expdlist, 154
fancyhdr, 116
fancyvrb, 108
flafter, 83
float, 135
floatflt, 220
fncychap, 89
fontenc, 350
fontinst, 407
footbib, 180
footmisc, 144
fp, 51
ftnright, 145

für bedingten Text, 50
für deutsche Anpassung, 7
für komplexe Berechnungen, 50
g-brief, 333
GaSTeX, 303
generieren, 489
geometry, 79
german, 7
graphics, 247
graphicx, 247
greek, 395
grverb, 524
hyphenat, 62
ifsym, 389
ifthen, 49
inputenc, 8
koma-script, 429
layout, 70
lgreek, 396
listings, 107
makebst, 191
marvosym, 404
mathrsfs, 387
metapost, 286
mfpic, 261
minitoc, 106
moreverb, 107
multibox, 232
multicol, 69
multicolpar, 463
multind, 207
multirow, 230
natbib, 179
ngerman, 7
nomencl, 211
ochem, 443
oldgerm, 386
overcite, 178
overpic, 257
parallel, 464
phonetic, 391
picins, 217
pifont, 401
ps2pk, 403
ps4mf, 404
psfrag, 258
psnfss, 400
pstricks, 273
pxfonts, 404
realcalc, 51
remreset, 45
rotating, 228
setspace, 64
showframe, 81
sidecap, 127
stmaryrd, 388
subfigure, 224
texdraw, 281
textmerg, 334
thesis, 427
times, 228
timing, 300
tipa, 392
trfsigns, 332
trsym, 332
txfonts, 404
typearea, 78
ulem, 17
units, 57
url, 62
vector, 319
verbatim, 107
vmargin, 79
wasysym, 389
wrapfig, 221
xindy, 210
xr, 110
xymtex, 439
xypic, 271
yfonts, 387
yhmath, 321
Palatino, 404
palatino (PS-Fontpaket), 401
Papierbreite
    volle nutzen, 84
\parafcn (mfpic.sty), 270
parallel (Paket), 464
Parameter
    innerer, 14
    optionale, 20
    von Befehlen, 12
    von Makros, 12
    von Umgebungen, 15
\parbox, 60
\ParDer (easyeqn.sty), 315

\parfillskip (Maß), 68
\parpic (picins.sty), 218
\parsep (Maß), 149
\parskip (Maß), 149
\partopsep (Maß), 149
\PassOptions..., 25
\pen (mfpic.sty), 264
Pfeil (Symbol), 401
phnc10 (Font), 498
phonetic (Paket), 391
Phonetisches Alphabet, 391
\piccaption (picins.sty), 219
\picchangemode (picins.sty), 219
picins (Paket), 217
\picskip (picins.sty), 219
picture-Umgebung, 121, 233, 434
Pi-Font, 403
pifont (Paket), 401
Piktogramme, 387, 404
pIq (Font), 537
Plazierung
    von Gleitobjekten, 81
\plr, 264
\plrcurve (mfpic.sty), 264
\plrcyclic (mfpic.sty), 264
\plrfcn (mfpic.sty), 270
\plrlines (mfpic.sty), 264
\plrpoint (mfpic.sty), 264
\plrregion (mfpic.sty), 270
PLTOTF (Programm), 408
plus, 46
pmatrix (Umgebung $\mathcal{AMS}$-LaTeX), 326
pnr10 (Font), 537
\point (mfpic.sty), 264
Position
    Fließobjekte
        Voreinstellung, 141
PostScript, 239, 273, 281, siehe EPS, siehe PS
    anschauen, 423
    Beschriften, 256
    Druckertreiber, 421
    erzeugen, 286
    Fonts verwenden, 400
    Header-Dateien, 245
    in LaTeX-Text, 239

Previewer, 423
Seiten extrahieren, 415
Seiten zusammenfassen, 417
Symbole, 404
Times, 404
Type 1, 404
"pp, 7
Präfixe
    bei Referenzen, 43
Previewer (PostScript-Fonts), 403
\printparam (Paket showframe), 81
\Process (textmerg.sty), 334
\ProcessOptions, 26
Promille
    Symbol, 389
Promillezeichen, 352, 389
Proportionalschrift, 345
\protect, 23
proto10 (Font), 498
\providecommand, 18
\ProvidesClass, 24
\ProvidesFile, 24
\ProvidesPackage, 24
\ps@..., 119
ps2pk (Paket), 403
ps2pk (Programm), 403
ps4mf (Paket), 404
PSBOOK, 417
psfrag (Paket), 258
\psfrag (psfrag.sty), 258
psfrags (Umgebung psfrag.sty), 259
\psfragscanon (psfrag.sty), 260
psnfss (Paket), 400
PSSELECT, 415
PSTOPS, 417
pstricks (Paket), 273
pun10 (Font), 552
punk10 (Font), 540
pxfonts (Paket), 404

Q
Quelltext
    aus Doku extrahieren, 489
    Eingabe, 107
Querdruck, 422
Querverweis, siehe Referenz

\quotedeqno (eqno.sty), 313
qxcm (Font), 539

R
\r@..., 114
Rahmen, 55
\raisebox, 56
Rand einstellen, 68
Randausgleich, 65
\ratio (calc.sty), 51
\ravec (texdraw.sty), 282
\real (calc.sty), 51
realcalc (Paket), 51
Rechnen
    mit ganzen Zahlen, 51
    mit Maßzahlen, 51
    mit reellen Zahlen, 51
    mit Zählern, 51
\rect (mfpic.sty), 264
recycle (Font), 539
redis10 (Font), 540
redisbx10 (Font), 540
rediss10 (Font), 540
Reelle Zahlen, 51
    Rechnen, 51
Referenz
    Auflösung, 114
    eigene, 19
    in andere Dokumente, 110
    mehrbändig, 110
    Präfixe, 43
\reflectsabout (mfpic.sty), 271
Register, siehe Index
Registeraufbau, 293
Registrierter Name, 352
Relation, 327
\relsegscale (texdraw.sty), 284
\rem (deleq.sty), 310
\@removefromreset, 45
remreset (Paket), 45
\renewcommand, 11, 17
\renewenvironment, 14, 17
\RequirePackage, 24
\resizebox, 250
\restylefloat (float.sty), 136
\reverse (mfpic.sty), 267
rgrrg10 (Font), 525
\rightmark, 118

\rightskip (Maß), 68
\ring (yhmath.sty), 321
Ringstrukturen (chemische), 435
\rlvec (texdraw.sty), 282
\rmark (gastex.sty), 305
\rmdefault, 359
\rmove (texdraw.sty), 282
\roman, 41
rotate (Umgebung rotating.sty),
    228
\rotatebox, 248
\rotatepath, 269
\rotates (mfpic.sty), 271
\rotatesaround (mfpic.sty), 271
rotating (Paket), 228
Rotieren, 247, siehe Drehung
    Tabellenkopf, 228
"rr, 7
rsfs10 (Font), 540
\rtext (texdraw.sty), 283
Rücksteller
    Initialwert ändern, 44
    von Zählern, 43
\rule, 59
Rule-Boxen, 59, 125
Runde Ziffern, 157
rune (Font), 541
rust10 (Font), 502
\rvec (vector.sty), 320

S
Satzspiegel, 76
    Ausgabe, 78
    Darstellung, 70
    festlegen, 78, 79
    sichtbar machen, 81
    von Koma-Script, 78
Save-Boxen, 57
\savebox, 57
\sbox, 57
\scale (mfpic.sty), 271
\scalebox, 250
\scdefault, 360
Schalter, siehe Bedingung
Schere (Symbol), 401
Schlüsselworte
    MakeIndex, 199
Schmuckfarbe, 481

Stichwortverzeichnis

Schrift
- -attribut
  - Voreinstellung, 360
- -familie, 343
  - Voreinstellung, 359
- -schnitt, 344
- Fraktur-, 386
- mathematisch, 345
- Nichtproportional, 345
- Palatino, 404
- Schwabacher-, 386
- Symbole, 387
- Times, 404

Schwabacherschrift, 386
schwell (Font), 520
\sclosed (mfpic.sty), 267
scr... (Klassen Koma-Script), 429
script10 (Font), 541
\secdef, 102
\sectionmark, 118
Segmente
- zusammensetzen, 267

Seite, 71
- Bereich beim Drucken, 422
- leere
  - kennzeichnen, 117
  - ohne Kopfzeile, 116
- volle Papierbreite, 84

Seitenlayout, 69, 71
Seitenspiegel, 76
Seitenstil, 69
- eigene, 114
- leere Seite, 116
- leere Seite kennzeichnen, 117
- Seitenzahl, 70

Seitenzahl, 70
Seitliche Legende, 130
\selectfont, 361
Serienbriefe, 334
\seriesdefault, 360
\setboolean (ifthen.sty), 49
\setcounter, 40
\setgray (texdraw.sty), 283
\setlength, 47
\setsegscale (texdraw.sty), 284
setspace (Paket), 64

\SetSymbolFont, 379
\settodepth, 48
\settoheight, 48
\settowidth, 48
\sfdefault, 359
\shade (mfpic.sty), 267
\shapedefault, 360
sheet (Paket), 121
\shifts (mfpic.sty), 271
shold10 (Font), 553
showframe (Paket), 81
shstk10 (Font), 553
Sichtbarmachen
- des Satzspiegels, 81

sidecap (Paket), 127
sideways (Umgebung rotating.sty), 228
sidewaysfigure (Umgebung rotating.sty), 231
sidewaystable (Umgebung rotating.sty), 231
Signalverlauf, 299
Silbentrennung, 7
simfon (Font), 504
Skalieren, 247
\skippedwords (bytefield.sty), 297
skt10 (Font), 555
\sldefault, 360
smfr10 (Font), 542
soyombo (Font), 555
Spaltenzahl
- abfragen, 19

\special, 238
Speicherbelegung, 293
Speichern
- von Text, 57

split (Umgebung $\mathcal{AMS}$-LaTeX), 324
Sprachen
- deutsch, 7
- griechisch, 392
- kyrillisch, 396
- mehrere (babel-Paket), 426
- neudeutsch, 7

srune (Font), 542
\startquote (eqno.sty), 313
\@startsection, 90

\@starttoc, 175
\stepcounter, 40
Sternform, 102
Steuerung
    von Warnungen, 67
Stichwort, 198, 201
Stichwortverzeichnis, siehe Index
Stildatei
    BibTeX, 190
    MakeIndex, 197
stmary10 (Font), 542
stmaryrd (Paket), 388
\stretch, 47
Strukturformeln, 437
subarray (Umgebung
    $\mathcal{A}\mathcal{M}\mathcal{S}$-LaTeX), 325
\subfigure (subfigure.sty), 224
subfigure (Paket), 224
\subitem, 196, 205
\substack ($\mathcal{A}\mathcal{M}\mathcal{S}$-LaTeX), 325
\subsubitem, 196
\subtable (subtable.sty), 224
suet14 (Font), 520
\suppressfloats, 82
\swabfamily (oldgerm.sty), 387
Symbole, 350, 387, 404
    alpinistische, 389
    APL, 399
    astronomische, 389
    Brief, 401
    chemische, 389
    Durchmesser, 385
    elektronische, 299, 389
    entspricht (Relation), 332
    Euro, 390
    Flugzeug, 401
    geboren, 352
    geometrische, 389
    geschieden, 352
    gestorben, 352
    Grad Celsius, 332, 352
    Gradzeichen, 332, 352
    Größe (mathematische), 374
    Häkchen, 385, 401
    Handelsname, 352
    Kreuz, 401
    mathematische, 374, 383, 387

My, 352
Pfeil, 401
phonetische, 391
Promille, 352, 389
registrierter Name, 352
Schere, 401
Telephon, 401
Tierkreiszeichen, 389
Trademark, 352
Transformations-, 332, 543
Uhren, 367
variable Größe, 381
verheiratet, 352
verschiedene, 387
Währungen, 352
Warenzeichen, 352
Synoptische Texte, 463

T
T1-Encoding, 349
Tabellen
    farbig unterlegen, 256
    Legende drehen, 228, 249
Tastatureingaben, 86
tbmr10 (Font), 509
tel10 (Font), 556
Telephon (Symbol), 401
teng10 (Font), 516
tengwar (Font), 543
TeX
    \csname, 209
    \dp, 48
    \fil..., 47
    \hbadness (Maß), 67
    \hfil, 47
    \hfilneg, 47
    \hfuzz (Maß), 67
    \hoffset (Maß), 73
    \hss, 47
    \ht, 48
    \leftskip (Maß), 68
    \mag, 425
    magstep, 348
    minus, 46
    \newwrite, 209
    \openout, 209
    \parfillskip (Maß), 68
    plus, 46

\rightskip (Maß), 68
\tolerance, 65
\topskip (Maß), 73
\vfil, 47
\vfilneg, 47
\voffset (Maß), 73
\vss, 47
\wd, 48
texdraw (Paket), 281
texdraw (Umgebung texdraw.sty), 282
Text
    absetzen, 153
    bestimmte Breite, 55
    Durchstreichen, 17
    eingerahmt, 55
    farbig unterlegen, 255
    Höhe, 48
    in der Bibliographie, 191
    in Formeln, 328
    in Freiraum einpassen, 55
    Länge, 48
    Speichern, 57
    synoptisch, 463
    Tiefe, 48
    über volle Papierbreite, 84
    überdrucken, 56
    überstreichen, 17
    unterstreichen, 17
    vertikal verschieben, 56
\text ($\mathcal{AMS}$-LaTeX), 325
Textbefehl, 361
Textbreite, 73
Textbrüche, 57
\textcolor, 255
\textfloatsep (Maß), 73
Textformeln (chemische), 433, 435
\textfraction (Zahl), 80
\textfrak (oldgerm.sty), 387
\textgoth (oldgerm.sty), 387
\textheight (Maß), 73
Texthöhe, 73
Textkasten, 141
Textmarken, siehe Label
textmerg (Paket), 334
\textref (texdraw.sty), 283
\textswab (oldgerm.sty), 387

\textwidth (Maß), 73
\the..., 41
\@thefnmark, 148
theindex (Umgebung), 196
thema (Klasse), 427
thesis (Paket), 427
thesis (Klasse), 427
thumb (Paket), 125
Tierkreiszeichen (Symbole), 389
Times, 404
times (Paket), 228
times (PS-Fontpaket), 401
timing (Paket), 300
Timingdiagramme, 299
tipa (Paket), 392
tipa10 (Font), 544
\tolerance, 65
\topfigrule, 141
\topfraction (Zahl), 80
\topmargin (Maß), 73
topnumber (Zähler), 81
\topsep (Maß), 149
\topskip (Maß), 73
torm10 (Font), 516
totalnumber (Zähler), 81
Trademark, 352
Trennung, 7
trfsigns (Paket), 332
trivlist (Umgebung), 153
trjnr10 (Font), 545
trjnsl10 (Font), 545
trsy10 (Font), 543
trsym (Paket), 332
TS1-Encoding, 349, 350
tsipa10 (Font), 543
"tt, 7
\ttdefault, 359
turn (Umgebung rotating.sty), 228
\turtle, 267
twcal14 (Font), 545
@twocolumn, 19
@twoside, 19
txfonts (Paket), 404
Type 1, 404
typearea (Paket), 78
\typein, 86
\typeout, 86

U

Überschriften
    Ändern, 89, 106
Überstreichen, 17
ugaritic (Font), 547
ugl10 (Font), 550
Uhr (Symbol), 367
ulem (Paket), 17
ulsy10 (Font), 559
Umgebungen
    aktuelle, 19
    breite, 84
    Defaultwert, 16
    Parameter, 15
    selbst definieren, 14
Umlaute, 7
umranda (Font), 558
umrandb (Font), 558
uncl10 (Font), 502
Unendliches Maß, 46
units (Paket), 57
Unterstreichen, 17
\updefault, 360
url (Paket), 62
\usebox, 57
\usefont, 361
usl-thai (Font), 543

V

va14 (Font), 546
\value, 43
Variable Größe (Symbole), 381
vector (Paket), 319
Vektoren, 318, 319
    Bezeichnung, 371
verbatim (Paket), 107
verbatim
    verbessert, 107
Vergleich, 49
Vergrößerung, 425
    von Fonts, 347
Verheiratet (Symbol), 352
Verknüpfung
    von Bedingungen, 49
Verse
    numerieren, 158
versenumber (Umgebung
    verscnt.sty), 158

Verweise
    auf Zähler, 41
    in andere Dokumente, 110
Verzeichnisse
    Abkürzungen, 211
    Beispiel, 454
    eigene, 171, 173
    eintragen in, 23, 173
    laden, 175
\vfil, 47
\vfilneg, 47
Vierfarbdruck, 481
vmargin (Paket), 79
Vmatrix (Umgebung
    $\mathcal{AMS}$-LaTeX), 326
vmatrix (Umgebung
    $\mathcal{AMS}$-LaTeX), 326
vmr10 (Font), 557
vnr10 (Font), 546
\voffset (Maß), 73
Vokabularien, 469
Vordrucke, 121, 481
Vorworte, 115
VPTOVF (Programm), 408
\vspace, 47
\vss, 47
\vtext (texdraw.sty), 283

W

Währungen (Symbole), 352
Warenzeichen, 352
Warnung, 28
    Absatzumbruch, 67
    steuern, 67
    unterdrücken, 67
wasy10 (Font), 547
wasysym (Paket), 389
\wd, 48
\wedge (mfpic.sty), 264
while-Schleife, 50
\whiledo (ifthen.sty), 50
\white (mfpic.sty), 267
\wideparen (yhmath.sty), 321
\widering (yhmath.sty), 321
\widetriangle (yhmath.sty), 321
wlc39 (Font), 500
wncyr10 (Font), 493

wnrir10 (Font), 548
wntml10 (Font), 554
\wordbox (bytefield.sty), 296
\wordgroupl (Umgebung bytefield.sty), 297
\wordgroupr (Umgebung bytefield.sty), 297
wrapfig (Paket), 221
wrapfigure (Umgebung wrapfig.sty), 221
wraptable (Umgebung wrapfig.sty), 221
writefile (Umgebung m2verb.sty), 109
wsuipa10 (Font), 547
wtkr10 (Font), 557

X

xccam10 (Font), 510
xccbm10 (Font), 510
xccex10 (Font), 511
xccmi10 (Font), 511
xccsy10 (Font), 511
xcmr12 (Font), 506
xindy (Paket), 210
xipa10 (Font), 544
\xmarks (mfpic.sty), 269
xnsh14 (Font), 559
xr (Paket), 110
xref (Paket), 110
\xscale (mfpic.sty), 271
\xslants (mfpic.sty), 271
xuc10 (Font), 518
xymtex (Paket), 439
xypic (Paket), 271

Y

\yesnumber (easyeqn.sty), 317
yfonts (Paket), 387
yfrak (Font), 520
ygoth (Font), 520
yhmath (Paket), 321
yinitas (Font), 521
\ymarks (mfpic.sty), 269
\yscale (mfpic.sty), 271
\yslants (mfpic.sty), 271
yswab (Font), 521

Z

Zahlen
    ganze
        Rechnen mit, 51
    Maßzahlen
        Rechnen mit, 51
    reelle
        Rechnen mit, 51
Zähler, 39
    neu einrichten, 39
    Rechnen mit, 51
    rückstellen, 43, 45
    Wert ändern, 40
    Wert drucken, 41
    Wert zuweisen, 40
Zeichensatz, <u>siehe</u> Fonts, Schrift
Zeilen, 63
    Abstand, 63
    Umbruch
        verbessern, 65
Zeitschrift, 451
Zerbrechliche Befehle, 22
Ziffern
    Mediäval-, 345
    runde, 157
\zscale (mfpic.sty), 271
\zscales (mfpic.sty), 271
Zusammengesetzte Bedingung, 49